思想觀念的帶動者
文化現象的觀察者
本土經驗的整理者
生命故事的關懷者

Psychotherapy

探訪幽微的心靈，如同潛越曲折逶迤的河流
面對無法預期的彎道或風景，時而煙波浩渺，時而萬壑爭流
留下無數廓清、洗滌或抉擇的痕跡
只為尋獲真實自我的洞天福地

心靈工坊
PsyGarden

AFFECT REGULATION, MENTALIZATION,
AND THE DEVELOPMENT OF THE SELF

心智化

依附關係‧情感調節‧自我發展

| Peter Fonagy | György Gergely | Elliot Jurist | Mary Hepworth |
| 彼得‧馮納吉 | 喬治‧葛瑞蓋 | 艾略特‧朱里斯特 | 瑪莉‧漢普沃斯 |

魏與晟、楊舒涵───譯

───審閱───
林俐伶

目次

第一部　理論觀點

【審閱序】致讀者的一封信

如果你與國家未來的主人翁（無論他們幾歲）工作，你要看這本書。如果你對哲學有涉獵，你要看這本書。如果你在人文科學界工作，你要看這本書。如果你做治療，無論是社工、護理、醫學、心理、職能、親密關係、家庭／家族、語言等等，你要看這本書。如果你對人有興趣或苦惱於怎麼身邊的人都那麼難溝通，你也可以看這本書。我會這麼說是因為以上的人會有感的東西，作者們都提到了，而且不是片面的。在教育界和醫學／醫療界特別重視實證研究，此外人類發展／發展心理學的知識與視角也經常被視為重要的一軸，然而，在精神分析的世界裡，分析師們經常會對這兩大取向採取質疑與謹慎的態度，這個態度也往往造成一種二元對立的誤會，使得相異的領域之間難以有所對話，這本書讓這樣的對話發生了！它不是一本乾枯的教科書，但是全書豐富的知識內涵，包括研究方法的說明，與盤點論點和論點之間的差異忍不住會讓人覺得「學習的歷程」就應該是要這樣的。

這本書是與晟和舒涵他們在前幾年利用閒暇之餘一點一滴累積出來的文字成果，他們會開始這樣一個愚公移山的工作也是因為一來對所謂的心智化理論有興趣，二來是在我們的專業間總會聽說有權威們在講述跟提倡心智化的東西，有時候聽了會有種說不上來的「怪怪的」的感覺，心裡的聲音好像是：「真的嗎？真的是如台上的人所說的那樣嗎？會不會其實有點不太一樣呢？我們有在以管窺天嗎？」感恩於他們這樣的質疑精神，展開了這本書的譯作。這樣接地氣的工作態度和方式也呈現在本書的內容之中，此書在被書寫之時作者們都還是虛懷若谷的分析師、研究員，他們的思考與文字還沒有「我已成一家之言」的霸氣。

　　在我答應周仁宇醫師要為這本書審閱時，我其實沒有審閱譯書的工作經驗，與晟和舒涵將他們的文稿分享給我。一開始，我是逐句逐段地中英文版本兩邊同步看，以慢工出細活的精神在修訂，好像那就是我一個人的工作，而修改過的東西也理所當然地就變成我的文字、我的風格。接著，我和與晟、舒涵開始我們第一次的見面討論會，他們訝異於我的仔細與諸多修訂，想像我一定花了很多時間在上面（這是真的！），他們於是提議每次見面前他們會自行校閱，碰面時提出問題供我們一起討論，從那之後，整個過程變得有樂趣起來，我們一起抓到原著裡交代得不清不楚的問題或語言謬誤，一起了解三個人當中有一個人弄不懂的東西究竟是什麼，為了解釋某些書中的內容，我有時候會舉出一些日常或臨床的對話或互動小故事，來一起了解作者要說的究竟在我們的現實生活中（包括外在現實與精神現實）的什麼經驗，這樣的過程很好玩，我們從彼此之間以及我們在談的這本書裡學到很多。我們每個月見一次面，每次為時大約一個半小時，那是我們三人的一期一會，為期逾兩年。

　　這本書呈現了做研究的方法、學術思考的過程、臨床工作的內涵，它的立論立場是較重視環境的。

> 　　精神分析與人類發展學經常附和笛卡兒的傳統假設，認為心智主體性的經驗是天生的。我們試圖在本書打破這個主流哲學傳統，提倡心智主體性應該是種逐漸發展或建構出來的能力。（頁35）

　　全書，無論是從看待幼兒或是治療患者的經驗，作者群對於心智主體的建構歷程娓娓道來，他們明言心智化包含「自我反思」與「人際知覺」兩大要素，而這兩大要素要變成成熟的心智能力是需要過程的，讀者會看到作者們認為幼兒的心智世界與成人很不一樣，需要被有心智能力的照顧者充分地回應與對待，才能夠健康地發展。在這樣

的假設之下，作者雖然沒有反對「論戰」（1941-1945）當中的先天說，在本書的實證研究內涵裡，以案主（可能是兒童或成人）的主觀世界出發去看待他經驗到的環境（客體表徵）與自我（自體表徵），相較於傳統精神分析與成人工作的動力學角度跟個人性思維，過程是比較偏現象學與程序性的。

如此從發展心理學的探討角度出發去看心理治療與心理病理學，人類發展、心智哲學（認識／知識論）、依附理論、表徵系統的能力等等都會是作者們在意的。以表徵系統的能力為例，我曾在臨床工作上聽到一個這樣的反思：「很多人講話都像只是在發出動物的聲音，發洩或唱高調，我們怎麼可以這樣辜負了我們擁有語言能力的這件事！」作者透過介紹精神等同、假扮模式、反思能力這些從研究孩子們的心智狀態得出的心得，幫助臨床工作者在遭遇到一個心智有所缺損的或者是有毛病的，怪怪的地方的人，可以用一種慈悲的態度檢視到，並進而思考（運用自己的反思、心智化能力）已經在兩人之間發生的互動，也就是程序性的共演，作為與對方未來互動的參考，這些工作是層層堆疊上去的。

> 分析師的主要工作，便是在患者戲劇化的共演下，還是能與患者的心智狀態保持連結。分析師會點出或挑戰患者的一些心智能力，像是幫助患者把內在狀態語言化，區別不同的感受，把難以處理的焦慮經驗拆成一小片一小片可處理的片段，幫助患者發展出「彷彿」的態度，讓想法可以被認為只是想法，而非現實，但又維持著對於內在世界的連結。（頁 475）

和六、七○到九○年代的美國精神分析的自體心理學發展雷同，作者強調心智化理論並不是一套新的理論來重新解釋精神病理或者倡導一種新的實務工作方法，他們因為在臨床上發現許多個案要達到洞

察的不可能性與缺乏聆聽話語跟理解詮釋的能力，傳統的分析式工作方式跟理念與有這類心智能力困難的個案之間，經常遭遇到一個遇不見彼此的鴻溝，所以心智化的理論與實務添加了支持性的元素到精神分析的工作內涵當中。「**分析師要致力於提升案主接觸自己心靈歷程的能力**」，要讓某些個案覺得去思考自己的想法和感受是安全的就有可能很不容易，那是一個有人陪都可能很難達到的地方，更不用說一般人想要靠自己去讀書、去上課來達成，這不是一套技術上的方法，它其實和原本精神分析的工作一樣是一趟兩個人的旅程，而且只是那一趟旅程當中的一部分。對原本的精神分析來說，作者強調是加上了一些東西而不是要取代原本已有的理論與做法。在與成人工作的實務上，心智化理論是試圖要解決較嚴重的臨床情境，也就是與所謂的嚴重人格障礙，也可以說是早期心智發展受創的患者工作，一般的精神官能症患者，也就是我們這一大堆的不缺煩惱跟情感困擾的凡夫俗子們，無論有無明顯症狀，很可能不會只滿足於和一個僅用心智化方法來工作的治療師的，但話說回來，我們又從何得知自己不是嚴重的人格障礙呢？

　　與兩位譯者工作是一件有趣又享受的事，舒涵的頭腦清晰、記憶鮮明，在許多次的討論中，她能夠把書中的小朋友的狀況跟故事說得非常生動清楚，充分地讓聽者了解書中的實務內容，所以我們能夠找到適切的語言去搭配作者們推演出來的論點闡述。比方說，我們討論到第六章時，她率先講了四歲的蕾貝卡的故事，作為聽者，我覺得她好了解這個小女孩身邊的事情與內在脈絡，如果拋開我們是為了這本書一起工作的前提，我會以為蕾貝卡是舒涵的學生或熟識的人；與晟則是守著為讀者學習的利益與閱讀時的舒適度為考量的位置，他那個有些叛逆、反骨的調調加上樂意質疑的態度，使得我們的討論經常能夠繞到讀的人會有怎樣的經驗上去思考，這些點點滴滴的互動其實都在體現心智化的能力，而我們則一起蒙受其利。現在，我很榮幸地能夠在此邀請你以閱讀的方式（也許你可以參加或開啟一個讀書會也說

不定）來加入這個旅程。

林俐伶

臺灣精神分析學會副理事長及執行委員會委員

美國及國際精神分析學會精神分析師

秋隱精神分析工作室負責人

【譯序】從理解心智到開創對話空間

致謝與緣起

　　本書翻譯緣起於臺北市立聯合醫院松德院區，其中幾位資深的精神分析前輩——蔡榮裕、劉佳昌、陳俊澤、邱顯智、許欣偉醫師與其他草創時期就開始合作的夥伴，開創了思想起心理治療中心——訓練精神分析取向實務的空間。我在思想起受訓與任職時，也慢慢萌生翻譯一些當代精神分析理論的想法，企圖尋找更清楚、更系統化的方式做精神分析的教學，於是著眼於心智化理論。雖然心智化理論立論清晰易懂，但在著手翻譯時，很快就遇到了瓶頸。心智化舉了許多實驗心理學與認知科學的例子來輔以說明，但對於精神分析經驗的捕捉沒有達到一定程度，還是很難將許多概念表達清楚。

　　心智化理論主要的兩位作者彼得・馮納吉與瑪莉・漢普沃斯（舊姓塔傑特），都曾是安娜・佛洛伊德兒童與家庭中心（前安娜・佛洛伊德中心）的負責人，本書也可說是「實證版本的溫尼考特理論」。隨著臺灣精神分析學會的發展，周仁宇醫師受訓回國，「溫尼考特學派」開始在臺灣落地生根，理解心智化理論所需的養分才慢慢充分起來。隨後林俐伶精神分析師回國，有幸請她擔任審閱，在反覆的討論中，才能慢慢把握到當代精神分析的韻味。

　　心智化理論雖然簡潔有力，但最重要的核心精神，是反覆地提醒大眾——人的心智能力並非天生，而是在具有支持性的環境底下，伴隨著成長一點一滴累積而成。這本書的翻譯，就像是心智化理論一樣，是個「理解」的過程，而這都必須感謝松德院區、臺灣精神分析學會，以及各個精神分析界的先進。最後也必須感謝心靈工坊能在繁

17

體中文市場相當艱辛的狀況下，仍願意出版這麼厚重的專業書籍，協
助完成這當代精神分析巡禮的最後一步。

精神分析的對話空間

　　心智化理論有個很重要的定位，那就是重新開創精神分析與其他
學派的對話空間。當代是各種取向百家爭鳴的年代，許多理論慢慢邁
向合作與整合，但這必然是把雙面刃，理論若過於簡化會失去原本堅
持的靈魂；若過於複雜又會感覺拒人於千里之外。心智化理論就是一
套很好的標竿，能清楚介紹當代精神分析的範疇與臨床實務的樣貌，
又不失精神分析堅持的複雜性與藝術性。

　　也許精神分析總給人些許冰冷的印象，但其累積的人文知識也是
其他領域難望其項背的。然而若要能對話，就必須找出各種學派對於
人類心智理解的「最大公約數」──人類到底是如何「理解心智」，
並用此作為溝通平台。在國外，心智化的理論也應用在各種臨床現
場，包含親職教育、學校輔導、行為矯治、家族伴侶治療、團體治
療、兒青或早期介入方案，使精神分析不再只是診療室內的經驗，而
可以對各種困難的實務現場做出貢獻、對話，期許以本書做為開端。

　　無論治療學派為何，精神分析對於心理治療的經驗捕捉都有非常
大的貢獻，尤其是對於人類「主觀經驗」的描繪。心智化提供一套較
完整的理論，來補充「個人內在心智世界」的發展，這對於國內心理
治療的質與量會是很大的幫助。此外，在臨床上，心智化理論也能提
供一組心理病理發展模型，讓第一線人員心中能有個穩固的框架來理
解遇到的困難。

　　也盼望讀者們在閱讀此書時可以在當中尋找到自己熟悉的蛛絲馬
跡，或是能藉由精彩的臨床理論理解到自身的理論究竟從何而來，抑
或是從書中得到新的理解與知識，這也是翻譯此書時我們最大的動力
之一。

重新理解心理治療

心理治療的概念漸漸被國人接受，各個學派百家爭鳴，但療效的共通因子卻眾說紛紜或僅能抽象描述。國內對當代精神分析的論述也陷入相同的困境，雖然有大量關於古典精神分析、英國客體關係、自體心理學等的專業書籍翻譯，也有不少整理各家理論的書籍，卻鮮少有理論，能對各學派的重要概念做出平行的比較，並統整為一套完整的論述。

「心智化」這個詞彙相當直觀地闡明了人的心靈成長過程，也切題地點出了心理治療的目的就是「拓展心智空間」，跟隨著發展心理學的知識，建構出了一套心理治療的工作藍圖。心理治療有如細膩的手作工藝，心智化的指引並非是告訴我們答案，而是在幫助我們拿捏分寸、知所進退。如何在幽微處做出評估？何時需要修正技巧？困難的臨床實務現場不再是主觀的論斷，而有個相對客觀的參考標準，也是對任何實務工作者的莫大幫助。

知易行難，心智化除了闡明心理治療的知識外，也提醒我們最重要的是心智與心智間極為複雜的互動。治療師自身的反思能力、對於他人心智的好奇心、持續與未知奮鬥卻不妄下論斷，才是有所修為之處，也是心理治療或精神分析無可取代的地方，同時也是對助人工作者最大的提醒。

詞彙翻譯的一些提醒

本書除了推廣給專業人員外，也希望能夠作為一本科普叢書，給研究者或是對親職教養、心智發展、人格病理有興趣的大眾做為參考，為了讓一般讀者易於理解本書的專業內容，在翻譯上盡量以淺顯易懂為最高原則。

由於本書中多次提及「Self」的概念，在此必須額外說明。由於

在國內翻譯中，Ego 已被翻譯為自我，所以 Self 這個詞彙通常被譯為「自體」以做區分。但在考量閱讀的方便性與理解度之下，在本書中 Self 會依脈絡而有不同的翻譯：在一般的脈絡下，Self 會翻為「自我」，指涉較為全面、具有主體性的狀態（如自我發展）；當指涉自體心理學的概念時，會翻成「自體」（如自體客體 self-object）；而 Ego 一律譯為「自我」，並保留原文做為區分。

魏與晟、楊舒涵
2021 年春，於臺北

【導讀一】理論堆疊與臨床應用密切扣合的著作

在人生當中，我們必須不斷做出抉擇。在每次抉擇時，我們或許會想多了解自己以及眼前的情境，再根據這些了解做出行動，並預測這些行動將帶來什麼後果。越不了解自己與情境，行動就越盲目，也越看不到未來。

幸運的是，大部分人都有一定的了解自己與了解他人的能力。本書把這個能力稱為心智化，講述人們如何在漫長的情緒發展歷程裡得到這個能力，並且說明我們如何利用這些理論，進一步理解自己與他人心智的運作，並且在學校、家庭、診療室以及其他種種空間裡，幫助那些有極大困難的人去理解自己與他人。

在這本原文厚達 592 頁的巨著裡，作者們把焦點放在一個無比重要，卻又像謎一樣難解的千古習題上：人如何發現自己？

請容我極為簡化地說明作者們的結論。

第一，人類擁有高度複雜的神經構造，使得各種身體經驗得以轉為心理經驗，因而能夠擁有開心、悲傷、興奮、失望等等不同的感覺（情緒）；第二，前述的神經構造也讓人擁有感知、記憶與注意力等自我功能，因而能夠根據情緒而行動（情緒調節）；第三，發達的大腦皮質使人類能為情緒和行動賦予意義（心智化）；第四，這些具有意義的身體與心理經驗最終會堆疊出一個自己的存在感（自體的發展）；第五，以上的一切都不是理所當然的，從情緒到存在感的長途跋涉，順利與否取決於早年嬰兒與環境的關係（依附）。

之所以說以上的說法極為簡化，是因為這五個概念之間，存在著更綿密而複雜的關聯。

例如，剛出生的孩子完全仰賴父母的回應來理解自己的需求。在不安全的依附關係（父母無法適當回應孩子）裡，孩子無法理解自己

的情緒，自然就無法藉由情緒來調節行動，於是陷入混亂當中。而這混亂又回過頭來使父母更難理解孩子，使依附更難安全。這是心智化與依附之間的惡性循環。

在人類發展脈絡的複雜系統中，存在著無數惡性循環的可能，每個環節都有可能出錯並交織堆疊。也因此，我們在診療室與無數的人生情境中，看到各種不同程度破碎的人們，背負著難以調節且無以名之的情緒和身體經驗，或坐困愁城或橫衝直撞，但哪裡也去不了。

本書最後會將焦點放在臨床現象上，但因為他們所提出的視角牽涉到極為複雜的理論背景，作者們不得不將較為生硬的理論擺在書的第一部。因此，前三章含有許多理論的歷史回顧，以及仔細嚴密的邏輯辯證，並不容易閱讀。如果在迂迴無比的論證裡迷路，應該是頗為自然的事。不過，讀完這三章後，不得不讚嘆作者們居然能從如此複雜的人心以及龐大的研究資料裡，整理出這麼清楚明白易於應用的概念。

十九年前，這個領域僅有幾篇零星的論文，但本書的出版啟動了心智化概念快速的發展，近年來這個領域吸引研究學者與實務工作者的投入，相關書籍與治療手冊陸續出版，在許多場域裡助人無數。我們這個年代，已經很少有機會能親眼見到影響如此深遠的大理論被建構起來。

不過，作者們並非全然從無到有。他們的想法汲取自廣泛的來源，包括精神分析、依附理論、神經科學、哲學、心理學等等領域。這是一場壯麗的編織。曾經，這些領域之間對於人類心智的理解南轅北轍、互相矛盾。那些致力於跨學門整合的學者常發現自己在受到挑戰時不知所云。但二十世紀後期各領域的發展，使過去無法跨越的鴻溝逐漸靠近，最後終於被橋接起來。

接著，作者們在第二部逐漸將焦點帶到臨床情境。有三個章節以更生動的方式談鏡映、表徵、精神等同、假裝（pretend）等概念，來說明人的自體感如何在嬰幼兒到青春期的漫長過程中，一步步發展出

來。然後，在所有概念都被完整介紹過後，第七和第八章分別以兒童與青少年案例來說明我們如何在實務工作中使用這些概念。

　　至此，理論的堆疊與臨床的應用密切地扣合起來，而依附、情緒、情緒調節、心智化、自體發展這些本書的核心概念之間錯綜複雜的關係立體而清晰地浮現。最後，作者在第三部裡，將討論的焦點帶到各種成年人精神病態的治療。

　　本書可說是心智化概念的第一本重要著作，提供了所有後續出版之治療手冊的理論基礎。在我們強調規則與順從的文化裡，中文版的出現具有格外重大的意義。並且，本書的譯者與審閱者都是相關領域非常資深的專業人員。他們花費極大的心力，細心尋找最正確、合適與優美的譯筆，使得此譯本相當難得。或許，這預示著一個巨大浪潮的到來，而藉著這個浪潮，我們將能到達過去無法想像的地方。

周仁宇
人類學博士
兒童精神科醫師
臺灣精神分析學會訓練分析師

【導讀二】心智化：一種描繪自己
與他人心理地圖的能力

　　自佛洛伊德以歇斯底里症的症狀及夢的解析揭開了瞭解人類內在心智運作方式的序幕後，精神分析學界不斷嘗試用更多的角度加深我們對內在心智運作的瞭解：從驅力論到客體關係理論，從自我功能與防衛到自體的發展，從精神官能式的心智狀態到對原始的精神病態式心智狀態的理解等。而彼得‧馮納吉與其同伴所提出的心智化（mentalization）理論，在精神分析邁入二十一世紀後，逐漸變成了一個很夯的觀點。

　　心智化闡述的是一個人能夠瞭解自己或他人行為背後的心理意義的能力，用白話來說，就是能夠理解原本不理解的（understanding misunderstanding）及能夠思考「思考」這件事（thinking about thinking）的能力。這個概念早期多在哲學及認知心理學的領域被探討，直至 1960 年代之後，伴隨著發展心理學及嬰兒觀察與研究的逐漸盛行，精神分析學界也開始探索心智化對人類內在心智發展的影響。而整個精神分析界從一開始的陌生（甚至抗拒），到後來的逐漸接受，到現在的已將心智化視為一個重要的精神功能（psychic functioning），這得歸功於馮納吉及其同伴長期的努力，成功地以精神分析的觀點重新詮釋心智化理論，整合心智發展與情緒發展之間的關聯，讓心智化的概念有了情感的厚度；並成功地以心智化的理論重新詮釋精神分析的理論發展，補充了精神分析百年來對於人類早期心智發展描述的不足。當然，心智化的理論挑戰了精神分析原本存在的一些重要概念（就如同過去在精神分析史不斷發生的，新的理論挑戰了之前理論的觀點），但這就是精神分析的精神，不同的想法及觀點皆有其容身之處，重點在我們有沒有心智能力去理解不同觀點所造成

的誤解（understanding misunderstanding），及思考這些現象（thinking about thinking）的能力。

有趣的是當馮納吉及其同伴在發展心智化理論時，原本是為了能更有效地治療邊緣型人格障礙症（Borderline Personality Disorder, BPD），解決傳統精神分析對 BPD 治療方式有所限制的困境。但隨著作者系統性的描述心智化發展的過程，我們驚喜地發現心智化理論不僅對於了解及治療邊緣型人格狀態的成人個案會有幫助，對了解及治療兒童青少年個案，及與父母工作，也會有幫助。我想這也是兩位譯者找我寫序時，會希望我可以從父母諮詢的角度談這本書的原因了。的確，做為一位兒童青少年精神科醫師與兒童青少年心理治療師，與父母工作是不可或缺的一環。

心智化的形成是嬰兒透過探索他人的心智來理解自己心智的一個歷程，所以心智化能力的發展非常仰賴他人，而這個「他人」，則會是我們每個人一出生後的主要照顧者：母親（及父親），我們的原初客體。父母透過情感鏡映（affect-mirroring），幫助嬰兒發現自己的情感，進而發展出情感調節（affect regulation）的能力，奠定心智化的發展，最後發展出調節自我與調整人際互動經驗的能力。所以父母，作為嬰兒的主要照顧者及早期的人際環境，對於嬰兒的自我發展，會有舉足輕重的影響。

作者在書中特別強調心智化情感體會（mentalized affectivity）是心理治療介入時療效的核心，而這也會是跟父母工作的重點。心智化情感體會代表了一個人能在經驗上理解自己的感受，而不只是理智上的理解而已；這跟比昂（Bion）所講的涵容（containing）有異曲同工之妙，思考能力的發展是一種情緒上理解（emotional realization）的經驗。臨床工作裡，我發現很多專業人員在與父母諮詢時，容易流於一個迷思：覺得要跟父母討論孩子的問題，給父母建議，幫助父母找到解決孩子問題的方法，這才是一個「有效」的父母諮詢。但當專業人員把與父母工作的焦點擺在上述時，整個介入容易變成理智上的討

論，而非情緒經驗的理解，恰恰失去了重點。

　　與父母諮詢的重點在於協助父母瞭解孩子情緒困擾或行為問題背後的心理意義，而這恰恰挑戰了父母本身心智化的能力。大部分父母的不知道如何處理孩子的問題，反映的是父母本身心智化能力的不足，而這也會跟父母自身早年的經驗有關：當一個人沒有機會從自己父母的眼中看見自己時，這個人也會很難從自己的眼中看見自己的孩子。專業人員在與父母諮詢時，作為父母的「他人」，透過聆聽與理解涵容父母的焦慮，協助父母看見自己的孩子（即瞭解孩子行為背後的心理意義）；當父母可以瞭解孩子怎麼回事時，通常他們就會找到解決辦法了。故與父母工作的重點不在解決問題，而在瞭解問題根源，這也是我在與父母工作時會不斷強調與提醒的「要把眼前這個人（父母），而不是不在場的第三者（孩子），作為會談時意圖瞭解與協助的對象」的原因了。

　　最後，我忍不住要讚賞一下兩位譯者。馮納吉及其同伴的這本著作不好翻譯，因為裡面不僅結合了許多精神分析的理論，同時也連結了其他領域的看法，如：發展心理學、科學研究、神經科學、認知心理學及哲學等。翻譯的人本身若對文中所提理論沒有一定程度的瞭解，在翻譯過程很容易迷失於專業術語的口號裡而變得見樹不見林，失去了文章的重點。但這本書讀起來清楚明確不繞口，看來兩位譯者拿捏得很好，相信這也可以幫助讀者們在讀這本巨作時能夠更快地在自己的心裡描繪出這本書所建構的心理地圖的。

許宗蔚
臺灣兒童青少年精神科醫師
英國 Tavistock Clinic Centre 兒童青少年實習心理治療師
國際精神分析學會精神分析師

繁體中文版序

　　《心智化：依附關係‧情感調節‧自我發展》（Fonagy, Gergely, Jurist & Target 2002）是我與同僚共同創作的書籍，我很高興有此榮幸為這重要的中文翻譯版寫序。能受邀介紹本書，對我來講格外具有意義，因為我多年來跟臺灣學員都保持緊密的工作，也與許多人私交良好。我在 2006 到 2018 年間受邀到臺灣做一系列演講；我在倫敦大學學院的理學碩士學程（MSc programme）中教授精神分析理論研究（Theoretical Psychoanalytic Studies）的課程，有好幾位來自臺灣的學生，他們都非常有天分；我也持續督導這群在海外受訓的臺灣精神分析師當中的一人。這些極為優秀的同儕接受完精神分析的進階訓練後回到臺灣（這期間他們在個人與專業領域上都付出許多），開始沒日沒夜地在家鄉深耕精神分析文化，最後終於在 2015 年成立了正式由國際精神分析學會（IPA）認證的研究團體（Study Group），與許多有天分的同儕與精神分析師候選人進行訓練計畫。這真是令人振奮（因為我也曾經幫助一些新的歐洲團體努力申請 IPA 的認證，所以我知道那有多辛苦），我見證了這些人投注了許多愛、興奮與希望，在精神分析的思想上、個人的分析上，到最後終於能擁有自己的被分析個案。身為在倫敦這個歷史悠久的機構受訓出來的人，看到這些人明知山有虎，偏向虎山行，看到他們創造了新的精神分析組織並被認可，我只能說，我們為精神分析訓練付出的心血，真的不算什麼。像在臺灣這樣的團體，一路披荊斬棘，真正繼承了佛洛伊德和早年先驅們的衣缽。

　　因此，我也真的非常榮幸知道現在我們的書能夠幫上臺灣或其他中文使用者的忙，充實當代精神分析思想的闡述。這本書是我們共同創造出來的，奠基於許多人的貢獻，包括我與彼得‧馮納吉寫的「與

現實遊玩」（Playing with Reality）系列論文，喬治・葛瑞蓋跟他的同事（尤其是約翰・華生跟蓋爾蓋伊・希布拉）他們開創性的發展科學研究，艾略特・朱里斯特對哲學的知識，還有許多在實證心理學與神經科學界的人，以及精神分析理論與實務工作者們。

我們提出了一個稱為「心智化」的整合性模型，為精神分析的基本理論（例如 Bion 1962; Fairbairn 1952; Freud 1911; Winnicott 1967）與許多鄰近學門進行連結。心智化這個詞承自於精神分析中「心身學派」（*École Psychosomatique*）的傳統（可參考 Aisenstein & Smadja 2010）。我們用精神現實的「模式」（modes）來稱呼那些在能夠區分、思考心理與外在現實之前就存在的狀態。當我們研究早期精神現實「非心智性的」模式與心理病理之間的關聯時，我們也更想要了解正常依附關係的發展、社會與自我理解，以及之後各項能力的相關性，這就是葛瑞蓋研究的出發點（starting with Gergely & Watson 1996）。

這些概念自從出版以來已經過了將近二十年，在各種場域與面向有各式各樣的發展，但理論的重點始終如一，這同樣也是所有精神分析取向的核心：在我們的意識思考、動作、關係結構之下，根植著認知的體現與那些記不起來的、最早期對於感受與意圖的溝通模式，深深影響著我們往後的心智與情緒能力。

我相信這項成果和煞費苦心的譯文會「旅行」到中文文化的傳統與大家的專業經驗中，慢慢化為自身的理解。我也毫不懷疑，隨著中文講者和思想家對全球精神分析觀念發展的參與愈來愈多，我們將能從中學習且獲益良多。我非常期待那一天的到來。

瑪莉・漢普沃斯（舊姓塔傑特）博士
英國倫敦大學學院精神分析教授
2021 年一月，於倫敦

參考文獻

Aisenstein, M. & Smadja, C. (2010). Conceptual Framework from the Paris Psychosomatic School: A Clinical Psychoanalytic Approach to Oncology. *Int. J. Psycho-Anal.*, 91:621-640.

Bion, W. R. (1962). *Learning from Experience*. London: Tavistock.

Fairbairn, W. R. D. (1952). *An Object-Relations Theory of the Personality*. New York: Basic Books.

Freud, S. (1911). Formulations on the Two Principles of Mental Functioning. *SE* 12, pp. 213-226, London: Hogarth Press.

Fonagy, P., & Target, M. (1996). Playing with reality. I: Theory of mind and the normal development of psychic reality. *Int. J. Psychoanal.*, 77: 217-233.

Fonagy, P., & Target, M. (2000). Playing with reality. III: The persistence of dual psychic reality in borderline patients. *Int. J. Psychoanal.*, 81: 853-074.

Fonagy, P., & Target, M. (2007a). Playing with reality IV: A theory of external reality rooted in intersubjectivity. *Int. J. Psychoanal.*, 88: 917-937.

Fonagy, P., & Target, M. (2007b). The rooting of the mind in the body: New links between attachment theory and psychoanalytic thought. *J. Amer. Psychoanal. Assn.*, 55: 411-456.

Gergely, G. & Watson, J.S. (1996). The Social Biofeedback Theory Of Parental Affect-Mirroring:. *Int. J. Psycho-Anal.*, 77:1181-1212.

Target, M., & Fonagy, P. (1996). Playing with reality. II: The development of psychic reality from a theoretical perspective. *Int. J. Psychoanal.*, 77: 459-479.

Target, M. (2007a). Breaking the loop: lying and pretending as a resistance to analysis, and to life. Major Lecture, Congress of the International Psychoanalytic Association. Berlin, Germany.

Target, M. (2007b). Is our sexuality our own? A developmental model of sexuality based on early affect mirroring. *British Journal of Psychotherapy*, 23: 517-530.

Target, M. (2016). Mentalization within Intensive Analysis with a Borderline Patient. *British Journal of Psychotherapy*, 32: 202-214.

Winnicott, D. W. (1967). Mirror-role of Mother and Family in Child Development. In P. Lomas (ed.), *The Predicament of the Family: A Psycho-analytical Symposium*. London: Hogarth Press and the Institute of Psycho-Analysis.

Winnicott, D.W. (1971). *Playing and Reality*. Harmondsworth, UK: Pelican Books.

謝辭

xi 　　首先，我們想要先向我們的患者致上謝意；在本書中的某些想法是由我們的臨床工作而來，而衡量這些想法的最重要尺度，便是它們是否能幫助我們更能夠理解與過往、現下及未來的患者工作之經驗。我們希望，我們在理論上新的理解所做的努力，有時也能回饋到患者身上。

　　伊莉莎白・艾莉森博士（Dr. Elizabeth Allison）是英國倫敦大學學院（UCL）精神分析團隊的出版編輯，本書若少了她的卓越貢獻，勢必難以付梓。她的貢獻之深遠，甚至遠超出我們對這個角色的期待。她極有效率地構思並組織了這個計畫，在章節的整合與論述的符合方面提出極佳見解。我們確信本書仍有許多不足之處，但我們之所以能夠達到此一層次的整合，有很大的一部分是來自於她那傑出的學術能力以及優秀的編輯技巧。不僅如此，她那具備個人魅力和敏感度的編輯與學術紀律，也影響到我們所有的人。莉茲，我們對妳真的是無比感激。

xii 　　在撰寫此書時，我們真的受到了運氣之神的襄助，莉茲在出版編輯職務的前輩凱西・利奇（Kathy Leach）女士的貢獻也相當巨大，不只是在計畫的籌備階段，本書所仰賴的出版工作當中的許多細節也都由她一手包辦。我們唯一的遺憾是，除了以機巧、順從且有時拚命的努力，好讓本書趕上出版的時程外，我們無法用更完整的文稿來表達我們對於她的感謝。

　　我們也相當感謝我們的出版商麥克・莫斯科維茨博士（Dr. Michael Moskowitz），他與我們分享對於精神分析出版品的嶄新前景，我們也很高興能參與其中。由於本書的工作由橫跨兩塊大陸、四個國家的人員進行，緩步進展到最後的完結，因此我們要特別感謝他

的耐性。還有許多應該列在致謝名單上的人給予了我們學術上的恩惠，然而其中兩位的貢獻影響特別巨大：加州柏克萊分校的約翰·華森（John Watson）與我們的作者之一（喬治·葛瑞蓋）合作多年，但我們全體作者都受惠於他的著作以及智慧。即使近來流行在網路上工作，但若沒有一個共同的工作場所讓我們四人中至少三人共用，這樣的共同合作不可能實現。我們在寫作這本書的期間，與梅寧哲診所的兒童與家庭中心一起合作，當時中心的領導人艾佛瑞·布萊柏格博士（Dr. Efrain Bleiberg）以一種真正自由的學術精神創建與監督診所，讓這項工作得以完成。在兒童與家庭中心的其他人，特別是瓊·艾倫博士（Dr. Jon Allen）與海倫·史坦博士（Dr. Helen Stein），給予了我們很多啟發及建議。另外還有兩位同事提供我們許多啟發與引導：蘇珊·柯茨博士（Dr. Susan Coates）在這些年以來一直關注著我們的進展，當然我們也確實懷抱敬意關注著她的工作。她為臨床精神分析的發展心理學建立起路徑，並帶來了許多新的想法。艾瑞塔·史萊德博士（Dr. Arietta Slade）不只在她的研究工作、臨床技巧與學術上給了我們啟發，同時以她自身實事求是的精神與風采將上述整合在一起。我們感謝她的友誼與引導。

　　早先在本書中的想法曾以不同的形式出現，或是即將要於我們的其他著作中出版，有興趣的讀者可以參考以下的文獻清單：

　　第一章包含了以下這些著作的一些素材，由彼得·馮納吉與瑪　xiii
莉·漢普沃斯所合著的〈依附關係與反思功能：以及它們在自我組織中所扮演的角色〉（Attachment and reflective function: Their role in self-organization），曾刊登於 1997 年的《發展與心理病理學》（*Development and Psychopathology*）第 9 期，679-700 頁。

　　第四章則包含了以下這些著作的一些素材，由喬治·葛瑞蓋與約翰·華森所著的〈雙親情感鏡映的社會生物回饋模式〉（The social biofeedback model of parental affect-mirroring），最初刊登在 1996 年的《國際精神分析期刊》（*Intertional Journal of Psycho-analysis*）第 77 期，

1181-1212 頁。

第五章的簡短版本，由喬治‧葛瑞蓋所著的〈對於自我與自我主體的發展之理解〉（The development of understanding of self and agency）將會在由哥許瓦米（U. Goshwami）主編、牛津布萊克威爾（Blackwell）出版社所出版的《幼童期認知發展指南》（*Handbook of Childhood Cognitive Development*）中出現。

第六章與第九章則是由彼得‧馮納吉與瑪莉‧漢普沃斯刊登在《國際精神分析期刊》（*Intertional Journal of Psycho-analysis*）上的「遊玩與現實」（Playing and Reality）系列論文所組成，出版日期分別是 1996 年的第 77 期 217-233 頁、459-479 頁；以及出版於 2000 年的第 81 期，853-874 頁。

第一章與第八章的部分素材來自於彼得‧馮納吉、瑪莉‧漢普沃斯與喬治‧葛瑞蓋合著的《依附關係與邊緣型人格障礙：理論與一些實際例證》（*Attachment and borderline personality disorder: A theory and some evidence*），首次刊登於《北美臨床精神病學》（*Psychiatric Clinics of North America*）2000 年的第 23 期，103-122 頁。

本書結語的部分素材來自於彼德‧馮納吉與瑪莉‧漢普沃斯合著的〈嬰兒的人際面向〉（An interpersonal view of the infant），初次刊登於 1998 年由 A‧賀利（A. Hurry）主編，倫敦卡納克（Karnac）出版社出版的《精神分析與發展心理學理論》中（*Psychoanalysis and Developmental Theory*）的第 3-31 頁。

前言

  本書的付梓仰賴於許多事物的貢獻。我們引進了多方的資源， 1
雄心壯志地期待本書能針對多重的讀者群，包括心理學研究人員、臨
床心理學家以及心理治療師，同時也包含了其他領域的發展學家。從
最一般的層面來說，我們希望可以突顯發展心理學對於心理治療與心
理病理學有多麼重要。我們整合了心理學發展的科學知識，以及與成
人及兒童工作的臨床經驗，來解釋心理治療。我們相信，只有在個別
心理治療師與專業研究人員雙方能持續合作的情況下，患者才能受到
最好的照顧。像這樣的整合，其價值當然無法馬上獲得所有人的接
納（見 Green 2000; Wolff 1996），也確實不需如此。心理治療師主要
是透過談話來給予病人臨床上的幫助，因為這些病人所尋找的幫助不
（只）是藥物，更是一個願意對他將心比心的人。相關學科在科學上
的進展不一定會對心理治療的實務有所幫助，比如說，1940 與 1950
年代霍爾（Hull）與史金納（Skinner）所提出的學習理論研究，對當
時的心理動力取向治療師就沒什麼幫助，卻有益於另一個截然不同的
心理治療學派，比較強調行為與環境，較少關注個人與意義。 2

  我們的工作立基於那些傑出的前輩們，他們在精神分析與發
展的理論上投注了相當大的心力，也建立了很好的理論基礎，如安
娜·佛洛伊德（Anna Freud）、梅蘭妮·克萊恩（Melanie Klein）、馬
勒（Margaret Mahler）、布洛迪（Brody）、埃姆德（Emde）、史騰
（Stern），與其他許多人士。特別鼓舞我們的例子是安妮·柏格曼
（Anni Bergman 1999），她是分析師瑪格莉特·馬勒知名的共同研究
者，在她的書中，完美地整合了發展理論與臨床思維。讀者們也可在
本書中發現柏格曼書中的許多想法，只是換成稍微不同的觀點來講。
所有心理治療的發展都是起源於對人類發展的觀察，因此必然會共

同享有許多重要的特色。同時我們也相信，在本書中討論的許多想法——像是父母鏡映的社會生物回饋理論、目的論與意圖位置、反思功能、精神現實中的精神等同與假扮模式、異化自我、心智歷程、情感等，當然還有最重要的情感調節與心智化——都為精神分析與心理治療提供了真正的新方向。

　　然而，從另一個角度來看，本書的思維與關注的方向並不侷限於精神分析，我們還運用了心智哲學的概念，以捕捉與描述嬰兒是如何透過探索他人的心智，來成就自身心智的歷程。人類會透過他人來探索自己，這個概念源自於德國的唯心主義，而後精神分析式的心智哲學觀又進一步地拓展了這樣的想法（Jurist 2000）。在社會認知的領域中，心智哲學的運用相當普遍。但我們的理論導向有些不同，因為除了認知外，我們也同樣關注情感。也因此我們援引了依附理論，依附理論強調嬰兒與原初照顧者的關係品質會影響到嬰兒的自我感（sense of self），並且有許多實證研究的支持。確切來說，我們的工作不只借用了依附理論，更對依附理論做了重大的重新概念化。我們認為，依附並不只有依附關係本身而已，而是能更進一步發展出表徵系統的能力，這可能是人類為了有助於存活而演化出來的功能。因此
3　本書另一個具有貢獻的面向，便是舒緩了過往精神分析與依附理論的一些長期緊張關係（Fonagy 2001）。

　　本書的書名是由三個標題（情感調節、心智化、自我發展）組合而成，主要內容就是在談這三個主題與其相互間的關係。我們主要關注嬰兒、孩童、青少年到成人的心智中，對心理狀態表徵的發展。心智化是一個發展理論界很熟悉的概念，論述了個體是如何理解到自己運用心智的方法，好用以調整對於外在世界的經驗。心智化可說是自我發展的根本，因為心智化會逐漸豐厚內在組織，讓個體能參與社會，並與共享此能力的他人構築出複雜的人際關係。另外，我們也用「反思功能」這個詞，為「個體有多少心智化的能力」做出操作型的定義（Fonagy, Target, Steele, & Steele 1998）。

　　心智化會立即令人聯想到自我的兩個層面：主體性（agentive）與表徵性（representational），也就是威廉・詹姆斯（William James 1890）所說的「主格我」（I）與「受格我」（Me）。自我表徵的發展一直以來都受到學者的高度關注，詹姆斯的「受格我」，或是「實體自我」（empirical self）（Lewis & Brooks-Gunn 1979），指的是我們認為自己身上所真實擁有的一系列特徵發展，儘管這可能是藉由推論外在環境對我們的反應而得來（Harter 1999）。因此，心智化的這層面在精神分析理論與認知理論中，都是有著長久歷史淵源的概念（Morton & Frith 1995）。但是自我做為心智主體，或我們在他處所說的「心理自我」（psychological self）這個概念（Fonagy, Moran, & Target 1993; Fonagy & Target 1995），相對來說是常被忽視的研究主題。心理學家與精神分析學者對鞏固自我主體性的發展歷程這個議題的漠視，可能是因為在傳統上受到太多笛卡兒主義者「第一人稱權威」的影響，認為個體能夠直接並正確無誤地得知內在的心智狀態，而不是將其看成是一個困難重重的發展成就。瑪西亞・卡佛爾（Marcia Cavell 1988, 1994, 2000）的工作尤其提醒了大家，精神分析的後設心理學其實與笛卡兒主義相差無幾。精神分析與人類發展學經 4 常附和笛卡兒的傳統假設，認為心智主體性的經驗是天生的。我們試圖在本書打破這個主流哲學傳統，提倡心智主體性應該是種逐漸發展或建構出來的能力。

　　對於意圖行動之表徵的發展與哲學研究都顯示出，意圖心智狀態的表徵可能有更為複雜的內在結構。個體可能可以部分意識到這些意圖結構，也可能完全無法意識到。這件事情之所以很重要，是因為要能理解到自我是個心智主體，就得透過人際經驗，特別是與原初客體相處的經驗。心智化包含自我反思與人際知覺，這兩種要素結合在一起，就可以使兒童區分內在與外在的現實，也能從人際溝通中區分出內在心智與情緒歷程。在本書中，我們會同時運用臨床材料與實證研究，佐以發展上的觀察，來呈現嬰兒能經驗到自己是個擁有心智的有

機體，或是經驗到他 [1] 自己的心理自我這件事，並非先天固有，而是從嬰兒期至兒童期逐漸演化出的一種結構。這樣的發展極為仰賴兒童與更為成熟、友善及具有反思的成人進行互動才能完成。

我們認為，心智化不僅只是一種認知歷程，同時也是透過與原初客體的互動來「發現」情感的過程。因此，本書也會把重點放在「情感調節」這個概念上。在許多發展理論與心理病理學的領域中，這個概念都十分重要（例如 Clarkin & Lenzenweger 1996）。情感調節就是主動調整情感狀態的能力，與心智化關係密切，因為心智化就是自我感與主體感的基石。在我們的想法中，情感調節是心智化的前提；但是我們也相信，一旦個體開始心智化，情感調節的本質便會有所轉變。在此我們辨識出情感調節可以是種情感狀態的適應，若發展出更複雜的型態，也能運用情感來調節自我。「心智化情感體會」這個概念，指的是一種更成熟的情感調節能力，讓個體能在自身情感狀態中，發現主觀的意義。我們認為，在每一種心理治療取向當中，心智化情感體會都是療效的核心，這代表著個體能在經驗上理解自己的感受，而這種經驗遠遠超出了僅能在理智上理解感受的狀況。也是在這種境界中，患者的抗拒與防衛才有意義，因為此時治療者對抗的不只是特定的情緒經驗，同時還是一整個心智模式的功能；這些受損的模式不只會扭曲心智表徵，阻礙療效的進展，同時也抑制了心智功能（Fonagy, Edgcumbe, Moran, Kennedy, & Target 1993）。所以我們可能會誤解自身的感覺，以為自己處於某種感受，但實際上真正感覺到的卻可能是另一種情緒。不僅如此，個體甚至有可能會把自己從情感豐富的經驗世界中踢出。比如說，有些人沒有能力從心理和心理社會的前因後果設想而一再重蹈覆轍，這可能就是因為此人的心理歷程受到了廣泛的抑制，或是鞏固這些能力的心理歷程發展出了問題。

我們的情感調節與心智化理論更豐厚了先前的理論學家所提出的

1　　為了便利與清晰，我們在此將兒童都寫作「他」，而將雙親和治療師標記為「她」。此處並非要凸顯任何嬰兒、雙親或是治療師的性別差異。

論點，如約翰‧鮑比（John Bowlby）所談的依附的演化功能。我們認為，早期客體關係的演化功能是為了使幼兒打造出某種環境，在這個環境中，可以充分地開展出理解他者與自我心智狀態的能力。我們假設，對於自我與他人心智的反思，都是建構出來的能力，是由早期關係演化而來。對人類而言，發展出能解讀人際互動的心智結構非常重要，而由於心智化又是人際功能的核心，由此推論，心智化在演化上必定有其特別的地位。語言當然是象徵性互動的主要方式，但為了要適當地運用語言，就需要組織主觀世界。內在狀態必須要有其意義，才能夠用來與他人溝通；同時我們也要有能力解讀他人的心智，才能在工作、情愛與遊玩時與他人合作。 6

　　本書會清楚強調，早期的人際經驗是最初的中介變項，影響著往後心理疾患與心理治療中會出現的心智能力。某種層面上，我們延續了心理社會取向的傳統，認為親職與早期的人際環境是發展病理學中的關鍵（Cicchetti & Cohen 1995; A. Freud 1981; Masten & Braswell 1991; Rutter 1993; Sameroff 1995; Sroufe 1996）。儘管我們支持上述的觀點，但在上個世紀的精神病學與社會科學中，隨著領養與雙生子行為基因學研究證據出爐，上述觀點也開始陸續遭到批判（Eaves et al. 1997; Hewitt et al. 1997）。這些研究者認為，過去的研究因為無法控制好基因上的變項，而過度高估了社會環境的影響。然而我們也注意到當前的精神醫學文獻都變成了單純的先天論觀點，覺得只有基因資料是寶貴的，而且還有著精神分析這種只注重心理層面資訊的學門所無法提供的價值。其結果就是，早期環境只剩下少許影響，而且這些影響還是由於生理因素的緣故，而非心理因素（例如 Marenco & Weinberger 2000）。

　　我們已經清楚知道，心理學的準則無法違背神經生理上的限制，但這並不代表心理學能簡化成為生物學。本書會討論到現今學界想把人類行為「基因化」（geneticization）的現象。我們認同演化論學者多布然斯基（Dobzhansky 1972）與古爾德（Gould 1987）所提的主

張，認為先天條件（遺傳學或基因）的功能是「潛力因子」而非「決定因子」。雖然那些生理決定論者常會用可塑論者或是互動論者的語言來解釋，但事實上他們骨子裡還是覺得生物學主宰了一切，基因才是最主要的決定因子。儘管我們知道性格在演化中有很大的變化性，不過遺傳而來的特徵還是被認為占有主要優勢。我們認為，學界之所以會出現這樣的傾向，是因為基因—環境有交互作用的實證數據還太少。然而，現代的基因學已有足夠的能力去重新考慮，是否還要緊抓著生物學這個保命符不放（Gould 1987）。

我們認為基因—環境交互作用的證據之所以不足，是因為行為基因學家傾向研究「錯誤」的環境：也就是學者們只研究生理上的環境，卻忽略了個體的心理環境。也就是說，他們沒有考量到「主觀性」，主觀性牽涉到人是用什麼機制在解釋外在世界。我們認為環境是「被經驗的」，主觀經驗就像是從基因型到表現型間的過濾器，具有主體性的自我底下有許多表徵歷程在運作，這並非只是環境與基因效用下的結果，而是更為重要、擔當著基因型會如何轉化成表現型的**中介變項**。我們把心智化當作這個中介調節歷程的核心，因為個體對於社會環境的解釋方式，才是影響基因表現的主因，而非物理環境。

這些思考使我們將「早期人際關係如何影響到往後經驗的理解」重新概念化，不再認為早期關係只是為日後的關係產生一套模板（例如 Bowlby 1980）。取而代之的是，我們深信，早期關係會影響到心理與神經生理學的發展，並決定了人際環境處理的「深度」。如果個體在情感照顧上的早期經驗非常不好，就會損害到個體日後處理或解釋心智狀態的相關訊息能力，尤其在具有高度壓力的人際情境底下，這個能力就變得相當重要。依附關係當中的不安全感就是心智化技巧受到限制的一個指標。我們發現，以「處理或是因應親密關係的能力」，來重新解釋傳統依附關係的類型，能有效地為我們提供幫助：相當良好（安全型依附），或相對貧乏（不安全依附）。而混亂型的依附則是代表著個體在遇到壓力情境時，會喪失心智化的能力。

　　所以，主體性或心理自我的健康發展要素到底與環境中的哪個層面有關呢？父母的同調互動（Jaffe, Beebe, Feldstein, Crown & Jasnow 2001; Stern 1985）經常包含著情感的鏡映——也就是說，父母會假設孩子現下可能擁有的感受，並運用臉部或是聲音的表達重現給孩子看，來安撫而非強化孩子的情緒。我們認為父母的情感鏡映是一種工具，能幫嬰兒創建出對自身原初情感狀態的正確次級表徵，以增強嬰兒情感調節的能力。而照顧者鏡映嬰兒內在經驗的心像，能夠組織成孩子的情緒經驗。因此，自我除了要面對環境的影響之外，在某種程度上，人際環境的互動也會**組成**自我。佛洛伊德認為，在嬰兒期時，自我會把他人當成是自身延展的　部分（例如 Freud 1900a），但我們的論述則與之相反——我們認為，自我就起源於他人經驗的延伸。

　　以下我們會提出兩個關係密切的發展理論，這兩個理論都在探討人是如何理解到心智的本質是表徵性的，以及它們與情感調節之間的關係為何。第一個理論就是父母鏡映的社會生物回饋理論，這個理論是在描述嬰兒自發的情緒表達，以及後續照顧者對於嬰兒做出的臉部與聲音表達，是如何透過「後效偵測」（contingency-detection）機制連結在一起。後效偵測是由約翰·華森與同事（Bahrick & Watson 1985; Gergely & Watson 1996; Watson 1972, 1994）所提出，在第四章中，我們會更完整地描述這個機制。後效偵測有兩個重要的功用：（a）嬰兒會因為父母的鏡映而得到控制感，改善情緒的狀態，最終，嬰兒就能經驗到自我能做為調節的主體；（b）建立情感狀態的次級表徵，奠定情感調節與衝動控制的基礎。有了次級表徵，情感就能像行為一樣，能於內在進行操作或釋放；個體也能感覺到情感是可以被辨識的，也因此能被分享。如果父母表達的情感與嬰兒的情感相差很大，就會無法適當地標記出嬰兒的內在狀態，使嬰兒感到混亂，並經驗到無法被象徵化的內在狀態，情感調節也會陷入困難。

　　由於情感鏡映是表徵架構的發展基礎，照顧者必須顯示出自身的情感表現並非真實的狀態：也就是說，父母鏡映出的情感並不

9

是父母自身的真實感受。我們將這種鏡映的特徵稱為「標記性」
（markedness）。若是照顧者的鏡映能與嬰兒的狀態一致，但卻缺少
標記性，嬰兒可能就會被壓垮；因為在嬰兒的感覺上，這就是父母的
真實情緒，所以反而讓嬰兒經驗到自身的感覺好像會傳染給他人、被
普同化，因此是比較危險的。簡單來說，當嬰兒知覺到這種與自己一
致，卻又太過真實的負面情緒時，嬰兒的情緒狀態反而會更為惡化，
而不是受到調節。這種鏡映會造成嬰兒的創傷，而不是讓嬰兒感到被
涵容。

　　第二個理論認為，在人類能認知到自己的心智具有表徵性之前，
已經有一個主觀性的本質存在。我們發現，在早期覺察心智狀態時，
嬰兒與幼兒會有一種特色，感覺到內在好像等同於外在，存於心智中
的事物，必然也存在於外界；而存於外界的事物，也不可避免地存在
於內在的心智中。我們把這樣的狀態稱為「精神等同」，這是一種經
驗內在世界的模式，這種模式可能會造成強烈的壓力，因為個體會把
內在的幻想投射到外在世界，外界因此變得可怕。所以，能學會用偽
裝的感覺來面對心智狀態，就變得很重要。照顧者重複的情感——調
節鏡映，能幫助兒童學習到，內在感受並不一定會波及到外在世界，
兒童的心智狀態可以與外在現實脫鉤（decoupling）。我們認為，若
父母可以提供更多的一致性情感互動，與具有標記性的適當鏡映，將
會促進這種脫鉤的歷程。相反地，如果父母很難調節自己的情緒，而
被嬰兒的負面情感所淹沒，表現出真實且未標記的情緒表達時，就會
干擾到嬰兒的情感調節發展，使嬰兒無法學習到表徵與真實心智狀態
10　之間的差異。若這種狀況持續下去，內在與外在精神等同的模式會因
此持續掌控個體的主觀世界，導致嚴重的人格障礙症。

　　情感鏡映也可能會有病理的一面。如果照顧者回應嬰兒時，產
生了負面的情感，而且又被這樣的情感壓垮時，可能就會對嬰兒展現
出過度真實的情緒。這不只會損害嬰兒建立次級表徵的過程，還會損
害到對自我與他人間的界線感——使經驗會瞬間透過等同感而蔓延，

從內在轉換為外在。我們相信這種歷程就是臨床上所見的「投射性認同」（projective identification），也就是邊緣型人格障礙症（borderline personality disorder, BPD）患者所慣用的防衛機制。這種經驗要是持續下去，投射性認同就會主導情緒上的經驗，使個體發展成邊緣型人格。在這邊需要特別注意的是，本書中所提到的「邊緣型」一詞，指稱的是一種病理的人格組織形式，可能是所有嚴重人格障礙的構成要素，而不單只是 DSM-IV 的邊緣性人格疾患（BPD）診斷而已。在本書中，我們提倡的模式想要解釋眾多患者身上的邊緣型現象，而不是只有那些符合正式診斷標準的患者而已。我們的目標是想說明一個包含更廣族群的患者，他們在心智功能上的本質可能會是什麼樣子。像是奧托‧柯恩伯格（Otto Kernberg 1967）就曾對邊緣型人格結構做出經典的描繪，也許也很貼近我們所描述的：在臨床情境中，這些患者的思考與情緒經驗時常會變得混亂且退縮，並引發治療師強烈的感受（例如 Rey 1979）。情緒不穩定是這些患者最大的特色，也被認為是他們困擾的本質。在對這些患者的治療中，都會出現戲劇性的共演（enactment）——有時是患者自身，有時是治療師——他們對於治療師的強烈依賴也增加了治療歷程的困難度。

　　第二種異常鏡映的類型與自戀型人格障礙症較為相關，而非邊緣型。這種情感鏡映雖有著適當的標記，但卻與嬰兒的情感類別不一致，也就是說，照顧者誤解了嬰兒的情緒。嬰兒仍然可以感覺到，情感鏡映是對應到他的原始情緒狀態。然而，由於這個鏡映與嬰兒真實的感覺並不一致，因此建立的次級情緒表徵是被扭曲的。嬰兒因此會把自己原初的、本體的情緒狀態貼上錯誤的標籤，導致嬰兒的自我表徵與底下的真實情緒狀態並沒有夠強的連結。個體雖然可以表達對現實的印象，但由於照顧者沒有辨認出正確的情緒狀態，因此自我仍會感到空虛，因為這反映出被啟動的情感的次級表徵無法對應到根本性

11

自我（constitutional self）[2] 上。只有在心理治療中，出現心智化的情感體會時，這些心理自我之間的斷層才能重新被連結起來。

我們會試著描述，當父母的情感鏡映出現異常時，會對個體的發展帶來不良的影響，而這種歷程底下的心理機制就是「異化自我」（alien self）的概念。大體而言，我們可以說，嬰兒從照顧者的心中看到了自己的意圖性，進而能把自我當成行動主體。如果父母在照顧嬰兒時極度不敏感，也無法與嬰兒保持同調，那麼心理自我的建構將會出現問題。我們跟隨著溫尼考特（Winnicott 1967）所說的，如果嬰兒無法在母親的心智中找到**他自己**，那麼他就只能找到母親。嬰兒會被迫內化客體（母親）的心智表徵來成為自我的核心。但在這樣的狀況中，內化進來的東西是「異化」的，因此無法與本體的自我結構相連在一起。在長期受到母親不敏感或錯誤同調照顧的案例上，這些嬰兒的自我建構中會出現缺陷（fault），那是因為嬰兒被迫內化了客體的心智表徵以做為自我的核心之故。

在早期發展中，個體能用外化的方式去處理「異化自我」；但隨12 著心智化的發展，它將會逐漸交織到自我之內，並創造出一種自我統整的幻象。這可以解釋為什麼那些被診斷為混亂型依附的孩子，會頻繁地控制與操弄父母的行為。因為藉由這樣的投射性認同歷程，他才能滿足自我統合感的需求，把異化的自我結構從心中丟出，再從他人身上（通常是父母）接收到這些被丟出去的自我。這些人需要不停地運用投射性認同來外化異化的自我，而這種自我的混亂也會瓦解掉他們任何的依附關係。

其實每個人都會有異化自我，因為父母的照顧不可能這麼完美，在正常之下都會出現短暫的疏忽。隨著心智化的發展，以及還算健康的童年環境，兒童的內心就會有足夠的功能，創造出一種自我敘事（self-narratives），來克服這種因為沒有完美契合造成的自我斷裂。

2　　我們在這邊運用「根本性自我」這個詞彙的意思是，個體的情緒表達有許多生理性的決定因素，像是氣質這樣的因素就佔有很大的主導性。

異化自我最危險的地方在於，當個體日後在家庭或同儕團體中經歷到創傷時，會迫使他們利用異化自我來認同攻擊者，以隔絕痛苦。在這些狀況中，攻擊者的影像會侵占自我的裂縫，而兒童就會經驗到自己就像一個毀滅者，甚至是一個怪物。因此，我們認為早期不當養育所造成的脆弱性，將會對日後的發展造成極大的傷害。如果日後的經驗也出現了問題，個體就會因此而無法推動後續的心智化發展，或得運用這些自我發展中的那些缺陷做為防衛，而造成嚴重的心理病理。這些因素會相互作用，倘若個體的心智化能被彈性地運用以解釋迫害者的行為，就能增加在這些心理攻擊下存活的可能性（Fonagy, Steele, Steele, Higgitt & Target 1994）。然而，依附脈絡中的暴力相向，會造成個體強烈的羞愧感，如果這樣的感受又伴隨著因照顧者的長期忽視所造成的脆弱心智化，就有可能觸發個體對於自我或他人的暴力，因為個體無法用心智化能力來處理他在創傷中經驗到的那種強烈羞愧感。對這些人來說，由於自身感受與客觀現實之間幾乎沒有距離，所以這種無法心智化的羞愧感出現時，個體就會經驗到自我好像要被摧毀了一樣，我們將其稱為「自我毀滅性的羞愧」（ego-destructive 13 shame）。對很多人來說，運用異化、解離的那部分自我，來涵容攻擊者的形象，以及涵容那些因為虐待行為而無法被思考的情感，是他們得以活下去的唯一辦法。我們也將在本書中說明部分案例。

　　個體若把異化自我當成一種防衛，雖然一開始可能會起到一點效用，但也會為日後的心理病理埋下種子。在我們的觀點中，它後來將會發展成嚴重的人格問題，因為這種方式的防衛已在三個面向上脫離了常軌：（a）這代表著個體進一步放棄了心智化，至少在依附脈絡當中是如此；（b）自我內會有個殘酷的異化他者而阻礙心理自我，以及（c）使個體會極度地需要他人實質的陪伴，以做為異化自我的外化對象。這些特徵綜合在一起後，便能解釋邊緣型患者在許多功能上的失調。經歷過虐待與創傷的個體，無法思考施虐者的行為，也無法用心智狀態去解釋這樣的行為，因此自動且防衛性地犧牲了他們對

內在狀態的思考。在一般的人際關係中,他們可以思考自己與他人的心智狀態,但在關係中情緒高漲時,他們就會把關係弄得既衝突又糾結,因為此時他們的心智結構已經變為依附關係中的失能狀態了。由於患者已經放棄了心智化,所以他們的內在現實就會被精神等同模式所掌控。這些人就像其他患者一樣,在治療關係中會有很多期待與想像,但與一般患者不同的是,他們的期待會給分析師很大的現實壓力,也非常沒有彈性。由於他們無法思考心智狀態,所以他們也沒有自我敘事的能力,無法以「敘事性的撫慰」(narrative smoothing)來填補自我結構中的斷裂,所以治療師能非常清楚地看到與感受到這些人的異化自我。分裂(splitting)會成為這些人主要的防衛機制,而投射性認同(也就是對異化自我的外化)也成了他們活下去的重要部分。因為投射性認同的機制需要有個實質的對象存在,才能進行外化,所以「過度依賴」往往是這些人的主要議題。

　　我們對於早期人際環境重要性的重新概念化,有著臨床上的意
14 義。像是在心理治療中,對於那些因早期經驗而失去心智化能力的患者,治療師應該要把重點放在協助他們建構出解讀人際關係的能力。我們可以把所有的心理治療都想成是一種致力於建立案主心智化功能的活動。在我們的重新概念化中,讀者們可以重讀到很多過往學者的理論。整本書中我們會常常提到,這些想法是來自於那些精神分析學者的理論,當然也不僅限於客體關係理論而已。舉例來說,我們會常常將心智化理論連結到比昂(Bion 1959)涵容(containment)的概念。人類的大腦在人際詮釋上的角色橫跨很多生物學的架構(Bogdan 2001),仍有許多未知的部分有待探索。我們在本書中原則上只討論反思功能與心智化,這兩個能力是在人類廣泛的心智能力中萃取出比較能操作的例子。

　　在心理治療中,除了最主要的治療目標外,另一個重要的目標就是拓展患者心智化的能力。尤其是對那些位於邊緣型光譜底端的患者來說,治療師的工作就像是在扮演父母的角色,能直覺性地投入到孩

子精神等同的世界中以強調其表徵性格。藉由聚焦在患者現下在移情中的經驗，治療師得以整合患者心中的兩種心智模式：一種是比較僵化的模式，患者會經驗到內在就等同於外在；另一種則是分得很開，患者會經驗到內在與外在完全無關。由於患者一定得把異化自我投射到治療師身上，才能在心理上靠近治療師，所以無可避免地在治療中會出現共演（enactment）。然而也就是在這種時刻，當治療師演出患者經驗中分裂的部分時，才能精準地觀察到患者的真我。可惜的是，大部分的治療師很難在這種時刻中還能保有能力，向患者溝通他的洞察與理解。在這種痛苦的過程中，更有可能上演的，反而是治療師的暴怒或恐懼，或是這兩者一起出現，讓他無法看清患者。儘管如此，只要治療師能持續且堅定地專注於理解患者經驗上時時刻刻的改變，通常都會成功。經過心理治療，即使是狀況非常嚴重的患者都會有驚人（Bateman & Fonagy 1999）且長久（Bateman & Fonagy 2001）的效果。

15

並不是所有的邊緣型患者狀況都像上述描述這麼嚴重，但多少都會帶有這種色彩。如果照顧者的情感回應無法對應到孩子的根本性自我狀態，生成的次級表徵也不會跟原本的自我有連結，所以情感調節也會出現困難。照顧者那些不準確的鏡映，讓嬰兒很難把情緒經驗成是「對的」（true），導致次級表徵無法幫助個體評估與解釋自我的情緒狀態。在這種狀況下，孩子也無法用語言做為思考真實想法與願望的依據。對這種案主來說，心理治療的目標在於，幫助他能將意識上知道的情感狀態，與真正本體所經驗到的情感間做出連結。我們用「心智化情感體會」（mentalized affectivity）這個術語，來描述個體能連結自身情感意義的能力。在臨床上之所以會強調要對各種感覺有經驗性的理解，是因為「感受到意義」（meaningfulness）非常重要，能幫助自我在原初的情緒狀態與次級情緒表徵間，重新做出真實的連結。聚焦於情感工作非常重要，因思考與反思情感的過程可以幫助個體的次級表徵結構重新連結起來，而個體表面上看似在表達某種情

感，但其實是在非意識中表達另一種情感的那種錯誤連結，也因此能得到修正。

本書共分為三個部分。第一部分（第一到三章）是理論的篇章；第二部分（第四到八章）則論述了發展的部分；第三部分（第九到十一章）屬於臨床的篇幅，書末則附有結語。之所以將本書分為這三個部分，是為了便於閱讀；但這並不代表這三者是各自獨立而毫無關聯的。例如說，讀者們將會發現，理論當中有很大的一部分也在討論發展；而在發展的篇章中，也有著重要的自我理論，以及一些臨床實務的介紹。這些都是刻意安排的結果。透過本書，我們嘗試整合理論、發展與臨床的層面。我們也致力於塑造一個理論，是可以回應臨床上的觀察，同時也有系統性的研究做根基，目標是讓理論與研究可以做為臨床經驗的後盾。

每一章節的內容如下所述：

第一章提供了本書所有主題的預覽。我們談到了依附理論、早期人際環境的研究，與認知發展研究間的關係，我們特別把重點放在「心智化」的認知發展研究——「心智理論」（theory of mind）的研究上。我們會描繪出（並在接下來的章節逐步加以充實）自我組織的發展進程，以及早期的不利環境、日後創傷，或是兩者的結合，會如何造成個體在發展上的異常。我們會談到，心理社會的危險因子會如何變成日後的症狀，而心智化在這個歷程中所扮演的就是中介變項的角色。

在第二章，我們橫跨了數種學科來探討學者們對於情感理論的想法。有些人認為情感無法組織，也不會受到認知影響；相反地，有些人嘗試將情感整合為認知活動。我們認為這兩種論述其實都可以用心智化的概念來解釋——更加精確地說，是心智化的情感體會（mentalized affectivity）。我們會介紹情感的初級表徵與次級表徵有什麼不同，也會呼應到心理學、神經生理學與精神分析的看法。

在第三章中，我們會談到，近來學者不斷地爭論在人格的發展

上，到底是受基因的影響大，還是早期環境的影響較大？有愈來愈多的學者們認為，人際認知的能力是由基因決定，而非早期環境的產物。但我們卻有不同的看法，認為心智化的能力其實是從依附關係當中所誕生。我們認為，人類解讀人際環境的能力，是調節基因從基因型到表現型的關鍵，並藉此來反擊基因論。依附經驗可以促進或者是削弱心智化的能力（或是心智化衍生出的「人際詮釋機制」的能力），並在創造**經驗性的環境**此事上扮演著重要的角色。所以我們在本章重新定位了依附理論的重要性，過往都只強調依附是種關係樣板，並且在嬰兒時期就定型了。但現在我們認為，依附是種演化功能，目的是為了提供給嬰兒一個脈絡，來發展出對於人際的理解能力。

17

　　第四章會詳細介紹我們的發展模型，描述對於情感的人際詮釋機制，會如何在嬰兒—照顧者關係的脈絡中，互為主體性地演變出來。這是個化約式的模型。在傳統上，精神分析發展模式往往過度高估嬰兒的能力。這恰好也是安娜・佛洛伊德與梅蘭妮・克萊恩（King & Steiner 1991）所掀起的「論戰」（Controversial Discussions）中，爭論的重點之一。相反地，我們的模式較為單純，是立基於葛瑞蓋與華森（1996）的生理回饋理論（Social Biofeedback Theory）。華森的研究在探討，嬰兒是如何在自己的本體感受（有意圖的動作）與外在世界之間，慢慢發展出一種對後效關係的敏感度。[3] 我們認為，母親對嬰兒情感表達的鏡映，會使嬰兒發展出對於情感的內在表徵。嬰兒會內化照顧者的鏡映，並用來表徵某個內在狀態。不過上述的狀況有一些前提，包括照顧者能給予嬰兒充分的同調，還有使嬰兒能了解到，照顧者正在表達的情感並非照顧者自己的情感，而是嬰兒的情感。這樣的

3　　譯者註：後效（contingent）——原意是指一件事發生後，緊接著又發生另一件事，而前後兩件事之間的關聯程度或發生的機率。為了讓翻譯更加口語話，在不同脈絡中會有不同的譯法；當它是專有名詞時，會翻成「後效」，例如「後效性」（contingency）、「後效偵測」（contingency detection）；在描述性的脈絡中，會翻得較口語，像是母嬰間的「連貫互動」（contingent interaction）、母親「完全一致的回應」（perfect contingency）。

解釋將有助於我們理解許多嚴重的病理。

在第五章，我們回顧了一些跟自我發展有關的發展研究，來探討自我（self）做為行動主體（agent）的發展，而不是做為表徵概念的發展。我們用五階段的模式來描述，個體會對自己以及他人的心智世界發展出愈來愈細緻的理解。在本章中，我們會率先挑戰互為主體性（intersubjectivity）這個重要的議題，在發展理論中，它是個值得存疑的概念。因為我們認為，人際中的互為主體覺察應該是比較後期才發展出來的能力。而我們也假設完整的人際覺察是一種發展上的歷程，這讓我們能對心理問題做出一系列豐富的解釋。大體來說，本書認為人格問題所反映出的，往往就是不成熟的人際覺察模式再次回到個體身上，而互為主體論者則認為個體天生就擁有互為主體能力，我們的假設與其大相逕庭。

18   在第六章，我們會更直接地應用早期發展研究的發現，來建構出主觀性發展的精神分析模式。我們同時運用臨床與實證證據來說明，當幼兒在處理內在經驗時，有著兩個不相容卻可以相互變換的方式：幼兒可能會覺得心智世界是全然真實，或是全然不真實。我們認為幼兒會透過與現實遊玩（playing with reality），而能在遊戲中把真的變成假的，假的變成真的，並進而發展出心智化的能力。在第六章與第七章會各自介紹一位兒童的案例，兩個孩子都接受了精神分析式的心理治療。第六章的「蕾貝卡」是個可愛的小女孩，被年輕的單親母親帶大；她在治療中學習到可以如何與自己對父親痛苦的印象一起遊玩。起初，這個想法因為太過真實而玩不起來，她對於父親的感受也阻礙了她原本正常的發展。

在第七章，我們會介紹「麥特」，他是在心理上更進一步受到剝奪的小孩。麥特那些遭受到不當鏡映的經驗，讓他感到自己沒有被母親所涵容，而那些無法被涵容的情感，被他經驗成自己身體的一部分，所以他努力創造出一個自我控制的幻象。他的遺糞症狀與類自閉特徵都對充滿玩心的治療態度有良好反應。

在第八章中，我們會談到青春期的特殊性，青春期是一個很容易出現嚴重心理困擾的時期。我們認為原因在於青少年此時在心智世界中的負擔會日益增加：認知的複雜度突然躍升，同時間他們又面臨到與原初依附者分離的壓力。本章會談到兩個案例：「東尼」與「格倫」。他們都經驗到了突然變得複雜的人際世界，但兩個人的預後卻十分不同。我們推測，這是因為這兩位案主的早期經驗有著關鍵性的差異，使得其中一人能具備比另一人還要穩固的心智化能力。

在接下來的兩個章節，我們會討論嚴重人格障礙症的成人個案。我們認為他們在早期無法良好建立具有心智化的主觀性，最終便持續發展成這樣的結果。

在第九章中，我們會開宗明義地談到，邊緣型人格障礙症的起因是個體的心智化能力因童年時期的不當對待而受到抑制。我們的推論是，早期的不當養育很可能會抑制心智化的能力，使得心智化的前導 19 條件無法穩固地被建立起來。所以他們只能發展出一套早於心智化的人際詮釋歷程，而這樣的機制會掌控他們的行為，至少在依附關係的脈絡中是如此。

在第十章，我們會將心智化的失敗連結到自我結構中的扭曲；早期的同調失敗將會導致自我表徵結構的混亂。若再與創傷結合在一起，這些因為自我整合問題所造成的發展侷限，可能會讓個體出現嚴重的關係議題。本章以兩位案主做為說明：第一位案主是「愛瑪」。愛瑪有自殺傾向，用不當的管理方式對待自己的慢性生理疾病，我們可以在她對待自己身體的方式上，看到她是多麼缺乏心智化。愛瑪把那些自我結構內混亂的部分外化到身體上，讓她全面地扭曲了對於身體經驗的連結。第二位案主是「亨莉葉塔」，她有對情人暴力相向以及自我毀滅的紀錄。她那停留在前心智化層次的功能深刻地影響了與治療師的關係。在本章中，我們也會討論到，在這些混亂的自我結構，以及非常有限的心智化能力下，我們還是能利用某種特定的移情與反移情現象來理解案主。

　　最後，在第十一章，我們另外呈現四個具有治療性的片段。這四位案主都在分析取向的治療中，展現了不同的「心智化情感體會」的樣貌。本章的目標是想要說明，如先前所探討，如果照顧者無法給予嬰兒準確的鏡映，那麼情感的初級表徵與次級表徵之間就會出現錯誤的連結，進而造成自我發展上的失調；為了因應這樣的病理，治療必須同步觸發情感的初級表徵與次級表徵。這些案例也說明了，在分析式取向治療的實務上，整合情感與認知是很重要的。當個體發展出對於情緒狀態的次級表徵，便能經驗到主體性，將人類的兩種基本需求連在一起：第一個需求是對內的，人類會想要對心智力量維持一種內在平衡的感受，這也是佛洛伊德探索之旅的核心；第二個需求是對外的，我們會想要被整合到人際世界之中，一方面要尊重他人心智的獨立性，同時又能有某種彈性，能夠跨越這種分離感，創造出親密的情感與有效能的關係。當個人內在的目標跟人際上的目標都能達成時，治療才算有成效，而這也是我們深信心智化的情感體會扮演著重要角色的原因。

　　本書的結語會談到我們的想法在心理病理學以及心理治療上的綜合應用。

理論觀點

第一部分由三個章節所組成，在這三章中將會先簡介一些理論概 21
念。第一章為序幕，我們會先為一些名詞下定義，包含自我反思功能
（self-reflective function）與心智化歷程（mentalization），以及最重要
的論述——心智化能力（the capacity to mentalize），這個能力也是個
人能感受到心理自我（psychological sense of self）的關鍵。

不過，心智化不僅只是認知上的概念而已，因此在第二章，我們
會從其他面向切入，以談論情感與情感調節，澄清情感調節的意義，
更重要的是區分情感調節的兩種型態。情感調節最基本的型態為：個
體需要其他客體來幫助自己調節情緒，而基本型態將藉由「心智化
的發展」轉為更複雜的型態，最終目標是使個體獲得「自我調節」
（self regulation）的能力。

最後，在第三章中，由於在臨床領域中有太多誤用基因—生理論
（先天論）的狀況，所以我們著重於討論早期發展環境的重要性，以
替環境論者（後天論）辯護；相較於基因—生理論，雖然環境論的證
據較少，卻可以收拾基因—生理論所造成的爛攤子。在此，我們也為
依附理論提出一個重要的新觀點：根據我們的看法，依附的主要目標
便在於利用心智化的能力，為各種「自我狀態」產生一套新的表徵系
統。

【第一章】依附與反思功能在自我組織中的角色

　　這一章主要介紹的是依附歷程，以及自我是如何發展出「能夠想 23
像自我與他人心智狀態」的能力，以及這個能力與前述所提及的心智
化（或反思能力）這三者間的關係。在全書當中，我們不斷強調，心
智化能力是自我組織與情緒調節的關鍵，而這樣的能力是兒童透過早
年的人際關係脈絡所習得。我們的假設是，反思能力是在嬰兒─照顧
者的互動脈絡當中發展而成，而「依附關係的品質」則會影響到母嬰
關係中的反思能力。最後，我們將會把這些資料與推論合併至心智理
論（theory-of-mind）發展的當代模型中。

反思功能或心智化的歷史脈絡

　　在哲學與心理學史上，與情感和自我相關的概念與見解一直是相
當豐富的。撇開歷史脈絡不談，自我與其相關的概念也是社會科學家 24
與發展學家在近代特別感興趣的話題（例如 Bracken 1996; Cicchetti &
Toth 1994）。心理學在提及自我時，通常都會追溯到詹姆斯（1890,
1892）將自我區分的兩個面向：主格我 I（自我為主體），與受格
我 me（自我為客體）。主格我是一個主動的主體，負責建構出受
格我的自我概念。用認知神經學的話來說，受格我就是自我的心理
表徵，而主格我做為主體，體現這些自我表徵的心智歷程或是功能
（Mandler 1985）。主格我組織並轉譯經驗，使經驗能夠連貫，並創
造出自由或自主的感受，讓一個人能感受到自己是獨特的個體（見第
五章）。而當代發展心理學帶領我們更詳盡地理解組構了自我經驗表
徵的心理歷程。

　　在過去的十年中，發展心理學家注意到，幾乎所有的孩子都

能藉由歸因心智狀態，來解釋自己與他人的行為（見第三章與第四章）。這就是所謂的「反思功能」，以發展心理學的角度而言，也就是所謂的「心智理論」。心智理論是藉由發展而習得的能力，讓孩子不只能回應他人的行為，更能讓孩子理解他人的信念、感受、態度、欲求、期待、知識、想像、假裝、欺騙、意圖、計畫等等。反思功能，或者說心智化的能力，就是使孩子能「解讀」他人的心意（Baron-Cohen 1995; Baron-Cohen, Tager-Flusberg, & Cohen 1993; Morton & Frith 1995），他人的行為也因此變得**有意義**而且可以預測。與他人相處的早期經驗讓孩子建構與組織了一套多重的自我—他人表徵。當他們更加了解他人的行為時，就能更有彈性地從這個多重系統中選擇要運用的表徵，並在特定的人際情境中做出最適當的回應。反思功能（reflective function，簡稱 RF）指的是一種能夠把心理歷程操作化的能力，這是個體學習「心智化」的必備能力——精神分析學派（Fonagy 1989; Fonagy, Edgcumbe, Moran, Kennedy, & Target 1993）與認知學派（例如 Morton & Frith 1995）都有提到這樣的概念。反思功能或心智化是一種心理能力的展現，與自我表徵有著密切的關係（Fonagy & Target 1995, 1996; Target & Fonagy 1996），它同時涉及到自我反思與人際的部分，理想上能讓個體擁有發展良好的能力，得以區分出自己的內在感覺與外在現實，如此一來，個體就能藉由「假扮」的方式去應對心智功能中「現實」的部分，並在人際互動中擁有自己的心理與情感歷程。

在心理學當中還有另一種自我理論，也在論述這種人與人之間相互依賴且相互理解他人與自己的能力。庫利（Cooley 1912）指出：「那些使我們感到驕傲或羞恥的事，並不是出自於我們自身，而是因為我們能想像他人心中的情感，才會造成這些感受。」（p. 153）因此從發展上來看，兒童在早期就具備了一種心理能力，能從他人的心理狀態中，得到自己狀態的回饋。孩子探索他人行為的意義，也可以說是試著標籤、尋找自己心理經驗意義的前兆。自我組織是由情

緒調節、衝動控制、自我監控，以及經驗到自我做為行動主體（self-agency）這些功能，如同積木一樣組合起來的，而理解他人與自己的能力可說是這些功能的根基。本書也將試圖追溯，個體究竟是在哪些階段學到反思或心智化的能力？這種能力是如何扎根於依附關係當中？與自我組織發展的關係又是什麼？還有它在情緒經驗當中的重要地位。在最後一章談到具有心智化的情感體會時，我們會再更詳細地討論此事。

　　反思功能的概念出自於丹尼特（Dennett 1978, 1987, 1988）的論文，他認為人能運用三種位置（stances）來預測別人的行為，分別是：身體位置、構思位置與意圖位置。丹尼特以電腦與人類下棋的對弈程式來舉例：身體位置就是電腦設備本身的狀況；而構思位置是指這台電腦所擁有的知識，像是對弈程式的設計。當電腦開始下棋時，我們能推論電腦下一步的棋路，因為我們從中可看出電腦的信念（belief）與欲求（desire），而這就是意圖位置。丹尼特認為，這些預測電腦的方法同樣也可以預測人類行為——我們也可以像猜想電腦那樣，猜想他人在想些什麼。這便是一般心理學中「心智理論」的概念（Churchland 1986; Fodor 1987; Mele 1992）。[1]

　　「心智理論」指的是個體能用一系列相連的信念與欲求來解釋人的行為。而且心智理論的概念有相當高的解釋力。一些心智哲學家們擴展了丹尼特的理論，把它也拿來檢視潛意識歷程。他們認為佛洛伊德最大的貢獻之一在於，把大眾心理學擴展到潛意識的範疇，把心智理論變成心智的潛意識理論，一些平常就會出現的心智模式，像是夢、神經質症狀、幽默，若用一般的意圖架構去看會缺乏意義，但若加入潛意識的信念、思想、感受與欲求後，就變得很容易理解。

　　用於研究目的，心智化的操作型定義就是反思功能（Foragy et al. 1998）：我們藉由評估個體解釋自己與他人行為的能力，來衡量個體

1　丹尼特的假設或許有些多餘的限制（Bolton & Hill 1996）。因為此假設並沒有強調預測非理性系統功能下的行為。

的心智狀態。特定的經驗會引發特定的信念與情緒，而特定的信念與欲求又會造成特定的行為，也就是說，信念、情緒與特定發展階段中的經驗或關係，彼此間息息相關。個體雖然無法以理論性的方式來理解這些歷程，但當遇到一些事情時，個體可能就會自動運用依附關係27 中的經驗來做解釋。因此，我們不只可以觀察到每個人都會用不同的方式解釋他人的信念、欲求、計畫，這樣的個人特色也會表現在認知能力上，像是自我意識、自主性、自由與責任感這類的自我組織（Bolton & Hill 1996; Cassam 1994）。所以廣義來看，意圖位置（像是不合理的潛意識舉動）能創造出使自我結構更加統整的連續性自我經驗。

　　讀者必須注意，反思功能與內省（introspection）絕不可混為一談。博爾頓與希爾（Bolton & Hill 1996）指出，內省的缺點在於，它僅能用意識或是自陳的方式來理解心智狀態，而不是一種真的能體會心智狀態的能力，所以內省無法協助個體調整行為。內省或自我反省（self-reflective），與反思功能有很大的差異，後者指的是一種在潛意識中闡釋人類行為的自動化歷程。我們可以把內省當做是種過度學習（overlearned）的結果，所以如果意識上出現了認知的偏差，內省也會隨之出現系統性的偏誤，很難被偵測與修正。而反思功能的形塑與整合完全位於覺察之外，與內省相反，它是純然對於自我的經驗。所以說，擁有心智的知識並不等於了解自我的經驗，而內省其實只是把心智理論套用在自己的心智狀態上罷了。

反思功能在精神分析中的概念

　　在精神分析中，有各式各樣的用語在描述心理歷程，這些用語都與心智化的概念有所重疊，而它們的根基都是「反思功能」（RF）。由於篇幅有限，我們無法詳盡介紹，但我們會提到幾個重要的概念，好幫助讀者能將現在閱讀的架構與其他作者的架構連結在一起，觸類旁通。在精神分析中有很多的文章都談論過心智化，

只是標題各自不同，讀者可參閱萊庫斯與布夏（Lecours & Bouchard 1997）精彩的文獻回顧。這些概念都是出自於佛洛伊德在早期講的 28 「Bindung」[2]，或是連結（linking）的概念。佛洛伊德（1911b）在討論初級歷程與次級歷程時提到，Bindung 是從物理（立即）轉為心理性質的一種連結，這個連結讓心理得以運作，並象徵出各種方式都無法描述的內在狀態（若以能量的形式來思考的話）（Freud 1914c）。有些人可能會說，反思功能的這個概念與梅蘭妮‧克萊恩所提的憂鬱心理位置（Klein 1945）最為相近，因為憂鬱心理位置的概念就是：一個人開始能夠了解他人的傷痛，並且知道自己在那個過程中所參與的部分。反思能力也很類似比昂（Wilfred Bion）（1962a, 1962b）所描述的「阿爾法功能」（α function）。阿爾法功能指的是將內在經驗中那些僵硬的東西（貝塔元素）轉變與描繪為能忍受與思考的經驗。與當前觀念相似，比昂也談到，母嬰關係是象徵能力的基礎。溫尼考特（1962）曾提過，照顧者若能對嬰兒有**心理上**的理解，就能讓嬰兒產生出「真我」（true self）。溫尼考特也是最先在精神分析理論中談論自我發展的人（例如 Fairbairn 1952; Kohut 1977），他認為，當個體能經驗到自己在他人的心中是一個有自身想法與感受的人，就能發展出心理上的自我。如果父母無法以理解來回應嬰兒的內在經驗，就會從孩子的身上剝奪掉一個相當核心的心理結構，使孩子無法良好地發展出自我的感受。

　　與英國不同，法國精神分析師大量地利用經濟學的觀點（譯者註：古典精神分析的觀點），來建構心智化的概念。皮耶爾‧馬帝（Pierre Marty）曾提過，心智化就像是前意識系統的一種保護性加持，能防止心智出現持續性的瓦解（Marty 1968）。心智化把興奮性的驅力與心理表徵連結在一起，因而創造出「流動性」及「恆存性」（Marty 1990, 1991）。心智化的能力讓我們可以自由聯想，同時又保

2　譯註：德語，意指兩種物體間的連結。

有恆久與穩定。同時，皮耶爾・盧奎特（Pierre Luquet 1981, 1988）也提到，心智化的這條道路能讓人發展出不同形式的思考，重組內在經驗。皮耶爾・盧奎特在書中談論語言理論的章節裡（Luquet 1987），

29　將心智化區分為原初的心智化（我們可以想成是欠缺反思能力的情況），與次級象徵性的心智化。次級心智化還是很接近感官刺激與原初的潛意識幻想，我們可以從夢、藝術、遊戲中觀察到這個歷程。此外他還提出了第三個層次，也就是言語化的思考。他認為，這是離軀體歷程最遠的階段。安德烈・格林（Andrè Green 1975）、漢娜・西格爾（Hanna Segal 1957）、喬伊絲・麥克杜格爾（Joyce McDougall 1978）等人也提過類似的說法，近期的學者奧拜克（1993; Auerbach & Blatt 1996）、布施（Busch 1995）與佛羅施（Frosch 1995）對此亦有所論述。

與心智化發展有關的理論

　　貝倫—柯恩（Baron-Cohen）與斯沃倫漢姆（Swettenham）提出了一個很好的問題：「像信念（與錯誤信念）這種如此抽象的概念，幼兒到底是怎麼學會的？而且全世界的孩子幾乎都是在差不多的年紀學會的！」（1996, p. 158）。而他們的答案就是**模塊理論**（modularity theory）。他們認為，嬰兒的腦內天生就有特定的區域專門在處理類似的學習。以下就以喬姆斯基（Chomsky）解釋孩子是如何學會語法的例子來做說明。喬姆斯基認為，大腦當中有一塊特定的區域是天生的語言學習區，嬰兒依照先天就已規畫好的模塊來做學習，所以可以非常迅速地上手（也可參見 Baron-Cohen 1995; Leslie 1994; G. Segal 1996）。其他當代的心理學家則推論，若要擁有心智理論的能力，認知性的前導條件是不可或缺的。有些人也偏好用大眾心理學的方式來解釋，像是**理論—理論**（theory-theory）的取向認為，嬰兒會根據自己的經驗發展出一套類似科學的理論，對心智建立各種不同的命題（例如 Botterill 1996; Gopnik 1996）。其他人則認為，心智理論是藉

由**類推**（simulation）而被獲取。嬰兒藉由類推自己的心智狀態到他人身上，來假想在同樣情況下他人會怎麼做（例如 Goldman 1993; P. L. Harris 1992）。甚至更單純地，孩子只是把自己想像成他人，而當中並沒有牽涉到任何內省或推論的歷程（Gordon 1992, 1995）。在第五章中，我們會對於這些看法和其他理論有更詳細的探討。

乍看之下，類推理論（simulation theory）或理論一理論模型都是以社會學習的取向來解釋人是如何發展出解讀他人內心的能力。但仔細檢視的話便會發現，這兩者都把關鍵放在機轉程度而非內涵上。這 30 兩種理論都在探究孩子到底是如何及何時能知道他人的心智，卻不探問孩子在與人互動時，內心的感覺到底是什麼。但至少在這個脈絡下，對他人心智的知識與情緒應該是密不可分的。舉例來說，幼兒雖然能多少知道他人的感受，但不太會在意它；但同樣的狀況對青少年來說，卻會成為攸關生存的大事。心智狀態中的情緒會影響到我們演化出多少的能力與結構來處理經驗，然而這一點卻很少被提到。近年來心智理論的發展模型都傾向把孩子當成獨立的資訊處理器，僅用自己的生理機制來建構心智理論，若孩子的天賦不好，將來的表現也必定不好。

從發展心理病理學與心理治療的觀點來看，上述的兩個理論其實並無用武之地，因為這兩種理論都忽略了孩子與父母間情緒關係的重要性，像這樣的情緒關係可以讓孩子用心理的角度來理解人際互動。孩子心智功能的發展，就活生生地體現在家庭給予的環境下。早期的家庭環境是一種既複雜又有高度情緒的人際互動關係，而這些情緒都需要被照顧者反映出來，並讓孩子加以了解。所以當我們在觀察孩子能不能獲得「意圖位置」的能力時，都會檢視家庭互動的方式，像是父母管控的品質（Dunn, Brown, Slomkowski, Telsa, & Youngblade 1991）、父母如何與孩子談論情緒（Denham, Zoller, & Couchoud 1994）、父母與孩子討論情感時的深度（Dunn, Brown, & Beardsall 1991）等等。若家中有年長的手足做為榜樣，孩子在錯誤信念類的

實驗中也能表現得更好（Jenkins & Astington 1996; Perner, Ruffman, & Leekam 1994; Ruffman, Perner, Naito, Parkin, & Clements 1998）。

31　　若用模塊理論來解釋心智理論的發展，並沒有辦法解釋上述現像，理論—理論與類推理論亦然，都無法解釋這麼重要的自我組織是如何從社會中被建構出來。在理論—理論取向中，心智概念被當成是猶如網路般互相連結、從社會中抽取出的一件件資料。但社會其實並不單單只是把概念「給予」孩子，而是提供了孩子「建構概念」的資料。同樣地，在類推理論中，心智狀態的概念被認為是由內省中所得來，但它卻沒有解釋孩子到底是如何思考他們的心智狀態，像是感覺、信念、期望等等。而本章跟本書就是在探討，在父母與孩子的關係中，孩子會如何從前反思性的心智狀態經驗，進展到能夠進行反思與理解。以上兩種讀心的社會模型都只解釋了一部分的歷程；而一個好的理論應該要能夠解釋孩子在理解他人心智上的個別差異，因此我們認為，一個理論若要令人滿意，就得論述依附關係的發展。

反思功能在嬰兒期的發展根基

「目的論」位置

　　大部分的人都同意，「自我組織」一開始是由與身體感覺有關的各種經驗整合而成，如此才能界定自己的身體與外界的界線（例如 Brownell & Kopp 1991）。一旦建立了身體自我，那麼像是人際交換、判斷人際界線以及之後對人際因果關係理解，就會成為自我功能的核心。打從出生的那一刻，嬰兒就會用非語言的方式與父母溝通，而父母也能辨認出嬰兒的意圖位置（Dennett 1978）。在五個月大之前，嬰兒就會與照顧者有許多面對面的情感交流（Beebe, Lachmann, & Jaffe 1997; Tronick 1989），這將會成為孩子往後發展情感表徵的關鍵。

　　碧雅翠絲‧比比（Beatrice Beebe）、法蘭克‧拉赫曼（Frank Lachmann）與約瑟夫‧傑菲（Joseph Jaffe）以微觀分析觀察法做為典

範，對這個主題努力了將近二十年的研究成果，其中幾個重點如下：　32

1. 嬰兒會投入到與照顧者的互動中，這個互動同時牽涉到自我調節的
   能力與對他人狀態的敏感度。
2. 照顧者與嬰兒間的臉部表達是一種既快速又會相互影響的歷程，母
   親的行為可以預測嬰兒在 0.08 秒內的行為，反之亦然。這是因為
   雙方本身已經擁有了某種基模，才能表現出對方期待的反應。
3. 嬰兒與照顧者接觸的空間與程度會系統化地受到彼此的影響，很顯
   然地這也是因為有某種內定基模。
4. 母嬰間的高度協調性可以預測出嬰兒會出現較為早熟的認知表現，
   而較低的協調性則反應出安全依附及隨和型的氣質。
5. 在嬰兒四個月大時與陌生人的互動（協調性），比起與母親的互
   動，更能預測出一歲時陌生情境測驗（SSn）[3] 中對母親的行為模式。

　　有人質疑嬰兒此時的互動狀態處於前象徵期，應該與心智化無
關，也不需要對照顧者的想法或感覺有所表徵。話雖如此，但這個階
段卻會影響到嬰兒日後是否有能力推論未來的狀態——像是目標、解
釋他人的行為。如果擁有這種推論未來狀態的能力，就能夠預測他人
的行為。在這個階段中，嬰兒只能預測，但還不能影響到他人的行
為，因為嬰兒尚未擁有可以改變他人心智狀態的知識（Johnson-Laird
& Byrne 1991, 1993）。要更進一步地預測他人，就要能表徵他人的信　33
念與欲求狀態——也就是「意圖位置」的能力（Dennett 1983）。在
擁有「意圖位置」的能力之前，嬰兒都是用「目的論位置」來解釋

3　陌生情境測驗是在實驗室內執行的測試實驗，過程約 20 分鐘。在實驗中，兒童會經歷兩個最長
　持續 3 分鐘的「短暫分離過程」，瑪莉・安斯沃思與同僚（Ainsworth et al. 1978）發現，在中產
　階級的實驗對象中，大部分的一歲幼兒在與母親重聚時，會尋求與母親的親近，且會感到放鬆
　（安全型依附—B 類型嬰兒），但有大約 25% 的幼兒在與母親重聚時，則是表現出輕微的冷漠
　反應（焦慮迴避型依附—A 類型嬰兒），而剩下 15% 的嬰兒在重聚時，會尋求與母親的親近，
　但卻很少有放鬆的反應（焦慮抗拒型依附—C 類型嬰兒）。

事情。葛瑞蓋（Gergely）與希布拉（Csibra）的研究（1996; Gergely, Nadasdy, Csibra, & Biró 1995）認為，在六個月大時，嬰兒會運用「目的論」以推測未來的狀態（目標），他們會把未來想像成一種實體，如此一來就能用「理性行為原則」做解釋（在第五章我們會更完整地論述這項研究）。此時，嬰兒對人與非人的物體都會運用目的論位置。在葛瑞蓋與希布拉（1997）的研究中可看出，嬰兒如果發現非人的移動物體（像是在電腦螢幕中各種大小的圓盤圖形）產生了「不合理」的移動──像是在一些既定的目標與現實條件下，卻沒有採取最理想的移動方式時──他們便會感到驚訝。

　　但光是目的論還是不足以預測人類的行為，它最終會演變成心智化模式，用以預測人類特定的行為領域。如果想要完整的心智化，嬰兒就要能把未來的目標狀態表徵成是一種人類的欲求（例如：他想要吃糖果），並知道這是基於此人對外在現實的信念所致（但他不知道糖果在盒子裡）。在照顧者提供的框架中，嬰兒能慢慢發展出理性行為（rational action）模式，並在與照顧者的雙向互動中型塑自身的行為。我們認為，嬰兒如果要從目的論進展到心智化的模式，就有賴於父母與嬰兒間互動的品質。不過要注意的是，在目的論模式中，所謂的「理性行為」並不是實際上的理性行為，而是被嬰兒知覺到的理性行為。所以如果嬰兒誤解了現實的條件（像是假定的危險訊號），可能就會創造出一種外人眼中看起來並不理性，但對嬰兒而言還是基於理性行為原則的狀況。在實驗情境中我們能看到，嬰兒在四個月大時對陌生人的反應之所以能顯著預測往後的行為（Beebe et al. 1997），是由於這件事情本身顯示出：縱使嬰兒還沒完全心智化，但在一歲之前，人我關係的表徵（內在工作模式）就已經有雛形，並會受到母嬰34 互動關係的品質所影響。若這樣的母嬰互動能穩定地持續下去，就會拓展到其他關係之中，變成創造安全母嬰連結的基礎。

表徵繪製

　　嬰兒的心智從目的論演變成心智化的過程中，表徵繪製（representational mapping）可說是這個歷程的根基。在六到十八個月大時，嬰兒開始會有協同注意力（joint attention）（Bretherton 1991a）的能力，知道有個非照顧者的第三者存在，這個第三者可以是人，也可以是物。我們也可以在這個階段中觀察到，嬰兒會想要修復失敗的溝通（Golinkoff 1986），並且也發現嬰兒已經能初步地認知到，自己與他人是有感覺、知覺與意圖的行動主體（agency）（Wellman 1993），溝通明顯地轉成有意的（目標導向的）行為。奈瑟（Neisser 1991）認為，隨著知覺歷程的發展，出現了兩種自我的前概念面向：生態學的面向與人際上的面向。前者是參照視覺空間、觸覺、聽覺與其他非人際環境的知覺資訊；而後者則是透過與他人交流所產生的共同知覺而生成的自我意識。所以若將史騰（1985）與奈瑟所談的人際自我概念放在一起看，我們可以整理出自我的互為主體發展有三個面向，也就是蒙迪與霍根（Mundy & Hogan 1994）所提到的「工具性動作狀態」（instrumental action states）、「感覺或知覺動作狀態」（sensory or perceptual action states）與「情感性動作狀態」（affective action states）。羅傑斯與彭寧頓（Rogers & Pennington 1991）提出了表徵繪製（也就是自我與他人表徵的配對歷程）的認知模型來解釋，在互為主體的歷程中，主體與客體會分享情緒、注意力或是一些高階認知功能（像是信念），而表徵繪製就是這個歷程的基礎。新生兒的模仿行為可以支持以上的說法（Meltzoff & Gopnik 1993）。然而，心智狀態的生成不能只單用模仿一詞來做解釋。

　　在反思能力的發展中，表徵繪製所扮演的角色，就是讓人有能 35 力理解自己與他人的情感（Gergely & Watson 1996; Target & Fonagy 1996）。舉例來說，嬰兒的焦慮其實包含著對於生理改變、想法與行為的困惑。當嬰兒的焦慮被母親反映（reflect）或鏡映（mirror）出來時，媽媽所給的這種知覺，就能幫助嬰兒組織自己的經驗，而「明

白了」他感覺到的東西到底是什麼。母親表徵出嬰兒的情感後，嬰兒又會把媽媽表徵出來的情感，繪製進自我狀態的表徵系統中。在這裡，重要的是母親與孩子表徵狀態的差異，因為這樣的差異會為嬰兒的自我狀態提供一種組織，如此一來，照顧者就能透過鏡映式的回應，幫助嬰兒能對自己的經驗發展出更高階的表徵。以這個模型來說，照顧者的鏡映回應如果過於接近或過度遠離嬰兒的經驗，都會導致失敗。如果鏡映回應太過於精準，那麼嬰兒知覺到的反而是一種恐怖的感覺，且會喪失掉嬰兒本身象徵化的潛力（symbolic potential）。而如果缺乏回應，嬰兒必須辛苦爭取才能獲得回應，或是回應被母親自身的成見給干擾，那麼嬰兒的自我發展歷程將會受到嚴重的連累。比如說，一位出現焦慮症狀的患者，在看待很多事情時都會相當災難化（像是感覺到心跳加快、覺得自己快死了等等），這表示患者的後設表徵系統（metarepresentation）已經無法再利用象徵化（symbolization）的功能，來限制自身的情緒強度。而原因或許是因為，主要照顧者在最初鏡映患者該情緒時，是以誇張化的方式來回應的。

雖然這個想法是推測性的，但卻能在實證上被檢驗。這或許能幫助我們回答一些很刁鑽的問題，像是：「為什麼恐慌發作的人會對於自己微小的生理失衡如此敏感呢？」答案是：這些患者在情感上的後設表徵，或象徵化的表徵（symbolic representation）系統，包含了太多原初的經驗。因此原本可以幫助這些患者標籤與減弱情緒強度的能力，反而激發與誇大了他們的情緒症狀，變本加厲地成為第二次的情緒表達，並進入到愈演愈烈的恐慌循環中（Fonagy, Steele, et al. 1995）。[4] 在一篇研究中我們證實了，若是媽媽想安撫已經八個月大、沮喪的孩子，最有效的方法便是馬上反映出他們的情緒。然而，這些鏡映又會夾雜著與孩子目前的狀態部分不符的表現（像是母親會邊笑

4　用語言理論來說的話，可以說是意符（signifer）並沒有充分地「去除動機」——馬上就跳到意指（signified）了。

邊問問題、邊逗弄又邊安慰著孩子）。藉由表現出這種「複雜的情感」（Fónagy & Fónagy 1987），父母可以讓嬰兒認知到，父母的情緒雖然類似於嬰兒自身的情緒，但卻又不全然相同，也因此才能開始進行象徵形成（symbol formation）的歷程。所以說，表徵繪製是在自己的情感與他人的情緒之間產生的歷程。嬰兒與照顧者之間的情感交流，為嬰兒的內在狀態提供了一個獨特的資訊來源。當自己與他人的情感都被良好的表徵後，嬰兒就會對情感發展出嶄新的意義與感受。藉由結合自我經驗的表徵與照顧者所給的表徵，嬰兒就能讓心中的目的論模型變得更為細膩，最終嬰兒就能了解他人情感表達的意義，進而調節自己的情緒。所謂照顧者的敏感度，就是照顧者能用情緒上的回應幫助孩子去表徵情緒與自我經驗，這樣的功能是發展心智化的重要元素。照顧者的敏感度促使孩子能組織自己的經驗，孩子們則是集結母親的回應，最後用語言來標記出這個特定的情緒經驗（或是欲求）。表徵繪製是靠著父母高度連貫性的回應方式在運作。在與父母互動的過程中，若孩子能把他們的情感經驗與經歷到的現實束縛連結在一起，經驗就會因此而有意義（也就是孩子能對自身情緒狀態的因果關係有著初步的理解）。

父母的反思功能與依附安全感

　　約翰‧鮑比（John Bowlby 1969, 1973, 1980）的依附理論認為，與他人發展出親密的情感連結是人類普世的需求。這個理論的核心便是早期關係中的相互性，也是所有哺乳類能正常發展的先決條件，人 37
類自然也不例外（Hofer 1995）。嬰兒所展現的依附行為（像是尋求親近、微笑、黏人），與大人的依附行為（撫摸、擁抱、安撫）相互呼應，這些行為會強化嬰兒對特定成人的依附。依附行為的啟動仰賴於嬰兒對周遭環境訊號的評估，也會影響到嬰兒是否能對周遭環境有安全感。整個依附系統的目標是感受到安全的經驗，而依附系統也是

嬰兒最初且最優先的情緒經驗管理者（Sroufe 1996）。這個概念也是各種心理疾患以及心理治療工作的核心。

　　沒有人生來就具備調節自身情緒反應的能力。情緒調節無法以一人之力來達成，而是仰賴於照顧者能理解並回應嬰兒時時刻刻改變的訊號。如此一來，才能成就嬰兒的調節能力。嬰兒會學到，照顧者出現時引起的興奮感，並不會使他們因應事情的能力全盤崩潰，而照顧者將會幫他們重新喚回平靜。當無法控制的感覺就要出現時，嬰兒會想要親近照顧者，希望被安撫，並回復內在的平衡。嬰兒在快滿一歲時的行為是有目的的，且明顯都是基於某種期盼。嬰兒過往與照顧者相處的經驗，將會匯整成一套表徵系統，鮑比（1973）把這種系統稱為「內在工作模式」（internal working models）（IWM）。所以說，依附系統就是一種「開放性的生物—社會性平衡調節系統」。

嬰兒的依附型態

　　繼鮑比之後，瑪莉‧安斯沃思（Mary Ainsworth 1985; Ainsworth, Blehar, Waters, & Wall 1978）又讓依附理論邁進了一大步，她發展了廣為人知的「陌生情境測驗」，以觀察嬰兒內在工作模式的行為表現。在測驗中，當嬰兒與照顧者短暫分離，進到一個陌生情境後，會出現下列四種行為模式——（a）**安全型依附**：在主要照顧者還在的時候，嬰兒會去探索環境，而陌生人出現時，會感到焦慮並且躲開她。嬰兒雖然對照顧者的短暫消失感到難過，但在照顧者回來後，可以快速地與照顧者接觸，感到安心後便能繼續探索環境；（b）**焦慮／迴避型依附**：在與照顧者分離時，嬰兒不太會感到焦慮，當照顧者再次出現時，他們也不會刻意親近。他們在陌生人面前也不會顯示出對照顧者的特別偏好；（c）**焦慮／抗拒型依附**：照顧者還在的時候，嬰兒很少會探索與遊玩，而與照顧者分離的狀況會讓嬰兒感到非常難過，繼而出現很大的反應，像是掙扎、原地不動、哭個不停，或是用

負面的方式吵鬧。就算照顧者再次出現，試圖安撫他，都還是不能使嬰兒感到放心，嬰兒的焦慮與憤怒使他難以接受照顧者的親近。而當嬰兒感受到照顧者能對自己的行為做出良好的調整，並且有著一定的敏感度，很少會過度反應，有能力穩定自身混亂的情緒時，這些經驗就會形成安全依附行為的基礎。在這樣的照顧下，就算日後處於壓力情境當中，嬰兒也比較能維持住自身的能力。因為他們不會覺得負向情緒是如此可怕，並能把這些情緒當成有意義的經驗與可以溝通的訊息（Grossmann, Grossmann, & Schwan 1986; Sroufe 1996）。我們假設，焦慮／迴避型依附的孩子在情緒受到激發時，情緒很難被照顧者所穩定，或是父母入侵式的養育風格給予了嬰兒過度的刺激；所以這類型的孩子**會過度調節**自己的情緒，並且躲開有可能讓他們感到難過的情境。而焦慮／抗拒型依附的孩子，則是對自己的情緒**調節不足**。他們可能努力想引起照顧者可預期的回應，卻又太著重於表達自己的難過，由於太容易感到被威脅，孩子滿腦子只想著與照顧者聯結，又會無時無刻地對此感到挫折，以至於就算有被安慰的機會，他們也不願接受（Sroufe 1996）。（d）**混亂／失序型依附**：第四種類型的嬰兒則是會出現一些混亂的行為，比如像僵在原地、拍手、用頭撞牆等反應。即使照顧者在身邊，孩子也有可能會想逃出這個情境。這類型的孩子被稱為混亂／失序型（Main & Solomon 1990）。一般認為，第四型嬰兒的照顧者可能既讓嬰兒感到安心，也讓嬰兒感到恐懼，導致嬰兒的依附系統產生強烈的矛盾感。可想而知的是，這些嬰兒的成長環境通常與父母多次或長期的分離（Chisolm 1998）、激烈的婚姻衝突（Owen & Cox 1997），或是童年受到嚴重忽視，或曾遭受過身體上或性方面的虐待（Carlson, Cicchetti, Barnett, & Braunwald 1989）有關。

依附系統做為日後人際關係的決定因素

　　鮑比認為自我與他人的內在工作模式可說是往後人際關係的

雛形。這個模式會穩定地持續一輩子（Collins & Read 1994）。也由於內在工作模式處於意識之外，因此很難有所改變（Crittenden 1990）。針對兒童的陌生情境測驗，與針對青少年和成人的**成人依附晤談**（Adult Attachment Interview, AAI）（George, Kaplan, & Main 1985）所做的縱貫研究都已經證實，依附型態確實有其穩定性。AAI 是結構式的臨床工具，專門收集有關童年依附關係的敘事資料。AAI 的計分系統（Main & Goldwyn 1994）把依附類型分成**安全／自主型**（Secure/Autonomous）、**不安全／疏遠型**（Insecure/Dismissing）、**不安全／過度干涉型**（Insecure/Preoccupied），以及曾有過失落或創傷依附經驗的**未解決型**（Unresolved）。這些分類是基於結構性晤談中早期經驗敘說的質性分析而得來。自主型的人在講述依附經驗時，會統整過去的記憶，並轉述成有意義的敘說。不安全型的人很難把他們的回憶轉換成有意義的文字；疏遠型的人會對過去的回憶表現出躲避的態度，包括否認回憶，或把回憶理想化，或是把早期關係說得一文不值。過度干涉型的人被問起依附經驗的回憶時，則會對依附者感到困惑、生氣或是恐懼，有時候則會持續抱怨一些兒時瑣事，這其實能對應到他們當年身為抗拒的嬰兒時，可能經驗到的狀況。而未解決型的人在描述自己童年的依附關係時則是雜亂無章，談到自己的童年創傷或是最近的失落時，在語意與文法上都十分怪異。

40　　有好幾篇縱貫性研究（C. Hamilton 1994; M. Main 1997; Waters, Merrick, Albersheim, Treboux & Crowell 1995）都指出，嬰兒時期的依附分類與成人期的依附分類有高達 68-75% 的一致性。嬰兒時觀察到的行為與成人時期的行為有非常高的一致性，這很可能是因為孩子之後所成長的環境與出生的第一年相差無幾。不只如此，依附關係可能在剝奪性的代間傳遞中，扮演著關鍵的角色。為何會這樣說呢？因為研究顯示，相較於其他依附類型的成人，安全型依附的成人有高出三到四倍的機率，能養育出安全型依附的子女（van IJzendoorn 1995）。即使對成人的依附衡鑑是在孩子出生之前所進行，這項數據依然成立

（Steele, Steele, & Fonagy 1996; Ward & Carlson 1995）。不只如此，父母的依附型態能預測的變項還有孩子的氣質，或是其他的情境因子，像是生命事件、社會支持或心理病理等（Steele 1991）。

表徵繪製與自我反思功能的發展都與依附系統有緊密的關係（Bowlby 1969, 1973, 1980）。若自我只存在於與他人互動的脈絡中，那麼自我的發展就等於是把關係中與自我有關的經驗匯集起來（例如Crittenden 1994; Sroufe 1990）。精神分析中的客體關係理論（Kernberg 1982; Winnicott 1965）與依附理論（Bowlby 1980）都認為，重複、穩固的人我關係會淬煉成內在的心理表徵結構（Johnson-Laird 1983），用柯恩伯格的話來說，就是「自我—他人—情感」的三角結構，或是鮑比所說的內在工作模式。雖然內在工作模式這個概念在原本的理論中並不十分具體（Dunn 1996），但近年來精神分析實務工作者所做的實證研究已經大幅增加了這個理論的具體性（Horowitz 1995; Luborsky & Luborsky 1995）。

同時，認知科學家們也提出了程序性記憶的概念。程序性記憶指的是，在非意識（nonconscious）的狀態下運用過往的經驗（Johnson & Multhaup 1992; Kihlstrom & Hoyt 1990; Pillemer & White 1989; Schachter 1992; Squire 1987; Tobias, Kihlstrom, & Schachter 1992）。記憶 41 系統至少具有兩套獨立運作的系統——神經學系統與心理學系統。有一部分的記憶是屬於意識能覺察的範疇，例如自傳式的回憶；但還有另一部分的記憶是一種內隱、非自發性的系統，原則上是屬於知覺性的，無法被言說，也無法被反思（D. L. Schachter 1992; Squire 1987）。那些重要的記憶之所以難以言喻，可能是因為至少在某些層面上它們是屬於情緒或印象的資訊範疇（Pillemer & White 1989; Tobias et al. 1992; van der Kolk 1994）。程序性記憶儲存了有關於「如何」執行一連串動作的知識，而且只能藉由操作性行為來展現，像是運動技能就是一個例子。像這樣的知識會深植於人心，只有在遇到相對應的情況時，才會被喚起。以這些特徵來看，依附理論和客體關係理論所

講的那些表徵基模似乎都可視為程序性的記憶，它的作用就是讓個體能藉由特定的人際脈絡來理解社會行為。

在嬰兒時期，依附類型的分類（Ainsworth et al. 1978）會轉變成為程序性的記憶（Crittenden 1990; Fonagy 1995a）。陌生情境測驗其實就是提供了一種如同小時候的強烈情境脈絡，在其中，孩子會被喚起「如何」與特定照顧者互動的相關知識。若把依附想作是一種技能，那麼這種技能就是經由與特定照顧者的關係所習得，並編碼進入到目的論的行為模式中。在倫敦的父母—孩子研究中，我們邀請了一百對中產階級的夫妻進行成人依附晤談，並蒐集資料。這些夫妻當時都還沒有孩子，在他們的孩子誕生之後，研究者便會為他們的孩子進行陌生情境測驗。在十二個月大時，孩子會先與媽媽進行一次，在十八個月大時再與爸爸進行一次（Fonagy, Steele, & Steele 1991）。在實驗中，孩子與媽媽的依附類型以及與爸爸的依附類型，只有很小的相關。然而，父母自身成人依附晤談所做出來的類型，都對於自己跟孩子的依附類型有很強的預測力（Steele et al. 1996）。至於這兩組依
42 附類型之所以會有些小重疊，也許是因為孩子天生氣質的因素，也可能是孩子在實驗中，把與母親相處的方式（反映母親自身的依附類型）也用在與父親的相處上。研究結果告訴我們，嬰兒會基於過往與這些主要照顧者互動的經驗，分別發展出一套獨立的模式（自我—他人的基模）。這樣的互動經驗又是基於照顧者以往在依附關係中所產生的表徵系統而來。

許多研究都指出，依附表徵可能會影響到照顧者對孩子的行為。范‧伊岑多倫（van IJzendoorn 1995）在一篇傑出的文獻回顧中，就提到了「傳遞落差」（transmission gap）的現象。成人依附晤談的敘述式資料與陌生情境測驗類型之間的高相關，無法只以照顧者的敏感度做為解釋。許多 AAI-SSn 的相關研究都是運用照顧者—嬰兒互動的敏感度做為變項進行測量，但實驗卻都呈現出負相關（Ward & Carlson 1995），或是不確定的結果（van IJzendoorn, Kranenburg, Zwart-

Woudstra, Van Busschbach, & Lambermon 1991）。先前我們以為這些傳遞誤差是因為測量母親敏感度的方法受限所致，但實則不然（Fonagy, Steele, Moran, Steele & Higgitt 1992; Fonagy, Steele, et al. 1995）。敏感度是一個很廣泛的詞彙，與多種父母行為相關（Belsky, Rosenberger & Crnic 1995）。但並不是所有與敏感度有關的行為，都能產生安全依附。如果可以把安全依附想像成一種目標導向的理性行動，讓嬰兒能夠在依附脈絡中調節或轉變不舒服的狀態（Carlson & Sroufe 1995; Cassidy 1994; Sroufe 1996），我們認為，當孩子出現強烈的情緒時，適當的回應應該是父母能用前後一致且精準的方式，來將孩子當下的情緒回應給孩子，而不是用讓人難以承受的方式來回應。

　　如此一來，當孩子試著處理自己的難過時，他就能藉由照顧者的回應，把照顧者心中的表徵內化到自己的表徵中，變成一種更高階的情緒調節策略。安全型的照顧者在安撫孩子時，除了會鏡映孩子難過的情緒以外，還會表現出另一種與孩子情緒不同的表達（或許也暗示孩子這是可以用來因應情緒的方式）。如此具有敏感度的回應方式近似於英國分析師比昂（1962a）的論述，媽媽的角色是提供一個心智空間去「涵容」（contain）孩子難以忍受的情緒，並用實際的舉動照會孩子的心智狀態，以這樣的方式去調整孩子覺得難以掌控的感受。研究指出，在成人依附晤談與母親的行為觀察中，母親對孩子的**表徵清晰度**與**統整度**是重要的中介變項，這也與比昂的理論不謀而合（Slade, Belsky, Aber, & Phelps 1999）。在倫敦父母—孩子的研究中，如果評量每位照顧者反思功能的品質，就能發現這些分數都可以獨立預測孩子的安全依附程度（Fonagy, Steele, Moran, Steele, & Higgitt 1991）。

　　如果成功的「涵容能力」所帶來的結果是安全依附，那麼不安全依附就可以看成是嬰兒對照顧者「防衛行為」的認同，也就是孩子犧牲了反思功能來換取與照顧者的親近。疏遠型的照顧者可能會因為孩子喚起了自己痛苦的經驗，或是缺少對孩子心智狀態的統整能力，而

43

無法回應孩子的難過。相反地，過度干涉型的照顧者可能會把孩子的狀態表達得太過於清楚，或是被自己經驗中矛盾的情感給占據，而給予孩子過於複雜難懂的回應，導致孩子在與照顧者的互動中喪失了象徵化的能力。在這兩種類型中，嬰兒都內化了照顧者的態度，而「這樣的不一致性（dysynchrony）也變成了嬰兒自我經驗中的一部分」（Crittenden 1994, p. 89）。

我們可以推測某些事件會衝擊到孩子對自我感覺的發展。迴避型依附的孩子在陌生情境測驗中不會對分離有很大的反應，但生理激發的程度卻很高（Spangler & Grossmann 1993）。凱瑞滕登（Crittenden1988; Crittenden & DiLalla 1988）的研究報告中，提到有個一歲大的受虐兒會表現出與他真正感受不合的正向情緒。在最極端的情況下，嬰兒會內化照顧者的防衛狀態，這樣一來，嬰兒不只會無法適當地表達自己真正的情緒經驗，自我的經驗也會被那些內化進來的假東西[5]包圍（Winnicott 1965）。

那種在意識上去「付諸行動」的經驗是每個人都有過的，對青少年來說更是如此（Harter, Marold, Whitesell, & Cobbs 1996）。但我們在這邊講的是有著高度情緒困擾、嚴重人格障礙的孩子，他們的自我核心會有一種疏離的、異化的怪異感（alienation），就好像碰觸不到自我一般（Bleiberg 1984, 1994）。在往後的發展中，很多這樣的孩子會在人際上運用一些策略，試圖外化自我表徵中那個假的部分，並演變成操弄周遭他人的行為，這樣一來，他們內在那不一致的自我表徵才能統整。在學齡前被歸類成混亂型依附的孩子，可能曾遭受過照顧者異常高壓的對待（Cassidy, Marvin, and the MacArthur Working Group on Attachment 1989; Critenden 1992; Main & Cassidy 1988）。這類型的孩子和成人會變得非常熟練和敏於操縱他人，以讓他人表現得與他們的內在表徵一致。而我們總是努力想讓他們明白，在他們心中自我與

5　譯註：也就是溫尼考特所談到的假我（false self）。

他人關係的表徵並不是真實的。在最糟的狀況中，這些孩子和成人會不斷試著誘發他人的行為，以讓他人去符合他們自我表徵中被經驗為「異化」的部分，而且他們也得不斷外化這個部分（也就是得將經驗付諸行動），才能保護他們心中殘存的真實自我（Fonagy & Target 1995）。

孩子的依附安全性與反思功能

很多人都同意「和諧（harmoniousness）的母嬰關係有助於形成孩子的象徵性思考」（Bretherton, Bates, Benigni, Camaioni, & Volterra 1979, p. 224）這個概念，而且這個概念的建構歷程源遠流長（Mahler, Pine, & Bergman 1975; Vygotsky 1978; Werner & Kaplan 1963）。鮑比（1969）認為，孩子會進到 個重要的發展階段，此時「孩子有能 45 力設想母親有著與自己不同的目標與興趣，並把它們納入考量」（1969, p. 368）。莫斯、帕倫特跟戈塞林（Moss, Parent & Gosselin 1995）指出，孩子對媽媽的安全依附，能夠預測孩子後設認知能力的發展，包括記憶力、理解力與溝通能力等。分離焦慮測驗（The Separation Anxiety Test）是一種對依附安全性有關的投射測驗；在年齡、心理語言年齡、社交成熟度都受到實驗控制的情況下，對於三歲半到六歲的孩童來說，安全依附可以良好地預測出對於他人信念—欲求的歸因能力（Fonagy, Redfern & Charman 1997）。

在一項前瞻性研究中，我們測量了孩子的依附安全度（十二個月大測量與媽媽的安全度，十八個月大則是測量與爸爸的安全度），並在孩子五歲半時再進行與心智理論有關的三個測驗，並測量這些測驗與依附安全度的相關（Fonagy 1997）。在 96 個樣本中，有 92 個樣本曾在十二與十八個月大時分別進行過陌生情境測驗，其中與母親的依附關係（在十二個月大時測量）被歸類為安全型依附的孩子，有 82% 可通過信念—欲求歸因測驗，這個測驗的內容是，孩子要基

於他們對測驗中角色的信念，預測該角色的感受。（例如：如果艾莉認為罐子裡裝的是可樂，而且她很愛喝可樂，那麼即使裡面裝的其實是牛奶，她還會想要喝嗎？）相反地，有 46% 被歸類為不安全型依附的孩子無法通過測驗。嬰兒與父親的依附關係（在十八個月大時測量）也能夠預測嬰兒的表現；與父親的依附關係被歸類為安全型依附的孩子，有 77% 通過了測驗，而被評為不安全型依附的孩子，則只有 55% 通過。不只如此，依附關係是可以累加的，與父母雙方都是安全型依附的孩子，有 87% 能通過測驗，而父母中只有一方是安全型依附的為 63%，對父母雙方都是不安全型依附的孩子，則是50%。第二階段的測驗是「錯誤信念測驗」[6]（false-belief task），這個測驗會測量孩子是否能知道他人有錯誤的信念存在。這個測驗也有著類似的結果，但相較於前者很不顯著；對父母都是安全型依附的孩子有36% 通過測驗，只有一方的是 23%，兩方都不安全的是 9%。

46　　在另一個關於母嬰互動較小型但嚴謹的縱貫研究中，梅恩斯與他的同僚（Meins, Fernyhough, Russel, & Clark-Carter 1998）指出，在四歲的孩子中，安全型依附的孩子當中有 83% 可通過錯誤信念測驗，而不安全型依附的只有 33%。在孩子五歲時，安全型依附的孩子會有85% 通過測驗，而不安全型依附的孩子則是 50%。雖然無法複製我們在錯誤信念與情緒測驗上的實驗結果（應該是因為樣本數較小），但還是能看出安全依附與象徵能力、心智化能力有所關連。

　　無論是從微小或是從較大的角度去解釋，都可以呼應到這些發現。如果安全依附的關係與錯誤信念的理解可能受到其他未知的、無法量測的第三因子所影響，比如說氣質（temperament），那麼這些

6　　譯註：false belief task，一般翻成錯誤信念測驗，具體內容會在第五章提到。在實驗中，兒童會看到有個人將物品放到了 A 容器之中，然後就離開了房間。當那個人不在時，兒童又會看到物品被移到 B 容器當中，之後，當先前放物品的人再度回來房間時，實驗者會請兒童預測那個人會到 A 容器還是 B 容器當中去尋找他先前放置的物品。若兒童能夠成功地預測出那個人會去找 A 容器，就代表他已有能力理解到那個人有著錯誤的信念（因為那個人並不知道物品被換到其他地方去了）。

解釋就會比較沒有說服力。看似更合理的是，實驗情境也有可能影響了安全依附的效果，像是實驗者如果能營造出較為放鬆、較為任務導向的氣氛，孩子在認知測驗上的表現就會比較好，因為此時孩子能用遊玩性、探索性的方式與實驗者互動。不過上述都是在看孩子的「表現」而非「能力」。所以錯誤信念測驗就能用來檢測到底測到了什麼，因為這個測驗會將外顯知識與內隱知識分開測量（Clements & Perner 1994）。我們可以想像安全型依附的孩子會在外顯的（像是語言／指涉）作業上有較好的表現，但如果我們要推論安全型依附的孩子也有良好的內隱、程序性能力，那麼安全依附就必然牽涉到更高階的反思能力發展。這些都還有待研究，不過我們還是要謹慎地假設，安全依附與錯誤信念測驗的能力確實是有所相關。

安全依附與反思功能之間的關係有兩種解釋：（a）第一種說法是，嬰兒期的依附安全感讓孩子擁有一種先決條件，這會直接影響到嬰兒反思功能與人際理解能力的發展；（b）第二種說法認為，安全依附僅是一種母嬰關係的指標，伴隨著其他因素一起影響嬰兒理解心智的能力。兒童所經驗到的社會歷程可能就是安全依附與反思功能中 47 的重要調節變項，這些社會歷程與安全依附有異曲同工之妙，能促進自我組織的心智化發展。

若是這樣說的話，這些調節變項應該要具備兩個條件：（a）應該會有一系列特定的社會歷程參與幼兒自我組織的發展；與（b）這樣的社會歷程在安全依附的個體上會得到增強。至少有三種社會歷程符合上述條件。

一、第一個是「假扮」（pretense）的互動。證據指出，在三歲時，孩子會開始更樂意與他人合作（Dunn et al. 1991），特別是一起進行假扮遊戲（Astington & Jenkins 1995; Taylor, Gcrow, & Carlson 1993; Youngblade & Dunn 1995）。在假扮遊戲中，孩子們會展現出高度的讀心與情緒理解能力。另一個有關依附的縱貫研究則指出，學齡前

的孩子若在嬰兒時期時與母親是安全型依附的關係，就比較能進行幻想式的遊戲；而迴避型依附的孩子則較難進行假扮遊戲，想像力也相當貧乏（Rosenberg，引用自 Carlson & Sroufe 1995; Main, Kaplan, & Cassidy 1985）。在嬰兒時期被歸類為與母親是安全型依附的孩子，可以更頻繁且熟練地進行假扮遊戲（Belsky, Garduque, & Hrncir 1984; Bretherton et al. 1979; Matas, Arend, & Sroufe 1978）。史萊德（Slade 1987）發現，若媽媽能與三歲大的孩子一起遊玩，就更能促進孩子在這方面的功能，但這僅限於嬰兒時期被歸類為安全型依附的孩子。梅恩斯與她的同事（Meins et al. 1998）指出，在嬰兒時期被歸類為安全型依附的孩子，在 31 個月大時，較能接受實驗者在遊戲中的假扮提議。

　　也許我們可以這樣說：與他人一起玩假扮遊戲，或是那種具有玩心的態度，能孕育出孩子理解他人心智狀態的能力。我們可以把角色扮演當成是在「離線狀態下」還在繼續進行讀心作業（Currie 1995; Goldman 1989）。對照其他模型，就可以看出假扮遊戲其實就是早期的心智理論（Leslie 1987）。但是為什麼三歲的孩子能知道他人是「假裝出來的」，而不是他人「有個錯誤信念」？（Harris & Kavanaugh 1993; Harris, Kavanaugh, & Meredith 1994）關鍵在於，區辨假裝／真的（pretend/real），跟區辨表象／現實（appearance/reality）的狀況並不一樣（Flavell, Flavell, & Green 1987）。在假扮遊戲中，陪孩子玩的人會與孩子共享一種與現實不同的表徵，就像阿斯丁頓（Astington）所說的：「那是心智間的，而不是心智內的。」（1996, p. 193）所以在假扮遊戲的情境中，表徵不只會與現實不同，也與一般的社會情境不同。當孩子與成人一起玩假扮遊戲，或那些具有玩心的時刻，成人會吸取孩子的心智位置，並在與孩子跟第三者物件（third object）互動的遊戲中，幫孩子把他的心智位置重新表達出來，並用一種象徵性的方式存於兩人心中。假扮除了要能對當下的現實做出象徵性的轉化，還要有他人的觀點才得以成立。當成人或是年

長的手足在遊戲中，精確地表徵出孩子的心智狀態時，就等於幫孩子掌握了外在現實的框架。玩伴在假扮遊戲裡給予孩子的「鷹架」（Vygotsky 1967），不只讓遊戲更容易成功，更是能幫孩子發展出反思功能的機制。里拉德（Lillard 1993）認為，象徵性的遊戲為孩子提供了一種「近側發展區」（zone of proximal development），有助於他們學習讀心能力。過去有過安全依附經驗的孩子比較能抱持著信任的態度投入這類的互動，並更能讓自己用他人的視角與觀點看待現實。

　　二、第二種是「交談」（talking）。有證據指出，多與孩子談談感受以及他人為何會如此行為的原因，都有助於孩子發展出反思功能（Brown, Donelan-McCall, & Dunn 1996; Dunn & Brown 1993）。在實驗情境中，母親若是能自發地對三歲半的子女解釋自己的情緒，在隨後的十五個月內，孩子理解情緒的能力會有所提升（Denham et al. 1994）。在一些實驗研究中，若成人有機會講述一些與心智狀態有關的話題，都會有助於孩子在心智化上的表現（Appleton & Reddy 1996）。

　　斯特拉格與梅（Strage & Main，引用自 Carlson & Sroufe 1995）談 49 到，六歲的孩子與母親分享心事的行為，從早年的依附型態就能預測出來。當時被分類為安全型依附的孩子，能流利地與母親談天說地；而迴避型依附的孩子，與母親談話的內容則顯得相當侷限。安全型依附母嬰關係的特徵——一起玩、安慰、互相開玩笑——都牽涉到母親解釋心智狀態的舉動，而這些舉動都格外地能促進反思功能（Dunn 1996）。安全依附的孩子較容易用開放與自由的態度來面對情緒議題（Bretherton, Ridgeway, & Cassidy 1990; Cassidy 1998）。嬰兒早期獲得的反思能力，與母嬰之間能用言語互動去討論一些有關情緒的事情相關（Dunn 1996）。安全的依附關係能使親子間有言語的互動，幫助孩子更能夠思考關於感受與意圖的問題。

　　Ｐ・Ｋ・史密斯（P. K. Smith 1996）強力倡導在個體學習心智化能

力時，語言占有的重要地位。藉由一些研究證據，他聲稱對心智狀態象徵編碼（就是文字化、語言化），是個體發展出讀心能力的重要關鍵，因而照顧者能明確地使用這些編碼也很重要。或許哈里斯（Harris 1996）的講法更為恰當，他認為「進入對話」的這個經驗本身就很重要，它讓孩子了解到人是訊息的接收者與提供者，而無關乎談話的內容到底牽涉到哪些心智狀態（知道、思考、欲求等等）。在談話中，訊息面向的結構理論（像是告訴他人一段對方沒有目睹到的過去經驗，挑戰不同意見與遭到否定的資訊，填補訊息中的空白或訊息遭人誤解，而因此說者必須解釋清楚）可以讓人知道，即使在談同樣的話題，但對方的想法可能與自己不同。所謂有效的談話就是，聽者能理解並認出講者所分享的知識或信念。對成人依附關係的測量研究（Main & Goldwyn 1994）也相當肯定地指出，安全依附也與對談話規則（rules of conversation）的敏感度有關。這些談話規則請參見格來斯（Grice 1975）。

50　　　三、第三個是「與同儕團體的互動」。我們之前已談到，與手足的互動可能會提升心智理論的表現（Jenkins & Astington 1996; Perner et al. 1994; Ruffman et al. 1998）。比起母嬰間的對話，孩子對手足或朋友表達自己心理狀態的話語，更能有效預測出錯誤信念測驗中的表現（Brown et al. 1996）。同樣地，路易斯與同事（Lewis, Freeman, Kyriakidou, Maridaki-Kassotaki, & Berridge 1996）也指出，對於錯誤信念的理解程度，與孩子花多少時間和較年長的手足、朋友、親戚在一起有關，但跟較年幼的對象則無關。另一派的研究證據指出，嬰兒時期的安全依附與往後跟同儕相處的能力有很強的關聯（Elicker, Englund, & Sroufe 1992）。比起不安全依附的孩子，過去有安全依附經驗的孩子被觀察到有較多的社會導向行為、較能與人交流互惠、較受歡迎，而且較富有同理心（Lieberman 1977; Pancake 1985; Park & Waters 1989; Sroufe 1983）。

　　為何與同儕團體密集互動能促進讀心能力的發展？類推理論[7]與理論一理論對此都有很好的解釋（Ruffman et al. 1998）。與同儕團體的互動就能增加孩子類推的機會，讓他們能設身處地想像他人所看到的、所想的、所感覺到的。同樣地，從理論一理論的觀點來看，與同儕或是年長的手足之互動，是一個提供他人心智運作與想法的豐富資料庫。另外一種觀點是，文化適應本身就是孩子心智狀態概念的來源（Astington 1996）。布魯納（Bruner 1983）認為，父母會傾向把嬰兒自發性的姿勢**當成**嬰兒想要溝通，這讓嬰兒能把自己看成是一個有意圖的人，並開始想要做出意圖上的溝通。上述的例子就是所謂的社交世界，父母會利用複雜的語言與互動歷程，養育出孩子對自我心智的感受，這些對待孩子的方法最終能引導孩子，讓他也能用一種他人最能了解的方式，來傳達自己的心智狀態（藉由模仿或觀察照顧者與他人類似的互動方式而學習）。這就是所謂的參與文化活動，孩子能用自身文化的方式，來看待自己與他人的行為，若用一般的話來說就是「學徒制」，年長的夥伴或是大人被孩子當成是熟稔心智化概念的榜樣（Astington 1996; Lewis et al. 1996）。所以，安全依附可以被視為這種學習過程中的催化劑。安全型依附的孩子會願意探索與接觸社交世界，相對之下也較能勝任心智化的能力。51

　　以上這幾種社會歷程的中介模型並不會相互排斥。假扮通常會牽涉到有關於心智狀態的語言，而同儕間的互動通常也與語言和假扮有關。大體來說，安全依附的家庭能讓孩子有更多社會接觸的機會，這樣的社會接觸會在各式各樣的情境底下，幫助孩子發展出社會理解的能力。然而，這些模型卻有個很大的問題存在。在茱蒂·鄧恩（Judy Dunn）的研究中指出，這三項能力在不同脈絡中的相關性都很低

7　　譯註：類推理論譯認為嬰兒之所以能知道他人的心智，是藉由假設自己遇到同樣情境的感受，類推至他人身上而得來；理論一理論認為各種社會互動都是大型資訊庫的一環，嬰兒會提取資訊庫的資料來建構他人的想法。

（Dunn 1996）。舉例來說，從觀察性的資料中能看出，一個兒童在不同的社會情境底下（對母親、對手足、對好友），假扮遊戲、衝突處理、揭露自己的心智狀態這幾項表現上都沒有相關，但分別都跟社會認知測驗的分數有相關（Brown et al. 1996; Slomkowski & Dunn 1992; Youngblade & Dunn 1995）。即使這些情境都是在看表現，但孩子的行為在面對不同對象、不同情境間的低度相關，還是告訴了我們在社交情境與依附之間，必然還有一些獨立的、同步的操作路徑尚未受到考量。

這些我們認為會調節安全依附／讀心能力之間關係的表面變項，會不會其實並不是主要的機轉，這些社會歷程與發展出讀心能力的關52 連可能沒有想像中的高，而其底下的機轉可能跟社會經驗無關，而是直接與兒童早年的依附狀態有關？我們認為嬰兒在出生的頭一年與照顧者相處的經驗，就已經創造了心智理論的溫床，讓嬰兒的心智能從目的論走向心智化。有哪些證據可以支持這樣的論述呢？首先，我們在倫敦的研究數據指出，自身是安全型依附的母親，能很好地預測出孩子在五歲時的心智理論能力；安全／自主型母親的孩子當中，有75% 在五歲時都能通過認知—情緒測驗，而過度干涉型母親的孩子只有 16%，未解決型的母親則是 25%（Fonagy 1997）。雖然研究結果乍看之下也可以用之前討論到的模型來解釋，但我們認為這更是證明了照顧者把某種「能力」帶到了母嬰關係之中，甚至在孩子出生前就開始了，而且這個能力能對孩子的安全依附與讀心能力有著關鍵性的影響。

這個能力到底是什麼呢？我們可以明顯地看到，安全型依附孩子的母親對孩子的需求格外敏感（Ainsworth, Bell, & Stayton 1971; Isabella 1993）。答案其實是：**照顧者想像自己父母心智狀態的能力**。父母的這項能力能預測出孩子的依附安全度（Fonagy, Steele, Moran, et al. 1991）。在倫敦的研究中，較能回想起自己兒時依附經驗的母親們，其子女的讀心能力也比較好（在孩子語言能力都相同的情況下）。

而父親在自身反思能力量表上的分數，也能夠預測孩子在認知—情緒測驗上的表現。更重要的是，路徑分析後的結果告訴我們，在成人依附晤談中，母親反思自己童年的能力，與母嬰依附品質、孩子的心智理論能力，共享很大部分的變異量。在更複雜的路徑分析中，我們發現，媽媽的心智化能力與兒童的心智理論能力更有著直接與間接的關係。換言之，兒童自身的依附安全度並不是預測讀心能力的唯一因子，更重要的條件是，母親到底有沒有能力把孩子想像成「心智實體」。

53

我們可從上述的結果中看出，有一個機制會同時影響到照顧者自身的依附組織與嬰兒的依附組織，而這個機制也是孕育心智化的先決條件。在前面提到社會歷程做為依附與讀心能力的調節模型中，其研究結果並不清楚，因為相對有潛力的變項（假扮、交談、同儕互動），會因情境脈絡的不同而改變。但是代間傳遞性的數據（母親自身的依附類型與孩子的讀心能力），卻至少會在假扮、交談這兩個變項上一致。意思是，早期依附關係（代間傳遞的）比後天經歷過的社交歷程影響還要大，所以若要繼續探索依附與心智理論表現之間的關係，研究重點應該放在父母會有哪些行為，能在產生安全依附的同時，也提升心智化的能力（van IJzendoorn, Juffer, & Duyvesteyn 1995）。為了讓這些研究不會痴人說夢，我們必須要能解釋依附如何會與心智理論的表現有直接的關聯，並且提出一項模型，詳述其中的機制。

我們的推想是，嬰兒獲得心智理論能力的歷程，其實是嬰兒與照顧者間互為主體關係的一部分（見 Gopnik 1993，他非常優雅地闡述了這個模型）。在我們看來，照顧者藉由複雜的語言或類語言的歷程，來促進孩子的心智化模式，剛開始時，照顧者只是用這種方式對待嬰兒，但後來嬰兒會變得能夠理解，自己的行為是因為背後有許多的想法與信念、感覺與願望所導致，也知道自己的行為會讓對方有什麼反應，並應用到類似的狀況中。若嬰兒哭了，一般照顧者都會納悶

著：「是不是該換尿布了？」「他是不是想要抱抱？」但敏感的照顧者除了考量情境以外，更會把孩子這個「人」放在心中，所以會變成問說：「你是不是感覺屁屁濕濕的？」或者「噢！你是不是覺得自己一個人待太久了？」敏感的照顧者可以幫孩子把身體上的現實與心理內在的注意力充分地相連在一起，讓孩子能辨認出內在與外在經驗間的連貫性。最終，孩子就能懂得照顧者對自己反應的道理，藉此掌握自己的內在狀態（像是信念與欲求）。照顧者把嬰兒視為一個心智主體來對待，用自身非語言的動作，潛移默化地把心智狀態歸還給孩子。嬰兒會覺察到照顧者這樣的態度，並使自己的目的論模式更為細膩，讓核心的自我感受能循著心智化的道路發展。這個歷程相當普遍，在早年的日常生活中每天都會發生，而且對於嬰兒和照顧者都是前意識、自然而然的歷程，無須刻意反思或調整。照顧者會用自己的方式執行這種人類與生俱來的能力，有些照顧者會非常警覺於嬰兒透露出的訊息，而有些照顧者則需要嬰兒做出較大的反應，才能知道嬰兒的心智狀態，隨之調整她們的行為。

孩子藉由觀察照顧者的心智世界，而發展出知覺自身與他人心智狀態的能力。孩子會發展出一種概念，那是能接受心智狀態的空間，讓照顧者能藉由行為，把蘊含的心智狀態給填進來。當照顧者與孩子一起在共享的假扮模式中「遊戲」時，就是在進行這樣的互動（所以假扮遊戲與孩童早期的心智化能力有關）。還有很多日常行為（像是交談、與同儕互動）也是一種共享經驗的心智活動。這也是為何心智狀態概念（例如思考）本質上會屬於互為主體概念的一環；因為心智狀態的這個概念本身就是一種共享的經驗。

我們相信，照顧者觀察嬰兒時時刻刻變換的心智狀態之能力，是嬰兒發展出心智化能力的關鍵。照顧者在照顧孩子時的敏感度，就是依附理論所說的安全依附（Ainsworth et al. 1978; Bates, Maslin, & Frankel 1985; Belsky & Isabella 1988; Egeland & Farber 1984; Grossmann, Grossmann, Spangler, Suess, & Unzner 1985; Isabella 1993; Isabella & Belsky

1991），也就是照顧者會把嬰兒當成一個有意圖的存在。這樣說來， 55
安全依附其實為嬰兒提供了理解人心的心理社會基礎。安全型依附的
孩子在解釋照顧者行為背後的心智狀態時是自在的。相反地，迴避
型依附的孩子會試圖避開他人的某些心智狀態，而抗拒型依附的孩
子只看得見自己的難受，而排除了與他人的親近及互為主體經驗的交
換。混亂型依附的孩子在分類上自成一格：他們會對照顧者的行為過
度警戒，並用盡一切辦法來預測照顧者；他們得極度敏感於照顧者的
意圖，才能對照顧者的行為做出較為心智化的解釋。這些孩子雖看似
能心智化，但與安全型依附的孩子相比，他們的自我組織卻缺少了很
重要的角色。若要發展出具有心智性的自我組織，最重要的便是與敏
感的照顧者一起探索心智的狀態。孩子能在照顧者的心中找到自己，
而這個自己是有信念、感受、意圖的形象（換句話說，就是孩子對照
顧者的內心建構出一個假設性的表徵，從而解釋照顧者對自己的行
為）。相反地，混亂型依附的孩子會非常專注於偵測照顧者的心智，
他們在照顧者心中看見的不是自己的心智狀態，而是一個會威脅或扼
殺他的心智狀態。這會讓孩子在自我表徵中建立出一個異化的東西，
這種異化感讓孩子如此痛苦且難以承受，導致他的依附行為就建立在
不斷地把這個異化的部分給重新外化，丟回依附對象身上，而不像一
般的依附行為，是為了內化一種能涵容情緒與其他意圖狀態的能力。
有許多證據都顯示，安全依附能提升許多面向，包括自我發展、內在
安全感、自我價值感、自我信賴感、自我出現時的力量感，以及自主
性的發展（Bates et al. 1985; Gove 1983; Londerville & Main 1981; Matas
et al. 1978）。而混亂型依附的孩子即使學會讀心的技巧，卻無法將這
技巧整合進他們的自我組織中。

　　混亂型依附的孩子之所以會出現這樣的狀況，可能是因為以下
幾個理由：（a）混亂型依附的孩子運用了過多資源來理解父母的行 56
為，而沒有餘力反思自我狀態；（b）混亂型依附孩子的照顧者無法
穩定地回應孩子的自我狀態，使照顧者對孩子狀態的知覺與反應出現

了系統性的偏誤；（c）照顧者的心智狀態引發了孩子強烈的焦慮，他們要不就是透過可怕的行為，這些行為可能暗示著對孩子的惡意；要不然就是暗示了恐懼，當中也包含著一種對孩子本身的莫名恐懼感。

這些因素綜合起來，會導致混亂型依附的孩子在某些情境下，變成對照顧者心智狀態過於敏銳的閱讀者，但他們閱讀自身心智的能力卻相當糟。若用其他理論的觀點來看，會發現這些孩子雖然能學到對心智的理論—理論，但卻無法像其他依附關係較統合且有組織（即使是不安全型依附）的孩子那樣，能有信心地做出心智化的類推。也許我們能用不同的心智化路徑來解釋不同的模型，第一個模型（理論—理論模型）是通用的，而第二個模型（類推模型）只有對在早年依附經驗夠好的孩子，才會能夠並且想用類推的策略。

在第六章中，我們會描述二到五歲的兒童在正常狀況下反思功能的發展。我們認為，此時孩子的心智化正處在由「雙重模式」過渡到「整合模式」的時期。那麼就讓我們從臨床的角度，來看孩子心理自我的發展：

一、兒童在早期對於內在經驗與外在環境間的關係，會分為兩種模式：（a）在一個嚴峻的心智框架中，孩子會期待自己與他人的內心世界會與外在現實一致，所以為了配合外界，孩子會扭曲自己的主觀經驗——這就是「精神等同模式」（psychic equivalence mode）（例如 Gopnik & Astington 1988; Perner, Leekam, & Wimmer 1987）；（b）孩子能在遊戲中發現，內在經驗其實不見得會反映外在現實（例如 Bartsch & Wellman 1989; Dias & Harris 1990），所以會認為內在狀態與外在世界完全無關，也互不干涉——這就是「假扮模式」（pretend mode）。

二、在正常的發展中，孩子會整合這兩個模式，而達到「心智

化」或是「反思模式」的階段。在這個階段中，心智狀態能被經驗成「表徵」。孩子會知道內在與外在現實有其關連，能接受這兩種狀態都有各自的重要性，不再需要認為內在與外在要不就完全等同，要不就完全無關（Baron-Cohen 1995; Gopnik 1993）。

三、我們假設，正常來說，孩子對自身心智狀態的經驗得由他人反映出來，才能夠達成心智化。最基本的就是與父母或是年長的孩子一起「安全遊玩」的經驗，這能促進「假扮模式」與「精神等同模式」的整合，因為在這種人際互動的歷程中，其實是照顧者更細緻地在對嬰兒做出複雜的鏡映。在這樣子的玩心（playfulness）中，照顧者會在孩子原本與現實無關的想法與感受中（我「只是」在假裝啦），引入另一個觀點（成人的觀點），而這是在孩子心智之外的，藉此連接到現實。父母與較年長的孩子可能會在某種程度上扭曲現實，用好玩的方式來將現實「玩出來」；藉由這種玩心，孩子就會體驗到一種屬於假扮，但卻又是真實的心智經驗。

四、對於有創傷的孩童來說，強烈的情緒與衝突會讓上述的整合出現「部分的失敗」，以至於在經驗現實時，假扮模式的功能變成了精神等同的一部分。這可能是因為苛待或創傷都是源自家庭，在這樣的家庭氣氛下，嬰兒無法與照顧者「一起玩出」孩子想法中最為壓迫的那一面，因為這些感受對照顧者來說，通常是不舒服且難以接受的，就像他們對孩子的方式那樣。在臨床上，我們能看到，有些在幼年時期屬於混亂型依附的學齡前兒童，會表現出刻板且控制的行為，這是因為他們的整合出現了部分的失敗，所以當他們感受到特定的想法或情緒時，心智狀態就會固著在精神等同的模式上，這樣他們就能 58 經驗到與預期的外在事件一樣的強度。

自我發展中反思功能的意涵

　　雖然「讀心」能力可能不全然是正面的經驗，但至少茱蒂‧鄧恩的研究告訴我們，在三歲半時孩子理解他人情緒的能力可以預測出，孩子可能會擁有較為正向的社會觀感、較為成熟的道德感，並且較能夠理解複雜的情緒（Herrera & Dunn 1997）。史騰（1985）指出，像是執行計畫、本體感受的回饋、或身體行為對環境的客觀影響等，這些經驗都會讓人對自己的行動有一種所屬感（a sense of ownership），能夠幫助個體感受到自己是一個行動主體（self-agency）[8]。而我們的觀點是，這樣的主體感一方面來自於有品質且穩定的反思功能，一方面則來自於個體能熟練地驅動自己的心智狀態（信念、欲求），而對自身的行動有所屬感。在一開始時，有礙於身體與認知都還沒發展完全，所以當嬰兒想要做些什麼的時候，整個過程都是失敗的成分居多。由於在這個不成熟的動作系統中失敗才是常態，所以我們可以說自我的主體感反而是建立在這些失敗上。在這些不成熟的動作中，（年長的）他人可以辨認出孩子的意圖，使孩子發現自己的想法「成真」了，而這是一個非常重要的過程。人際互動有助於讓個體理解知覺、想法、情緒間的因果關係，在安全的狀況下深思這些心理狀態，為自我做為行動主體建立起重要的基礎，而個體最早能接觸到的這種環境，就是早年照顧者對於嬰兒的鏡映行為（Gergely & Watson 1996）。我們會在第四章中討論這個核心理論。

　　當然，行動主體的核心應是身體上的經驗，尤其是在度過早年階段後，嬰兒對自己身體的掌控感會愈來愈強。然而更加複雜的行動，尤其是牽扯到與孩子世界中的他人互動時，就經常需要具有反思功能的照顧者在一旁，幫他搞清楚自身的願望是什麼並表達出來，好讓嬰兒能夠把意圖與行動雙向連結在一起。因此，那些曾經驗到父母嚴重忽略或高壓、僵化、威嚇以及最極端的，受到虐待的孩子，在自我做

59

8　　譯註：self-agency，亦即自我是個主動應付與調節各種事情的執行單位。

為行動主體的經驗上會受到擠壓，並幽禁在身體的感受之下（本書的第九與第十章對此有更詳盡的解釋）。

我們所提供的這個心智化發展模型具有極大的臨床意義。舉例來說，我們曾研究過嚴重人格障礙症患者的依附關係分類（Fonagy et al. 1996），在成人依附衡鑑的敘事資料中，邊緣型人格患者會顯示出較低的反思功能，過往曾伴隨著嚴重的創傷經驗，在依附分類上也屬於未解決型。這個研究告訴我們，若能給予個體一個具有敏感性的依附關係，就能提供足夠的互為主體經驗，讓心智化能力得以發展，比較可能消解創傷（即使是嚴重的創傷）。虐待或忽視會使心智化遭受防禦性的抑制，進而造成嚴重的人格扭曲。同樣地，愈來愈多的證據指出，大多數的少年犯在過去都曾受過苛待，而他們的心智化能力也受到了嚴重的損害（Blair 1995; Levinson & Fonagy 2000）。我們將會在之後的章節（特別是第十章與第十一章）詳談在臨床族群中心智化能力受損的證據。

異常反思功能的發展架構

如果說缺乏反思功能會導致發展上的異常，這樣的論述其實過於簡化。因為這樣的狀況會隨著情境而改變，更精確地說，會隨著不同的關係而變化。像是照理來說，少年犯應該不會有良好的心智化功能，但他們卻很能理解同夥們的心智狀態，而有邊緣型人格障礙的人有時候也會對心理健康的工作人員或家人的心智狀態極度敏感。這些 60 「例外」可以用更加複雜細緻的發展理論來解釋清楚。

我們用「動態技巧理論」（dynamic skills theory）來解釋這個現象（Fischer & Farrar 1987; Fischer, Kenny, & Pipp 1990），該理論把發展描繪成一個更加細緻化且複雜的控制系統（技巧）歷程。我們可以把反思功能想成是這樣的系統，是一個對自我組織相當重要的技巧。用動態技巧理論的觀點來看，反思功能不僅僅是個人的特性，而是要把

人與環境一起看，因為所有的技巧都是由人的活動與環境脈絡共同組成。特殊的作業、特定的事件、他人，還有文化，都被視為技巧的一環。再者，技巧的發展並不像是朝著一條特定的道路而邁向成熟。如果把反思功能做為一種技巧，這個技巧其實會隨著各種路徑展開。而許多動力式的互動，像是一個人的情緒、社會互動、家庭關係與環境、重要的社交團體、與更廣闊的社會世界互動的反應等等，都會影響與塑造這樣的技巧。（Fischer, Knight, & Van Parys 1993）

反思功能像是發展網絡中的一條線，這個發展網絡是由許多獨立不同的控制系統所組成，彼此之間並沒有很強的關聯，也不會相互協調或整合（Fischer & Pipp 1993）。如果把所有的能力都按照作業類別或性質領域來區分，很容易就能看出能力間會有「分餾」（fractionation）或是「分裂」（splitting）的現象，所以也能想見，反思功能就像是其他的認知發展一樣，會有參差不齊的狀況（Flavell 1984）。「分餾」是指一個人會有種無法協調那些本質上自然分離，但可以被某些外部標準認為在一起事物的傾向（Fischer & Ayoub 1994）。就像孩子雖然理解液體守恆[9]，但不等於他就能理解面積守恆；同樣地，對某個人際互動面向的反思能力，可能無法被推估到其他的面向上。反思能力本來就不是一個普遍性的能力，而是一個針對特殊作業或特定領域而學到的技巧——而這個特定學門就叫作「關係」。在情境中，反思能力做為一種技巧，或多或少具有承先啟後與支持情緒狀態的功能，並會影響到個體的發展。隨著互動意義與外界脈絡的不同，都會導致分餾。舉例來說，在液體守恆的實驗中，以及當朋友口渴想要喝東西時，雖然以上的兩種情境都會牽涉到把柳橙汁倒入杯子的動作，但卻是兩種不同的概念（Rogoff 1990）。我們能觀察到，在不同的社會脈絡中，孩子運用與經驗心智狀態的語言顯然也

9　譯註：皮亞傑的守恆（conservation）實驗之一，液體守恆為把同體積的水放在兩種不同形狀的容器中，而孩子能理解兩杯水的水量一樣多；面積守恆為把圖形裁剪拼貼成不同形狀後，孩子能理解兩種形狀面積還是一樣大）。

會不同（Dunn 1996）。不論是在一般或是特殊的案例中，這樣的分餾狀況都不會隨著反思發展而完全消失。個體有可能逐漸整合在特定情境中學會的反思功能，然而，這並不是一種自動的機制。這種在關係中有所落差的表現將會橫跨情境，直到成人期時還是相當普遍，特別是當個體處於情緒化的時候，就更能觀察這樣的狀況（Fisher & Ayoub 1994）。

　　正常的發展下，個體會從分餾的狀態趨於整合。這涉及到要在先前分開的技巧中建構出一個特別的協調機制，以提供更加複雜、細緻的控制系統（Bidell & Fischer 1994）。反思功能異常的人會持續使用目的論的方式，而不是用心智化的方式來預測他人的行為。不過，這不該被認為是傳統精神分析中掃到的「停滯」（arrest）或是「固著」（fixation）在早年階段的結果，也不應該被看做是「退行」（regression）到早年階段。在受虐兒的病理學研究中，反思功能會隨著年齡與時間而趨於複雜，就像其他的技巧一樣。當孩子對虐待行為有所預期，並得事先做好因應時，心智化能力的發展就會受到侷限。這些孩子在他們特殊的小小世界中，試著適應這種痛苦的生理與心理衝擊，但這種適應會產生一種複雜的困境，而無法與其他情境（非受虐的情境）一樣，可以直接加以適應（Noam 1990）。在平常的情境下，這個人或許能以一般的方式使用反思能力，但若是像小時候那樣，遇到需要參照「照顧者」心智狀態的情境時，或是在一段關係中引發了同樣的基模，個體所能運用的反思功能就會非常有限。反思功能的表現落差，可能是個體在某部分上主動（有目的性的，意識上或 62 潛意識上都有可能）在一些特殊關係情境中，不去協調與概化反思功能的結果。如此一來，反思功能的表現落差反而是一種「發展上的成就」，因為這些人必須創造出另一個協調機制，好把原本應當趨向整合的痛苦情境給分離出來。而他們的家庭可能也支撐著這樣的分裂，在外合宜且端莊，但一回到家就露出了專橫的本性。這樣的分餾會依照脈絡與情緒而發生，所以在其中一個脈絡發展出的技巧，就無法類

推到其他情境中的類似技巧。如果用依附理論的觀點來看，個體在運作內在工作模式時，當中其實包含了一個很重要的反思能力——那就是個體能預期到自己與他人的心智狀態並不協調。如果在某些關係中，內在工作模式受到了損傷，那麼個體所能運用的心智化技能就會受限。在後者的脈絡中，主體只能給出刻板、簡單、僵化且低階的描述功能。然而這並不是發展遲緩或是退行，而是一種令人驚異的複雜能力，讓兩種不同層級的功能夠同時運作。這樣的功能就是孩子為了適應這個既暴虐又剝奪了情緒的世界，所發展出來的複雜技巧。所以，如果把這種狀態說成是缺陷，就會過於簡化。這些人在整體能力上與其他族群並沒有太大的差異，然而，若是在臨床的面向上進行更詳細的衡量與評估，就會發現他們在特定的情境與人際關係中，反思功能的表現是參差不齊的。

從我們的觀點看來，當具有人格障礙的成人或孩子發現人際關係中可能會出現衝突時，他們的行為就會跳到非反思性的內在工作模式中。在衝突中，個體需要同時知覺到自己，以及他人對自己的態度，必須在顧慮對方的情況下，還能堅持自己論點的合理性。這其實需要有高度的適應性才能做到（Killen & Nucci 1995）。舉例來說，有嚴重行為問題的兒童早年的家庭環境通常都充滿了衝突（Patterson 1982; Perry, Perry, & Kennedy 1992）。在這樣的脈絡下，心智化經驗能力不佳的孩子會無法確認自己的意圖，也無法對自己的行為有歸屬感或內在的支持感，但對自我主體感來說，這些又是相當重要的感受。結果這些孩子的自主性會變得非常脆弱，而原本意圖的重要性又會被過度誇大。比如說，對立反抗症（oppositional defiant disorder）孩子的特徵（像是消極被動、不聽話、攻擊性）就是孩子企圖在關係中重複主張自己的自我主體性。因為欠缺敏感度和權威高壓的養育方式會破壞他們的能力，讓他們無法理解到自身的意圖與行動是有所關連的。

不適當的養育只是造成反思功能偏限的原因之一。孩子生理上的脆弱性，像是過動、注意力不足、衝動控制的缺陷，都會使孩子較難

在人際衝突的情境中使用心智化式的反思。以辯證模式或是交互模式的觀點來說，這種先天生理的脆弱性是因也是果：它們既引起了衝突的情境，又使得孩子缺乏彈性處理衝突的能力（參照第九章）。

　　由於自身的意圖與行動被區分開來，所以當情緒被挑起來時，這些人可能會做出一些不顧後果的事情。就像哈特與基倫所說的，個體如果要擁有道德情緒，就必須「主動形塑自身的發展，盡自己所能理解世界，進而做出判斷，並為自己的行為負責。」（1995, p. 7）在情緒高漲時，這些人就會跳到非反思性的模式，自我也失去了控制。在這些情況下失去反思能力的人，行為看起來都很刻板，就好像他們別無選擇，只能有一種反應一樣。不僅如此，這樣的情緒反應常會與社會常規發生衝突，因為他們已經無法用他人的觀點來看待事情，導致用以判斷與調整行為的「道德情緒」也不見了（Arsenio & Lover 1995）。在這種狀況下，如果他還被迫不把人當成另一個有意圖的主 64 體，而當成是非人的東西，當成是一具肉體、一個社會的單位、一個團體中的匿名成員，那麼本來就已經不怎麼良好的反思功能就會擴大為反社會行為。

　　苛待或各種形式的創傷都會帶來兩種層面的影響，讓個體會在特定的情境下喪失反思功能：（a）就像之前所說的，受到苛待的孩子為了不去看到虐待者背後的敵意，就會強烈地抑制情緒，使他們無法從他人的觀點來看事情；同時，成人也無法了解與辨認出孩子剛萌芽的意圖狀態，造成孩子在自我發展上的侷限；且（b）由於缺少理解他人的能力，所以孩子能在創傷性人際互動環境中生存的韌性（resilience）也會受到剝奪（Fonagy et al. 1994）。如此一來，這些被家庭環境所傷害的孩子，都會因創傷反應而感到長期的不適，而且也無法處理這些不適。在這種狀況下，他們只能用非心智化的方式來面對事情，導致更進一步的傷害。在更極端的情形下，非心智化的方式將會宰制他們在親密關係中的所有互動，很可能發展成嚴重的心理病理，最終演變成根深柢固的人格障礙症。

【第二章】情感與情感調節的歷史以及各學科間的觀點

65　　本章接續第一章的內容，探討心智化與反思功能在發展上的機制與意涵，透過情感與情感調節的主題來看早期客體關係當中的心智化，並用心智化的觀點，對情感與情感調節進行歷史上的回顧。但本章並不會進行鉅細靡遺的回溯，這種雄心壯志已經超越本書的範疇。本章的目標在於指出情緒研究中的一些關鍵爭議，而回顧則聚焦在以下各學派間類似於二分法的分類方式。哲學與心理學在傳統上對情感有兩種不同的意見：（a）理想上情感是能與認知整合的產物，或（b）本質上是獨立、對立於理性思維的存在，無法加以掌控。神經科學家已經指出，這兩種傳統在大腦的結構上都有穩固的基礎，並一起調整了情緒的經驗。而精神分析學家，包括佛洛伊德本人，也都持續關注著這兩方面的想法，並提出精闢的見解。我們也會更仔細地回顧依附理論學者的一些貢獻。當依附理論的框架被提出後，就成了一

66　個新的起始點，孕育出許多想法與論文。重要的是，我們需要從依附理論的傳統中去發掘，情感經驗到底是如何透過照顧者與嬰兒間的互動，讓個體能擁有自我調節的能力。本章也會談到在第一章簡短提過的發展理論取向。藉由歷史回顧的框架，我們將試著整合上述對於情感的兩個論述。

導論

　　各家學派對於「情感」這個主題都有相當濃厚的興趣。在依附理論或其他心理學的領域中，往往都把情感的重點放在情感調節這個重要的元素上。但就像許多學者觀察到的，其實情感調節的概念

在學術上一直都沒有好好地被定義過（Gross 1998, 1999; Magai 1999; R. Thompson 1990, 1994）。對某些理論家來說，「情感調節」（affect regulation），或有時稱為「情緒調節」（emotion regulation），就只是把情感／情緒當成一個可調節的目標（Eisenberg & Fabes 1992; N. Fox 1994; Garber & Dodge 1991）。然而，對依附理論學者和精神分析學者來說，調節的目的更為複雜：情感調節其實關乎到自我（self）調節。更精確地說，要解釋嬰兒是如何從與照顧者的協同調節進展到自我調節的歷程，情感調節就扮演非常關鍵的角色，所以對依附理論學者與精神分析學者來說，情感調節這件事調節的不僅僅是情感本身而已，還有更重要的意義在。

　　情感與情感調節不一定是互補的概念。情感調節使我們能夠控制並調整我們的情緒反應。但有些說法卻認為情感無法受到調節，這樣的論點也相當重要。藉由這樣的質問，我們可以檢視對情感與情感調節本質的各種說法與論點，回顧過往的歷史背景，好更明瞭當代的理論。在本章的開頭，我們會先介紹哲學界對於情感與情感調節的看法；接著再轉至心理學的觀點，最後則轉為神經科學的觀點。第二部分則會談到精神分析與依附理論對於情感與情感調節的觀點。

哲學的觀點

　　在西方哲學的傳統中，行為最理想的準則是理性，在這樣的觀點下，情感就會變得無足輕重。不過與此同時，大部分的哲學家又覺得需要去談談情感，就算是那些忠貞的理性主義捍衛者，像是笛卡兒學派的人，也都有很多對情感的深刻論述。[1] 接下來的內容不會詳談哲學史中對情感的討論。為達我們的目的，著重於哲學史上對於情感本質

1　笛卡兒學派以純粹的理性主義而廣為人知，但在笛卡兒的著作《靈魂的熱情》（*The Passion of the Soul*）中卻特別強調情緒，他在書中指出，身體的角色在情感當中是很重要的。從詹姆斯（S. James 1997）的論文中可以看出笛卡兒和其他十七世紀的哲學家們對於情感的想法。

的爭論即已足夠，這與我們現在對情感與情感調節的理解有相當大的
關聯。在第五章「自我做為行動主體」中，我們會再討論到當代心智
哲學與互為主體性的關係。

對亞里斯多德來說，情感是達到美好人生境界的基礎。他認為情
感是一種信念；藉此，情感成了判斷世界是否該被修正的標準。這顯
示了情感不會與理性相牴觸。亞里斯多德認為，情感只有在我們的人
68　格過於軟弱，而無法與之抵抗與調整時，才會變得具有傷害性。[2] 他不
否認情感可能會變得過度強烈；但他也強調，藉由練習，我們能學會
用更好的方式使用情感——那就是在適當的時間、用適當的方法、對
適當的對象抒發情感。

可以合理推測，亞里斯多德是第一個提出情緒調節理論的哲學
家。對他而言，調節情緒就是在過度與不足之間維持中庸。舉例來
說，我們可以區分生氣這個情緒的程度，太過就叫做易怒，不足就叫
做煩惱（Barnes 1984; Rhetoric 1378a31）。[3] 亞里斯多德希望我們修身養
性，成為能夠控制情感的人。他相當推崇情感的價值，還特別強調要
能把享樂融入情感經驗中（Gosling & Taylor 1982; Jurist 1998; Stocker &
Hegeman 1996）。也許最重要的是，他整合了人類的理性與感性。

與亞里斯多德相反，斯多噶學派（禁慾主義）的哲學家認為，
個體無法調節情感。在他們的觀點中，情感超出了我們的控制，並且
不能被教育；這解釋了為什麼我們總是「感覺」到情感，卻無法「選
擇」情感。斯多噶學派把情感當作錯誤的判斷，是一種會引領個體走
上歧路的腐敗力量。因此斯多噶學派呼籲，個體要與自己的情感保持
距離，並且努力地把理性視為唯一。如果我們盡力壓抑情感的強大力
量，終將能成就「超凡」並且「自足」，進而達到至善。

69　　斯多噶學派的看法在哲學史上有舉足輕重的影響。因為這樣的說

2　　在古希臘人對善的觀念中，「節制」（sophrosune）就是指享樂與身體欲望的調節。節制指的是
　　能用適當的方法享樂，而不是禁止或抑制它。

3　　亞里斯多德指出，我們很難找到一個詞彙去形容「不足的生氣」，所以他認為生氣這種情緒通
　　常應該是一種容易「太過」的情緒。

法剛好幫哲學界傾向於將非理性理解為就是理性的失敗的狀況背書，而不認為非理性的行為其實具有其意義。不僅如此，斯多噶學派對於早期基督教思想有重要的影響，把情感與肉體醜化為負面的辭彙。迪索薩（DeSousa）指出，基督教對情感其實相當矛盾，因為在七宗罪當中，就有五項是屬於情感的範疇（包括驕傲、淫欲、嫉妒、暴食、生氣與懶散，但不包括貪婪與貪欲），而在四美德當中，有三種都與抵抗情感有關（慎重、剛毅、節制，但不包括正義）（1987, p. 17）。理解斯多噶學派不只能了解哲學史，還能了解我們自身文化的前因後果。

　　簡單直白地說亞里斯多德對情感的態度是友善的，而斯多噶學派則對情感相當戒備。[4] 雖然這兩者看起來是相互排斥的典範，但我們還是不能如此武斷地直接選邊站。現在，讓我們開始介紹把以上兩個典範結合在一起的斯賓諾沙（Spinoza）。斯賓諾莎深受笛卡兒哲學革命的影響，致力讓哲學更加科學化，例如他在《倫理學》（*Ethics*）一書當中就談論到幾何學（Spinoza 1677）。然而，斯賓諾莎背離了笛卡兒的身心二元論，堅信人類是心智的體現。笛卡兒在《靈魂的熱情》一書中，講到情感同時是身體與心靈的感受；事實上，笛卡兒對情感與身體面向的強調，開啟了另一個新的視角，心理學也從中而生，不再像亞里斯多德的想法那般，只把情感當成一種信念。隨著笛卡兒而浮出的問題就是，身心之間到底是如何互動的？斯賓諾莎卻輕巧地迴避了這個問題，因為他堅稱個人可以直接用心理捕捉身體經驗（1677, p. 12）。

　　斯多噶學派對於情感的觀點對斯賓諾莎有很大的影響。斯賓諾 70
莎也把情感當成一種錯誤的判斷，所以人類得努力試著不要被情感所擺布，並且接受我們就是無法掌控情感的事實。然而，在《倫理學》的第三冊中，斯賓諾莎又表示我們不能就這樣拒斥或是放棄情感；相

4　努斯鮑姆（Nussbaum）的著作《慾望治療》（*The Therapy of Desire*）中，有亞里斯多德學派與斯多噶學派關係的精湛討論。

反地，理性應被用來修正情感，而不是忽略情感。根據斯賓諾莎的說法，我們對自己的情感了解愈多，就愈了解自己。從臨床的角度來看，斯賓諾莎最有趣的地方在於，他認為情感必須由理性支持，才能得以保存（我們在本章後段再回來討論這個想法）。斯賓諾莎感謝情感豐富了我們的生命，並藉此達成了亞里斯多德企圖把理性與感受整合起來的宿願。所以我們沒辦法把斯賓諾莎的說法歸類為亞里斯多德學派或斯多噶學派當中。

亞里斯多德學派與斯多噶學派之間的辯論開啟了情感的思想史。情感可以被培育出來嗎？情感能給人類生活的意義嗎？情感是人類繁榮的必需品嗎？還是情感只是原始的力量，會危及我們的幸福？其中一種哲學派別認為，只有對道德行為有貢獻的情感，才有其價值。哲學家休謨（Hume）就採取了這個立場：他不認為所有的情感都應該對道德有所貢獻，但他堅持道德是基於感受而形成，不會單單只有理性而已。更近期來說，哲學界中的道德心理學家，像是史托克與赫格曼（Stocker & Hegeman 1996）、奧克立（Oakley 1992）、羅帝與弗拉納根（Rorty & Flanagan 1990）、葛林斯潘（Greenspan 1988）、迪索薩（1987）與 C. 泰勒（C. Taylor 1985）都認為，情感對道德有其貢獻，而情感只會破壞理性的說法是個誤解。總而言之，愈來愈多哲學家認為應該要重新思考情感這個議題，當然這不代表哲學界就因此對情感有了共識。有些思想家還是把情感當作是一種信念（像是Wollheim 1999），而其他人則在日漸蓬勃的情感科學研究中，試著重新建構身體與情感的關係（例如 Griffiths 1997）。

71 心理學的觀點

與哲學相較，心理學一直以來就對理性以外的現象很感興趣，比如說動機。然而，在行為主義盛行的年代，甚至在更早期認知革命的時期中，情感一直都不是心理學研究的重點。湯姆金斯（Tomkins

1995a, 1995b）在 1950 與 1960 年代時，在美國心理學界較為獨樹一格。他擴展了達爾文的演化論，認為情感可以藉由臉部表情來呈現，並進而引領行為。湯姆金斯強調，情感有豐富的研究價值，應該可以自成一個獨立的學門，並與知覺、認知、記憶等研究主題區隔開來。根據湯姆金斯的說法，情感是原初的生理性動機機制，並在人類的功能中具有首要的地位。湯姆金斯的研究主要是針對情感與臉部表情的關聯，而在他後期的著作中，也強調了皮膚的反應（Tomkins 1995b）。

　　艾克曼（Ekman）是湯姆金斯的學生，受到恩師的啟蒙，艾克曼（1992a; Ekman & Davidson 1994）從 1970 年代至今都持續進行研究。他認為情緒是普世皆同的反應，這可以藉由情緒的臉部表情具有跨文化性的特徵來證實。[5] 艾克曼認為，個體有五種「基本情緒」——快樂、傷心、生氣、害怕、厭惡。這五種基本情緒又藉由以下九種型態所定義，分別是：普遍訊號的不同、在其他靈長類面前呈現的不同狀態、生理學上的不同、因普遍的前置事件而不同、多種情緒信號的統合、突然發生的、短暫的、自動化評估的、自動產生的（Ekman, 1992a）。艾克曼承認，支持這九種型態的證據各自不同：自主神經系統對憤怒、恐懼、噁心、（暫時的）難過這幾種感受的反應有各自不同的模式，他也聲稱中樞神經系統對於每種情緒都有其特定的反應　72
模式。

　　就像斯多噶學派一樣，「基本情緒」的這種說法強調了情感是**發生**到我們身上的。艾克曼解釋，因為情緒會快速地發生，所以我們會感覺情緒好像發生在我們身上，而不是由我們主動選擇情緒。然而，基本情緒的論點又與斯多噶學派有所不同，因為艾克曼認為情感對於我們的生存演化有其貢獻，光是這點就足以證明情感有其益處。基本情緒的典範提供我們另一種研究情感的方法。在心理學中，還

5　　術語註解：情緒（emotions）是生理且普遍的，而感覺（feelings）是主觀且特別的（受到文化、家庭、個人特質所影響）。情感（Affects）同時包含了情緒與感覺。

有其他研究情感的典範，這些研究都始於詹姆斯—蘭格（James-Lange theory）這個相當具有影響力的理論（W. James 1884; Lange 1885）。但在討論這個理論之前，我們得先談談對於艾克曼理論的兩個批判。

第一個批評是，這些基本情緒真的是以不同的類別區分嗎？還是說，真正「基本」的東西其實應該是它們的向度：像是刺激的程度、快樂的程度、活動的程度等等。舉例來說，戴維森（Davidson 1992）就偏好用「靠近與疏遠」這樣的向度，來公然挑戰艾克曼以臉部表情做為解釋的基本情緒理論。戴維森認為，艾克曼的研究中並沒有支持表情原型的證據存在，這些情緒都是因情境而生（而在實驗室中操作出來的結果可能並不精準）。就像戴維森所說，並沒有一個絕對的理由可以認為，情緒與表情間只有單一型態的關聯——在當下，同一種表情當中可能會同時混雜著很多不同程度，甚至不同種類的情緒。

對於艾克曼研究的第二個批評，是針對跨文化的真確性。J‧羅素（J. Russell 1991）觀察到，艾克曼在臉部表情的研究中，只說到**類似的**情緒具有跨文化性，而不是說，同樣的情緒在不同的文化中會**完全一樣**。在同樣的脈絡下，艾佛瑞爾（Averill 1994）也強調，基本情緒只是一種分類的方法，而且警告我們，如果太常採用這種「原型」的分類方式，就會忽略那些次發與不尋常的情緒。人類學家施華德（Shweder）以更激進的方式批評基本情緒理論的觀點。施華德認為，有些情緒很難用臉部表情表現出來，所以我們不能單單以表情來理解情緒，而應該把情緒當成「能讓身體感受與情感成形，並具有意義的複雜敘事結構」（1994, p. 37）。如同羅素與艾佛瑞爾，施華德拒斥基本情緒的觀點，認為那是一套仰賴價值評估的語言建構，而不是自然的發現。

而當我們問到信念又是如何影響情緒時，上述對跨文化研究的批評使我們注意到兩個議題：情緒的主觀經驗，以及人類創造與扭轉情緒意義的潛能。艾克曼說得很明白，他把重點放在找出天生且普世的情緒；因為他認為這才是研究最能有所貢獻的方向。艾克曼特別排

拒「情緒的主觀經驗」，認為那難以被研究，因為「我們對一個人的主觀到底是如何影響某個情緒，以及該情緒的其他面向所知甚少。」（1992a, p. 175）。然而我們還是會想知道，當我們把心中的情感呈現出來時，到底主觀經驗會對情感的本質作出多大的扭曲？主觀經驗甚至可能會蓋過我們處理與調節情感的能力。

　　許多心理學家都很關注認知對於情感經驗的影響。像詹姆斯—蘭格的理論就把情感定義成：個體對外在世界的生理反應能有知覺上的認識。為了回應他們的說法，舒赫特與辛格（Schachter & Singer 1962）認為，認知的必要性在於它幫助了我們把生理反應標記成狀態。這種觀點與基本情緒理論把身體做為情感經驗的基礎觀點一致；但它與基本情緒理論不同的地方在於，它質疑情感是否會直接連結到不同的生理訊號上。更近期的學者，像拉薩路斯（Lazarus 1984, 1991, 1994）就指出，認知之所以跟情緒緊密相關，是因為任何的情感經驗都會包含認知。在他的看法中，驚嚇的反應就是認知到恐懼後，情緒應運而生的結果。認知比情感優越的觀點是早期認知行為學派治療師理論架構的基礎（例如，像是Beck 1967; Mahoney & Freeman 1985; Meichenbaum 1997）。這種認為認知決定了情感本質的概念，想當然爾被其他心理學家，像是札羅斯（Zajonc 1984）所排斥。札羅斯閱讀了很多對於拉薩路斯（1984）理論的爭論，主張有些情感確實不需要伴隨著認知。 74

　　札羅斯—拉薩路斯的辯論引出了一個議題，就是「認知」的意義到底為何？它是指一些像是意識的小範疇，還是如邏輯推理那般更廣大的範疇（例如 Mandler 1984）呢？如果認知只是做為伴隨情感所出現的意識，那麼就沒什麼好爭論。然而，若是認知跟邏輯思考有關，那就值得研究。那些強調情緒認知觀點的人，跟強調情感調節的人，基本上是站在同樣的立場（Oatley & Johnson-Laird 1987; Power & Dalgleish 1997）。對許多研究「情緒調節」的心理學家來說，基本情緒理論並非完全不正確，只是僅談到情緒的某個面向而已。然而，只

有極少數的心理學家願意研究「知之者知之」這個困難的問題——為何人能得知自己的情感？是因為主體用認知評估來決定情感的本質嗎？為了尋求這個由哲學家與心理學家提出的問題之解答，轉向神經心理學的研究或許會有所幫助。

神經心理學的觀點

用神經心理學來研究情感是個令人興奮的新領域。有位研究者因開創了「情感科學」這個次領域而享有聲望，這位學者就是勒杜克斯（LeDoux 1994a, 1994b, 1994c, 1995, 1996）。他的研究主題是老鼠恐懼時的情緒，他相信，這類研究多少具有跨族類的特性，因此可進一步對人類的狀況進行推論。他的研究成果特別強調杏仁核的重要性，杏仁核是腦中控制情緒的主要部位。根據勒杜克斯所言，腦中有兩種主要的情緒系統：第一種源自於杏仁核，這套系統的情緒是自動產生，並且本質上較為粗糙，因此這套系統被形容為「既快又狠」；而第二套系統則與大腦的新皮質有關，讓我們能運用認知元素來回應情緒。

勒杜克斯並不是希望從這兩處找出腦中控管情緒區域的確切位置。他重視的是杏仁核與新皮質的互動，以及其他部位的重要角色，例如海馬迴。他在《情緒大腦》（*The Emotional Brain*）（LeDoux 1996）一書中不斷地強調，負責情緒的腦區不會只有一個，有許多通路都會在新皮質與杏仁核間進進出出，而這些通路能被丘腦的感受系統所啟動（而不需通過腦皮質），丘腦也會同時啟動間腦皮質。當腦中的某個物體表徵出現時，情緒反應也會同時出現，但卻是不同的區域在處理。所以勒杜克斯說：「我們能在刺激出現但尚未完全被表徵化之前，就已經對該刺激有情緒上的反應。」（1994a, p. 221）

因此，情緒歷程有兩種不同的系統，會先出現「快」的歷程，之後再由「慢」的歷程做後續處理。這兩種反應系統被稱為「第一型

與第二型」（LeDoux 1994a, 1994b）。第一型的情緒反應非常快速，這種反應是經由物種演化的經驗而來，勒杜克斯把它比做像是動物刻板的反應。基本上，第一型的情緒是自動化的反應，並且是從一種原初、模糊的反應演化而來；這樣的情緒反應並非自主能控制。第二類的情緒反應並不是被誘發，而是發散出去。這種反應會因個體而異，不是普世皆同的，它反映出個體會利用過去的經驗，以協助當前的情境做出判斷的歷程。與第一型相反，第二型情緒可以經由我們的主觀意志所操控。

勒杜克斯指出，我們能在兩種情緒型態中做出區辨。我們可以把第一種歷程想成是較為古老、原始的情緒反應，是一種「早期警報系統」，雖然使我們能及早避開威脅，但也有先天上的侷限。另一種較新且較為複雜的情緒反應則有區辨的功能；它能區辨更完整的知覺所產生的多樣化反應，且能由我們的主觀所控制。根據勒杜克斯所言，　76　情緒不需要透過認知系統就能發生，因為腦神經在情緒與認知的運作方式上既互相影響，又分開作用。

勒杜克斯的觀點與基本情緒理論有重疊的地方，但藉由引入第二型的情緒反應——那是更有變化、更有彈性且更加自主的情緒，使得情緒經驗更加豐富。勒杜克斯強調，許多情緒歷程都發生於我們的意識之外，他認為，我們的「感受」其實只是這個歷程的副產品。他曾說過：「感受為名為情緒的蛋糕添加了糖衣的花邊。」（1996, p. 302）如同基本情緒理論，勒杜克斯不太談情緒的主觀經驗，將它視為演化過程中一種行為適應的結果，而不是情感的「最初任務」（LeDoux, 1994c）。[6] 做為一個行為學家與社會生理學家，勒杜克斯心懷戒懼，避免探索自我反思的這塊領域。他雖然認為情感是在潛意識中所發生，但卻刻意忽略精神分析式的潛意識觀點，認為那是「既幽暗又邪惡的地方」（1996, pp. 29-30）。

6　並不是所有的神經科學家都同意勒杜克斯的這個觀點；事實上，潘克塞普曾批評過勒杜克斯太過於輕視情緒感覺（emotional feelings）的重要性（Panksepp 1998, p. 341）。

　　由勒杜克斯提出的雙系統理論，對緩和亞理斯多德學派與斯多
噶學派間的隔閡有其貢獻。也許這樣說有點過度簡化，不過我們可以
認為，第一型的情緒反應，就像斯多噶學派所說的，發生在我們的身
上，且無法受到我們的控制。而勒杜克斯所描述的第二型情緒反應系
統，則澄清了第一型系統不是情緒的全部，就像亞理斯多德學派強調
的，當情感發生時，我們要關注到自己形塑情感的能力。

　　勒杜克斯察覺到，以演化的觀點來看情感只是個出發點而已。他
曾註解過，第二型的情緒反應有賴於某種自我組織的存在，雖然沒有
更清楚的說明，但他說過：「一個人能不能有感覺，取決於他有沒有
能力察覺他的自我，以及察覺自己與世界的關係。」（1996, p. 125）
77　這樣的說法等於承認了，把基本情緒理論擴大到情感調節的範疇是有
其必要的。勒杜克斯已經將情感的議題延伸到自我的議題，但他並沒
有再往前進。

　　其他的神經科學家，像是潘克塞普（Panksepp）跟達馬西奧
（Damasio），都擔當起研究情感與自我間關係的重擔。由於篇幅有
限，我們這邊只提及達馬西奧的研究，希望讀者們不要誤會我們忽略
了潘克塞普的「情感神經科學」（Panksepp 1998）。[7] 達馬西奧的神經
學研究發現，前額葉受損的個案，縱使能在工作記憶中喚起過去的事
件，但還是很明顯地無法有所感受。勒杜克斯的動物研究提醒我們要
細看情緒與認知關係間的特殊功能，而達馬西奧則樂見於更開放的哲
學討論。

　　就如同他第一本書的標題《笛卡兒也會犯錯》（*Descarte's Error*）
（Damasio 1994a）中所提到的，達馬西奧想要否定心智二元論，尤其
是否定那些藉由拒斥情感來堅守理性主義的哲學家。達馬西奧的論點
是，從神經的角度來看，情緒本來就與理性密不可分，是建構理性的
必要血肉。就像他所觀察到的狀況一樣：「自然界為理性建立了一套

7　潘克塞普認為，情感狀態為其他所有的意識形式都提供了重要的鷹架；他認為，組成自我的自
　　我表徵系統，是源自於腦幹動作表徵的一環。

裝置，這套裝置的理性不僅是在表象的生理調節而已，而是**從內而外**都具有理性。」（p. 128）理性由身體訊號所調整及形塑；因此，身體會為心靈提供內涵，而不只是單有內臟、肌肉與骨骼的綜合物而已（p. 160）。達馬西奧聲稱並不只是身體與情緒造就了理性，在他對腦傷個案的研究中可以明顯看出，當情緒受到縮減時，大腦的理性能力也會跟著受損。

　　達馬西奧的主要理論認為，認知與情緒本來在大腦系統中就相互關聯，堅持他們之間的區別是人為的事。達馬西奧強調認知與情緒的相互聯結，他的立場看似好像與那些認為情緒是屬於原始反應的人，像是湯姆金斯、艾克曼、札羅斯、勒杜克斯等人相去甚遠。[8] 然而，即使達馬西奧強調情感與認知間的交互作用，他並沒有否認情緒可以在沒有認知的狀態下存在。他等於是為多重系統取向的情緒研究背書。

　　為了澄清達馬西奧最初的觀點，現在必須更仔細地進一步探討。達馬西奧運用初級情緒與次級情緒的分類方式，認為後者其實並非先天氣質的表徵。次級情緒運用原初情緒，但次級情緒也能引發一個人的「感覺」（feelings）。所謂的感覺是一種技術上的用語，意思是隨著身體景致（body landscape）的經驗，心理的心像呈現也會跟著改變（1994a, p. 145）。達馬西奧認為，如果我們把個體之所以會有所感覺認為單純只是神經化學物質上的改變，或是一種身體景致的神經表徵，這樣是不夠的。因此他的結論是，我們得了解身體內每個層次的神經迴路，這些所有東西的加總造就了理性，也生成了自我（pp. 147, 161）。

　　達馬西奧利用「本體標記假說」（somatic marker hypothesis），

8　勒杜克斯在自己的書中多次引用過達馬西奧，達馬西奧也引用勒杜克斯的發現：提出杏仁核對情緒經驗的重要性。他們兩個都同意，情緒的研究長期被認知科學家所輕視。更重要的是，就像勒杜克斯，達馬西奧相信有兩種情緒系統，一種是舊皮質的，而另外一種是新皮質的，他用初級情緒與次級情緒來表示。達馬西奧也受到艾德曼（Edelman 1992）的影響，把意識分成初級意識跟次級意識。

來說明各種情緒是如何和理性整合在一起，形成了以神經為本的自我（neural basis of the self）。本體標記假說認為，我們的決策歷程會與身體所產生的自動化訊號合作，這些訊號能保護並幫助我們，讓我們在做決策時能有個大概的方向，並從可能的選項中做出選擇。本體標記是神經系統的一部分，位於前額腦皮層中，是一種「從次級情緒產生出的特殊感受單位……藉由學習，可以在目前的腳本中預測未來的結果。」（1994a, p. 174）同時它也是更為抽象的決策歷程之前提，需運用到注意力與工作記憶。本體標記以一種「彷彿」（as if）的方式呈現，不需要外界的刺激就能進入到我們的意識之中。它能幫助我們預估事情的結果，並建立新的目標，藉由自身對享樂與痛苦的天秤，協調出未來想要的樣貌。

79

對達馬西奧來說，所謂的自我，就是由神經生成的情緒——尤其是「感覺」的集合體。他認為所謂的心智建構，就是藉由反覆刺激而不斷重新生成的生理狀態。不過他也想要肯定這種持續進行的生理狀態之經驗，感覺可以像是「我們能擁有並明瞭絕大部分的自己，即使不是全部。」（1994a, p. 238）他試圖以一種較為花稍的方式，來譬喻這種個體覺得無法完全控制自己的怪異感：「就像是你腦中有個卑劣的小怪物，在想著到底發生了什麼事？」（p. 227）

這種以神經為本的自我概念需要考慮到早期感覺皮質、感覺與動作皮質有關的區域，以及副皮質核等區域。就如達馬西奧所見，神經為本的自我並不需要仰賴語言的功能，雖然語言的確可以藉由主體的語言敘事使一些非語言的經驗得到意義，讓主體對於自我的感受更加清晰。他的理論公式如下：「語言也許不是自我的來源，但一定是主格我這個概念的來源。」（1994a, p. 243）不過，達馬西奧沒有詳細解釋「自我」與「主格我」的差別，事實上，他在書中並沒有進一步討論到「主格我」到底指的是什麼。我們順著他的思路猜想著：他所談的神經自我（neural self），到底與我們在思考的「現象學上的自我」（phenomenological self）有著怎樣的關聯。此外，達馬西奧沒有

考慮到文化因素的影響，也沒有探討人類發展的議題。

　　在他較近期的著作《事情發生時的感覺》（*The Feeling of What Happens*）中，達馬西奧（1999）闡述他先前的研究最重要的貢獻在於區分出三種不同的自我感知：「原初自我」（proto-self）、「核心自我」（core self）與「自傳性自我」（autobiographical self）。原初自我是「腦部裝置的集大成，在一定範圍內持續且無意識地維持身體狀態，穩定地確保著個體的生存。」（p. 22）而第二個自我──核心自我，讓我們能與當下的經驗做連結。人之所以有核心自我，是因為有「核心意識」（core consciousness），當我們對一件事情有很深刻的感受時，大腦就會產生出核心意識，把這些鮮明的、非語言的感受表徵 80 出來，也強化了這件事情發生時的時間與空間脈絡（p. 169）。達馬西奧強調核心自我與情緒間的關聯；他說：「一個核心自我的缺損必然與情緒的缺失有關。」（p. 100）

　　自傳性自我是由更複雜的意識種類所產生，達馬西奧將其稱為「延伸意識」（extended consciousness）。延伸意識提供我們一種認同與個人感；讓我們察覺到自己存在於某種個人的歷史時光中，明白我們既活在過去，同時又能展望未來。個體重組了自身獨特歷史的紀錄後，所產生的形象便會產生出獨特的自傳性自我。因此工作記憶（working memory）對於自傳性自我來說十分重要，這也是自傳性自我與核心自我的不同之處。自傳性自我雖有賴於核心自我，卻添加了過去與未來的面向。據達馬西奧所言，核心自我是意識的基礎，而自傳性自我則是核心自我的榮耀（1999, p. 195）。達馬西奧觀察到，發展心理學家最為熱衷研究的主題──自我感──通常在嬰兒十八個月大左右出現，而這個時間點正是自傳性自我的開始。不過，他並沒有嘗試更為詳盡地談論自我發展的主題。而我們的工作就是試著彌補這個空缺，解釋自我發展的階段與機制，並告訴大家，在了解「自我」時，發展觀點的重要性。

　　在把重點轉向討論精神分析與依附理論對情感與情感調節的觀點

之前，還有幾個重要的神經科學議題值得討論。就像上述的回顧，勒杜克斯發表的雙情緒反應理論為亞里斯多德學派與斯多噶學派間永不止息的紛爭畫上了句號。第一個系統同意斯多噶學派的主張，認為情緒超出了人類的掌控；而第二個系統則支持亞里斯多德認為情緒反應可以被調節的觀點。勒杜克斯的研究也給了另一場爭辯潛在的解決之道——也就是之前稍微提到的兩位心理學家，札羅斯與拉薩路斯的爭論：第一個系統認為，如前者的主張，情緒可以在沒有認知的情況下運作；而第二個系統則如後者所主張，展現了認知會如何影響情緒。勒杜克斯的觀點呈現了情緒經驗的廣度與複雜性，他吸收了基本情緒理論的觀點，產出了更豐碩的成果。他也提到了自我的問題，卻沒有將自我放進他的理論中，這可能有他自身的理由。就像其他的心理學觀點一般，勒杜克斯最終還是以認知來解釋情感。

81

　　達馬西奧扛下了勒杜克斯未曾解釋清楚的部分，把心力放在情感、自我與大腦間的關係。他仔細地描寫出認知與情感間的關係，特別強調情感對認知有著正面的影響（就像休謨與當代哲學家的論點）。達馬西奧發展出一套概念，認為情感能以一種原初的方式，協助創造與維持自我。他並沒有打算談論自我發展的議題，本書之後的章節會對此進行討論。更確切地說，在第五章，我們會針對互為主體性這個主題做出論述，大致上我們同意達馬西奧自我並不完全仰賴互為主體性的觀點，不過我們會更進一步探討互為主體性在自我發展上的重要性。

　　總結來說，勒杜克斯與達馬西奧這些神經科學家深化了斯賓諾莎式的創見，亦即，我們是自己心智的體現。同時他們帶領我們超越了哲學認為情感不是屬於體感就是屬於心智的觀點（或兩者間某種程度的結合）。神經科學為情感提供了重要的地位，不過尚有許多地方還值得繼續探究。如果認為所有關於情感的問題都能用神經科學來解決，就顯得過於不智。無庸置疑地，我們對於情感與大腦間關係的理解，還處於相對早期階段。不過我們充分學習到，任何探討情感的取

向，包括精神分析與依附理論，都不能忽略神經科學的發現。這個觀點絕不是化約主義。相反地，發展心理學理論花了這麼多心力在描述情感的主觀經驗與情感調節的細緻與奧妙，這對神經科學與其他學門都有卓越的貢獻。

有了哲學、心理學、神經科學對於心智觀點的背景知識，現在讓我們轉向精神分析與依附理論對情感與情感調節的觀點。在轉為討論 82 這些領域時，我們將關注情感的發展與主觀經驗。檢視完精神分析與依附理論的觀點後，我們將會在最後一節談到所有觀點的整合。

精神分析的觀點

對精神分析師來說，哀嘆情感理論的不足確實是件司空見慣的事情。情感在精神分析的歷程中，一直處在令人感到尷尬的位置上，因此它們理當獲得更仔細的探討。最起碼我們要正視這個明顯的反差：在精神分析領域中，情感僅有邊緣的地位，但在臨床領域中，情感的議題卻有巨大的重要性。為什麼精神分析的主流思潮到現在才開始要談情感呢？這就必須從佛洛伊德開始談起。

眾所皆知，佛洛伊德並沒有好好看待情感這個主題，他多次修正自己對於情感的看法，而且每次都前後不一。不只如此，佛洛伊德不但從來都沒有解釋情感為何與驅力（drives）有緊密的關聯，也沒有強調情感如何關鍵性地影響著分析師與患者的互動。不過，佛洛伊德確實豐富、大量且細膩地描述情感，尤其是在談藝術美學的時候——儘管這些描述並不是他的理論核心。

佛洛伊德在論述情感時，認為有兩種動力在相互較勁，這兩種動力也貫穿了整個精神分析的歷史。對第一種動力來說，情感是一種能量釋放，我們應該把（伴隨著想法的）情感當成是驅力的心靈呈現。如果追溯源頭，這種情感應該是來自於意識的領域之外——也就是本我（id）。在佛洛伊德最早的文章中，他認為情感會釋放能

83 量；不過他接著又在後設心理學的文章中做了修正，尤其是在〈潛意識〉（'The Unconscious'）這篇文章中（Freud 1915e），他指出情感與驅力有關（並且放棄了原本認為情感釋放只是一種病理上功能的說法）。[9] 但若說情感是一種驅力的展現，就又跟佛洛伊德之前的說法自相矛盾，因為情感必定是意識上的，而驅力又是潛意識上的。[10] 隨著佛洛伊德理論的演進，對第一種動力大致上的概念為：情感是強而有力的、純粹生理性的力量。

　　而第二種動力認為情感是一種訊號，且或多或少會受到自我（ego）的控制。這種說法意味著情感有協助個體適應的功能。第二種動力是源自於佛洛伊德的著作《抑制、症狀與焦慮》（*Inhibitions, Symptoms and Anxiety*）（Freud 1926d〔1925〕），後來在分析界中更延伸成「對自我的語言」與「情感調節」的概念。由於受到客體關係理論，尤其是發展理論的影響，第二種動力的論點在近年來頗為盛行。

　　另一方面，有些精神分析思想家，像是安德烈‧葛林（André Green），就對第二種動力的正當性提出質疑。他認為，只有第一種動力才符合精神分析的獨特性。葛林（1999）認為，要是過於強調自我的調控能力，就會忽略潛意識產生情感的力量。他也憂心說若將生理學與發展理論的概念都引進精神分析裡，分析就會變得不夠純粹（Green 1999）。從我們的觀點來看，一定得從兩種動力中選擇一種以符合分析的正統性，是很奇怪的事情。因為這兩者對精神分析而言都十分重要。

　　雖然我們主要是對於第二種動力感興趣，但這不代表第一種動力不重要。然而，還是有人義不容辭地想藉現代的科學知識，為第一
84 種動力發展出一套工作架構，以重新概念化佛洛伊德的想法。舉例

9　　佛洛伊德對於情感觀點的演進，在葛林（1999）、R‧史騰（R. Stein 1990）與拉帕波特（Rapaport 1953）的文章中有很好的整理。

10　　普爾弗（Pulver 1971）的文章中有討論這個議題，他的結論是，情感也可以是潛意識的。

來說，葛林就幫第一種動力辯護，強調情感會朝向身體內在（1999,
p. 163）。這完全遵從佛洛伊德的信念，認為情感是「主體自身動
力（分泌的、循環的）改變的表現，而不需要參照外在世界。」
（Freud, 1915e, p. 179）不過，如此一來，就會跟我們之前提到的心理
學與神經科學的觀點相違背，因為這些觀點認為，情緒是為了回應外
在世界而產生。而發展心理學的研究也顯示，嬰兒打從出生開始就會
朝向外在世界而發展，這也與古典精神分析的假設背道而馳（有關此
主題的研究會在第四章與第五章提到嬰兒發展時詳談）。

　　這是不是意味著，佛洛伊德對於情感的觀點根本是錯的呢？
不盡然如此。我們可以引用之前提到的神經科學家達馬西奧所說的
「內在環境」（internal milieu）與「本體標記假說」（somatic marker
hypothesis）來重新解釋佛洛伊德的觀點。由於大腦持續在監控身體的
狀態，這也變成我們理解情感內在經驗的一種管道。雖然這可以幫
我們捕捉到情感是屬於內在的印象，但我們還是無法反駁它們是來
自於外在的刺激。有趣的是，早期的精神分析學者布萊爾利（Brierley
1937）在談情感時就特別指出這點，認為精神分析師們應該可以把情
感外在與內在兩面都考量進去，不應偏頗於其中一方。

　　大致上，我們還是覺得精神分析應該可以採取更開放一點的態
度，並參考其他相關領域的觀點。尤其是在情感的主題上，精神分析
給人的印象總是太過孤立，但事實上如同歷史的發展或其他學派一
樣，精神分析已經有很多人開始在討論情感。

　　對佛洛伊德來說，情感同時是生理的，也是心智的。它發生在身
體上，卻有心靈的特性。就像斯賓諾莎一樣，佛洛伊德把心靈定位成
一種體現，他也特別強調，只要如此思考，心靈經驗的本質就不會掉
入笛卡兒心智二元論的陷阱中。佛洛伊德試著找出可以用生理學來解 85
釋情感，卻又不會因此遺棄主觀經驗的方法。雖然這種說法對於情感
的真正涵義為何仍未明朗，但他至少建構出了另一種獨特而卓有成效
的主體研究觀。舉例來說，我們還是可以探問：身體是所有情感經驗

當中不可或缺的要素嗎？或個體是否可以不透過身體，直接擁有情感經驗？佛洛伊德清楚地強調了情感的生理基礎，他認為，情感是為了存活而存在。然而，佛洛伊德也探究過情感的心智功能，就像他曾說過：情感隨著想法而生，是驅力的一種表現。他暗示情感的地位在於幫助我們解釋這個世界，並從中找到意義，不過他並沒有更深入地談論這個主題。

　　讓我們更進一步闡述精神分析對情感的觀點，以及與其他學派觀點的差異。單就佛洛伊德認為情感是一種能量釋放，是驅力的一種表現這一點，就與斯多噶學派相近，也就是情感是一種強烈又危險的力量，且超出意識的控制。但是，佛洛伊德也認為，情感是主體為了調節自我（ego）而釋出的一種訊號，這個觀點卻又接近亞里斯多德學派的想法。不過，佛洛伊德特別強調焦慮的情感訊號這件事，又讓他的觀點與亞里斯多德學派很不相同。同樣地，他也不像斯多噶學派那樣，對於情感抱持那麼反對的態度。確實，精神分析也常被認為是在挑戰理性的霸權與西方哲學的傳統。[11]

　　有些精神分析學家，像是埃姆德（Emde 1983）與蓋恩斯鮑爾（Gaensbauer 1982），特別聲明自己贊同基本情緒理論的觀點，不過，精神分析的立場與基本情緒理論的關係始終未定。值得一提的是，精神分析大致是與批評基本情緒理論的觀點站在同一陣線，因為分析強調滿足（pleasure）跟不滿足（unpleasure）才最基本的感受。不過雅各布森（Jacobson 1953）反駁說，滿足跟不滿足的感受會轉化成為基本情緒，而這也是她觀點的精髓。為了找出這兩者的關聯，有些精神分析學者也投入了神經科學對於情緒的研究（Kaplan-Solms & Solms 2000; Schore 1993, 1999）。

　　佛洛伊德把焦慮這種情感在理論上拉到更高的位置，一方面是因為他認為焦慮是一種一般性的心理激發狀態，另一方面則是因為焦

11　謝爾曼（Sherman 2000）對比了精神分析與哲學傳統，在這點上做出了強力的論證。

慮是相當明顯的臨床症狀。這種因臨床觀察而發展出的焦慮理論，讓佛洛伊德認為焦慮是一種情感能量的釋放，而他後期的理論也都在談論負向情感。雅各布森（1953）率先質疑佛洛伊德的理論很少討論情感對人有益的部分。既然佛洛伊德與亞里斯多德學派相同，認為情感調節很重要，不只是為了生存，更是為了幸福，那麼最讓人好奇的就是，佛洛伊德是怎麼看待分析師與患者間所發展出的強力情感連結呢？

達馬西奧的研究基於以下幾個原因，而與精神分析有密切的關係。首先，達馬西奧之所以對神經生理學有興趣，是因為他想研究自我（self），也特別強調情感與自我的關係（在精神分析中，自我會與第二種情感動力同時發生）。再來，達馬西奧的研究顯示了，我們不必從精神分析所謂的第一種與第二種情感動力中選擇其一。他關心的是從神經生理學中找出內在時時刻刻的轉變、平衡調節，細緻地整合過去、現在與未來的自傳性自我。達馬西奧藉由生理學的角度來理解這些事情。他在談論調節系統的複雜性時十分有說服力，而且強調調節歷程不一定是自我（ego）或自體（self）必須的東西。

在本章的最後，我們會更深入理解「調節」的意義。在此我們先聲明，精神分析取向中的調節，其實是在強調個人不斷掙扎的過程。一旦調節成功，並不代表就沒有問題了，即使是功能良好的人，都會不斷經歷失去與重新獲得調節狀態的過程。儘管能調節情感經驗 87 是自我的本質，但不能說單一情感的本質能用認知決定。要了解調節，就代表要注意到主觀經驗的微妙之處。更確切地說，了解情感調節意味著我們得正視情感是難以捉摸的，而且我們也很難理解情感的意義。臨床經驗告訴我們，事實上，我們並不總是知道自己的感覺。我們常常被自己的情感所騙，以為感受到了什麼事情，但是最後才發現其實感受到的是另一件事情。不只如此，我們也常常同時感受到許多不同的事情。

精神分析有著大量情感的主觀經驗。但這不表示情感理論就得像

有些人主張的，必須要源自於臨床觀察（Westen 1997）。精神分析也認為基本情緒理論的典範有其必須性，但卻不充分。精神分析師們常常與與那些模糊不清又複雜的情緒經驗共處。然而精神分析對所有案例治療的重點，都必須包含情感調節的促進與維持。我們很難想像在精神分析中，完全不談到一個人與另一個人之間的情感關係。精神分析之所以能讓患者產生改變的重要核心，就是調節的能力。

依附理論的觀點

由於在依附理論中，情感是很基本的概念，以至於學者們反而沒有在依附理論中好好探討過情感代表的意義，這情況有點諷刺。情感之所以在依附理論中具有如此重要的地位，是因為依附關係本身就是照顧者與嬰兒的情感連結。在依附理論與研究中，情感調節是個相當熱門的主題，也許就是因為如此，導致大家都忽略了「情感的意

88 義」這個更基本的問題。不過，解釋也只能到這裡為止，因為就算是鮑比本人，也很少討論一般性的情感與動機問題。鮑比把依附定義成「情感性的連結」，但卻沒有詳細解釋「情感性的連結」到底是什麼意思。他也強調情緒在依附關係中的重要性，但這並沒有帶來什麼啟示。舉例來說，鮑比主張：

> 依附關係的形成、維持、終止與重新開始，都會產生許多強烈的情緒。依附關係連結的生成就像是墜入情網，而維持依附關係就像是深愛著一個人，失去依附關係就像是為了一個人而悲痛。同樣地，害怕失去會使人焦慮，而真正失去會令人悲傷；而這兩種情況也可能會產生憤怒。安全感來自於能穩定維持依附關係的經驗，重新連結起依附關係則是快樂的泉源。〔1980, p. 40〕

　　鮑比的見解很有意思，他認為人無可避免地天生就會對一些刺激感到恐懼，像是新奇的事情、突然出現的事情等等，這些事情會激發依附系統。當依附系統被激發，但照顧者卻沒有做出適當的回應時，就會造成焦慮的情感反應。然而這個論點卻沒有受到研究上的強力支持。鮑比也沒有明確指出依附關係究竟是如何促成情緒調節。不過令人感到欣慰的是，最近的依附關係研究愈來愈注重情感與情感調節間的關係。現在，我們將一同來檢視這些進展。

　　在依附理論中，情感調節的能力是為了讓孩子能從協同調節轉為自我調節。或以斯魯夫的說法來說，這代表嬰兒的調節系統從「兩人的」進展成「獨立的」。斯魯夫著重於情緒在發展上的角色，他發現鮑比並沒有把情感完整地概念化，所以他接卜了這個未盡的工作（Sroufe 1996, p. 177）。他認為，在約末半歲的時候，孩子才會開始出現情緒。這個說法與基本情緒理論有所衝突。斯魯夫特別反對伊澤德（Izard）認為基本情緒是天生的這種說法，他強調情緒是由照顧 89 者灌輸給嬰兒的概念。斯魯夫認為，在嬰兒出生時，只有一種較原初的情緒，到第一年的後六個月時，情緒會分化為更細緻的形式。此時，嬰兒可以主觀地經驗到情緒，並賦予情緒新的意義。就像斯魯夫所說：「嬰兒在六個月大到一歲時的興奮與情緒調節，已經不單單仰賴於照顧者做了什麼，也包括嬰兒如何詮釋照顧者的意圖與行為。」（p. 170）

　　斯魯夫把情感調節定義為人在面對緊張情況時能維持自我組織的能力，他小心地強調，這種調節能力並不是用認知來影響情感。斯魯夫的建議是，情感調節應該是自我調節能力的「原質」（anlage）或是「原型」。自我調節可說是一系列自我功能當中的一部分，其中也包括自信（self-reliance）與自尊（self-esteem）。斯魯夫剖析自信心的生成就如以下所述：「對照顧者有信心→我與照顧者在一起時有信心→我有自信心。」（1996, p. 186）。斯魯夫用依附理論的方式創造出一個內在精神的結構，且把鮑比認為「依附的目的是與照顧者

親近」的概念，轉變為「依附的目的是感到安全」（Sroufe & Waters 1977a），但他還是沒有試著論述自信心底下的內涵。

另一個研究情緒角色的依附理論家是馬蓋（Magai 1999）（她對於這個主題較早的研究是用 Malatesta 這個姓發表，可參見 Malatesta, Culver, Tesman, & Shepard 1989）。如同斯魯夫，馬蓋認為鮑比並沒有好好討論情感本身的概念，並指出鮑比的理論與大約同期的學者湯姆金斯有一些類似的地方。相較於斯魯夫，雖然馬蓋比較贊同基本情緒理論，但她把興趣放在父母情感的風格會如何影響到孩子的調節能力。

卡西迪（Cassidy）擷取了馬蓋理論的重點，試著找出依附風格與調節能力的關聯。但馬蓋對她的評論中，對於假設情緒特質／性情會與依附風格完全重疊這種看法，卻持保留態度。

90　　根據卡西迪的說法，情感調節可能與依附的品質有關（1994, p. 247）。焦慮／迴避風格的依附關係傾向於將情感最小化，變成過度調節的狀況；而焦慮／矛盾風格的依附關係則會過度強調情感，相較來說就是調節不足。而安全的依附風格呈現了一種開放且彈性的調節方式。更精確地說，卡西迪認為焦慮／迴避型的依附關係相當排斥負向情感，代表著個體無法表達出負向情感，而不是沒有感覺到。但研究者還是無法釐清，為何在焦慮／矛盾型依附中，對於負面情感的反應會如此之大，甚至遠超出實際的感受。卡西迪的研究為依附理論提供一個有展望的方式來思考情感經驗，且被史萊德（1999）進一步拓展。史萊德認為，情感調節的失敗將會連結到各式的病理。

隨著依附理論的演進，情感調節的概念變得愈來愈重要。然而，對於情感本身的研究卻進展緩慢，還在發展當中。用依附來想情感會有一種很明顯的亞里斯多德式偏見，認為情感在本質上是個要被調節的課題。依附理論與斯多噶學派對情感的觀點沒有太大的交集。依附理論也與勒杜克斯所描繪、達馬西奧所支持的第一種情緒反應無關。霍夫（1984, 1990; Polan & Hofer 1999）研究幼鼠與母鼠關係的結果，

與依附理論最為接近，他認為調節能力是由依附而來，並且強調那是隱藏的面向，不受意識所控制。事實上，霍夫警告我們，嚴格來說，這個調節系統所調節的目標不能稱之為情感。

　　接著我們將繼續討論其他依附理論學者對於情感的不同想法。有群人比較明顯支持基本情緒理論。有些依附理論學者採取了「功能論」的角度，強調情緒不僅是受到調節的目標，情緒本身也可以做為調節者（N. Fox 1994）。另一群人則嘗試建立一個系統去呈現所有的 91 互動歷程（Fogel 1993; Lewis & Granic 2000）。縱使大家研究的範疇不同，但所有的依附理論學者和研究者都贊同，嬰兒從與照顧者協同調節，進展到能夠自我調節，在這過程中，情感經驗都佔有相當的重要性。

　　在依附理論中談論情感與情感調節時，卻有個令人頭痛的領域，也就是內在結構，或所謂的「內在工作模式」（internal working model）。基本上，內在工作模式的這個概念，可以想成是個體嘗試在內心揣測外在的互動。瑪莉・梅（Mary Main 1991）強調後設認知──一種高階、評估與重組記憶的認知功能──使內在工作模式變得更加複雜。內在結構的概念在之後論述心智化的章節時會發展得更完整，特別是在探討心智化能力那部分。而本書的學術目的也在於此。我們試著將依附理論重新概念化，把鮑比認為依附就是親近照顧者的這個概念，以及斯魯夫與沃特（Sroufe & Water 1977a）認為依附最重要的功能是讓孩子「感到安全」的這個概念，重新組織起來。在下一章（第三章）中我們會試著論述，表徵能力不單單是依附關係的衍生物，它本身就是依附的演化功能。麥克林（MacLean 1990, 1993）的三重腦理論中，把腦部的演化分成三個階段：基底區（reptilian）、舊皮質區（paleomammalian）與新皮質區（neomammalian）。以這個分類來區分我們的理論與鮑比的理論也十分實用。鮑比親近照顧者的想法可能是屬於舊皮質區的工作，而我們

著重的心智化與反思功能則可能與新皮質區有關。[12] 在下一節中，將會更細緻地講述反思功能在情感經驗當中的重要性，並用一個新的名詞——「心智化情感作用」（mentalized affectivity）——描繪其特點。

92　總結來說，依附理論在研究情感上有一定的進展，但應該以更多的心力探討情感與情感調節之間複雜的關係。

情感與情感調節整合的觀點

在以下的總結段落中，將會著重於討論精神分析與依附理論對於情感與情感調節這個主題之間的關係，使我們能重新思考情感調節的意義，深思與自我調節和心智化緊密相關的概念。最後，我們會轉向介紹「心智化情感作用」的概念，也就是成人情感調節的能力，並在第十一章併入臨床案例，更完整地討論。

精神分析與依附理論都認為，情感調節在早期的發展中佔有重要的地位。它促使自我感受的生成，也使個體能從協同調節進展到自我調節的境界。這兩種觀點也一致認為，情感調節是從正向與負向情感中找到平衡；而且特別強調負向情感也有其重要性，情感調節並非是要消除負向情感。不過，精神分析與依附理論也有很多不同的地方（這些概念上的回顧可參見 Fonagy 2001）。古典精神分析認為，情感跟驅力會相連在一起，即使是當代的精神分析理論，還是傾向認為情感是既強勁又原始的力量，而情感是身體經驗的範疇。這也使我們得以理解，為何在意識上很難完全察覺到情感。相反地，依附理論較少探討情感的本質，而情感被認為是一種適應性的能力，情感調節則能確保這種適應能力可以運作良好。

雖然在此好像就可以下結論說，精神分析在乎的是情感**本質**，而

12　麥克林藉由區分哭泣這個哺乳類最原始也最基本的發聲方式，來區辨舊皮質與新皮質。哭泣與舊皮質有關，而新皮質則是由記憶和智力的擴展而生成。雖然麥克林的「三重腦理論」很具有說服力，但也不是所有人都接受這樣的說法。讀者可參閱平克（Pinker 1997）對他的評論。

依附理論在意的是情感**調節**，但事實上，情感調節的概念在精神分析當中也非常重要。如前述所提，精神分析中所說的情感調節是一種掙 93 扎的過程。情感調節就像所有的心智活動一樣，都面臨著心靈的衝突本質：意識與潛意識的衝突。在依附理論中，情感調節較為正向：安全依附代表著情感調節的能力運作良好，有彈性且穩定。不過，依附理論確實較少談到不安全依附兒童的情感調節（或是調節失衡）。總而言之，精神分析與依附理論對情感調節的理解其實並不一致。

　　精神分析與依附理論對情感調節理解上的分歧，在理解情感調節這個概念時引起了很大的困惑。情感調節這個名詞有非常多種用法，但若是真要闡明，卻又說不清楚。所以，我們應該來看看近期的心理學界是如何試圖對情感調節做出定義。格羅斯（Gross 1999）把情感調節定義成「當個體被情緒所影響時，個體如何經驗與表達情緒的歷程。」（p. 275）格羅斯以「歷程導向」來解釋情感調節，當中包括了：情境選擇、情境調整、注意力調度、認知改變、反應調節的幾個歷程。格羅斯的觀點其實就是基於情感是一種「彈性反應系統」的演化學角度。根據格羅斯的研究，精神分析與壓力因應理論的觀點相同，都認為情感調節的來源是想要消除負向情緒。格羅斯反倒認為，一個好的情感調節理論應該包含正負向情緒的增加、減少與維持三個面向。他也強調，情緒調節的概念應該是個體與自身情感的關係，而不是個體如何影響他人的情感（不過他卻從未提到他人會如何影響個體自身的情感）。不過，格羅斯並沒有認真考慮到我們認為最重要的發展概念，也就是情緒調節是嬰兒在與照顧者互動時所發展出來的情感經驗。

　　繼格羅斯之後，羅斯・湯普森（Ross Thompson 1990, 1994）也試圖把情感調節的定義說明得更加清楚。他認為，我們應該把情感調節 94 想成是「多重組成」的現象，而不只是「單一現象」。所以湯普森對情感調節的定義包含了很多面向，據他所說，情感調節是藉由內在與外在歷程以監控、評估、調整情緒的反應，尤其是在強度與時間上，

好達到個體的目標（1994, pp. 27-28）。湯普森清楚地說明了情緒調節是一種適應的歷程，而且與社會化有著密切的關聯。湯普森之所以站在這種類似依附理論的角度，是因為他認為個人的內在情感會與他人的情感有所關聯。

　　湯普森研究的重點就在於列舉了各項與情緒調節相關的議題：（a）在情緒激發與管理之下的神經心理學歷程；（b）注意力歷程；（c）訊息處理歷程——像是重新解釋事件（跟防衛機制有關）；（d）內在線索的編碼，例如對於內在情緒激發的指示；（e）盡快進入處理機制；（f）幫助預測與控制遭遇到的一般性情況；（g）用一種他人可接受的方式來表達情緒——這代表著情緒能與當前情境下的個人目標一致。這份完善的清單讓人理解，情緒調節同時針對多少目標——從神經生理學的基礎，到如何成功地適應社會世界，上述都已提及。雖然湯普森提到情感調節的內在面向（上述 d 項），不過，他偏重於個人會重新詮釋自身的生理反應，像是藉由心跳很快、呼吸速率、流汗的程度來解釋自己的情感。他舉出的例子是，演員會解釋自身緊張的情緒是因為等一下就要在公開場合表演了，所以自己才會感到怯場，而不是當場崩潰。湯普森對於內在情感調節的理解很有啟發性，使我們明白情感調節不僅只是一種行為表現而已。不過，我們要比湯普森更進一步，以心智化的角度來談情感調節。

95　　　讓我們試著把之前提到的幾種情感調節的觀點講得更清楚些。最低階的調節是有機體的平衡系統，像是神經科學家達馬西奧與心理生理學家霍夫提到的這些系統。在這個層級中，情感調節就等於體內的生理平衡機制；這個機制會自動運行，且大多位於意識之外。這樣的調節機制讓我們能改變狀態，在必要時對外在環境迅速地反應，這在一些極端的情境中相當重要，因為這牽涉到生存與否的關鍵。這個層級的調節大部分是選擇的問題，即使個體此時選擇採取的行動可能是不由自主的，並非深思熟慮下的反應。

　　在另一種層次上，情感調節與我們及他人的關係有關。調節能

力幫我們塑造情感並與之溝通（或有時無法溝通，取而代之的是做出動作）。確實看來，在這個層級上，情感調節與自我調節十分相像。情感調節主要調節的對象是情感，但是這個過程也會促使自我的出現（見 Gergely & Watson 1996，與第四章）。當調節的對象不是只有情感，也針對自我的時候，自我調節就發生了；雖不盡然如此，自我調節通常也是透過情感而達成。在某方面來說，自我調節是一種更高階的情感調節；換句話說，這兩者之間的差異在於構成形式的改變。若要釐清這些差異，就得更詳細地探討自我的概念。

　　在第二種層次的情感調節中，情感對每個人而言都具有獨特的意義。到目前為止談到的情感調節，都是在論述個體考量自己情感狀態的能力。不過，我們與傳統哲學與心理學的觀點不同，特別強調認知與情感的相互作用。我們的概念與斯賓諾莎十分相近；雖然斯賓諾莎強調要讓理性超越情感，但他也著重這樣的價值：個體要能容許自己感受情感，進而達到自我理解。我們與其他學者一樣，認為認知一定對情感調節有所貢獻，像是所謂的評估、注意力、訊息處理等等，但是上述的情感調節好像都是要把某種情感轉換為另一種，我們則想提出另一種可能性：個體是否能在調節時把原本的情感狀態保留下來，而只是增加或削弱情感的強度？ 96

　　之所以提出這個可能，不是因為我們反對情感調節都得採取一種向外的行動。我們只是想要告訴讀者，情感調節還有一個很特殊的功能，那就是心智化，這是其他情感調節觀點都沒有提到的部分。心智化是一個很大的類別，其中也包括了自我調節。就像自我調節一樣，反思功能（心智化）不一定要涉及情感，但到目前為止，如果把情感納入考量的話，個體便能以更為複雜的方式來處理情感經驗。就像反思功能可以讓個體對於自己的心智有另一種新的興趣，情感中的心智化為我們與自身的情感帶來了一種新的關係。

　　那就讓我們正式介紹這個詞彙吧！「心智化情感作用」（mentalized affectivity）這個概念，指的是一種成熟的情感調節能力，

讓人有辦法意識到自身的情感，又能在當下與情感共處。這樣的情感作用能幫助個體探索自身情感的意義。就演化的觀點來說，其中一個重要的演化目標就是個體能對自己的情緒展開行動。然而，能探索自身情感意義的這個目標，其重要性也不亞於前者。而心智化情感的這個概念，與精神分析（或其他學派）的治療過程息息相關。在臨床上，以經驗性的方式理解個案的情緒，幫個案找到情感上的意義（而不只是智性上的意義）是很重要的。從事精神分析的工作者都明白，要深入理解一個人的情感狀態與經驗有多麼困難。我們可能會誤解自己的感覺，以為自己感覺到了某件事情，但其實感覺到的卻是另一種情緒；而且我們時常能感受到多種情緒，甚至可能同時感受到兩種相互矛盾的情緒。換句話說，心智化情感作用讓我們能夠成為一個人——或者說，讓我們活得更像個人。

【第三章】心智化發展的心理社會模式 與行為基因學的挑戰

本章將會討論心理社會取向近年來面臨的挑戰。本書一貫的假設　97
認為，早期的客體關係品質與心智化的品質息息相關。我們認為早期
的環境會對兒童的心智化能力造成一定的影響，像是具有敏感度的照
顧者能促進心智化能力的發展；反之，忽視與虐待性的環境則會阻礙
心智化。然而，近期的行為基因學家卻提出證據反對早期家庭環境會
影響孩童的說法。這些學者從雙生子研究與領養研究中發現，親職養
育對孩子發展的影響並不大。如果真是這樣，大多數精神分析與心理
動力取向的邏輯立論就會站不住腳。

所以，我們得回顧這些先天論的論點，並為環境論者（後天論）
做出有力的辯護。我們的看法是，早期環境會影響到早年的經驗，而
這些經驗會決定基因的表現，從中影響到基因型變成表現型的過程，
因此早期環境非常重要。這種調節歷程的核心便是心智化，因為個人　98
如何解釋他所知覺到的環境，遠比實際的環境更能主導基因的表現。
這讓我們更能明白依附關係對於個人往後發展的影響。以往，我們僅
是將早年關係當成往後人際關係的模板，不過愈來愈多的研究證據都
顯示，其實並非如此簡單。現在我們認為，早年經驗中的「品質」或
者「歷程深度」，才是影響往後心理社會環境的關鍵。我們也假設與
照顧者的早期關係是一種演化上的功能，它的目的在於讓孩子具備心
智化的能力，這樣的能力讓孩子在面對往後的社會壓力時，能有效維
持其他功能的運作。不安全的依附關係可能是心智化能力發展受限的
徵兆，如果心智化的功能發展不彰，那麼在往後的社會關係中，自我
表徵便無法穩固到足以應付各種狀況，所以這些孩子或成人們在處理
親密關係時，就得用一些特別的策略來處理他們的不安全感。我們辨

認出兩組不安全依附常常使用的策略：孩子迴避型、成人疏遠型是一組；孩子抗拒型、成人過度干涉型是另一組。而完全的心智化失敗，意味著不再有清楚的依附策略，這種異常不良的心智化可以稱為混亂型依附。

導論

　　在過去的十年中，發展心理學的這門專業就與大家一樣，不自覺地從探討孩子與成人發展的社會心理模式，變成了廣泛引用基因生物學證據的學門。但這樣的觀點卻過度忽略了親子關係的重要性。在一個非正式的研究中，我們訪談了二十對因孩子的問題來到門診的家長，詢問他們覺得是什麼樣的原因造成孩子的問題。令人感到驚訝的是，所有的家長都認為，孩子的問題全部都是因為大腦內分泌的影響。更令人訝異的是，「基因不好」的這個答案竟然高居第二，「被同儕帶壞了」則是排名第三，而「早期經驗」只可憐兮兮地排到第五，只比有毒的食品添加物要高一名。到底為何會如此呢？基因行為研究是令人興奮的新學門，又有許多科學證據不斷被提出，所以一定與它有關！然而，基因科學的解釋力其實相當有限，如果把心靈都當作基因表現與腦內化學物質作用所產生的結果，就未免過於簡化。我們的意識、我們的自由意志與心靈，無疑是我們最珍貴的資產，也是我們悲傷、矛盾、痛苦、受苦、難過的來源。用基因這樣的簡化模式來說明病理的因果，對大家來說也許是較輕鬆的方式，然而這樣的輕鬆也會付出相對的代價。

　　這樣的認知差距充斥在當代心理病理學的發展中。本書的作者群們還是堅持著環境論的觀點，持續關注個體社會化歷程的發展，尋找那些對個體來說重要的經歷，如此一來才能對心理治療與心理健康的預防策略做出貢獻。在我們汲汲營營地進行這些環境論研究（像是依附研究）的同時，那些行為學家與分子基因學家（先天論者）則是把

99

全部的精力都投注在病理發展的成因，就算只是原則上的也好，他們還是忙著想找出到底是哪些基因與蛋白質，導致了病態的發展。而想連結先天論者與後天論者理論的人——邁克爾·盧特（Michael Rutter, Silberg, O'Connor, & Simonoff 1999a, 1999b）、大衛·雷斯（David Reiss, Neiderhiser, Hetherington, & Plomin 2000）跟羅伯特·普洛蒙（Robert Plomin, Fulker, Corley, & DeFries 1997）——相對之下則是少數。由於我們也是日益減少的環境論者，因此想試著重啟連結、跨越歧異，並在前人的腳步上謹慎前行。

　　所以該從哪裡開始呢？在我們的作者群中有位治療師，在同一天與迥然不同的三位男性個案會面：一位是有著性功能障礙的憂鬱記者，另一位則是快要結婚的年輕人，擔心自己過去的躁鬱症病史會影響他的婚姻，最後一位是有暴力行為的青少年。在第一次的評估會談時，這位治療師通常會詢問病人對於自身問題的看法，所以他便問患者：「你認為你的問題是怎麼發生的呢？」或是「你覺得，什麼人要為你的憂鬱負責？」令人驚訝的是，這天他從三位患者身上獲得的答案竟然一致。記者回答：「我認為是我媽的錯，我遺傳到她看事情都很悲觀的個性。」而那位患有躁鬱症的男性回應：「我想一定是我的基因造成了某些化學物質的不平衡。」最後的青少年則說：「其他人告訴我，因為我有些不好的基因，所以才害我去打人。」 100

　　這三個例子中受訪者回答時，時間因素好像被擠扁了，他們父親的精子穿過母親的卵子那一刻，到當下的時間點之間，好像沒發生過任何事一樣。當然，這三個人也可以探尋自身的欲求，創造一個有意義的生命敘事，並且探索他們的生命經驗是如何幫助或阻礙了自己解決當前困境的能力。在心理治療中，病人問題的根源確實都有生理因素，遠比智性上的信念還要根深柢固。然而，如果什麼問題都只是單純地用先天論來看待，就根本沒了對話的空間。若真是如此，傳達的意思其實就是：不要問是什麼造成了我的問題，不要刺探我的記憶跟思想或感覺，我不需要知道任何事，因為問題就出在我的基因上。可

是如此一來，我們就會完全失去人性那神祕又美好的情懷！這些前來晤談的患者，沒有能力去想像自己的問題在心理上或心理社會上的因果關係，並信服於天真的先天論觀點，這才是真正的問題。

社會化概念的轉變：養育 vs 基因

在西方社會中，孩子有三個基本的社會化組織：家庭、同儕團體、日間托育場所或學校（Maccoby 2000）。心理專業與傳統文化都強調家庭是社會化的組織。在過去的一個世紀以來，心理學理論（例如 Alexander & Parsons 1982; Bowlby 1958; Patterson 1976; Winnicott 1963）與一般大眾的心理學觀點（Leach 1997; Spock & Rothenberg 1985）都同意，對於父母經驗的認同，會形塑個體的價值、信念、性格，而這些同時也是適應不良的原因。在這邊我們要稍微提一下，學習理論與精神分析這兩個在上世紀最主流的心理學派，只有後者會強調先天因素會如何影響到人的社會化歷程（例如 Freud 1912-13, 1920g; Neu 1992）。

在過去二十幾年中，發展心理學發生了戲劇性的重組。新興的認知心理科學（例如 Barasalou 1991; Johnson-Laird 1983）融入了一些學習理論與很多心理動力原則的概念，轉變為所謂的「訊息處理」理論。這個理論認為，過去的經驗會導致心理裝置產生一系列偏誤與扭曲的心智表徵（以前稱為心靈防衛）（例如 Bandura 1977; Mischel 1973）。不過，認知行為取向對發展心理學與心理病理學大概只有兩個貢獻：（a）開創出一系列短期又有效率的心理社會介入，像是認知行為療法（例如 Beck 1976; Meichenbaum 1997）；與（b）把辯證模式（dialectical model）應用在發展理論中（例如 Chess & Thomas 1979; Kagan 1989）。

社會化這個詞彙是出自於認知性的社會學習理論，這些理論都低估了一件事，那就是孩子在形成自身社會化的經驗時，自己也扮演重

要的角色。舉個很明顯的例子，照顧高度情緒化的孩子，與照顧善於社交、比較不情緒化的孩子，一定會引發媽媽表現出兩套截然不同的行為模式。這個觀點很重要，因為這樣，我們才不會像早期的發展病理學家一樣，把問題都怪到父母身上。雖然之後這種父母—孩子交互作用的模式，被拿來幫先天論背書，但大部分社會學習理論還是趨向於精神分析的看法，較為看重環境論。同時間，眾多家庭系統理論也在 1960 年代後期開始興起（例如 Minuchin et al. 1975），而布朗芬布倫納（Bronfenbrenner 1979）那具有影響力的生態系統理論也在 1970年代開始盛行，增強了社會化這個概念對於許多心理病理的解釋力，也更強化了發展學家對於社會環境影響的重視。

　　在諾曼・加梅茲（Norman Garmezy）與其他大師如邁克爾・盧特、父倫・斯魯夫、羅伯特・埃姆德、但丁・西切帝（Dante Cicchetti）的領導下，發展心理病理學充斥著社會學習理論的辯證氛圍，主導了兒童精神流行病學。研究重點在於探討在個體發展學 102中，心理困擾會如何從個人與環境間的關係當中謎樣地浮現、整合與互動。儘管辯證相互作用模式成為了主流（例如 Garmezy, Masten, & Tellegen 1984），發展心理病理學家還是很注重社會化的概念，尤其是家庭中的社會化（例如 Cicchetti 1987; Rutter 1993; Sameroff 1995）。此時，依附理論就成了指引的框架（例如 Cicchetti & Cohen 1995; Sroufe & Rutter 1984）。鮑比在過世後也被追列為這類理論的創始人之一（Sroufe 1986）。雖然認知心理學與社會學習理論一直獨領風騷，發展心理病理學還是採納了各家的學說，其中包括了許多心理動力的概念，特別像是對於早期經驗的看法（例如 Cicchetti 1987）、情感調節的概念（例如 Sroufe 1996）、關係表徵的研究（例如 Dodge 1990）、認同歷程的探討（例如 Crittenden 1994）、內化作用（例如 Fonagy et al. 1995），以及自我組織（例如 Fischer & Ayoub 1994）等等，這些概念到現在都還是對發展心理病理學有其重要性。

　　在過去二十幾年中，發展心理病理學家熱衷於進行危險因子的研

究——與家庭有關的危險因子特別受到重視（例如 Masten & Garmezy 1985）。在早期的發展中，發展心理病理學特別著重於社會與文化的危險因子（例如 Masten & Braswell 1991），像是母嬰關係、父母的知識與心理動機對於養育的影響（例如 Belsky 1984）、低社經地位與養育的交互作用（例如 McLoyd 1990; Quinton, Rutter, & Liddle 1984）、孩子的情緒與認知結構會如何被過去經驗所扭曲（例如 Fox, Platz, & Bentley 1995; Parker, Barrett & Hickie 1992）、父母的行為做為嚴重的社會不平等的中介變項等多種的主題，這也是柴契爾與雷根執政時代許多社會科學家的研究方向（例如 Conger, Ge, Eldrer, Lorenz, & Simons 1994; McLoyd 1998; Petit, Bates & Dodge 1997）。透過這些想法，我們得以理解心理病理會如何在孩子的第一個社會化環境，也就是家庭當中發生。家庭，尤其是父母，會為這樣的脈絡提供背景，而他們的特質對孩子往後的發展選擇至關重大，他們的行為與合作程度也會影響到預防與治療。

103

　　然而，在過去十年間，也許是因為人類基因的研究過於令人興奮，或是因研究設計中的統計工具變得更為細緻，使科學家們在早期發展研究中，找到了一大堆會影響行為的基因。如此一來，基因研究的風潮使得大家想要淘汰掉古典的社會化理論，像是強調親職養育重要性的依附理論，並且駁斥了所有認為早期家庭經驗佔有重要角色的理論（見 Scarr 1992）。舉例來說，基因行為學家羅（Rowe）就談過：「不管父母的職業階級為何，家庭因素都不會對子女成人後的特質有太大的影響。」（1994, p. 7）他接著又說，他很懷疑孩子那些惹人厭的特質能被父母的行為所改變。不過，為了公平起見，我們必須說，羅的這些話是在許多研究資料都指出，基因與社會對個人的影響其實具有同等的重要性之前所說的。

基因行為學的發現

　　生物科學（基因學）在 1990 年代的進展指出幾個重要的議題，

看似都威脅到本書先前所提及的環境論者之立場。

一、早期養育與往後社會化的整體關聯性相當低，在縱貫研究的結果中，養育能解釋的變異量幾乎微不足道。幾乎沒有證據可以指出，早期母嬰關係的經驗與往後的人格發展及心理病理學有所關連。在以往的假設中，基因的影響只會發生在早年，因此就能放心地將個 104 體間差異歸因到環境因素，但這個假設後來被證明是錯的。基因的影響就像環境的影響一樣，是一種動態且隨時都會改變的過程。舉例來說，基因在幼時對智商的影響其實並不高，但隨著兒童逐漸變成青少年之際，影響就會愈來愈大（Rutter et al. 1997）。相反地，養育對性向測驗得分的影響，反而隨著時間而消逝（Plomin, Fulker, Corley, & DeFries 1997）。我們可以看到，在分子的層面上，有些基因在發展早期階段處於潛伏狀態，在之後的階段才會被促發。實際上，基因對同一個特質所造成的前導傾向，像是反社會行為，雖會隨著發展改變，但基因整體影響的比重還是一樣高。反社會行為的遺傳率在青少年早期大約是 63%，在青少年晚期則是 68%，但兩次測量中只有大約三分之一的變數重疊（意指在青春期的各階段都會受到同樣的基因影響）（Neiderhiser, Reiss, & Hetherington 1996）。

二、行為基因模式在雙生子與領養兒的研究中，把變異量分為基因的（h）與環境的（E）兩個元素，方法就是把總變異量減掉基因造成的變異量（h^2），剩下的就是環境所造成的變異量（E＝100－h^2）。在大多數的狀況下，h^2 大概能解釋 50%-60% 的變異量，所以環境（E）能解釋的變異量不會超過一半。像是注意力不足過動症（ADHD），遺傳的成因大約是 55%-82%（Nigg & Goldsmith 1998; Smalley 1997）。隨著更多樣本數的研究逐漸出現，基因所無法解釋的部分已經愈來愈少。

三、行為基因研究告訴我們，先前認為是由環境所造成的影

響（例如常常聽父母講故事的小孩會比沒聽故事的孩子更早學會閱讀），其實主要是被父母與孩子的共有基因傾向給主導（Kendler et al. 1996）。顯然如果家庭環境的影響都能用父母與子女的共有基因解釋，那麼環境就會變得不怎麼重要（J. R. Harris 1998; Rowe 1994）。最近，有一篇分析科羅拉多州領養計畫的研究指出，很多因父母離婚而在社會上輕微適應不良的個人，實際上也是與遺傳因素有關：父母後來離婚的孩子即使被不曾離婚的家庭領養，他們還是發生適應問題（O'Connor, Caspi, DeFries, & Plomin 2000）。而那些被視為是發展品質中重要的環境因子指標，像是壓力、生命事件、創傷（還有母嬰關係的同調與敏感度），其實都是得自於遺傳。我們以前會認為，所謂的人格特質是孩子經驗到父母對自己的行為後所產生的結果，但這些其實都是基因的前導傾向。孩子因養育（批判、溫情或是虐待）而造成的特定人格特質，很可能都是因為孩子與成人身上同樣的基因，或是說孩子的前驅特質可能會誘發父母親以特定方式與孩子相處——用精神分析的術語來說，就是投射性認同（Spillius 1992）。

四、早期的養育特徵與往後孩子行為發展之間的關係，現在被認為至少有一半會受到遺傳的影響。這樣的狀況被稱為是**被動基因型—環境相關**（passive genotype-environment correlation）。遺傳因子到底是一個獨變項（在測量社會環境中）或是依變項（測量社會適應時），關於這點其實很容易讓人感到困惑。不過，在大多數發表的社會化研究中，卻都沒有提到這一點。關於基因與環境對青少年發展的影響，雷斯、奈德希瑟（Neiderhiser）、海瑟林頓（Hetherington）與普洛蒙（2000）在這個主題的一項指標性研究中發現，有 52 個跟家庭關係有關的因子（像是父母溫暖的程度、手足關係等）與基因具有統計顯著性，並且在適應性測量中（像是憂鬱、反社會行為等），也有 44 項的因子顯示出，有一半以上的家庭關係與遺傳因子具有共變性。也就是說，若將基因的影響計算進去，有超過一半以上的家庭關係因子

並沒有其意義。在科羅拉多領養計畫中，父母會自陳家庭氣氛是屬於 106
溫暖還是負向的，而孩子則是要報告自己的成就取向，兩者看起來
相關，但其實孩子的成就取向是由遺傳所決定，而家庭環境很容易
被孩子的遺傳性特質所影響——這也稱為孩子對大人的影響（child-to-
parent effects）（Deater-Deckard, Fulker, & Plomin 1999）。

　　五、到目前為止，行為基因學的研究告訴我們家庭環境還是重
要的，而且是在同樣的家庭中因人而異的部分，也就是**非共享環境**
（nonshared environment）是很重要的（Plomin & Daniels 1987）。環
境可以被分成共享（shared）與不共享（nonshared）兩個部分。領養
研究能藉由比對被領養的小孩，與在其他家庭被養大的小孩之間的相
關性，測量出共享環境的影響。如果共享環境（例如父母的養育方
式）確實是重要因素的話，那麼在同樣家庭被領養者與其繼手足的
相似性一定會遠大於在不同家庭被領養的其他小孩。當共享環境與
遺傳的效果被計算出來後，剩下的就是非共享環境的影響（也就是家
庭內的差異，公式為 $Eus = 100 - h^2 - Es$）。非共享環境的效果相當龐
大，因為共享環境，像是父母的敏感度，在變異數的計量上效果幾乎
是零（Plomin 1994）。被領養的小孩與在同樣家庭長大的手足之間
的相似性，跟在其他家庭長大的小孩相差無幾（Plomin and Bergeman
1991）。這點非常重要，因為過去會用共享環境來解釋心理病理的發
展（像是父母經常爭吵、父母有精神病症狀的困擾，或是一些社會失
能的狀況），但實際觀察到的影響是相對低的，這些因素都比先前想
像的更不重要，甚至可以說，這些因素實際上都是受到遺傳作用的影
響（Plomin, Chipuer, & Neiderhiser 1994）。普洛蒙本人比較委婉地說
道：

　　「我們經常假設，那些共享的環境，如父母的人格與童
年經驗、婚姻品質、孩子教育的程度、與鄰居的相處、父母 107

　　對學校或規範的態度等等都是兒童發展中的影響關鍵。這些
都是共同的影響，但在研究的觀察中，卻都沒有影響到孩子
最後的發展結果。」（1994, p. 23）

　　六、然而非共享環境的因素也可以用基因做更好的解釋。我們
可以觀察到，孩子遺傳性的特定行為會挑起父母和其他人的特定反
應。孩子因為不同的基因前導，而引發照顧者相對應的反應，這種
情況被稱為**誘發性共變數**（*evocative covariance*）。這樣一來，非共享
（特定）環境的影響可能會被錯歸成是父母的行為，而非基因之故
（O'Connor, Deater-Deckard, Fulker, Rutter, & Plomin 1998）。有些領養
兒的研究也指出，我們之前認為權威式的教育會引發出孩子的反抗行
為，但其實也有可能是孩子天生的抗拒與干擾行為，才誘發了父母權
威式的教養（Ge, Conger, Cadoret, Neiderhiser, & Yates 1996）。

　　因此，我們可以看出，過去十年來發展心理學的專業就跟大眾一
樣，不自覺地從原本與心理動力想法類似的兒童與成人發展的心理社
會模式，轉向了基因生理學的框架，而不再談論孩子與父母的互動關
係。而我們想提醒讀者的地方在於，如果不強調養育的價值，尤其是
早期依附關係的重要性，那麼就會誤用基因學的數據。過去我們把父
母的影響單單只視為關係的品質、內化、內攝、認同等等，可能都是
過於天真的想法。現在，我們會試著指出：（a）早期依附經驗可能
是決定個體基因型表現的關鍵；（b）依附行為最原始的演化功能可
108　能就是產生一種心智機制，使我們能利用這種機制調節那些基於基因
表現的心理社會經驗。

細看基因
　　如同之前的論述，支撐基因決定論的兩大因素是：（a）社會化
概念的證據變得薄弱；（b）大量行為基因的發現。我們會稍微講一

下前者，把焦點放在後者。

　　行為基因學家廣泛地引用一些古典研究，想證明養育與社會化之間的關聯其實相當微弱（例如 Maccoby & Martin 1983），並轉以遺傳做為解釋。然而，現在社會化研究的方法學在測量的深度與廣度上都有長足的進步，導致效果量提升。舉例而言，馬丁・馬爾多納多─杜蘭（Martin Maldonado-Duràn）與同僚在梅寧哲兒童與家庭中心（Menninger Child & Family Center）所做的研究中（Maldonado-Duràn, Helmig, Moody, & Millhuff, in press; Maldonado-Duràn et al. in press），對 150 個嬰兒進行了臨床計分。其中，超過七成的孩子在二到四年後都持續接受追蹤。研究指出，孩子幼年的行為問題可以強烈預測往後在許多層面的行為狀況。而父母對嬰兒養育的方式則可以預測出學齡的孩子的情緒困擾。特別是在養育上同時出現忽視與敵意的父母，可預測出他們的子女在往後將有更多的行為問題，這個研究已排除小孩在嬰兒期就有行為問題的因素。觀察發現，父母在養育上的忽視與敵意，與孩子四歲時出現的問題行為間有 0.36 的相關，同樣也已經排除了小孩在嬰兒期就有行為問題的因素。這代表父母的養育對往後孩子的問題有其預測力。也就是說，父母的養育方式是孩子問題行為的前置因子。像上述這般樣本控制更好的研究逐漸增加，而最近對於社會化的文獻也產出愈來愈多令人振奮的結果（Maccoby 2000）。

　　在解釋社會環境與行為結果之間的關聯時，有個複雜的狀況必須納入考量，那就是養育環境的這個因子會隨著發展，甚至在每個發展階段中，都會有很大的不同。在治療的經驗中，我們知道有所謂的「關鍵時刻」會發生在治療師與患者的互動中，當那樣的經驗來到時，會與當下的情境合而為一，而那些心理內在的因子因此得以產生治療性的改變（這個概念在丹尼爾・史騰，愛德華・特羅尼克〔Ed Tronick〕，卡倫・里昂─露絲〔Karlen Lyons-Ruth〕與波士頓治療歷程研究團體〔BCPSG〕中說明得更清楚——Fonagy 1998; Lyons-Ruth 1999; Stern 1998; Stern et al. 1998.）。我們認為，治療中的改變是治療

109

師與個案同調的特殊時刻。更普遍來說，這種特殊時刻也會發生在父母與孩子的關係中，帶給孩子正面或負面的影響。但是在傳統的研究法中，很難找出這種父母與孩子間的關鍵時刻，因為像是記錄行為發生的次數，或是對目標行為的時間進行抽樣的觀察研究，對於要找到這些特定的行為根本是大海撈針，完全無法捕捉到夠多的資料。所以，觀察父母的養育是如何影響孩童行為的這種研究，可能永遠無法反映出養育的真正影響力。

　　無論如何，不論養育與社會化的連結有多強，我們都無法排除基因科學這種化約主義式的解釋。遺傳研究的成果實在太豐碩了，又解釋了非常大量的變異，完全無視於其他環境特質帶來的影響，這也為發展心理病理學壟罩了一層陰影。然而，基因研究真的如此強大嗎？我們想在此對行為基因的量化研究做個簡短但強力的辯駁。

　　在解釋行為基因學研究的成果時一定要相當小心。原因在於：（a）方法學本身的問題；（b）概念本身的問題；與（c）實證研究的侷限。在方法學上，同卵雙胞胎與異卵雙胞胎之間的差異，會讓基因的相似性與環境影響的效果有所混淆。因為有研究指出，同卵雙胞胎比異卵雙胞胎享有更類似的環境（因為兩個人長得很像，也因此可能會有同樣的朋友，而父母對待他們的方式也會趨於相同——Reiss et al. 2000）。而在推論環境效果的統計法中，利用加總的思考模式去作運算減法的歷程，這點也是備受爭議（Elman et al. 1996; Turkheimer 1998）。尤其是環境（E）這個變異量，是在沒有直接測量環境因子的情況下，由減法所相減得出的結果。如果研究想測量遺傳，那麼基因（G）能解釋的變異量肯定是高的，而環境（E）也必定是低的。但事實上，是 G 跟 E 一起產生了這個現象，但如果我們只用簡單的加法模型運算，交互作用的影響一定會被遺傳效果給吸引過去。把父母的自述與敘述孩子的資料當成數據來源，這件事本身就會造成偏誤。如果採用父母對孩子的行為報告，遺傳效果的估算就會被誇大，倒不如運用行為觀察，或是孩子的自陳式報告。毫不令人意外的是，

110

若請父母評估孩子的攻擊性，這個分數會與父母自己的攻擊性有著高相關（Cadoret, Leve, & Devor 1997; Miles & Carey 1997）。

　　在概念的層次上，我們一定會想質問「非共享環境」這個概念到底是在講什麼，因為這個概念只被用來解釋手足間的純粹差異，而不包含所處的環境。事實上，共享環境的概念似乎在暗示家庭內相似度很高，所以手足的差異很容易被認為是來自於個人本身，但實際上，同樣的環境可能會帶給手足截然不同的經驗。更進一步的概念性問題在於，遺傳的計算若只建立在個體的差異之上，卻直接移除了共享環境的效果——像是世代趨勢，這樣的研究就會低估了環境的效果。身高、智商，與心理疾病的罹患率一樣（像是青少年犯罪與厭食症）都在上個世紀都顯著上升，無庸置疑地，這是由於大環境的改變所造成。但目前的行為基因方法學在測量環境效果時，卻沒有考量到這些變化。

　　在實證研究當中，那些在基因影響**之後**的環境效果被移除了（Johnson, Cohen, Brown, Smailes, & Bernstein 1999）。我們好奇的是，實際上父母對手足到底有哪些不同的反應，而不是假定會有哪些反應。父母對待手足的方式到底有多大的不同，當中其實混雜了很多面向。有一個僅作行為基因的研究，確實檢視了孩子成長的環境，而不單只是假定環境而已，雷斯、普洛蒙、海瑟林頓與同僚找出了非共享環境的直接證據（Reiss et al. 2000）。就實驗結果來說，我們能預測出，父母對待雙胞胎手足的過程確實有其差異（Reiss et al. 1995）。然而，茱蒂・鄧恩對手足的自然觀察研究中確切地指出，當用橫斷研究法取樣時，會發現父母對待手足的方式並不一樣，但在縱貫研究中，不同年紀孩子受到的對待反而會相近（Dunn & McGuire 1994）。這些明顯的意涵都需要更系統化的研究。

　　關於父母對待手足有何不同，不管最終結論如何，這些社會發展研究都僅聚焦於單一孩子的狀況，而在整體上低估了父母的養育與其他共享環境影響的重要性。我們之後會談到，在家庭系統中會有一種

111

特殊的壓力，讓每個手足做出不同的反應，因為每個人都有做為「獨一無二的人」的需求。有趣的是，這種渴望在家中與眾不同的壓力，可能會超越基因的不同所帶來的差異。在近期的研究中，帕斯科・費倫（Pasco Fearon）跟彼得・馮納吉嘗試了解基因在依附類型中佔有什麼樣的角色（Fonagy, Fearon, & Target 1999）。之所以會關注這個主題，是因為在世代傳遞（transgenerational）研究中發現了依附類型的穩定性（在孩子出生前就被評為安全型依附的母親，在孩子滿一歲後再次接受評估時，會發現孩子也傾向是安全型依附──van IJzendoorn 1995）。而這是另一個遺傳決定一切的例子嗎？在一個同卵雙胞胎與異卵雙胞胎的研究中，其實很少有同卵雙胞胎在依附類型上一致的證據，然而，雙胞胎的依附類型能被母親自己對兩個孩子氣質的評估給預測出來。母親愈是認為兩個孩子很相似，雙胞胎的依附類型就愈可能有所不同；相反地，若是母親愈能區分兩個孩子，雙胞胎的依附類型反而會較相近。要怎麼解釋這種結果呢？我們認為，這可能是因為

112　母親在意識上無法區分出兩個孩子，所以她會比較容易投射出潛意識的期待到雙胞胎身上，無意中強迫他們發展出與母親的不同關係。或者說，對於雙胞胎來說，若被當作不一樣的存在，他們可能就不覺得必須在家庭系統中找到自己的位置。如果母親能夠把他們當作不同的個體來看待，他們就能好好地照著自己原本的特質發展下去。

　　不只如此，這樣的推論在一些以調整環境做為治療或預防策略的實驗情境中，都取得了很大的成果。值得注意的是，針對家庭環境對於社會化重要性的兩個主要批判，都沒有考慮到訓練父母的過程（J. R. Harris 1998; Rowe 1994）。在幫助對立反抗症（Oppositional Defiant Disorder）的孩子時，訓練父母與孩子相處的方式，效果量幾乎接近於 1（Serketich & Dumas 1996）。這代表著，接受這種治療的家庭至少比控制組當中 84% 的家庭有更多的改善。在同樣的脈絡下，有愈來愈多的證據指出，就算是以實驗性的方式（像家庭訪問）介入父母的養育，其實會有很好的效果（例如 Olds et al. 1998），長遠來看

並能防止孩子之後的犯罪與成為少年犯的可能。當然，這種藉由調整環境所做的研究很難大規模地執行，也很少有人長期追蹤，研究其療效，所以即使這種針對家長的實驗性介入能造成令人印象深刻的改變，但之後也就沒有下文了（Fonagy, Target, Cottrell, Phillips, & Kurtz 2000）。

　　不過，身為臨床人員，我們對於行為基因學數據的反對，不是方法學上的、概念上的或實證研究的問題，而是實務上的問題。遺傳的效果既直接也間接。若個體處在一個風險很高的環境中，同時又有很高的遺傳負荷（genetic loading），在這種情況下，我們不能說危險因子只有基因而沒有環境。舉例而言，如果兒童虐待有很大的因素是來自於遺傳，但之所以對孩子產生不良的影響，是因為孩子對世界的信任感被破壞掉了，而不僅只是基因歷程而已。行為基因的數據意涵對我們的臨床介入工作沒有太大的意義。但我們不該把精力都耗在基因論者與環境論者的爭論上。行為基因研究的結果相當強力，環境論者　113
要把基因研究整合進自己的理論確實會很辛苦。本書抱著虛心且淺嘗的態度，試著結合一些基因研究的成果，來思考環境論者與本書所觀察到的問題：也就是心智化與早期依附關係之間的關聯性。

介於基因與環境中間的主體性

經驗在基因型的表現中所扮演的角色

　　大家都知道發展心理病理學中包含基因與環境的互動。試舉蜜蜂為例，蜂巢成員的生殖角色跟社會角色，取決於幼蟲在發展的頭幾天遇到的事件。幼蟲在蜂巢中的階級並不是寫在基因編碼中，而是取決於牠們被工蜂對待的方式，而導致了不同的基因表現，牠們可能會降格成工蜂，或是升格為女王蜂（Evans & Wheeler 2000）。有些人類基因行為學的量化研究也很深刻地指出互動歷程的重要性，因為環境的暴露程度會觸發基因的脆弱性。舉例來說，在芬蘭曾經進行過一個相

當經典的思覺失調症寄養家庭研究，研究指出，原生父母有思覺失調症的孩子，只有在被失功能的家庭領養的情況下，才更有可能出現各種精神病性的問題（Tienari, Wynne, Moring, Lahti, & Naarala 1994）。同樣地，波曼（Bohman 1996）也指出，父母有犯罪傾向的孩子，也只有在被失功能的家庭領養的狀況下，犯罪傾向才會成為基因性的危險因子。所以基因的危險因子並非決定性的，因為它會被孩子所處的家庭環境品質所影響。不過，如果這種基因—環境的互動歷程如此普遍，那為什麼基因—環境互動的行為基因學之量化研究會如此稀少？

114　這是因為如果從實證角度來分析，其實很難確證這樣的互動。普洛蒙曾在系統性的文獻回顧（Plomin, DeFries, McLearn, & Rutter 1997）中指出，只有在相對獨立的樣本上，這樣的研究才能成立，雖然他這樣說已經有點為時已晚。

　　我們則是認為，問題出在行為基因研究往往選到了「錯誤」的環境，因為會觸發基因型表現方式的那些環境，通常無法被客觀定義。基因表現並不是被可觀察的、客觀的環境所觸發，孩子如何**經驗**這個環境才是最重要的因素。個人經驗環境的方式會像過濾器一樣，把基因型的表現轉變成表現型。這個問題就是精神分析與依附理論最重要的地方，我們會探索到底是什麼樣的經驗，在這麼多層次的表徵互動中，導致了這樣的發展。但若要用實證資料理解某個基因到底會不會在獨特的個體中被表現出來，其實是很弔詭的。

　　從基因型到表現型的路徑盤根錯節，因為基因與環境無時無刻都在相互影響（Elman et al. 1996）。以分子的層次來檢視的話，證據指出，正向與負向的環境都會改變基因的表現——也就是說，基因轉錄成 RNA 的速率，以及隨後蛋白質合成的速率，至少原則上都會影響到人腦的組成與功能。內在與外在的刺激都會介入大腦的發展，像是賀爾蒙、壓力、學習、與社會互動，都與基因轉錄的調節因子有關（Kandel 1998）。動物研究尤其有趣，我們能從動物各式各樣的學習方式中，看到受環境刺激影響的歷程——像是鳥用以與同伴溝通的

叫聲，會依照外在的環境刺激出現變化，促發潛在的基因啟動 RNA
轉錄，導致新的蛋白質被合成，而突觸的功能與結構也隨之改變
（Chew, Vicario, & Nottebohm 1996; Nguyen, Abel, & Kandel 1994）。動
物這些多樣化的學習歷程也許是由基因所控制，像是海兔的縮鰓反射
行為，會受到環境刺激的影響而關掉抑制記憶的基因（Abel & Kanel
1998）。讓我們提一個與依附理論比較有關的經典動物實驗吧！有個
實驗將出生兩週大的幼鼠從母鼠身邊暫時分開，之後研究發現，這些　115
幼鼠的 CRF（促腎上腺皮質釋放因子）分泌會永久性上升，這也是
基因控制的一種表現型（Plotsky & Meaney 1993）。因為基因表現型
的影響，這些幼鼠終身對於壓力都有種脆弱性，然而母鼠卻會對這些
幼鼠更加關愛，在餵養的過程中更常撫摸或舔舐他們，也使他們獲得
終身對壓力的保護。母鼠的這些動作似乎提升了幼鼠調節醣皮質激素
受器的基因表現，而導致調節 CRF 的基因表現受到了抑制（Liu et al.
1997）。

　　個體對於壓力跟逆境的反應其實有非常大的差異。這些差異都沒
有被好好地了解（Rutter 1999），但這也凸顯了心靈內在差異的重要
性。要促發基因的表現，不只要有特定環境因素，也與嬰兒或孩子如
何經驗環境有關，這種經驗是一種心靈內在的功能，會受到意識上或
是潛意識上對這些經驗意義的解釋所影響。依附關係所提供的經驗濾
鏡（filter）之品質，會受到基因或環境的影響，或被兩者的交互作用
所影響（Kandel 1998）。所以這種心靈內在的表徵歷程不只是基因與
環境影響的結果，也是基因與環境間重要的調節變項。

　　上述概念有充分的臨床意義，因為調整孩子對於環境的理解，
比調整環境自身或與環境交互作用後的基因要來得容易（Emde
1988）。而依附理論強調心靈內在歷程的這個觀點，不只對於理解是
什麼因素造就了人格與其疾患有幫助，還可以理解怎樣的歷程會影響
疾患的好轉或惡化。五年前，這還只是個理論，但現在藉由分子基因
學的技術與依附關係理論的合作，這個理論因而得以實現。我們會舉

三個例子，來解釋這個強而有力的典範。

最好的例子便是恆河猴的實驗（Suomi 2000）。在實驗中，幼猴會被迫與母猴分離，而帶有短 5-HTT 對偶基因的小恆河猴，會很明顯地比帶有長 5-HTT 對偶基因的小恆猴更加容易受到分離的影響（Bennett et al. 2002）。簡單來說，索米（Suomi）在近十年來的研究中發現，那些被同儕飼養長大的幼猴（也就是被剝奪母愛的幼猴）會出現社交焦慮，並有過度反應的氣質（也就是傾向情緒化、具有攻擊性、很衝動、容易恐懼），還會被踢到猴群權力結構的底層（Higley, King, et al. 1996; Suomi 1997）。如果欠缺早年的依附經驗，幼猴的神經內分泌功能就會出現異常；在牠們的 CSF（腦脊隨液）中，5-HIAA 的濃度會較低（Higley, Suomi, & Linnoila 1996），這也導致了血清素功能的下降。這些幼猴會比較容易酗酒（Higley, Hasert, Suomi, & Linnoila 1991），並且更快對酒精成癮，因為他們在血清素的傳送與接收的功能上都出了問題（Heinz et al. 1998）。5-HTT 就是血清素傳導器的基因，它會影響到血清素的功能（Lesch et al. 1996），而擁有短 5-HTT 對偶基因的猴子，血清素的功能上也相對偏弱（Heils et al. 1996）。[1] 對索米恆河猴實驗的複製研究中也證實，擁有短 5-HTT 對偶基因的猴子，腦脊髓液中 5-HIAA 濃度較低——**但這只會發生在由同儕養大的猴子身上**。由母親養大的幼猴，不管 5-HTT 對偶基因是長或短，在腦脊髓液中的 5-HIAA 濃度都很正常（Bennett et al. 2002）。也就是說，早期不當環境的經驗會促發 5-HTT 基因的表現。

若是把過度反應的幼猴讓其他母猴領養，就可研究基因的脆弱性是否為可逆的過程。而研究發現，過度反應的幼猴如果被具有良好撫

---

[1] 有四篇文獻提到了短的對偶基因與傷害迴避及／或高焦慮之間的測量（Greenberg et al. 2000; Katsuragi et al. 1999; Osher, Hamer, & Benjamin 2000; Ricketts et al. 1998）。兩個更進一步的研究指出，其結果是混合的（Gelernter, Kranzler, Coccaro, Siever, & New 1998; Rosenthal et al. 1998）。然而，有九個研究發現這之間並無關連（Ball et al,. 1997; Deary et al. 1999; Ebstein et al. 1997; Flory et al. 1999; Gustavsson et al. 1999; Hamilton et al. 1999; Herbst, Zonderman, McCrae, & Costa 2000; Jorm et al. 2000; Kumakiri et al. 1999）。由於這還是個複雜的新領域，所以 5-HTT 短的對偶基因真正的影響到底為何，目前還是個未知數。

養能力的母猴領養，行為上會變得早熟，而且都異常地有安全感。當 117
這些幼猴進入更大的社交圈後，會盡量與圈中的伙伴維持同盟關係，
然後在猴圈中爬升，在領導階層中維持較高的地位（Suomi 1991）。
被這種具有良好養育能力的母猴所養大的雌性幼猴，長大後會表現出
與養母一樣的養育風格，而不會表現出自身的氣質。這種被具有養育
性的母親所養育而獲得的優勢，很明顯地可以傳到下一個世代，而且
這種世代的傳承並不會受到基因的影響（Suomi & Levine 1998）。所
以說，只要好好養育這種先天上具有基因脆弱性的幼猴，不只能降低
基因型的危險因子，如果牠們能受到特別細心的呵護，甚至能發展出
一種特殊的韌性（resilience）。

　　另一個基因一環境互動的例子來自於我們在梅寧哲臨床研究中
心所做的研究（Fonagy, Stein, & White 2001）。我們將重點放在次級
多巴胺受器（DRD2）的對偶基因上。一般人擁有 A1 或 A1A2 對偶
基因的比例相當低（通常不會超過 20%）。不過，在某些臨床族群
中，擁有這類基因的人比例特別高，像是酒癮者（Blum et al. 1990;
Gelernter, Goldman, & Risch 1993）、嗜賭者（Comings, Muhleman, &
Gysin 1996）、物質濫用者（Uhl, Blum, Noble, & Smith 1993），或飲
食疾患的患者（Comings 1997）。根據這些研究的觀察，上述的族群
D2 受器數量都會有所減少。我們在梅寧哲臨床研究中心，以有受創
經驗的邊緣型人格障礙症患者做為樣本，也能複製上述的那些實驗，
其中有很多人有上述的傾向與問題。我們研究的其中一個主題，就是
早期創傷對於一個人的影響。我們利用托尼‧比佛科（Toni Bifulco）
的幼年照顧與受虐經驗衡鑑（Childhood Experience of Care & Abuse
Instrument）（Bifulco, Brown, & Harris 1987）來收集他們童年創傷的
回溯性資料，同時也把這些樣本與他們在梅寧哲治療幼兒園時接受評
估的資料作比對。

　　在少量樣本（$n = 78$）的初步分析中發現，A1 對偶基因可能是
一些特定型態創傷的「生理記號」。我們用喬納森‧希爾（Jonathan 118

Hill）與同儕開發出來的 APFA 量表[2]（Hill, Harrington, Fudge, Rutter, & Pickles 1989），來測量創傷對成人人格功能的衝擊，根據回溯性的資料，我們發現，這與幼年時的衡鑑資料中的 A1 對偶基因有關。但是，這只會出現在某些特定的人際創傷樣本中，像是遭受到生理或是性虐待的樣本。由於是小樣本的初步分析，研究解釋不能說是相當確實。在這邊提及這個研究，只是想表達這是一種很特別的基因—環境互動的類型，且與其他證據可一同指出，DRD2 與 A1 對偶基因的交互作用與創傷的敏感度有時（但不總是）會有所關聯（Comings et al. 1991, 1999）。換句話說，早期的創傷會啟動基因，削弱個體在人際上的適應能力，讓個體在面對之後的創傷時更為脆弱。我們有另外的證據可以支持這個假設。藉由西蒙‧貝倫—柯恩（Simon Baron-Cohen）的「從眼讀心」測驗（"Reading the mind in the eyes" test）（Baron-Cohen 2000），我們發現，有創傷經驗的受試者在測驗中的敏感度較差。不僅如此，如果用「從眼讀心」測驗的分數當作心智化的指標，利用這個分數當作共變數來控制心智化的程度，先前觀察到的基因—環境互動的效果就會消失。這代表說，對心智狀態的敏感度，確實是創傷會造成哪些影響的中介變項。那些擁有 A1 對偶基因的人，有較差的人際敏感度，也會表現出與創傷相關的社會功能缺損。之所以會有這些現象，若不是創傷所造成的後果，就可能與先天的基因傾向有關。

A1 對偶基因可能是多巴胺傳導連結過低的記號，與其他的因子可以一起預測出：健康個體中的人格失調（Laakso et al. 2000）、對反覆酗酒的脆弱性（Guardia et al. 2000），以及社交畏懼症（Schneier et al. 2000）。所以我們應該可以宣稱，這個對偶基因有可能是人際脆弱性的一種記號。以我們的樣本來說，在沒有創傷的情況下，A1 對偶基因與人格失調（personality dysfunction）有著很高的相關；但如果

2　　譯註：即成人人格功能量表（Adult personality functioning assessment）。

能看到與創傷相關的人格失調，就表示一定有創傷的事實存在。所以要不是創傷引發了 A1 對偶基因的表現，進而降低 D2 受器的數量，導致病理；不然就是創傷發生後，有其他的對偶基因標記，讓個體能　119
有消化創傷經驗的能力，進而防止早年創傷本來可能造成的症狀。我們必須強調，這些數據都是來自於一個正在進行中的研究之前導數據；研究的最終結果不一定不支持這些暫時的假設。

最後的例子是近期才出版的布達佩斯母嬰研究（Budapest Infant-Parent Study）（Lakatos et al. 2000）中的重大發現。這些研究者們發現，DRD4 受器基因中第三碼的型態與十二個月大時被歸類為混亂型依附的嬰兒之間有關連。近幾年來，許多可觀的累積證據都把成人與孩子的某些行為問題，跟 DRD4 的第七對重複對偶基因（7-repeat allele）連結在一起，特別是注意力不足過動症（Faraone et al. 1999; LaHoste et al. 1996; Rowe et al. 1998; Smalley et al. 1998; Swanson et al. 1998），儘管不是所有的研究結果都一致（Castellanos et al. 1998）。斯旺森（Swanson）與同僚的文獻回顧（Swanson et al. 2000）認為，第七對重複對偶基因造成突觸後端的受器敏感度降低，可能會導致神經迴路中的抑制功能變差。康明斯（Comings）等人（1999）則認為，衝動性、強迫性、成癮性的行為遠比想像中還要複雜，不能只以有無 DRD4 第七對基因來判斷。在最近的研究中，有研究者想把這對基因與混亂型依附間的關係做進一步的研究。研究結果發現，被分類為混亂型依附的孩子中，有 71% 都帶有這個基因，相較而言，非混亂型依附的孩子中，只有 29% 帶有這種基因。換言之，比起一般孩子，被分類為混亂型依附的孩子多了四倍的可能會帶有這對對偶基因。

這個結果與神經科學的觀察是一致的（Pipp-Siegel, Siegel, & Dean 1999），且能在新生兒的行為組織觀察中（Spangler, Fremmer-Bombik, & Grossmann 1999）被觀察到，同時也可以預測往後的混亂型依附。這聽起來或許有些奇怪，因為傳統的觀察認為，混亂型依附與母親未解決的失落或創傷相關（Lyons-Ruth & Jacobovitz 1999; Main & Hesse

1990）。最近佩特‧休斯（Pat Hughes）所做的前瞻性研究也證實，

120　與控制組相較，在孩子出生前後遭遇過傷痛（像是流產）的母親，其子女會有更高的機率屬於混亂型依附。在這些前一胎流產的母親中，有將近 45% 的人，下一個孩子在一歲時會有更高的機率被歸類為混亂型依附。在年齡、社經地位、教育程度都相當的狀況下相比，控制組只有 20% 的機率會導致如此的情形。在孩子出生前所做的成人依附訪談中，可以發現混亂型依附的風險。母親如果無法走出對夭折的孩子的哀悼，可能就會影響到她與下一個孩子的經驗，「使孩子成為上個孩子的替代品」這件事，可能讓孩子在陌生情境測驗中被分類成混亂型依附。

　　在成人依附訪談中，有 62% 被學者認定有未解決議題的母親們，會有混亂型依附的孩子，然而卻有高達 80% 混亂型依附孩子的母親有未解決的議題。也就是說，母親無法走出哀悼歷程，是混亂型依附孩子的必要但非充分條件。在布達佩斯的實驗中，在擁有第七對重複對偶基因的孩子中，有大約三分之一是屬於混亂型依附。所以如果檢測這群孩子是否帶有這個基因的話，可能就可以解釋上述的差異。所以我們可以說，母親有未解決的議題與母嬰關係的異常有關，這對於帶有這對基因的孩子會造成更大的衝擊。這種基因會造成中腦邊緣多巴胺系統的功能下降，所以在 D4 受器上，有著第七對重複對偶基因可能是個脆弱的記號。中腦邊緣的多巴胺系統會控制受到酬賞時的行為動機（Robbins & Everitt 1999），而 D4 多巴胺受器的低敏感度（Van Tol et al. 1992）可能會使得嬰兒進一步曲解母親回應的意涵。斯旺森與同儕（Swanson et al. 2000）的回顧中認為，不活躍的多巴胺會損害注意力系統，這可能會誇大母親與嬰兒互動時細微的異常行為（像是暫時的恍神、受驚或是嚇人的行為等等——參閱 Solomon & George 1999）所造成的衝擊。以上這些都只是假設，然而，確實可以用我們待會提出的一般互動模式來檢驗這個假說。

　　讓我們針對以上論述做個總結。我們舉出三個例子來解釋，分子

生物學的資料會被早期的家庭環境，尤其是養育方式與依附關係所影響。在第一個例子中，缺乏適當的養育經驗，很明顯與 5-HTT 對偶基因展現出影響有關，使得血清素系統失去功能。在第二個例子中，曾經驗到生理上或是心理上虐待的孩子，他們 D2 基因中的 A1 對偶基因會引發強烈的人格失調。在第三個例子中，母親的過去創傷可能會與孩子的另一個多巴胺受器互相影響，導致依附組織的失調，與相繼而來的心理障礙。此時這些研究結果可能都還不算充分，但這三個研究確實都支持了早期客體的經驗是由環境所形塑。因為即使是基因的先天特性，也會透過基因表現的觸發來相互影響。綜合上述結論來說，這個研究方向的成果可說是相當豐碩，然而，在發展心理病理學的研究中，此類型研究的樣本是在怎樣的相關配置中被蒐集、分析，也是相當重要的附加條件。

評定（appraisal）機制的產生

　　到目前為止，我們已經在方法學與概念上以一些實證研究的論點，來反駁行為基因學研究總是低估家庭環境的重要性。我們也試著建構出一個初步的概念來解釋，人的表徵系統是從基因型到表現型中間的一種主動性過濾裝置。換言之，經驗的心智運作歷程是基因這個「原料」如何變成「成品」的關鍵，而這些都取決於基因與環境的互動。現在我們要提出，這種表徵系統是基因型到表現型間的「過濾裝置」，其實與早期客體關係的品質有關。因為早期的客體關係不只會影響個人之後建立關係的品質（即使這部分的證據仍然缺乏），早期的關係性環境更可以讓人「裝備」上這種運作系統。這種表徵系統的創立，可說是在依附關係與照顧者互動的歷程中，最重要的演化功能。採用這樣的觀點有助於修正那些反對家庭做為社會化主要驅力的現行偏見，也把重點從經驗的內容，轉為心理結構或是心智機制，更能詳述現行對於依附之演化功能的概念。

　　做為一位達爾文派學者（Bowlby 1991），鮑比認為依附行為帶

有很明顯的天擇優勢，嬰兒可以藉此來抵抗與照顧者的分離，保護自己免於狩獵者的獵殺（Bowlby 1969）。系統發展學或是個體發生學上都假定嬰兒期是個危險的階段，無疑地，此時的天擇會讓具有依附能力的孩子存活下來。不過演化論在鮑比的年代之後又有很大的轉變，我們現在知道，「適者生存」（survival of the fittest）無法解釋一個行為為何能被保留下來，反而是遺傳物質的複製才能說得通（W. D. Hamilton 1964），這就是所謂的內含適應性理論（inclusive fitness）。個體不需要真的活下來並且複製他自己的基因，才能使自己的基因得以延續。舉個例子來說，有些物種會犧牲自己，來延續與自己**基因**相近的個體繁衍。所以依附理論以「內含適應性」的概念來看，就變成了社會生物學的進化中很重要的一個階段，因為依附是一個關鍵的行為機制，能夠把整個種族中最好的基因表現出來，依附歷程能夠讓我們確保誰的生存更有益於我們的傳宗接代。當然，依附也可能在演化上有更進一步的功能。佛洛伊德（1900a）對演化的「多重決定論」觀點絕不遜於夢的解析或症狀的產生這些議題。他談到，依附的記號有可能是為了讓人類**不會**近親繁衍，避免雜交或亂倫帶來的生理風險。成人的依附關係也可以被視為一種互惠式的利他主義。利他主義與合作（Axelrod 1984; Trivers 1971）——也就是「付出多少，就得到多少」的策略，使個體在面對非親非故的人時，只有在考量到他們對我們的好處之下，才會給予他們幫助——而這可能也是受到依附關係的影響。依附能把「投機取巧」的影響降到最低，有些人在團體中並不想要對等的互惠，久而久之，他們就更難擁有依附關係。這對我們之後更進一步有興趣的演化面向是個好例子：原本只為了一個目標（保護脆弱的嬰兒）的演化機制，到底是如何為後續發展階段的適應帶來好處？但這些潛在的生理功能都能從動物的依附模型中類比到人類的嬰兒上。如果我們的論述是倡導父母養育方式的重要性，而依附的生理功能則是支撐這個重要歷程的機制，那麼我們就必須轉而去看一些只有人類才獨有的能力。

就我們所知，目前用來創立與維持親近性的依附行為有：（a）發出吸引照顧者注意力的信號（像是微笑）；（b）討人厭的行為，像是大哭，同樣也是吸引注意力；（c）骨骼—肌肉運動（主要是移動），讓孩子能更靠近照顧者。但我們將要講的第四項，對人類的依附行為提供了更好的演化合理性，且超出了物理上保護的議題：（d）根據鮑比所言，孩子在大約三歲時會出現「目標調整的夥伴關係」，而影響此能力的核心心理歷程，就是內在工作模式（IWM）。

一些在依附領域有著傑出成就的學者們，在日後更為細緻地論述了鮑比的這個概念（Bretherton 1991b; Bretherton & Munholland 1999; Crittenden 1990, 1994; M. Main 1991; Main et al. 1985; Sroufe 1990, 1996），在此就不多做贅述，但我試著摘要他們用四種表徵系統重新概念化鮑比的理論：（a）在生命的頭一年，嬰兒會因為期待與照顧者互動，而開始有了最初的表徵系統，並在往後更加細緻化；（b）與依附有關的經驗，無論是普遍性的或是特定的記憶，都會被編碼與提取，變成事件的表徵；（c）隨著個人生命敘事的開展，以及自我理解的加深，特定的事件表徵會被概念性地相連在一起，變成自傳式的記憶；（d）擁有表徵他人心智的能力，能理解別人的心理特徵（像是參照與解釋他人心理狀態的動機成因，例如欲求與情緒；或是他人心理狀態的認知成因，像是意圖與信念），**並能把他人的心理特徵與自己的心理特徵分化開來**。一個人若要良好地發展出內在工作模式，關鍵就是創造出一套處理自我（與重要他人）的歷程系統，這種系統是一系列穩定且分門別類的意圖歸因，像是欲求、情感、動機、信念，這些都是從以往的互動歷史中反覆發生的情境中推論出來。孩子能利用這樣的表徵系統，來預測自己與他人的行為，理解意圖，熟稔之後便能在所處的情境下，推論更加特定且短暫的意圖狀態。 124

以往的依附理論認為，孩子之所以從單純的行為轉變為能使用表徵的階段，是由於認知發展會逐漸成熟，導致依附系統的調整（Marvin & Britner 1999）。但我們認為狀況剛好相反：與其把依附行

為的改變視為生理上成熟的改變，我們反而認為，依附行為是種演化上的優勢，讓個體可以發展出社會智能與創造意義，也就是擁有「詮釋」的能力，這種能力就是柏格登（Bogdan）所認為的「個體之所以能了解彼此，是因為有其生理機制」（1997, p. 10）。因為人類與其他物種最大的不同，就是能夠「在心理上分享經驗、資訊與情感」（p.94）。詮釋人類行為的能力——也就是相互理解——也需要意圖位置：「把你想要預測的對象，當作是一個擁有信念與欲求的理性行動者。」（Dennett 1987, p. 15）

　　能從心理的層面詮釋他人的能力，我們稱為「人際詮釋機制」（Interpersonal Interpretive Mechanism, IIM），IIM 不只是依附經驗的產生或是調節因子，更是一種人類在嬰兒期與另一個人類——原初客體或是依附對象——親近時，衍生出的複雜心理歷程。IIM 還不到鮑比所說的內在工作模式，而只是內在工作模式其中的一環（Bowlby 1980）。IIM 也可能是柯恩柏格所說的，自我—客體—情感的三角結構（1983）。IIM 還不到表徵層次，也不是與照顧者互動感受的彙整。它只是一種處理新經驗的機制，比較像是比昂（1962a）所講的阿爾法功能（alpha function）。IIM 的概念跟「心智理論」的概念很像，是一種用來歸因他人獨立的心智狀態，以及解釋或預期他人行為的能力（Leslie 1987）。在先前的章節（第一章）中，我們提到「反思功能」與「心智化」的概念，好幫助我們擴展與聚焦心智理論的結構，並做出操作型的定義。我們把 IIM 視為某種假設性的神經結構總體，可以用來處理社會訊息。反思功能與心智化可能都是基於這套神經處理系統，但它的功能可能遠遠不僅於此。在這章中，我們把 IIM 當作某種能與基因型互相影響，增加或減少基因表現的可能性神經機制。不過在之後的章節中，我們會盡量著眼於心理學式的觀察，並用「心智化」或「反思功能」來統稱，這兩者的區別在於，後者特別是指心智化在研究中的操作型定義。我們假設，IIM 功能的好壞會反映在心智化的好壞上。在第四章中，我們會指出，敏銳且合宜的早

125

期照顧能促進 IIM 的發展。而在第五章中，我們會講解到心智化產生的過程，以及它與自我生成的關係。

　　基因會進行轉錄，並進而影響行為模式，而 IIM 的功能可能會對此歷程的最終階段造成影響，很類似於 RNA 的轉譯功能。在這個歷程中，詮釋機制是用一種帶有偏誤，且非常特定與情境化的方式來進行基因編碼。在某個情境中用來詮釋他人社會行為的編碼，可能會不適用於另一個情境。舉個例子，在瑪莉・漢普沃斯（Mary Hepworth）跟艾麗塔・史萊德（Arietta Slade）與同僚們在 PDI（父母發展訪談——Slade, Bernbach, Grienenberger, Wohlgemuth-Levy, & Locker，手冊未出版）的研究中發現，父親與母親在與不同子女的關係中，會呈現出不同的反思功能。而在我們的雙生子研究中，父親與母親對雙胞胎的表徵在預測在後陌生情境測驗的結果時，數據也是各自獨立的。IIM，或是類似的機制，都會藉由孩子知覺到自身社會環境的方式，來調節基因的影響。就像是先天有反社會傾向的孩子，如果在具有正向行為的家庭中長大，就能防止孩子日後成為反社會患者（Reiss et al. 2000），因為這樣的正向行為促進了孩子人際詮釋機制的功能，進而幫助孩子不會總是用惡意的方式來解釋人際訊息。當然，這種家庭的溫暖也可能受到孩子其他遺傳因素的影響，像是長相好看，脾氣好等等。但我們在這邊探討環境的影響，並不是為了要變成純粹的環境論者，所以在此就不再多說。　126

人際詮釋機制的產生

　　安全依附關係如何能讓孩子產生 IIM？顯然這一定有生理上的基礎，但從我們的觀點來看，這與照顧者給予嬰兒的環境經驗密不可分。為了回答這個問題，我們擷取了喬治・葛瑞蓋與約翰・華森的模型來做為解釋（Gergely & Watson 1996, 1999）。本書的核心主張是，我們之所以能透過內觀來意識到自己的心智狀態，並不是因為內觀是一種基本的、直接的、甚至天生的能力，我們不相信人天生就能懂得

自我是個心智主體，而是把這種理解當成個人在早期經驗中慢慢發展並建構出來的能力。第四章會詳細介紹情緒狀態是如何影響發展，而第五章則會很慎重地考量先天論者所講的互為主體論立場的一些問題。在本章中，我們將會簡短地討論個體發生學的模型，並專注在人際詮釋歷程系統假設的廣泛含意，探討這個歷程如何調節基因對於人格的影響。

我們的核心概念是，依附的脈絡就像是給了嬰兒一套基本設備，讓他們能發展出對於自我狀態的敏感度，葛瑞蓋稱之為「心理回饋」或是「社會生理回饋」，我們會在第四章中更深入談論這個機制。孩子必須要發展出一套次級象徵性的表徵系統，才能敏察動機性或知識性的心智狀態。這種表徵系統的發展起源於母親對嬰兒難過的鏡映式回應（照顧行為），這個回應呈現出了一個內在狀態，讓嬰兒能內化並發展自身的象徵系統。母親用同理性的情感，把嬰兒自己的情感狀態又回饋給嬰兒。接下來，嬰兒就會內化母親具有同理性的表現，而發展出對於自己情緒狀態的次級表徵系統。母親同理性的臉龐就變成了意符（signifier），而嬰兒自己的情緒激發就變為了意指（signified）。母親的表達幫助嬰兒能從一團模糊的原始經驗中，把「自己」給淬鍊、區分出來，而更重要的是，嬰兒可以明白這個經驗並不是母親的經驗，而是在組織他自身的自我狀態。這就是所謂的「互為主體性」（intersubjectivity），是依附關係與自我調節功能間緊密關聯性的基礎。

在第五章我們會談到，互為主體性這個詞彙放在現在的脈絡下有點名不符實，因為在這個階段中，嬰兒其實還無法發現自己看到的是他人的主體狀態。這個階段的嬰兒很可能不知道他人也會有內在的感覺。在這種狀況下，若嬰兒想要理解另一個人的主體狀態，就會自動參照自己的狀態。在嬰兒期的依附關係中，母嬰間那一來一往的回應（contingent responding）之複雜，遠遠超過了原本依附的目的（確保自身的安全性），更成為我們用來理解自己內在狀態的準則。這也

讓嬰兒能更加往前邁進，理解到他人是另一個心理實體，也就是嬰兒能夠理解到他人的「意圖位置」。像是已故的關係學派分析大師史蒂芬·密契爾（Stephen Mitchell 2000）在描述治療脈絡中那種互為主體性的感覺時，我們相信他們就是在引發這個機制。

　　在嬰兒生命當中的頭一年，只能很原始地覺察到某些內在的、情緒上的狀態。這樣的覺察不具有因果關係，也不具知識性，所以根本無法被心智系統所利用。直到母嬰間建立了心理回饋的歷程後，這些內在經驗才能慢慢具有功能性（也就是有符號價值），也才能調節或是抑制行為。所以依附歷程讓嬰兒從對內在狀態的原初覺察，進展到功能性的覺察。像是憤怒若能引發功能性的覺察，就能被用來模擬與推論他人對應的心智狀態。這不是藉由反思，而是藉由行動來達成：孩子「知道」某些行為會導致特定的後果，但他還不需要──或者還不能夠──做進一步的推論，了解到這是因為他讓客體產生了某種內在狀態所導致的結果。我們可以把對內在狀態的功能性覺察，想成是嬰兒理解到行為有其符號價值。下一個層次是反思的覺察，此時嬰兒不用做出動作，就能理解自己注意的目標，與目標的心智狀態具有因果上的關係。總之，功能性的覺察一定得伴隨著動作，而反思性的覺 128 察則能從動作當中被獨立出來。這個能力能讓人能遠離外在現實，並能夠感受到不真實的感覺。最後一個層級則是自傳體的形式，這樣的覺察能讓孩子把心理狀態附加到經驗的紀錄中，成為一個經驗序列，由此來呈現自己獨特的歷史。我們將會在第五章更詳細地討論自我做為主體的五個發展階段。

　　許多研究都支持這個模型（參照第一章與第五章）。舉例來說，有個研究指出，母親安撫六個月大的孩子的成功率，跟母親安撫過程中出現的表情豐富度有關。母親的即時回應往往會多了點驚恐，或少了點愉悅，但基本上都會表現出除了恐懼與難過以外的其他情緒。母親對孩子的即時回應更像是把多重的情感狀態（複雜的情感）表現給孩子看。這個研究結果就像是葛瑞蓋與華森所說的，母親的表情就是

嬰兒自身經驗的次級表徵，因為它與嬰兒的經驗很像，卻又不太一樣。次級表徵是種功能性的覺察，讓人開始有能力調整自身的情緒狀態。

　　葛瑞蓋與同僚在布達佩斯做了一系列的研究，探索一歲孩子對於矛盾情感的理解，我們在倫敦研究室也進行了這樣的研究，且在托皮卡、堪薩斯也有著同樣的研究（Koós, Gergely, Gervai, & Tóth 2000）。研究使用的是調整過的「靜止臉龐」（still face）實驗。所謂的「靜止臉龐」實驗，是觀察孩子與母親互動時，如果母親突然變得面無表情，孩子可能會出現怎樣的反應。調整過後的實驗跟原本的實驗相差不多，只是母親在變得面無表情時，會望向一面鏡子。這個時候，嬰兒可以選擇繼續看向面無表情的母親，或是看鏡中那個會跟著自己動作的影像。此研究發現，孩子在六個半月大時於「靜止臉龐」實驗的表現，能預測出他們在一歲時的依附類型，且安全型跟混亂型依附的孩子間有著顯著的差異（Koós, et al. 2000）。在之後被分類為安全型依附的嬰兒，只有在暫時無法與母親連結時（就是母親面無表情時），會看向鏡中的自己；相反地，在六個月後被分類為混亂型依附的嬰兒，在整個實驗的過程中，他們都會著迷於鏡中那個會完全隨著自己移動的影像。更有趣的是，庫斯（Koós）與同僚（2000）的研究也顯示，在靜止臉龐的實驗後，那些能著迷於鏡中自己的影像的嬰兒，會有更多正向情緒。從這個研究可推導出，混亂型依附的孩子會比安全型依附的孩子更能成功地調節情緒，因為他們可以藉由與自己鏡中的影像互動而感到快樂，但長久來看，這類型的孩子卻會在人與人互動的歷程中不斷地尋求完美的一致性（像鏡中的自己一般），可是又全然無法探測自己的內在狀態。混亂型依附的特徵其實就是注意力組織的解離。

　　在第五章中，我們會提到，嬰兒會從偏好完全跟隨自己動作的刺激（像是鏡中影像），進展到對與自己動作只有部分連貫卻不完全一致的刺激，有著更大的興趣。未滿五個月大的小嬰兒會偏好完全跟隨

129

自己動作的刺激，顯然是因為他對自己的身體感到興趣。這種完全一致的視覺經驗能讓嬰兒建立對自己身體的本體感，也讓自己有了正在做動作的初步概念。在第五章中，我們會指出，嬰兒之所以在五個月大之後的發展階段中，會開始對於那些連貫但不完全一致的經驗感興趣，是為了邁向與依附者的社會互動。如果任何事情都要求必須完全一致，人類反而會更難以應付社會互動情境。朝向社會世界，就意味著要對不完全一致的東西有更大的容忍性，就像照顧者無法完全回應嬰兒所發出的訊息一樣（Tronick 1989, 1998）。雖說在生理機制上，人類應該已對不完全一致有所準備，但還是需要最低限度的人際學習環境，才能夠發展 IIM。也就是說個體需要一種「很接近，但又明顯不同」的經驗，這種經驗就是產生人際間象徵能力的關鍵。混亂型依附的人生命史當中好像很難找到人際互動的脈絡，就好像消失了一般，他們可能就是在嬰兒時期沒機會從中訓練出對於不完全一致回應的忍受性。我們所有人都有過不同調（或是不連貫 noncontingency）的經驗，讓我們內攝了一種「他人在自己體內」的感受（我們把這部分的自我稱為「異化自我」），正常來說，嬰兒能忍受這種感覺，並維持著整合且連續性的自我認同。大部分的人都能夠透過心智化，把那些沒受到回應或是受到不適當回應的經驗整合進自我結構中，通常我們會用敘事性的自我，來達成一種統整的幻象，如果個體能把兩種不相容的經驗編織在一起，這樣的統整就會變成有功能的現實。照理來說，這種不和諧的感覺，與自我結構中那些「剩餘的紛擾」，應該會使人在之後的生命當中去追尋更進一步的依附關係，好達成更進一步的整合與理解。對於另一些人來說，自我當中的這種異化經驗無論如何都無法完全被同化，使他們在往後的關係中會有更強烈的整合需求，而他們也因此得花上更大的心力來經營與維持關係。但對於那些反思功能有所缺損的人來說，如果之後又出現了其他的依附創傷（像是家暴）時，為了盡快取回控制感，他們就會進而認同施虐者的心智狀態。我們將會在第十章對此做出更多的討論。

130

人際詮釋機制的證據

為了證明依附的安全度與擁有良好的人際詮釋機制有關，我們提出了以下的證據：

一、在近二十年來，有兩篇縱貫性研究皆指出，嬰兒的依附安全度與許多前意識能力的發展有關連，這些能力都涉及到詮釋或象徵的技巧，像是解釋與遊玩、智力與語言能力、自我的強韌度、自我控制能力、挫折容忍度、好奇心、自我認知、社會認知能力等等。依附安全度可預測往後的認知發展程度、探索技能、情緒調節、溝通風格與其他的結果。從我們的觀點來看，這不只是因為依附安全度為孩子對自己的自信心、主動性、自我功能或其他種種的人格歷程帶來了整體的影響，更是因為依附提供了一種在演化上關鍵的前導歷程，而使得人際詮釋的能力得以發展。

所以我們所提到的依附，已經跟一開始的概念不一樣了，依附安全度這個變項本身並不足以在這一連串複雜的歷程中預測好的發展結果；反之，依附是一種人際環境的特徵，在這個環境讓孩子能在生命的頭一年中，能夠產生依附安全度，並為孩子預備了溫床，準備好接受那些即將發生且快速又艱難的挑戰，以獲得人際詮釋的能力。在研究上，如果我們試著追蹤嬰兒的安全依附所帶來的長期結果，必定要嚴謹地控制其他變項，但若是控制過多，像是語言流暢度、智商等變項，就會移除掉依附關係中的一些重要特性。然而，這並不是我們現在要討論的問題。

二、我們可以在以往的研究中發現依附與 IIM 發展之間的關係。萊布爾（Laible）跟湯普森（1998）的研究指出，安全依附的孩子有較高的能力理解負向情緒。茱蒂‧卡西迪與同僚（Cassidy, Kirsh, Scolton, & Parke 1996）所做的獨特研究也發現，具有安全依附的幼兒園兒童較不會對意象模糊的故事具有敵意；而有些孩子之所以會具

131

有敵意，是因為他們必須藉此來維持自己在社交地位上的主控性。
在彼德・馮納吉、米里亞姆（Miriam）、霍華德・斯蒂爾（Howard
Steele）與茱麗葉・侯德（Juliet Holder）1997 年的倫敦母嬰研究中發
現，曾有過安全依附經驗的孩子，在五歲時能在一些心智理論作業的
前意識面向上表現良好。同樣的研究結果後來也在其他研究中陸續出
爐（Fonagy 1997; Meins et al. 1998）。

　　三、羅斯・湯普森（Ross Thompson）對早期依附與之後發展間
的關聯，提供了一個相對較為完整的解釋，他總結道：「嬰兒的安全
依附與往後社會人格功能之間的關聯強度，其實不大。」（1999, p.
280）這兩者在同時間點出現的關聯要高於預測上的關聯。所以，以
人際詮釋模式的理論來說，並不是因為早期經驗決定了內在工作模式 132
（鮑比的理論）；而是有某種模式，或是某種品質，某種強韌的東西
出現，才影響到往後的社會人格功能。因此幼年的依附類型不一定會
維持到孩子較大或是青少年的時候。也就是說，從目前的資料來看，
依附類型不一定能有效預測之後的行為，真正能預測的因子其實是
IIM 的產生。

　　所以我們研究的重點不應該放在安全依附上，因為這個變項與
IIM 的相關太高，本身又缺乏穩定性，而且可能沒有什麼預測力。我
們的理論並不認為「早期經驗」能完全決定一個人的自我—他人表
徵，更應該探討的是，到底是怎樣的早期經驗，會對「內在客體關係
的結構」有不良的影響，這種內在客體關係的結構會影響到個體是否
擅長處理人際關係，內在功能是否夠強韌，以及他的人際詮釋機制能
不能在高壓力、高情緒張力的情境下照常運作等等。用來預測往後社
交人格功能的顯著變項便是人際詮釋機制，在神經學上，這個能力應
該位在於中前額葉皮質的地方。因此眼窩額葉皮質與中額葉受損的病
人，報告中常常指出有難以思考他人心智狀態的特殊障礙（Channon
& Crawford 1999, 2000; Stuss, Gallup, & Alexander 2001）。而在 PET

（正子斷層掃描）跟 fMRI（功能性磁振照影）的研究中，請受試者猜想他人的心智狀態時，中前額葉皮質都會有活動的反應，表示心智化與中前額葉皮質有一定的關聯存在。附帶一提，顳葉損傷的人也不會出現活動反應（Gallagher et al. 2000; Goel, Grafman, Sadato, & Hallett 1995）。

一項針對羅馬尼亞兒童的領養研究利用 PET 找到了對於上述發展脆弱性的獨立證據。這些孩子都被剝奪了我們認為生成 IIM 所需的人際經驗（B. Perry 1997）。這些孩子跟前額區域受損的人很像，常具有社交與人格的缺陷（Adolphs. Tranel, Damasio, & Damasio 1995; Alexander, Stuss, & Benson 1979; Brazzelli, Colombo, Della Sala, & Spinnler 1994; Channon & Crawford 1999, 2000; Damasio 1994; Rogers et al. 1999）。這與我們所講的「失去人際詮釋能力」概念不謀而合，無法發展出人際詮釋能力意味著社交判斷力受損、語用能力受損、自我調節能力出現缺陷，在社交情境中，個人的情感標記也會因而顯得貧乏（例如 Craik et al. 1999; Stuss 1983, 1991）。想當然爾，這些領養兒在三歲時的依附類型當然都是屬於混亂型依附，在八歲時，他們的社會行為可能會出現異常。我們也有證據指出，早期受到虐待的兒童在心智化能力發展上也會受到顯著的限制。

四、邁倫・霍佛（Myron Hofer）對於幼鼠與母鼠的互動關係之研究，可以類比到我們現在所提的論述上（Hofer 1995; Polan & Hofer 1999）。霍佛對於老鼠的研究超過三十年，研究顯示出，幼鼠待在母鼠身邊跟母鼠互動的行為，在演化的生存價值上遠遠超出被保護的目的。在很多層面上，依附都會影響到嬰兒在生理與行為系統上的調整功能。霍佛認為，依附關係「提供了一個機會，讓母鼠藉由與幼鼠的互動模式，形塑出幼鼠的生理發展與行為。」（Polan & Hofer 1999, p. 177）並不是依附這個現象本身很重要，依附是一套適應性的演化系統，創造出一個讓生理與心理功能發展的環境。

　　霍佛把依附重新定義為一種調整歷程，我們可以在母嬰間的互動中觀察到這種隱晦的歷程。如果以調節歷程來作解釋，那麼許多依附關係中所觀察到的現象就能說得通了。傳統的依附理論模式顯然是個循環命題，在傳統依附模式中，我們會認為嬰兒對於分離的反應是因為他與母親的「社會連結」被干擾了，但這個社會連結其實也只能藉由嬰兒與母親分離時的反應所看出。我們認為，也許真正失去的不是「連結」，而是失去了產生出更高階調節機制的機會。這種調節機制能夠評價並重新組織心智的內容。所以我們能把依附概念化為：將複雜的心智經驗變成一種複雜又具有適應性的行為系統歷程。雖然這樣的歷程是人類特有的心智功能，不過用來產生這種心智歷程的機制（也就是依附關係），卻是跨種族的演化產物。就像幼鼠必須透過母鼠─幼鼠這個複合式的單位，才能產生出生理調節的功能，嬰兒若要發展出對於心理的詮釋能力，就必須透過與母親頻繁的互動才能達成。 134

　　五、在梅寧哲臨床研究中心一系列的研究中，我們分析了許多成人依附自我報告量表的因子結構。在這三個調查研究中，無論樣本是來自於臨床個案或是一般民眾，都有非常相似的結果。在第一個研究中（Allen et al. 2000），我們用了兩種成人依附量表——關係問卷（Bartholomew & Horowitz 1991）與成人依附量表（Collins & Read 1990）——測量了 253 個樣本（實驗組為 99 位曾經有過創傷經歷的女性，與當作控制組的 154 位一般民眾）。因子分析的結果可分為兩種成分，可看出雙向度的兩軸，第一軸是安全─恐懼，第二軸則是疏遠─過度干涉。[3] 我們發現這樣的分類也同樣出現在史坦（Stein）與同僚的研究中，他們的研究運用了五個成人依附量表做測量，同樣也是混合母群。當我們把兩組人套入同樣的兩種向度中發現，在安全─恐

3　在主成分分析中，這兩種成分在八個效標中的顯著程度都大於 1，並能解釋全體變異量的 67.2%。

懼的這個向度上，實驗組跟對照組這兩個族群的分布有非常明顯的區別，但在疏遠—過度干涉這個向度上則沒有。很明顯地這兩種成分之間有所差別。在兩個量表整體的相關性可以忽略的狀況下，如同預期，整體的分布像是個狹長的橢圓形，疏遠—過度干涉這個軸向分布較窄，比起安全—恐懼這軸向分布較長。

135　　　　而我們對這些數據的解釋如下：假設安全代表一種在親近時感到安心的經驗，而恐懼則與混亂依附的經驗有關。恐懼只會出現在特定的依附關係中，非依附的關係在這個向度上很少會出現高分。疏遠的依附型態是利用孤立來保護自己，而過度黏人的高焦慮依附者則是藉由否認或低估自我的價值，好誇大他者的重要性來自我保護。

　　　　所以我們會認為，安全—恐懼的這個向度跟 IIM 功能的品質有關。在這個向度當中，最頂端的位置代表可以良好地發展出一套對他人與自己內在狀態的複雜表徵。若個體可以發展出良好的高階心智功能，能區辨他人與自己的心智狀態，不需運用策略就能產生有意義的人際關係。然而，當那些支撐依附關係的重要心理機制較為脆弱時（像是不良的依附史或生理因素），也會削弱能清楚區分他人與自己的能力。在這樣的狀況下，個體就需要一些特殊的策略以適應人際經驗。最典型的兩個策略就是逃避與抗拒，也就是疏遠—過度干涉這個軸向。

　　　　但為何個體必須運用這些策略呢？這兩種策略都是為了要在強烈的人際關係脈絡中保護自己而生。我們可以觀察到，因為自我是來自於他人的產物，所以也容易受他人影響，因此個體必須用這樣子的策略來保護自己。為了避免人際情境中的不穩定，對抗心中不安全的內在工作模式，個體就會刻意抽離自己，將自我的表徵提升到比他人更好的狀態（疏遠的策略），或防護性地過度強調與誇大他人的表徵（過度干涉的策略）。若用表徵的方式來說，無論是哪種策略，都是刻意把他人的表徵與自我的表徵區分開來。

　　　　這些策略都不具有遺傳的病理性，只代表了一定程度的能力缺

損。但是在安全─恐懼這個向度的極端，任何策略可能都無用武之 136
地，因為在此，依附系統可能根本不存在，沒有東西能幫個體去維持
功能與防衛。在這些案例中，讓個體可以維持社會關係功能的人際詮
釋機制是如此匱乏，以至於他們完全不能表徵出他人的動機，或是認
知到他人的心智狀態，也無法從中區辨出哪些動機或心智狀態是屬於
自己的，這就是混亂型依附的狀況。換句話說，混亂型依附就是關係
中一種心智功能的空缺，以至於沒有東西能支撐起依附關係。所以在
雙軸中，安全型依附另一方的底端就是混亂型依附，代表著人際詮釋
的功能並沒有被發展起來。就像我們在本書當中一直強調的，患者與
正常人相較，人際詮釋功能的品質相差很大。而在量表最底端的人，
在人際中則會使用目的論的方式，而非用意圖的方式去詮釋自己與他
人的行為（參照第五章與第八章）。之所以會如此，是因為嬰兒早
期成長的環境不夠良好，導致他們的 IIM（參照第四章）功能有所損
傷，發展得不夠強韌。或是在發展中，無法適當地把早期的表徵整合
成主體性的自己（參照第六章），我們之後會舉出這些不好的成長環
境，像是父母在與孩子互動時缺乏玩心，或是孩子更大時有更加直接
的虐待行為（參照第十章與十一章）。

　　綜合以上的證據，我們可在此作出小結，並整理出五項標準來解
釋依附對於發展出了解內在狀態的能力具有關鍵的影響：（a）安全
依附這個因子在所有相關實驗中都能產生好的結果；（b）安全依附
能夠預測出各項作業中象徵能力的出現；（c）有沒有依附經驗的發
生，遠比依附的類型更具有預測力；（d）人類的依附行為在演化上
與其他哺乳類相比，具有更多個體發生學上的功能；（e）成人依附
量表所做出來的因素結構，可區分為依附的類型（與內在工作模式有
關），與依附的品質（與人際詮釋機制有關）。

137　IIM-a 與 IIM-c 的神經解剖學

到目前為止，我們似乎把 IIM 講成是單獨且統一的系統，但其實更為複雜。在第五章中我們會提出證據說明，個體了解欲求（desire），與理解認知狀態（像是信念）的時間點是不一樣的，嬰兒大概要到十八個月大時，才會有了解認知狀態的能力。這種發展上的時間差異告訴我們，個體可能是以不一樣的機制，分別了解人際中的情緒（欲求）與人際中的認知（信念）。在這個小節中，我們將會用一些神經心理學的證據來論述此事。我們認為 IIM 能被分成兩個次結構：IIM-a（a 為 affect，對情感的人際詮釋機制）與 IIM-c（c 為 cognition，對認知的人際詮釋機制）。當我們對情緒有共鳴（同理心）時，會強化前者，而我們思考認知狀態時，則會影響後者。我們所說的「心智理論」或「心智化」都會涵蓋這兩個範疇，雖然文獻中常有這樣的偏見，認為心智化等於理解另一個人的信念狀態，但這其實並不完全正確。

同理心有許多定義，我們把同理心定義為一種機制，能夠讓個體接觸他人的觀點並做出推想，並在某種程度上會經驗到對方的情緒狀態，這種機制就是我們所說的 IIM-a（Bleiberg, Fonagy, & Target 1997; Fonagy 2000）。也有其他研究者與我們所見略同（Blair 1995; Corcoran 2000）。達爾文認為，同理心是一種重要的道德情緒，能自動涉入並經驗到他人的不舒服，此時個體就會興起利他的意圖，以紓緩這種感受（O'Connell 1998）。

而神經心理學的研究也支持我們這種分類的方式。利用 SPECT（單光子放射斷層掃描）（Baron-Cohen et al. 1994）、PET（Blair, Jones, Clark & Smith 1997; Goel et al . 1995）與 fMRI（Gallagher et al. 2000）的研究，我們可以發現，在這種純粹的認知作業中，例如在

辨認他人的信念狀態時，受到激發的相關腦區其實只有額葉中 BA8[4] 附近的區域。嬰兒若要了解自己的情緒反應（在定義上而言，這就是同理心的前驅），就必須經歷一段與照顧者間早期鏡映的複雜歷程，如此才能產出孩子情緒狀態的次級表徵（Gergely & Watson 1996, 1999）。我們會在第四章中詳細地說明這個模型。個體對於臉部表情的先天情緒反應，尤其是對恐懼與傷心的表情，都會有同理心與道德心的反應，也就是所謂的道德性情緒（Blair et al. 1997），杏仁核（AM）與眼窩額葉皮質區則與這種情緒能力的調節有關（Anderson, Bechara, Damasio, Tranel, & Damasio 1999; Blair, Morris, Frith, Perrett, & Dolan 1999）。 138

　　以嚴重的臨床個案為例來解釋這兩種結構可能比較清楚，像是反社會型人格障礙症（ASPD）。嚴重的反社會心理病態患者被認為是缺少成人的道德感──也就是所謂的「道德低落」（Hare & Cox 1987）。這些人無法感受到對與錯、罪惡與懊悔，因為他們用來處理這些經驗的神經機制（IIM-a）有所損傷，所以他們感受不到同理心與同情心（Blair et al. 1997; Damasio 1994a）。

　　這種能夠預測與經驗他人情緒的能力，可能跟兩個腦中的人際詮釋中樞有關。一般而言，評估自己與他人內在狀態的社交重要性（或社交意義），會連結到心中認知狀態的表徵，而處理此過程的腦區則位於中部前額葉皮質（IIM-c），另外還有位於眼窩額葉皮質（OFC）的情緒控制中樞（IIM-a）與顳葉。有些反社會型人格患者的問題是出自於這些功能腦區之間連結的毀損；也有些反社會型人格患者根本不具有 IIM-a 的功能（完全感覺不到同理心），但大部分患者的問題都出自於 IIM-a 與 IIM-c 兩個系統之間沒有良好的連結（沒

4　譯註：此指布羅德曼（Brodman）分區，這是一個根據細胞結構將大腦皮層劃分為一系列解剖區域的系統。此一分區系統由德國神經科醫生 Korbinian Brodmann 所提出，此一系統包括每個半球的 52 個區域，BA8 位於額葉，與 BA6 一起組成前運動皮質，並包含了額葉眼動區（Frontal eye field），負責控制眼球隨意掃描的動作。

辦法感受到合乎情境的同理心）。

重度的反社會型人格障礙症患者（高度病理性的）無法對他人痛苦的表情有自動化回應。他們也無法區分法令上的違法（不被社會所接受，但不會傷害到人）或是道德上的違法（會真的傷害到另一個人），因為個體必須具備對他人的痛苦有所反應的能力，才有辦法區

139　分此兩者。這可能是因為以下兩個區域至少其中一個有缺陷所導致。有人認為，反應他人痛苦的能力位於杏仁核，而杏仁核功能的缺陷導致了反社會型人格患者缺少道德感（Blair et al. 1999）。也有些人認為，早期在眼窩額葉皮質的損傷，與不良且不成熟的道德判斷有關，而 OFC 的功能抑制實驗也發現，OFC 受到抑制的個體會失去對社會刺激的自主性反應（Anderson et al. 1999）。

某些同理能力有缺陷的人在描述一個兒童受苦的臉龐時，杏仁核（AM）並不會活躍，也有些人儘管杏仁核有所反應，但 OFC 並不活躍。杏仁核不活躍的人，是因為他們無法了解自己的情緒反應，進而直接影響到他們無法產生同理心。而在不敏感的照顧者養育下長大，早期屬於混亂型依附的個體，則是無法產生次級的情緒狀態表徵，這樣的功能缺損造成了 OFC 難以活躍。第三層級的功能缺損則是中額葉與眼窩額葉區域間的連結中斷（IIM-a 與 IIM-c 之間），他們可能在看見他人的痛苦時會經驗到一些感受，但沒辦法適當地把這些感受連結到對方的信念與意圖狀態的表徵中。這種類型的連結障礙通常是在發展階段的後期，由於嚴重的人際創傷所造成。

臨床運用

我們到底該如何將環境論者跟先天論者的觀點結合，並運用於臨床？就像諾貝爾獎得主艾瑞克‧坎德爾（Eric Kandel）所說的，若這些知識能用來改變基因的表現，讓我們能制定治療性的預防與介入，那麼就太美好了（Kandel 1998, 1999）。心理社會的介入可以改變社

會情境，導致特定基因型的另一種表現。擁有這些機制的知識，讓我 140
們能夠更精確地訂定出介入策略，也能激勵我們進一步研發新的預防
與治療介入的模型。我們認為心理社會性的療法，像是精神分析，或
是一些預防性的介入，像是情感訓練——舉例來說，PATHS 訓練計
畫[5]（Kusche & Greenberg 2001）——都能有所成效，因為這些方式提
升了 IIM 的功能，並調整了基因型的表現。當然，基於心智化程度
的提升，整體的社會適應能力也會增加。所以在每位案例中，我們
堅持在早期的依附關係中體驗到他人的心智是非常重要的，因為正
常的人際詮釋歷程會同時需要認知與情感兩部分的資訊。雖然情感跟
認知的大腦區域在解剖學上有所不同，但在神經形塑的發展階段中，
早期依附的經驗很可能促使兩者能結合成一套完整的系統。這也是為
何心理治療有其效用的原因，尤其是對那些自身內在狀態的心理表徵
功能不佳的患者，我們更要同時聚焦於情感與認知來工作，因為這能
給予患者人際上的脈絡，以發展依附關係，並在這樣的關係中反覆刺
激他的神經網絡，讓他慢慢能夠整合認知與情感（例如 Rumelhart &
McClelland 1986），以促發特定基因的表現（Kandel 1998, 1999）。

也許在遙遠的未來，我們測量社會心理介入效果的方法，會變成
追蹤特定的基因，在與心理病理發展有關的特定區塊（像是大腦、內
分泌組織等等）有什麼樣的表現。如果夢想小一點的話，或許我們可
以依照基因的多樣性來訂定特殊的治療方針，並藉由測量 IIM 的功
能來衡量心理治療的效果（像是反思功能量表〔RF scale〕；或「以
眼讀心」測驗〔REMT〕[6]的分數）。

---

5 譯註：PATH 計畫的主要對象為國小學齡兒童，其方式主要是透過人際與社會的學習，提升衝動
控制、問題解決、計畫與歸因、同理心等反應，以降低兒童的攻擊與行為問題，並強化其學業
表現。

6 譯註：Reading the Mind in the Eyes test（REMT）透過讓受試者觀看照片上對象的雙眼，請受試者
推斷對象的情緒，來判定受試者的情緒辨識能力。

141 **結論**

　　儘管本章所討論到的主張聽起來都很新穎，但進一步地細探這些內容就會發現，當中包含的細節大多都是我們已經知道的事情。我們認為，精神分析需要展望認知神經科學，以充實自身的知識層面。遺憾的是，當代的神經科學理論者缺乏對於情緒生活以及其周遭的主題，像是人際發展關係的思考，而這樣的主題與兒童主體性的發展有直接的關聯。令人慶幸的是，目前有幾個積極的研究正依循這樣的路徑，開始起步探索這方面的知識（例如 Solms 1997a, 1997b）。而新期刊《神經─精神分析學》（*Neuro-Psychoanalysis*）的出現，也為這些未來的發展提供了預備的溫床。

　　有些人認為基因是密封在大腦裡面的東西，與外界的社會情境無關，並且會決定我們的命運。但已經有很多證據證明這種想法大錯特錯，因為個人整個系統組織的目標就是適應環境。若我們想拼湊微觀生物學的這塊拼圖，就得檢視基因型到底是怎麼成為表現型的歷程，而關鍵就在於主體的經驗，我們得仔細地探究個體到底是如何回應他所經驗到的事情。精神分析著重於個人主觀的表徵經驗，並思考這樣的表徵究竟是如何從早期發展中產生出來。我們也想理解個人在發展基礎心智功能時，個體間的差異又會如何影響這個歷程的品質，而精神分析對此則有卓越的貢獻。良好的依附關係促進了人際詮釋能力的發展。雖然依附安全度這個變項與日後人際能力的關聯較少，但隨著良好依附關係所產生出的人際詮釋能力，將會在人際經驗中扮演著關鍵的角色。IIM 功能的層次反映出個體是否需要在親密關係中採取一些策略，來誇大自己與他人表徵間的差異。如果個體的人際詮釋功能有所缺陷，就會缺乏能夠區分自我與他人心理狀態的機制，隨著時間過去，這樣的缺陷會慢慢將基因型形塑成病態的表現型，導致愈來愈明顯的人際障礙。

142　　現在我們能了解到，從基因型到表現型那艱困的道路上，個

體的經驗佔有多麼重要的地位。發展心理病理學在未來數十年的工作，就是全面理解在生活經驗中，人際的心智表徵到底是如何影響著基因傾向的表現。艾瑞克・坎德爾（1998）引用了方斯華・賈克柏（François Jacob 1998）[7]在《蒼蠅、老鼠、人》（*Of Flies, Mice & Men*）當中的一段話：「本世紀在滿滿的核酸與蛋白質中畫下了句點，而下個世紀將會致力於人類的**記憶**與**欲求**。而我們拋出的這些議題，會有找到答案的一天嗎？」（Jacob 1998, p. 152）

7　　譯註：方斯華・賈克柏為法國生物學家，他與賈克・呂西安・莫諾（Jacques Lucien Monod）共同發現了蛋白質在轉錄作用中所扮演的調節角色，也就是後來著名的乳糖操縱組，兩人與安德烈・米歇・利沃夫（André Michel Lwoff）共同獲得了 1965 年的諾貝爾醫學獎。

| 第二部 |

發展觀點

在第二部分中，我們將綜合性地呈現一個人在心理上的自我　143
感（sense of self），以及這種感受從嬰兒期至青春期的發展。在第
四章中，我們會介紹「社會生理回饋」的觀點，好說明「鏡映」
（mirroring）的概念，鏡映是種細緻的機制，讓嬰兒可以藉由與主要
照顧者的互動，學習如何辨認與控制情感狀態，從與照顧者的共同調
節，成為能夠自我調節的主體（agent）。用生理回饋理論的觀點來解
釋鏡映，是延伸精神分析的基礎理論，這個概念很重要，不僅能解釋
正常的發展，更能解釋為何有些個體日後在面對心理社會的壓力時會
呈現出脆弱性，並導致心理病理的發展（第七章的案例就是很好的說
明）。

第五章則是介紹自我的五個層面：身體的、社會的、目的論的、
意圖的與表徵性的，而表徵性的自我也被稱為自傳性自我。我們援用
了心智哲學的兩個詞彙：「意圖位置」（intentional stance）與「目的
論位置」（teleological stance），這兩個詞彙對於我們的觀點來說十分
重要，它們描述了我們如何透過探索他人，而學會探索自己。我們也
認為，在早期發展中開展的互為主體性具有重要的意義。雖然大家都
認為，人天生就能對他人有著互為主體的理解，但我們卻認為互為主　144
體性並非天生，而是藉由心智化能力，從依附關係的脈絡當中慢慢地
誕生。

第六章會循著發展脈絡，聚焦在兒童時期的兩種經驗模式上：
「精神等同」（psychic equivalence）模式（心智現實必然映照到外在
現實）與「假扮」（pretend）模式（心智與外在現實是全然獨立的兩

者）。兒童透過「與現實遊玩」（play with reality）來整合這兩種模式，了解到心智只會部分地反映出外在現實。第七章則運用臨床案例來介紹上述概念的運用；案例中的小男孩由於不良的母子關係，導致發展歷程受到了扭曲。第八章則會關注在病態壓力下的青春期發展，會與正常的發展歷程有著哪些不同，同時一併描述嚴重精神病態的案例。

【第四章】情緒鏡映的社會生物回饋理論：嬰兒早期的情緒自覺與自我控制之發展

　　從各種角度來看，本章都可說是我們理論的核心，探討情感在 145
自我發展上所扮演的角色。而第五章會再更詳盡地論述理論與概念性
的問題。在本章的開頭，我們先試著用兩個概念來解釋人建構情緒的
歷程，也就是意圖與心智化的發展，這兩個概念也是我們理論及臨
床工作上的核心。接著我們會把重點放在個體到底是如何發展出理
解他人與自我情緒的能力。我們用一個很重要的概念──「後效關聯
度」（contingency）來說明在嬰兒出生的第　年時，情緒是如何發展
的，而後效關聯度指的是嬰兒對自身的動作和他所感知到的環境因子
之間關聯性的敏感度。然後我們將用「社會生理回饋理論」（social-
biofeedback）來理解情緒發展的機制，從這個觀點來看，我們就可以很
容易地理解個體在面對心理社會壓力時的脆弱性，跟早期經驗之間的
關連是什麼。我們也會簡要地指出，在嬰兒與照顧者間有幾種病態的
互動模式，而這些模式可能會造成孩子往後的心理困擾，也使得孩子
的「自我做為行動主體」（self as agent）感出現問題。第五章會試著
把本章提到的幾個特殊的情緒發展觀點整合成更完整的理論取向，那
就是自我（self）與行動主體性（agency）的早期發展理論。

從心智理論的觀點來看情緒發展 146

　　在過去的十年間，哲學家（Dennett 1987; Fodor 1987,1992）與認
知發展學家（Astington, Harris, & Olson 1988; Baron-Cohen et al. 1993;
Hirschfeld & Gelman 1994; Perner 1991; Wellman 1990; Whiten 1991）
都十分好奇，一個人為什麼會有理解他人心智狀態的能力？丹尼特

（Dennett 1987）把這種運用心智理解策略的能力，稱為「意圖位置」。意圖位置是種演化而來的適應功能，讓人能預測其他個體的行為。就連現今主流的認知發展學派也同意，即使是年紀很小的孩子，也是能夠善用「信念—欲求」（belief-desire）的小小心理學家，他們能理解他人的「意圖」心智狀態，比如目標、情緒、欲求與信念等等，從而推敲出他人行為的成因。

兒童到底是如何認出他人與自身的心理狀態，並能夠加以解釋呢？研究者對此各有不同的觀點。類推理論學者（e.g., Goldman 1993; P. L. Harris 1991, 1992）認為，人類能用內觀（introspective）的方式直接知道自己的心智狀態，雖然無法直接知道他人的狀態，但能間接地透過參照的方式，想像自己與對方在同樣情境中的反應，來推估他人應該會有跟自己類似的心理經驗。但也有其他研究者（Dennett 1987; Gopnik 1993; Gopnik & Wellman 1994）認為，人類不可能直接知道自己的心理狀態，他們主張，想要辨認自己的心智狀態就與推論他人的狀態一樣，得先要有個參照才能做到。

不過，兒童是從何時才會開始運用意圖位置，並能推論出他人的心智狀態呢？雖然兒童得等到三～四歲時才有辦法（讀者可詳見第五章，對此能力的出現與發展有更完整的描述——Perner 1991; Wellman 1990; Wimmer & Perner 1983）理解到明顯較為複雜的意圖狀態——像是知道他人心中有著錯誤信念（false belief）。不過許多學者（例如 Bretherton 1991a; Stern 1985; Tomasello 1999）都相信，嬰兒在九到十二個月大時會開始出現一些新行為，像是能夠開始指物（pointing）和改變凝視的方向（E. Bates 1979; Bretherton & Bates 1979; Murphy & Messer 1977），或是做出某些社會參照的行為（Campos & Stenberg 1981; Klinnert, Campos, Sorce, Emde & Svejda 1983）。這些行為的出現都意味著此時的嬰兒已有了基礎的能力，可以解釋其他個體的一些心智狀態，像是注意力或是情緒。在一系列的習慣化研究中，葛瑞蓋、希布拉與其同僚（Csibra, Gergely, Brockbank, Biró & Koós 1999; Gergely et al. 1995）證實，九到十二個月大的嬰兒確實知道他人的行為背後有個目標在，且有一定的邏輯，並能以此為基礎，在新的情境中預測他人還是會用同樣的方法來達成他們的目標。然而，六個月大的嬰兒尚未出現這種理解意圖的徵兆。這也符合一般的假設，也就是在早期發展中，嬰兒大約要到快滿一歲時，才能利用「意圖位置」來理解他人（Tomasello 1995, 1999）。

　　當我們思考嬰兒理解他人、歸因他人的情緒狀態的能力是從何而來時，就會想到「心智理論」。很多心智理論的文獻都在討論信念與欲求的議題，很明顯地「情緒」也是一種信念與欲求的心智意圖狀態，能被用來預測與解釋他人的行為。實際上，「情緒」與意圖心智狀態的特徵有許多共通的特性。信念與欲求這種「意圖性」（intentionality）的心智狀態，都會參照他們的「指涉對象」（aboutness）（Brentano 1874; Dennett & Haugeland 1987），像是一個人的信念，就是「指涉」世上一些確實或可能發生的事（例如：我認為瑪莉躲在樹後面），而欲求則是「指涉」未來發生的事（例如：我下班後想要去吃披薩）。這樣說來，情緒也是種在「指涉」一些事情的心理態度（例如：彼得因為皮夾搞丟了而感到生氣[1]），而把這些資訊歸因到人身上，就能幫助自己解釋或預測他人的行為。

　　然而，當我們在歸因某人的情緒時，也會同時歸因他的「性情訊息」（dispositional information），性情訊息指的是這個人本身的態度，與對象是誰比較沒關係。以彼得「對於遺失皮夾的生氣」為例，若我們能歸因彼得的情緒訊息，就能知道彼得是個什麼樣的人，也能預測出彼得對往後另一個淪為生氣指涉的對象時，可能會做出什麼事

148

1　我們會有個「意圖成語庫」，來表達在該類意圖心智狀態下時大多都是哪些情緒。這種命題式的態度，是由不同「參照能見度」的語意屬性所組成的（Dennett & Haugeland 1987; Quine 1960）。這些語意屬性背後有個邏輯在，像是在參照對象一樣時，語意是可以相互替換的，把它分解開來看，就像是「x 相信 p 什麼」或是「y 想要 q 怎樣」這類的句子。所以，當「伊底帕斯對萊厄斯的評論感到生氣」為真時，「伊底帕斯對自己爸爸的評論感到生氣」不一定為真，縱使「萊厄斯」與「伊底帕斯的爸爸」指的是同一個人。

情來，例如如果我們知道彼得在生氣，就能預測出彼得如果看到一隻狗，可能就會跑去踢牠。所以「性情訊息」是指，我們能知道在某人在某種處境與情緒中，會用什麼方法來表達自己的情緒。換句話說，我們能用「如果……就會……」的命題來預測可能會發生的情境。當歸因某人的情緒狀態時，我們心中一定也會出現對該事件的一些條件假定，否則就沒有資訊來推論這個人未來的行為表現。[2]

如此一來，心智理論對情緒發展的核心議題就如以下所述：（a）嬰兒到底是如何得知情緒當中的性情傾向（dispositional content）[3]？（b）嬰兒如何辨別這個情緒狀態指涉什麼？（c）究竟是從何時開始，嬰兒能藉由歸因各種他人心智的相關資訊，來協助自己理解他人的行為？（d）在某些狀況下，嬰兒是如何正確地解釋他人與自己的情緒？

為了接下來要講到的事情，我們得先提到，情緒與其他的意圖心智狀態，像是信念與欲求，有著微妙的不同。首先，我們通常都能
149　很容易地推論出他人的情緒，因為情緒的表現相當明顯，而且就基本情緒理論的說法，臉部的情緒表達可能是普世皆同的（Ekman 1992; Ekman, Friesen & Ellsworth 1972; Izard 1977）。另外，當我們處於不同的情緒時，都會伴隨著特定且不同的生理感受（至少對基本情緒來說是如此，見 Ekman, Levenson & Friesen 1983），同時有種特定的主觀感覺，讓我們能相對容易地對自己做出自我歸因，不過這還尚待討論。不僅如此，研究指出人類確實有一組共通且天生的基本情緒（Ekman 1992; Ekman et al. 1972; Izard 1977, 1978）。綜合以上所述，我們便能提問以下的問題，那就是：嬰兒對於心智最早的歸因是否就是情緒呢？（參照 Meltzoff & Gopnik 1993）

2　事實上，除了性情內涵之外，我們還會用很多其他種類的知識來歸因情緒，舉例來說，像是知道大概是什麼原因造成了這個情緒，或是在這個情緒下，行動大概會有哪些後果，可以用這些知識來做預測與推論（Watson 1995）。

3　譯註：性情傾向（dispositional content），意指個體會有種性格或情緒上的特性或傾向。Dispositional 一詞本身就含有「傾向」的意味，故作此翻譯。

模仿導向的情緒狀態歸因：梅爾佐夫—高普尼克假說

梅爾佐夫與高普尼克（Meltzoff & Gopnik 1993）假設，嬰兒擁有一種先天的內在機制，使他們在生命開始之際，就能夠理解他人的情緒狀態。他們的理論是基於梅爾佐夫所做的研究（Meltzoff & Moore 1977, 1989），研究顯示出新生兒天生就有能力模仿成人臉部的一些表情，像是吐舌或是打開嘴巴，也可能包括一些構成基本情緒的表情（Field, Woodson, Cohen, Garcia & Greenberg 1983）。此外，他們也假定有一套天生的原初情緒，能被臉部預先設定好的肌肉動作模組呈現。（Ekman 1992b; Ekman et al. 1972; Izard 1977, 1978）。

基於艾克曼等人（1983）對成人的研究發現，梅爾佐夫與高普尼克認為，個人特定的情緒表情與隨之而來的特定生理情緒反應，自出生後就開始有著天生的雙向連結。他們因此提出了「分立情緒理論」（Differential Emotions Theory）（Izard 1977; Izard & Malatesta 1987; Malatesta & Izard 1984）。這個理論假定「嬰兒天生就有一套表情與情緒間的連結系統」（Malatesta et al. 1989, p. 6），所以當嬰兒模仿成人的情緒表情時，先天的連結系統會啟動，身體會自動產生相對應的情緒反應。用他們的話來說，「個體的模仿行為是一座橋樑，使他人的內在心智狀態能夠『跨過來』，轉變為自己的心智狀態經驗。」（Meltzoff & Gopnik 1993, p.358）根據他們的說法，接著個人就能以內觀的方式來得知自己藉由模仿所產生的情緒狀態，且能用這種情感來理解他人的情緒。 150

然而並沒有直接的證據指出，嬰兒天生就能對特定的情緒自動產生意識上的感受。事實上，已經有好幾位研究者明確地否認了這種可能性。他們認為，嬰兒在出生的頭幾個月，情感狀態應該還處於沒有分化的模糊狀態，直到認知發展後，嬰兒才能慢慢地在意識上分化這些情感（例如 Sroufe 1979）。路易斯與邁克爾森（Lewis & Michaelson, 1983）也認為，在嬰兒最早期的發展階段，內在狀態及表達性的行為

171

還無法結合在一起，經由社會化與認知成長的影響之後，嬰兒才能把意識上的感受狀態與表達行為連結在一起（亦見 Kagan 1992; Lewis & Brooks 1978）。

梅爾佐夫與高普尼克為了要在缺乏證據的狀況下繼續堅持自己的假說，只好再做進一步的先天論假設，才能證明嬰兒能運用這種「藉由模仿產生」的情緒理解他人。不然的話，這種藉由模仿產生的情緒渲染歷程，就只會停在嬰兒擁有跟大人情感表達一樣的情緒狀態，但不會出現後續對於心智狀態的歸因與理解。所以梅爾佐夫與高普尼克進一步假設，「人類基本上是唯心論的：人類天生就能把外在的、可見的行為轉變成為現象學式的心智狀態。」（1993 p. 340）這種「原初的互為主體論」（primary intersubjectivity）觀點，會在第五章中做更多的討論。

但就算接受了梅爾佐夫─高普尼克的假設，還是有著未解決的
151 問題。如果我們從心智理論的觀點來看情緒發展，藉由模仿所產生的情感狀態到底是什麼？先不談嬰兒可能會經驗到與模仿對象不同的現象品質，假說也談到嬰兒也能覺察到情緒狀態中的性情傾向，但卻沒有細談這部分。我們並不知道梅爾佐夫與高普尼克（1993）是否認為情緒的性情傾向也是由先天決定，但至少我們可以說，除非我們相信用基因來解釋是萬能的解決之道，否則這種完全沒有經過個體主觀詮釋、只憑生理感受的歸因方法，並無法產生之前所提到的「意圖位置」這種演化上的重要功能。如果缺少了意圖位置，嬰兒根本無法「預測」他人的行為。

最後，梅爾佐夫─高普尼克的理論如果要能成立，關鍵便在於嬰兒一開始就能以「內觀」的方式直接知道自己的情緒狀態。然而，如果以笛卡兒學派的思維來思考，若個體能直接無誤地察覺自己的情緒，那又何必間接從他人身上模仿而來？（讀者可參閱第五章，了解更多笛卡兒論者觀點的詳細評論）。其實高普尼克（1993）自己也強力主張，個體對於他人與自我心智的理解是同時發展的，而且兩者是

建基在相似的推論歷程上（亦見 Dennett 1987，第四章），所以梅爾佐夫—高普尼克的理論認為，個體天生就能透過內觀來直接得知自己的情緒，這不是很奇怪的一件事嗎？總不能說情緒是特例吧？所以，我們的看法是，嬰兒在一開始時還無法感受到這些內在心智狀態的線索，因此他們也無法細分情緒。

　　總而言之，梅爾佐夫—高普尼克的理論很具有啟發性，不過它受先天論影響太深，無法幫助我們了解嬰兒時期的情緒歸因之發展，所以接下來我們要用另一個取向來看待早期的情緒發展，這個取向更加小心謹慎，同時也更具思索性。 152

人類對於內在與外在刺激的原初敏感度

　　沒有一個確切的理由能假定，嬰兒從出生開始就能知道情緒狀態中有著性情傾向的存在。但我們不否認天生的原始情緒確實存在，這些情緒可以被當成一種複雜的先天行為組織系統，會對特定的訊號產生反應。這種情緒系統可能乘載著與目標有關的資訊——比如說移開障礙物，或是在處理特定的威脅行為（像是近身或攻擊）時，會觸發某些特定的（以這個例子來說是生氣）情緒，讓嬰兒至少能預測出一些可能發生的行為。不過這種資訊是以內隱的方式表現，是一種程序性知識（procedural knowledge），所以在一開始時嬰兒無法在認知上對其有所覺察。

　　反之，我們假設嬰兒是透過觀察他人的情感表達，以及與這個情緒表達相關的情境與行為結果，來了解情緒狀態中的性情傾向。假設梅爾佐夫與高普尼克的推論確實正確，那麼嬰兒之所以能直接藉由內觀來知道自己原初的情緒狀態，應該就是因為有這種知覺學習的基礎，才能偵測自我與他人的情緒狀態。

　　梅爾佐夫與高普尼克（1993）其實追隨了許多發展理論學家的腳步，才會認為嬰兒最初就可藉由內觀歷程來直接了解自己的內在

狀態。舉例來說，佛洛伊德與其他精神分析學者長期以來都認為
（例如 Mahler et al. 1975），嬰兒在一開始的狀態中，對內在刺激比
對外在刺激更為敏感。布魯納、奧爾佛與格林菲爾德（Bruner, Olver
& Greenfield 1966）也認為，一開始嬰兒是依賴著內在、身體感受的
線索，逐漸進步到能夠依賴外在線索來做判斷（亦見 Birch & Lefford
1967; Gholson 1980；回顧請見 Rovee-Collier 1987）。

153　　然而，就如科倫波、密契爾、科爾德倫與阿特沃特（Colombo,
Mitchell, Coldren & Atwater, 1990）所指出的，雖然以往都認為嬰兒能
直接覺察到內在狀態，但實際上並沒有實證數據能直接證明這樣的看
法。有研究者用了一系列實驗進行驗證，而結果顯示出，三個月大的
嬰兒在使用外在線索與內觀線索的狀況上，彼此間有著相當大的個體
差異。[4] 不過在六到九個月大時，嬰兒就會使用外在線索進行學習。

　　因此，我們得捨棄傳統的看法，不再認為嬰兒都是運用內在的刺
激來感受事情。事實上，我們假設**嬰兒天生的知覺系統傾向於探索外
在，並會利用外在刺激來建立原初的內在表徵**。在這樣的觀點下，嬰
兒在感受或表達情緒時，會有一連串身體或臟器感受的內在刺激，不
過他們還無法在意識上知覺到這些刺激——至少他們還無法將感受到
的東西分門別類，以區分出是哪一類的情緒。[5]

　　不過這也帶來了另外一個問題：根據這個理論，嬰兒到底是如
何發展出一種覺察能力，進而表徵一系列的內在線索，並且知道這些
154 線索是來自於不同的情緒呢？我們假設，人類與其他物種不同，嬰兒

4　不只如此，在科倫波與同儕（1990）的研究也指出，嬰兒此時也能用一些「位置」上的線
　　索，像是眼睛對焦的方向，可能是根基於自己鼻子的位置，也就是說有所謂的「外觀」
　　（exteroceptive）線索，參照鮑爾（Bower 1974）。
5　雖然很明顯，但我們的理論並不必然隱含（即便兩種觀點有相通處）了最激進的觀點，認為嬰
　　兒一出生時不會有任何對於內在狀態的覺知。就算有也只是一群內在狀態的刺激，可能是指涉
　　某類的情緒，但在他們的內在也只是感到「一團模糊又困惑的感受」（W. James 1890）。但整體
　　來說，他們還是能藉由這些線索判斷感覺到底是正向還是負向，用來理解自己現在的感覺是不
　　是好的。而我們所持的較不激進的觀點則認為：（a）這一群內在狀態的線索一開始確實無法由
　　知覺感知為不同的感覺狀態，而且，（b）嬰兒的知覺系統會傾向主動去探索並分類外在刺激，
　　而非內在刺激。

與照顧者間會有情感調節上的互動，而照顧者會針對嬰兒表現出的情感做出臉部表情與聲音上的反映，這樣的反映對嬰兒的發展來說十分重要。接下來，我們將會介紹人類是如何利用自己的天性，讓照顧者能在與嬰兒情感調節式的互動中，以情感反應的方式，來協助嬰兒達成往後重要的種種發展。這樣的歷程都來自於兩種機制：「後效偵測」（contingency detection）與「後效最大化」（contingency maximizing）。不過在談論這兩種機制之前，我們得先來看看，新生兒頭一年與照顧者間的「情感調節式互動」究竟是什麼樣子，以及哪些實證資料可以佐證情緒發展上有著這樣的互動。

新生兒頭一年的情緒發展

在過去的三十年中，發展心理學累積了大量的證據，顛覆了我們對嬰兒原初狀態的理解。在不久之前我們還認為新生兒是由一堆刺激所包圍，是個被動、未分化、擴散性的有機體（例如 Mahler et al., 1975）。但現在大家都認為，新生兒其實在出生時就具備了相當豐富的知覺、學習與表徵能力，能對即將面對的外在物理環境與社會環境做準備（Bower 1974: Emde 1988; Gergely 1992; Meltzoff 1990; Stern 1985）。

觀點的改變也影響了早期情緒發展的研究（Ekman 1992a; Ekman & Oster 1979; Izard 1977; Izard & Malatesta 1987; Malatesta et al. 1989; Tronick & Cohn 1989），以上的學者都認為，嬰兒在一開始就對情緒表達以及情緒溝通有著很強的基礎。依循達爾文（1872）演化論的創見，近年來也有人對臉部表情進行跨文化的研究（Ekman 1992b; Ekman et al. 1972; Izard 1977, 1978）。研究指出人類確實有一組先天的基本情緒，至少包括了喜悅、憤怒、恐懼、憂愁、厭惡以及驚訝，在不同的文化中，這些情緒都會由同樣的臉部肌肉表達，而且能被不同文化的人辨識。新生兒能與成人一樣，直接運用所有的臉部肌

155

肉來表達原初情緒（Ekman & Oster 1979; Oster 1978），我們也能看出嬰兒有時候會有感到興趣、喜悅、厭惡、驚奇與沮喪的表情（Izard 1978）。不僅如此，成人若對嬰兒做出一些普世共通的特定表情，嬰兒也會出現一些與該表情相對應的生理訊號（Ekman et al. 1983）。

基於這些發現，眾多的心理學家們都信奉基本情緒理論的觀點。這個觀點認為基本情緒是天生的動態行為組織，並具有適應上的功能。基本情緒理論的特色在於，它假設特定的表情與不同的生理反應間有種先天的連結，能夠相互激發（Ekman 1992b; Ekman & Oster 1979; Izard 1977, 1978; Izard & Malatestea 1987; Malatesta et al. 1989; Meltzoff & Gopnik 1993）。

不僅如此，近來很主流的生理學對於情緒發展的觀點是，打從嬰兒一出生時，母親與嬰兒間就會形成情感溝通的系統（Beebe, Jaffe & Lachmann 1992; Bowlby 1969; Brazelton, Kowslowski & Main 1974; Hobson 1993; Sander 1970; Stern 1977, 1985; Trevarthen 1979; Tronick & Cohn, 1989），而在溝通系統中，母親對嬰兒情感狀態的調節扮演著非常重要的角色。雖然新生兒有些很基本的自我調節能力，像是把頭從過度擾人的刺激中轉開，或是吸吮拇指等（Demos 1986; Malatesta et al. 1989），但高品質的母嬰互動對孩子的情感調節影響更大（Field 1994; Malatesta & Izard 1984, 1989; Tronick, Ricks & Cohn 1982）。大部分的母親都有一定的能力可理解嬰兒想表達的情緒，而夠敏感的母親更傾向將自己的情感與嬰兒同調，來調整嬰兒的情緒狀態（Malatesta et al. 1989; Tronick & Cohn, 1989）。有些證據顯示，嬰兒早期就能在知覺上分辨出一些不同的情緒表情（Field et al. 1983; Malatesta & Izard 1984），但也要到四個月大後，他們才能有比較完善的情緒分辨能力（見 C. Nelson 1987）。在「面無表情」（still face）[6]（Tronick,

156

6　譯註：此實驗由哈佛大學的愛德華‧特羅尼克於 1975 年提出。在這個實驗裡，母親會先與嬰兒進行正常且開心的互動，此時嬰兒也會有很愉快的感覺。在三分鐘過去後，媽媽會突然變得面無表情，嬰兒會立刻呆住，接著會試圖用剛才的舉動來讓媽媽對自己有所回應，之後就會開始

Als, Adamson, Wise & Brazelton 1978）或是延遲回饋的實驗（Murray & Trevarthen 1985；亦見 Nadel, Carchon, Kervella, Marcelli & Reserbat-Plantey 1999; Bigelow & DeCoste, in press）當中可以發現，嬰兒對於面對面互動的默契（contingency structure）十分敏感，三個月大的嬰兒突然被剝奪掉這樣的互動默契時，就會主動去尋找且重新建立起這樣的溝通。以微量分析法分析母嬰之間面對面的互動默契（例如 Gottman 1981）時，數位研究者提出證據顯示，母嬰間在相當早期時，就會出現一種雙向的調節行為與情感溝通（Beebe, Jaffe, Feldstein, Mays & Alson 1985; Beebe & Lachmann 1988; Cohn & Tronick, 1988; Tronick, Als & Brazelton 1977; Tronick & Cohn 1989）。在六個月大之後，嬰兒的情感表達已具有相當的組織性，且與環境事件間有著因果性的關係（Weinberg & Tronick 1996）。證據顯示，母嬰互動間有著相當頻繁的模仿式互動（Uzgiris, Benson, Kruper & Vasek 1989），隨著年紀的增長，互動會更加契合與同步（Tronick & Cohn 1989）。對三個半月大的嬰兒來說，比起母親非模仿式的回應，模仿式的回應更能夠激起嬰兒的反應（Field, Guy & Umbel, 1985）。

　　有一群嬰兒研究學者（例如 Beebe & Lachmann 1988; Papousek & Papousek 1987, 1989; Stern 1985; Trevarthen 1979; Tronick et al. 1982）主張，**母親表情與聲音的情感鏡映行為**，是嬰兒出生頭一年時親子情感調節互動中最重要的特徵。隨著此觀點所做的後續研究中發現（Malatesta, Culver, Tesman & Shepard 1989; Malatesta & Izard 1984），母親的表情大多時間都是反映出類似嬰兒情緒的表情，而不會出現抽搐或是似笑非笑的「隨機」表情。嬰兒表達出難過或憤怒的情緒時，也會促成母親展現難過與生氣的回應（Tronick 1989），但母親也可能用假裝難過與假裝生氣的方式去回應孩子的負向情緒（Malatesta & Izard 1984）。

157

焦慮起來，用各種方式吸引母親的注意。這個實驗證明了，嬰兒在很小的時候就擁有對自己與母親的互動結構的敏感度。

　　在一些針對憂鬱母親所進行的母嬰關係研究中，測量了憂鬱母親與嬰兒間臉部與聲音的互動狀況（Bettes 1988; Cohn, Matias, Tronick, Connell & Lyons-Ruth 1986; Tronick 1989）。研究顯示，憂鬱母親與子女間的情感互動很難有默契，除此之外，母親這方會有更多侵入式與負向的情感表達。不僅如此，這些嬰兒往後在情感、調節能力、依附安全度上，都會與憂鬱母親的情感和行為有關（Field 1994; Field et al. 1988; Murray 1992; Pickens & Field 1993; Tronick 1989）。

　　大致來說，這些發現似乎支持了精神分析的觀點，因為精神分析長久以來都認為母親的鏡映功能對於個人早期的情緒與人格發展相當重要（例如 Bion 1962a, 1962b; Jacobson 1964; P. F. Kernberg 1984; Kohut 1971, 1977; Mahler & McDevitt 1982; Mahler et al. 1975; Winnicott 1967）。話雖如此，我們還是尚未明白這個歷程的核心機制到底是什麼。

　　總結來說，研究顯示出，嬰兒在出生的頭一年中：（a）天生就有自動表達情緒狀態的傾向；（b）對於面對面情感溝通中的默契很敏感；（c）可以大致分辨出不同情緒的臉部表情；（d）在很大的程度上仰賴著父母的情感調節互動，以做為自身情緒調節的手段；（e）嬰兒情感狀態的品質與他們逐漸形成的自我調節反應，都會大幅度地受到父母情感溝通行為特色的影響。

　　嬰兒在快滿一歲時，會出現一系列新的溝通能力，這也顯示他們對情緒有新的覺察與控制感，開始能夠理解情緒，並對情緒狀態做歸因。我們可以在一歲大、陌生情境實驗中被分類為 A 類型（avoidant）的嬰兒上，觀察到主動利用躲避行為來控制情緒的能力（Ainsworth et al. 1978）。與母親分離的情境自然會引發嬰兒的負向情感，這可從嬰兒的心跳速率上升（Sroufe & Waters 1977b）與皮質醇（Spangler & Grossmann 1993）的濃度增加而看出，但這類型的嬰兒似乎會把這些負向情感壓抑掉。也有研究證據指出（Demos 1986; Malatesta et al. 1989），二歲大的嬰兒能藉由控制一定程度的臉部肌

158

肉，來調節他們的情感。

　　嬰兒早期另一種用來作自我調節的情感性行為，就是在快滿一歲時「社會參照」的能力（例如 Campos & Stenberg 1981; Klinnert et al., 1983）。當嬰兒發現自己身處於不確定的狀況，不知該採取什麼行動，比如是否要爬過視覺懸崖（visual cliff）[7]去找媽媽時，就會參考父母的情緒表情，並運用這些情緒資訊來調整自己的行為。社會參照形成的機制目前並不明確，也有很多種說法。有些研究者會傾向將這樣的現象解釋為操作制約的結果（Barresi & Moore 1996; Gewirtz & Pelaez-Nogueras 1992; Moore & Corkum 1994）。也有些研究者認為，這是嬰兒出現心智理論的最初徵兆之一，因為嬰兒需要對父母的心智狀態進行推論與歸因（Bretherton 1991a; Stern 1985）。這也可能是一種訓練有素的情緒鏡映歷程，嬰兒會主動從父母身上尋找清楚的情感鏡映線索，並藉由線索讓自己不再矛盾，繼而能做出決定。社會參照的現象是一個有趣的例子，讓我們得以明白嬰兒是如何利用與父母間的情緒溝通，來達到自我調節的目的。

　　社會參照能力會與其他的意圖溝通能力同時出現，此時的嬰兒能主動調控他人的注意力狀態（Bretherton & Bates 1979; Bates, Benigni, Bretherton, Camaioni & Volterra 1979; Carpenter, Nagell & Tomasello 1998; Moore & Corkum 1994; Murphy & Messer 1977; Tomasello 1995, 1999）。這些能力包括指示物品、視線跟隨，或是一些原初的宣告動作，像是 159 拿東西給他人看等等。

　　斯佩爾克、菲利普斯與伍德沃（Spelke, Phillips & Woodward 1995）的實驗顯示，用歸因情緒狀態的方式來理解他人行為的能力，是在嬰兒快一歲時出現的。在實驗中，八個月大的嬰兒還無法從他人

7　　譯註：此實驗是由吉布森（Eleanor Gibson）與沃克（R. D. Walk）所設計，實驗者製作了平坦的棋盤式圖案，用不同的圖案構造以造成「視覺懸崖」的錯覺，並在圖案的上方覆蓋玻璃板。嬰兒在爬到中間時，即使手摸得到前方的透明玻璃，還是會不敢再向前爬過去，這證明了人類在很小的時候就已對深度有了警覺心，這種能力具有幫助物種生存的作用。

的視線指向與臉部表情，推論出對方的下一步行為，但一歲大的嬰兒就能夠做出推論。因此，一歲大的嬰兒不只可以辨別出他人不同的情緒，同時也能夠以他人情緒表達時的性情傾向為基礎，來推測對方之後的行為。

如此說來，快一歲的嬰兒已不僅僅只是「處於」情緒的狀態中，還能夠對他人的情緒表達做情感性的互動，像是歸因他人的情緒，並運用這些資訊來理解他人的行為。這也表示嬰兒能表徵出一些基本情緒狀態中的性情傾向，並能用認知做理解。這樣的情緒表徵能力已經與一歲之前那種原初、內隱、程序性、先天的表徵能力大為不同。

自我狀態的表徵層級：自動化歷程與操作化歷程

認知理論中有許多二分法的概念，例如程序性／陳述性、內隱／外顯、潛意識／意識、自動化／操作化（例如 Karmiloff-Smith 1992; Shiffrin & Schneider 1977）等等，用以表示個體對訊息表徵有著不同層級的處理。所謂的**自動化歷程**是指個體先天就已有某種預備好的行為組織，能以內隱的方式表徵訊息，隱藏在既定的程序中，不會與心智的其他表徵系統共用。自動化歷程缺少彈性，只由知覺所掌控，運作於意識之外。相對而言，**刻意**或是**操作化歷程**是主動的，並能在意識上做操控，具有彈性且能受到調整，可以幫助我們進行較高層級的認知目標，並凌駕於自動化歷程之上。

依此架構檢視，我們可以說嬰兒的原初情緒是一種先天已備、受到刺激驅使且動態的自動化行為，因此嬰兒在一開始時並無法做控制。當照顧者理解了嬰兒自動化的情感表達，再以適當的互動方式回應給嬰兒後，嬰兒才有辦法開始進行情感調節。以此觀點來看，嬰兒要能進行情緒的自我控制，就必須建立一套**次發性的控制結構**，這個結構能夠：（a）監控、偵測與評估個體情感狀態的變化，以及（b）當行為中出現預料中的自動化情感回應，會危及較高層次的認知計畫

時，個體要能加以抑制或調整情緒反應。

個體處於性情傾向的行動中時，就是處在自動化的歷程中。如果想要主動控制與調節這樣的原初情感，會有一個前提條件，那就是個體要能在意識層面上感知到自動化歷程中所發出的**訊號**，且能再運用這個訊號去運行操作化歷程。

當個體建立起原初情感狀態的次級表徵後，表徵系統就能用這些次級表徵來進行學習歷程，讓個體學會如何將情緒表達、情境狀態與行為結果連結在一起。如此一來，個體就能把情緒中的性情傾向編碼到次級表徵的系統中，讓這些資訊能夠在認知上被運用，並以這些資訊為基礎來預測自己與他人的情緒狀態。

我們不斷地提到父母的情感鏡映具有很多功能，而這件事也對一　161 歲大的嬰兒在建立次級表徵系統時相當重要，以下我們就會開始談論鏡映。

父母情感鏡映的社會生理回饋模式

之前我們曾假設，嬰兒出現情緒時，一開始他無法利用內在狀態的線索，從認知上了解自己的情緒狀態，至少不是那種已區分過，且能細分成不同類別的情緒。現在我們假設，照顧者對嬰兒的情感表達所做出的重複回應，是一種重要的「教導」功能，使嬰兒能逐漸敏感於相關的內在狀態，並辨認出一系列可對應到自己現下情緒狀態的內在刺激。藉由這個歷程，嬰兒最終便能覺察到自己的內在狀態，理解到這些狀態反映了自己不同的情緒，並能偵測與表徵出自己的情緒意涵。

當然，也許有人會問，為何父母可以運用外在的情緒表現，來回應嬰兒的內在狀態呢？如此一來，嬰兒就能感受與認知到那些自己之前沒辦法意識到的內在狀態嗎？有證據能夠證明此事嗎？

實際上，有個非常好的例子，能用來說明上述細膩的家庭動力

關係。這個例子就是現在很熱門的**生理回饋訓練**（biofeedback training procedures）（例如 Dicara 1970; Miller 1969, 1978）。生理回饋訓練會對受試者一開始無法直接知覺到的內在狀態（像血壓）進行連續的測量。內在狀態的改變會同步顯示在儀器上，變成一種外在刺激，讓受試者可以直接觀察到自己的變化。重複地觀看內在狀態轉變成外在表徵的歷程後，最終就會導致內在狀態的敏感化（sensitization）——在表現較好的案例中，他們甚至能**掌控**自己的內在狀態。

我們假設情感鏡映的心理機制就與生理回饋訓練一樣。父母對孩子的情感鏡映，本身就是種**天然的生理回饋訓練**，對嬰兒的情緒發展來說非常重要。不管是情感鏡映還是生理回饋訓練，其實都是由兩種基本的學習機制所構成，那就是**後效偵測**與**後效最大化**（見 Gergely & Watson 1996, 1999；亦見 Lewicka 1988; Watson 1972, 1979, 1985, 1994）。不過在詳細闡述這個假說之前，我們將先簡短地介紹後效偵測機制在嬰兒的發展中究竟扮演著怎樣的角色。

後效—偵測機制：「後效分析」與「後效最大化」

許多研究都指出，嬰兒對身體反應與隨之而來的事件之間，有極高的敏感度（例如 Bahrick & Watson 1985; Field 1979; Lewis, Allessandri, & Sullivan 1990; Lewis & Brooks-Gunn 1979; Papousek & Papousek 1974; Rochat & Morgan 1995; Watson 1972, 1994）。舉華森（1972）的研究做為例子，他發現，若讓二個月大的嬰兒踢腳後，緊接著再給予一個刺激（像是讓東西移動）時，嬰兒就會提高踢腳的頻率。我們會說這種接連在嬰兒動作後的刺激是種後效（contingency）。但若是踢腳不會觸發後續事件時（也就是非後效），他們就不會提高踢腳的頻率。換言之，當嬰兒發現自己可以控制物體的移動時，就會得到正向的鼓勵。當嬰兒累積一些後效經驗後，就會開始對產生效果的物體微笑，甚至發出咕咕音。在相似的範例中，路易斯與他的同事（1990）也證

實了，當二個月大的嬰兒發現後效不見了，無法再從刺激事件感覺到　163
控制感時，就會表現出挫折與失落的樣子。

　　為何小嬰兒能如此有效率地知覺到反應—刺激（response-stimulus）間的後效呢？葛瑞蓋與華森（1999）擴展了原本的實驗（Watson 1979, 1985, 1994），主張個人應該天生就有種**後效—偵測機制**，可以用來分析反應與刺激事件之間是否有後效關係。華森（1979, 1994）證實，嬰兒的後效偵測系統是由兩個相互獨立的機制所組成，以分析構成反應—刺激間後效的條件結構：第一種是往後測，測量在自身反應出現後，環境會產生刺激事件的機率，這就是所謂的「充分係數」（sufficiency index），第二種是往前測，看當前的刺激事件之前曾出現反應的機率，也就是所謂的「必要係數」（necessity index）。這兩種機制各自獨立運作卻又相輔相成，共同構成了反應—刺激的後效關係。

　　為了方便說明，請讀者們想像一下，小嬰兒的右腿上綁了一條連在物體上的線，所以當嬰兒踢腿時，物體就一定會移動。在這種狀況中，嬰兒的反應與刺激事件之間的關係，其充分係數就是 1.0（若 A 則 B）。如果嬰兒踢腿時物體一定會動，而不踢腿時物體就一定不動，那麼必要指數也會為 1.0（若非 A 則非 B），意思是嬰兒能夠完美地控制物體。讓我們稍微改變一下想像，讓情境改為不只有嬰兒，還有風可能會吹動物體，而且物體的移動機率有一半的原因是來自於風。這樣一來，因為踢腿而導致物體移動的條件機率只有 0.5（必要係數），但踢腿讓球移動的條件機率還是 1.0（充分係數）。因此，雖然嬰兒的反應一定能夠引起刺激事件，但整體而言，他對物體的控制感會減少。這種情境其實就是嬰兒遇到最典型的社會環境：即使是　164
最為敏感的父母，也沒有辦法在嬰兒每次哭泣（反應）時，都能跑去抱抱他（刺激）（於是降低充分係數），而在嬰兒沒有哭泣時，母親也會偶爾抱抱嬰兒（因此降低必要係數）。

　　在談情感—鏡映前，我們還得再多討論一下後效—偵測模式的運

作。華森（1979）認為，當兩種係數互不相等時，嬰兒就無法準確地偵測自己對刺激事件的控制程度。舉例來說，讀者們可以想像一下，嬰兒能監控的反應是「踢腿」，但我們只把線綁在嬰兒的右腳上，所以物體只有在嬰兒踢右腳的時候才會動。如果嬰兒踢左右腳的頻率都差不多，他就會發現踢腿後大概有一半的機會能讓物體動，也就是充分係數為 0.5，然而必要係數還是 1.0，因為每次物體動之前必然會踢（右）腿。

也就是說，當必要係數高過於充分係數時，代表嬰兒的反應範圍過大，藉由減少反應，嬰兒可能會獲得比原先估計還要多的控制感。在這個例子中，如果嬰兒能減少反應的層次，並檢查「踢右腿」的動作，那麼嬰兒就能夠提高充分係數，讓兩個係數得以再次配合，使嬰兒能感覺到自己完美地控制了物體。大致而言，當必要係數比充分係數要來得高時，對嬰兒來說，最好的策略是**減少**回應層次，以發現他實際上對刺激事件的最大後效程度（反之亦然，在充分係數高於必要係數時，個體需要擴大反應層次，也就是做比較多的動作，好覺察出最大的後效程度）。

華森（1979）認為，嬰兒發現充分係數與必要係數不對等後，會
165 開始測試性地減少或擴大自己的反應，用這種方式讓後效最大化。當充分係數與必要係數都處於夠高且彼此相等的程度時，嬰兒的反應也會最大。這樣的狀況印證了華森的假設（更多關於此一後效─偵測與最大化之模式的訊息與支持證據，請見 Gergely & Watson 1996; Watson 1972, 1979, 1994）。

到目前為止，我們所談到的後效─偵測機制，都只有談到時序上的後效。雖然大部分的實驗都只測量時序上的後效關係，但其實後效至少有三個獨立的面向：**時序性的**（temporal）、**知覺關係的**（sensory relational）（相關強度），與**空間的**（sptial）（空間分配的相似性或特徵）（Watson 1984）。如果要談情感鏡映，就會與這三種後效有所關聯（詳見下述）。嬰兒表達出的情感與父母親對嬰兒的

反應，這之間的後效關係，不只有時序上的關係而已，在表現的強度
上與相似度上也有很大的關聯性（亦見 Stern's 1984, 1985，「情感同
調」〔affect attunement〕的觀點，這也是接下來我們將重點討論的部
分）。

　　葛瑞蓋與華森（1999）也有同樣的看法，他們認為後效─偵測機
制就像台電腦一樣，當我們輸入時間、相似度、空間這三個參數，這
台電腦就能運算出反應與刺激間的相關性（relatedness）。有愈來愈
多的證據指出，嬰兒是用這三種資訊做為基礎以進行後效─偵測機
制（若讀者想回顧過往的支持證據，可見 Gergely & Watson 1999, pp.
103-107）。

後效─偵測的發展功能

166

區分自我

　　華森（1994, 1995）認為，後效─偵測這個機制當中，有一個重
要的功能是**自我偵測**。個人在做動作時所產生的刺激基本上就是完美
的反應後效（例如看著自己正在揮舞的雙手），而與外界互動所產生
的刺激通常都是較低的反應後效。所以個人的動作與接收到的刺激間
後效程度的高低，就變成一開始區分自我與外在世界的標準。

　　巴里克（Bahrick）與華森具有開創性的研究（1985，亦見 Rochat
& Morgan 1995; Schmuckler 1996）顯示嬰兒在三個月大時，能利用自
己身體動作與後續回饋的全然一致來進行自我偵測與自我導向。研究
中他們做了一系列的實驗，讓五個月與三個月大的嬰兒分別坐在高腳
椅上看著兩個螢幕，這樣嬰兒可以自由地移動雙腳。其中一台螢幕會
直播嬰兒雙腿的狀況，也就是對嬰兒反映出一個**完全一致**的視覺刺
激。另一台螢幕則是播放先前錄好的影像，也就是說，這台螢幕播放
的影像與嬰兒當下雙腿移動的狀態並**不一致**。結果發現，五個月大的
嬰兒能清楚區分錄影與直播影像的不同，且明顯地更常觀看不一致

的影像。另外一些針對嬰兒的視覺偏好研究中（Lewis & Brooks-Gunn 1979; Papousek & Papousek 1974; Rochat & Morgan 1995; Schmuckler 1996）也發現，四到五個月大的嬰兒比較不喜歡看自己的直播影像，而喜歡看其他嬰兒的影像，因為這些影像與自己的比較不一致。這表示此時的嬰兒能從反應—刺激的一致性（contingency）中區分出自己與他人的不同，注意力比較不會放在自己身上。

167　　有趣的是，巴里克與華森（1985）發現三個月大嬰兒的視覺偏好明顯呈現兩種狀況：其中一組嬰兒偏好完全一致的影像，而另一組卻喜歡不一致的影像。另外菲爾德（Field 1979）也在研究報告中提到，在他的樣本中，三個月大的嬰兒會較偏好完全一致的自我影像，而非不一致的影像。在皮亞傑（1936）的發展階段理論中，在第一個月大時，嬰兒會對與自己有關的事情進行循環式的重複動作，也就是所謂的「初級循環反應階段」，他認為，此時的嬰兒會沉溺於完全一致的反應—刺激中。基於皮亞傑的理論，華森（1994, 1995）認為，在二到三個月大時，嬰兒的後效—偵測機制天生就會搜尋與探索完全一致的刺激。華森假設這種注意力上的偏好是一種演化功能，好用來發展個體對於**身體自我的原初表徵**，明白自己的動作必然會導致相關的身體感覺，進而把自己從環境中區分出來，並對自身開始有掌控感。這就像教導一台電腦去控制機械手臂，並運用許多連結上的刺激，最後手臂終於能準確抓到物品的過程（Jordan & Rumelhart 1991）。華森（1995）認為，這種自我尋找（self-seeking）的行為，是為了往後能發展出因應環境的能力所做的準備。

朝向人際客體的定向

華森（1994）更進一步地假設，嬰兒在三個月大時會變得更加成熟，若依附對象能與嬰兒的情感溝通表現同調，並有所回應，嬰兒後效—偵測機制的偏好就會從完全一致的刺激「轉為」**高度但卻不完全一致的**（人際）刺激。為了證明這個假設，華森（1979, 1985）進行

了後續的研究，結果顯示，如果實驗者給嬰兒觀看一致程度不等的刺激，四到六個月大的嬰兒對於完美或低度一致性的刺激不會有太大的反應，反而對中等程度一致性的刺激最有反應。因此華森假設，嬰兒在三個月大時對於刺激偏好的「轉向」，與巴里克與華森（1985）的實驗中，那些五個月大與部分三個月大（已經轉向了）的嬰兒試著迴避那些完全一致的自我影像是同樣的事情。在三個月大時，嬰兒的功能會慢慢成熟，從自我探索（完全一致）轉向到**社交世界的探索與表徵**，而這個社交世界就是父母提供的養育環境（必要且不完全一致的刺激）。

168

「後效─偵測」是生理回饋與情感鏡映的基本機制

我們認為，後效─偵測機制的其中一個功能，便是掌握個體對於內在狀態線索的敏感度，這也是生理回饋訓練的目標（Dicara 1970; Miller 1969, 1978）。在生理回饋訓練中，訓練者會指示受試者監測自己的目標內在狀態，比方說血壓，而隨著受試者是否能從顯示器看到自己的血壓數值，血壓的改變與顯示器的數值就形成了一種後效關係。目標狀態的改變，會導致受試者後續一連串內在（內觀與本體）狀態的變化，也可能會造成相關外在狀態的變化。一系列的內在與外在刺激線索所產生的後效關係，不只是由於內在狀態的改變而造成，也是因為外在的生理回饋與內在狀態的共同改變所導致。生理回饋儀開始出現線索後，受試者就能用後效分析往前測（必要係數），理解到在這個「具有教育性」的刺激產生之前，自己在內在與行為上的反應為何，這就是外在生理回饋的線索。另一方面，受試者也能用這一連串的內在與外在狀態線索進行後效分析，來向後測（充分係數），看自身反應到什麼程度時，回饋儀才會出現預期中的生理回饋刺激。

169

藉由漸漸擴展與縮小這一系列可能與目標狀態有關的線索，把必要係數與充分係數盡量調整到相等（後效最大化），最終受試者將會找到

在生理回饋儀的線索與自己內在狀態的線索間，那最高的一致性。然後受試者就能感受與學習到怎樣把這些（內在與外在）線索結合在一起，好能夠偵測與歸因自己的目標內在狀態。

在發展過程中，父母的情感鏡映也會幫助嬰兒能敏感於自己的情緒狀態線索，並將其加以分類。而我們假設這同樣也是基於後效一偵測機制的原理。當嬰兒出現情緒時，會產生兩種自動刺激：（a）它會引發一連串的內在生理狀態之變化；（b）這些變化會觸發該種情緒的表達行為，進而再次對內在（本體）產生刺激，形成另一種後效。[8]

很多刺激線索本身對目標狀態的預測性都不高，因為這些刺激也可能是來自於內在。然而，也有一些證據（Ekman 1992b; Ekman et al. 1983; Izard & Malatesta 1987）指出，人類天生就有一組基本的情緒狀態，不只能引發多種表達行為，也能引起多種內在刺激。所以情緒所引起的一整組刺激線索具有很高的預測力。不過之前曾提到學者們還是很懷疑，嬰兒是否在一開始就能明確地知道自己內在狀態的線索。

170　因此，如果嬰兒要偵測與歸因自己的內在情緒狀態，就得先有能力，把與自己內在性情狀態（internal dispositional state）相襯的內在狀態線索分類在一起，並敏感於此。但嬰兒如何才能學會這樣的能力呢？當嬰兒表達內在狀態時，父母親會直覺性地提供與嬰兒狀態一致的外在生理回饋線索，換句話說，就是對嬰兒狀態表達式的情緒表現，做同理性的回應。

也就是說，父母與嬰兒並不一樣，他們有能力判讀與詮釋嬰兒的臉部表情、聲音或是肢體姿勢，並進行情感調節的互動。在這樣的互動當中，父母反複地把嬰兒內在的情緒表達變成外在的回應。父母直覺地自動扮演著「老師」的角色，重複表現著與嬰兒性情情緒狀態有

8　譯註：舉例來說，一個孩子很生氣，讓他想要踢椅子來表達自己在生氣，但踢了椅子後會痛，小孩子會覺得椅子在攻擊自己，因此變得更加生氣。

關的情感反映。[9]

　　因此我們假設，當嬰兒看到父母情感鏡映式的情緒表達時，他們的後效分析機制就會往回測（必要係數），以確認到底是哪些內在感受與外在行為線索，會讓父母親產生這樣的情緒表達。嬰兒也會向後測（充分係數），檢視一系列內在與行為線索會造成什麼樣的效果，並能預測父母親的行為。藉由後效最大化的機制（Watson 1979），在往回測與向後測的過程中，嬰兒會增加與減少反應程度，慢慢調整必要係數與充分係數的一致性，並發現自己能在一定的程度上影響父母的情感表現。當內在及行為的反應與父母的情感鏡映達到最高的一致性時，這個歷程才會終止。除此之外，由於父母理解了嬰兒的內在情緒狀態，因此嬰兒才能運用一系列的內在與行為線索來進行後效分析。

171

父母的情感鏡映與保持在線的情緒狀態調節

　　一般認為，父母情感鏡映的功能是幫助嬰兒進行保持在線（on-line）的狀態調節。這種說法聽起來很普通，但仔細想想還是有幾點需要討論。也許有人會反問，在母嬰情感調節的互動中，雖然確實有同理性的情緒鏡映出現，但那真的是幫助孩子調節情緒的主因嗎？畢竟情感鏡映只是父母一系列行為當中的一環，其他還包含了身體接觸、溫柔的擁抱、聲音刺激、移開不愉快的刺激等等，而這些行為應該更

9　　丹尼特對心理學家們有著眾多的啟發，其中之一（1991）是他曾設計過一個類似生理回饋訓練方式來幫助視盲區的病人「提升意識程度」。眾所皆知的是，有些前額葉受損的患者會失去部分視領域的意識覺察（Weiskrantz 1986），但如果實驗者要他們猜想自己看到了什麼，他們還是會回報說自己可以看到一些視覺上的刺激。也就是說，他們在猜的時候可以運用一些非意識的視覺資訊。丹尼特的點子是讓這些有視盲區的人「猜自己有沒有猜對」，他會在受試者猜對時，打一道光當做外在生理回饋的刺激，這是潛意識的資訊。他認為（1991, p. 332），藉由這種「生理回饋的拐杖」，最後這些患者就可以知道自己是在什麼時候猜對的。在這裡他有個假設，他認為這些病人在被光打到時，會發展出一種意識上獲知的感受。他說：「這些病人並不是知道燈光的動作，而是了解到他們將要知道……有這個效果是因為他們在初級的思考背後，又有了次級的思考。」（pp. 332-333）

能直接改變嬰兒的情緒。不只如此，父母有時會表現出**負面**的情感，
172　反映出嬰兒尚未調節的情緒，但父母這樣的表現確實又能夠降低嬰兒
的負面情緒，乍聽之下這還滿矛盾的。這些論點都讓人懷疑，父母的
情感鏡映真的有這麼重要嗎？也許它們只是父母對嬰兒情感狀態的認
知，或是對嬰兒情緒狀態的認同而產生的副產品，而真正有用的其實
是像擁抱這種更直接的動作。

　　不過我們堅稱，父母的情感鏡映對嬰兒的情緒狀態調節，就是
有這麼大的重要性。以下會開始解釋後效—偵測與後效—最大化的歷
程，是如何幫助父母詮釋嬰兒的情緒，進而幫助嬰兒的情感調節。

　　首先，觀察父母親安撫孩子的行為會發現，在嬰兒不舒服的過程
中，父母並不會一直持續進行情感的鏡映，而比較像是在嬰兒不舒服
的期間突然「加入」，給予孩子短暫的同理情緒回應做為加持，然後
就「時間到」，父母會中斷情緒鏡映，直到下次父母又再加入為止。
（在中斷的期間，照顧者雖然心不在嬰兒上，但還是能持續對嬰兒做
出一些反應，像是抱著他、搖晃他，或是與他說話來安撫他。）鏡映
行為無法長期持續，總是會被打斷，這種不斷循環的特徵可能是因為
對另一個主體的同理認同，本質就是短暫的，而且同理性的情感表達
本就傾向於簡短的動作或姿勢，而不是一種持續性的表達狀態。然
而，如果我們用後效分析的觀點來檢視母親照顧孩子時這種來來回回
的結構，就會得到非常有趣的發現。

　　我們先假設嬰兒的後效—偵測系統會往回測（必要係數），以
了解在父母的鏡映出現之前，嬰兒到底會出現哪些情緒線索的條件機
173　率。很顯然地，如果具有同調性的父母只在嬰兒表達出負向情緒的時
候，會傾向產出同理性的鏡映，那麼必要係數肯定會相當高。但如果
嬰兒向後測（充分係數），看看自己有情緒反應時，能夠引發父母鏡
映行為的機率為何，所得到後效控制的充分係數大概是中等，因為在
「中斷」的期間中，父母不會隨時都對嬰兒的情緒反應做出回應。整
體而言，假定父母是能同調並同理嬰兒的，這類的父母會週期性地給

嬰兒同理性的情緒鏡映，所以嬰兒在後效控制上，充分係數會比必要係數來的低。

如此一來，根據後效最大化的假設（Watson 1979），當必要係數高於充分係數時，將會使嬰兒**減少**反應的層級，來讓兩個係數更加趨近，這樣他們才能知道自己能夠影響父母親鏡映表現的真實程度。而結果就是，嬰兒會降低自身情緒反應的頻率與強度。在一連串的作用下，為了對父母親的鏡映表現達到最大的控制感，嬰兒因而**降低了負面情緒表達的頻率與強度**，這便是情緒調節（消除負向情緒）。

後效分析機制也會用另一種方式影響嬰兒的情感調節，讓嬰兒更能控制與喚來父母的情感鏡映，那就是**因果互效**（causal efficacy）。如前所述，有證據（Watson 1972, 1994）指出，嬰兒若偵測到高度的後效控制，就會引發正向的感受（進而導致微笑這類的正向社會反應），並會被驅使去調整自己的行為，以找到自己對於後效控制的實際程度（Watson 1979）。所以嬰兒會有種心態，想要更好地控制父母的情感鏡映表現，而這樣的心態會增進正向的情感，再加上與父母互動中的交互抑制，使嬰兒的負向情感狀態因此可以降到更低。

在後效偵測與後效最大化這種種複雜的歷程中，值得一提的是，當嬰兒擁有情感調節的經驗後，會有種自己是個**主動的源起主體**（active causal agent）的感受。藉由父母的情緒鏡映，嬰兒除了發現自己的內在狀態能被搬到外在世界，且經驗到因果互效的好處之外，嬰兒也會經驗到自己把負向情緒轉為正向情緒的感覺。所以我們能假設，父母的情感鏡映不只成功地調節了嬰兒的情感，還讓嬰兒開始建立一種感受：**自我是一個能自我調節的主體**。[10] 換句話說，我們認為

174

---

[10]　從這個觀點來看，我們來比較一下父母親「情感鏡映」式的調節互動，跟帶有父母自身風格的情感調節式互動有什麼差別，這兩者都能有效地調節嬰兒的情緒，而後者實際上可以被稱為「中斷式安撫」（disruption-soothing）。這種調節方式的意思是，父母會引入另一種強烈的情感來阻斷嬰兒原先的情感，像是把嬰兒「丟高高」或是對他騷癢。這些介入方式對嬰兒正在進行的狀態一點後效性也沒有，所以嬰兒可能會經驗到自己是「被動」被調節的。中斷式安撫與鏡映式安撫最大的差別在於，嬰兒是否有經驗到轉化自身情緒的掌控感。受到父母鏡映式調節的嬰兒，會經驗到自己是個主動並且有因果效能的主體，對自己的狀態調節有種後效控制感。反

191

情感調節性的鏡映互動，就是提供一個原初的情境，讓嬰兒能成功地經驗到自己外化了內在的感覺，並調節了自身的衝動。此時父母是連接嬰兒內在與外在的中介，在這個階段來說，這樣的角色十分重要。之後我們會提到兒童的假扮遊戲，到那時，兒童就不再需要父母做為中介，而是能夠直接藉由遊戲來外化自己的內在狀態（這一點將會在第七章談到「麥特」的案例時有更進一步的說明）。

175 「標記性」假說──父母的情感鏡映造就了嬰兒的表徵能力

現在讓我們來看看父母與嬰兒之間情感鏡映互動的另一個問題。之前提到，在母嬰的情感調節互動中有個很令人困惑的矛盾，那就是當嬰兒處於負面的狀態時，父母會鏡映嬰兒的**負向**情緒，並成功地安撫嬰兒。那麼嬰兒到底是如何解釋父母此時所表達的負向情感？當父母表現出負向情緒的行為時，嬰兒究竟是如何受益於這樣的互動，而能將自己的情緒狀態轉為正向呢？

之前我們提過，嬰兒會觀察他人是用什麼樣的行為來表達自己的情緒，藉此來學習情緒表達中的性情傾向。假設嬰兒已經有能力理解該情感的性情傾向（例如：生氣的時候會打人），那麼父母在進行情感鏡映時，嬰兒如果歸因錯誤，應該會誤以為自己處在危險之中（例如，父母反映嬰兒的生氣時，嬰兒會誤以為父母想要打他）。顯然這時的嬰兒能辨認父母親在情感鏡映時的表達究竟是屬於何種類型的情感，但嬰兒又是如何知道父母反映的是嬰兒自身的情感，而不是父母自己的情感呢？如果父母為了反映嬰兒負向的情緒狀態，也跟著表現出恐懼或生氣這類的情緒時，嬰兒就可能會做出錯誤的歸因，誤以為

之，受到中斷式調節的嬰兒，他的狀態變化之因果會與外在的主體或事件有關。根據內外控傾向（locus-of-control）的文獻所言（Rotter 1966），可以想見的是，接受這兩種不同安撫形式的嬰兒後來在認知上的歸因風格也會有所不同（內在歸因 vs. 外在歸因）。

那是父母的情緒，這樣一來，就會出現很大的問題。這樣的錯誤歸因會導致嬰兒的負面情緒不降反升，因為當嬰兒察覺到父母的憤怒或是恐懼時，自然就會嚴加戒備（如果這樣的情形不斷地反覆出現，就可能會造成創傷——見 Main & Hesse 1990，與第七章的案例）。

　　那麼問題就出現了：嬰兒是如何知道父母表達的這個外在情緒，其中的性情意涵，可以讓嬰兒感覺到是屬於自己的，而不是父母的？畢竟這可是父母表達的情緒呢。換句話說，嬰兒是如何理解到父母 176 的情感鏡映，包含著一種**特殊的參照特性**（special kind of referential property），是在反映嬰兒的狀態而不是父母自身的狀態？我們認為這個情緒歸因問題的答案，是因為父母的情感表達帶有一種特殊的知覺特徵，我們把它稱為「標記性」（markedness）。

　　在　篇討論母親鏡映功能的文章中，溫尼考特說，母親注視著嬰兒時，嬰兒能從母親的臉上看到**自己**。這也就是為何溫尼考特會說：「母親注視著嬰兒……**而他所看見的東西，就變成了他自己的樣貌**」（1967, p. 131 在原文中被特別強調出來）。溫尼考特在精闢的話語中暗示著我們，在母親的表情與嬰兒之間，蘊含了一個複雜的結構。所以接下來我們會仔細地檢視，親子之間這種具有情感調節功能的鏡映行為，是如何用一種特殊的方式產生出鏡像刺激，讓嬰兒能**了解父母親的臉龐就像鏡子一樣**，是在反映出自己的狀態。

　　首先我們必須知道，嬰兒看著父母親鏡映自己的表情，與看著自己的鏡中倒影，這兩件事情其實是不一樣的。對嬰兒來說，要知道鏡子裡面的影像反映的是自己，其實不容易，因為嬰兒要到快二歲時，才會有足夠的認知功能知道這件事（Gallup & Suarez 1986; Gergely 1994, 2001a; Lewis & Brooks-Gunn 1979）。鏡像也與父母對於嬰兒的鏡映不同，因為鏡像會呈現一個看起來一模一樣的影像，能做出一模一樣的動作。所以我們認為，嬰兒知道父母正在鏡映自己的情感，與知道鏡中反射出來的影像是自己，這兩種「知道」是相當不同的。

　　事實上，如果檢視「父母鏡映表達的特徵」與「嬰兒的狀態表

達行為」之間的結構關係，就會發現「鏡映」這個詞彙其實嚴重地誤導了我們。首先，不管父母對嬰兒的狀態能同調得多好，他們鏡映出的表情與聲音還是不可能在時間、空間與感官強度上與嬰兒表達出來的完全一致。這是一個極為重要的差異，因為有證據顯示，在反應－刺激的後效上，嬰兒對於「完全一致」與「高度卻不完全一致」的差異極為敏感，並在很小的時候就能運用這些資訊來區分哪些刺激是屬於自己，哪些又是屬於他人的（Bahrick & Watson 1985; Watson 1979, 1994）。但要注意，嬰兒光是單純辨認出自己的情緒表達行為，與父母情感鏡映之間那種高度但必然不完美的關係，就算嬰兒能區分兩者，並不足以讓他們了解父母的情感表達是在指涉自己的情感。

　　第二，如果母親真的運用了平常在現實生活中所運用的方式，以太過真實的情感表達來鏡映嬰兒的情感時，嬰兒就非常有可能會出現錯誤的歸因。因為這種過於真實的情感表達，很容易讓嬰兒認為母親在表達的是她自己的情緒。

　　所以為了避免被嬰兒誤解（見 Gergely 1995a, 1995b, 2000），母親本能地會用「標記」的方式做為情感鏡映的表達，使它們看起來與自己真實的情緒表達不一樣。「標記」基本上指的是將真實的情感用更為誇張的方式來表達[11]，與在玩假扮遊戲時會出現的那種「好像是

---

[11] 當然，這種分離表徵或標記式溝通的表達概念，並非新創。在語言的溝通領域早就提過這個概念，也就是「嬰兒導向對話」，或是俗稱的「媽媽話」（Ferguson 1964; Fernald 1991, 1992; Snow 1972），這些話語的特徵是在發音與句法上都受過調整，在韻律上也會使用較高或是較為誇張的音調。這種嬰兒導向對話的特殊音調，在幾個層面都有助於嬰兒早期的語言發展（像是強調字跟字中間的斷句）。研究者也發現，這種嬰兒導向對話具有更原始的、前語言的功能，像是能吸引嬰兒的注意力，調節或促發情感，或是做情緒與意圖上的交流（Fernald 1991, 1992; Stern, Spieker, Barnett, & Mackain 1983）。事實上，更有證據指出（Fernald 1991），這種嬰兒導向對話的誇張腔調具有跨文化性，所以人類應該有種先天的傾向，就是會用這樣的韻律來對嬰兒說話（Cooper & Aslin 1990）。費蘭爾德（Fernald 1992）認為，嬰兒導向對話的這種韻律是演化適應的結果，對嬰兒的知覺與生理系統來說有著增強信號的作用，也能幫助嬰兒調節狀態。

嬰兒導向對話中這種誇大語調的狀況也會出現在情感鏡映中。除了在情感表達時會誇大語調外，照顧者也會把視覺上的表情誇大。事實上費蘭爾德（1992）也說過，母親在與聽障的小孩做表情溝通時，會直覺式地誇張化自己的視覺特徵。父母親在做情緒鏡映時，這種視覺與聽覺的誇張化表達會自動達到標記的效果，因為這與他們真實的情感表達狀態勢必不同。所以說，因「標記性」的情感鏡映而幫助嬰兒建立表徵的這種結果（參照之後的內容），可以想成是人

真的」（as if）的情感表達很像。標記過的情感與真實的情感還是有很多相似的地方，能讓嬰兒辨認出該情感中的性情傾向，不過我們假設，在這種標記性的情感表現中，將情感歸因到父母身上的歷程會被抑制，我們把這種作用稱為「參照脫鉤」（referential decoupling）[12]，意思是指說，當嬰兒在詮釋這種標記性情感的時候，「到底是誰在表現出這種情感？」的問題會被**懸置**：也就是說，嬰兒所知覺到的情緒會從參照者上「脫鉤」。

雖然標記性情感已從參照者處「脫鉤」，但嬰兒還是需要詮釋的參考點，因為這樣的情感總是由**某個人**所表達出來。所以嬰兒得進行**參照定向**（referential anchoring），以找出那到底是誰的情感，這個歷程是由於父母的情感反映與嬰兒的情緒表達間那**高度的後效關係**所致。嬰兒的後效偵測系統會記錄嬰兒自己的情緒現況與父母做出的情緒表現，並比對時間與模式的相似性。這些後效關係的資訊讓嬰兒漸漸地能有一個參照的基礎，好解釋脫鉤的情緒到底是屬於誰，最後，嬰兒就能對這些標記過的鏡映情緒進行**參照定向**，並知道這個歷程就是在表達**自己**的狀態。

從這個觀點來看的話，嬰兒可能會用**兩種不同的形式**來經驗他人表現出的情緒：**真實的**情緒版本，以及**標記過**的情緒版本。我們假設嬰兒會用不同的方式來表徵這兩種情緒表達，不只是因為它們的知覺特徵顯著不同，更是因為它們有著以下兩種區辨性：

一、真實的情緒表達會有其情境特性與行為結果，而標記後的情境只是具有該情緒相對應的特徵。所以「正在生氣」的媽媽跟一個「反應嬰兒正在生氣」的媽媽看起來是不同的。換句話說，真實情緒

179

類另一種普世的演化功能。

12　「參照脫鉤」跟「參照定向」這兩個詞彙一開始是由艾倫・萊斯利（Alan Leslie 1987, 1994）所提倡，當時他認為在假扮遊戲中，溝通表達的表徵屬性有這兩種成分存在。在情感鏡映的標記性表達，與「假扮」互動的標記性溝通之間，是非常具有潛力與象徵性的關係，我們將會在第七章「麥特」的案例中看到這一點。

會出現**性情後果**(dispositional outcome),而標記過的情緒表達則不會。嬰兒並不會經驗到母親因真實生氣而產生的負向行為結果,反而會因為母親反映了自己的憤怒,讓自己成功地調節了情感,因而經驗到正向的感覺。

二、嬰兒也能用之後經驗到的**不同的後效關係**,來區辨真實的情緒表達與標記過的情緒表達。比起標記性的情緒表達,真實的情緒表達在後效關係上,更難讓嬰兒有控制感。因為在真實情境中,母親之所以露出可怕的表情有很多可能,也許是發生了其他事情,或她想到了什麼可怕的事;反之標記性的情緒表達就是照顧者對嬰兒相對應的情感表達之回應,所以能被嬰兒所控制。

我們假設,在正常的發展中,照顧者會用轉化過的行為(像是裝做很誇張)來與嬰兒互動,使得這種標記過的表達與真實的表達有所區別,進而建立出一套**廣泛性的溝通編碼**(generalized communicative code),而這種編碼有以下特點:(a) 將被表達出的情感內容[13]與表達者之間的參照進行脫鉤;(b) 將這些情感表達的內容定錨到另一個與表達此情感之人不同的對象上;(c) 這些情感表達的真實版本會導致的後果會被懸置起來(Gergely 1995a, 1995b, 2000)。當嬰兒一歲時,會開始運用「彷彿」(as if)模式做溝通,並開始理解與創作假扮遊戲,而上述這些特點就是「彷彿」模式的主要特色(見 Fonagy & Target 1996; Leslie 1987, 1994)。

情感鏡映的「標記性」效果遠遠不只如此。由於父母鏡映的情感表現在知覺標記上、性情後果上、後效關係上都與真實的情感表現不一樣,所以我們認為,嬰兒會為這種標記性的情感,特地建立另一套

13　值得注意的是,在普通情境下的情感調節式互動,被標記的情緒會被定向回嬰兒自身,讓嬰兒經驗到一種後效控制感;但在之後的情境,像是在假扮遊戲中,照顧者表達出的標記性內容可能會被定向到另一個對象上,這是嬰兒創造出要來給照顧者標記的對象(也可能是想像的對象)(參照 Leslie 1987, 1994)。

不同版本的表徵（separate representation）。由於在母嬰的情感調節互動中，這套新的表徵系統已經與嬰兒自動化的情感反映，因後效關係被放在一起了，所以這套表徵系統會持續與嬰兒的原初情感狀態保持連結。被這種用不同版本的表徵標記出的情緒表現，就會以「次級表徵結構」（secondary representational structure）的方式運作，每當與特定性情情緒狀態相應的內在狀態線索在嬰兒內在被活化時，這個結構便用透過相連的路徑被活化起來。往後當嬰兒有情緒時，這個「原初象徵」（proto-symbolic）的次級情緒表徵就會在嬰兒的意識中自動啟動，讓他能理解自身的性情情緒狀態。

181

　　總結來說，父母在與嬰兒做情緒調節式的互動時，會直覺地用標記性的情感來反映嬰兒的狀態，這能協助嬰兒發展出三個重要的能力：（a）使嬰兒能偵測與歸類一系列的內在狀態線索，並知道不同種類的感覺代表著不同的性情情緒意涵；（b）能建立次級表徵，讓原始的、程序性的情感狀態能在認知上被表徵，並且知道那是自己的情緒狀態；（c）藉由對父母鏡映式情感表達的參照脫勾、定向與懸置，嬰兒可逐漸擁有「標記化」情感的能力，並運用在一般的溝通上。

從生理回饋理論來看「情感同調」

　　史騰（Stern 1984, 1985; Stern, Hofer, Haft, & Dore 1985）等人也關注於父母的情感反映行為會如何影響到嬰兒的早期社會情緒發展。他認為，父母反映的嬰兒情緒對嬰兒的自我發展與情感調節都有重要的影響，這與我們的觀點相當接近，但父母的情感鏡映究竟是如何幫助孩子的發展，以及如何成為發展其他能力的中介機制，他在幾個重要面向上則與我們有不同的看法。

　　史騰的理論著重於一種特殊的情感反映互動形態，他稱之為「情感同調」，在正常的母嬰關係中，情感同調的互動會發生在嬰兒九到

十二個月大的時候（Stern et al. 1985）。他注意到，當孩子自己在玩
時，媽媽會定期反映嬰兒的一些行動，並用一種不同的形式來配合嬰
兒的行為。舉例來說，他描述一個八個半月大的小男嬰正奮力延展自
己的身體，想要拿一個放很遠的玩具，「此時他的母親也用逐漸升高
的語調幫嬰兒配音『嗯……嗯嗯！！』而媽媽逐漸升高的語調正符合
嬰兒逐漸升高的肢體動作。」（Stern et al. 1985, p. 250）

　　史騰對於這種同調行為的看法十分有趣。他強調這種行為不只
是單純的模仿，因為母親只回應了嬰兒的部分行為（像是行為的時
序、強度或形態），並化為另一種感官呈現（modality）給嬰兒（如
前例，嬰兒做了「身體」的動作，但母親卻用「聲音」來回應嬰兒
動作的「強度」）。他同時也說：「在我們的印象中，在嬰兒六個月
前，母親的模仿多於同調，但在嬰兒九個月大後，母親的同調會多於
模仿。」（Stern 1984, p. 11）

　　為何要到九個月大左右，母親才會在無意識之間選擇「同調」嬰
兒的行為，而非只是單純對嬰兒的行為進行模仿呢？這是因為此時母
親想要點明嬰兒的內在情感狀態，而不是指出外在表面的行為。他的
看法是，不同的兩種感官合在一起，就像是外在行為跟內心的抽象感
覺合在一起那樣。所以這種同調行為其實是種「人際溝通」，讓母親
能「分享」或「參與」嬰兒的內在情感經驗。但嬰兒如果要知道母親
的情感同調其實是在指涉自己的內在狀態，那就得要先（a）覺察到
自身的情感狀態，且（b）能理解到父母同時也有自身的內在心智狀
態，而且這個狀態（c）可能與自己的一樣，也可能不一樣。史騰也
指出，在嬰兒九個月大時，母親開始會用同調取代模仿，另一方面，
嬰兒同時開始也會擁有「可互動心智的素樸理論」（naive theory of
interfaceable mind）（Bretherton & Bates 1979）。

　　在比較史騰與我們的想法之前，先來談談我們對他說法的不解之
處。

一、史騰論述的核心概念如下：在嬰兒九個月大時，母親的反映行為會從用自身的內在能力（intramodal）如實模仿嬰兒，轉換到進行跨感官（cross-modal）的同調。但技術上而言，所有的模仿行為或多或少都是跨感官的──比如說如果嬰兒吐舌頭，父母也模仿嬰兒吐舌頭，當嬰兒「看」到父母在模仿自己，那也是跨感官（動作與視覺）的一致性。眾所皆知，即使是新生兒也能夠使用跨感官的應對，像是「新生兒模仿」（neonatal imitation）這類的現象（Kaye & Bower 1994, 1979; Meltzoff & Moore 1977, 1989; Stern 1985）。所以這到底是嬰兒與外在的互動，還是嬰兒內在能力的建構？顯然史騰並沒有把這個問題說明得很清楚。但同調行為只會對嬰兒有部分的模仿，而且與嬰兒做出的行為是截然不同的動作，這也是不爭的事實。

二、在史騰的印象中，在嬰兒九個月大時，母親會從模仿轉到同調行為，但實證研究做出來的結果卻是，母親其實在更早之前就開始會運用同調行為與嬰兒互動了（像是華森在 1972 年的文章中，曾描述過母嬰間的主題變換遊戲）。史騰認為在嬰兒九個月大後，比起模仿，母親反而更傾向於與嬰兒同調，這是因為嬰兒開始出現一些心智化的能力。然而也許原因並沒有我們想像得如此複雜。母嬰之間的互動在一歲前大部分都是臉對臉的互動，但在快滿一歲時，嬰兒會開始變得好動，所以母嬰之間會轉為對某個物體的共同活動（Stern 1985; Trevarthen & Hubley 1978）。所以與其回應嬰兒的感覺，母親還不如去回應嬰兒的動作，如此才更能夠與嬰兒連結，也較為實際；舉例來說，如果嬰兒只盯著他拿不到的玩具，把注意力都放在玩具上而不是媽媽身上時，那麼媽媽就只能用聲調的改變來同調嬰兒的行為。

三、九個月大的嬰兒在能力上出現了巨大的轉變，像是協同注意力（joint attention）、指物（pointing）、視線跟隨（gaze-following）或社會參照（social referencing）等等。有些研究者認為，這是因為嬰兒開始有能力理解意圖心智狀態（Bretherton 1991a; Bretherton & Bates 184

1979; Stern 1985），也有些學者比較保守，用與心智無關的方式來解釋這些現象（Barresi & Moore 1996; Gergely et al. 1995; Gewirtz & Pelaez-Nogueras 1992; Moore & Corkum 1994）。像是我們當中的一位成員（Csibra & Gergely 1998; Gergely & Csibra 1997）就曾經在其他場合詳細論述過，這些在嬰兒快一歲時所出現的能力是一種「理性行動的素樸理論」，但還沒達到心智化的程度，只是一種目的論的詮釋系統而已。雖然九個月大的嬰兒在心智狀態上還沒有如此純熟，但母親卻早在更早之前，就會替嬰兒進行意圖上的歸因與心智化（如以下學者所談到的認知鷹架，Bruner, Stern, & others：見例如 Bruner 1983; Reznick 1999; Stern 1985; Wood, Bruner, & Ross 1976）。史騰的假設也認為，我們可以預期，在嬰兒九個月大之前，照顧者就已經在同調嬰兒，同調就像信號，讓嬰兒知道內在情感是可以被理解的。

　　我們認為，上述史騰對於情感同調的功能與本質的看法還有許多議論的空間，所以我們試著用另一種取向來討論這有趣的發展現象。我們先前所提的，父母的情感鏡映行為是種以後效偵測為基礎的社會生理回饋模式，也許能給出更多的解釋。

　　首先要註明的是，史騰認為在情感同調中，父母用三種單一感官的回應，來反映嬰兒情感狀態的三種特徵，這三種特徵分別是時間、強度與形態，而在後效偵測的模式中，這三種特徵正好也是後效監控的參數（Gergely & Watson 1999）。所以就算父母親只回應了其中一種參數，三種後效參數合起來還是能成為一個高度但不完全一致的外185　在刺激，使嬰兒能感受到控制感。也就是說，藉由後效偵測的機制，父母的同調行為與嬰兒正在進行的動作在時間上能具有因果關係，這能讓嬰兒經驗到時序上的因果互效，並因此產生正向的感受。當嬰兒特定的行為受到同調時，嬰兒就會感受到該行為的因果控制性跟功能性。這就會連結到之前我們曾討論過的事情，也就是情感同調有其發展上的功能：藉由同調，父母可選擇性地強化嬰兒的情感，像是嬰兒

如果出現了自發性的行為或是玩得很開心，父母就能藉由同調強化這些行為，讓這個行為能持續下去或是在未來可以重複。換言之，在嬰兒早期非語言的社會化歷程中，同調的回應是很有效的親子溝通，它讓父母能選擇性地強化與形塑嬰兒的行為，把嬰兒導向更為自主性、目標導向或具有玩心的社交活動。

如果更進一步思考，選擇性的同調還具有兩種功能，第一個是讓嬰兒能夠敏感於情感，第二個則是建構表徵。我們的觀點與史騰不同，我們認為，嬰兒一開始無法從自己的行為中覺察到內在情感與本體感受。父母用不同的行為方式，對嬰兒的目標行為提供部分一致的信號，讓嬰兒慣性的程序性行為，有了一個不盡相同，卻具有高度後效性的外在版本，進而使嬰兒的表徵改變。如此一來，父母的同調回應就能幫助嬰兒從原初的程序性狀態中建立次級表徵系統，讓嬰兒更能以認知做覺察，並且更能在主觀上有所意識。

我們可以把這種次級表徵的建構想成安妮塔・卡米洛夫—史密斯（Annette Karmiloff-Smith 1992）所說的「表徵性再描述」（representational redescription）。她認為，人類的心智有能力運用更外顯、更認知性的方式，重新表徵那些無意識、自動化、程序式的內隱表徵結構。卡米洛夫—史密斯的理論提到，個人天生就有一種想認識內在的驅力，而這將會引導個體心智的「自我發現」。而社會生理回饋模式則告訴我們，照顧者具有後效性的反應就是在運行這樣的歷程，而嬰兒就能使原本無意識的原初表徵歷程，產生重新表徵的作用。

另外，情感同調真如史騰所說，還具有人際溝通或分享內在狀態的功能嗎？我們的猜想是，一開始時可能還無法到達溝通的境界，因為現階段情感鏡映互動所提供的社會生理回饋訓練還不夠，所以嬰兒還無法敏察自己內在明確的情緒狀態。但我們同意，在往後的生命中，同調行為確實具有溝通的功能。像是在成熟的對話中，一個人能夠用「換句話說」（paraphrasing），來告訴別人這句話底下真正的意

186

思是什麼，而母嬰之間非語言的同調回應，與「換句話說」的方式其實有著異曲同工之妙。

梅爾佐夫與高普尼克的「像我一樣」假說

梅爾佐夫與高普尼克（1993; Gopink & Meltzoff 1997; Meltzoff, 1990）認為，照顧者與嬰兒間那模仿式的互動，可讓嬰兒對他人產生某種特別的注意力。我們經常可以看到父母會模仿嬰兒的動作，或是剛好相反，嬰兒會模仿父母的動作，而這到底是怎麼一回事呢？梅爾佐夫與高普尼克認為，當父母在模仿嬰兒時，嬰兒會運用一種天生的跨感官能力，把模仿者模仿自己的視覺資訊對應到自己執行動作時所產生的本體感受上。照顧者之所以能藉由模仿來吸引嬰兒（抓住嬰兒的注意力），是因為嬰兒知覺到模仿者的動作（視覺對應）很像自己的動作。舉例來說，梅爾佐夫（1990）做過一個互動偏好的實驗，在實驗中，十四個月大的嬰兒會面對兩位成人，其中一人會盡可能地模仿嬰兒做出的互動性動作；另一人則是當嬰兒動作時他就會動作，但他做出的動作跟嬰兒的並不相似（亦即在空間上不一致）。比起在時間上跟嬰兒一致的成人，嬰兒會對在空間上模仿自己的成人有更多的注視與微笑。梅爾佐夫與高普尼克假設，因為模仿嬰兒的成人會讓嬰兒有種「像我一樣」（like me）的經驗，這會讓嬰兒偏好於注視模仿自己的人，並給予微笑。而時間上的一致雖然也與嬰兒有後效關係，但卻沒有出現「像我一樣」（like me）的經驗。

由於我們提到以後效偵測為基礎的生理回饋理論中，也認為嬰兒會被父母的「鏡映」行為所吸引，所以我們想指出我們的理論與梅爾佐夫及高普尼克的兩個不同之處。首先，梅爾佐夫與高普尼克（1993）假設，嬰兒從一開始就能直接用內觀來察覺自己的內在「感受狀態」；相反地，我們認為，在剛出生時，大部分的狀態變化都處於嬰兒的意識之外，嬰兒只會有一些臟器與生理感覺的線索，並且會

伴隨著一些基本情緒，表現在臉部肌肉上。而在我們理論中最重要的假設，是嬰兒必須接受父母親鏡映式的互動，由此做為一種社會生理回饋的感受訓練，並在訓練一段時間後，才較能察覺到自己的內在狀態。我們的理論之所以跟梅爾佐夫與高普尼克不同，是因為該如何區分哪些是嬰兒的「感受」，哪些不是，其實很難用研究來證明，所以我們只好把「感覺」定義為是一種意識上能察覺的狀態，也許梅爾佐夫與高普尼克也是如此定義。我們也認為嬰兒可以利用自己的體感回饋，比對模仿者臉部的動作，好進行社交鏡映的互動，然而我們想爭論的地方在於，個體雖然運用各種回饋機制與運動控制系統，但這些都不會進入嬰兒的意識中。就算是成人，許多動作——像是眼神的移動、頭部的轉動、胸部橫膈膜的擴張，甚至是四肢的動作，大多都是處於意識之外，除非我們特別去關注它。我們也很難設想嬰兒在主觀經驗中是如何來衡量這些區分。

我們的理論和梅爾佐夫與高普尼克「像我一樣」假說的第二個差異在於：社交鏡映行為到底能不能吸引到嬰兒？「像我一樣」假說認 188 為，當模仿者鏡映行為的模仿愈是相像，就愈能吸引嬰兒的注意力。但我們的理論卻認為（見 Bahrick & Watson 1985; Watson 1994），正常的嬰兒在滿三個月大之後，後效偵測機制會轉為去尋找「高度卻不完全一致」的刺激。所以我們會預測嬰兒應該會偏好不那麼一致的刺激，而不是完全一致的刺激，這與「像我一樣」假說的預測正好相反。

我們認為，嬰兒之所以會在梅爾佐夫（1990）的研究中出現這樣的視覺偏好，是因為實驗中成人模仿的方式，即使再怎麼相像，也不可能與嬰兒的動作完全一致，所以實驗中出現的其實是「高度但不完全一致」的動作。而另一個成人只會在時間上進行一致的模仿，整體而言，這樣的後效關係實在太低了，所以嬰兒自然會偏好前者。我們同意梅爾佐夫與高普尼克的主張，那就是對嬰兒而言，空間——或是以他們的用法，空間結構的資訊很重要。但我們必須再次強調，在這

個嬰兒偏好的實驗中，第一個成人的模仿其實是時間加上空間的維度，而第二個成人僅是在時間的維度上做出模仿而已。也就是說，第一個成人的模仿較接近我們所謂的「高度但不完全一致」的標準。

「很接近，但顯然不像我」假說

與梅爾佐夫與高普尼克的「像我一樣」假設不同，我們預測，若是讓三個月大的嬰兒在「完全一致」的模仿與「高度但不完全一致」的模仿中選擇的話，嬰兒會偏好注意後者。換言之，比起「像我一樣」的表現，嬰兒更會被「很接近，但顯然不像我」的表現吸引，因為此時的嬰兒並不想要與朝向自己（跟自己完全一樣）的東西互動，而是想要與一些不是出自於自己（不完全一致）的東西互動。

為了檢驗我們的假設，我們研究團隊的一員進行了一個實驗，實驗的主要目的是想了解幼兒在觀看與自己動作完全一致的影像，以及模仿自己的影像時，幼兒的表現會有什麼不同（見 Magyar & Gergely 1998）。實驗測試了 32 個介於一歲半至三歲的孩子，在實驗中他們會注視著兩台電視螢幕，每個螢幕各自會顯示一個小手樣貌的滑鼠指標。幼兒可以自由地移動放在他面前桌上的金屬碗（碗裡面藏有一個滑鼠）。在第一個螢幕中的小手指標會隨著幼兒移動碗而移動，這是由電腦產生，且與幼兒反應一模一樣的後效影像（完全一致回饋組）。而另一個螢幕指標則是高度但不完全一致的影像，這個螢幕的指標是由實驗者人為產生。實驗者躲在另一個房間裡模仿第一台螢幕的滑鼠指標，盡可能讓滑鼠的移動看起來是一樣的（模仿組）。在這樣的操作下，第二個螢幕的滑鼠動作就會像是人在模仿另一個人的動作一樣，會有常態性的延遲與不完美性。我們發現，相較之下，幼兒會更為注意模仿組（高度但不完全一致）的影像，大過於完全一致組的影像（$p < 0.04$）。這個實驗結果也支持了我們的假設，也就是兒童會選擇注意「接近，但顯然不像自己」的刺激，而不是「全然像自

己」的刺激。

對發展心理學與治療性介入的應用

在我們藉由個人正常的情緒發展，架構出情感鏡映的社會生物回饋理論後，現在應該要討論該怎麼把這個理論運用到臨床工作中，以整合當代的心理動力取向，並對應到客體關係理論與依附理論的發展。190

我們的情感鏡映社會生物回饋理論假定嬰兒與照顧者間有複雜的生物社會系統，而嬰兒會直覺性地把自己情感狀態的動態變化，用行為表達出來。此時母親也會直覺性地用一種「標記性」的形式，來回應嬰兒想要表達自己狀態的行為。這樣的系統具有兩種發展上的主要功能：（a）為嬰兒情感狀態的變化提供一種在線的調節，使之能維持恆定，與（b）提供某種「教導」或「鷹架」式的環境，讓嬰兒能夠建立原始情感狀態的次級表徵，從而內化母親的情感調節功能。實際上，我們認為這個理論的精髓，跟當代一些心理動力理論很像，像是依附理論（Bowlby 1969）、客體關係理論（Bion 1962a; Winnicott 1965）、自體心理學（Kohut 1971, 1977），或分析取向的發展理論（Stern 1985），那就是具有母性的環境為嬰兒所帶來的發展功能。

這些不同的取向都強調，母親在生理上具有某種能力可判讀、調節與回應嬰兒的表達性行為，這對嬰兒的早期發展來說至關緊要。這些理論也認為，母親的這種表現除了可以即時滿足嬰兒的需求與調節嬰兒的狀態外，對於嬰兒心理結構的建立，以及讓嬰兒可以覺察自己的情緒並加以控制的能力來說，都十分重要。事實上這些理論都顯示了，母親有能力「鏡映」（mirror）、「迴響」（echo）或「同步」（match）嬰兒的情感狀態，而且這也是協助嬰兒自我發展的早期核心機制（Bion 1962a, 1962b; P. F. Kernberg 1984; Kohut 1971, 1977; Mahler & McDevitt 1982; Mahler et al. 1975; Stern 1985; Winnicott

1967）。然而，一直以來都沒有一套完整的理論可以說明，情感鏡映為何可以成就出這麼多發展上的功能，而它的心理運作歷程又到底是什麼。因此，我們期待可以藉由社會生物回饋理論，來解釋許多精神分析理論中所談到的母性環境（maternal environment）的心理機制。舉例來說，像溫尼考特談到的母親的抱持（holding）功能（Winnicott 1965）、寇哈特講到的母親鏡映功能（Kohut 1971, 1977），或是比昂提到的母親的涵容（containment）（Bion 1962a, 1962b），皆是如此。

　　舉例來說，溫尼考特與寇哈特都強調嬰兒早期的全能自大感（omnipotence）對於健康自我的發展相當重要，而這種經驗必須透過母親對嬰兒需求狀態的同調或是鏡映來達成。他們在臨床上觀察到的這些現象，也許也能用社會生理回饋理論的後效偵測機制來解釋。從這個觀點來看，功能良好的母親在與嬰兒互動的歷程中，嬰兒藉由後效偵測機制所感受到的因果互效與控制感，也許就是上述理論所講的全能自大感。

　　另一個例子則是由比昂所提及，即母親做為「涵容者」的這個重要概念（Bion 1962a, 1962b）。根據比昂所說，嬰兒會投射負向的感覺給母親，而母親則會「涵容」這些感覺，並用一種修正過的形式把負向的感覺回饋給嬰兒。他說：「母親發揮隨想（reverie）的能力，轉化了那些不舒服的感受……嬰兒重新攝取了被母親緩和與修正過後的情緒經驗，並因此感到安心。」（Grinberg, Sor & De Bianchedi 1977, p.57）。比昂（1962a）也強調，對嬰兒來說，母親涵容、轉化與對嬰兒負向內在狀態的再次表徵，是嬰兒之後能反思或經歷自己經驗的必要前提。或用比昂的話來說，這使嬰兒有能力「思考」（think）自己的思想，「感受」（feel）自己的感覺。以我們的社會生理回饋理論來說的話，比昂談的這些事情就是：母親藉由一致並「標記過」的情感回應，來調節嬰兒的負向情感，而嬰兒藉由內攝這種被標記、與真實表現脫鉤，且能回應到自己身上的情感回應後，這

樣的母性經驗能讓嬰兒在自己的原初情緒狀態上，建立起次級情緒表　192
徵。

　　到目前為止，我們都在談論父母情感鏡映的適應功能，這樣的功
能可以成功調節嬰兒的情緒，使嬰兒能夠正常發展。不過我們的理論
也可用來解釋病態的情緒發展，以下的段落就會討論，如果父母只能
提供不利的鏡映環境時，又會對嬰兒造成怎樣的心理病理之發展。

情感鏡映的正常發展與病態發展

　　根據我們的理論，在正常的發展過程中，母嬰間情感回應式的
互動應該能造成以下的結果；（a）父母以標記性的方式來鏡映嬰兒
的情感，讓這種回應能與自身真實的情感脫鉤，使嬰兒不會認為這是
父母自己的情感；（b）由於標記過的情感與嬰兒自身的情緒狀態有
著高度的一致性，嬰兒會對這個情感做出參照定向，並認為這就是自
己的情感狀態；（c）這種已標記過的情感表現，就能與嬰兒原本內
隱的、程序性的的原始情緒狀態連結在一起，而建立出另一套表徵；
（d）由於這個情感在相似度與類別上都與父母親的真實情感表達很
接近，所以與父母親真實情緒有關的性情資訊，會被嬰兒「繼承」下
來。如此一來，嬰兒不只能獲得自身原初情緒狀態的次級表徵、並可
在認知上運用，還能夠把自身的性情資訊歸因到相關的情緒上，所以
當嬰兒處於該情緒狀態時，就有能力去表徵與預測自己可能的行為。

　　情感鏡映的社會生理回饋理論除了能了解這些正常發展的結果
外，我們也發現了數種異常的鏡映類型。這幾種鏡映類型都會導致病
理性的發展。若在進行情感鏡映時，父母缺少了標記性或情緒歸類錯　193
誤，都有可能變成**異常的鏡映類型**，若異常鏡映成為嬰兒的主要經驗
時，就可能在往後發展出病態的特徵。

異常的鏡映類型

一、缺少標記性：

有些父母在情感鏡映時，雖然**情緒歸類是正確的，但卻會在知覺上缺乏標記**（在第七章的案例便是這種狀況）。這種類型的母親自己內在有尚未解決的精神衝突，因此無法涵容孩子，反而使自己淹沒在孩子所表達出的負向情感當中。邊緣型人格的患者或父母在瑪莉・梅的成人依附晤談（AAI）中常常被分類為「E」類型[14]（George et al. 1985; Main & Goldwyn 1991），也就是「過度干涉」（preoccupied）型，這可能就是小時候長期接受「未標記情緒回應」後的結果（亦見Fonagy, Steele, et al. 1995）。

雖然這樣的父母在回應嬰兒的情感時，能與嬰兒表達出的情感在類別上相同，但運用的卻是**未標記**的形式，就像他們平常在現實生活中表達的方式一樣。根據我們的假設，若嬰兒長期接收這種異常的鏡映型態，就有可能導致以下的結果：（a）由於父母表達的情感鏡映缺少標記，這個情感就無法與照顧者自身脫鉤，因此嬰兒便會認定這個情感就是照顧者的真實情緒；（b）由於情感表現無法與照顧者脫鉤，所以也不會定向到嬰兒身上，嬰兒原初情緒狀態的次級表徵也就沒辦法建立，結果就是個體日後對於情感的自我覺察與自我控制能力會有缺陷；（c）由於嬰兒會把父母鏡映出的情感歸因到父母身上，所以會經驗到一種感受：自己的負面情感「跑到別人身上了」，而不是屬於自己的狀態；（d）嬰兒知覺到父母有真實的負面情緒時，會增強嬰兒的負面情感，而非調節，使嬰兒經驗到的是創傷而非涵容性的經驗（Main & Hesse, 1990）。

這樣一連串的過程而後就會演變成臨床上常說的**投射性認同**（projective identification），這也是邊緣型人格患者最主要的防衛機制

14　派翠克、霍布森、凱索、霍華德與莫恩（Patrick, Hobson, Castle, Howard & Maughan 1994）的研究中，指出邊緣型病理與 AAI 中的「E」類型有很強的相關性，而在一些更大型的人格障礙症的控制研究中也再度證實這點（Fonagy, Leigh, et al. 1996）。

（Kernberg 1976; Klein 1946; Sandler 1987; H. Segal 1964）。因此我們可以假設說，一個人若發展成為邊緣型人格，那麼他在嬰兒時期時，應該經常接收到父母這種歸類正確但未標記過的情感鏡映。這也是他們經常使用投射性認同的主要原因。

二、情緒歸類錯誤：

　　第二種異常鏡映的類型不是缺少標記，而是儘管父母鏡映的是標記過的情感，但鏡映出的情感卻與嬰兒的情感完全不同，而且情感的歸類也受到了扭曲。對嬰兒過度控制的父母，或是在知覺上會防衛性扭曲嬰兒情感的父母，都可能造成這種異常的鏡映型態。讀者可以試想看看，母嬰身體上的接觸雖然帶有性興奮的色彩，但卻是種令人舒適的經驗。但若是母親本身有些內在衝突，這種身體上的接觸可能激起母親的焦慮與防衛性的憤怒，而將她自己的防衛性情緒投射到嬰兒身上，扭曲了對嬰兒的知覺，把原木原欲（libidinal）的興奮感，扭曲成是嬰兒攻擊性的展現。因此這位母親可能就會標記與鏡映嬰兒的攻擊性，以做為嬰兒的情感調節，但其實嬰兒的真實感覺是興奮感。

　　依據現有的假設，若嬰兒長期只能接受這種雖有標記但卻被錯誤歸類的情感鏡映時，就有可能會造成以下的後果：（a）由於鏡映出的情感有被標記，所以這種情感能從父母親身上脫鉤；（b）由於鏡映出的情感與嬰兒間有高度的後效關係，所以即使這個情感被錯誤歸類，嬰兒還是會參照這個情感，並定向到自己的原始情緒狀態上；（c）但是，由於這個鏡映的情感狀態與嬰兒真實的情感狀態並不一致，所以嬰兒便會從自己的原始情感狀態中，建立出一個**被扭曲的次級表徵**。最後的結果就是，嬰兒會把與自身真實（原始）情緒狀態不一致的性情資訊歸因到自己身上，因而扭曲了對自身狀態的知覺。

　　所以我們可以說，縱然這樣的情感鏡映具有標記，但在歸類上卻出現了錯誤，而且與真實的情感不一致，因此有可能會造成病理性的**自我表徵扭曲**。舉例來說，若上述案例在性方面的經驗遭到這種扭曲

195

後，當日後再經歷到原欲的興奮感時，他反而會感受到攻擊性，而不是興奮感。

　　這種異常鏡映的類型，可以把我們的理論與溫尼考特所說的假我（false self）做連結。根據溫尼考特（1960a）的說法，當照顧者在理解嬰兒的想法與感覺時出現困難，只好用自己的形象（gesture）來代替自己內心中對嬰兒意圖狀態的表徵時，嬰兒就會經驗到來自環境的擠壓（impingement）。這使得嬰兒的意圖被削弱，也妨害嬰兒全能自大的錯覺（illusion）。溫尼考特認為，若無視於嬰兒的堅持，讓這樣的情形持續下去，將會發生以下效應：自我（self）可能預期會有更進一步的擠壓，而被焦慮所淹沒。唯有在對抗（opposition）擠壓的時候，自我才能夠真正體驗到自己，最後他只好把自己的意圖隱藏起來，藉此銷聲匿跡，並嚴重低估自己的能力。溫尼考特認為，自我最後的結局就是只能變成跟撫育自己的環境一樣，屈從於這些不完美，冷落了自己那充滿創造力的形象，甚至忘記那些充滿活力與創造力的自己曾經存在過。溫尼考特認為，嬰兒會完全依從照顧者的形象，好像這就是自己的形象一樣，而這種屈從的狀態就會變成假我結構的根基。這些由溫尼考特所談論的關於自我的理論，顯示出個人若是缺乏了自發性與原創性，就會產生出假我，同時他也解釋了由於假我結構興起，個人在往後的生命中又會如何在與外界的互動中重新創造一個可以屈從的環境，如此一來才能對自己的存在有真實感。溫尼考特的這個理論也指出，儘管這種自我（假我）看起來是如此真實，但實際上這只是對早期客體的認同，所以會缺乏一些屬於自己的特色。

　　在溫尼考特的描述中，假我會把自己裝扮成像真的一樣，一直想要帶給他人好印象，但其實他人還是會感覺到其不自在之處，因為些舉動都缺乏了與內在真誠的連結。自我在還沒有被認識前是空洞的；空洞反映出當次級表徵被激發時，連接不到任何自己真正的情感。所以對此人來說，情緒經驗會變得毫無意義，必須從他人身上借用力量

196

或是想法，好填補內心的空缺。例如他可能會去結交有權威的人，或是用一些外來的東西（像是嗑藥）讓自己的身體有所感覺。但遇到要用完整的自己進行一些自發性的事情，尤其是在親密關係之中時，這樣的方式就會遇到挑戰，假我也會隨之破功。

假我通常都被用來隱藏真我，同時也保護真我。真我是一種本體性的狀態，但大部分都沒有被父母的鏡映呈現出來。真我只有在遇到極端的情緒時才會顯現出來，因為那時假我那些內化但卻不具有參照性的表達無法再做為面具使用——舉例來說，像是當個體罹患生理或是心理疾病的時候，疾病的症狀可能就是真我在表達自己，因為這是自我有史以來第一次感到自己不再被環境給淹沒，而能夠用一種創意的方式單獨存在，且不會再被誰所取代或忽略。

溫尼考特（1960a）談到一個非常重要的概念，那就是環境對個體的影響到底有多大，他特別區分了剝奪（deprivation）與匱乏（privation）間的差別，這個概念也呼應到我們所講的兩種異常的鏡映形態。溫尼考特說，若嬰兒無法覺察被母親照顧，就會經驗到匱乏；而當嬰兒能夠覺察到自己的需求，也能覺察到客體，但發現環境沒有辦法回應這些需求時，就會經驗到剝奪。換成我們的理論來說，匱乏就是鏡映的情感有標記，但情緒歸類錯誤，這使嬰兒對自身經驗的覺察被埋藏起來，而搞不清楚自己的狀態；而剝奪則是鏡映的情感歸類正確，但缺少標記，因此照顧者未經調節的感覺就直接被放到嬰兒身上，使嬰兒雖然知道自己有需求，但沒有被環境所回應。

就溫尼考特的說法，區分匱乏與剝奪對理解反社會行為是非常重要的概念。在他的說法中，有些孩子的自我雖然已經有一定程度的整合，但若經驗到太嚴重又太長期的剝奪，那個夠好的環境所建立的表徵還是不得不去妥協（Winnicott 1967）。在這些案例中，雖然環境沒有主動去挫敗孩子真我的表達，但對孩子自我（ego）的支持卻失敗或抽身了，使孩子無力招架，此時孩子就會出現反社會傾向（antisocial tendency）來保護他的自我感。這些孩子缺乏關懷

197

的能力（capacity for concern），因為他們的自我組織已經重組回更原始的層次。在溫尼考特的理論中，兒童大概在二歲時，由於修復（reparation）經驗所帶來的建構性與創造性，進而能感受到責任感，如此一來才能達成關懷的能力。一旦關懷的能力被建立起來，孩子便能把攻擊能量（aggression）轉變成建構性的元素，運用到工作與遊戲之中。

　　孩子得先透過他人心中對於自己的表徵，才能建構出對於自己的表徵。我們與溫尼考特有著一樣的觀察，也發現到如果兒童無法發展出自我意圖的表徵，就很可能會把自己的表徵與他人的表徵混在一起，有時是心智上的表徵，有時則是生理上的表徵。而自我的樣子也將變得「虛假」，這樣的扭曲是因孩子在早年經驗中，對自己的經驗都被他人的想法與感覺給蓋過去，而當下他與他人正在發生的經驗，則被隔絕到遙遠的天邊。這也許可以解釋，為什麼受到忽視與虐待的孩子沒有辦法發展出客體的恆存性，導致他們有很原始的分離焦慮，或是出現與客體融為一體的感受。在現實中，他們要他人真實地陪伴在他們身邊，才能維持自己的存在，因為他人的存在可以充當兩種功能，用以維持自我：一是他們能持續在他人的心中尋找自己的意圖性，二是他們也會非常敏銳地把自我表徵中被經驗成異化的、不一致的那部分給外化，並全部丟到那個人身上。這個被異化的他者雖然也會被內化進自我結構中，但卻不會與自我表徵建立適當的連結與關連，所以也無法發揮良好的功能。

　　這種歷程對重度人格障礙的患者可說是非常沉重的負擔。他們為了使自我能夠整合，必須把自己體內那些異化的、無法集合的部分給外化出去：也就是說，他們需要看到他人身上有自己外化出去的那些部分，這樣才能對那些部分加以憎恨、詆毀，並將之消滅。所以他們需要有人能真的持續陪在他們身邊，好扮演這樣的角色，讓他們能操作這複雜的歷程。具有邊緣型人格特徵的兒童或成人需要有個人讓他們恐嚇、威脅、誘惑、勾引、侮辱，這樣他們才能感覺到自己，並減

198

少自身的無助感，而通常這樣的角色都是由治療師所扮演。當他們察覺到他人有要離開自己的跡象時，那些「外攝」（exteroject）到他人身上的部分就會回到自己身上，此時藉由投射所達成的自我整合就會瞬間被破壞掉。

　　我們每個人體內都有異化自我，因為在父母照顧孩子的歷程中，暫時性的忽視是很平常的狀況；不過如果孩子往後在家庭或是同儕團體中經驗到創傷，迫使他必須運用異化自我把痛苦隔絕開來，變成了認同攻擊者的狀況時，異化自我就會造成危害。因為空虛的自我被攻擊者的形象給占據，使孩子會把自己經驗為邪惡且殘暴的化身，並因此感到痛苦。在接下來的章節，我們將會說明這樣的狀況是如何導致了三個重要的轉變階段：（a）在依附的脈絡中放棄了心智化；（b）藉由自我內他人的浮現，來阻斷心理自我；與（c）極度仰賴身邊他人的實質陪伴，好將他人做為自身外化的工具。若後續的依附關係中有著更嚴重的暴力出現時，這個歷程便會每下愈況，使兒童產生出強烈的羞愧感。如果孩子曾在嬰兒期時遭受到忽視，那麼他的心智化能力就會更為低落，因而經歷到強烈的被羞辱經驗，類似這樣的創傷無法被心智化能力給稀釋，轉而成為促發暴力的潛在因子。這種無法心智化的羞恥感會被個體體驗成一種自我毀滅的感覺——我們將其稱為「自我毀滅性的羞恥感」（ego-destructive shame）。這個概念將會在我們討論青少年與成人的暴力時，扮演著關鍵的角色。

情感鏡映做為治療的處遇機制

　　情感鏡映造就了心靈的結構，不過這當然不僅限於生命的早期階段。個體在一生中都會運用後效偵測機制來做訊息處理，像是成人後，就會運用具同理性的情感回應與人溝通，這與小時候的母嬰互動其實並無二致。實際上，在兒童的心理治療中，我們也會發現情緒鏡映是達到治療效果的潛在核心機制；同樣地，在成人面對面式的治療

199

中，個案與治療師的互動也是運用了同樣的機制（Krause 1997）。

　　心理治療中有種稱之為「鏡映詮釋」的技術，被認為是心理治療之所以具有療效的重要機制，而情感鏡映的社會生理回饋理論就是把鏡映詮釋得更加詳細。在第六章我們會延伸這個理論，把它跟心智理論的觀點做結合，用以探討精神現實（psychic reality）的發展。在此先簡短說明，在正常發展中應該會有兩種表徵功能存在，一種是「精神等同」模式，而另一種則是「假扮」模式。「精神等同」（這個詞取自於佛洛伊德對於精神現實的概念——見 Freud 1990a, 1950〔1895〕）指的是一種相當原始層次的心智功能，在這個層次中，感覺與幻想都被經驗成是現實，而非現實的心智表徵。而在「假扮」模式中，個體能理解到經驗的本質是心智性與表徵性的，這讓人能夠讓自己的心智表徵與外在現實「脫鉤」。在「假扮」模式中，無論是創傷經驗、具有威脅性的情緒衝動，或是個體無法接受的幻想，都不會強硬地馬上與現實連結在一起，而可以安全地活動並得到處理（亦見 Freud 1920g; Gergely 1995a; Gergely & Watson 1996）。「假扮」模式必須要被清楚地標記，而且它與實際現實缺乏關聯的這個特性通常會被誇大描述（cf. Fónagy & Fonagy 1995）。我們也認為，孩子要能運用假扮模式的先決條件在於，他需要經驗到他的想法與感受被另一個人反覆用「標記過」的方式回應。孩子需要一個成人或是一個年紀較長的孩童「陪他一起玩」，好讓孩子可以看到自己的幻想與想法是如何呈現在成人的心中，這樣孩子才能夠重新內攝這些成人心中的表徵，並用來表徵自己的思想（讀者可見第七章的案例說明）。

　　在第六章我們將會介紹一位案例——四歲的小女孩蕾貝卡，以及她的分析取向心理治療歷程。儘管以蕾貝卡的年紀來說，她應該早就可以運用心智化的「假扮」模式，但由於父親的缺席，以及對於近期外公逝世的幻想與創傷性的感受，使她的心智依然只能停留在「精神等同的孤島」之上。她的母親由於受到丈夫的拋棄，無法走出這樣的歷程，因而也陷入了精神等同的狀態，所以當蕾貝卡把對父親缺席的

200

挫折與憤怒表達出來時，她的母親並沒有能力運用標記化的方式忍受與回應她的感覺，這導致蕾貝卡的假扮模式發展受到了阻礙。在分析歷程中，藉由遊戲治療，孩子的感受與想法得到了具有標記性的鏡映詮釋，這使得她能慢慢整合「精神等同的孤島」，轉化為具有心智化能力的「假扮」模式。

　　如果用情感鏡映的社會生理回饋理論來看這個案例，就能解釋許多事情，它是重要的心理機制，解釋了為何這位案主的發展會受到侷限，導致了「精神等同的孤島」，同時也能提供治療介入的方向：那就是建議我們運用情感鏡映的方式來整合個案的心智，使其能擁有「假扮」模式的功能。所以我們可以將蕾貝卡的案例概念化如下：在母女情感互動的過程中，當這個小女孩對自己缺席的父親有任何感覺時，母親可能系統性地迴避這些感覺，要不就是用未標記過的、非常真實且可怕的情緒回應孩子強烈的負面情感，這兩者都會進一步強化孩子創傷性的負向情緒反應，所以當談到她的父親時，這個孩子無法運用標記過後的次級表徵。不過在除了父親以外的領域中，這個小女孩還是擁有這種標記過的「假扮」模式（心智化能力），藉由脫鉤作用，她能了解到母親標記過的情感表達是在指涉自己的情緒，並將其內化成一種理解情緒的能力。而遊戲治療建立了一種與現實脫鉤的情境，以鏡映詮釋來幫助這個孩子標記出那些創傷性的感覺與幻想，慢慢地讓孩子建立起具有標記性的次級表徵系統，使她心中那些「精神等同的孤島」能慢慢轉變成「假扮」模式下更安全、更能被忍受的情緒經驗。

結論

父母會對嬰兒的情緒表達做出鏡映，這似乎是一種人類特有的本能。長期以來，在學術與精神分析取向的發展心理學觀點中，都認為這樣的鏡映在早期心理的發展過程中扮演了重要的角色。然而，雖然

大家都認為父母與嬰兒間情感鏡映的互動可以造就出多種發展功能，但大部分針對此主題的研究都僅在於重構臨床上的現象與洞察而已，並沒有提出直接的證據，也沒有建立出一套夠細緻的假說去解釋這些發展歷程中底下的心理機制。所以我們在本章提出了一套新的理論，詳盡地解說在母嬰之間的早期情感調節互動中，父母的情感鏡映到底有哪些類型，又牽涉到哪些心理歷程，並且造就了哪些發展上的功能。

我們的父母情感鏡映的社會生理回饋理論是基於兩種實證證據：第一種實證證據在於，嬰兒在學習上會運用後效偵測與後效最大化的策略；第二種則是基於成人在進行生理回饋訓練時所使用的機制。藉由這些實證證據，我們提出了照顧者在回應嬰兒的情感時，應該會以「標記過」的方式回應、以誇大的形式來反映嬰兒的情緒表現。這樣的回應就像是一種天然的生理回饋敏感度訓練，讓嬰兒能更成熟地偵測與分析自己的反應與外在事件之間到底是怎樣的後效關係。我們也把父母的情感鏡映對嬰兒的影響，區分成四種不同的發展功能：

一、敏感化：由於生理回饋訓練，嬰兒將能夠偵測與歸類一系列的內在狀態線索，讓嬰兒能區分出自己不同種類的情緒中的性情意涵。

二、建立表徵：嬰兒情緒表達的行為若被父母用「標記過」且具有高度後效性的方式回應，就可以幫助嬰兒建立起另一套表徵，讓嬰兒能在原本原始的、無意識的、程序性的情感狀態中建立起次級表徵。而後這些次級表徵結構就能夠受到嬰兒的認知與運用，藉此獲取與歸因自己的情緒狀態，讓嬰兒開始能發展出控制感，也有能力推演自己情緒中的性情意涵。

三、狀態調節：當父母對嬰兒的負向情感做出同理性的鏡映時，嬰兒會由於後效偵測機制的緣故，發現自己的情感表達與父母的鏡映

202

表現有高度的一致性。這能讓嬰兒感受到因果上的效能，並藉由這種交互抑制的作用，降低自身負向的情感狀態，使嬰兒產生正向的感覺。不僅如此，在父母安撫嬰兒的過程中，嬰兒為了要最大化自己對父母情感反應的控制，將會修正自己的行為，也就是降低自己負向情感表達的頻率，讓父母親的安撫更有效果。

　　四、溝通與心智化：若父母用「標記過」的方式回應嬰兒的情緒，這個被標記過的情緒狀態就能經由參照脫鉤、參照定向，與懸置現實後果的方式，讓嬰兒能內化一套「標記過」的次級表徵來表徵自己的原始情緒狀態。而父母這種「標記過」的情緒表現也會讓嬰兒獲得一般性的溝通編碼。這就為嬰兒的心智化溝通創造出了一個新的「假扮」模式，提供孩子在情緒調節與情緒表達上，一個有力的表徵性意義。

【第五章】理解自我與主體的發展

203　　在第五章中，我們會呈現近二十年來發展研究的最重要發現，這些發現與精神分析所談的「自我發展」有關，並且能直接應用在某些患者身上，這些患者的主要困擾就是自我表徵的混亂與情感失調。由於當代精神分析的發展理論相當多元，我們希望本書所提到的自我發展與情感調節模型，能與其他理論有所區別。在我們的理論中，會先追溯嬰兒時期的心智化發展，探討「個體究竟是在何時才會擁有意圖位置？」的這個議題。從我們的觀點來看，在自我的發展歷程中，近期有許多研究都相當強調母嬰間早期互為主體歷程的重要性，但我們認為，更根本的其實是早年依附關係的脈絡，而互為主體性只是從依附中出現的一種現象。在第三章中，我們為自我發展的模型打下根基，指出自我的發展就根植於母嬰關係中人際經驗的理解；在本章中，這個模型會更加細緻，我們將會把自我發展細分成「自我做為行動主體」（self as agent）的五個階段。本章也認為，邊緣性人格障礙症的成因可能是因為那些患者只能用早年非心智化的方式來知覺人際互動中的因果關係，也就是「目的論位置」（teleological stance）的概

204　念。最後，我們在本章進行了相對完整的文獻回顧，聚焦於個體會如何透過發展，而慢慢地了解到，自我與他人皆是有意圖的心智主體。

導論：從心智理論的觀點來看
早期對自我做為主體的理解

　　許久以來，「自我做為心智主體」的這個主題就常常被學者們忽略。綜觀歷史，其他談到自我的概念就獲得了較多的關注，像是威廉‧詹姆斯（1890）提到的「經驗自我」（empirical self）或是「受

格我」（me），用近代的術語來說就是「概念性」或是「類別性」的自我概念或表徵（Harter 1999; Lewis & Brooks-Gunn 1979; Neisser 1988）。「類別性自我」（categorical self）就是指某些特徵或特質表徵的集合，讓個人認為這能真實地描述到自己（像是藍眼睛、長得很帥、數學很好、足球踢得不好等等），這是個人由自身社會互動的經驗中所得知的（若讀者想回顧近來的文獻，可參考 Harter 1999）。

　　過往學者們都偏好於研究客觀我，像是類別性自我的社會建構，而非威廉・詹姆斯所談的「主觀我」（subjective self）或是「主格我」（I），而心智主體就是所謂的主觀我。會有這樣的偏好可能是因為受到傳統上笛卡兒學派「第一人稱權威」的影響，認為個體應該能直接、輕易地透過內觀來了解自己的意圖心智狀態。有了笛卡兒的背書，大家也就樂於接受這樣的觀點，認為個體透過內觀就能意識到自己的內在狀態，而這是一種基本的、直接的甚至是先天的能力。這讓人們堅信，「知道自己是個心智主體」的能力來自於先天，而非後天發展或建構出來的。正如我們所預見的（近來學者們對於互為主體論起源的討論蔚為風潮），笛卡兒學派對於許多發展學的研究者都還有很大的影響力。然而，近代的心智哲學、認知神經科學、發展理論都開始強烈地挑戰笛卡兒學派對於心智的看法（Damasio 1994a; 205 Dennett 1991; Gopnik 1993; Wegner & Wheatley 1999）。同時，近年的哲學（D. Davidson 1980; Searle 1983）、認知心理學與神經心理學（C. D. Frith 1992; Jeannerod 1999; Pacherie 1997; Prinz 1997）對意圖動作的表徵模型都指出，意圖心智狀態的表徵是個非常複雜的內在結構，在意識上很難有所察覺，或是得仰賴其他各種因素（Dienes & Perner 1999），才能有部分的察覺。如果把它與近代心智理論的研究放在一起對照，就會顯示出，個體對不同心理意圖狀態——像是欲求、企圖與信念（Bartsch & Wellman 1995; Perner 1991）——的理解，是個奇妙且複雜的發展歷程。這強烈指出，個體得經歷相當複雜的發展後，才能對自己是個心智主體這件事有成熟的理解。所以本章的目標就

在於追尋這些新的理論與實證研究結果，去看個體在自我理解（self-knowledge）發展上的不同階段；以前我們覺得嬰兒只有物理與社會的主體性，但新的研究讓我們對「嬰兒在早期就是個心智主體」這件事有更成熟的了解。

我們可以把自我分成五個層級的主體，而嬰兒需要循序漸進地隨著發展去理解這些主體：身體的、社會的、目的論的、意圖的與表徵性的。（我們曾在第三章簡要談論過。）在身體描述的層次上，身體的動作會進到兩種類型的因果關係中：第一種是為身體提供所需的能量來源，第二種則是對環境造成影響，讓某些本來不存在的事情發生。所以個體至少得察覺到下述的因果關係，才能知道**自我是個「身體主體」**：自我做為有力量的實體，是動作的來源；而且自我也是一個行動主體，會為周遭的環境帶來改變（Leslie 1994）。不僅如此，打從出生開始，嬰兒就與照顧者進到了一種唯有人類這個物種才會有的獨特互動中（Meltzoff & Moore 1977; Stern 1985; Trevarthen 1979）。在這樣的交流中，嬰兒的表現會引發父母的行為反應或情緒表現。所以嬰兒對**自我做為「社會性主體」**的早期理解，會牽涉到因果互效的表徵，並因而造就了人際環境中物種特有的溝通型態（Neisser 1988）。這種因果關係一方面連接了主體與動作，另一方面也連接了主體與世界，這已遠遠超過了物理性描述的層次，與之相應，成人與孩子也會隨著關係的發展而更加理解彼此。之後，約在八到九個月大時（Tomasello 1999），嬰兒開始能夠把自己的動作從所造成的結果中區分出來，把動作當成是能達成目標的手段。這個層級就是理解到**自我做為「目的論的主體」**（Csibra & Gergely 1998; Leslie 1994）：個人能夠在特定情境的限制下，在多種行動中，選擇最有效率的一種來達成目標。在某些時候，我們可以看到二歲大的幼兒幾乎已經發展出對於主體的心智化理解：他們開始能理解**自我是個「意圖性主體」**，知道自己之所以會有行為，是因為有著前置的心理意圖，像是欲求（Wellman & Phillips 2000）。此時，他們也會理解到行動不

206

只可以造成外在世界物理上的改變，還可以改變他人的心智狀態：舉例來說，這個階段的嬰兒很清楚知道如何運用宣告性指物的手勢，去改變另一個人的注意力狀態（Corkum & Moore 1995）。而大約在三到四歲時，個體對心智因果關係的理解中，也包含了一種「能夠知道的狀態」——像是能夠知道信念（Wimmer & Perner 1983）。在這個階段，孩子理解到**自我能做為「表徵性主體」**，知道人是基於心理意圖（欲求與信念）而行動，並知道這本質上是表徵性的（Perner 1991; Wellman 1990）。這個階段更進一步的發展就是「因果性的自我參照」（causal self-referentiality）能力，也就是孩子「知道自己是發起意圖的人」（Pacherie 1997; Perner 2000b; Searle 1983），並運用表徵能力將與自我意圖的行動跟經驗相關的記憶，放到一套在因果與時間上統合的組織中。（Povinelli & Eddy 1995）。這樣的表徵能力使人能建立——暫時性地——「擴展的」或「適切的」自我（W. James, 1890）——換句話說，就是**「自傳性自我」**（autobiographical self）。從這些簡短的回顧中，我們可以看出，了解「自我做為主體」的發展是一個相當複雜，現今也廣為研究的領域。 207

自我做為「身體主體」的早期發展

在傳統上，我們相信新生兒的世界基本上是自我中心的（Freud 1911b; Piaget 1936）。起初他們還無法區分出哪些刺激屬於自身，哪些又是屬於環境。然而，這樣的區辨能力是嬰兒發展出身體主體感（sense of physical agency）的先決條件，這代表著嬰兒能表徵出行動與身體自我之間，還有行動與外在環境間的因果關係。近代研究挑戰了傳統認為嬰兒起初並沒有區分能力的觀點，許多資料顯示出，嬰兒有個先天的內在偵測機制，能直接知覺到「生態自我」（ecological self）（Butterworth 1995; Neisser 1988），知道身體是一個會在空間中移動的實體，與其他的物體並不相同。依循著吉布森（Gibson 1966）

的生態知覺觀點，有一系列的研究發現，小嬰兒能夠根據自己在移動時視覺訊息的流動，來偵測與區辨什麼是身體我（bodily self），什麼則是環境。舉例來說，李與艾倫森（Lee & Aronson 1974）進行了「會動的房間」（房間的牆壁會不時拉遠或拉近）的實驗，他們發現嬰兒會對這些視覺訊息（雖然是假的）出現補償的反應──嬰兒會據此調整自己的姿勢，因而失去平衡，整個人變得歪歪斜斜、晃來晃去，甚至跌倒。巴特沃斯（Butterworth）與同僚（Butterworth & Cicchetti 1978; Butterworth & Hicks 1977）所做的後續研究也發現，即使是二個月大的嬰兒，也會利用視覺回饋來控制他們的頭部動作，這表示他們有能力利用「會動的房間」所給出的視覺資訊來調整自己。當有東西好像要撞到小嬰兒時，小嬰兒也會出現眨眼或是擺頭的動作（Dunkeld & Bower 1980; Pettersen, Yonas, & Fisch 1980）。

208　　　我們在第四章有談過，許多研究都指出小嬰兒對他們自身的身體反應，與隨之而來的事件刺激之間的後效關係具有高度敏感性（例如Bahrick & Watson 1985; Field 1979; Lewis et al. 1990; Lewis & Brooks-Gunn 1979; Papousek & Papousek 1974; Rochat & Morgan 1995; Watson 1972, 1994）。就像我們所說的一樣（亦見 Gergely & Watson 1999），許多證據都指出，嬰兒會運行一套先天的後效偵測機制，來分析自己的動態反應與知覺事件之間的後效程度。巴里克與華森（1985）的研究指出，不滿三個月大的嬰兒會偏好去接觸與探索具有完美後效性的刺激。這個研究結果讓華森（1994）假設，後效偵測機制最原初的功能就是自我偵測；當辨認出自己的動作回應與知覺刺激間的後效完全一致時，嬰兒便能藉此建構出一個原初的身體自我表徵，並從環境當中分離開來（細節請見第四章）。

　　嬰兒在三個月大之後，會開始注意外在世界那些對他們的動作很接近，但不完全一致的後效反應（Watson 1994）。皮亞傑（1936）指出，在四個月大時，如果嬰兒發現某個動作會讓環境產生有趣的

反應時，就會不斷重複該動作（次級循環反應）[1]，讓有趣的事情持續下去。以五到六個月大孩子為對象的習慣化研究[2]指出（Leslie 1984; Woodward 1998），這個年紀的孩子開始會知道抓東西的手與其他無生命的物體是不同的，因為他們發現手有特殊的力量可以在空間中移動物品。

目前找到的證據都認為，嬰兒在六個月大前就能用某種大生的資訊處理裝置，表徵出身體我，知道身體可以發起行動來造成環境的改變，所以與其他的東西不同。要表徵出自我做為身體主體的這件事，必然要對主體行動與環境改變之間的因果關係有一定的敏感度，但現階段的嬰兒還無法完全理解這樣的因果關係。舉例來說，嬰兒雖然知 209 道自己有股力量可以造成某些改變，但這離了解與區分自己的行為目標與意義還十分遙遠（Piaget 1936）。這也是為什麼當情境改變後，未滿六到八個月的嬰兒還是只能不斷重複先前會有效果的動作，而不懂得調整自己的行為。例如在嬰兒拿東西的路線上放置了障礙，嬰兒並不會懂得繞道取物。所謂區分行為的目標與意義，便是個體能預先用一種目的論的框架，來理解目標導向的意圖行為（Csibra & Gergely 1998; Gergely et al. 1995; Tomasello 1995, 1999）。這包括了個體可依據現實中不斷變化的條件，從眾多的選項中選擇出一種最有效的辦法。在大約八到九個月大時，嬰兒才會開始用這種理性的方式重新組織與該目標有關的行為（Piaget 1936; Tomasello 1999; Willatts 1999），同時，他們也開始運用同樣的目的論詮釋框架，來解釋與預測其他主體的目標導向行為（Csibra & Gergely 1998; Csibra et al. 1999）。

嬰兒藉由直接接觸外在環境，早期就已理解自己有主動力量，除此之外，他們也會敏察自己對於遠距物體的影響力，就像華森

1　譯註：在這個階段，嬰兒的關注對象從集中於自身轉到更為關注物體；嬰兒會重複那些帶來有趣的或令人愉快的結果的行為，不過有意識的目的和手段之間的協調還沒有正式發生。

2　譯註：視覺習慣化的實驗假設，當嬰兒看到自己無法理解的新刺激時，就會花上比較久的時間來注視這個刺激；反之，如果這個刺激是他們已經習慣的刺激，他們就不會花時間特別觀看，因此研究者可由觀看新事物的時間來判定嬰兒是否已經懂得了該刺激。

（1972）的動態實驗指出，嬰兒有套後效偵測系統，讓自己能敏感於遠距物體的動作（在第四章有詳細討論，也參見 Gergely & Watson 1999）。在自然界中，這種對於遠距物體的因果關係就是社會互動，所以在下個小節中，我們會開始談到，嬰兒對自我做為「社會性主體」的早期理解是如何出現的。

自我做為「社會性主體」的早期理解

有大量的證據指出，嬰兒自出生開始就能從環境中區分出他人，並且會積極地與人互動（Stern 1985）。例如嬰兒很早就顯示出對臉部特徵很敏感（Fantz 1963; Morton & Johnson 1991），**還在子宮裡時**，就開始習慣母親的聲音，使他能夠在出生後辨認出來（DeCasper & Fifer 1980），以及對成人的表情會有著「新生兒模仿」（neonatal imitation）的現象（Meltzoff & Moore 1977, 1989）。嬰兒與照顧者運用「原始對話」（protoconversational）的方式進行循環式的溝通（Beebe et al. 1985; Brazelton et al. 1974; Brazelton & Tronick 1980; Stern 1985; Trevarthen 1979; Tronick 1989）。用情緒發展的生理社會理論來看的話，可以說嬰兒從出生開始就與母親形成了一套情感溝通的系統（Bowlby 1969; Brazelton et al. 1974; Hobson 1993; Sander 1970; Stern 1977, 1985; Trevarthen 1979; Tronick 1989），所以母親會在嬰兒自身情感狀態的調節上，扮演著相當重要的角色。在這樣的互動過程中，照顧者會用臉部表情或聲音來鏡映嬰兒的情感表現，以調節嬰兒的情感（Gergely & Watson 1996, 1999; Malatesta & Izard 1984; Papousek & Papousek 1987; Stern 1985）。

所以嬰兒對人類的表情、聲音與行為的表現有著物種特有的先天敏感性，並且天生就擁有與照顧者進行情感互動的傾向。但是，嬰兒到底是如何理解這麼具有情感的社會互動，並了解到自己是個能發起互動的社會性主體呢？面對這個嬰兒與母親間「互為主體」

（intersubjectivity）[3] 的互動議題，各家理論其實眾說紛紜。

一、首先，我們先來了解**「激進的互為主體論者」**之觀點。這個觀點假設（a）嬰兒在早期的母嬰互動中，天生就有一套辨認與歸因他人心智狀態的機制；（b）在生命開始時，人類就有著相對豐富、分屬不同系列的心智狀態，像是情緒、意圖、動機、目標等，而且嬰兒可以透過內觀來感知這些狀態，與（c）當母親與嬰兒有類似的心智狀態時，這種對自我的主觀心智狀態就能被嬰兒辨認出來，經驗到自己的心智狀態「被分享」給母親了（例如 Braten 1988, 1992; 近年來的互為主體性文獻可參見 Braten 1998; Stern 1995; Trevarthen 1979, 1993）。

舉例來說，特雷瓦森（Trevarthen 1979）就宣稱，我們能觀察 211 到，母嬰之間在很早期時就會用相當具有結構的方式進行情感互動，他將其稱為「原初的互為主體性」。莫瑞與特雷瓦森（Murray & Trevarthen 1985）為此做了個很有名的研究，常常被後人引用。這個研究稱為延宕回應歷程（delayed-feed-back procedure）。研究是這樣進行的：六到十二個月大的嬰兒會透過電視螢幕，與母親進行即時連線的影像互動。經過一段時間後，電視內的影像會被偷換成預先錄好的母嬰互動影像，與嬰兒失去互動性。研究者觀察到，這些嬰兒都會發現電視影像與自己互動的後效結構上出現了微小的改變，並會因為自己失去了與母親間互動的後效性而感到不滿，並表現出負面的情緒。所以特雷瓦森（1993）假設，嬰兒自出生開始，內在就會對「虛擬他者」（the virtual other）有著對話式的心智（dialogic mind）（亦見 Braten 1988），並能知道自己與他人情感性的同調互動中，包含著豐富的動機、感受、意圖與目標。史騰也提到，「人類在相當年幼的時

3　譯註：「互為主體性」為現象學鼻祖胡塞爾（Husserl）所提出；他強調每個人在認知主體中有一先驗的自我，有認知他我的能力，由此構成認知上的相互共同性或同理性，這樣的社會意識就是互為主體性。

候，就能藉由『回顧過去』的方式，來了解自己與他人行為背後的意
圖。」（1995, p. 420）在第四章也提到，梅爾佐夫與高普尼克（可見
1993; Meltzoff & Moore 1997, 1998）也是原初互為主體論的擁護者，
他們推測有種內建的「主動對應定位」（active intermodal mapping）
機制，能造成「新生兒模仿」的現象，也讓嬰兒能藉由早期的模仿式
互動，去歸因他人的意圖、動機與情感狀態。

相對於「激進的互為主體論者」觀點，有些研究者認為，其實
不需要訴諸於「原初的互為主體論」，就能解釋嬰兒的早期情感與
模仿性的社會互動（例如 Gergely & Watson 1996, 1999; R. Thompson
1998; Tomasello 1999）。他們的看法是，如果人天生就會注意臉部與
212 反應臉部的特徵，並據此做出情感表達，那麼單用後效偵測理論，以
及嬰兒天生就會模仿他人的表情動作這件事，就足以解釋為什麼母
嬰之間能做雙向的情感互動了。而上述的那些實驗，像是「面無表
情」（still-face）的實驗（Tronick et al. 1978）或者是莫瑞與特雷瓦森
（1985）的延宕回應實驗，都能解釋成是因為嬰兒偵測到了後效的不
一致所導致，而不需要扯到互為主體論。

首先，就如剛才所說的，有許多證據都指出，如果嬰兒對一個
刺激有著較高的控制感（嬰兒的行為與環境有較高的後效關係）時，
就會激起較為正向的感受（Lewis et al. 1990; Watson 1972），而失去先
前高度後效性的經驗，會讓嬰兒感到挫折並顯得沮喪，就算對象不
是人類也會如此（Lewis et al. 1990）。所以莫瑞與特雷瓦森（1985）
的延宕回應實驗確實可以用嬰兒感受到自己失去了後效控制感來解
釋（關於嬰兒期對社交後效的知覺歸因，讀者可以參考 Bigelow, 2001;
Bigelow & DeCoste, in press; Muir & Hains 1999; Nadel & Tremblay-Leveau
1999; Rochat & Striano 1999; Tomasello 1999）。

此外，要複製莫瑞與特雷瓦森的實驗結果並不容易──因為原
本實驗的樣本對象只有四位二個月大的嬰兒──之後有研究者以未
滿三個月大的嬰兒做為研究對象，並採用修正過的研究法，卻得到

不同的結果。納德爾、卡喬、凱維拉、馬爾賽利與瑞瑟貝特—皮蘭堤（Nadel, Carchon, Kervella, Marcelli & Rcserbat-Plantey, 1999）等人也用二個月大的嬰兒為樣本成功複製了實驗的結果，但羅卡特、奈瑟與馬利安（Rochat, Neisser & Marian 1998）以二到三個月的嬰兒為樣本時卻失敗了，畢格羅與德科斯特（Bigelow & DeCoste, in press）以四到六個月人的嬰兒為對象時，雖然實驗成功了，但以二個月大的嬰兒為樣本時還是失敗了。

　　然而，若以華森（1994）的觀點考量這些實驗發現的特徵就相當有趣。他認為，個體大約在三個月時會「轉變」對於目標後效連貫性的反應。就如同我們先前所說過的，在巴里克與華森（1985）的研究中，三個月大的嬰兒會被完全一致的自我影像（也就是鏡中的自己）所吸引（亦見 Field 1979），但五個月大的嬰兒就不喜歡完全一致的後效，並傾向去尋找那些沒有那麼一致的影像。華森在後續研究中認為，嬰兒這樣的傾向是因為他們會迴避完全一致的影像，而不是因為他們偏好不一致的影像。華森（1979, 1985）以三個月以上的嬰兒為 213 樣本，研究他們對於後效的偏好程度，並同時檢驗了四到六個月大的嬰兒對於不同後效幅度的反應，若將完全一致的反應假設為 1，這些嬰兒的反應都位於比 0 高一點，又比 1 少一點的幅度（以機率的觀點來說）。他發現這個年紀的嬰兒很難對於後效關係小於 0.5 的刺激有所反應，同時，他們也對後效關係趨近於 1 的刺激不感興趣。相反地，嬰兒對於那些後效關係高，但又沒高到會變成完全一致的刺激就會有很大的興趣。

　　就像第四章的討論，華森（Gergely & Watson 1999; Watson 1994）因此假設，大約在三個月時，嬰兒對於後效的偏好會從完全一致「轉變」為**高度卻不完全一致**，這種高度卻不完全一致的刺激，就是母親做為嬰兒的社會客體，用良好同調的方式直接回應孩子的行為。發展上的成熟為嬰兒帶來功能性的改變，三個月大的嬰兒會開始減少自我探索（追求完全一致的後效），轉而**探索與表徵社會世界**。所以在

上述兩個實驗中，對還不到三個月大的孩子來說，他們可能還無法覺察到父母與自己互動的改變差異在哪裡。這也解釋了為何以未滿三個月大的嬰兒當樣本的研究，都無法複製莫瑞與特雷瓦森（1985）的實驗結果（參見 Bigelow, 2001）。最近的研究則是提供了更有利的證據，證明了三個月大的這個時間點正是孩子從完全一致的後效，開始轉變為對高度但不完全一致後效有所反應的過渡期。像是畢格羅與德科斯特（in press）的研究，也是以二個月大的嬰兒為受試者，他們在團體受試時無法區分後效與非後效的母親影像，但在個別受試時，有將近一半的嬰兒能區分出來。不僅如此，萊格爾斯泰與瓦爾切斯（Legerstee & Varghese 2001）運用了類似的方法，對三個月大的嬰兒進行實驗。結果發現，在母嬰互動時，如果是屬於溫暖、敏感並且能同調嬰兒的母親，比起預先錄好的影像，他們的孩子會更加注意母親的即時影像並出現微笑，也會發出一些聲音。而如果母親在這些能力上有所不足，嬰兒就較難區分這到底是即時的還是預先錄好的影像。也許是因為夠同調、高回應組的母親們平時提供給嬰兒的後效反應夠高，讓三個月大的嬰兒能夠偵測到，所以當影像瞬間失去後效時，這些嬰兒能夠分辨出來。這樣的實驗結果也支持我們在第三章時所提到的問題，亦即照顧者的敏感程度會影響到孩子能有多少控制自身內在狀態的能力。

「激進的互為主體論者」的第二個假設是，人類天生就有種機制，能辨認與歸因他人的心智狀態。可以想見如果真是如此，嬰兒得先有以下兩種與人互動的功能：（a）他人的表達能促發嬰兒天生的能力，讓他們有所感覺，以及（b）能利用動作的模仿來參照他人的主觀狀態。

有些研究者認為，新生兒已經可以分辨出一些基本的情緒系列表現（Field et al. 1983; Haviland & Lelwica 1987; Izard & Malatesta 1987），像是高興、驚訝、傷心等。但之後的研究（C. Nelson 1987）卻質疑，嬰兒真的能區分這些情緒表現嗎？或他們其實只是在辨認一些與情緒

無關的特徵呢？舉例來說，像是卡倫、卡倫與邁爾斯（Caron, Caron & Myers 1985）針對四到七個月大的嬰兒所進行的實驗就發現，嬰兒能區分出有露出牙齒與沒露出牙齒的情緒表現，但如果面對的都是那種會露出牙齒的情緒時（例如齜牙裂嘴與開懷大笑），他們就會無法區分出這兩種情緒的差異。卡倫、卡倫與麥克林（Caron, Caron & MacLean 1988）於後續的實驗也指出，四個月大的嬰兒無法從動態的臉部／聲音表現中區分出快樂的情緒，而五個月大的嬰兒同樣也在區分快樂與生氣的情緒中失敗了。這些實驗結果告訴我們，就算同意有所謂普同的、先天的、類別性的臉部情緒表情（Ekman 1992b; Izard 1991; Malatesta & Izard 1984）存在，也沒有證據能指出，嬰兒在五到六個月大之前就能區分他人這些臉部表情。如果不談臉部表情，另外還有些先天論者認為，嬰兒能透過特定的行為線索，像是自我驅動式的動作或是動作的方向，自動推斷出他人的意圖或目標（Leslie 1994; Premack 1990; Premack & Premack 1995）。不過最近的習慣化研究（Csibra et al. 1999）與視線跟隨（gaze-following）研究（Johnson, Slaughter, & Carey 1998）都指出，對九到十二個月大的嬰兒來說，這些行為線索只是資訊性質，對於他人心智狀態的推論既非充分也非必要。 ‹215›

　　如果嬰兒不是透過某種先天的機制來知覺到情緒，那麼第二個假設就是嬰兒能透過模仿對方動作所產生的經驗，來推論對方的意圖與情緒。我們先前談到梅爾佐夫與他的同僚（Meltzoff & Gopnik 1993; Meltzoff & Moore 1989）認為，嬰兒有種「主動對應定位」（active intermodal mapping）的機制，可以解釋新生兒模仿的現象。但他們不只用這套機制來解釋到目前為止的嬰兒模仿行為，還認為這可以幫助嬰兒去推論他人的心智狀態。如果是這樣的話，就需要更多先天論上的假設。因為一方面我們並不知道嬰兒是否能區別「意圖」與「情緒自我狀態」，也不知道嬰兒是否能透過內觀來獲取他人的心智狀態。所以激進的互為主體論代表著：（a）嬰兒模仿他人的表達性

行為時，會同時誘發與自身對應的情緒與意圖自我狀態（對應假說，the Correspondence Assumption）；（b）這些藉由模仿動作被誘發的自我狀態，能直接以內觀的方式察覺到（直接獲取與自我覺察假說，the Primary Access and Self-Awareness Assumption）；（c）嬰兒能思量這些藉由模仿產生的主觀狀態，並藉此推論他人的主觀狀態（他人心智假說，the Other Mind Assumption）。

　　但不管是上述的哪一個假設，支持的證據都相當少。舉例來說，在母嬰早期的情感互動中，嬰兒看到母親表達的情感，跟嬰兒經驗到的是同一種情感嗎？對此，各家情緒理論有著不同的說法（Izard 1991; Malatesta & Izard 1984），如果用 MAX（Izard 1979）或是 AFFEX（Izard, Dougherty, & Hembree 1983）的情緒編碼系統來看，嬰兒在很小的時候，就能客觀地區分出像恐懼、憤怒或悲傷等的情緒表情，然而在使用其他不同的編碼系統研究中（Oster, Hegley, & Nagel 1992），像是採用 Baby-FACS（Oster & Rosenstein, in press）做為編碼系統的研究就會有不同的結果，認為嬰兒一開始只能表達一種模糊的、不舒服的感受。卡姆拉斯（Camras 1992）就點出，嬰兒出現特定情緒表現的條件，其實相當弔詭又難以預料，他舉了一個例子，有個剛出生一個月大的嬰兒在吃到酸味的維他命後，突然就擺出了臭臉。卡姆拉斯（Camras 2000）又回顧了一些實證研究，質疑嬰兒真的能像成人一樣把自己的情緒表達與內在感受連在一起嗎？而同種類的刺激能激發嬰兒出現與成人一樣的情緒表達嗎？

　　事實上，許多研究情緒的學者都認為，嬰兒在出生的頭幾個月時，並沒有辦法詳細地區分情緒，也無法藉由意識去獲取情緒，這些能力應該是隨著自我組織的動態發展（Fogel et al. 1992; Lewis & Granic 2000）、早期情感互動中情緒表達的社會化（Gergely & Watson 1996, 1999; Sroufe 1979, 1996），以及認知的發展而來（Barrett & Campos 1987; Kagan 1992; Lewis & Brooks 1978; Lewis & Michaelson 1983）。

　　接下來，我們再提供兩種不同的理論觀點，都跟所謂的「激進的

互為主體論者」一樣備受爭議：（a）其中一個是「保守的互為主體論者」的觀點，另一個則是（b）「待養成狀態的互為主體論者」觀點。

二、**「保守的互為主體論者」**（見 Tomasello 1999）接受母嬰間的早期情感互動確實存在，他們認為模仿式的互動反映出人類有種特化的生理適應功能，以「辨認」出誰是「像我的」（like me）。在托馬塞洛（Tomasello）的類推理論（simulation theory）中，他認為人類的「認同作用」（identification）在理解他人心智的發展上扮演了非常重要的角色，以至於嬰兒能夠把自己內在所經驗到的主觀心智狀態，類推到他人的身上。但是，托馬塞洛也強調，「嬰兒利用自己已經驗過的感受來理解他人……〔但是〕嬰兒的這種自我主體感是在早期發展中慢慢出現的。」（1999, p. 70）。因此，托馬塞洛與「激進的互為主體論者」有著不同的主張，因為他相信，嬰兒在九個月大之前，都無法分辨與了解自己主觀的內在狀態，像是自己的意圖或是目標等，當然也不可能理解他人的內在狀態。所以他說：「有些研究者，尤其是特雷瓦森，認為母嬰關係的早期互動是『互為主體的』，但我認為，嬰兒得到九個月大之後才能理解到他人也是個經驗主體，所以在這之前，並沒有互為主體這回事。」（p. 59）

　　用梅爾佐夫的著作來說明「保守的互為主體論」框架再適合不過了，舉例來說，梅爾佐夫與摩爾（Moore）曾提過，「對嬰兒來說，理解他人是個心智實體的概念化過程，是藉由與那些能跟自己分享目標與意圖的人互動而得來。」（1998, p. 49）他們也強調「雖然新生兒並不是完全孤立於他人，但是……也遠不及二歲的幼兒那樣能理解他人的內在感覺與心智狀態。」（p. 49）所以「保守的互為主體論」觀點認為，就算人類在先天上確實有著辨識他人的機制，但這個機制也只有在個體已經建立了相對應的主觀狀態，且自我能意識到這樣的狀態之時，才有辦法對他人的主觀心智狀態做歸因。

217

三、但我們還有第三個理論——「待養成狀態的互為主體論者」：這個觀點質疑，嬰兒一開始之所以能進入互為主體的狀態，是因為他們有著預設的情感／溝通系統，還有模仿行為的交換。大家經常會假設，嬰兒與照顧者之所以能投入這樣的互動機制，是為了要「分享或參與」彼此的主觀狀態，或是「發現」彼此的主觀世界與感受（Meltzoff & Gopnik 1993; Stern 1985; Trevarthen 1979）。如果真的是這樣的話，那麼我們就得假定，嬰兒天生就能夠理解他人主觀的心智狀態。

但是，如果真是如此的話，就會無法把以下的現象納入考量：（a）嬰兒天生就會有種對依附的準備度，也就是在與照顧者的互動中建立與維持親密關係的能力（Bowlby 1969）。同樣地，嬰兒的回應也會大幅增強照顧者的反應；（b）這種能與父母情感交流的能力，會以兩種方式來幫助嬰兒情感的自我調節：首先，嬰兒會因為與父母互動，經驗到正向的感受，並發現自己可以將其維持；再來，如果嬰兒發現自己能對照顧者的行為做出一定程度的控制（見前文），就能感受到一種效能感，進而進入因果互效的循環；（c）最後，這種天生的社會互動能力之所以是一種演化的功能，重點在於它能創造出一種促進學習的環境——也就是藉由父母對嬰兒情緒的鏡映式回應，讓嬰兒能學習到他人的性情表達，敏感於意圖與情感的自我狀態，並為自我的原初情感建立次級表徵。（參見 Fonagy 2000; Gergely, Koós, & Watson, in press; Gergely, & Watson 1996, 1999）。上述的這些部分已在第三章有所討論，而在本章中我們想強調的是：嬰兒先天就能與照顧者展開早期的互動，這個功能是為了促進心理機制的發展，使嬰兒自身能有做為行動主體的感受，如此一來才能建立主體感與詮釋人際歷程。這段論述的重點在於，我們不能一開始就假設嬰兒具有主觀性，主觀性其實是從與父母的互動中得到的。

舉例來說，葛瑞蓋與華森（1996, 1999; Gergely, Koós, & Watson, in press）就曾提過，在眾多功能中，嬰兒早期與照顧者間具有後效的情

感調節互動，並不只是擔任兩個心智間的互為主體式溝通的橋樑，更是為了要去建立**未來**嬰兒能具有互為主體性的重要**先決條件**，那就是「能夠藉由內觀來區辨各種自我的情緒與意圖狀態」。我們在第四章219提過的「照顧者情感鏡映的社會生理回饋理論」，恰恰與古典派的笛卡兒論者相反，我們認為嬰兒一開始無法藉由內觀意識自己的情緒狀態。由於嬰兒的知覺系統是被設計用來注意與探索外在世界的，所以嬰兒得用外在刺激來建立初步的內在表徵。當嬰兒有著身體或臟器上的感受時，便會自動產生情緒，而照顧者則會用表情或聲音頻繁地回應這些情緒表現，此時，後效偵測機制就會把這兩者連結起來，使嬰兒變得慢慢能夠感受與區分自己的情緒狀態。

我們可以在臨床上對這點進行更進一步的思考。反過來說，如果照顧者無法良好地鏡映嬰兒，那麼嬰兒的內在狀態就會變得無以名狀而混淆，經驗到一種無法被象徵（unsymbolized）的感覺，也因此讓嬰兒很難調節自己。在第十章中，我們將以「愛瑪」這位案主為例來解釋此現象。我們也能在第六章的案例中看到，自我狀態的主觀感是從互動中得來的，所以它會因兒童詮釋自己主觀經驗的方式而有明顯的不同。在極端案例的臨床情境中，我們會看到案主以扭曲的方式來理解自己的內在狀態，某些類型的恐慌症案主即是如此。

在此做個小結：這裡並沒有足夠的證據能支持，情感性的母嬰互動能讓嬰兒在出生的第一個月時，就能以內觀的方式得知自己的各種心智狀態，或是能知道他人的主觀意圖或感受。當然我們並不否認，母嬰在相互同調與模仿的互動間可能會經驗到很類似的狀態。不過我們認為，母嬰間所謂的「共享情感」，其實是一種「客觀性的互為主體性」（objective intersubjectivity），因為確實沒有什麼主觀狀態能被嬰兒覺察或被分享，嬰兒反而是藉由父母同理性的回應，或是模仿父母的情感表達，才能把自己的主觀狀態調到與父母一致。220

那麼嬰兒到底何時才能在與照顧者的情感調節互動中，經驗到

自己是個社會性主體呢？在嬰兒三個月大後，我們能觀察到他們在互動中會偏好高度但不完全一致的刺激（Watson 1994）。而嬰兒與照顧者間那同調或模仿式的互動，會提供很多這樣的刺激，讓嬰兒發現自己對照顧者的回應能有高度的後效控制。我們假設，這會帶給嬰兒好的感覺，也會讓他們有效能感。父母情感調節式的安撫也會讓嬰兒經驗到一種愉悅的情感改變歷程（並且也將其連結在一起——見 Gergely & Watson 1996, 1999）。因為這樣的同調互動時常涉及到情感的鏡映，嬰兒會發現自己能控制父母的鏡映行為，緊接著，自己的情感狀態發生了正向的改變，因而讓嬰兒經驗到「自己是個能自我調節的主體」（Gergely & Watson 1996, 1999; Gergely et al. in press）。在這個階段中，嬰兒到底是否能經驗到更加分化的、獨立的情感，又是否能理解特定內容的意圖與目的？目前都無從得知，現有的知識也無法回答。

　　所以究竟是從何時開始，嬰兒才能「真正」地對他人有著互為主體性的理解呢？在二歲半時，會開始有比較明顯的跡象顯示出，幼兒能了解他人的主觀感受狀態，並能把他人的感覺與自己的感覺區分開來，有時還能對他人出現較為成熟的同理式回應（Hoffman 2000; R. Thompson 1998）。在二歲時，發展階段的主要特徵就是幼兒能了解到他人的意圖心智狀態，像是他人注意力所關注的對象，或是他人的欲求與意圖（Bartsch & Wellman 1995; Corkum & Moore 1995; Wellman 1990）。大概九到十二個月大之間，嬰兒會開始出現所謂「協同注意力」（joint-attention）系列的技能（Carpenter et al. 1998; Tomasello 1999）。有些技能——像是「用手指物來讓他人注意」（protodeclarative pointing）[4] 的這種溝通動作，目的是為了調整他人的注意力狀態——能運用這種技能就代表著嬰兒有能力知道他人的心智

221

4　譯註：在能使用語言前，嬰兒會運用一些技巧來達成目的，這些技巧可以分為「前語言命令」（protoimperative）與「前語言指稱」（protodeclarative）；前語言命令指的是嬰兒用一些動作要求對方做某些事，而前語言指稱則是試圖改變對方的注意力到自己在乎的事情上。

狀態。不過嬰兒心中的這個「他人」──像是命令與模仿的對象──也可以用非心智化的目的論框架來解釋（詳下述，亦見 Gergely & Csibra 2000）。

　　讓我們為這一小節提出的理論性問題做個總結。六到九個月的嬰兒天生就具有與照顧者情感互動與模仿的能力，但這些能力是如何在一歲後發展成具互為主體性的心智化位置呢？在本節中提到了三種觀點：（a）「激進的互為主體論者」（Trevarthen 1979）的觀點認為，嬰兒從出生開始就具有完整的讀心能力，所以很早就能與照顧者進行情感互動；（b）「保守的互為主體論者」的觀點認為，嬰兒先天確實有著能與照顧者互動的能力，但這些能力是為了要「辨識出」其他人的主觀狀態，而且嬰兒必須要到九個月大之後，才可能運用這樣的機制來類推他人不同的意圖心智狀態，因為在此之前，嬰兒自身的意圖狀態還未分化，自然也無法藉由內觀自己的狀態來類推別人的狀態（Tomasello 1999）；（c）最後是「待養成狀態的互為主體論者」之觀點，他們認為早期的情感調節與模仿性互動是相當重要的演化功能（像是維持與照顧者的親近與情感調節），但在這些功能中並不包含理解與歸因他人心智狀態的能力。我們假設，這些演化功能是為了建立某個能力，好替互為主體性的心智化位置進行準備，而這個能力就是嬰兒能在認知上獲取與自身內在不同的情緒與意圖狀態之能力（Gergely & Watson 1996, 1999）。從這個觀點來看，嬰兒與照顧者的早期互動其實是一種學習環境，嬰兒在其中透過後效偵測與社會生理回饋的機制，漸漸敏感於自己的內在狀態，而情感的次級表徵也會慢慢被建立起來，最後讓嬰兒能以認知獲取自己主觀心智狀態的表徵。不過真正互為主體性的心智化位置，要等到嬰兒二歲之後才會形成，因為此時他們的表徵能力才足夠成熟（心智理論），可以用心智化的方式理解自己與他人的意圖心智狀態。

222

理解自己與他人做為「目的論主體」：
九個月大的社會認知革命

　　有大量的證據都指出，在嬰兒九個月大時，可以在理解他人目標導向行為的發展更上一層樓（例如 Csibra et al. 1999; Piaget 1936; Tomasello 1999; Uzgiris & Hunt 1975; Willatts 1999）。這就是九個月大的社會認知革命（Rochat & Striano 1999; Tomasello 1999）。這種新能力讓嬰兒能區分出「目標本身」與「達成目標的手段」是不同的，他們開始能夠為了配合新情境而調整自己的行動，並採取最有效的手段來達成目標。皮亞傑（1936）描述過，這種刻意想要找方法達成目標的行為，差不多會在嬰兒七到九個月大時（第四發展階段）[5]首次出現。在這個階段之前，嬰兒只會不斷重複先前已成功的行為，企圖達成同樣的結果；但如果環境條件改變，他們就無法調整行為以適應新的環境。舉例來說，如果在嬰兒與目標物之間放一個障礙物，四到六個月大的嬰兒會乾脆直接放棄目標，或是開始擺弄那個障礙物，就像無視於原先目標物的存在一樣。但是，八個月大的孩子就會開始試著想用更精細的方法來排除障礙物，好拿到想要的目標物（Piaget 1936; Willatts 1999）。

223　　近年來，葛瑞蓋、希布拉與其同僚（Csibra et al. 1999; Gergely & Csibra 1998; Gergely et al. 1995；亦見 Woodward & Sommerville 2000）進行了一系列的視覺習慣化實驗，顯示出當嬰兒開始能在目標導向的行為中調整自己的手段時，他們也開始可以用理性且目標導向的方式來解讀別人的行為。舉例來說，在一個實驗中，九到十二個月大的孩子就能夠了解到，電腦播放的抽象動畫圖案其實有其目標導向，並能推論出圖案在新情境中會有新的動作出現，但六個月大的嬰兒就無法有這樣的理解。這個實驗的過程如下：首先，嬰兒會重複觀看一個小

5　　譯註：即次級循環反映的協調階段（Stage IV），此階段主要在發展目的和手段之間的協調能力。此外，這個階段也標記出目標取向的開始。

圓想接近一個大圓，但卻因為有個長方形擋在中間，所以小圓得「跳過」長方形的互動事件。當嬰兒習慣這個動畫後，就會進入測驗階段，接著動畫中的「障礙物」（長方形）會被實驗者移開，但小圓還是會繼續維持跳過去的動作，此時嬰兒注視小圓的時間就會變得更久，因為他知道，在「障礙物」已經被移走的狀況下，小圓持續維持跳躍的動作是　個「不合理」的目標導向行為。小圓應該可以走全新的、更加有效率的直線路徑（合理導向）。然而在控制組中，並未觀察到注視時間長短的差異。控制組與實驗組的差別就在於，在習慣化的開始階段時，控制組的嬰兒所觀看的動畫裡並沒有「障礙物」的存在──因此，對於實驗組的嬰兒來說，小圓要接近大圓的跳躍動作會因為障礙物的消失，變成了其實沒有任何東西可以跳過，所以就顯得不合常理。這顯示出嬰兒知道終止狀態（與大圓接觸）就是小圓的目標，並可以評估小圓所採取的手段（是否要跳躍）在給定的環境限制下（有沒有障礙物）是否合理。

　　基於這些實驗的發現，葛瑞蓋與希布拉（1997; Csibra & Gergely 1998）認為，嬰兒在九個月大時開始能夠理解他人在空間中的目標導向行為，也就是所謂的**「目的論位置」**或是所謂的**「理性行動的素樸理論」**（naive theory of rational action）[6]。能用目的論的方式解釋事情，與單純的只理解因果關係是不同的，不同的地方有兩點：（a）第一個是在解釋事物時間上的不同。目的論是看行為「之後」伴隨的結果，而因果關係是看結果「之前」有哪些必要條件需要滿足，所以目的論包含了對事情的推論；（b）兩者的接受**標準**不同，因果關係的解釋看的是「必要性」──必須要有什麼樣的行動才能產生結果；相反地，目的論的解釋看的是「正當性」，在給予的情境中，採取的手段要足夠合理，才能被接受。

224

6　　譯註：素樸理論是指學習者本身自行建構，用以解釋某些科學概念時所抱持的基本理論。學習者經由日常生活經驗與對於周遭環境事物的了解，產生一些原始想法，甚而形成理論架構，用以解釋、解決所面臨的科學概念、問題。

　　目的論詮釋系統藉由三種表徵要素來建立對目標導向行為的解釋：行動（A），目標狀態（G），與相關限制性的物理環境（RC）。以上述的例子來說，A 就是小圓是否跳躍，G 就是接觸到大圓，RC 就是是否有障礙物。這種目的論的表徵都是基於**「理性行動的原則」**（principle of rational action），這個原則是指，主體在具有限制性的物理環境下，會採取最合理或最有效率的方法來達成他們的目標。葛瑞蓋與希布拉的實驗顯示出，在基於理性行動原則之下，若給一歲的孩子三個表徵元素（A，G，或 RC）當中任兩種相關的感知資訊，他們就能推論出第三個要素（可參考 Csibra et al. 1999; Csibra, Biró, Koós, & Gergely, 2002; Gergely & Csibra 1998, 2000）。

　　成人會以心智性的詞彙去描述動畫實驗中小圓目標導向式的跳躍行為，像是：「它**想要**到另一個大圓那邊，但**認為**自己被障礙物擋住了，所以它試著跳過去。」（參見 Heider & Simmel 1944）然而，如果不要用這麼心智性的說法，而是用目的論的說法，也可以做出解釋。縱使當下只能參考簡單的幾何圖形，嬰兒的目的論還是可以運作，因為在實驗中，就算出現障礙物，嬰兒還是能理解小圓的目的是要接觸大圓。所以嬰兒其實不需要理解動作者的欲求與信念，就能夠建構出一個目的論的行動解釋或是預測。葛瑞蓋與希布拉假設這種能力就是嬰兒初始的「目的論位置」，在此狀態下，嬰兒只會依照當前的資訊表徵目標導向的行為，而不會涉及到心智性或因果推論的能力。[7]

7　對應萊斯利對主體的模組化理論（ToMM/System 1）第二階段來看，「目的論狀態」的表徵條件會以「目的論之因果推論」的形式，表徵出主體的行動特質（Lesile 1995）。然而，依照萊斯利的觀點，對於行動的目的論解釋是由內在的特定刺激線索，像是自我驅使（self-propelled）的行動（Lesile 1994）所觸發，而且行動者是一個伴隨著內在「驅力」（force）的生理性主體。在另一個由普雷梅克（Premack 1990）與貝倫—柯恩（Baron-Cohen 1994）所提出的模組化取向中，自我驅使的行為會直接把行動者歸類為意圖主體。相較於這些主張，希布拉等人（1999）提供了證據指出，目的論解釋的出現，並不一定需要主體性或是具有生命的行動線索。在他們的觀點看來，目標歸因是基於理性行動的原則，而非個體所知覺到的內在特定的刺激線索。個體之所以能建立目的論的解釋，是因為能在情境的限制下判斷行為是否合理的結果。

在第九章中，我們建構出一個以目的論狀態為核心的發展心理病 225
理學模型。在正常的發展中，個體能學會如何運用意圖位置，也就是
理解自己與他人的主觀狀態，進而同理與溝通。但某些人可能因為一
些生理上的缺陷，只能對意圖位置做部分的運用，或是能力受到了阻
礙，另有一些人可能曾經經歷過殘酷的經驗，像是在依附關係中受到
創傷的人，這些人常常會退回到目的論的位置，而不是用意圖位置來
理解人際行為。在這邊我們想強調，這些人之所以用目的論的方式來
理解社會現實，並不是他們天生缺乏同理心，而是因為某種阻礙擋住
了他們的意圖位置；在良好的發展中，個體應該能為自身的原初狀態
建立起次級表徵，但這些人的次級表徵卻沒有好好地被建立起來。

　　嬰兒九個月大的認知革命最主要的特徵就在於會出現許多新的
溝通行為：像是嬰兒與照顧者間開始會有「協同注意力」的互動，
讓嬰兒能採取一些行動來調整照顧者的目標導向行為（Carpenter et
al. 1998; Corkum & Moore 1995; Tomasello 1995; Trevarthen & Hubley
1978）。在這個階段中，嬰兒開始可以穩定地順著成人所看的方向望
去（跟隨視線），在面對不熟悉的事物或環境時，會主動注意成人
的表情與聲調，以調整自己的行為（社會參照），並用大人曾用過
的方式來面對該事物（模仿學習）。他們也會開始利用自己的手勢
來溝通（像是指東西，或是把東西拿給照顧者看），以將成人的注
意力與行為引導到對象物或是情境上（命令與宣告的手勢）。卡本
特（Carpenter）等人（1998）的研究就提到，嬰兒一連串的「協同注
意」技巧（包括前語言命令、前語言宣告、模仿學習、合作學習、意
圖教學等）都是在九到十五個月大的期間才會開始出現。 226

　　托馬塞洛（1995, 1999）基於這樣的發現，發展了另一套理論，
來描述嬰兒在九個月大時開始能用理性的方式來理解目標導向行為的
現象。他認為，嬰兒此時會用一套嶄新的解釋系統來理解他人，他將
這套系統稱為**「意圖位置」**。托馬塞洛（1999）認為，嬰兒一歲後所
出現的協同注意力技巧，以及更之前所說的，希布拉—葛瑞蓋的視覺

習慣化實驗（圓圈與障礙物的實驗），雖然在上述兩個情境中，嬰兒表現出的行為並不相同，但背後都隱含著同樣的原理，那就是嬰兒開始能夠把他人做為意圖的主體來看待。

托馬塞洛（1999）說，嬰兒得先滿足兩個條件後，才會發展出意圖位置。首先，嬰兒得有能力把要達成的目標與達成目標所需的手段區分開來（Piaget 1936）；再來，嬰兒能在當前的環境中，從一堆方法中選出最有效率或最合理的手段來達成目標（參見 Gergely et al. 1995）。托馬塞洛的看法是，嬰兒一旦能從一群行動基模中區分出什麼是要達成的目標，並能展現出彈性的手段來達到目標時，就能用意圖性或是合理性的方式來解讀他人目標導向的行為。為何會如此呢？托馬塞洛理論的後半段是這麼認為的：他假設嬰兒天生就具有「辨認」出其他人「跟自己一樣」的能力，並能用自己的經驗去推估他人的主觀意圖狀態。因此嬰兒能夠做出手段與目標的區分，與他們能理解他人的目標導向行為這兩件事情會同時發生，這可能是因為，只有當嬰兒能夠運用目標與可能的手段來區分與調節自身意圖行為的表徵時，才有辦法運用歸因或理性行為準則，來推論別人的行為。

227 在嬰兒九個月大時，到底是處在葛瑞蓋與希布拉所說的「目的論位置」，還是托馬塞洛所說的，因社會認知發展而造成的「意圖位置」呢？而兩者間的差異又是什麼？我們援引了三個相關的理論來說明這兩者間的差異：（a）類推在嬰兒心智中的功能位置，（b）嬰兒到底是透過自己來了解別人，還是透過別人來了解自己？以及（c）心智能力的開端。

一、嬰兒真的是用「類推」在解讀他人的行為嗎？
　　－完全類推與部分類推。

類推理論學者認為，當嬰兒覺得他人的行為「與自己一樣」時，就會用自己的經驗去理解他人的心態，像是欲求與意圖等。經常被用來證實此事的就是梅爾佐夫（1995）的實驗。在這個實驗中，實驗

者會讓十八個月大的孩子觀看一段示範，但示範者並不會把動作做完，之後再讓孩子模仿示範者的動作，去完成原本示範者想要做的事情。實驗結果發現，如果示範者是人類的話，孩子就能明白示範者原本想做的動作，但如果示範者是機器人的話，就會沒有辦法。梅爾佐夫的解釋是，機器人並沒有滿足「與自己一樣」的這個條件。但本節一開始所提到的，葛瑞蓋與希布拉（1998; Csibra & Gergely 1998; Csibra et al. 2002）所做的習慣化研究，就不支持上述的發現，他們的研究發現，嬰兒在十二個月大時，就能推論那些電腦圖案原本想達成的目標是什麼，所以就算對象不是人類，而是沒有臉孔也沒有生物動感的 2D 電腦動畫，嬰兒也能類推其目的。事實上，希布拉與同僚們（1999）發現，嬰兒早在九個月大時，就有能力理解他人的目標，即使對象是缺乏生物感或主體感的 2D 幾何圖形，他們也還是可以觸發「與自己一樣」的判斷。所以嬰兒早期理解他人目標的能力，並不會因為對象是人類還是非人類而有所限制（亦見 Johnson et al. 1998）。那麼為何在梅爾佐夫的實驗中，孩子卻無法完成機器人要做的事情呢？葛瑞蓋（1999）的解釋是，因為該實驗是模仿，而不是目標歸因，而模仿僅限於人類行為。事實上，萊格爾斯泰（1991）已經證明過，若人類與一個無生命的物體都做了類似的行為，嬰兒只會對人類的行為進行模仿。

上述這些研究都告訴我們，嬰兒早期對目標歸因的能力應該是更為普通的歷程，並不會受限於「與自己一樣」的判斷，即使對象是人類或是 2D 動畫都不會有差別。所以當嬰兒在理解他人具有意圖的目標導向行為時，類推並不是唯一，也不是最重要的機制。

與托馬塞洛所說的「意圖位置」相反，葛瑞蓋與希布拉所謂的「目的論位置」並不是基於類推，而是「理性行動的素樸理論」。「理性行動的素樸理論」只針對行動本身，無論執行者是自己或他人皆然。這個理論的核心要素在於，理性行動的原則會驅使個體在特定的條件下，評估最能有效達成目標的行動會是什麼。在做這樣的判

228

斷時，會受限於嬰兒的知識，像是嬰兒得知道固體的障礙物不能被穿透，所以才需要越過；同時，嬰兒得明白行動者的特質與功能。像是對人類的行動者來說，走直線到達目標是合理的，但如果換作袋鼠的話，若是嬰兒知道袋鼠是用跳的方式來行進，那麼他就會認為袋鼠得跳向目標才是合理的行為。所以動作者的相關資訊會影響到嬰兒對於合理行為的判斷，即使這些特質無法對應到嬰兒身上，也依然如此。

　　然而，類推在葛瑞蓋與希布拉所謂的「目的論模型」當中還是扮演了重要的角色；我們可以稱此為「內建式類推」。如果我們對行動者沒有相關的知識，也看不出行動者有什麼特色，嬰兒就只好以自己做為參照標準，想像自己可能會採取怎樣的行動以進行類推。無論如何，在缺乏資訊做判斷時，類推只是其中的下下之策，事實上，最近葛瑞蓋與希布拉（1998）也在一個實驗中證明了，如果嬰兒能看出行動者的性情特徵，就會改變對行動者會遵循什麼方法來達成目標的判斷。

229

二、嬰兒到底是透過自己來了解別人，還是透過別人來了解自己？

　　托馬塞洛的類推理論假設，嬰兒能了解他人的行為意圖與目標之前，必須先能從動作基模中區辨出達成目標的手段，並藉由內觀所得來的證據，像是自己的感受與意圖，來理解行動與自身的關係（Piaget 1936; Tomasello 1999）。對托馬塞洛來說，這種表徵能力是類推他人行為目標與意圖的先決條件。但嬰兒首先了解的到底是自己的行為意圖，還是他人的行為意圖呢？這點其實很難確認，因為有行為證據指出這兩者幾乎是同時發生的，大約在七到九個月大左右，嬰兒開始會有意圖性行為，同時也開始能解讀他人的行為意圖。托馬塞洛（1999）對這個現象的解釋是，嬰兒一旦能明白自己的意圖時，就立即能以類推的方式去理解他人的意圖。

　　不過「先明白自己的意圖，就能明白他人的意圖」的這個說法其實說不太通，因為在成人能力的文獻上，人其實是用外觀

（exteroceptive）的方式去推論他人的內在狀態，而不是用內觀，譬如說我們常用視覺訊息來推論他人的內在（Jeannerod 1997; Pacherie 1997）。我們對嬰兒能藉由內觀來知道自己意圖行為的內在關聯程度有多少，其實所知甚少。但研究者曾對六到九個月大的嬰兒進行「分辨學習」（discriminative learning）的實驗，結果發現，嬰兒此時都是用外觀線索　　像是視覺的線索來做分辨，而不是用內觀線索——像頭部定向這樣的身體本體感（Colombo et al. 1990）。葛瑞蓋與華森（1996, 1999）提到，嬰兒基本上是透過外在資訊來學習，然而嬰兒一旦能夠把外在資訊與內在狀態連結在一起時，就能夠發展出後效偵測的功能，並開始進行「社會生理回饋」的歷程（詳參以上論述）。

　　我們認為，九個月大的認知革命其首要的發展任務並不是自我認識，這能呼應上述的考量，並且能解釋嬰兒同時間所出現的能力，也就是可以理解自我與他人的意圖。順著這樣的脈絡討論下來，葛瑞蓋與希布拉（1997）所提出的目的論位置，認為現階段嬰兒是遵循著理性行為的原則，而並未完全涉及心智歷程，讓我們對嬰兒能同時理解他人與自我目標導向行為的這件事，有了全新的理解（讀者也可參考 Dennett 1987 與 Gopnik 1993 的文章，有些學者會反對傳統笛卡兒對於個人主體總是「第一人稱」至上的論述）。

230

三、心智能力的開端？

　　托馬塞洛（1995, 1999）認為嬰兒在九個月大時開始能進入「意圖位置」，能理解到他人與自己的行為是由欲求或意圖這樣的**心智**狀態所驅動。對此，托馬塞洛提出了兩個證明：（a）他強調，在九到十五個月大時所產生的協同注意力技巧（見 Carpenter et al. 1998），像是**前語言指稱手勢**，就是用來理解或是影響他人的**心智**狀態，例如獲取母親的注意力（亦見 Leslie & Happe 1989）；（b）托馬塞洛的類推理論認為，九個月大的嬰兒藉由參照自身的主觀內在狀態——注意、意圖——來推論他人的行為動機。而這個假設有個前提在於，人

類有一種特有的演化適應能力，能「辨認」出「像我一樣」的人。對托馬塞洛而言，嬰兒在快一歲時所出現的協同注意力技能，代表著此時嬰兒已有了類推他人心智的能力。

為了支持自己的論述，托馬塞洛（1999）提到，靈長類動物在牠們的自然環境中之所以不會有協同注意力，並不是因為牠們沒有能力區分自己動作中的方法與目標（牠們顯然有這樣的能力——托馬塞洛與寇爾〔Call〕在 1997 出版了一本探討靈長類認知的書，內容描寫得相當精彩，有興趣的讀者可一併參考），而是因為牠們欠缺了一種人類特有的生理適應能力，所以無法「辨認」出另一個主體，換句話說就是牠們無法把自己的主觀經驗類推到他人身上。

相反地，葛瑞蓋與希布拉（1997; Csibra & Gergely 1998）則是認為，九個月大的嬰兒主要還是用「目的論位置」來理解行為，因為此時嬰兒還未表現出有理解他人發起意圖心智狀態的能力。在他們的觀點中（見 Csibra & Gergely 1998; Gergely & Csibra 2000），「純粹的」目的論詮釋系統還不像心智理論那樣成熟，因為目的論式的理解並不需要表徵出信念或欲求的狀態（Fodor 1992; Leslie 1987, 1994），也不需要理解意圖心智狀態本質上是表徵性的（Perner 1991）。所以「目的論位置」與「意圖位置」相比，**在本質上較為侷限**，因為所需的元素只要嬰兒能表徵自身現在和未來的現實狀態即可，就像是**機械性**的運算一樣，不需要去推論、理解他人的意圖狀態，所以**較為單純**。目的論系統不需要理解他人的特定信念（Leslie 1995），單從眼見為憑得來的知識便可運作。目的論的這種說法能解釋為何嬰兒早在九個月大之前，就可以擁有理解行為的能力。

當然，葛瑞蓋與希布拉的習慣化實驗結果，並不表示都得用非心智化的方式解讀訊息。舉例來說，凱勒曼（Kelemen 1999）就認為，嬰兒能通過這些實驗，就已經代表他們能對行動者的心智狀態（像是欲求與意圖）有一定程度的理解。而這些觀點在經驗上的差異到底在哪呢？根據凱勒曼的目的論心智結構理論，嬰兒理解目的論與理解意

231

244

圖的這兩件事情並非完全無關，這兩件事情都代表著，人類有種天生的能力可以理解主體的心智狀態，只是分成了兩種形式來呈現。這個觀點認為，對所有的物種或生物來說，此一能力的兩種形式要嘛就同時存在，不然就是兩者皆無。所以如果我們發現有生物只有其中一種能力的話，就能推翻這個理論。 232

　　相反地，葛瑞蓋與希布拉堅持「獨立目的論」的觀點（2000; Csibra & Gergely 1998），他們認為目的論與心智理論不同，是從心智理論獨立演化而來的適應功能，可以解釋與表徵目標導向行為與理性空間行為。很多類型的物種都擁有目標導向的行為組織（像是老鼠──參照 Tolman, Ritchie, & Kalish 1946）。環境給了物種演化上的壓力，讓他們必須擁有目標導向的行為好辨別與預測事件。從這個觀點來看，更為心智性的「心智理論」位置則有更進一步的適應功能，在本質上比目的論位置更加豐富，它不只包含當前與未來現實狀態的表徵，還能在心中表徵出**想像**的或是**非現實**的狀態，以及用類似命題性的態度來表徵事情（Fodor 1992; Leslie 1987, 1994）。

　　所以如果要用目的論來理解他人的意圖時，動作者必須要忠於現實去呈現出自己的意圖，如此一來，目的論才可以直接依照現實去解釋，而不需要考慮到動作者內心所表徵的現實是什麼。但當動作者的意圖在於表徵出幻想，或是處於違反現實的狀況時──例如假裝，或是在一些錯誤信念類型的實驗中，目的論就會失效。所以我們可以想見，如果個體的目的論狀態與意圖狀態失去連結的話，就會因為無法理解他人的意圖，而只能以全然基於現實考量的目的論來解決事情。

　　能運用目的論思維的人，不一定能運用意圖位置，也不一定具有心智化的能力，了解到這一點後，在臨床上會有很大的幫助。在第九章至第十一章中，我們將會看到許多臨床案例，有些較為重度的人格障礙症患者無法在依附關係中運用意圖位置，而是使用目的論的思維，然而這樣的方式卻嚴重損害了他們的人際關係。 233

　　以下，讓我們來看看兩種可顯示出目的論與意圖位置「失聯」

（dissociative）[8] 的證據，以印證「獨立目的論」的觀點（見 Gergely & Csibra 2000）。

失聯的證據之一：
自閉症的孩子能用目的論來做歸因，
但心智理論卻有所缺損

在一些需要歸因他人意圖心智狀態的測驗（像是錯誤信念測驗）中，自閉症的孩子都很難有好的表現（Baron-Cohen, Leslie, & Frith 1985; Leslie & Thaiss 1992）。根據「心智理論缺損」的說法，孩童期的自閉症是一種認知上的失能，由於基因缺陷的緣故，導致他們的「心智理論」在先天上有缺損，無法表徵出他人的意圖心智狀態。如果目的論式的理解會牽涉到意圖心智狀態的表徵，那麼在那些需要運用目的論歸因的測驗中，像是希布拉—葛瑞蓋的嬰兒習慣化研究（Csibra et al. 1999; Gergely et al. 1995），自閉症的兒童應該都很難有好的表現。相反地，「獨立目的論」的論點認為，自閉症的孩子具有以現實為基礎且完好的「目的論位置」，並能解釋目標導向的行為，但在後設表徵系統的缺陷下（Leslie 1994），他們可能無法讓目的論位置擴展成為「適當的」心智理論。

舉例來說，阿貝爾、哈佩與弗里斯（Abell, Happé & Frith 2001）的研究就提供了這種失聯的證據。在這個研究中，自閉症的孩子與控制組的孩子會先觀看電腦動畫，畫面中有一些抽象的圖案——像是三234 角形——正進行著互動，並且有三種不同的行動模式。受試者在觀看完動畫後，實驗者會邀請他們試著用語言來描述這些圖案的互動：第一種行動的模式是隨機移動，圖案間沒有互動，只會隨著預設的方式移動，像是飄移、撞牆；第二種是目標導向式的行動模式，圖案會與另一個圖案互動，像是跟隨、追逐或是逃離；第三種是心智理論的行

8　此處所運用的字詞「dissociative」是一種邏輯上的脈絡，而非心理病理上的。

動模式，在此模式中圖案就像是角色一樣，會與他人的心智互動，引誘他人、躲起來嚇人、哄騙或是嘲弄他人。正常的成人都能用物理性的詞彙來描述隨機行動模式，用目的論的詞彙來描述目標導向的模式，用心智化的詞彙來描述心智理論的行動模式。有趣的是，高功能自閉症的孩子與控制組相比起來，不太能精準地用心智化詞彙描述心智理論的行動模式，但在物理性或目的論性的描述上就沒有任何問題。從自閉症孩子的表現可看出，他們運用目的論的方式來解釋目標導向行為，與他們有缺損的心智理論之間，有個失聯存在。

　　奧爾德里奇、史東、斯溫尼與鮑爾（Aldridge, Stone, Sweeney & Bower 2000）等人複製了梅爾佐夫（1995）的實驗，並運用在自閉症的孩子身上，實驗最終呈現的結果相當有趣。在梅爾佐夫的實驗中，十八個月大的孩子會看到一位成人表演者，嘗試進行一個目標導向的行為，然而在嘗試三次之後都會以失敗告終。接著實驗者會請孩子推測並重新做出表演者試圖想要做卻失敗的事情，由此來評估孩子是否能理解表演者的意圖。奧爾德里奇與同僚們發現，相較於控制組，自閉症的孩子不太會模仿成人非目標導向的姿態——例如吐舌這類的動作，但若要他們重新去做表演者試圖去做（但實際上沒有真的觀察到）但卻失敗的事情，則完全沒有問題。奧爾德里奇與同僚們認為，這個實驗結果展現了自閉症孩子還是能推測與歸因表演者心中所表徵的意圖。然而，這個結果卻與剛才認為自閉症孩子在心智理論上有缺陷的說法相互矛盾。對此，梅爾佐夫給了一個更謹慎的說法，他認為，十八個月大的孩子可能只知道表演者有個目標，但還沒有辦法歸因目標後的心理狀態是什麼（1995, p. 848）。這種說法與目的論位置的假設相符（Gergely & Csibra, 1997）。奧爾德里奇等人進一步證 235 明，自閉症的孩子其實能夠理解目標導向的行為，因為要理解這種行為並不需要先理解他人的心智狀態。所以自閉症的孩子雖然無法推論他人的意圖，但並不會影響他們推測他人動作目的的能力。

失聯的證據之二：

能學會目的論，卻無法學到心智性的能力

——被人類馴養的猿猴所具有的協同注意力技巧

我們曾提過，托馬塞洛（1999）認為，非人類的靈長類（像是猩猩）缺乏一種人類特有的演化適應能力，能「辨認」出那些「就像我一樣」的人的內在經驗。縱然其他動物能像九個月大的孩子一樣，能對目標導向的行動進行手段與目的的協調，但卻無法運用自我的表徵去類推其他主體的意圖。這可以解釋為何只有人類能發展出一系列溝通性的協同注意力技巧，因為只有人類擁有意圖位置。大約在九至十五個月大時，嬰兒會開始使用這些協同注意力技巧（Carpenter et al. 1998），這被認為是因為嬰兒此時已經有了意圖位置。

但托馬塞洛在一篇由人類所馴養的猩猩的文獻中（1999; Call & Tomasello 1996）有與上述理論不太一樣的說法。他提到猩猩們會產生兩種跟人類嬰兒一樣的「協同注意力技巧」；第一種是「前語言命令式的指物」（protoimperative pointing），也就是指著東西告訴他人牠想要這個東西，另一個則是模仿學習（imitative learning），也就是可以模仿他人對新物體的行為。不過，被人類馴養的猩猩似乎無法使用其他協同注意力技巧，像是前語言指稱的手勢（protodeclarative gestures）或意圖教導（intentional teaching）。所以如果真的像托馬塞洛的假設一樣，人類天生就能透過「認同」（identification）來類推他人的意圖，而且這個能力也是**所有**「協同注意力技巧」的必要條件，那為什麼被人類馴養的猩猩，能使用一部分協同注意力技巧的能力呢？

猩猩確實天生就沒有表徵出意圖心智狀態的能力，但藉由訓練，牠們也許能以非心智性的目的論方式來解釋他人的行為，如此一來，就能解釋為何猩猩能用前語言命令或模仿學習這類的協同注意力技巧。可是，為什麼猩猩無法使用其他的協同注意力技巧呢？這是因為命令與模仿這兩種技巧與其他協同注意力的技巧有關鍵性的不同——

236

它們都是目標導向的，而且目標都是實質且易見改變的外在現實。與之相反的是，像前語言指稱溝通（protodeclarative communication）的目標就在於引發他人**不可見的意圖心智狀態**。我們也能在自閉症的孩子身上看到同樣的狀況，他們可以了解與做出前語言命令的動作（像是指東西要媽媽去拿），因為他們可以用目的論來理解目標導向的行為，但他們無法做出前語言指稱的動作（像是拿玩具去和媽媽玩），因為這需要對這個動作的目標有著心智性的理解（見 Baron-Cohen 1991）。

　　人類與猩猩都有非心智化的目的論詮釋系統，在模仿學習的情境中，猩猩能夠做出一些前語言的溝通行為，或是學習工具性動作，讓他們學會區分什麼樣的手段才能達成目的，但這僅限目的是可看見的結果，以作為他們行動的目標。此外，我們也可以藉由示範、形塑、選擇性的獎賞等方式，明確教導這些馴養的猩猩，慢慢讓他們做出模仿，以克服牠們先天的限制，這就是動物仿效人類的例子。但是，對猩猩的教化並**無法**教會牠們表徵**不可見的**或**心智性**的狀態，像是引誘、分享或是改變他人的意圖等等，因為猩猩缺少了心智理論的能力來表徵他人的意圖。

　　在此做個小結。我們在上述的論述中看到了兩種「失聯」的證據，能支持非心智性的目的論位置是獨立演化出來的，而不用理解與表徵出他人的意圖心智。大約在九個月大時，嬰兒的社會認知能力會快速地發展，並出現目的論的能力，所以此時嬰兒會出現很多技巧，讓他們能做出理性的目標導向行為，並能理解他人的行為。目的論的能力不是正常發展的九個月大人類嬰兒所獨有，一些靈長類動物與自閉症的孩子也會有這樣的能力。儘管後兩者也能運用目的論，卻缺少了心智性的意圖位置。所以人類可能額外具有一種特殊的適應性功能，讓我們能理解他人的心智，並與其溝通。

237

理解自我與他人做為「意圖的心智主體」

人類發展的下一個階段就是能理解自己與他人的「先前意圖」（prior intentions）（Searle 1983），好解釋或預測未來會發生的目標導向行為。大約從二歲開始，幼兒就知道他人在實際進行動作之前，會有前意圖或是前欲求的存在，而不會只能用觀察他人行為的方式來獲得資訊。這時候的幼兒明顯具有表徵**意圖心智狀態**（心智化）的能力，他們能運用他人的前意圖來預測之後的動作，換句話說，從此時開始，幼兒能夠思考**「心理成因」**（mental causation）。

許多論述都指出，幼兒從二歲時就開始能對他人的意圖成因有**心智性**的理解（對近期的評論請見 Wellman & Phillips 2000）。舉例來說，巴奇與韋爾曼（Bartsch & Wellman 1995）就發現，即使二歲的幼兒無法達成因欲求而生的行動，或是在嘗試後卻失敗了，但他們還是能說出自己「想要」（want）什麼。這代表幼兒已經能運用語言來了解自己與他人的欲求。對於欲求或意圖的語言參照，也可以在二歲幼兒已能分辨自己與他人的主觀欲求狀態中看出。雷帕喬利與高普尼克（Repacholi & Gopnik 1997）在實驗中讓十八個月大的幼兒看到實驗者在面對花椰菜與金魚餅乾時說出「好吃」（yummy）或「噁心」（yuck），讓他們預先知道實驗者對食物的偏好。接著實驗者就會把兩種食物給他們，要求他們為實驗者挑選出要吃的食物。實驗發現，幼兒會根據實驗者先前所表現的偏好，給實驗者他喜歡的食物，縱使那種食物不是幼兒自己喜歡吃的食物；相反地，若受試者是十四個月大的幼兒，他們就會給實驗者自己喜歡吃的食物，因為此時的幼兒還無法考量到他人的前意圖，所以只好以自己的偏好做基準。

在二歲時，幼兒也會發展出較成熟的同理心反應，這也會使幼兒進入到利社會性行為（Hoffman 2000; R. Thompson 1998; Zahn-Waxler & Radke-Yarrow 1990）的階段。此時的幼兒能理解他人的主觀情緒狀態，也能把他人的情緒狀態與自己感受到的狀態區分出來。我們能看

238

到二歲的孩子會運用一些利社會性的目標導向行為，試著調整他人的情緒狀態（像是看見別的小朋友在哭，就給他糖果來安慰他）。

我們也能看到，二歲的幼兒開始能懂得兩種不同意圖狀態間的成因連結。舉例來說，他們能明白，若一個行為的結果沒有滿足原本的欲求，就會引發難過與沮喪，而不是快樂的感覺，而且能進一步進行不同的目標導向行為（見 Wellman & Phillips 2000）。

這些現象都很明確地顯示，二歲的幼兒已經能對欲求有初步的概念，知道那是一種意圖狀態，他人心中會有個**「假想」**（about），也就是會有個假設性的目標，所以會設法做出一些行動去達成這個目標，達成目標後也會產生其他的心智狀態。這種表徵系統就是「素樸的心智理論」（Fodor 1992; Leslic 1987, 1994; Leslie & Keeble 1987），也就是幼兒能知道目標導向行為的背後有意圖心智狀態的存在，而意 239 圖心智狀態是世上另一件事情的表徵，並且彼此相關。

另外，兒童還會有一種新的能力出現，那就是表徵出「相對穩固的因果意圖心智狀態」的能力，這與先前提到的理解他人目標導向行為的能力不同，它讓兒童能用新的方式去預測與理解他人的行為。如果兒童在適當的情境中，重複經驗到來自於重要他人（像是照顧者或手足）類似的目標導向行為，就能**歸納**此人的**意圖或態度**，將此當成該人物的特質。當他人的特質慢慢被歸納並穩固後，形成限制要素，兒童就能加入其他像是情境與性情因素的條件，以理性行動的模式來解釋與預測該人的行為。自此之後，幼兒心中就會出現新的素樸心智理論以及歸因原則，這個原則就是「心智一致性原則」（principle of mental coherence）（參見 Dennett 1987）：這個原則假設一個理性主體的意圖不會相互矛盾。如果兒童能很好地預測出周遭他人的意圖，這個原則就可以被建立起來；反之，如果周遭他人的意圖經常處於矛盾的狀況下，兒童就會無法對行為進行合理的解釋。在發展心理病理學中，那些虐待或忽視孩子的父母，會讓孩子只能用矛盾的方式歸納父母的意圖。我們假設，這種狀況會造成孩子在心智理論上的缺陷，

也會讓自我發展出一些病理性的特徵，像是崩解（disorganization）與分裂（splitting）的機制（見 Fonagy, Target, & Gergely 2000; Gergely 2000; Gergely, Koós, & Watson, in press）。邊緣型障礙症患者可能因為發展上的扭曲，而沒辦法歸納他人的意圖或態度，這是他們在臨床上相當重要的特色之一，我們可以看到，對他們來說，自我與他人的表徵都是分裂性的（見第九章），這些患者也不太能區分什麼是外在現實，而什麼又是內在對於該現實的表徵（見第十章）。

240　二歲時的自我概念發展

如同上述，孩子在二歲時會開始對意圖出現心智性的理解，也能藉由歸納與穩固他人有哪些意圖，來表徵出其主體。這些能力為二歲幼兒帶來了更上一層的自我理解。托馬塞洛（1993, 1999）利用社會建構論的方式來解釋自我概念（自我發展的社會建構論已有很多討論，可參考例如 Baldwin 1902; Cooley 1912; Fonagy & Target 1997; Mead 1934），他認為，照顧者或同儕會重複對兒童表達出類似的意圖性行動與態度，而兒童為了要「合理化」他們的行為，就會參照與歸因這些他人對自己類似的意圖性特徵，從而建立出「類別性的」自我概念或表徵，這也是威廉・詹姆斯學派（Jamesian）所謂的「受格我」（Me）（Harter 1999; Lewis & Brooks-Gunn 1979）。與直觀的「實際」（empirical）自我不同，這種自我表徵包含了從人際中歸納而來的意圖種類。舉例來說，在發展心理病理學中，那些不切實際的負向自我歸因可能就是因為孩子得在依附關係中，試圖合理化照顧者為何會用那麼虐待或嚴重忽略的方式對待自己的緣故（Allen 1995, 2001; Cicchetti & Toth 1994; Fonagy & Target 1997; Fonagy, Target, & Gergely 2000）。第十章中的案例「愛瑪」可以幫助我們更進一步地理解這個現象。愛瑪的母親有躁鬱症，時常有自殺的風險，而父親則有著精神病性的被害妄想，因此愛瑪內化了一個瘋狂且不可預測的自我形象，

也依照這個形象來行動。然而，愛瑪的自我也有善解人意且樂於助人的另一面，能夠運用自己的想法與感受去幫助有困難的人解決問題，但在她的自我結構中，這兩種自我表徵卻被區隔開來了。所以臨床工作上的挑戰便是，治療師要如何幫助愛瑪將瘋狂的、時而虐待性的照顧者形象，與內心當中另一個健康強韌的自我形象，一起內化到同樣的自我表徵系統中，讓愛瑪可以感受到這兩種形象都是自己的一部分，也是詹姆斯學派提到的「受格我」，是合在一起的表徵，而不需加以區隔。

　　我們可以從早期**認出鏡中自我**（self-recognition in the mirror）的後續實驗中看出（Amsterdam 1972; Gallup 1991; Gallup & Suarez 1986; Lewis amd Brooks-Gunn 1979; Parker, Mitchell, & Boccia 1994），兒童得 241 到快滿二歲時，才會發展出這種「自我做為恆存性實體」的認知概念或表徵能力。這個實驗的進行方式如下：首先，實驗者會偷偷在兒童的鼻子上或額頭上畫上紅點，然後讓幼兒們去照鏡子，十八到二十四個月大的幼兒可以明白鏡中的影像就是自己，所以在照完鏡子後，他們會試著擦掉自己身上（而非鏡中自我影像）的紅點，但是小於這個年齡的幼兒就不會做同樣的事情。也就是說，基於之前照鏡子的經驗，所以幼兒就算沒有直接看到自己的臉，還是可以藉由對自我表徵（鏡中影像）的參照與歸因，知道紅點就在自己身上。但是此研究結果也帶出了一個疑問——也就是自我概念的本質到底是什麼，而這其實是一個備受爭論的主題（見 Parker, et al. 1994）。有人認為（例如 Bertenthal & Fisher 1978; Menzel, Savage-Rumbaugh, & Lawson 1985）兒童之所以能認出鏡中的自我，只是代表著孩子此時的知覺—動作技能已有所提升。不過也有較為極端的說法，像是蓋洛普與其門生（例如 Gallup & Suarez 1986）認為，這是一種自我覺察的能力，是能表徵出自我概念的里程碑，也代表了人天生就有理解他人心智狀態的能力。在看待鏡中自我時，那些較為激進的心智性解釋，其實在許多領域上都遭到了研究者們的質疑（例如 Gergely 1994; R. W. Mitchell 1993;

Povinelli 1995; Povinelli & Simon 1998）——舉例來說，黑猩猩（Gallup 1970）與自閉症的孩子（Dawson & McKissick 1984）都能夠認出鏡中自我，但這兩者在心智理論的能力上都是有缺損的。

豪與卡里奇（Howe & Courage 1993, 1997）認為，個體如果要能擁有個人經驗事件的自傳記憶（autobiographical memory），其先決條件就是要在二歲時出現對自我概念的認知，像是能辨認出鏡中自我。在他們的觀點中，個體很少會有二歲以前的記憶，也就是所謂的「嬰兒期失憶」（infantile amnesia）現象，而這種現象就是因為在二歲之前，個體缺乏對於自我概念的認知。他們認為，若個人所經驗到的事件記憶能統整到具有一致性的記憶結構中，就能將自我表徵成恆存性的實體。這種認知提供了一種概念性的基模，使個體在追溯特定記憶時能有跡可循。在本章最後部分，我們會先回顧對於自我概念發展的研究中一些有趣的發現，而對鏡中自我的辨認其實只是自我理解的一小部分而已，並且僅限於對「現在」的理解上（即「現在的自我」〔present self〕，見 Povinelli 1995）。如果要建立時間上的「延伸自我」（extended self），就需要自傳性的記憶，如此一來，才能把個體過去經驗到的事情，以具有因果關係的方式整合到現在的自己身上，變成統一的自我概念（即「適當的自我」〔proper self〕，見 W. James 1890）。而這樣的情形大約要到兒童四至五歲時，表徵能力有了更進一步的發展後才能實行。

理解自我與他人是個「表徵性主體」
以及「自傳性自我」

能用較為成熟的方式來理解心智主體（也就是心智的素模理論），會牽涉到數種因素（見 Fodor 1992; Leslie 1987），其中包含了：理解與表徵不同類型的意圖心智狀態（像是欲求與信念）、知道它們的因果關聯、理解這種心智狀態的本質是表徵性的（Perner

1991），以及知道這些心智狀態可以引發行為，也會被知覺所體驗，會受他人的口語或暗示左右（即「因果性的自我參照」——Campbell 1997; Perner 2000a; Searle 1983）。過去二十年來，幼兒在不同年齡時期的心智表象及其各種面向的知識，一直是被熱烈討論的主題，理論輩出（例如 Astington et al. 1988; Baron-Cohen, Tager-Flusberg, & Cohen 2000; Carruthers 1996; Davis & Stone 1995; Lewis & Mitchell 1994; Whiten 1991）。第一章已經簡單地談到，兒童得到四歲後才會出現較為成熟的心智理論。在此期間，做為基礎的認知機制會是什麼呢？對於這個疑問，目前我們可以整理出三種觀點，分別是（a）先天模塊理論（Fodor 1992; Lesile 1987, 1995）；（b）類推理論（Gordon 1995; P. L. Harris 1991, 1992）以及（c）理論—理論（Gopnik & Wellman 1992, 1994; Perner 1991）。在第一章時提到，我們之所以會談及上述的三個理論，是為了先起一個頭，好將依附關係與心智理論發展的領域整合在一起。所以我們在此不會再回顧或評斷這些理論，而是專注於討論，當三到四歲的兒童理解到自我與他人能做為表徵主體時，又會出現哪些新的面向與特色。

243

　　其中一個核心的議題就是，幼兒在二歲時就能對「欲求」有心智性的理解，但我們從錯誤信念的測驗卻發現，兒童得到三到四歲時，才能對「信念」有表徵性的理解。維莫爾與佩爾奈（Wimmer & Perner 1983）率先用實驗證實了這件事情。在實驗中，三歲以下的兒童會看到有個人把物品放到了 A 容器之中，然後離開房間。當那個人離開時，兒童會看到物品又被移到了 B 容器當中。在那個人回來後，實驗者會請兒童預測，如果那個人要尋找原本的物品，他找的會是 A 容器還是 B 容器呢？三歲的兒童會預測說，那個人會去看 B 容器（物品真正在的地方）而不是 A 容器（原先放置物品的地方）——因為這個預測是基於現實。然而，大約四到五歲的兒童就不會犯下這樣的錯誤：他們能夠成功地預測那個人會去找 A 容器，因為此時兒童已有能力理解，那個人在當下有著錯誤的信念（因為他並

不知道物品已經被調換過了）。

　　有許多理論觀點都曾解釋過，為何理解錯誤信念的能力會到很後期才發展出來。模塊理論觀點的學者，像是萊斯利（1987, 1994）與弗多爾（Fodor 1992）認為，用來表徵出命題態度的概念——像是欲求、假扮或是信念等——這種後設表徵系統，在兒童二歲時就已經發展完成（這同時也是理解假扮遊戲的能力，見 Lesile 1987）。在萊斯利的觀點中，兒童理解錯誤信念的能力之所以會延遲，是因為二歲的幼兒在注意與學習信念固著（belief flxation）上有能力的限制，例如他們會認為「看到的就是現實」（見 Leslie & Roth 1993）。相對244　而言，佩爾奈與其他學者（例如 Gopnik & Wellman 1992, 1994; Perner 1991, 2000b）認為，兒童在四歲以前還無法理解到意圖心智狀態「是個表徵」：換句話說，如果個體能把心智狀態當成表徵，他就會知道心智狀態是個「假想」，它可能是某種真實或假設的事件狀態，也能衡量這個事件的狀態到底是真是假。佩爾奈也認為，當個體能理解信念「是個表徵」後，才能理解到產生行動的原因並非現實本身，而是對於現實的**心智表徵**。

　　佩爾奈等人（見 Mitchell & Riggs 2000; Perner & Lang 1999）找到了新的證據，來論述兒童要到三至五歲後，才能知道意圖是種心智表徵，並且才有發起行為的力量。其證據有二，一是兒童能知道錯誤信念會影響到人的行動（心智理論），二是此時的兒童在執行功能測驗中能表現出成熟的自我控制能力，也在反事實思考的測驗中有良好的表現。為何兒童在四歲左右時，就能在上述性質截然不同的測驗中出現大幅度的進步呢？佩爾奈（2000a）認為，原因在於，這些測驗都與一種意圖狀態有關，那就是「因果性的自我參照」。這是借自心智哲學的概念（見 Campbell 1997; Searle 1983），簡單來說，如果要能良好地了解意圖心智狀態，就得了解「行動意圖」（intention to act）。這代表著，有意圖的行動所表徵出的，不只是該意圖的內涵，還包括了個體能知道這個行動背後有著行動意圖的存在（Perner

2000b, p. 300）。（這形成我們的覺察或是自我主體感的表徵性基礎，讓個體知道自己是行動的主人。）同樣地，如果個體要在記憶中回想起一件事，他不只得表徵出該事件的內容，還要能表徵出是什麼造就了這段記憶（也就是對因果知識的記憶）。

　　佩爾奈（2000b）回顧了許多心智理論的研究，並指出四到五歲前的兒童很難辨認出是什麼造就出他們的信念（像是他們曾看到什麼？是誰告訴他們的？他們被告知盒子裡有什麼東西嗎？——參見 Gopnik & Graf 1988; Whimmer, Hogrefe, & Perner 1988; Wimmer, Hogrefe, & Sodian 1988））。三歲以下或是自閉症的兒童（見 Hughes & Russel 1993; J. Russell 1996）都很難完成執行功能的測驗，像是威斯康辛卡片分類測驗（Wisconsin card sorting task）[9]，這個結果也與心智理論類型的測驗（像是錯誤信念）有高相關，因為這兩種類型的測驗都涉及到個體必須抑制自身原本的反應。這些實驗結果顯示（見 Pacherie 1997; Perner 2000b; J. Russel, 1996, 1997），個體如果要抑制原本的反應傾向，就必須知道這個反應是由自己的心智發起的。他們也假設，很難監控自身意圖的人，在自我控制上也會出現困難；舉例來說，像是思覺失調症的患者會錯把自身的意圖當成他人的意圖，這就是一種心智理論的障礙（C. D. Frith 1992）。另一個例子是自閉症的兒童，他們在執行功能的測驗與心智理論的測驗中，都會同時發生困難（Carruthers & Smith 1996; Pacherie 1997; J. Russel 1996, 1997）。

245

自傳性自我的出現

　　佩爾奈也認為，所謂的嬰兒期失憶（個體很難想起三到四歲前曾經驗過的事件，見 K. Nelson 1992, 1993; Perner 1990, 1991），

9　譯註：威斯康辛卡片分類測驗（簡稱 WCST）是種神經心理測驗，可以測出受試者分類、概括、工作記憶和認知轉移的能力，同時也可測出大腦額葉的功能性。WCST 由四種不同花色、形狀、顏色及數字（1、2、3、4）的卡片構成。測驗時主試者會要求受試者將 128 張卡片進行分類，每次會有一個分類原則（例如顏色），受試者不會知道原則，但每次分類都會被告知結果的對錯，在連續分類十次後，就會換規則，直到測驗結束。

是因為兒童當時還無法「把個人所經驗到的事情轉變為**自己的經驗**（personally experienced）」（Perner 2000b, p. 306）——也就是說，此時兒童對起因資訊的理解僅是「曾看過的」東西而已。在四到五歲時，兒童開始知道自己是這些訊息的主人，因此才得以建立個人經驗的自傳性結構。

波維內利（Povinelli）做了個很好玩的實驗，印證了小於四到五歲的兒童有困難將與自我有關的經驗，整合成一個時序統合的自我概念，而且這樣的自我概念能夠隨著時間開展（Povinelli & Eddy 1995; Povinelli, Landau, & Perilloux 1996; Povinelli Landry, Theall, Clark, & Castille 1999; Povinelli & Simon 1998）。之前的學者們普遍認為，因為嬰兒在二歲時就能認出鏡中的自己，所以此時應該已經有了穩定的自我概念（見 Gallup & Suarez 1986; Howe & Courage 1993; Lewis & Brooks-Gunn 1979）。但波維內利的實驗卻反對這點，因為他發現，如果影像受到延遲的話，四到五歲前的兒童就會無法認出自己。在實驗中（Povinelli & Simon 1998），實驗者會與兒童玩遊戲，並且把這段影像錄起來，而實驗者會在遊戲當中，偷偷地將一個大標籤貼到兒童的頭上。三分鐘後，實驗者會再把剛剛錄到的影像播放給兒童看，三歲的孩子並不會因為看到影像，而伸手移掉頭上的標籤（在錄影帶中，兒童頭上的標籤相當顯眼），即使他們能「辨認」錄影帶中的人是自己，並且說「這是我欸！」或是在實驗者問他們說，「錄影帶中的小朋友是誰啊？」的時候，能回答出自己的名字。（然而，當實驗者問他們標籤在哪裡的時候，三歲的孩子會傾向回答「在他的頭上」，而不會說出「在我的頭上」！）不過如果讓他們照鏡子，他們就會把標籤給弄掉。相反地，四到五歲的兒童即使看的是延遲的錄影帶影像，也能將影像聯結到當下的自己，所以看到錄影帶後就會把標籤弄掉。

佩爾奈對實驗結果的解釋是：「三歲的兒童似乎沒辦法把經驗到的事情，與從錄影帶看到的影像進行因果聯結。」（2000b, p. 302）不過，一系列由波維內利等人（1999）所做的研究顯示，當三歲的兒

童發現，在現實中能找到在影片中被隱藏的物件時，他們就能了解錄影的影像就等同於真實世界。在波維內利的理論中（Povinelli & Eddy 1995; Povinelli & Simon 1998; Povinelli et al.1999），「**自傳性自我**」的概念在四歲時才會出現，這也表示兒童的表徵能力又更上一層樓了。嬰兒首先在十八到二十四個月大時，對自己能有單一的心智表徵，開始能辨認出自己在鏡中的影像：此時，嬰兒能將自己的行動與身體動作——這個「現下的自己」，與鏡中影像等同在一起。接下來，兒童在快滿二歲時，就能在心中發展出對世界的單一表徵（亦見 Olson & Campbell 1993; Perner 1991），讓他們能把現下的知覺對照到現實 247 層面。最後，在四歲左右，「兒童能夠同時在心中把握住對世界多種不同的表徵或模型」（Povinelli & Simon 1998, p. 189），這讓他們能對先前的自我經驗，在記憶中建立時序與因果上的連貫性，這樣就能夠「評估先前的自我狀態與現在的狀態差別在哪裡。」（p. 189）因此，四到五歲的兒童會知道有個因果性的影響在，從錄影帶中得知，實驗者在數分鐘前把標籤貼到了自己的頭上，也知道現下的狀態會被過去的事件所影響，所以標籤很可能還在他們的頭上。這個能力牽扯到多重的表徵，所以要建立一個有歷史—因果性的抽象自我概念（「自傳性位置」），就要把先前不相關的自我狀態記憶整合成有組織、整合且統一的自傳性自我表徵。在臨床上我們會看到有些患者有嚴重的自體病理（self-pathology），由於他們無法同時運用多種自我表徵，導致功能嚴重受損，我們會在第十章中繼續詳談這件事。

對於發展心理病理學的應用

在本章中我們可以看到，年幼的兒童自出生開始到五歲左右，會如何在環境中慢慢理解到自己與他人做為主體的這件事情，而這個過程是如此地複雜與奧妙。本書著重於討論年幼的兒童是如何在身體上與心智上都能對因果關係有著表徵性的理解：像是個體與他們所做出

的動作之間的關係，以及做出的動作與環境改變之間的關係。如果把這種理解主體性與自我感的發展細分成五個層次，會更容易說明：

248 1. **自我做為「身體主體」**，在這個階段，個體能表徵出自己的身體是個動態的實體，知道身體不是環境的一部分，還可以造成環境的改變。

2. **自我做為「社會主體」**，在這個階段，個體能表徵出人類特有的情感溝通性互動。從出生開始，嬰兒就會持續與照顧者進行情緒性與意圖性的交流。

3. **自我做為「目的論主體」**，這個階段大約是發生在九個月大左右，嬰兒會出現許多新能力，能理解基於理性的目標導向行為，但還無法有心智性的理解。這個階段又被稱為「九個月大的社會認知革命」。

4. **自我做為「意圖心智主體」**，大約在二歲時，兒童開始能理解個體的行為背後有著意圖性的心智狀態存在，像是欲求與意圖。它們並不同於行為本身，而是存在於行為發生之前。

5. **自我做為「表徵主體」與「自傳性自我」**的出現，在四到五歲時，兒童能理解到自己的意圖狀態是「表徵性」的，並且「起源於自己」，撇除其他因素不談，這種能力會建立出一個抽象的、隨時序進行的、具有歷史意義的「自傳性自我」之概念。

很多種心理病理都與「自我做為主體」的問題有關，而「後效偵測」在這之中扮演著關鍵的角色。後效偵測敏感度的異常程度可以想成是一種症狀的光譜，在最極端的那一端可能屬於純然生理的因素，使個體只會對與自己完全一致的刺激感興趣，卻對其他刺激不理不睬，使個體的社交發展嚴重受損。華森就假設（Gergely 2001b; Gergely et al. in press; Gergely & Watson 1999; Watson 1994）**兒童期自閉症**的病因，就是後效偵測模型中提到「轉換機制」（switching mechanism）

的異常。根據這個假設，嬰兒在正常發展中，應該會從偏好完全一致的刺激，「轉而換到」喜歡很相近但不完全一樣的刺激。然而對自閉症的兒童來說，後效分析會一直「卡在」前者的地方，使他們不斷 249 追尋與自己完全一致的刺激。而結果就是，自閉症的兒童只會把全部的心力放在完全一致的刺激上，這樣的刺激來自刻板性的自我刺激，或是反覆操控某個物體，而他們對社交環境中那些沒那麼完美的刺激都興趣缺缺，終其一生都處於同樣的狀況下（見 Gergely 2001b，更多的論述可見 Gergely, Magyar, & Balázs 1999; Gergely & Watson, 1999, pp. 125-130）。像這種後效偵測能力的缺損，會衍生出一系列兒童期自閉症的症狀，例如患者會經常做出韻律性或刻板性的動作、無法忍受規律被打破、很難抑制習慣性與優勢行為，像是執行功能的缺陷、對與人相處感到厭惡，甚至會因為對人際線索缺乏敏感度，而無法啟用讀心能力（若讀者想了解細節，可見 Gergely 2001b; Gergely and Watson 1999）。

　　而在本書中我們提到的案例，狀況不像自閉症那麼嚴重，他們是因為處在失功能的依附環境中，自我的動作與他人的回應之間的後效出了問題，導致後效偵測的功能遭到扭曲。這可能會剝奪掉一些重要的能力，使個體的「自我主體」無法好好發展。如上所述，自我可能會由於生理因素而無法完好地結構化，先天就無法對社交情境中那些「沒那麼完美」的刺激感興趣；另一方面，照顧者如果無法給予嬰兒適當且具有適應性的後效回應，也可能會削弱了自我的正常發展。舉例來說，會施虐的照顧者，或過度焦慮、過度疏離的照顧者都有未解決的創傷。當他們對孩子施虐，或是忽視孩子時，孩子接收到的後效回應就會大幅減少，當這樣的狀況反覆發生時，孩子就會重複地經驗到自身情感與溝通中的後效效能感猛然消失（Koós & Gergely 2001）。

　　上述的情形可能會導致自我發展的混亂，這些孩子也會出現解離 250 性的傾向，並會一直想在依附關係中追求與自己一致的完美後效。我們也確實找到一些證據，證明混亂型依附的嬰兒確實會特別偏好與自

己完全一致的刺激（Koós & Gergely 2001; Koós et al. 2000）。

　　從我們的觀點看來，照顧者對嬰兒那些失能的回應，以及嬰兒無法對不完美的刺激產生興趣的狀況，這兩者如果加總在一起，就會變成對於完美後效的異常關注，以及自我主體性的病態發展。兩者之一都可能成為早期的脆弱因子，導致個體很難發展出具有主體性的自我結構。

　　從發展心理病理學的觀點來看，若是能更加清楚這些早期的脆弱因子，就能幫助我們更為理解日後的症狀，特別是人格障礙。這類症狀都明顯地與極端社交失能的環境有關——像是兒童期的受虐經驗，或是各式各樣的創傷——這會使個體待人處事的彈性受到損害。我們可以把這些失功能的人際行為，理解成是他們對那些在關係中投注強烈情感的對象有個強烈的需求，要求對方要給他們近乎完美的後效回應。這些關係彷彿重新誘發了他們想從他人眼中重新發現自己的需求（見第三章與第四章），所以他們重新啟動需要他人高度後效回應的狀態。在之後的章節中，會解釋為何我們會把這些需求視為潛意識的經驗，而患者又會如何在日後的依附關係中重演這些需求，以做為病理的解決之道。

　　在接下來的章節中我們將試圖整合前三個章節所講到的發展概念與研究回顧。包括主觀感發展的臨床模式（第六章），以及此模式在兒童期時可能會出現的扭曲（見第七章與第十章），以及成人的人格障礙症（見第八章與第九章）。我們希望本章已為後續章節所描述的嚴重人格問題之發展模型打下基礎，並建立了前心智功能的一些特徵。我們相信，這些都可以讓我們進一步理解人格障礙的發展。大體而言，我們認為，這些患者身上的許多症狀與問題都是由於缺少自我做為主體的心智功能所導致。這些特徵，像是衝動、情緒失調以及原始性防衛機制的主導，都是前心智化的適應歷程，或是個體原本可以獲得的能力卻受到了發展上的侷限，抑或是綜合以上兩種可能性產生的結果。

251

【第六章】「與現實遊玩」：主觀感發展的發展性研究與精神分析模式

　　本章主要想討論的是在正常的狀況下，兒童對精神現實的知覺　253
會如何隨著發展而改變。就像在伊底帕斯階段中，兒童對心智的了解
（心智理論）會有重大的轉變，我們也把這個改變當作是隨著心智化
發展而來的變動，也就是自我變成了表徵性的主體（見第五章）。我
們以一位四歲女孩的分析為素材，輔以實證研究來說明這件事。本章
將以精神分析式的發展概念，來解釋個體是如何知覺心智狀態；這個
概念認為，幼兒會用兩種方式來表徵「內在狀態」（以精神分析的術
語來說就是「精神現實」）——我們把這兩者分別稱為「精神等同」
與「假扮」模式。這兩種模式的差別主要在於，它們對內在與外在現
實之間的關係有不同的假設。在正常的發展中，大約在四歲時，「精
神等同」與「假扮」模式會整合成統一的反思模式，此時對於情感的
心智化，會引發接下來對於信念或認知的心智化：兒童會先了解到人
們有著不同的感受，接著才能知道他人可能會對相同的外在現實有不
同的想法。我們也將佛洛伊德對於精神現實的古典論調，與目前精神
分析對於象徵的觀點相互連結，以描述兒童期正常的心理成長。第七
章則是會運用本章與第四章的發展模型，針對一位兒童臨床案例來做
討論；第八章聚焦於青春期的轉變；在第九與第十章中，也會運用上　254
述的發展模式來解釋，具有人格障礙症的成人患者為何會出現嚴重的
認知偏差。

精神現實的概念

　　大部分的精神分析學者口語上會使用「精神現實」一詞，來描

述個人的主觀經驗會如何受到潛意識歷程的影響（Michels 1984）。
所以在移情中，分析師可能是既恐怖又殘忍，或完美又全能的人，因
為這就是患者的精神現實。在佛洛伊德最原本的概念中，精神現實即
是「思考中的現實」（thought-reality），並且與「外在現實」不同。
這個區分之所以這麼重要，是因為在特定情境中，個體可能會把內在
經驗當成猶如外在世界一般真實。佛洛伊德特別感興趣的是，自我
（ego）如何判定思考的「本質」，以及思考在情緒宣洩和語言上對
自我功能的影響，**「若我們在思考時，能有一股能量貫注，呈現了我**
們思考中的現實，並伴隨著話語讓思考能夠被說出來，那麼這個思考
就會變成最高階且最穩固的認知歷程。」（1895, p. 374，在原典中特
別強調了本段話）本章將會探討，個體如何在不同的發展階段中，經
驗與評估「思考中的現實」。如果發展一切順利，個體又會如何實
行這個最高階的認知歷程，對自己或他人的內在狀態進行現實的檢驗
（Hartmann 1956）。

　　佛洛伊德最初認為精神官能症是被童年期的性創傷所誘發出來，
這就是所謂的「誘惑理論」（Freud 1900a）。但在某些案例中，很難
判斷創傷是否真的發生過，所以他用「精神現實」來解釋，對患者而
言，這些事件在心理上就是「真實」的。因此患者在回應幻想時，就
像在回應真實的事件一樣。佛洛伊德曾寫過，「精神官能症患者的罪
惡感背後，一定是**精神**現實而非**外在**現實。這些患者的特徵就是會
偏向精神現實大過於外在現實，而且反應的認真程度就像正常人在
對待現實一樣。」（1912-13, p. 159）從拉普朗虛與彭大歷斯把精神
現實定義成「個體堅持把精神上的事物當成猶如外在現實的呈現」
（Laplanche & Pontalis 1973, p. 363）中，也可以看出這種等同感。佛
洛伊德認為，如果個體在區分什麼是外在的刺激，什麼是潛意識的
刺激時（即「對現實的測試」，Brenner 1955）出了狀況，精神現實
就會危害到個體。儘管精神官能症成人患者知道，經驗可源於內在或
外在，但他們還是會更為強調內在的經驗，而非外界的常識。舉例來

255

說，一個有強迫性人格的人雖然「知道」門已經鎖上，但還是會多次地確認門是否真的鎖上了。因為對他來說，比起感官中的外在影像，內在那種不安全的房子影像是更有意義的。由於「精神現實」在現下已有了各式各樣的涵義，因此我們便運用「精神等同」一詞，來描述佛洛伊德所謂的「精神現實支配了個人心智」的狀況。

發展觀點的重要性

　　精神分析幾乎很少談發展，因此讓「精神現實」這個詞變得有些微妙。亞勞（Arlow 1984）強調，個體對於外在現實與精神（心理）現實的知覺是有差別的，兩者之間並不相同。從他的論文中，我們可以推論，當個體能清楚地感知外在世界時，才能在內在形成穩定的心理現實感，而這兩者的發展都很複雜。由於心智世界（Brentano 1874）有著相當程度的不確定性（opaqueness），因此才造就了這樣的差異；在 1895 年〈科學心理學綱要〉（"Project"）（Freud 1950〔1895〕）中，精神現實的概念引起了一堆困惑，都與主觀經驗的本質有關：我們如何理解我們的心智？我們可以直接經驗到精神現實嗎？比如說，以痛苦及其他知覺的方式去體驗？還是我們可藉由心智狀態──這些早年發展所建構出的心智結構──像是思考、信念、欲求與意圖，而有所體驗？如果發展歷程如此強調精神現實的演變，那麼它的本質究竟是什麼？兒童對現實的主觀經驗是否與成人不同？精神分析的臨床數據是否能說明這樣的演變？我們可從心智哲學家或發展心理學的觀察研究中，了解到精神現實的演變嗎？ 256

　　有些心智哲學家假定，人天生就能經驗到心智狀態，而精神現實是一種「與生俱來」的能力（例如 Searle 1983），而且個體可以用類推的方式來知道他人的心智狀態（Goldman 1992; Gordon 1986, 1992）。我們的模式則是在發展的觀點下，加入佛洛伊德對精神現實的論點。在前三章中，已經提過很多實證證據與發展學上的觀察，告

訴大家心智世界並不是「與生俱來」的，幼兒的心智世界與成人相差
很大，需要被成人充分地回應與對待，才能夠健康地發展（前述基本
主張的哲學闡述詳 Cavell 1991）。第三章曾指出，這件事不能單純只
用認知科學的觀點來解釋，若用精神分析式的觀點來看，早期的客體
關係就會是一種關鍵的演化功能，可以提供一種環境，使幼兒發展出
理解他人心智狀態的能力，並讓自我得到充分的發展。這種思考他人
心智的社會性本質就是主體性的精髓。

精神現實發展的實證觀察

在第四章中我們提過，嬰兒從出生的第一個月開始，就對外在的
社交世界有著強烈的興趣（例如 Stern 1985, 1994; Trevarthen 1980）。
257 然而，也有證據顯示，三到四歲的兒童所經驗到的人際現實，以及
自己在人際中的角色，都與年紀較大的兒童與成人所經驗到的大相
逕庭。若要為這個差別舉個例子，那就是幼兒與成人都擁有心智理
論的能力，但幼兒會有自己的邏輯（例如 Baron-Cohen 1995; Mayes &
Cohen 1992）。因為兒童要到四歲時，才能理解到自己與他人的行為
背後存在著意圖狀態，比如說目標、欲求與信念（Wellman 1990）。
不過，大部分的發展心理學家都相信，嬰兒一歲以前就開始會陸續出
現這些能力的前身，像指稱、凝視，或確認照顧者對陌生情境的反
應等等。這表示嬰兒在一歲前，就多少能對他人的心智狀態有所覺
察（Butterworth, Harris, Leslie & Wellman 1991; Klinnert et al. 1983，亦
見 Stern 1985）。第四章與第五章曾描述過葛瑞蓋的實驗典範，顯示
八到九個月大的嬰兒能解讀事件的目標。接著，在一歲過後，幼兒便
能些微地覺察到內在表徵與外在現實的差異。雷迪（Reddy 1991）提
供了有趣的案例，讓我們可以看到，一歲的孩子對於表面／現實向度
的覺察。他觀察到孩子會喜歡「與媽媽唱反調」，但孩子們自己也知
道，就算他想要吃掉整條巧克力棒，或是自己一個人過馬路，媽媽其

實不會真的讓他們這樣做。

就像第五章的論述，在三歲時，許多理解精神現實本質的前置步驟都已經準備就緒（例如 Wellman 1990）。舉例來說，兒童可以區分出想像（dream image）、想法與真實間的差異，能開始玩假扮遊戲，輕鬆地理解他人的假扮意圖，比如說，爸爸當小狗（的角色）。儘管如此，相較於五歲大的兒童，二到二歲大的兒童在覺察內在世界時，還是與前者有相當大的差異。我們認為，這是因為幼兒同時會用兩種方法來知覺精神現實。在一般狀況下，運作的是「精神等同」的模式，在這個模式中，兒童會把想法當成現實的複製，而不是一種表徵，所以想法總是真實的。然而在其他時候，兒童會運用「假扮」模式。在這個模式裡，兒童會以表徵的方式來感受想法，而不會檢視想法到底會對應到多少現實。以下，我們將會依序探討上述的內容。　258

用「精神等同」模式來經驗精神現實

實驗者給了三歲大的兒童一塊海綿，海綿的顏色與形狀都像是石頭。接著實驗者會問兒童，它看起來像什麼？你認為它是什麼？此時的兒童會有「東西像什麼，它就是什麼東西」的傾向（Flavell, Green & Flavell 1986）。下列對話中的兒童看到了海綿，實驗者也允許兒童去感覺它。

> 提問者：「它看起來像什麼呢？」
> 兒童：「看起來像石頭。」
> 提問者：「那它是什麼東西呢？」
> 兒童：「是石頭。」

實驗者又引導這個小朋友去擠壓一下這個物體。

> 提問者：「你覺得它是什麼東西呢？」

　　　兒童：「海綿。」

　　　提問者：「它看起來像什麼東西呢？」

　　　兒童：「它看起來像海綿。」

　　從上述的案例中可發現，兒童會把看到的（或摸到的）物體等同於現實。幼兒會認為，自己與他人的想法是完全對應外在現實的。

　　十九世紀與二十世紀初的哲學家指出，一旦個體可以想像錯誤信念時，就不會再假設外表會等同於真實（Brentano 1874; B. Russell 1905）。相對地，如果幼兒無法理解個體對相同的外在現實可能會有不同的想法，他們就無法發現自己的信念可能會改變，會出錯，而且與他人的想法不同。因此，能想像出不同觀點的能力，就成為孩童假定自身思考狀態的重要指標：也就是他的精神現實會如何對應到外在世界。

　　我們從許多實驗性研究中，挑出一個例子來說明這個指標：佩爾奈與同事（Perner et al. 1987）拿了一個常見的糖果盒，給一群三歲的兒童看。每個孩子都期待糖果盒裡是滿滿的糖果，但實際上，放在盒子裡頭的是鉛筆。接著，實驗者詢問孩子：在沒打開盒子的狀況下，他們在外面等待的朋友會認為盒子裡頭裝的是什麼呢？通常兒童們都會很有信心地回答，朋友會認為裝在盒子裡頭的是鉛筆。在這裡，他們的精神現實就反映了外在現實，認為他人的精神現實就等於是自己的精神現實，讓他們無法理解，他人的信念可能會出錯。就算兒童看到其他人在糖果盒中發現鉛筆時，露出了驚訝的表情，以及實驗者直接告訴兒童，他人實際上在想什麼的時候，他們還是會固執己見（Moses & Flavell 1990; Wellman 1990）。對兒童來說，此時他人的心智還無法被表徵成另一個不同的實體，所以兒童也無法理解他人會有不同的觀點。兒童根本無法記得自己曾經以為盒子裡裝的是糖果。他們堅信自己打從一開始就知道，在盒子裡頭的是鉛筆，幼兒明明可以在其他地方承認自己的錯誤，卻在這件事情上相當堅持。所以幼兒此

259

時的心智邏輯是這樣的：如果相信那件事情是怎樣的，它就得是那樣的；如果它是那樣的話，他人一定也會那樣想；如果在之前它就是那樣，那麼我（幼兒）一定早就知道它是那樣。

幼兒似乎更晚才能感知到，自身的精神現實，以及他人的感受與欲求，都可能與自己相信的不同。在一歲多的時候，幼兒至少可在表面上學習到，有些內心的願望並無法被滿足（Astington & Gopnik, 1991）。在三歲時，他們可以發現，自身的感受不一定會與他人一樣。「你／妳（媽媽）要我過馬路時要注意左右來車嗎？但我就是不想！」（Wellman & Banerjee 1991）比起辨別盒子裡到底是糖果還是鉛筆，相較之下，他們更能夠故意把他人討厭的東西（噁心的），說成是喜歡的（好吃的）（Flavell, Flavell, Green & Moses 1990）。這些事情都與精神分析強調的觀點一致，指出在發展上，情緒與欲求會壓過信念，而且隨著發展，兒童能逐漸覺察到自己有著各式各樣的欲求。 260

當外在世界要求兒童調整內在表徵時，他得讓外在與內在現實之間能維持一致。如果此時能給予兒童一個外在表徵，一種心智狀態的象徵，就能增進他在作業上的表現。密契爾與拉喬（Mitchell & Lacohé 1991）發現，在信念—改變（belief-change task）的實驗中，若先給兒童一張巧克力的圖片，兒童會以為自己可以在糖果盒中找到這樣的巧克力。如果兒童可以考慮到自己與他人的信念，接下來在被實驗者問到有關自己與他人信念的問題時，他們就可以回答得更好。[1] 有一個能連結到信念的象徵（token），就可以創造出獨立於現下外在現實的認同（兒童相信的東西，可以幫助他分隔外界現實）。對這些三歲的兒童來說，如果他們的「早期表徵」沒有表徵／象徵物的協

---

1 譯註：本實驗主要是延續佩爾奈等人的實驗。在此實驗中，實驗者仍會延續先前的步驟，讓三歲的幼兒看到糖果盒，然而這個版本稍有不同的是，實驗者會先給幼兒兩張圖片，一張是糖果，另一張則是鉛筆。而後在打開盒子前，實驗者會請幼兒判斷在盒子裡的東西是什麼，再把手上的圖片放進郵箱。然後實驗者會再詢問：「當你把圖片放到郵箱裡面的時候，你覺得盒子裡面的東西是什麼？」絕大多數的幼兒都能夠回答是糖果，除此之外，兒童都能記得自己遞出的是糖果的圖片，也都能知道現在盒子裡面裝的其實是鉛筆。因此實驗者認為，當中郵遞圖片的作業，能夠幫助幼兒同步地關注外在現實，並認知到自己的錯誤信念。

助，他們其實就很難把它記在心上。

　　所以三歲的兒童到底會如何理解自己的心智？他當下的精神現實到底是什麼狀態？幼兒還無法理解，思想與感受的本質就**只是表徵**而已。大一點的兒童能知道，他們所思考或相信的事情不一定會反映現實。但是，還無法心智化的幼兒會認為自己的思考與感受就反映了外在，所以他不得不相信自己的想法與信念能忠實地反映出外在現實。

　　布里頓（Britton）以克萊恩學派的角度，來思考信念與知識間的關係。澄清他的思想與我們的主張到底差別在哪裡，是很重要的事。他認為，成熟的心智化是一種「知性的」（epistemic）態度，個體可以相信自己知其所不知；布里頓對照精神病性的心智架構，來解釋這個現象：「相對的假設是，妄想的基礎就是個人把信念等同於知識，這也是偏執─分裂位置（paranoid-schizoid position）的特徵。幫助患者從信念等同於知識的狀態中解放出來，才能邁入憂鬱心理位置。」（1995, p. 22）我們認為，儘管幼兒確實會在感覺上相信信念就是知識，他們的態度仍不同於精神病患者，因為幼兒會更加傾向「從我的心智去了解世界」（mind-to-world），而不是「世界得配合我的心智」（world-to-mind）（Searle 1983）。所以幼兒的心智狀態更像是風向標（隨外在現實而擺動），而不像是精神病患。在與幼兒或是心智功能如同上述狀態的患者工作時，治療師要知道，那個巨大又恐怖的迫害感不是來自於幼兒的內心，而是來自於外在的現實；對照布里頓的想法，我們反而認為，兒童的想法與信念似乎非常脆弱，倏忽即逝。稍後在討論到遊戲時，我們將會再回到這個論點做探討。

用「假扮」模式來經驗精神現實

　　到目前為止，我們都只看到了故事的一面，可能讓讀者覺得，我們與發展心理學家一樣，都只關心兒童身上較不有趣的認知層面，而忽略了想像力的部分。但我們認為，之所以得先了解兒童思考的形式與限制，有部分是因為想讓讀者理解，對這個年紀的兒童來說，想像

261

力有著重大的影響力，另一部分則是因為我們想為這些想像力持續遭受侷限的兒童與患者，找出適當的治療技巧。

一個孩子會假裝椅子是一台坦克，但不會期待它能真的砲轟出子彈。也有研究顯示，相較於現實，幼兒在遊戲中進行作業時，更能保持彈性，或改變心智上的信念。[2] 維高斯基曾寫過，「在遊戲中，兒童的表現往往超出他的年紀，也超越了日常表現；兒童在遊戲中的表現總是超乎尋常。」（1978, p. 102）在遊戲世界中，兒童可以不用太在意外在現實，並能調整對照外界的表徵，創造出更有彈性的思考模式，為日後的心智結構打下基礎（Marans et al. 1991）。玩心可以讓平常很少用到的、受到發展限制的、看起來沒什麼用的能力，受到兒童使用。因此，遊戲或假扮有時可以使兒童展現出令人驚奇的能力，在其他時候，也提供了退化與表達潛意識歷程的機會。當成人告訴幼兒「在你的腦袋裡想像……」時，他們能了解這個比喻，把腦袋想成是一個容器，並在其中創造與檢視想像性的情境或物體。即使是年紀很小的幼兒，在遊戲中都能擁有心理經驗的心智化模式，並能將心智當成思想、欲求以及其他感受的表徵。這個階段的兒童會用「假扮」的方式想事情，所以，讓想法中的「假扮世界」不要與「外在世界」有所關連，是很重要的一件事。想當然爾，精神等同與假扮模式的不同需要清楚地標記出來，並以誇張的方式強調假扮模式不會對應到真實的現實（Fónagy & Fonagy 1995）。我們可以想見，如果無法確保這件事，如果兒童把內在與外在現實混淆（isomorphism）在一起，那麼在遇到威脅時，他會很難分清楚哪些是事件本身帶給他的內在想像，而哪些又是真正的危險。雖然兒童能在思考上把內在想像與外在現實分開，但他在遊戲中所投注的情感，會直接反映出他幻想

262

2　高普尼克與司勞特（Gopink & Slaughter 1991）為信念—改變作業創造了一個「假扮的版本」。他們要兒童假裝　個空玻璃杯中有著巧克力飲料，並且喝下它；接著玻璃杯就會成人「假裝成是空的」（因為兒童已經假裝喝喝完了），而後實驗者又要求兒童假裝玻璃杯裡現在裝滿了檸檬汁。而三歲的兒童幾乎都還能記得，杯子裡最原本的飲料是巧克力。

（phantasy）的內容，而「嚴峻」（serious）的現實片段會混入到幻想的內容中，比如說父母的關係，或內心危險的願望實現後，造成了可怕的後果。

以下兩個正常發展的案例，可以讓我們更加理解小孩在思考上的潛力。一個四歲的小男孩正在聽媽媽說鬼故事，雖然故事沒有特別恐怖，但顯然還是嚇到了他。媽媽很快地安撫他說：「別擔心，西蒙，它不會真的發生。」但是小男孩顯然覺得媽媽誤解了自己，因此便抗議說：「但是，當妳在說故事的時候，它就真的發生在我身上了啊！」另一個更進一步的例子，則是來自於一位三歲孩子的爸爸。他的兒子要求爸爸在出國旅行時，買一套蝙蝠俠的服裝回來給自己。爸爸歷經千辛萬苦，最後終於找到了一家昂貴的服裝店，買下了所費不貲的衣服。不幸的是，由於服裝製作得太過逼真，導致小男孩一看到鏡中穿上衣服的自己就受到了驚嚇，並拒絕再穿它。最後，小男孩還是寧可用媽媽的裙子當作蝙蝠俠的披風。同樣地，我們也可以在二到三歲的幼兒身上觀察到，他們會花費許多時間一起「設定場景」，協調角色與制定規則，有時甚至因此而沒有機會玩遊戲。對於這個年紀的兒童來說，這也強調了「遊戲」與「現實」間的清楚分野。

成人在考量兒童的遊戲時，通常都是用自身的精神現實觀點，而不是用兒童的觀點來看待。因為兒童在遊戲中，可以反思包含錯誤信念在內的心智狀態，所以我們好像可以很輕易地推論，他們在遊戲外應該也擁有同樣的能力。在遊戲時，幼兒之所以能把想法就當成想法，是因為這些想法已從外在真實的人們，甚至是事物中，清楚且刻意地分隔開來。重要的是，成人如果能提供必要的架構，把兒童與殘酷的外界現實分開，兒童就能把發生在真實生活的事件放到遊戲中去思考與感受。溫尼考特認為，兒童需要從成人那邊得到遊戲規則（vital mediating role），才能夠遊玩。他指出，我們應該要用下面的方式來看待「遊玩」這件事情：「我們要知道的是，遊戲總是有著令人害怕的一面，而遊戲（game）與遊戲規則（organization）就是為了

263

預先避免遊玩中可怕的部分。因為遊戲本身就包含著一種不確定性，總是在主觀與客觀間搖擺。」（1971, pp. 58-59）在遊戲中，幼兒理解心智的能力之所以會比較好，是因為遊戲可以隔絕現實，防止孩子思考的能力受到現實的侵蝕。這樣一來，孩子就能夠在遊戲中好好地經驗到現實。

學習心智化：整合經驗的雙重模式

在四歲或五歲時，「精神等同」與「假扮」模式將會逐漸整合，精神現實的反思或心智化模式也大抵奠定（Gopnik 1993）。兒童開始能理解，事物不一定就像外表所呈現的那樣，他人可能會用不一樣 264
的方式來知覺外在現實，對事情也會有不同程度的相信，所以對過去的事物也會有不同的理解（Baron Cohen et al. 1985）。當兒童能用這種全新的方式來思考經驗，就能用心智狀態的方式來理解自己與他人的行為，同時孩子也能知道這些心智狀態只是表徵，所以可能會出錯，而且是能夠改變的，因為這是眾多可能觀點中的一環。

我們必須強調，這些認知的整合與習得心智化能力之所以重要，關鍵在於：（a）它讓人可以持續經驗到心理自我（Fonagy, Moran, & Target 1993）。兒童能把自己的思想安置於外界，而不會覺得要改變想法就代表著他也要改變自己（真的就只是「改變他的想法」〔change his mind〕而已），而不會因此喪失了「自我的連續感」；（b）兒童能藉由理解他人的想法與感受，知道他人的行為會有其意義。這也代表著，他們可以預測成人的行為，而不用無時無刻地關注對方。這是個體化歷程中重要的一大步。在大多數的時候，四到五歲的兒童開始能理解母親的行為以及背後的原因，母親也不必一直擔心兒童到底懂不懂。（比方當孩子有要求時，母親此時可以放心地對孩子說：「我現在擔心奶奶的病情，所以沒辦法答應你。」）這使兒童不論在心智與身體上，都能與照顧者逐漸分離，不用一直參考他人，這也代表著孩子能借用母親的理解來看待事情；（c）這樣一來，就

能讓人區分內在與外在的事實，使兒童能理解到，即使某個人以那樣的方式來行動，但事情不一定**就是**那樣。儘管這個能力在所有的情境中不能一概而論，但我們相信在虐待或創傷中，這個能力就十分關鍵，它能使兒童在心理上存活下來，讓他們不會一直用僵化的方式來重複經歷創傷經驗。心智化能給予孩子一個重要的能力，讓他們能降低內心所經驗到的痛苦；（d）如果對他人的心智狀態沒有清楚的表徵，溝通就會受到極大的侷限。哲學家格萊斯（Grice 1975）就說，交談的首要原則是合作，好的談話者能將他人的觀點謹記在心，而不會弄成一言堂。如果個體的心智化能力發展不好，就不太能夠接受精神分析。分析師如果真的要與這些人工作，可能就要做出技術上的修正；（e）最後與最重要的一件事情是，心智化可以幫助個體達到更高的互為主體性層次，使個體與他人互動時，能有更為豐厚的經驗，最終使得生命經驗更有意義。

　　我們認為，內在與外在如果能成功地連結，主觀的信念就會有其意義，也就是說，這樣的信念有著情感上的活力，但又能受到控管，所以不需要加以防衛。個體在追求這樣的整合時，如果控管沒有完全成功，就會造成神經質的狀態。如果產生更全面性的失敗，個體所經驗到的現實就會完全不具有情緒上的意義。對這類個案來說，他們會把他人與自我當成「東西」看待，而且會用很僵化的方式看待自己與事情的關連。然而，在這裡，我們要提醒大家，在達成心智化能力的同時，也很可能會引發內在的衝突。在人類的幻想中，像是伊底帕斯的願望，如果變成穩定的表徵時，可能就會被用來對抗外在現實，如溫尼考特（1971）所寫的：

　　　　我們要假設，接受現實這件事是永無止境的工作。人類
　　永遠會在內在與外在現實的張力間掙扎著。唯有經驗的中介
　　空間（藝術、宗教等）（參照 Riviere 1936），可以幫助人
　　類緩解這樣的張力，因為中介空間不會受到禁制。對於那些

「沉迷」（lost）在遊戲的幼兒來說，這樣的中介空間就直接連結到遊戲的空間（p. 15）。

他人在心智化能力發展中所扮演的角色

　　大部分的發展心理學家都認為，心智化只是自然發展成熟的結果。許多討論發展的精神分析理論都假設自我的發展是先驗性的 266（transcendentally），源自於個人的內在。佛洛伊德在談論自戀的一篇論文中（Freud 1914c）認為，「原欲會貫注到自我（ego）之上。儘管部分原欲可以透過客體（object）釋放，但基本上，自我仍持續地需要客體以做為貫注的連結，就像是阿米巴原蟲伸出偽足，好黏結至客體身上一般。」（p. 75）從這段話中可以看出，佛洛伊德認為，外在世界的他人就是嬰兒及幼兒自我（self）的延伸。這樣的描述確實十分貼近現象學。對我們來說，更精準的描述是：自我是源自於他人經驗的延伸。如同先前所述，自我的發展屬於人際的歷程，與嬰兒早期需要與他人的心智互動有關。接下來，我們將會討論照顧者的投入，與年長手足的部分幫忙，可以如何協助二到四歲的兒童接受內在與外在的兩種現實，而不需分裂自我（ego）的功能，以維持思考上的雙重模式。

　　為了整合現實但非心智化（精神等同）的模式，與非現實但心智化（假扮）的模式，好創造出完整的心智化精神現實，兒童需要重複地經驗到以下三件事情：第一是兒童自身現下的心智狀態；第二是兒童的心智——透過被他人細緻地考量後——如何在他人的心中被表徵；第三件則是成人用自身對於外在現實的看法，讓兒童感受到架構。我們相信，由父母或是其他年長的兒童所提供的「架構」，是這個模式中很重要的部分。兒童需要成人或大一點的兒童與自己「一起遊玩」，才能從他人身上看見自己的幻想或想法如何被表徵出來，然後再把這些東西內攝回來，用它來表徵自己的思考。當被孩子想像成

全知全能的父母能充滿玩心地假裝香蕉就是電話的時候，孩子就能分清楚什麼是假裝模式，什麼是真實模式（serious mode）；所以他們也可以同步分清楚什麼是表象，什麼是現實，同時在經驗中「知道」（know about）他的想法或想像是什麼。當成人帶著好玩的方式進入到兒童的世界，兒童就會發現成人用一種「彷彿」（as if）的態度來面對自己的意圖。同時，也因為有架構的存在，使兒童能夠知道，自身的想法或感受不一定是「真的」（for real），但他還是可以從外界（父母的角度）來看待這件事情。兒童因此能連結到內在狀態，並知覺到外在世界所提供的表徵正是內在狀態的象徵：兩者在狀態上高度相關，但並不相等。所以父母這種好玩的態度才會如此重要。當父母能將兒童的心智狀態準確且清晰地表徵出來時，兒童才能認知到自身的心智狀態。同時，他也需要從父母那裡充分感受到好玩的感覺，這樣才不會被真實感所淹沒。如此一來，最終兒童便能把父母對於自己內在現實的表徵當成一顆種子，慢慢地發展出自己的象徵思考能力，也就是表徵出自己的表徵（後設表徵／次級表徵）。

　　如果成人在鏡映或回應兒童時，妨礙了這種外在現實架構的雙重性，就會危害到兒童邁向整合與心智化的過程。如果成人給予的安全感不夠，兒童可能就會無法自在、安全地探索成人的心智，也沒辦法發現到心智當中的自己。或他可能反而會看到自身心智被扭曲變質的圖像，而他無法用這樣的圖像來安全地表徵出他的經驗。另一方面，如果照顧者用一種既接納又理解的方式，來回應兒童的心智狀態，就可以常常提供真實與幻想之間的連結，讓孩子能有一個基礎，去重組與比較那無數的經驗，在精神等同與假扮模式間建立起一座橋梁。漸漸地，透過與照顧者以及其他兒童的重複互動，兒童就能內化這個歷程並維持心智化。這個歷程的精髓不單只是遊玩而已，遊玩可以突破精神等同的模式，但同時又能保持與現實的接觸。換句話說，兒童藉由運用父母的心智，而得以**與現實遊玩**（play with reality）。

　　我們認為，這也許與傳統所稱的伊底帕斯期有關，當兒童開始

面對伊底帕斯衝突時，通常會出現一些認知的轉變，而這絕對不是巧合。近來也有學者認為，要順利地修通（working-through）伊底帕斯期的情結，就要能對三角關係空間（triangular space）有開放性的思維，而我們與其他學者皆認為，這種思維就發生在與現實遊玩的能力上。在漢娜·西格爾（1957）對於象徵形成的探討，以及比昂（1970）將伊底帕斯三角視為模式的抽象探索之後，奧格登（Ogden 1985）認為，象徵、被象徵與詮釋的主體這三者的三角關係中，所發 268 展出來的結果就是假扮模式。布里頓（1989, 1994）也對這種三角關係的來源與重要性作了許多探究，就他的說法，度過伊底帕斯階段所代表的意思是，一個人能夠進到憂鬱心理位置，並能思考哀悼這件事情，他認為，接納內在的三角關係，不只提供了思考的空間，並且也使個體能用第三者的角度去思考二人的關係，鞏固憂鬱心理位置，並提供「穩固的架構」（Britton 1994）。他強調，伊底帕斯三角關係的重要性在於，它能使兒童設想自己是被觀察的對象，布里頓進一步地推敲認為：「這提供給我們一個能力，讓我們在與他人互動時，能夠看到自己，並在了解他人的觀點時，也能同時保持自身的觀點。在做自己時也反思了自己。」（Britton 1989, p. 87）只有在與成人或有時與其他兒童遊玩時，兒童的這個能力才會受到強化，因為遊玩會給予一個安全的內在脈絡，讓孩子可以反思，並能相信他人所呈現的現實。

　　雖然我們已經談過，這樣的轉移大約會在四歲時發生，但我們還是必須強調，表徵心智狀態的能力不會一次就發展完成；而比較像是發展上的進程，就像其他的心智能力一樣，是會隨個人與情境變動的。我們引用的那些實證數據的意涵都在暗指，在兒童「通過」實驗情境的作業前，該項能力從未存在，然而真的是如此嗎？（像是實驗者就常常看到，在毫無徵兆的情況下，兒童就好像突然開竅了一樣，可以在當下的情境中完好地表現出該項功能。）這種實驗學派的推論角度，考量的是要如何呈現成因與效果；然而，不論是臨床或社會心

理方面（例如 Dunn 1994）的工作者，都是用觀察或發展上的里程碑來解釋兒童的行為，他們看到的比較是功能怎麼在歷程當中被發展出來。這樣的傳統解釋無可避免地會認為孩子已具備了完整的能力，不過這也是它最大的弱點——因為到目前為止，仍然沒有足夠的證據可以證明這件事。我們則是連結到當代克萊恩學者的觀點，認為個體在面對新經驗時，他的心態會在憂鬱心理位置與偏執—分裂位置之間，有著持續的擺盪與平衡（Bion 1963）。儘管整合已經完成，情緒仍可能在特定的狀況下，損害到心智化能力的學習。史坦納（1992）提到克萊恩學派的兩種心理位置底下是有不同層次的，並有著各自的防衛機制在運作，而他也把憂鬱心理位置細分成不同階段，這與本章我們所提到的認知能力之轉移有關。也許我們可能過度簡化了史坦納這種細微的區分，不過我們還是認為，至少對幼兒來說，史坦納在憂鬱心理位置中所描述的「正常分裂」（normal splitting），就是處於「害怕失去客體」（fear of loss of the object）的層次——因為他們的精神現實都是以雙重的模式在運作。精神等同模式可以被當成是由（相對良好的）投射性認同在運作，史坦納將它描述成一種關鍵的機制，它能夠減少對於失落的恐懼。他認為，在更為成熟的憂鬱心理位置中，包含了「對客體的失落經驗」，個體（在幻想中）放棄了對客體的控制，同時允許分離與哀悼的發生。在論文中，史坦納並沒有把這個歷程直接連結到伊底帕斯情境的解決之道，但我們推測，在正常的發展中，能夠接受對獨占幻想的失落，並允許三角關係的出現，可能就是一個主要的轉折點，讓個體有機會在憂鬱心理位置上表現出更高層次的功能，而這與接受想法（idea）單純就只是想法的這件事有著極高的相關性。

接下來，我們將透過一段分析的素材來說明這些想法，讀者們可在這段分析中看到，幼兒會如何克服自己的阻抗並接受這樣的發展歷程，連結起理解精神現實的雙重模式，為內在與外在找到更好的整合方式。

分析治療的一則片段：不滿五歲的「蕾貝卡」　　　270

蕾貝卡[3]是個可愛的小女孩，即使明顯地很憂鬱，她還是顯得迷人而早熟。在蕾貝卡四歲時，媽媽便因為她的種種問題，像是持續的噩夢、白日的恐慌（不一定總是與分離有關）、過分黏人以及其他的焦慮症狀；過度反應、好鬥，以及害怕寂寞與死亡，而帶她來到安娜‧佛洛伊德中心。在那之前，她因為焦慮而變得愛搞破壞、不守規矩與充滿攻擊性，所以她不只在學校會有點故意欺負同學，在與媽媽相處時也是如此。在評估中，她願意談到自己的噩夢以及對於蜘蛛與蛇的害怕。

接下來，蕾貝卡用人偶演了一場戲。她先是讓爸爸人偶抱著媽媽人偶，但接著她把爸爸人偶抓去撞牆，宣布爸爸被殺了，然後爸爸的戲份就此結束。蕾貝卡用這種方式非常迅速地接觸到她心中的謀殺幻想——以處理爸爸為何不在她身邊的焦慮。蕾貝卡的母親在十八歲時未婚懷孕，生下了她，她是母親唯一的孩子。在此之前，母親還有過兩次墮胎紀錄。當時蕾貝卡的母親好高騖遠，沒興趣找工作，而父親只是母親偶然的約會對象之一，在得知她懷孕後，很快就離開了蕾貝卡的母親，因此蕾貝卡從未看過自己的爸爸。儘管她有一張爸爸的照片，也常會看著照片，說自己想要去見爸爸。但等到轉介過來時，這樣的要求已經少了很多。在會談中問到母親對於孩子父親的感受時，母親立即淚流滿面，清楚地表示她其實很難與女兒討論這個話題。

蕾貝卡成長的環境相當複雜，有時她會與外公、外婆一起生活，有時則是與擔任保母的母親一起生活。而家中還包含了母親不定期的　271
約會對象，以及外公在前次婚姻中所生的子女。在她四歲時，充滿魅力的外公過世了，母親的傷慟反應也成為蕾貝卡症狀的開端。

蕾貝卡的治療剛開始時有一些困難。她堅持要媽媽待在治療室

3　此案例是以第一人稱的方式所敘述，分析師為彼得‧馮納吉，在此，彼得‧馮納吉要向他的督導，蘿絲‧伊格勒比（Rose Edgcumbe）致謝。

內，但在媽媽的陪伴下卻又顯得壓抑，玩的遊戲也顯得相當抑制與重複。蕾貝卡畫出僵化的人形，每張圖畫都要拿給母親過目，她想要把我排除掉的防衛是如此明顯。這時蕾貝卡的焦慮在於，如果她與我建立關係，媽媽就像是被排除在關係之外，所以媽媽可能就會對她生氣，變得比較不愛她，而我決定直接面對她的焦慮。這樣的處理讓母親得以離開治療室，然而，蕾貝卡的焦慮並沒有完全減輕，她還是對單獨與我在一起的狀況極度焦慮，於是便開始對周遭環境下指令，來防衛自身的焦慮。她激動地命令我，要我重新排好椅子、她的遊戲桌，甚至是我的辦公桌。接著，她又指責我沒有做好燈光控制的工作，好幫助她「彩排演出」。蕾貝卡所提到的光源其實是日光（所以不是我能控制的），因此也可以很清楚地看到，她拚命地想要控制住外在環境。我可以感覺到，她之所以想搬移家具，是為了讓她不熟悉的諮商室變成她的領土，好阻止我們進一步討論她的心智狀態。於是，我告訴她，她很擔心會被我耍得團團轉，所以她才會讓我忙得團團轉。當她要求我搬動家具的時候，她就不用思考自身的焦慮了。接著，我又補充說，對她而言，接受我們的治療從今天正式開始，結束又是如此倉促，一定是很不好受的事，就像日光只在那短短的時刻中出現一樣。

　　重新聚焦在她的精神現實上確實對治療有所幫助，並且也改變了蕾貝卡的遊戲特徵。她開始玩起模型黏土，想要製造出一個「黏土世界」，而我的工作則是在她塑造人形時「讓黏土軟化」。這也是蕾貝卡第一次能跟我一起合作遊玩。蕾貝卡象徵性地傳達出，她無法控制那些嚴厲與固著的想法，所以她需要我軟化、修補她心中的這些想法，她也告訴我，她想做一條可以包覆所有人事物的「黏土世界之毯」，好確認我對於接任這個角色的感受。然後她把玩具盒裡的所有人偶都放到她做的黏土平面下。這個工作並不簡單，儘管她弄了一片很大的黏土，還是無法完全蓋住所有的人偶。雖然她很小心地排著人偶，但有些人偶還是「受到了冷落」。我注意到她對這件事情很焦

272

慮，於是我就問她，是不是因為我讓某些人離開我們的小世界，所以她才會覺得很不舒服？她回答我說，我跟她關係的排外性確實造成了她的焦慮，或至少一部分的不舒服。但把那張「世界之毯」捲起來之後，這裡就有了能讓兩個人偶在底下的空間；而其他人偶則是在細心的照顧下，回到了玩具箱。我注意到，最後兩個被暫時留下來的人偶是媽媽跟外婆。我跟她說：「很多小朋友都很怕來到這邊，讓媽媽留在樓下等他們，因為有時候他們會害怕有些事情會發生在媽媽身上，而有時候，他們是在害怕接下來發生在自己身上的事。」接著，蕾貝卡繼續玩起黏土，把黏土捲得像蛇一樣，然後放在玩偶的頭上，看起來就像是一頂皇冠。她說，其他人偶都害怕這個小女孩，因為她有一條大蛇。我說，那條大蛇就像她腦中的擔心，當媽媽不在她身邊，沒辦法保護她時，大蛇就會嚇到她。不只是現在，在晚上時也是這樣。她第一次抬起頭來看我，輕輕地笑了，接著告訴我，人們只是假裝自己被蛇嚇到而已。我告訴她，我相信別人一定常常告訴她，沒有什麼東西是真的值得害怕的，所以她其實不需要害怕。但我們兩個都知道，她的擔心是真的很可怕。她問我：「你是說海盜嗎？」我回應她：「當妳沒看到媽媽的時候，妳是不是會害怕海盜把她抓走了？」出乎我意料之外的是，她告訴我：「媽媽真的被海盜抓走了喔。」之後我才發現她的夢魘與白天恐懼的關聯——蕾貝卡擔心海盜可能會把媽媽或是外婆綁走。我接納了蕾貝卡對現實的焦慮與其他的感受，使她的心智能從擔心（大蛇）的支配下受到解放。

接下來，蕾貝卡開始玩起更複雜的遊戲，她因為成長環境而無法好好發展的伊底帕斯焦慮，也逐漸在治療中湧現。她用一組人偶來玩皇室家族的遊戲，這個家庭有國王跟皇后，還有他們的女兒小公主。當國王與皇后擁抱在一起時，小公主就會被拋棄在一旁，但不久後，小公主又會擠到國王與皇后中間。在下一幕，又出現了更明顯的性欲化主題——她讓每個人偶在長椅上蹦蹦跳跳，直到小公主被他們震下椅子。沒多久街上發生了一場火災，房子裡煙霧瀰漫，而後整條街道

273

都焚燒殆盡。我說：「我知道，有些小女孩在非常興奮的時候，同時也會感到很害怕，因為她們的想法會讓她們感到渾身火熱（hot），腦袋不聽使喚，而且可能讓所有的事情都變得一團亂。」她回應我說：「我想我就是其中之一吧。」

在大部分的治療中，蕾貝卡都玩著某個遊戲，而這個遊戲也發展出許多變化。在遊戲中，她會扮演一個年紀較大的女孩，漢娜，而漢娜父親的角色則是由我（分析師）所扮演。漢娜與她的父親彼得經歷過許多冒險，大部分都與拜訪漢娜的朋友，「假扮的蕾貝卡」[4]有關。在遊戲中，假扮的蕾貝卡與爸爸「傑夫」還有媽媽，一起住在與真實的蕾貝卡一樣的房子裡。傑夫是個可憐且無能的傢伙，總是會把事情搞砸，而每當事情被搞砸時，其他人就會隨便地把傑夫扔在一旁。通常來說，會這樣對傑夫的人主要是媽媽，而假扮的蕾貝卡有時也會這麼做。漢娜會敏感地在假扮的蕾貝卡跟媽媽間，調解傑夫的行為。「妳不了解他！」有次漢娜如此斥責假扮的蕾貝卡：「因為妳老是罵他做錯事，所以傑夫才會生氣。」我（分析師）是漢娜的爸爸，所以蕾貝卡也會鼓勵我去做同樣的事情：「我們假裝（假扮的）蕾貝卡真的不懂。所以你要假裝告訴她（假扮的蕾貝卡），她對傑夫真的很不好。」我跟蕾貝卡說，她（蕾貝卡）之所以不想搞懂，可能是因為她發現自己的憤怒竟然威力這麼大，大到甚至可能會讓像傑夫這樣的大人離開，這對她來說是很可怕的，所以她才會非常害怕自己憤怒的感覺。

274　　蕾貝卡對媽媽感到十分惱怒，因為她覺得媽媽沒有給她爸爸，這樣的怒氣逐漸在治療中浮現出來，而且她也覺得羞愧和挫折，因為她自己也無法讓爸爸陪在身邊。舉例來說，有一次家裡的寵物狗不見了，以至於爸爸得去找這隻失蹤的小狗，無法與漢娜一起玩耍。於是漢娜對媽媽破口大罵，責備她沒有把狗顧好。扮演漢娜的蕾貝卡氣到

4　　「假扮的蕾貝卡」是個想像中的朋友，雖然在這裡借用了患者的名字，但與敘述者（患者或真實的蕾貝卡）不同。治療師跟患者都會跟她說話，通常患者主要還是以漢娜的角色為她發言。

漲紅了臉，向想像中媽媽坐著的椅子說道：「爸爸不在全都是妳的錯！」我反映漢娜當下感到非常非常地煩躁，她可能覺得媽媽是故意讓狗不見的。漢娜證實了我的懷疑，而蕾貝卡也繼續扮演著角色，並說：「她（母親）不想讓我們（漢娜與父親）一起玩做早餐的遊戲。」但在接下來的遊戲發展中，卻變成了是漢娜不小心讓狗走丟，可是因為漢娜覺得太過尷尬，所以才沒辦法承認這件事。而我則是從另外一個稍微不同的面向，來解釋漢娜的怒氣：「說不定，漢娜之所以對媽媽那麼生氣，是因為她很慚愧自己才是讓狗狗不見的人，而且她還破壞了跟爸爸一起玩的機會。」蕾貝卡也同意她（漢娜）一定是這樣想的。

慢慢地，可怕的幻想開始重演，蕾貝卡很害怕父母間過於刺激的性關係已經害死了爸爸。而我也得以詮釋蕾貝卡的恐懼。蕾貝卡認為，爸爸（傑夫）是如此害怕她跟媽媽的暴怒，還有會吃掉男人的性欲胃口，所以才會從她們的身邊逃開。以上所有的情景都是來自於分析療程，並清楚地顯示出兒童的精神現實。以下我們將聚焦在與蕾貝卡工作時的特徵：在蕾貝卡的遊戲中，真實與假扮間那微妙的區隔所扮演的重要性，以及我們如何透過與現實遊玩，而了解到她的問題本質。

認同混淆是遊戲中一個重複出現的主題。當漢娜在假扮的蕾貝卡家過夜時，爸爸（彼得）來到寢室，想要找漢娜。於是漢娜與假扮的蕾貝卡便在彼得不知情的情況下，交換了上下舖的位置。所以在過程中，當爸爸發現他以為的漢娜卻是假扮的蕾貝卡時，就會因而大吃一驚。依據遊戲的脈絡，這裡有許多可以解讀的部分。一方面，漢娜與假扮的蕾貝卡都很興奮，到底誰才是彼得會找到的人。因為漢娜與假扮的蕾貝卡都希望自己是爸爸心中最特別的人，所以都很期待被找到的人是自己。而這件事情也剛好證明了，想被父親發現的伊底帕斯 275 願望，防衛性地轉移至假扮的孩子身上。然而，這個情景出現得如此頻繁，代表當中還有許多其他的因素：在移情中，蕾貝卡可以外化她

的困惑到成人分析師的身上，這樣的移情代表她的內在中有一個認同混淆的複合式角色；蕾貝卡把自我與客體的表徵分裂開來：一個是理想化的漢娜——她可以完全地控制父親；另一個則是可悲的假扮蕾貝卡，有個失職而冷漠的父親，得努力地在這情況下維持自尊。似乎沒有任何單一的解讀是最重要的因素，而遊戲依然持續著。在蕾貝卡呈現的遊戲場景中，那些意想不到的經驗創造了豐富的機會，讓人能理解故事當中的每個人到底在思考些什麼。舉例來說，假扮的蕾貝卡不斷地盤問著她爸爸（傑夫）：「當你發現漢娜時在想什麼？你覺得我不見了嗎？」當換成傑夫不見的時候，患者與分析師就要花上好一段時間，試著理解為什麼他不在這裡，而假扮的蕾貝卡又做何感想。

　　其中最棘手的就是，治療該如何處理敘述者（蕾貝卡）在遊戲中的經驗。不論她當下扮演的是漢娜，或是假扮的蕾貝卡，她在所有分配給我的角色安排上，都會把我當成父親。不管在任何情境下，漢娜或假扮的蕾貝卡都只會稱呼我爸爸，而不會用別的稱呼。當我回到分析師的語氣時，蕾貝卡就會馬上結束遊戲；當我給她一些規範的限制，好讓她不要太靠在窗戶上看東西時，漢娜的遊戲就會突然中止，除非我變回「假扮的爸爸」向她說話，不然就無法介入她的行為。我注意到，在反移情之中，我很難向做為敘述者的蕾貝卡強調我的真實身分（分析師）。我也幾乎不可能觀察蕾貝卡為何想要玩出這樣的遊戲。在反移情的支配下，似乎沒有空間能做出詮釋，因為蕾貝卡與我正在處理她在真實之中的經驗。對蕾貝卡來說，或甚至對所有發展至同一階段的兒童而言，在那一刻，她所感受到的移情，已經不是幻想，而是一個如同外在客體般真實的主觀經驗。有一次，當傑夫又消失時，蕾貝卡幾乎就要哭了出來，我說：「對那些爸爸從來不在家的小女孩們來說，想到爸爸突然就不見了，又沒有線索知道他會去哪裡，真的是一件很不好受的事情。」我藉此來處理敘述者（而不是對假扮的蕾貝卡）對於父親不在她身邊的悲傷。當下，蕾貝卡馬上停止了遊戲。然而，在下一次的療程中，蕾貝卡很開心地向我宣布，她見

276

到了爸爸，而且他是一個很高大、留著鬍子還有光頭的人。[5]於是我告訴她，可能是因為昨天我搞混與破壞了真正爸爸的形象，但蕾貝卡又知道，這件事對她們（漢娜與假扮的蕾貝卡）很重要，所以為了幫助我（分析師），她就帶來了另一個父親的形象。蕾貝卡第一次在療程當中哭了出來，最後她說：「你看起來就像爸爸，但我知道你其實是我的治療師。」蕾貝卡藉此讓我認知到她的悲傷，其中包括了放棄想法等同於現實的片刻幻想。

其實從我們第一次玩這個遊戲時，就有一個很明顯的主題，而現在我非常緩慢且小心地做出詮釋：蕾貝卡之所以會這麼失望，是因為她知道，她雖然想讓外公或治療師成為她真正的爸爸，但這樣的願望注定無法實現。在角色扮演中，她可以探討她的困惑，思索為什麼爸爸會拒絕承認兩人間的親子關係，還有為什麼既內疚又憤怒的媽媽無法跟她討論這件事情。而如果她告訴媽媽她想要見爸爸的話，媽媽就會在大怒之下把她趕走，就像她趕走了爸爸一樣，而這種感受是如此真實。

在下列的簡短片段中，也闡明了一些素材本質的轉變。在某次的治療中，蕾貝卡煩心地說，她看了音樂劇《孤雛淚》（*Oliver*）。她說自己純粹是為了音樂才去的，因為很有趣。之後她補充說：「奧利佛[6]不知道該怎麼辦，他真的很傷心。」而後同情似地點點頭。我說，我猜她就像奧利佛一樣，經常覺得不知道該如何是好，而且很孤單，所以才只想關注在有趣的部分上。蕾貝卡接著問：「你知道沒有爸爸的嬰兒會很難過嗎？」接著，她要我跟她一起玩長頸鹿的皮影戲，在遊戲裡，長頸鹿爸爸就像期待中的一樣，教導了小長頸鹿如何跳躍、行走，以及如何從樹上取葉子來進食。雖然在遊戲中，陽具崇拜的自戀（phallic narcissistic）面向是如此明顯，但我只回應她在遊戲中的那分喜悅，好讓她可以從「小長頸鹿居然有這麼聰明的爸爸」中

---

5   譯註：這個形象非常類似彼得．馮納吉本人。
6   譯註：《孤雛淚》的小男主角。

277 好過一些。蕾貝卡很難過，因為她並沒有一個真正的爸爸能夠教導自己，而我又不能真的做為一個適合的爸爸。她將臉轉過來，以一本正經的眼光看著我，然後說：「你只不過是一個影子爸爸而已。」

精神分析的概念化

　　精神分析對於治療的概念化，大概有兩個主要原則（例如 Abrams 1987, 1990）。第一個原則是，所謂的病理就是心智在發展上持續維持著原始的心智結構；而第二個原則就是，精神分析的介入能揭露那些不被接受的潛意識心智結構，將它跟發展上較為高階的心智結構整合，並重新組織在一起。舉例來說，在蕾貝卡的幻想中，媽媽是一隻可怕的怪獸，趕走或殺死了爸爸。這個幻想正是她的原初想法，這樣的想法又因為蕾貝卡把自身可觀的攻擊感投射出來，所以變得更為強烈。蕾貝卡困在發展的原始的潛意識圖像當中，無法用更高階的思考來調節自己的感受。爸爸的缺席造就了這些無法承認又具有威脅性的幻想。為了保護她受傷的自戀，這些幻想又會被伊底帕斯以及更加退行的全能自大幻想所增強，分析則能幫助蕾貝卡重新整合上述的這些幻想。以當代克萊恩學派的觀點來看（例如 Spillius 1994），蕾貝卡對母親那極度的嫉羨與憤怒（這也是原發性的偏執—分裂思考模式的發展特徵）以及同時只能完全依賴著不穩定的單親媽媽這一點，使她的客體表徵與未成熟的自我會持續地分裂。因此，儘管她在許多功能上表現良好，但是在客體經驗上，蕾貝卡卻無法對媽媽這個客體的角色發展出更加整合的觀點，以進入憂鬱心理位置（Klein 1935, 1940）。

　　用這些觀點來思考蕾貝卡的困境，有助於我們了解分析素材的面向。然而在傳統的精神分析中，顯然會認為這些象徵（分析素材）

278 代表著精神結構在發展中的停滯與改變，並把它做為病理的解釋。而後，治療行為也就此開始。但是，如果仔細探究上述的解釋，就會感到這樣的說法過於空泛，只是在原地打轉。因為當代克萊恩學派並沒

有談到最重要的部分──也就是兒童的內在經驗，到底是如何從舊有的狀況做出轉變；而精神分析又會如何將孩子從先前的心理困擾當中解救出來。

蕾貝卡與她的分析：遊戲與自我

　　實證研究與我們的認知發展模式會如何看待蕾貝卡的困境與治療呢？一般人可能會覺得蕾貝卡的玩耍很僵化，但在我們的眼中，蕾貝卡的行為充滿了象徵性。她與分析師一起玩假扮遊戲，準備好接受分析師已經準備就緒、讓假扮遊戲得以出現的分析情境。她可以辨認並談論她的感受、夢境與幻想，並將它們從外界現實中區隔開來。在歷程中，她是如此具有自發性，不做作，對內在世界的覺察充滿好奇。然而，她的心智能力在某些重要的層面上卻有瑕疵，而她在歷程中的改變，就如同實證研究對於三到五歲兒童精神現實發展的描述。

　　當蕾貝卡能接受她的分析師既是治療師，同時也是看起來像爸爸的人，她就能理解海綿可以看起來就像是石頭。可是當蕾貝卡在移情中經驗到類似的感覺時，她就會逃開，而無法達成表象與現實的整合。蕾貝卡可以**假裝**分析師就是「假扮的蕾貝卡」的爸爸，並知道這些都不是真的。但在遊玩時真正的蕾貝卡所不知道的是，與她一起遊玩的分析師只是「感覺」像爸爸的人而已。對她而言，分析師看起來像爸爸，在行為上也像是「爸爸」，所以在那個時候，這就是她的「現實」。質疑這點卻破壞了遊戲本身，並且引發了對失落的災難性感受。這種發展上的狀況相當近似於佛洛伊德（1912-13）描述過的精神官能性特徵，也就是對精神現實的偏好超過了外在現實。在發展上，蕾貝卡逐漸能夠準備看到這兩者（精神與外在現實）間的差別，並且在情緒較為平緩的情況下運用它。可是蕾貝卡想要擁有真實爸爸的強烈渴望，卻阻撓了她充分經驗以上的狀況，並使她透過移情來實現爸爸的形象。蕾貝卡當下所感受到的移情，對她，甚至對處於相同發展階段的兒童來說，不是幻想而已，而是一個主觀的經驗，就像外

279

在客體一樣真實。當然許多患者在分析中也會出現這樣的特定時刻，但精神等同模式一開始就完全支配了蕾貝卡的分析，也因此喪失了「潛在空間」（potential space）（Winnicott 1971）。在「潛在空間」中，能考量與理解敘事者（蕾貝卡）把分析師當作父親的經驗。只有在分析中透過與現實遊玩，才能讓蕾貝卡經由分析師的心智表徵看到自己的遊玩，在這個遊玩中，她想要擁有父親的渴望是可以短暫存在的，並可以把這個渴望當成幻想的一部分，而不是外在的現實。這個願望也因此能被帶到蕾貝卡對於外在現實的思考中。

我們認為，蕾貝卡無法「玩出」有爸爸的遊戲，是因為媽媽對她這個幻想過於嚴厲。蕾貝卡對爸爸的缺席感到悲傷，而媽媽在鏡映這樣的悲傷時又過於真實。這可能就是為什麼蕾貝卡無法在遊戲中擁有爸爸，或是只能用具有強迫性與成癮性的方式來玩出「有爸爸的遊戲」。正常來說，幼兒傾向在假扮與幻想中處理那些無法被接受的想法，並把這樣的方式當成一種防衛策略。在假扮與幻想中，他們可以與想法一起遊玩，這些想法與現實的所有連結都會被移除。這也是為什麼會說遊戲對於熟練感的發展很重要（Freud 1920g）——讓被動的經驗重新修通為主動的經驗（Drucker 1975）。在「假扮」模式中，思想不具有威脅性；它們會喪失了與現實同等的狀態。然而，以下的三個原因導致蕾貝卡無法讓幻想與真實完全脫鉤。第一個原因是，蕾貝卡想要有爸爸的欲望過於強烈；第二個原因是，蕾貝卡不想放棄在幻想中實現擁有爸爸的可能，最後，處於悲傷中的媽媽，無法把蕾貝卡的思想與感受帶到她的主觀現實之中，上述的這三個原因，都讓蕾貝卡無法完成這樣的工作。

280　　　蕾貝卡的母親也同樣困在精神等同的模式之中，所以無法忍受自己真實感受到蕾貝卡的挫折與難過。蕾貝卡幻想中的父親，以及蕾貝卡對於「父親」這個想法的探索，對母親來說，都過於真實且難以忍受。蕾貝卡不能玩出這樣的想法，也不能把它當成是娛樂自己的願望。來到分析的時候，蕾貝卡正因精神現實中的「真實性」而感到困

擾。她正常的心智發展過程受到了阻礙，因為她的感受是如此強烈，那些假扮但非真實的幻想世界的想法強硬進入她部分的心智中，而這部分的心智內容又對應到外在的現實。在這種情境下，我們認為，蕾貝卡勢必會放棄假扮模式，想法也會被迫轉到精神等同的模式中：當這些想法威脅到媽媽的時候，它就變成了「真的」。

幼兒正試圖從無表徵的階段，發展對於精神現實的表徵模式，所以處在極度脆弱的狀態中。在整合假扮（表徵但非現實）模式與外在現實（非表徵但為真實）時，如果遊戲中的想像成真，就會變成一種危險，使兒童遇到困難。當假扮模式能與現實世界區分開來時，孩子的精神現實可以包含幻想的表徵，這些表徵可以與真相高度衝突，或是與外在世界背道而馳。只要還在精神現實的假扮模式中，兒童就可以安心地對異性父母有著性欲的幻想。因為在其中，不用擔心可能或不可能，與外在現實的關聯都不存在。所以如果用假扮的方式來呈現欲望，即使個體對此會有所意識，也不會出現內在衝突的感受。當精神現實能慢慢呼應到外在現實的時候，這種假扮的表徵模式才能逐漸整合進來——此時這些想法就會瞬間成為真實——那些對他人逐漸清晰的影響與感覺就會變成令人害怕的衝突，因為孩子的願望被看見了。為了替這種兩難情境解套，個人通常會用潛抑做為屏障，來禁制這種危險的幻想，這種對想法的潛抑一開始是假扮模式，之後就變成了潛意識的模式。

就像發生在蕾貝卡身上的事情一樣，內在與外在的困難共同造 281
就了歷程中的困境。在這兩種功能模式能夠充分整合之前，假扮模式的表徵變得太過強烈與刺激，化為精神等同的模式侵蝕了兒童的心智世界。對蕾貝卡而言，父親的離開與不知去向就是屬於這種內在與外在共同促成困境的狀況。蕾貝卡把富有魅力的外公當成理想的父親形象，也因此外公的死亡引發了蕾貝卡前所未有的強烈創傷。現實與假扮間的精神屏障被穿透，幻想實現（actualization）的感受讓很多擔憂的想法跑了出來，蕾貝卡又很難在遊戲中分辨可能性與必然性，這些

狀況通通都增強了她的焦慮。認識到這些經驗當中的現實只不過是治療的起點，治療還必須幫助蕾貝卡邁向表徵階段，才能讓她擁有安全感。

　　因為蕾貝卡的身邊沒有能與她一起進行假扮遊戲，並幫助她反思的「他人」，在某種程度上，蕾貝卡被迫得把這樣的想法（爸爸的形象）留在心智中，而她內心的困境與外在的現實完全一致。蕾貝卡只好找一些方法來慰藉自己，才能解決「我『相信』我有爸爸，我就『有』爸爸」的念頭。因為沒有爸爸的傷痛與羞恥感是如此難以忍受，蕾貝卡只能躲到主觀經驗中的「精神病性的孤島」（psychotic island）（Rosenfeld 1971），來阻擋這些感受。根據羅森費爾德的說法，在患者的部分思考中，主觀經驗就等同於外在的現實。在這樣的狀況下，個體會將主觀經驗投射出去，並扭曲現實，而後這又變成難以忍受的焦慮感來源。

　　蕾貝卡對於蛇的比喻，就是她將焦慮置於外界，也是想法被當成具體外在客體的典型案例。她需要成人緩和這些想法，好讓自己能夠形塑它們，創造出內在的精神世界，這個世界不會只充滿純粹的幻想或嚴酷的現實，而是可以包覆住她所有的經驗，就像她希望「世界之毯」可以覆蓋住她內在世界中的所有客體一樣。許多人可能會把蛇的形象聯想到陽具、危險，這些對古典分析而言都是很有價值的素材，這可能都代表了投注在成年男性的注意力。在蕾貝卡的心中，對於性的想像與願望開始浮出檯面時，「世界之毯」就是可以對抗這種焦慮的保護，我們會更傾向用這樣的觀點來看待分析素材。在這樣的觀點下，我們認為，蕾貝卡之所以會對性的願望感到困擾，是因為她是在精神等同的模式中體驗到這些願望，所以它們就會變得過於真實，而難以成為幻想。當分析師辨認出這些願望後，兒童就能夠用假扮的方式帶出這些想像，同時又能感覺到這些想像是真實的。

　　一如既往，如果要能比較安心地保有「爸爸」的想法，就必須付出代價，而這個代價就是「爸爸」的想法很快就會夭折。在她的潛意

識幻想中，性具有破壞與滅絕的毀滅性，這些恐怖的感覺會闖入精神等同模式的真實世界中，使這些幻想變得更真實與恐怖。所有的兒童都會擁有這樣的幻想，但就正常而言，這些想法都能在父母的允許與支持下，藉由遊戲來「消化」掉（metabolized）（在此借用比昂的術語），而且不會有任何後果。假設在一場假的戰鬥後，爸爸都已經坐下來休息了，沒想到此時孩子又說：「你這隻怪獸！你必須站起來讓我殺掉你！」如果父親真的盡責地站起來，他就是在幫助他的孩子消化與修通他的謀殺幻想。如果他只是繼續坐著，或甚至對幻想表達出不贊同、憤怒、悲傷或是害怕，都會增強孩子的感受，使感受變得過於真實，謀殺的想法也無法被消化。這些想法可能會從假扮模式跳回到精神等同的模式，孩子便沒有機會看到他的想法純粹只是想法。蕾貝卡的媽媽在孩子的外公去世後，便陷入了憂鬱，她雖然能感受到蕾貝卡的失落感，卻無法忍受去思考它。而母親那過於真實的悲傷，也導致蕾貝卡的想法再次被帶回精神等同的模式中。

　　蕾貝卡一開始之所以會來接受分析，就是因為嚴重的分離焦慮，這也可以當成是蕾貝卡無法持續地經驗到心理自我。在前幾章已經討論過（亦見 Fonagy, Moran, & Target 1993; Fonagy & Target 1995）對於早期發展的各家理論，現在我們則要用溫尼考特與比昂的著作來論述這件事情。根據他們兩人的理論，嬰兒必須在母親的心中找到自己的身影，而且這個身影是擁有思考及感受的個體。溫尼考特（例如 1967）強調，對嬰兒來說，看到**自己的**狀態能被反映出來是相當重要的一件事（用比昂的話來說，這就是所謂的涵容—Bion 1962a, 1962b）。如果孩子在母親身上尋求自己的影像時，看到的卻是**母親**自己的思緒或防衛，如此一來就會造成問題。蕾貝卡的母親顯然對她的出生感到憂鬱與憤怒，孩子的到來是計畫外的結果，而蕾貝卡的父親在得知懷孕的消息後，卻拋下了蕾貝卡的母親。母親感受到，這個孩子嚴重威脅到她的自主，也毀掉了她對未來的希望。我們認為，小嬰兒蕾貝卡在母親心中尋找自身的影像與心智狀態時，看到的卻是一

283

個邪惡、殘忍的入侵者，還偷走了最珍貴的事物，這正是蕾貝卡後來害怕不已的那個形象——海盜。而關於海盜的這個想法，就像因為父親的失蹤所產生的想法一樣，由於成為了「精神等同」世界中的一部分，變得太過於真實，因此無法做為遊戲與幻想。

蕾貝卡之所以會黏著母親不放，是因為她感覺到，母女兩人都受到了毀滅感的威脅，同時也是因為，蕾貝卡內化了早期母親心中對自己的想法——也就是她身上負面的「海盜」形象。但矛盾的是，為了要把這個形象趕走，她反而得讓自己黏在外在的真實母親身邊。與母親在一起時，她才能外化那異化（alien）、恐怖的海盜形象，好維持住一個較為清晰且未受污染的自我形象。當與母親吵架時（她很常這樣做），內攝的形象就不會掩蓋住蕾貝卡的自我表徵，也使她得到放鬆。然而這麼做的代價就是，蕾貝卡需要在身體上更加接近客體，這樣才能避免海盜的形象成為她的核心經驗，就像白日的恐慌與晚上的噩夢一樣。

所以，蕾貝卡對於自己的危險性、母親的攻擊性與性欲的這些想法，部分阻礙了這個女孩的發展以及精神現實的整合，迫使她保留一部分的心智，在這部分的心智中，想法與現實都會被當成同樣的事情對待。這也保護了蕾貝卡，讓她能避開母親真正的憤怒，還有母親拒絕回應她而造成的焦慮。然而，這也剝奪了另外一種形式的保護，也就是這兩種思考模式的整合之道。透過兩種模式的整合，心智化的能力能純粹地將想法當作想法，而不會把想法當成現實。個體因此能在不同的觀點下自由遊玩，並發展出測試想法有別於現實的能力，得以調節想法與現實帶來的衝擊。蕾貝卡很難理解，在那些會引發焦慮的想法中，到底哪些可能會發生，或那些不會「真的」發生。所以蕾貝卡在這部分對於自身想法及感受的恐懼，就在重複的表象中被放大，被她經驗為一種「真實」。

同樣的現象也發生在移情之中。在移情中，分析師既可以是蕾貝卡的分析師，又可以是她的爸爸，但是蕾貝卡一直都沒辦法把分析師

做為爸爸的表徵。當分析師試著吸引蕾貝卡的注意力，轉移到雙重的現實上——雖然他看起來像爸爸，但實際上是她的治療師——之時，蕾貝卡的回應卻是讓「爸爸」變得更加真實——是一個她曾經見過，而且看起來就像是分析師的人。然而，我們可以發現，重要的是，分析師能與蕾貝卡的想法一起遊玩，幫她辨認出這些想法只是內在世界的一部分，而不是外在的現實。透過分析的療程，她發現自己的害怕只是害怕，而不是現實，這讓她可以安心下來。而願望無法實現的失落感，也因此找到了平衡。雖然在獨自一人時，蕾貝卡還是無法掌握這樣的歷程，但這樣的狀況卻可以在兩個心智間的「潛在空間」一起遊戲，變得更加安全。在許多面向上，精神分析都是一個「假裝」的經驗。而遊戲是其中的精華，對我們那心智發展的精神分析模式來說更是如此。克勞伯（1987）在談到移情如同幻象的論文中，曾經如此美麗地寫道，分析師與患者討論幻想、感受，以及他們同時「知道」是假的的想法。這也使我們能重新聚焦在分析師（成人）在兒童心智的建構及表徵發展（更有效率的後設表徵）中，所扮演的角色。

　　在分析師／父親的表徵下，蕾貝卡終於能夠完成整合。即使在她的主觀經驗中這就等同於現實，但同時她也能明瞭這純粹就只是想法而已。在角色扮演中，蕾貝卡能將她經驗到的想法與感受帶到更高的發展層次上，讓它們可以更為分化。蕾貝卡不斷地在探索自己，從內 285 在（為自身視點的「假扮的蕾貝卡」）還有外在（做為第三者視點的漢娜）的角度來觀看自己。藉由這種持續的監測，去看「蕾貝卡」到底在他人與自己的眼中扮演著怎樣的角色，以拓展自我經驗的疆域。這樣的遊戲讓她能擁有各式各樣的觀點，每個觀點都提供了一個場域，讓她可以測試與客體關係的可能性；在這樣的測試中，內在客體的表徵與自我的表徵慢慢被區分開來。她能用第三者的角度來觀察自己與客體的關係，所以蕾貝卡與他人在一起時，她自身的表徵也能變得更加統合與穩定。如此一來，她得以放棄由精神等同模式所增強的願望，並將其轉為心智化所提供的防衛。這樣的改變不是透過詮釋特

定的內容而達成，而是藉由在日常生活或分析的過程中持續被看見，而淺移默化地發生。在蕾貝卡的遊戲中，重要的是，遊戲不只讓她能與「父親不在身邊」的想法一起遊玩，還設置了讓每個人的想法與感覺都能被想像與考量的架構。經過一段時間，當分析工作有了一定的累積之後，她就更能夠了解分析師的角色。當分析師誤解了她，以為蕾貝卡覺得自己就像奧利佛‧崔斯特一樣受到拋棄，所以才玩出長頸鹿爸爸的影子遊戲時，她能夠糾正分析師，並指出她其實知道，這只是一個被創造出來，而且類似於影子的經驗——是真實的，但同時也是幻象。

　　蕾貝卡問題的背景在於她對於家庭真實的環境感到困惑，同時也一無所知。由於母親不願意反思蕾貝卡的這些感覺，所以蕾貝卡在思考這些環繞在身邊的感覺時，就會變得比平常還害怕，也因此必須在他人的協助下，才能處理她的焦慮。因為家裡缺少能幫助她在內在與外在間建立橋梁的成人，所以她需要另一個成人，也就是分析師，來為遊玩與反思提供必要的框架。

　　因此，分析師與兒童的遊玩是相當重要的發展——分析師能夠幫助兒童增強其功能。分析師不只會參與兒童的表徵系統，對兒童而言，這也是一種發展上的契機，使他們更能理解到心智狀態的本質。在蕾貝卡的遊戲中，她扮演的八個角色各自有著不同的世界，而治療室就像是這八個世界的交會點。在這裡，上演著所有角色的感覺、想法、相信與期待，並帶出了他們鮮明且截然不同的知覺，還有無法融入自身世界的痛苦經驗。通常來說，案主的（人際與精神內在）衝突、擔憂與關係，會變成豐富的詮釋用素材。所以分析師能夠透過移情去詮釋蕾貝卡的知覺，對感受的洞察，還有她精神功能中的一般狀態。不僅如此，蕾貝卡還可以運用她與治療師的遊戲，檢驗她的心智與他人的心智到底是如何在運作。她一次次地重複著這樣的遊戲場景：分析師（做為漢娜的父親）驚訝地發現，自己本來以為找到的人會是漢娜，然而那個人卻是假扮的蕾貝卡。在這樣的場景中，她不但

能夠享受與父親重聚的幻想，或反轉成人對於兒童的支配，同時她也能夠在一個比她的家庭環境更為安全的環境下進行練習，了解到成人的信念也會出錯，並重新意識到自己在大人的心智中占有一席之地的欣喜感。

早期客體關係的發展模式與精神現實的演變

如上所述，照顧者在與嬰兒及兒童互動時，會透過繁複的語言與人際歷程來傳遞意向性（intentionality）。最終，這將使孩子可以假定，最好能用想法、信念與願望的方式來讓他人理解自己的行為。這也會決定孩子的行動，以及他人對他的反應。照顧者會在潛意識並全面地以行為來歸因孩子的心智狀態，最終孩子便能夠知覺到這樣的行為，並加以內化，這也使得心智自我感（selfhood）的核心得以發展。在一般成人與兒童能開心遊戲的情境中，成人會採用兒童的心智位置，以第三者客體的方式表徵給兒童，並以象徵的形式存於彼此的心智中。大體而言，在生命早期的每一天都會發生這種普遍的歷程。 287
對嬰兒與照顧者來說，這些都屬於前意識的過程，無法被反思或調節。然而，照顧者們以各自不同的方式，來完成這些最自然不過的人類功能。有些照顧者對於嬰兒的狀況很敏感，很快就能做出回應，但有些不敏感的照顧者得等到嬰兒出現強烈的反應後，才能知覺到孩子的心智狀態並做出回應。我們認為，用維高斯基（1966）的架構來說，這就是鷹架的力量，這樣的鷹架會提供一種「人工式的發展」，讓兒童更能理解自身的心智。我們也像是大部分探討這個領域的認知學家一樣，假設心智理論的發展就像是一條受到疏導後才能出現的運河。以沃丁頓（Waddington 1966）的用語來說，這條運河不是由天生的生物性所挖掘而成，而是從嬰兒—父母間的互動而得來。

照顧者與嬰兒間的共生關係造就了嬰兒的心理自我，也就是能用意圖的方式歸因自己的「主格我」（I）。對於心智與意圖位置的理

解，都出現在兒童的心智世界還與照顧者重疊在一起的階段。這樣互為主體的狀態不一定代表說照顧者與孩子非得要有某種融合經驗，或甚至是融合幻想才能建立，而是兒童與母親都能全心全意地關注對方（primary preoccupation），當建構出對另一方的親密理解時，同時也建構出對自己的理解。兒童得先感覺到照顧者的**精神現實**，才能發展出對自身與他人心智狀態的知覺。個體無法在孤身一人的狀態下，理解心智世界的本質。當理解到他人眼中的自己時，個體才可能達成這樣的理解。

當父母無法與孩子合作，無法與孩子一起思考現實，也無法讓孩子與嚇人的想像遊玩，好藉此安全地思考現實時，孩子就只能在精神等同的模式中經驗到現實。於是，親子都會無法「消化」這樣的思考。同時，這些「無法被思考」的想法將會透過代間而傳遞。從日常的角度來看，蕾貝卡的母親無法在喪父的現實下幫助她；從巨視的角度來看，這種猶如浩劫般的創傷，可能就會在親子間傳遞下去，也可能就此打住，端視父母是否能將創傷變成一部分可分享的現實，並且能夠思考與談論它，而不是一再地讓這種重複且僵化的現實變成孩子的經驗。

一旦兒童可以心智化，他等於是學到了一個重要的功能，也就是他能降低精神現實的痛苦，並可以操控心理表徵，以防衛或調整對於現實的知覺。但神經質的兒童無法完全地整合「真實」與「假扮」模式，讓其成為表徵性的架構。所以特定的想法仍會直接連結到外在的現實。在整合兩種模式之前，兒童對於各種表象（appearance）都十分脆弱，特別是他跟周遭成人間的關係。藉由心智化，兒童就能解釋自己與他人的思考及感受，也更能解讀人類的世界（human world）。在心智狀態能支持他超越表象，且掌握到支撐表象的心智狀態這兩者間的區分前，他還是會對客體立即的情緒反應十分敏感脆弱。如果照顧者的行為無法一致，或對孩子表現出敵意時，兒童可能只看到表面的訊息，認為照顧者在告訴他，他是一個很壞的小朋

288

友。相反地，如果孩子可以認為，退縮且憂傷的媽媽之所以會拒絕自己，是因為媽媽自身的憂鬱，或是她對外界環境感到憤怒，才讓她出現這樣的舉動，而不是因為自己不夠好，或是因為自己沒有反應（unstimulating），這樣就不會永久損害到這個孩子看待自己的觀點。

　　在自我的發展上，傳統的精神分析會強調內化涵容性客體，但後來我們轉為強調，內化的其實是涵容者內心當中的自己（思考性的自我）。所以某些互為主體論者會認為，人類天生就有思考概念的能力，而上述的立場使得照顧者與嬰兒間那些經驗的分享，變成心智狀態概念中「極度合理」（Sellars 1963, p. 189）的一部分，所有與兒童的分析工作一定都包含了這種發展性的要素。而且對某些患者來說，在整個治療歷程中，治療師幾乎都關注在如何讓他們知道，自我就是心智或心理上的實體。分析歷程中的回應就是一種理解，而不只是單純的同理（對於心智狀態的準確鏡映）而已。為了能讓兒童從精神等同模式進展到心智化的模式，精神分析或是任何取向的回應都不能只是純粹「複製」兒童的內在狀態而已，而是需要加以超越，並站在更往前一步的位置，以提供一個不同但又合情合理的再表徵（representation）。分析師的心智會像鷹架（Vygotsky 1966）一樣運作，永遠比兒童的心理自我經驗還要再靠前一步，好增強兒童精神現實的表徵發展。因此，兒童的精神分析不只能移開通往心智化道路上的障礙，也是一般發展過程的實踐，普世皆準的真理。分析師必須先認知到，在兒童的經驗中，現實是具有壓迫性的，而後才能進入假扮的世界，並藉由接觸兒童的心智經驗，逐漸地讓孩子知道，所謂的現實，就是一系列能被分享、遊玩與轉化的表徵。

289

【第七章】標記性情感鏡映，以及在假扮遊戲中發展情感調節

291　　在第六章中，我們用精神分析式的架構來解釋個體如何發展出完整的主體性。而且我們也認為，這樣的發展與親子間互動的品質關係密切。前一章的臨床案例也說明了，兒童如果要能把內在現實當成純然的表徵（而不是完全真的或假的），前提就是照顧者要能用輕鬆有趣的方式，來鏡映兒童的內在真實。在本章，讀者可以在進一步的案例討論中了解到，照顧者與兒童間這些有趣的鏡映互動歷程有著心理上的基礎。我們認為，照顧者與兒童的互動中，有個特性能讓兒童的內在表徵出現品質上的轉變，也就是「標記性外化」（marked externalization）。兒童能透過照顧者所提供的標記性外化，把內在狀態從外在現實分開或脫鉤，產生一種對經驗的控制感，並能照著讓自己開心或實現願望的方向來調整經驗。父母在假扮遊玩中的標記性鏡映，或是同理性的利社會行為（pro-social actions），會使得嬰兒在小時候就能學習表達中的標記特徵（也就是嬰兒能知道，這些表達是「不帶後果的」〔nonconsequentiality〕，並且能將其從外在現實脫

292　鉤），調整內容（減少不快與滿足願望），提升自己做為行動主體（agentive）的感覺（執行控制與熟悉情感經驗的能力）。這樣的互動將提供重要的經驗性前提，使嬰兒能更主動地運用這個特徵，來調節自身的情感。

　　我們認為，兒童如果缺少了父母的情感鏡映，就會停滯在精神等同的模式；若是照顧者在回應兒童時，缺少了「標記」，就會造成兒童在情感上的失調，最終兒童就會害怕自己所外化出來的東西：由於照顧者提供的鏡映出現了問題，所以孩子就會不願與照顧者進行人際的互動。然而，就算有些人際經驗可以修復這些異常的發展，兒童也

會因為上述的緣故，而無法尋找這些經驗。本章也會呈現一位四歲兒童的案例，在案例中，讀者可以看到療效性介入的力量如何補足兒童在心理上的匱乏。認知分析式的治療能變成一個跳板，讓讀者們能理解，在這位案例的治療上，有哪些小地方也能有效地運用在青少年與成人的分析療程上。

簡介

在前幾章中，我們在理解心智的表徵本質以及情感調節時，提出了兩個關係密切的發展理論——精神等同與心智化的假扮模式（見第六章），以及父母情感鏡映的社會生物回饋理論（見第四章）。回顧過往，佛洛伊德曾論述過精神現實的本質（Freud 1990a, 1950〔1895〕），以及假扮遊玩在情感生活上的重要性（Freud 1920g）。這些主張形成了我們心智發展理論的架構，而上述的兩個理論可說是我們對於這個架構的當代闡述。

第六章已談過第一個理論，亦即表徵功能的兩種基本型態：表徵內在經驗的「精神等同」與「假扮」模式。這兩種模式也是完整心智化能力發展的前身（亦見 Fonagy 1995b; Fonagy & Target 1996; Target & Fonagy 1996）。「精神等同」是較為原始的心智功能層次，在這個模式中，內在心智狀態如想法、幻想與感受混淆在一起，被兒童當成現實，而不是現實的表徵。相對地，在心智化的「假扮」模式中，兒童能夠覺察到，內在的心智狀態是一種表徵：當兒童能把心智表徵從外在現實分開或脫鉤（Leslie 1987），就能在現實中分化想法與幻想。不過他們自己在進行這樣的歷程時，還無法在這些表徵與外在現實之間，創造出有意義的連結。這個理論也認為，心智化是由早期依附經驗的品質所孕育出的功能，同時也是「假扮」模式與「精神等同」模式的整合。當照顧者能夠開心地與孩子遊玩，讓兒童重複地經驗到，照顧者以「標記」的形式，反映出他的感受與想法時，這樣的進程就

會逐漸整合這兩種模式。這個理論也認為這兩種層次的心智功能會影響情感調節及自我組織的發展之正常與否，並且運用葛瑞蓋—華森的社會心理回饋模式（見第四章）來看情感發展的自我覺察。

第二個理論則是由葛瑞蓋與華森（1996）所提出，並且已在第四章當中做過說明。這兩位學者提出一個以後效（contingency）為基礎的社會心理機制（即「父母情感鏡映」的社會生物回饋模式）。這個理論說明了，在依附關係中，照顧者會如何在個體發生學上，運用同理性的情感調節鏡映互動，來幫助兒童建立情感狀態的次級表徵，使兒童能夠更為熟悉地運用情感的自我調節。這個理論也強調了一個假設：情感性障礙、解離症與自我的異常，都可能與照顧者在早期沒有給予足夠的情感鏡映，或給的是異常的情感鏡映有關（見第四章與第五章）。

在本章，我們藉由臨床案例的呈現，來說明這兩種理論在解釋上的相關性，心智化的缺損或情感調節上的問題，可能與自我異常的
294　病因有關。這段案例顯示出一段心理上的歷程：心理治療的介入能使這些患者的表徵功能出現矯正性的轉變。不過，在呈現案例的內容之前，需要先詳細地理解一個關鍵性的概念——富有情感心智內涵的**「標記性外化」**。這個概念不只在我們的理論中扮演重要的角色，也在接下來的案例討論中占有巨大的篇幅。我們將簡單地討論這個架構在特徵與功能上的特性，並區辨出同一種概念的不同形式——像是假扮遊玩、虛構小說、藝術、奇幻作品、白日夢或是想像力——都是更為成熟的表徵功能。在最後，我們也會討論到，個體需要哪些經驗與表徵上的先決條件來發展出運用標記性外化的能力，達成情感調節；並概要出重要的發展性假設——後效性的情感調節鏡映對於標記性外化能力的重要性。

「標記性外化」與情感的自我調節

人類進化出一種相當獨特的能力來表徵意圖——也就是象徵的「指涉」（aboutness），像是語言、圖像表徵、溝通手勢等。人類廣泛地使用這樣的能力，來外化他們的心智狀態（例如信念、欲求、意圖與情緒），並與他人溝通，讓同種的成員能交流相關的文化訊息，來強化生存的機會。然而，我們已透過本書強調，除了溝通的知識外，這個重要的表徵能力還有一個截然不同的進化功能：人們會外化富有情感的心智內涵，以**調節**——維持、調整、減弱或是強化——**他們的情感狀態**。顯然地，個體可以外化正面與負面的情感刺激（impulse），好達成情感的調節（參照 Stern 1985）。從古至今，295 臨床學者對患者會使用不同形式的外化，來「擺脫」或調整**負面**情感狀態的傾向深感興趣。日常生活中的創傷性事件會帶來痛苦的記憶，形成了負面情感狀態。個體會在意識或潛意識中，對（真實或想像出的）人際衝突或互動形成心智表徵，而這些負面情感狀態正是來自於這樣的表徵。無法在社會上被接受的欲求也可能帶來這些痛苦的感受，像是焦慮、無助感、罪惡感、羞恥、生氣、恐懼、暴怒等等。

而「外化」這個詞彙在臨床上的意義是更為廣泛的，它可能包含了像是投射、投射性認同、重演（enactment）與行動化（acting out）的現象。在上述所有的例子中，個體外化了內在的經驗來調節情感，把它知覺成是外在現實的一部分，與自己沒有關係。個體對於真實知覺的防衛性扭曲也會形成外化，不過，我們想把假扮遊戲、象徵性塗鴉與繪畫、劇場表演與話劇、聆聽童話、藝術創作、幻想或白日夢等例子，與前者的外化區辨開來，因為後者在實行外化的情感調節功能時，並不會損害到現實的檢驗。在後者的例子中，個體能清楚地知道，外化的情感內容「並不用認真地看待」：而是與現實「脫鉤」的概念（Leslie 1987），並且（只是）現實的**表徵**（Perner 1991），是**虛構**而非真實的世界。我們使用「標記性外化」與「象徵性外化」來指

出，只有在用後者來表達內心狀態的形式中，個體的主觀才能保持著某種程度的覺察，並能理解到那些被外化的象徵形式具有表徵性的本質。

在解釋這樣的外化性表達時，這些表徵需要被「標註」（tagged）或「標記」（marked）為現實的「表徵」，以避免與真實的現實產生混淆。之前在第四章及第六章中，我們曾提到假扮遊戲與父母情感反思性的鏡映互動。兒童心智當中的負面情感會因為父母特意的標記而能夠外化。兒童可以清楚地感知到父母的「標記」，這也代表著外化「並非真實」。以假扮遊戲為例，在遊戲中，一系列顯著的知覺特徵會傳達出「標記」（markedness），好讓兒童知道，假扮的行為或情感其實有別於真實。照顧者會心的眼神、微微抬頭、提高與放慢音調、用誇張的語調來概括、展現主題、簡述或做一點點的示範，以及無形的想像客體之運用……這些都能清楚地讓孩子了解到，假扮的表達與真實的表達並不相同——也就是說，假扮的表達「不用認真地看待」。我們曾討論過（見第四章），在良好的情感鏡映互動中，父母會用與真實情緒同樣種類卻有所轉換的情緒，來調整兒童的情緒，因此形成了既帶有標記，又能夠明顯不同於兒童當下情緒的情感表達。而結果就是，當兒童辨認出鏡映所呈現的情感後，就不會把這樣的情感解讀成是父母真實的情緒。兒童會知道這些情緒「不用認真地看待」。在假扮與同理性的鏡映中，當兒童體驗到這些標記性的表達與行為「沒有任何後果」之後，就會進一步地強化這種與現實脫鉤的詮釋：在「標記性」的假扮模式中，兒童所知覺到的表現或行動，都不是以真實或是未標記的形式出現，所以平常會發生的事情都不會「真的」發生。我們曾假設過（見第四章與 Gergely & Watson 1996），當幼兒感知到標記後，就能激發後設表徵系統（Leslie 1987），使得假扮的表達能自現實的對應中「脫鉤」。兒童因此可以知道，標記性的假扮或情感鏡映指涉的是虛構的世界，諸如此類的狀況也不會引起任何真實的後果。這樣的理解可以大幅增強兒童的情感

調節。在「脫鉤」且表徵重演的虛構世界中，不會發生任何真實的負面結果（Gergely & Watson 1996），兒童也因此感到安心。

　　佛洛伊德（1920g）曾經過觀察自己十八個月大的孫子。當時，他的小孫子正在玩一個叫做「不見一找到」（fort-da）的假扮遊戲，而佛洛伊德也對這個遊戲留下了經典的分析。這也進一步顯示了，標記性外化在使用上有一些重要的特性，可以強化對負面情感的情感性因應。佛洛伊德發現，他的小孫子一直重複地玩著同樣的遊戲：他會先把線軸丟到嬰兒床的簾子後面，當線軸離開他的視野時，小朋友就會叫說「**不見了**」（fort），接著再把線軸拉回來時，他又會喊「**找 297 到了**」（da）。根據佛洛伊德的解釋，在假扮階段的第一個事件中（線軸不見了），兒童顯然就是在外化日常生活中與母親那些無可避免的分離。而第二個階段（找回線軸），則是兒童渴望在想像中消除掉那些痛苦的分離。這個外化的假扮版本，與兒童記憶中創傷事件的內在表徵有所不同，因為兒童在重演這個情景時，能變成**主動的行動主體**（agent），並**控制**假扮階段的開展。然而，在記憶中所表徵出的真實事件裡，他是無助的主體，只能被動地經驗到這個創傷性的分離事件。因為兒童對於這件事情的知覺有了質性的轉變，所以這樣的外化便能夠帶來修正性的情緒經驗。對原初創傷事件的標記性外化，能產生主動性及重聚的正向情感，與原本記憶聯結在一起的負面情緒互相對照，相互共存。虛構的表徵世界可以提供安全的「假扮模式」，當兒童能在假扮模式中實行這種自我控制的調整性重演時，就能夠因應創傷事件所帶來的痛苦記憶。

　　到目前為止，我們討論了兩種典型的「標記性外化」現象——同理性的情感鏡映與假扮遊戲。在上述的兩種現象中，父母用標記的方式把兒童的內在情感表達出來，所以兒童的內在情感「被外化了」：因為兒童可以直接看到自己的情感「就在那裡」（被父母反映出來），真切地存於這個世界上（這樣的狀況也適用於運用外在素材來表達的「象徵性外化」上，像是塗鴉、繪畫、雕塑，或是做為戲劇

中的主角）。然而，還是有其他方法能表達內在情感，以達成自我調
節，比如說個體以內省的方式來知覺純粹由心智產生、個人的「內在
事件」，像是白日夢、幻想與想像。（假扮遊戲，還有對想像友伴的
討論，確實都顯示了外化與內在想像的「混合」。）

298

在第十一章中會討論到成人版的情感調節就是具有心智化的情感
體會（mentalized affectivity），我們也發展出「對內的情感表達」的概
念，像是自我的反思，內省性的理解，以及能覺察到個人在心智中向
他人表達及表徵的情緒等，都屬於以上的概念。我們也希望這些「內
在自我反思的情緒經驗」，就像假扮遊戲與同理性的情感鏡映一樣，
屬於「標記性」或「象徵性外化」的一種。不過，這些經驗大多都是
在內在（而不是外在）中做為一種表徵的媒介，目的是為了調整原初
情感經驗的表達。在標記性外化中，有三種特徵可以幫助個體產生修
正性的情感調節經驗，第一個是知覺性的標記；第二個是讓經驗者能
從被動的主體轉為主動的行動主體；最後則是內容的調整。我們在白
日夢、幻想與想像當中，都可以發現這些特徵。實際上，（在「心智
之眼」中）個體能知覺到，這些「對內表達」已經與現實脫鉤，在本
質上是屬於表徵性的（標記），因此不會與他們對內表達的真實情緒
經驗混淆：內省性的主體能持續地覺察到，那些內在情感的表達「不
用認真地看待」。主體可以主動控制自己那些富有情緒的事件記憶或
幻想的對內表達，並依自己的意思調整內容，就像是他們在玩外在表
徵的假扮遊戲一樣。

我們假定，在發展的角度上，個體的內在情感狀態得先被外在媒
介給表達出來（標記性外化），而後才會出現對內在情感狀態的「內
在表達」。這樣的「內在表達」是為了情感自我調節而生，同時也因
前者的發展而奠定了基礎。值得注意的是，同理性的父母情感鏡映是
一種外化，也是對表達的知覺式標記，以及對經驗內容的部分調整
（就像是部分的鏡映，或「混合情緒」的呈現─參照 Fónagy & Fonagy
1995），這些行為都是由鏡映嬰兒的成人執行，而不是由嬰兒操作。

當嬰兒偵測到自己的情緒表達，與父母所給予的情感鏡映之間，有著
高度相關的後效時，嬰兒就會自動產生隨後對於情感調節經驗的掌控
感與主體性（agency）。即使嬰兒當時還太小，無法產生對於內在情　　299
感狀態的標記性外化，倘若父母能讓孩子重複經驗到情感調節式的鏡
映，便能形成早期的標記性外化之原型。因此我們相信，早期編碼標
記（兒童可以標識出「不帶後果的」，與從外在現實中脫鉤）的機
會、內容上的調整（減少不舒服，並實現願望），以及父母鏡映的主
體感（agentive）層面（產生控制與熟練感），都讓這些特徵建立了
與隨後情感調節經驗的連結，並且會提供重要的經驗前提，使嬰兒可
以主動地運用這些情緒自我調節的特徵（像是假扮遊戲，或從二歲起
開始發展的同理性利社會行為——見第五章）。

「標記性外化」用來進行情感調節的
生物與社會要素

　　從表徵上的觀點來看，所有這些不同的——內在的與外在的——
意圖性自我表達，在本質上都屬於**後設表徵**（Leslie 1987）：它們
是獲得**次級表徵**的先決條件（Dennett 1991; Dennett & Haugeland
1987），以及讓表徵從現實「脫鉤」的能力前提（Leslie 1987,
1994）。因此，這些對於原初情感的自我表達雖然有不同的形式，但
都有情感調節的潛力：個體會經驗到這些表達「不用認真地看待」，
而且是「不帶後果的」，藉由這樣的掌控，這些表達能使個體經驗
到安全與主體性的感覺。當個體能在標記性的「彷彿」（as if）模式
中，以調整過後的情緒內容重新經驗這些表達時，就能產生矯正性的
情緒，「重新改寫」負面情感的記憶。

　　從這個觀點看來，如果在表達內在情感狀態時，缺少了次級表
徵，或是在進行參照脫鉤時，缺少了後設表徵的能力，個體就會很難
或甚至無法理解自己與他人的心智意圖，像是信念與欲求。這種心智　　300

理論中的原發性缺陷是「心智盲目」（mindblindness）（Baron-Cohen 1995）這種衰退狀態的主要特性，同時也是兒童期自閉症的特徵。我們這裡還要強調另一個可以想見的後果，就是很難控制情感性的刺激，這也是高度典型的兒童自閉症特徵（見 Hobson 1993）。運用次級表徵的心智能力，或是與參照脫鉤相關的能力，都可能會轉換成個體在心中做內在調適的能力（Fodor 1992; Leslie 1987, 1994），而且也可能是兒童自閉症當中先天就被削弱的能力（Baron-Cohen et al. 1985; U. Frith 1989）。

然而，即使心智理論所需的先天表徵能力已經完整，我們還是認為，早期依附環境的特定失調會延遲或弱化心智化能力的開展，而且／或是讓個體無法活化心智化的能力來達成情感調節。在第三章反駁行為—基因研究的背景時，我們已討論過心智化發展上的部分社會心理模式。依附中異常的情感反應會透過幾種常見的路徑，造成個體在開展或運用早期的心智化能力時，出現發展停滯或缺陷的狀況。

一、就像在第四章的假設（亦見 Gergely & Watson 1996），照顧者與嬰兒同調的情感鏡映環境會透過社會生物的回饋歷程，使嬰兒對內在狀態線索的特定情緒變得敏感，所以在分化情緒表徵時，這樣的環境就非常重要。不僅如此，其實早在前語言期的階段中，良好的情感鏡映就已為嬰兒的原初情感建立起次級表徵。運用標記性的鏡映來為嬰兒做表徵的內化，讓嬰兒能夠把標記性的鏡映與自己的情感狀態連接起來。如果依附關係中很少有這種良好的鏡映，個體可能就會無法分化內在的情感狀態，也很難覺察到情緒性的自我狀態，並容易將內在的心智狀態與外在現實混淆在一起。換句話說，個體的**發展會停滯在「精神等同」的功能層次上**，而心智狀態與現實狀態則維持著混淆與未分化的狀態。

二、鏡映原本是為了要外化嬰兒的負面情感，照顧者異常的鏡映

則有兩種情況：未標記或是太過真實。所以嬰兒的負面情感狀態就會變得更糟，也沒辦法受到調整。這樣的錯誤鏡映會在個體被外化出去的負面內在狀態，與隨之而來的情緒失衡間，建立起強烈的連結，並形成一種創傷。這樣的依附情境會導致個體**全面地迴避心智化，並把這樣的迴避當成自我調節的方法**，同時也會嚴重地影響到衝動控制的能力。不只如此，原本個體得學會把照顧者的標記當成一種參照脫鉤的訊號，並且知道這是「不帶後果的」（也就是說，個體能學到假扮模式中的一般性溝通編碼就是要與現實脫鉤），然而這樣的能力卻會因異常的鏡映而被嚴重地延遲或弱化，這可能會導致個體「對標記盲目」，加深了對虛構與現實的混淆。

臨床案例：「麥特」

　　麥特大概是在四歲一個月大時，因為一連串的行為與衝動控制問題，而被媽媽帶來接受心理治療。從媽媽的觀點來看，最嚴重的問題莫過於四歲的他至今還是無法完成如廁訓練，而且還有刻意忍著不上廁所的習慣。麥特會連續便祕好幾天，拒絕坐在馬桶上，只有媽媽給他尿布時才願意排便。媽媽也痛苦地控訴，不管在日托中心或家中，麥特都會出現情緒上的爆發，時常鬧脾氣，並外化成暴力行為。他經常在日托中心攻擊比他小的孩子，在家也會虐待寵物狗。在母子關係中，他被描述為一個固執、愛作對、有控制欲（「愛發號施令」）的孩子。媽媽抱怨他總是會不斷地問著「愚蠢的問題」，這些問題則顯 302 示了麥特有嚴重的閹割焦慮、身體被侵入的幻想、對嬰兒的恐懼還有對於剖腹產的焦慮與好奇。

　　麥特是一個體弱多病的孩子，他有一長串的疾病史（包括哮吼：一種兒童期的急性呼吸道疾病，肺炎，過敏）與住院經驗。媽媽聽從了小兒科醫師的建議，在麥特三歲前都在家中陪伴他。在治療開始前不久，麥特才剛去日托中心，不過通常只待到中午。麥特對母親的依

附態度顯得焦慮又矛盾，他會緊黏在她身邊，同時卻又避開她的目光。在日托中心或是進入治療室時，都呈現出強烈的分離焦慮。[1]

麥特的媽媽是一位嚴厲、面無表情的女人。她很少表現出情緒，卻毫不猶豫地傳達出對兒子的惱怒、不滿，以及不加掩飾的敵意（包括憤怒以及厭惡）。她對自己的兒子相當疏遠，覺得他幾乎無可救藥，沒有一點價值。與麥特的互動中她顯得冷淡、過於侵略與控制。媽媽告訴我，她常會「失去理智」地向孩子吼叫並痛打他一頓。母子兩人活在一個相當糾結的關係中，攻擊、狂怒經常掌控了這段關係，使得負面情緒更加嚴重。媽媽很難同理孩子，也無法與孩子的心智狀態保持同調，而這樣的狀況幾乎嚇壞了我。她也很難處理兒子的負面情緒，當面對麥特的負面情感時，她時常以互補且真實的負面情緒做為回應，因此又加劇了孩子的負面狀態。

一個可以用來說明的好例子，就是麥特執意拒絕去上廁所時，反覆出現在母子間的互動循環。媽媽把麥特留在日托中心後，他就會不去上廁所，一直忍到下午媽媽要帶他回家的時候。在回家路上，他幾乎快忍不住了，所以一回到家，媽媽就會要他趕快坐到馬桶上，而媽媽就坐在麥特的身邊陪他。然而，（即使時常在很痛苦的狀態下）麥
303 特還是會拒絕上廁所，然後他們就會像這樣「坐上好幾個小時」。接著，媽媽就會愈來愈生氣，哀求著麥特趕快上廁所，威脅要懲罰他，或是以承諾的方式來強調她的要求。最後，滿懷恨意的媽媽只好替麥特包上尿布，把他放到嬰兒床內，準備離開房間。然而，當麥特感覺到這樣的離別要發生時，他就會迅速地便溺在尿布上，而這又會讓媽媽感到火大，因為如此一來，她就得回到房間幫麥特換尿布，通常在這種時候，媽媽就會對著麥特大吼大叫，並在盛怒下狠揍他一頓。

我對麥特的媽媽有一個很強烈的印象，那就是她很難去注意與判讀麥特本身的性情，所以她也很難去辨識孩子的心智狀態。媽媽也用

1　這裡的治療師為喬治‧葛瑞蓋。

相當平淡的聲調，向我分享了麥特姊姊的故事，故事的離奇之處也驗證了我的印象。麥特的姊姊在出生時幾乎已經失明，但在接下來的好幾年間，父母都沒有注意到這個事實，直到孩子三、四歲在托育中心接受定期檢查時，父母才發現這件事。他們顯然都忽略了麥特的姊姊只有在與他們十分靠近，或直接面對面的狀況下，才能清楚地看到他們。這也使我懷疑，這位對孩子相當疏遠、缺乏敏感度的母親到底會帶給孩子多嚴重的影響，而且她顯然也欠缺了判讀孩子臉部表情的能力。

在很長的一段時間裡，麥特在療程中都展現了嚴重的功能退行。當他來到治療室時，就會變得極度驚恐，大聲地嚎哭，緊黏著母親不放，不想讓她走回等候室。麥特看起來笨手笨腳的，外表也很邋遢，散發著一股難聞的味道；他的呼吸很沉重，嘴邊經常掛著口水，很容易就被小聲音嚇到。他經常無視於我的出現，避免與我有眼神的接觸以及言語的交談。就算我試著想與他接觸，他還是表現出這個樣子。只有在想要命令我時，麥特才會開口說話。接下來，我們就會看到，麥特在早期療程中隨著行為而逐漸出現的兩大病徵。

其一，麥特經常會以不當且詭異的方式來運用語言。他無法用正常的文法規則（Grice 1975）來溝通：他經常不回應言語上的詢問，有時反而會用單調、鸚鵡式的方式來重述問題。在說話時，在句子中他有時會混淆了第一、第二與第三人稱的觀點。而他對言語的解譯也過於生硬，只按照字面上的意義做解釋，以晦澀怪異的方式運用字彙，甚至完全不顧字彙所使用的脈絡就逕行加以解釋。304

第二個顯著的失功能特徵在於，麥特似乎**無法玩出或理解象徵性的遊玩與假扮**。他的遊戲由重複、典型的行為所組成，大多時候都是用積木堆塔或造路。麥特對玩具汽車相當著迷，他會在木製的建築物裡來回地推動這些汽車。然而，在很多時候他卻會避開去玩像玩偶那樣的人形玩具，也無法投入任何的假扮。我想讓他進入象徵性遊戲的努力大多是白費功夫。實際上，麥特非常討厭人類或動物的玩偶，他

會拒絕玩這些玩具，即使我把這些玩具拿給他，他也會把它們丟開。據媽媽的說法，麥特在家裡也沒有玩過這樣的玩偶：他只對電腦遊戲及堆積木有興趣。他也沒有任何的過渡客體。麥特的繪畫則是由一堆散開的線條與黏糊糊的色彩所組成，沒有任何具象的內容。

很快地，麥特在解讀假扮活動與溝通上的嚴重困難便顯現出來。他無法理解在假扮模式中那些被標記且誇大的表達方式。舉例來說，當他在畫畫時，我指著水杯中被水彩染成橘色的水，然後對他說：「你看，這看起來就像是柳橙汁一樣耶！」他害怕地看著我說：「但你不能真的把它喝掉啊！」「我當然可以啊。」我用標記性的假扮語調開玩笑地回應，把水杯靠近我的嘴邊，很明顯地假裝要喝下那杯「柳橙汁」。可是麥特卻變得更加驚恐（顯然是相信我真的喝下了水彩水），而且開始大叫：「別這樣做！那個不可以喝！」在另一個情境中，我拿起一隻狐狸木偶，問麥特想不想要跟這個木偶一起玩，他馬上回答說他不要。但我還是試著讓木偶動起來，讓它開始走路，並

305 用像狐狸般的標記性聲調說話。麥特非常害怕地看著狐狸，彷彿這隻狐狸真的活過來了。他用幾乎快要哭出來的聲調拜託我停下來，尖叫著說他討厭木偶。最後一個例子如下：在某次療程中，麥特跟我一起玩著某種桌遊，玩家只要到達特定的位置，便能夠贏得一個小的藏寶箱。麥特不願遵守遊戲規則，把棋子放在贏家的位置上，並把所有的寶箱都拿走，而我自然沒有得到任何東西。（在很清楚的標記形式下）我讓自己假裝哭了起來，抱怨著沒拿到任何一個寶箱。麥特很害怕地看著我，大叫：「不要這樣做！只有小嬰兒才會哭！你又不是小嬰兒！」

麥特無法理解或表現出任何的假扮遊戲，以及他在語言使用上的失調，這兩者都顯示了兒童自閉症的核心特徵。而麥特其他的病理特徵，像是衝動控制的困難、容易發脾氣的傾向，重複且單調地操控物體，沒辦法用人偶遊玩，缺少目光接觸，以及沉迷於機械的狹隘興趣，都可能是自閉症的症狀。自閉症的兒童似乎缺少後設表徵

的能力來進行「脫鉤」（Baron-Cohen et al. 1985; Leslie 1994），脫鉤是表徵上的一種先決條件，也是理解他人心智（如錯誤信念）與假扮的表徵性前提（Leslie 1987）。在正常發展中，大約在快二歲時，兒童才會開始出現理解與玩出假扮遊戲的能力（Harris & Kavanaugh 1993），然後大約在四歲時，才能通過錯誤信念的心智理論此一任務（Wimmer & Perner 1983）（見第五章）。然而，自閉症的孩子即使在心智年齡上已經超過了四歲，還是很難通過這樣的考驗。照理來說，兒童在四歲時也會開始出現辨別外在表象與真實的相關能力（了解某樣東西看起來像 X，但實際上本質卻是 Y）（Flavell et al. 1987），我也使用了兩種標準化的錯誤信念作業與表象—真實[2]作業來測試麥特的表現，並以四·六歲到五歲兒童的表現做為標準（通常這個年紀的兒童都已經能通過這些作業）。然而，他總是無法成功地通過測驗。這清楚顯示出，他無法理解錯誤信念，也難以理解表象—真實的區分。

　　雖然這些潛在的證據都　面倒地支持麥特可能有自閉症的病徵，然而實際上，這些對於他是否罹患自閉症的早期懷疑，都被接下來他在療程中的進展給駁回——麥特終於開始出現了理解與運用假扮遊戲的潛在能力。鑑於這樣的發展，我們得以確認，麥特在理解、表現象徵性遊戲與假扮上的廣泛困難，並不是因為他的後設表徵能力在先天基因上有所缺損，而是有其社會心理上的原因。我們相信，媽媽給予麥特的情感鏡映環境出現了問題，又帶有創傷的性質，所以使得麥特的發展困在「精神等同」的模式上（參照 Fonagy & Target 1996 以及第六章）。不過，在進一步地拓展這個假定之前，以下將會簡單地先敘述治療中兩次較為令人不適（disturbing）的療程，這兩次療程都能很好地說明麥特的心智功能是如何停滯在精神等同的層次上。

306

2　　譯註：詳見第六章佩爾奈與同事所做的，糖果盒裡裝鉛筆的實驗。

創傷性的「現實性遊玩」：
精神等同的運作

　　在治療的開始階段，實際上有兩個場合可以證明麥特能用人形玩偶來進行遊戲。然而，在這兩個場合中，麥特都無法理解情境當中的「彷彿」本質，使得遊戲與現實混淆在一起，所以麥特就在遊戲中，以幾乎等於真實現實的（再）創傷強度，經驗到攻擊與焦慮幻想的外化。而結果就是，在這些療程中，他變得更加興奮、害怕、好鬥，深受焦慮所苦。這些負向情感升高到接近創傷的程度，以至於有好幾個星期，麥特都會避開這些玩具，甚至是他之前玩這些遊戲的角落。

　　在第一個片段中，我將麥特的注意力帶到治療室角落的玩具浴室上，裡面有一個浴缸、馬桶，還有因為某些偶然的因素而出現的烤箱。同時，附近還有一大塊黏土與兩個（一大一小）裸體的嬰兒娃娃。麥特先把一個娃娃放到浴缸裡，然後又把那個娃娃拿出來放到馬桶上，假裝它正在上廁所。接著我把他的注意力引到那一大塊黏土307上，並且告訴他，如果他想要的話，他可以用黏土做出便便。麥特很興奮地撕下一塊黏土，並把它放到娃娃底下的馬桶裡。接著他發現了一個玩具鍋鏟，並把它拿給我看，問我這是做什麼用的。我告訴他鍋鏟的用途後，他明確地以「才不是這樣」來否定我的解釋。而後他用鍋鏟把黏土切成好幾塊，並且告訴我：「這是用來把大便放到他們裡面用的！」然後他把娃娃從馬桶上拿起來，把切塊黏土「便便」黏到人偶的屁股上。接著他拿起另一塊黏土，把它弄得長長尖尖的。「這是一塊大的尖便便！」他很興奮地說道，發出沉重的喘息聲，把它黏到另一個人偶的屁股上。我問他：「第一個人上好廁所了嗎？」「不，不，他還需要大更多，他要一直待在那，待到明年春天！」麥特說。接著他把小人偶帶離馬桶，又放上大人偶，好讓它也上廁所。然後他開始擠壓小人偶，好讓它的屁股進到烤箱，他大叫著：「我們要來煮他的屁股喔！」而後他又把「煮過」的小人偶從烤箱裡面拿出來，又想試著把大人偶給塞進去，但不是很成功。所以他轉而把它放

到浴缸。我問麥特：「他是不是想要洗澡啊？」「不是，他已經死掉了喔！」他回答我。我問他：「他是怎麼死掉的？」他整個人的身體都在顫抖著，幾乎是用難以控制的興奮感吼叫道：「他被火跟水搞死了！他被火跟水搞死了！！！」然後他又把小人偶塞回烤箱：「我們也要煮它的屁股，然後它也會死掉！」我問他：「這些被煮到死掉的小朋友是誰啊？」他回答我：「是強尼跟麥特呀！」（強尼是他在日托中心的朋友）

　　第二個片段發生在第一個遊戲場景的兩個多月之後，這次我把麥特的注意力帶到一個很大的彩繪俄羅斯娃娃上，這個玩具可以反覆地從大娃娃中移出內部的小娃娃。麥特對娃娃很有興趣；他把那些娃娃放回去，然後又再次把它們分開。然後他告訴我：「我在電視上看到很多嬰兒，他們通通是殘廢，沒有手也沒有腳，沒有耳朵，而且他們也沒有小雞雞喔！」他興奮地大笑，然後跑去放娃娃的架子找有生殖器的娃娃。找到後，麥特就帶著娃娃跑到治療室的角落，附有烤箱的玩具浴室所在之處，也就是第一次創傷性的「現實性遊玩」所發生的場所。他打開烤箱，找到在兩個月之前「煮到死掉」的小人偶，然後拿起那個有生殖器的人偶，並大叫說：「我要幫它的小雞雞，還有屁股跟手臂打針喔！」以及諸如之類的話。在節節升高的興奮下，他用　枝尖銳的鉛筆當作針筒，在人偶的不同部位上打針。我問麥特：「你也有打針過嗎？」他回答我：「有啊，就打在手臂上！」接著他也要求我在人偶上的屁股打針。同時間，麥特也用鉛筆狂亂地在人偶的小雞雞上亂戳。而後他大叫：「讓我們切開它的胃，然後把嬰兒拿出來！！」他持續地戳著人偶，愈來愈瘋狂，直到鉛筆斷成兩截。「現在我們要釘釘子到它的小雞雞裡！釘死嬰兒！！！」他喊叫道。「我們要煮熟它！……我們要給它一個冷水澡！！！」他邊大叫，邊用力地將玩具餅乾（「冷水澡」）緊壓在人偶已釘上釘子的生殖器上。

308

處於假扮模式的功能中：
標記性與假扮遊戲的情感調節潛能

　　大約在六個月過後，麥特的行為與後設溝通能力開始出現了質的躍進。他變得較不混亂，言論也更加清楚，說話時讓人聽不懂或是奇怪的地方也變少了。他能維持，甚至開始做眼神上的接觸，而他似乎也變得更喜歡來治療。這些改變發生的時間點，剛好與這些令人印象深刻的遊戲片段一致。在這些片段中，麥特似乎開始「發現」，治療師那些具有標記性的表達中，代表的是一個「彷彿」的感覺，如此一來，假扮模式就會具有情感調節上的潛能。以下的片段清楚地改變了治療的進程。

　　之前我與麥特玩桌遊，也就是贏家能夠贏得小藏寶箱的那一次，他無視於我與遊戲規則，亂丟骰子，盡可能地不斷蒐集藏寶箱，而我則是什麼都拿不到。那一次我假裝用標記性的誇大語調哭了一下下，而麥特當場變得非常害怕，並且要我停下來，因為只有小嬰兒會哭，而我並不是小嬰兒。於是我馬上停下來，試著溫柔地向他解釋，我不是「真的」在難過，也不是「真的」在哭——好安撫他——我其實只是假裝在哭而已。麥特花了很長的時間專注地看著我，好像（也許對他來說也是第一次）慢慢地理解到這些話是什麼意思。他似乎能夠冷靜下來，並且繼續玩起遊戲。在下一次的療程中，他笑容滿面進到治療室，馬上宣布說他要重新再玩一次桌遊。當輪到我的時候，他微笑地看著我，並告訴我，他還記得上次我很難過，但這次我不用再難過了，因為他會讓我直接走到可以拿到藏寶箱的地方。然後他指著在桌遊中由龍所守衛的塔上方那扇鎖起來的門，說：「我們要到這裡去救一位女士喔！」我問他：「你不怕龍嗎？」「不會，只要我們在一起就可以殺掉牠！」麥特說完後又微笑起來。接著他又問了我一次，我是不是還在難過，我回答他我確實有一點難過，所以假裝哭了一下。然後他著迷地看著我「哭了出來」，然後藉由幫我贏得一些寶藏來安慰我。然後他直接到了塔那裡，把龍殺掉，拯救了那位「女

309

士」。

　　當我們結束這場遊戲時，麥特發現了另一個類似西洋棋的桌遊，他問我這該怎麼玩，我告訴他如果他踩到了我的棋子，我就會「死掉」，然後就必須從棋盤上把我的棋子移開。麥特接著踩到我的棋子上，把棋子拿開，小心地看著我，並問我是不是很難過必須死掉。就像他期待我做的一樣，我假裝哭了一下下，之後麥特大聲地笑了出來，並告訴我：「不要難過了，你可以踩到我的棋子上，然後**我也會死掉**！」我問他：「這樣你不會難過嗎？」「不，因為我**喜歡**死掉！」他開心地回答我。

　　我們在接下來的幾個月中持續玩著這兩種遊戲，並在相同的主題下發展出幾種變化：我們當中的某個人會陷入某種困境，並且假裝很難過，哭了出來，甚至會死掉，直到另一個人一定會前來拯救對方。主題一定伴隨著死亡與復活，陷入困境與被解救，受傷與被治癒，變得難過與回到開心的狀態。麥特相當享受這些遊戲，就像發現了一個嶄新的世界一樣：「彷彿」現實的世界。

　　在最後一次的療程中，我們玩另一種新的桌遊，在遊戲裡面，我 310
們是叢林中的獵人。「你是媽媽獵人，而我是爸爸獵人。」麥特說。就像往常一樣，我們一再地捲入到各式各樣的困難裡，但必然會互相解救彼此。在治療結束時，當我想帶著麥特回到等待室（需要穿過兩個門，還要走上階梯）時，麥特說：「不，你留在這裡，我可以自己走。」我還是保持著一段距離，跟在他的後面，直到看見他獨自一人走到一臉驚訝的媽媽面前，咧嘴而笑，並跟她說：「等我長大之後，我要變成一個獵人，然後去獵兔子喔！」自此之後，媽媽再也沒帶麥特來治療了。

討論

　　我們相信，麥特的案例很好地說明了我們的理論。在情感鏡映的

互動以及想像式的假扮遊戲中，標記性都是情感調節的媒介。同時，
這個案例也說明了我們的假設：如果照顧者能良好地鏡映兒童的負面
情感，這樣的鏡映就能在幼兒轉換表徵功能時發揮重要的作用，使他
們能從精神等同的層次轉移到心智化的層次，而心智化又會讓假扮遊
戲得以出現。最後，它也顯示了，照顧者在回應孩子時，如果負向情
緒過於真實又未受到標記，就會產生異常的情感鏡映，使兒童的發展
停滯在精神等同的功能層次上。因此以下的討論會把注意力集中在麥
特的這幾個層面上。

麥特的媽媽對孩子相當疏遠，但同時間她卻又有著過度侵入與控
制的性格。她似乎也無法對孩子做出良好的鏡映，以調節孩子的負面
情感狀態。他們的情感生活受到負面情緒的掌控，而母子間情感互動
的後果，經常又會升高而非降低這樣的負面情緒。當麥特表現出負面
情緒時，就會引發媽媽一致且真實的負面情感回應，進而又增強了麥
311 特的負面情感狀態，有時甚至強烈到像創傷一樣的程度。其中一個可
以顯現出這種異常情感鏡映互動（缺少標記性）的例子，就是忍住便
意的頑固男孩會「花上好幾個小時」坐在馬桶上，而媽媽坐在他的身
旁，試著說服他上廁所的重複循環。我們可以推論，麥特當時一定經
驗到了各種滋生的負面情感，像是腹部的疼痛、焦慮、憤怒，以及我
們都可以想得到的害怕，而他至少也呈現了上述的一些感受。麥特拒
絕排便的執拗，以及他所表現出的負面情感，又會誘發媽媽的挫折、
憤怒、憎恨，以及最終的狂怒。當媽媽「失去理智」，狠揍他一頓之
時，我們幾乎可以想像得出，暴力與創傷是如何在這種可怕的人際互
換中累積。

在良好的情感調節互動中，父母會用標記性的方式來鏡映兒童的
負面情感。這樣兒童就能在外在經驗到與負面情緒狀態一致的反映，
並帶來正向的撫慰效果（Gergely & Watson 1996, 1999）。這樣的互動
能在負面情感的外化，以及繼而出現的情感調節之間，建立起一種連
結。我們假設，像這樣的情感調節鏡映互動可以提供某種原型與經驗

性的前提，讓兒童在日後發展出一種能力，使他們能在假扮性的遊戲與想像中，主動對負面的狀態進行標記性的外化，好達到成功的自我調節。我們相信，麥特被剝奪的就是如此重要的經驗——標記性、對負面情感的外化，以及隨之而來的情感調節。這三者原本應該可以連結在一起，然而，母子之間的創傷性互動卻取代了這些經驗。媽媽在鏡映麥特的負面情感時過於真實，而且也無法幫這些鏡映加上標記，導致麥特反而變得更加痛苦（這些痛苦的感受本來也許可以受到調節），而外化的內在負面狀態也因此連結到可預期的創傷。上述的狀況會讓兒童非常恐懼，而逃避任何把內在狀態做為象徵性外化（像是想像力、象徵性遊戲或人物素描、繪畫）的可能。

　　如果少了這種帶有標記性的良好鏡映，兒童也會很難辨認出標記在功能上的意義。在一般的溝通性編碼中，標記性代表的就是表徵與現實的脫鉤。這樣的結果讓麥特在治療初期時很難把假扮從現實中分出來。同時，他也把對負面情感的標記性象徵外化當成真的，而無法把它當作現實的表徵。也就是說，麥特的發展停滯在精神等同的功能，他的感受、想法、幻想與假扮活動通通只能在一個層次——做為現實的一部分——被體驗。舉例來說，當他運用玩具鍋鏟作為舀取便便的工具時，卻無法在同一時間了解到，在現實之中，鍋鏟有著全然不同的適當功能：想像功能變成了現實本身。

　　然而，麥特卻沒有因此永遠被囚禁在精神等同的世界裡。具有療效性的突破點，像是「假裝哭了」的那個片段，顯示出矯正性情感與表徵性的經驗含有對負面情感的良好鏡映。這種經驗不但有可能發生，並且還具有療效性。治療師在表達難過還有假裝哭出來的時候，都帶有著標記性以及好玩的心態，但麥特第一次在面對這些表達時，還是處於精神等同的層次：對這種虛構伴隨著現實的狀況他立即感到困惑，因此受到了驚嚇。然而，麥特重複地經驗到自己的情感被清楚地標記出來，而且顯然不會有可怕的後果，加上治療師令人安心地解釋「這些都不是真的」，讓兒童停滯的表徵能力活了起來。最後在不

312

斷的練習下，麥特能夠良好地理解到標記是一種可以拿來運用的功能，同時他也理解了心智化的假扮模式。這可能是麥特第一次經驗到，負面情感狀態的標記性外化不一定會累積成創傷，反而可以轉變成像是分享、同理與安慰等正向的情緒。他發現，只要他與一個具有自我調節功能的成人在一起時，就能在假扮模式中「盡情地死掉」。

結論

麥特的案例顯示出標記性外化在情緒自我調節中的兩個重要性：

313 （a）它證明了在早期情緒—調節的經驗中，如果原初的依附對象無法提供標記性的情感鏡映，個體的發展就有可能停滯在精神等同的功能層次。（b）此外，這也顯示了，在兒童的心理治療中，治療師若能敏感地運用負面情感的標記性外化，就能形成矯正性的情緒與表徵經驗，幫助兒童從精神等同的層次，進步到能運用心智功能中的假扮模式，好達成情感的調節。

麥特的案例清楚地顯示出，他的後設表徵能力並沒有先天的缺損，然而這些能力卻因為媽媽異常的情感反應而無法發展出來，或是受到了抑制，因此無法用來做情感的自我調節。之所以會變成這樣的狀況，是因為媽媽的情感反應中缺少了標記，以至於麥特的負面情感狀態被加劇到猶如創傷的程度。然而，在麥特的案例中，我們並不知道這種後天表徵失調的影響到底有多普遍。麥特對於象徵性外化的畏懼迴避，可能只會出現在與母親的依附關係，以及與母親分離的情境之中，像是去日托中心或來到治療室的時候。當然，我們也不能排除，麥特在生活中還是可能會與不同的依附者（比如爸爸或祖母）發展出不同的關係，並且有著更良好的情緒互動。在這種良好的互動中，他也許就可以達到心智功能中的假扮模式。

就像第一章的討論（亦見 Cicchetti & Rogosch 1997; Rutter 1987; E. E. Werner 1990），只要有一個良好的依附關係，就能夠強化表徵的

發展，並建立足夠成熟的心智化與反思功能。反過來說，高階的反思功能與個體可以成功消化並因應那些因創傷而生的潛在不良情感有關（Allen 2001; Fonagy, Steele, et al. 1994）。如果在其他的依附脈絡中，麥特已經建立了使用假扮模式的能力，那麼治療師的成功，僅在於消除了麥特對於標記性象徵外化的特定抑制，或只是讓麥特能運用標記性象徵外化的能力，來達到自我調節的目的（第六章的蕾貝卡也可以做為相似的參考案例）。

　　但是如果孩子始終都無法獲得可靠的依附關係，只能在心理治療　314
中經驗到標記性的情感鏡映與情感調節的象徵性外化時，又會發生怎樣的狀況呢？實際上，麥特的案例就是如此。然而，心理治療到底能取代多少安全依附的效果，讓心智化能力得以開展，使精神等同能夠轉換到心智化功能下的假扮模式呢？我們期待未來的臨床研究將能為這個重大的議題帶來更多的希望。

　　我們進一步關注的治療議題是，那些心智功能同樣病態固著在精神等同的青少年與成人患者。像是我們的發展模式，還有它在兒童心理治療上的運用，是否也可以用在成人邊緣型患者的分析式治療上？在第九章到第十一章，我們將會對這些議題進行更多細節上的探究。但在這裡的論述已足以指出，即使在方法的運用上，成人的分析取向心理治療有別於兒童的心理治療，也比較適合成人的年紀（像是以自由聯想與詮釋的技術，來取代治療師在兒童身上所喚起的假扮遊戲），但這些技巧似乎都能夠開拓出相同的心理機制──標記性、後效偵測與社會生物回饋──這些都是父母在情感鏡映以及象徵性遊玩中所運用的要素。比如說，分析式架構的正規特徵與分析契約中特定的行為規範，就可以被當成一種建立明確標記性的方式，好把分析療程中所使用的語言，以及日常生活中用於溝通的語言，清楚地區分開來。我們每天用來溝通的語言，其原先的標準功能是為了讓兩個歸屬於同一語言社群的成員，能夠有效率地交換新奇或相關的資訊，好強化生存的機會。在辭彙的溝通當中，這種特定而內隱的實用規則

被定為所謂的會話四原則（Gricean maxims）（像是關聯性原則：只說有關聯的事；量的原則：只說必要且充分的事——Grice 1975）。我們也會在每天的溝通中自動遵守這些原則，好最大地發揮這樣的功能（見 Sperber & Wilson 1995）。然而，在精神分析與分析取向的
315　心理治療中，語言的重要性被降低了：這讓患者與治療師能從語言的框架中「跳脫」出來，懸置會話四原則，取而代之的則是「自由聯想」。在古典的精神分析中，像是患者躺在躺椅上，還有避開眼神的接觸，都會使患者無法從治療師那邊得到立即的後設溝通回饋，以懸置那些主導日常溝通的規則。這些規則的懸置，同樣也會出現在分析師身上，像是分析師可以對患者的問題選擇保持沉默，而不會馬上給答案，或是直接將問題反問回去，以理解患者問問題的動機是什麼，而不是在意識上處理患者間的問題。分析師同時也被賦予了詮釋的權利，但詮釋指涉的並不是患者語言溝通上的字面意義，而是潛藏在語言底下的情感內容。

　　讀者們可以注意到，在治療情境中，這些針對語言交換而高度特殊化的分析式規則，是為了從語言的原始功能中，外化出內在的情感。在分析情境中，光線較暗的房間、令人放鬆與安全的氣氛，以及躺在長椅上的設計，都是為了讓患者能將注意力集中於自身的內在狀態，讓這樣的內在狀態可以外化到既安全又能與現實脫鉤的「彷彿」世界中。在分析架構中，這些特意的特徵與規則就是為了要將內在情感的外化言語表達「標記」成「不用認真地看待」與「不帶後果」的狀態。

　　治療師「懸置的注意力」（hovering attention）是一種特殊化的同調狀態，目的是為了辨認出患者的內在狀態，而後治療師再用標記性詮釋與回應的方式，把患者的內在狀態鏡映回去。移情能重新創造出原初依附關係的發展架構，使患者能在與現實脫鉤且安全的分析環境內，重新體驗到當初失調的父母情感反應。同時，分析師會對患者的
316　情感做出情緒調節的標記性外化，並以鏡映式的詮釋或表達來回應，

為患者提供矯正性的情緒與表徵經驗。就像是父母情感鏡映中的社會生物回饋一樣，這樣的一致性與標記性外化有多種功能，包括（a）能讓患者更加敏感於內在的情感狀態；（b）患者能藉由命名這些狀態，而替它們建立次級表徵；（c）患者能以調整過後的解釋性觀點來外化這些狀態，並適度地調整情感的內容。

　　精神分析的主要治療目標在於強化患者「具有心智化的情感體會」的能力，這個主題在第十一章中會有更多的討論。當患者能更敏察內在的情感狀態，並為這些狀態建立次級表徵時，就能理解與反思到主觀的情感是一種心智化的表徵狀態，而且比較不會混淆內在狀態與外在現實。透過社會生物回饋的歷程，治療師對於患者內在情感狀態的標記性外化，能幫助患者建立一種全新的內省能力──「情感的向內表達」。治療師提供鏡映性的詮釋，外化出患者的情感，讓患者可以重新經驗到一種安全的情感調節，並能內化這樣的經驗。如此一來，患者會慢慢地學到用這種新的心智技巧來調節情感：他變得能夠向內表達，以「鏡映自己」的方式來理解與調節自己的情感衝動，因為他已經可以標記自己的內在情感。在第十一章的臨床案例中，我們可以看到，治療師可能會遇到各式各樣的情感性障礙症患者，他們的心智化情感作用在程度上也大不相同。

【第八章】正常青少年的發展與危機

317　　在前面的章節中，我們已經討論了到五歲左右的心智化發展。這個時間點也是自傳性自我第一次出現的時間（見第五章）。有些發展障礙此時可能已經相當明顯，但絕大多數的發展障礙還是會在青春期（或之後）才會出現。在本章中，反思功能的發展也邁入下一個階段，隨著青春期認知發展的改變，心智化歷程也會有新的變化。第八章所討論到的關鍵議題，包含了各種愈來愈常出現在青春期的心智疾患，使其惡化的前置條件，以及與青春期現象特別有關的新要件。許多終身問題的開端都連結到青春期，換言之，這本書試著解答一個表面上看似簡單的問題——為什麼青春期會時常與危機牽扯在一起？我們認為，至少有部分的原因可能與青春期反思功能的變化有關。而本章也會開始回顧與統整前述所提的發展理論。

318 簡介

　　針對青春期突然急遽升高的心理病理狀況，其中一個解釋是來自於學者勞佛（Laufer）的說法：「青春期對發展來說是一種中斷，而這種中斷是一種病理現象：因為這種中斷會讓青少年與做為性個體部分的自己在關係上變得扭曲，與同性雙親的關係變得被動，原本已經遠離的嬰兒期性欲，現在又回到了青少年的身上，而青少年無法漠視它。」（Laufer & Laufer 1984, pp. ix-x）

　　我們都可以回想起青春期那躁動難耐的性慾，但這真的是危機的起因嗎？還是危機其實是早期發展失衡的結果，只是被性慾的感受所增強？我們認為，後者才是較有可能的成因。一個能做為線索，並顯現出我們需要將目光放遠的例子就是荷爾蒙的劇變。拜其所賜，青

春期變得愈來愈早發生。然而並不是所有的青春期疾患都會在這麼早的年齡點上發生。像是飲食障礙儘管很早就會發生，但是相對來說，犯罪活動與自殺的狀況卻非如此（D. J. Smith 1995）。這代表著盛行率更多反映的是社會的而非身體—性慾—的壓力。在 1980 與 1990 年代的末期，「青春期騷動」（adolescent turmoil）的圖像被模式所取代。這個模式認為，一系列的身體變化可能都會觸發青少年在情緒上的劇烈變動，但到底是哪種生理上的事件會造成這樣的結果卻因人而異，端視這些特定的改變在青少年身上展現的程度（Paikoff & Brooks-Gunn 1991）。

　　在這一章當中，我們關注的是兩種成熟歷程間的互動，這兩者間的互動對於青春期的許多病理來說都相當重要。第一個就是青少年的認知能力會躍入形式思考期，造成後續人際理解上的壓力。一般來說，這樣的狀況只被當成一種生物的形式，但在我們的推論架構中，象徵性思考的發展會與依附脈絡中的情緒成長交織在一起，貫穿整個童年期。這也是我們連結到第二個歷程的原因：與外界及內在象徵父母分離的壓力。我們認為，這些壓力會曝露出個體早期的發展失敗或不利，但這些壓力在早期可能會被隱藏起來。我們試著想像，青少年 319 之所以會有那些情感上的混亂，是因為他們的象徵能力還無法很穩定的緣故。

　　所以我們相信，嘗試獨立的這個目標一方面能推動青少年前進，但也可能讓他們有失速脫軌之虞。此時認知的複雜度陡然升高，這也代表著青少年得面對一個重要的任務：他們得整合一系列更加複雜的想法，這些想法與他自己以及他人的感受與動機有關。結果就是，青少年就會對心智狀態過度敏感，壓垮青少年處理想法或感受的能力，他們只好運用身體症狀或實際行動來因應。雖然這樣的青少年表面上看起來，好像可以流利地討論或思考心智狀態，但因為他們對心智狀態有了更抽象的認知，所以就會在其系統中創造出極大的張力。這可能會使心智化功能出現明顯的戲劇性崩壞，使青少年從外在的人際世

界中退縮，加劇了他們的焦慮與行為重演。這些改變所造成的長期困
難之程度，不只取決於青少年精神架構的先天強度，也取決於環境如
何支撐青少年那受到削弱的心智功能，加上青少年可能會有破壞這些
支持系統的能力，而讓情況變得更加複雜。

自我發展的理論

　　前述幾個章節敘述了我們青春期自我發展理論的基礎。以下我們
會簡短地摘要理論中的主張，這些主張將會成為我們討論青少年心理
病理時的核心主題：

1. 心理自我源自於對自我及他人心智狀態的解釋（第一、三章）。
2. 心智化的能力是藉由依附關係中的鏡映歷程，而從個體與照顧者的
   互動中誕生（見第四章）。個體在內化照顧者的鏡映行為後，便能
   為內在的經驗學習到次級表徵（第五章）。
3. 內在世界基礎的早期經驗是由兩種不同的模式所組成──「精神等
   同」模式（內在等同於外在）與「假扮」模式（內在永遠與外在分
   離）所組成（第六章）。
4. 嬰孩與照顧者之間有安全感且帶有玩心的互動，可以整合上述的兩
   種模式，並創造出心智化（第六章）。
5. 在照顧者的長期忽略或是錯誤同調下，自我的建構就會出錯，嬰兒
   將會被迫內化客體心智狀態的表徵，並且把它當成自己的核心部分
   （第七章）。
6. 在早期的發展中，個體會用外化的方式來處理這樣的「異化自
   我」，隨著心智化的發展，它將會逐漸交織到自我之中，創造出統
   合的幻象（在第三部分的第九章及第十章將有更充分的討論）。
7. 混亂的自我為了把異化自我外化出去，所以在任何依附關係中需要
   持續維持在投射性認同的狀態，讓依附關係因此瓦解。（第三部，

320

第十章）

青春期的主要工作——分離

　　我們可以如何藉由上述的模式來理解青春期的正常與異常發展呢？瑪格莉特・馬勒（Mahler et al. 1975）認為，分離一個體化是個體逐漸遠離母親的過程，也就是在功能上從依賴邁向獨立，在這個不斷循環的生命歷程中，我們一次又一次地與那曾經內攝的共生母親（symbiotic mother）告別。彼得・波拉斯（Peter Blos 1979）拓展了馬勒的模式，他認為青春期最重要的改變就是鬆開與嬰兒期客體間的紐帶。他也強調個體化是一種歷程或成就，但兩者都是青春期的整合要素。馬勒的模式，以及彼得・波拉斯後續的拓展工作，都可以清楚地連結到我們的假設。馬勒所談的共生母親，在功能上就等同於我們論調中的異化自我。[1] 在小的時候，個體會藉由與照顧者的互動來外化異化自我（或共生母親）。但是在青春期，青少年與照顧者實質上的分離，代表著無法再用這樣的方式來處理異化自我。因此，隨著分離增加，青少年為了將異化自我投射到父母的身上，就會出現更劇烈的行為重演與操縱。這些行為（像是與父母的爭執）常被誤認為是青少年試圖達到獨立的認同。但直到青少年能尋找到另一個能重新建立共生關係的人之前，外化都會有一個縫隙存在，也會給無法整合異化自我的青少年帶來巨大的壓力。

　　艾瑞克森認為，個體需要先達成自我的認同，才能進入真正的感情關係（Erikson 1968）。如果過於強調個體化的優先，反而會忽略掉反方——也就是依附的議題（Blatt & Behrends 1987; Blatt & Blass 1990）。真正的分離代表著能夠分辨不同與相同之處的能力。然而矛盾的是，相較於前者，後者也許可能才是自主的印記。在青春期中，

321

1　除了同意史騰的看法外，我們並不會把共生視作一個正常階段的發展，但「共生母親」卻是正常發展外常見的異常現象。

青少年在認同上的挑戰在於他們得接受自己與照顧者相似的地方，而非不同的地方。一個可以安全地與照顧者連結，並接受自己與照顧者有相似之處的青少年，比較能夠忍受外在的分離。反觀那些投射出部分自我，並且得知覺到照顧者與自己全然不同的青少年，反而會在與照顧者分離時，喪失對自己的認同。因此，過度宣稱兩者之間的差異，其實是青少年對於分離壓力的防衛式回應。因為對青少年來說，分離可能也代表著之前所投射出的部分自我可能會回來的威脅。

　　青少年需要他人實質的陪伴，才能統合內在，並感受到自我與客體是可以在心智上分離的。不然的話，青少年就會害怕他們所存不多的自我核心也會被淹沒掉，無法再觸碰到自己，並失去自我認同感。

322　　外在分離是每個青少年都會面臨的挑戰，但與後者（依附）相比，這反而是較小的挑戰。他們面臨的另一個挑戰是，此時他們更能夠覺察到情緒與認知的複雜性，在那些與依附脈絡有關的事情上更是如此。在青春期時，隨著抽象思考能力的進展，情緒因此到達了「一個新的發展層級」（Fischer et al. 1990），對情感的理解與表達都呈現出新的向度，因此也有了許多新的意義。舉例來說，比起歸因基本情緒，青少年更喜歡構思像成人一樣的情緒腳本，像嫉妒或憎恨一類的感覺，都會被編寫到劇情之中。青少年很難維持這種新的抽象與闡述能力，因為它們很快又會被發展歷程中所產生的情緒壓力給推翻。這些壓力通常都來自於內在，比如說衝突，或是對強烈情緒狀態的陌生感受，但也可能來自於令人難以承受的外在情境，像是父母親的心智疾病等。

　　A・E・湯普森（A. E. Thompson 1985, 1986）延伸了皮亞傑「可逆性」（reversibility）的概念，當兒童還無法回頭想像對客體的其他反應，或是自己是否會有其他感覺時，情感對他而言是「不可逆」的。皮亞傑所談的可逆性，會在兒童期中期到青少年初期逐漸出現。慢慢地，兒童會懷疑如果自己**不像**現在這樣感覺會怎樣，或是改變客體的感覺狀態會怎樣？隨著形式運思期的全面發展，兒童開始能用普

遍原則思考，而不是只考量到能解釋或改變情緒的特定情境。青少年更有能力思考抽象的事情，這讓他們能夠後退一步去監測自己與他人的狀態，然而這感覺不盡然是件好事。因為對做為自身與他人情感**經驗者**的青少年而言，世界一下子會變得更加複雜，也讓人感到困惑。因此他有時需要從人際互動或心智化中抽離，好從這些眾多又難以揣摩的人際選項中喘一口氣。

　　舉例來說，有個小朋友的媽媽得了憂鬱症，在三歲時，他可能會覺得媽媽之所以會躺在床上，是因為他是個不好、無聊或者是个可愛的孩子。在五歲時，這個孩子可能會逐漸了解到，媽媽的行為是反映了心智上的憂鬱狀態，不一定與媽媽對他的感受有關；而是與她腦中所想的事情有關。七歲時，這個孩子可能出現對情境脈絡的解釋：「媽媽之所以會感到憂鬱，是因為外婆過世了，然後爸爸離開了，而且我們幾乎沒有錢生活，她也沒有朋友。」然而，或許從十一歲開始，許多令人不舒服的可能性會進入到圖像之中。關鍵在於，孩子開始能理解情緒不一定需要如實表現，人是可以選擇要如何回應情緒的。有趣的是，這可能使孩子回到比第一個假設更加全面的版本——「既然媽媽她感覺很糟，為什麼她不乾脆起床，然後去做點事情？如果她能想辦法解決賴在床上的問題，她的心情就不會那麼糟了。好，她感覺很糟，但是她**應該**可以起床並參加晚上的親師座談會吧？如果她真的愛我的話，她應該要這樣做才對。」但是，青少年能把憂鬱想成是對愛的失落或衝突，或是父母的婚姻導致了母親的憂鬱，或甚至可能做出更為自我歸因的推論，覺得母親之所以會憂鬱是因為父母對自己很失望。青少年能運用全新的方式來思考他人與自己的感受及行為，但這些方式可能也會讓他們難以招架，而需要從中存活下來。因此他們也會出現抗拒心智化的反應。有些青少年可能會投入於電玩、上網等活動；其他人可能會熱愛典型的肥皂劇與言情小說，在這些嗜好中，情緒再次回歸為簡單與強烈的形態。他們也有可能躲進顯然可麻痺心智的音樂之中。

這個發展歷程是多變且動態的，日益提高的認知能力匯聚出更加豐厚的心智化，然而也因此帶來了焦慮與／或過度干擾，損害到抽象思考的能力。所以青少年會放飛到無須思考，且不用太在乎人際的明顯狀態——除此之外，他們有時也會轉到很無腦的活動當中。所以父母也常對青少年感到火大，因為他們明明可以把其他人放在心上，並想像得到自己的行為後果，可是卻表現得像是個漫不經心、自私與故意不體貼的人。

在第二節中將有兩位臨床案例的說明。這兩位案主在心智化受損的程度與方式都不相同，顯示出青少年所面臨的雙重挑戰：在過往不良的依附關係中，青少年極力想要分離的驅力可能會演變成潛在性的災難，以及面對心智化躍進時所出現的退縮。

臨床案例：「東尼」

東尼在十五歲時被轉介到青少年精神科的病房。他的父母、老師與精神科醫師都對他非常不放心，因為他對父母、同儕與女性教師都有明顯的暴力行為。東尼之所以會住院，是因為他被人發現持刀威脅一個男孩。陰沉而矮壯的他極少與工作人員和病房同儕說話，當其他人試著想與他互動時，經常只會得到他的怒目相待或咆哮。

東尼是家中獨子，他的父親是位生意失敗的商人，母親以前曾是老師。從住院的半年前開始，東尼的突發性暴力變得更加嚴重，這個時間點恰好就是父母想要把東尼安置在社福機構的時候。東尼的故事就像一般的暴力青少年那樣，只是他與母親的關係異常親密，東尼的母親以非常寵溺且煽情的方式溺愛著他。從出生開始，東尼就被捧在手掌心上，因為在此之前的很長一段時間中，他的父母從未想過竟然能擁有孩子。母親還為此放棄了在教育行政上大好的職業生涯，以便全心全意地照顧小東尼。由於母子關係是如此深厚，以至於東尼的父親雖然很高興有了兒子，但還是為此經常感到嫉妒與憎恨。有很長一

段時間，母親都堅持與兒子同床共枕，獨留父親一人；在東尼十歲之前，母親都不曾在晚上與父親一起出門，只因為她不想把東尼留給他人照顧。

　　父親從沒有對東尼暴力相向，但卻會虐待妻子。生意上的失敗以及被妻子忽視的感受，使得他變得更有攻擊性，不時大吼大叫、語帶威脅。他時常毆打妻子，而她則是以歇斯底里的狂怒，以及與兒子親密地討論父親的舉止來做為反擊。就像讀者可以料想到的一般，東尼經常是父親盛怒的焦點。父親要不是嘲笑母親希望保護與縱容東尼的心態，就是威脅要離開她。東尼經常目睹父母的衝突，在他還小時，他會試著保護母親，當再大一點時，東尼便開始威脅父親，如果不放過母親的話，自己就會殺了他。

　　在此同時，東尼各方面的表現都相當糟糕。直到十歲時，他還有著遺糞的問題。他在小學的學業表現也很不好，經常成為同儕捉弄與霸凌的對象。到了中學後，他逐漸成為霸凌者，與同儕遊玩時經常出現無法預期的暴力行為，讓同學感到困擾，老師也覺得他在班上是個難以忍受的存在。

　　當東尼被強制送入青少年病房時，每個人都很害怕他。他拒絕向病房的主治醫師透露自己的個人史，也幾乎不與護士以及其他的住院患者交談。沒有人想與他住在同一間病房。年輕的男患者們會特別避開東尼，還對他加以嘲弄。此時唯一維護他的只有伊蓮，她就像東尼一樣，脾氣暴躁又自我孤立。在伊蓮為他挺身而出後，他們藉著共同憎恨他人形成了無言的友誼。另一個東尼稍微能交談的對象是一位年輕的實習心理師，當時她被安排為東尼進行心理測驗。心理師發現東尼幾乎無法閱讀，數學能力也十分低落，然後她了解到自己需要給他一些引導，好幫助他跨過性向測驗與成就測驗上的恥辱感。透過這樣的歷程，東尼開始與實習心理師談到，他有多恨學校以及在那裡的每一個人，無論他怎麼拚命嘗試讀書，很快地就又會因為羞愧與挫折而放棄。因為東尼似乎能與實習心理師說上一些話，於是團隊便決定讓

325

心理師負責一些療程，看是否能建立起治療關係。

　　與心理師的第一次會面中，東尼敘述著他對於父親的憤怒，還談到想要謀殺父親的想法。他滿是怒氣，惡毒地說著他覺得其他病人都在跟他作對，在背地裡嘲笑他。病房團隊的管理方式，哪怕只是一些小規則，都會激發他的怒氣，他也拒絕遵守那些愚蠢的病房時刻表，比如說用餐時間、會面時間等等。心理師溫柔地表示，正因為他是如此痛恨這一切，所以好像才會喜歡一個人行動，但這似乎同時也讓他顯得很孤單。東尼談到自己幾乎總是無法交到朋友。會談後，心理師將東尼想要謀殺父親的念頭回報給團隊，但因為東尼看起來似乎已經適應了環境，所以團隊便決定讓他留院觀察就好。

　　下一次的療程是兩天後的下午。但是在那個早上，伊蓮發生了嚴重的割腕事件，而後就被擔架抬出病房。東尼來治療時，明顯地相當焦躁，並指責工作人員沒有保護好伊蓮。他的怒氣很快地席捲了面談室，而且變得具有威脅性。東尼從桌面上抓起心理師的鑰匙，從裡面鎖上了面談室的門，並且把鑰匙從襯衫裡面推到短褲之中。他的興奮感在嘲笑心理師時顯而易見，因為心理師得想辦法從東尼身上把鑰匙拿回來。接著，心理師要求他歸還鑰匙，好好坐下來，談談對這些事的感受。然而東尼對自己能擺布心理師的狀況顯然還是相當興奮，所以他不想自願放棄這樣的處境。他推擠著心理師，反覆地說著她必須用手去碰他的褲子才能拿回鑰匙。於是心理師摁下了警鈴，並告訴他，這代表著工作人員將會趕來從外面協助自己；所以如果他願意把鑰匙還給她，並且坐下來繼續治療，不用讓其他人過來，其實會是更好的做法。而後東尼鬆開了褲子，看起來好像是要把鑰匙還給心理師，但接下來，他卻故意把生殖器曝露在心理師面前，並且變得更加興奮，把她推到窗邊遠離警鈴，還試著想把她的衣服脫下，此時，兩名男性工作人員破門而入。

　　病房人員把東尼架出治療室，那時他的褲子還掛在膝蓋上，然後他就這樣被拖過病房大廳，當時其他患者與病房人員正在大廳裡享

受著下午茶。在事後的詢問中，東尼充滿敵意地宣稱，這一切都是心理師「自找的」，但他同時也想要確保心理師會持續計畫中的會談。然而，醫院人員告訴他，這一切都不會發生，因為他當天就會被移至有著高度安全戒備的成人病房——那是在病房中的所有青少年都十分 327 害怕的地方。在安排病房的轉移時，他也被給予強制注射，帶到隔離室。

　　然而，之後東尼卻打破窗戶，利用垂繩的方式逃離了病房。警察花了一整天還是沒發現他的行蹤，直到警察接獲母親的通報來到東尼家時，他們才知道，東尼在前一天的夜裡闖回家中，用刀捅死了父親。最後東尼被判無期徒刑，永久安置在最高戒護層級的精神科醫院裡。

　　東尼並不是被忽視的小孩，父母也沒有對他暴力相向（儘管他在學校受到了嚴重的霸凌），但是在這種相對有照顧性的環境底下還是發生了一些事情，觸發了這場謀殺。在這裡，我們想特別強調（如同我們之前在其他地方已多有討論的—Fonagy & Target 1995），東尼並不是在**身體**上受到忽視，而是在情緒經驗的層次與自我組織的發展上受到了忽視。不管是充滿溺愛之情的母親（儘管看起來，她似乎只是為了滿足自己不願與兒子分離的需求）或是他的父親（父親的嫉妒與憎恨），實際上都讓東尼連結到自己身上。他們無法連結到他的真實感受與經驗。照顧者如果對孩子缺乏這樣的理解時，就會使得孩子更容易罹患行為規範障礙症（cconduct disorder），或提高他們接觸暴力的可能。

　　過度的親密就像過度的疏離一樣，都會損害到心理自我，讓嬰兒無法從照顧者的表達中，尋找到對應自己的內在狀態表徵。自我無法完整地組織，而持續以「精神等同」的模式經驗內在現實，因此使個體日後在內攝不好的經驗時會變得更為脆弱。

　　東尼不是個聰明的孩了，同儕無情地嘲笑他的慢動作、又笨又醜與邋遢的外表。對於那個孩子身邊的成人，甚或是其他有能力運用心

智化能力的孩子來說，這樣的嘲弄似乎不至於太過嚴重。但像東尼那樣的孩子在經驗霸凌時，真的會感受到一種致命的威脅。因為他們無法把屈辱與被抹滅的感覺區分開來。霸凌就像是家中那些不加掩飾的暴力經驗一樣，帶給東尼近似於自我毀滅的恥辱感。在東尼目睹了父母的爭執，並過度認同了母親之後，他同樣地覺得自己受到了虐待，也無力阻止自己或母親受苦。東尼只能藉由認同攻擊行為來逃開這種無助又恥辱的屈辱感，但幼年混亂的依附使東尼的自我組織無法完整，所以認同攻擊者的方式終將宣告失敗。這一部分混亂、異化的自我寄居在攻擊之中，而學校、家庭，甚至是整個社會風氣，都讓它染上了暴力的色彩。

328

　　東尼之所以會有這樣的悲劇性後果，就像那些曾經經驗到忽視與隨之而來的殘酷的孩子一樣，正是這部分異化扭曲的自我變成了毀滅者，摧毀了剩下的自我，讓東尼變得日益殘暴。當他的內心感受到非常真實的迫害時，就會讓人際關係自動染上了偏執的色彩，使他只能仰賴於外化，好修復自我的統合感。一般而言，對於混亂型依附的人來說，外化並不一定是有毀滅性的，表現的樣貌可能是控制型的人際互動。但如果這個混亂型依附伴隨的是這種日益殘暴的自我狀態，就可能會用暴力對待自己與他人。異化自我是如此地具有迫害性，因此將其投射出去就變成了更加急迫與持續的工作。任何對於自尊的威脅，都會觸發這種外化行為，換句話說，也激發出個體希望摧毀掉異化他者而展開的攻擊。

　　以下我們將重新回顧在東尼謀殺父親前的一連串累積事件。儘管行為乖戾，青少年病房還是讓東尼感到放鬆。而後他遇到了兩個他覺得能夠理解自己的女性。然而被理解的感覺促發了複雜卻強烈的感情與渴望。她們對他的著想，激發了東尼對愛的感受，以及想要被愛的需求。然而，不論是在內在或是外在之中，東尼都無法在這樣的情境下，適當地細細區分這些感受。在思考這些個案在情感調節上的缺陷時，我們常著眼在個案難以涵容**負面**情感的困境，卻忽略了當感覺被

激發之後，個案在運用**正面**情感時也會出現同樣的困難。失去了對於
愛的希望後，東尼感到受辱，這個經驗轉而觸發了他的攻擊。他對於
心理師的性攻擊，在某種程度上是種自我保護的舉動。在抵達面談室
時，他正因伊蓮的消失而感到危險與害怕，在心理師的面前，他第一
次外化被恐懼與無助所填滿的異化自我，這也是他唯一可以表達愛以
及需求的方式。當東尼扣留著心理師做為人質時，他的情感與感激被
（笨拙地）展現了出來，一旦自我表徵的不一致得到了處理，他幾乎
可以表達出自身的感情。令人遺憾的是，只有在維持這種威脅性的姿
態下，東尼才能夠做到這件事。他在絕望之下的防衛操作，也摧毀了
自己被接受的可能性──可以見面與對他表現出理解的心理師，如今
卻為他帶來更多的屈辱。她尋求外界的幫助以回應他的嘲弄：我們確
實可以埋解她的行為，當下可能也有其必要性；但對東尼來說，這卻
是雙重的失落。我們可以想像，東尼感到心理師先是看不見他較為溫
柔且示愛的一面，而後只看得到他威脅性的部分，就好像他就是這樣
的人（精神等同模式）。為了摧毀在心理師心智中邪惡的自己，他自
然會覺得心理師得受到攻擊。

　　而故事剩下的部分顯示了，為何機構總是無法避免這樣的悲劇。
機構試著涵容這個掙扎著想要達到心智化的人，儘管帶著善意，卻總
是很難用心智性的方式來對待他。這場意外造成了某些恐慌，更多的
是罪咎感──讓一個實習心理師陷入了這麼嚴重的危機，所有的事件
相關者卻很晚才能表達對她的支持，因為此時大家都用一種過度且自
我毀滅（ego-destructive）的方式在懲罰自己。沒有人在這種事件混亂
的餘波下還能維持思考，去溝通與理解東尼的行為，以及對於失去愛
的感受。東尼獨自一人面對著在同儕面前那種全然屈辱的回憶，想要
親近他人的願望永不可及，對東尼來說，當下被拖出來公然示眾的場
景，比他內心持續承受的折磨還要可怕千百倍。

　　我們可以理解這樣的心智狀態如何造就了一場謀殺。東尼可能把
伊蓮的自殺未遂經驗為父親攻擊母親的重演，而且東尼無法拯救她。

329

這些未被涵容的感受，讓他選擇在接下來的夜晚去採取最後的復仇。他必須重建被羞辱感要脅與滅絕的自我，病房團隊則是與父親的形象混淆在一起，他們的毀滅讓東尼重新獲得了自我認同的幻象。

330

其實東尼已經快要可以在意識上覺察到這些感受。他在最高戒護層級醫院的青少年病房與另一位心理師會面時，他能夠說出當父親不再是阻礙後，他想要與母親重新在一起（理想化）的願望。然而，說不定在更深的潛意識希望中，這卻是他想與母親分離的表現，因為這點其實已經透過他對父親的謀殺而完成。就像在不久之後，機構的權威性可能會被他表徵為父親，機構給他的理解以及親密，或許會讓他想起與母親那使人發狂的親密誘惑。也許他會想要與母親分開，這樣才能重新發現統合的自我感，甚至可以慢慢地理解依附關係是什麼。令人難過的是，他只能被送到這樣嚴酷的場所，而愈嚴酷的場所，心智化的能力只會更為稀少。

討論

青春期的特徵如何形成了東尼的困境？在進入青春期後，東尼頻繁的暴力行為變得更加致命。與母親的「共生關係」，掩飾了他其實有多依賴母親做為經驗自身心智狀態工具的程度。他的父親與他一樣，而且是用更加具有破壞性的方式展現這種功能，讓東尼能將憎恨與厭惡全部都外化到父親身上，這樣他就能以保護者的角色自居。然而在長時間與父母分離之後，這樣的外化便無以為繼，所以當父母不在他身邊時，他的行為重演只能更加劇烈，以找回統合的自我感，並調節自己的情感，就像在交談時，如果說話的人移動到遠處，就得更大聲說話一樣。矛盾的是，這卻造成了更大的分離：父母要求他接受社福機構的安置這件事，造成了約翰‧史坦納（John Steiner 1993）和更早之前哈伯特‧羅森費爾德所描述的幽閉式恐懼：異化自我永遠地被困住，完全失去了外化的可能性，這讓東尼真正成為青少年暴力的化身，並感到如此絕望。

臨床案例：「格倫」 331

　　格倫 [2] 開始來分析的時候，還處在一個極度孤立的狀態當中。雖然他已經十五歲了，外表看起來卻像十歲，而行為表現得就像是七、八歲的小孩。他就只是坐在椅子上，看起來憔悴、生氣與沮喪。他整個人縮在外套裡面，外套就像是一個帳篷，而且還大到顯然不適合他瘦小的身材；有時，他會用自己的手把臉藏起來，不時透過手指間的縫隙來看我。在治療室中有股巨大的敵意，以及一種無法被涵容的困惑。但格倫還是有可以在會談中開口的時候，在這種時候，他心智功能中嬰兒的部分就會以原始且令人不舒服的方式顯現出來。格倫的臨床診斷是強迫症加重鬱症，然而，這些診斷並無法確切地解釋，為何他的生活會充斥著這些話語和思想的「魔法」。儀式組成了格倫的日常生活，從起床的那一刻開始，他就得運用特定的規則來收拾房間——如果有時他覺得自己弄亂了規則，這樣的狀況就會不斷地重複——直到上床睡覺前，他還得把枕頭擺放到配合房間與身體的特定角度為止。在表面上，這些作為看似是為了「避開惡運」，但我可以輕易地看出，隱藏在底下的，卻是他對於侵入性想法的恐懼，這些想法會具現化為外星人、蜘蛛及細菌等化身，而他也一直害怕著電影《異形》當中的生物會從壁爐或花園中隨時出現，這樣的侵入性想法不斷地要脅著他。同時，格倫也因為自身的攻擊性幻想，以及自己可能會不小心傷害到他人的念頭而心煩意亂。

　　能解釋格倫心智狀態的家庭背景資料並不多。他的父親相當權威，也沒有同理心，不過他也很擔憂兒子，面對格倫的古怪行為時也感到相當無助。母親似乎也很關心兒子，但她同時也處於憂鬱的狀態；但母親卻否認兒子的問題可能有複雜的心理成因，而只描述自己和格倫的父親深陷困境的婚姻。引發格倫問題的原因，可能與母親的 332

2　　格倫由彼得・馮納吉所治療，而他的案例報告正如以下的論述。

長期疾病和時不時的手術有關。我很難理解格倫的問題到底在哪裡；他看起來似乎很活潑又聰明，在某些方面來說甚至是富有才華。但在這之下他卻掙扎著，持續地與退行的拉力對抗，好涵容強烈的毀滅性幻想。在轉介來治療前，格倫的症狀突然變得更加嚴重，他甚至害怕自己會瘋掉。

我對於自己該如何幫助格倫感到毫無頭緒。詮釋幾乎毫無效用，我專注在處理格倫對我的害怕，我告訴他，這樣的害怕如何使他感到混亂，讓他覺得自己就要瘋掉；格倫害怕我攻擊他，也害怕自己會攻擊我；他覺得父母放棄了他，把他丟給我；格倫對自己還有對我的無望感；他把日常生活的隔離感直接帶入治療室中；他害怕講話就會打破他心中僅存的控制感等等。但沒有任何一個詮釋有顯著的效果；我還是無法理解他。我變得火大，發現自己很難抵抗放棄治療他的誘惑。於是我責怪他人：診斷團隊沒有做出適當篩選，父母沒有認知到他問題的嚴重性。但這其實是因為格倫依然維持在讓我無法接近的狀態，讓我感到如此無助。

在大約兩個半月過後的聖誕節前夕，我決定轉變行動方針。對於格倫，我放棄了一些詮釋的公式型態，變得更有活力，幾乎是試著說服他脫離他那消極—攻擊的狀態。我嘗試開起玩笑，將他對我的憤怒轉換成幽默，我說他一定很想要殺掉我，因為這樣他就能「一勞永逸」地擺脫掉我。我模仿他的行為，用演出而非敘述的方式來表現他對我的姿態。我跟他聊起我一團亂的辦公室，我說他一定很討厭那種髒亂感，卻又因為害怕得罪我而不敢講出來。在一個下雨的早晨，他說他冒雨前來這裡只是為了又要被我煩五十分鐘，我回他說，聖誕節假期來臨時，他就可以從分析中解脫，感覺一定很美好。在另一次療333 程中，他談到自己有位老師是光頭時，無意地瞥了我一眼，我說他一定很高興他有頭髮而我沒有，並且覺得我看起來相當可笑。

令人開心的是，策略的轉變開始有了豐盛的結果。他慢慢地變得放鬆，態度也開始轉變，脫下外套，並打開了他的話匣子，告訴我哪

些事情會轉變成他嚴重的焦慮，特別是關於學業的部分。他與我分享無法完成家庭作業的擔心，想得到老師欣賞的期待，以及害怕自己會使老師們感到失望。我也因此能夠詮釋一直以來移情當中最重要的事情：如果他讓自己在乎我對他的想法與感受，就會很害怕我也會對他失望，而這種感覺很恐怖。

　　氣氛為之一變。格倫開始能夠看著我，長時間的沉默也減少了。他開始談到退縮時的想法與感受。他想像自己把飛刀丟到我的身上，或是飛刀恰巧閃過我的畫面，並喜歡控制與折磨人的感覺。他說的這句話讓我能有空間去詮釋，他害怕我會因為他想要控制與恐嚇我，而因此想要宰制他；格倫是如此害怕他人，因此想要毀滅他們，但他的怒氣是如此地真實，以至於嚇壞了自己，也使得他感到相當內疚。他逐漸能接受我的詮釋，看起來似乎也很高興見到我。療程持續六個月後，有效益且大抵正向的治療同盟終於發展出來。然而，移情主題仍維持著相同的內容——格倫擔心我無法涵容與承受他的狂怒與瘋狂的想法；只要我的態度有一點風吹草動，都會引發他巨大的焦慮，並促使他從我身邊躲開。我感覺到，我們終於展開了工作。

　　接下來那一年，格倫逐漸能良好地運用分析，而他的父母與格倫自己也清楚地注意到症狀的好轉。比如說，儀式行為不再占據他的心神，而他的強制行為特徵雖然還是有點僵化，但變得比較放鬆。在這裡有幾個重要的關鍵。第一個是我們一起重新認知到早期學校經驗對他的重要性，當時他被認為是學習遲緩的學生，需要接受補救教學。這個經驗對他來說相當丟臉，不只是因為他哥哥的學業表現特別優秀，還有父親毫不掩飾的嘲笑。我們認知到他的強迫特徵反映了他的衝突，一方面他希望躲開學業上的恥辱感，另一方面則是對於父母、哥哥、老師嘲笑他的憤怒。格倫開始轉變對作業的態度，停止強迫自己要重複做五、六次作業的行為；取而代之地，他決定只在放學回家的特定幾個小時中完成作業，不再擔心作業會不會積到做不完。

　　在校外參觀時，格倫欣賞了電影《辛德勒的名單》（*Schindler's*

334

List），他因此得以將一直恐懼的施虐感實體化，自尊也得到了大幅的提升。儘管他原本想試著不去看這部電影，在看電影時也極度被情節干擾。最後他終於透露出，他其實想變成把猶太工人當成活靶的集中營指揮官。他很快地談到這些幻想的細節，羞恥地吐露著想攻擊他人，並用痛苦的方式殺害他們的幻想。我們花了滿長一段時間談論他對於折磨我的愉悅幻想，他敘述著置我於痛苦的各種方式，特別喜歡我哀求他放過我時的念頭。有趣的是，這也連結到格倫對父親心情的精神官能性關注。他擔心父親會把自己關進書房，特別是在受到家人嘲弄之後。格倫擔心父親可能會自殺，害怕他人會因為父親自殺而責備自己，也害怕自己的自責。過往的素材就這樣從父親的多愁善感，以及擔憂父母婚姻脆弱的想法中浮現出來。最後顯示出，他對母親憂鬱狀態的擔心，遠大於對父親的擔憂。格倫似乎相當害怕母親在晚上六點鐘就會躺在床上，讓孩子們自己照顧自己的狀況。對我們而言，他害怕我會變得脆弱的這件事情，突然變得更有意義了。他告訴我，當他發現「我經得起他開的玩笑」時，他有多麼地安心。在療程中，
335 他變得更加放鬆：他會懶懶地躺在椅子上，拿我做遊戲，嘲笑我的辦公室，模仿我的習慣動作，評論我的光頭與單調的服裝。在移情中，我似乎變成了那個還沒憂鬱前的母親，而他看來似乎很享受這一切。其他在中心工作的心理師也注意到他的改變：在我不知情的狀況下，他甚至會邊吹著口哨邊走下樓梯。

　　在治療的一年後，他開始信任我，與我分享關於性的祕密。這也透露出他在性方面的成熟。他開始自慰直到射精，裸體的女人圖讓他感到興奮，但他又對此感到深深的羞恥，並懷疑在透露自己的行為後，我是否會因此而拒絕見他。顯然地，他對於外星人的部分害怕，可以連結到他分裂出的施虐性的性願望。他的攻擊滲入到性慾之中，對於槍、他人的痛苦以及性的愉悅之興奮，顯然使他感到困惑。我對這些幻想的接受帶來了巨大的放鬆，而他也開始想要找女孩出門去約會。

　　下面是一則從療程中摘要的片段，也顯示出了他的進步。我取消了前一個週五的療程，他在週一來到治療，因為有個「不好的週末」而感到憂鬱。他告訴我，在學校的煙火晚會中，他只能到處亂晃，並且感到十分寂寞。他也告訴我，他覺得被自己需要繳交的作業量給壓垮了；最後他用「我真的快煩死了！」這句話做為總結。我試圖將他的寂寞以及被壓垮的感受連結到治療的取消，他說他知道我一定會這樣說，而他強烈地懷疑，為何一個受過訓練的分析師會覺得這樣就會讓他感到憂鬱。他宣稱自己很享受星期五的時光，尤其是他不需要很早就起床，但很快地他又跳回學校舞會的話題，父親想用爛方法嘗試讓他開心起來。但真正的問題是，他根本沒有任何朋友。我說我取消會談的舉動，使他覺得我不是他真正的朋友，而分析對他來說也像個讓他開心起來的爛方法。他用悲傷的方式談到在舞會上走來走去，找不到人跟他說話，接著，他輕蔑地談起那些東奔西跑，拿著水槍往彼此身上亂噴的男孩；就連煙火都沒有之前好看。他認為父親與其他家長們相談甚歡。儘管他在旁邊聽了好一陣子，最終還是認為那些家長也一樣蠢。

　　我接納他對我的失望與被排除在外的痛苦：他不夠好，就像那些煙火一樣。他繼續回去談到作業的事情，他說，他真的很擔心作業做得不夠好，只是他因為太完美主義，所以才會落後別人。然後他提起了舞會上跟著他的一個小丑；他描述自己想要遠離小丑與周遭的狂歡喧囂時，很是厭煩。我說，我認為他覺得自己被舞會所嘲笑，就像是我說我對他有興趣，還有父親想讓他開心起來的鼓勵，也讓他覺得是一種嘲笑。這些都不是真心的，想到我一直以來可能都在暗地裡嘲笑他的這件事，也讓他覺得很煩。他同意我的說法，覺得一切都很荒謬，因此在早上時，他曾經想過要翹掉會談。而後他以長篇大論批判著他恨之入骨的攝影，抱怨著自己應該可以在這個週末先拍攝完一卷底片，他很努力地想先為計畫完成一些作業。當他提到他覺得攝影老師只喜歡拍女孩子的照片時，也透露出對拍照這件事情的壓抑。我

336

說，也許他害怕我會嘲笑或揶揄他對於女孩的興趣，然而有機會時，他並不介意去為女孩們拍照。批判攝影老師的砲火更加猛烈——他是一個「好色的混蛋」，只給女孩足夠的教導，人長得又胖又醜，同學們都叫他「吹喇叭的胖山姆」。我說，這對他而言一定很難受，因為他真的無法放下想要拍攝女孩的興趣，卻又對此感到罪惡，而其他的每一件工作，包括分析，都是如此讓他難以忍受。

他繼續描述著，在上個週末時，他是如何努力在作業完成前不讓自己自慰；最後他還是失敗了，並且投降，但也為此感到很糟。但這與攝影老師的狀況全然不同——「天啊，他已經六十歲了，他應該要能控制他的『性』趣才對。」這就是格倫痛恨他的理由。我對他說，337 也許他在想，我之所以會取消週五的會談，是因為我對女孩子的興趣高過於與他一起工作。他大笑，然後說也許從現在開始他應該叫我山姆。但他補充說，想到成人間也會有性需求，對他來說是一件很擾人的事；然後他說父親最近經常都不在家。我試探性地說，或許他也為父母間的性事而困擾。

他放鬆下來並回應說：「我很高興你先把這件事說出來了。」週末時他偷聽到父母為了性的事情而爭論不休；在他看來，母親不想再跟父親發生任何性關係，他很擔心他們會為此而大吵，或是他的母親可能會離家。他訴說著自己對於父親的痛恨，他覺得父親有時候真的是爛爆了。我告訴他，在偷聽到父母間的對話後，我可以理解到，他一定會很生氣與困惑，他可能只想走開，就像遠離在舞會中那些令父親興奮的交談一樣，因為這也會使他如此痛恨一部分的自己。我原本想補充說，有時他很害怕長大，是因為擔心自己會變成跟父親一樣的男人，他卻先問了我：「你覺得我長大之後會不會也會變成像我爸一樣的爛人？」

我說我認為他描述的，感覺像是自己陷入一個糟糕的陷阱，這個陷阱擺盪在兩種感受之間，其中一種感覺像是孤立的、被人遺棄的小男孩，被他人嘲笑只有水槍而沒有適當的陰莖；另一種感覺則是害怕

自己長大後，會變得跟胖山姆一樣，他的性慾成了被嘲弄、厭惡與憎恨的對象。在這當中似乎別無它途，不可能就只是當個正常的男人。他很難過地說，他從來沒想過自己可能會有女朋友，而且也沒有人會想跟他在一起。我補充說，這只是一小部分而已，他同樣也害怕會有人想與他交往。格倫說，我的話確實講到他的心坎裡了。在療程結束時，他顯得比較振作，但還是以他的風格補充說：「儘管如此，我還是沒辦法原諒你取消上週五見面這回事。」

　　格倫花了三年半的時間才結束了他的分析。就像發展中可預期的狀況，他對於考試的表現、自慰，以及其他性方面的焦慮也開始浮現。他的強迫性儀式不再出現，即使出現也不再對他造成困擾。格倫的考試表現非常良好，也獲得一些大學錄取。他又持續進行了一年的　338
心理治療，結束後也取得了很大的進展。

討論

　　格倫的問題之所以很快地得到解決，不只是因為分析處理了他潛意識的衝突，同時治療也給予了他一個空間，讓他可以在其中與自己的想法與感受一起遊玩。分析的架構使他能再次整合經驗內在現實的兩種模式。他曾因為人際關係的複雜，而退縮回如同帳棚般的外套裡，顯然無法思考。發展上的劇變，導致了心智化的過度敏感，也造成了他的困難。這樣的劇變使他退回到精神等同的模式，恐懼著自己的心智內容。然而，分析師的鷹架支持減緩了他的恐懼。格倫已經知道想法就只是想法，而感覺也僅是感覺，但進入青春期後，對自己還有對父母的複雜感受占據了他的心神，壓垮了他，使他想逃到一個如避難所般的心智狀態中，不想認清這些想法與感覺只是自己的精神現實而已。這就好像是一個二歲的小孩，為了躲避精神等同產生的恐怖，所以逃進了假扮遊戲當中。猶如許多青少年一般，格倫退回到解離的狀態；然而，這種強迫症狀並不是由於性格的問題，而是直接表達精神等同狀態的一種手段，因此當格倫回到心智化的狀態後，症狀

自然同步消失。

　　東尼跟格倫的案例有許多不同之處，不過兩者間有一個共同的重點：雖然東尼跟格倫都退回到心智功能的雙重模式中，但只有東尼顯現出這種有破壞性且具有敵意的異化自我。因為他們都退回到精神等同的狀態，所以他們兩人都對屈辱與羞恥沒有太大的抵抗力。但由於東尼在早年遇到的是更加暴力的經驗，所以羞愧感就變成了毀滅性的自我。對這兩人來說，外化的力量（投射性認同）都相當強烈，而這是經歷分離的青少年都會遇到的問題。在格倫的案例中，對異化自我的外化較為成熟，也有較完整的結構，只需要一點點外界的支持即可。但治療像東尼那樣的患者可能是一種挑戰，治療師所承受的外化，不但是東尼所無法連結的部分，更是東尼逼他成為的樣子。他需要提供東尼鷹架與支持，並辨認出東尼的真我（他的真我也包含愛的部分）。比起去摁警鈴，治療師更該反映出東尼需要看到外界的恐怖，但是大部分的心理師其實會選擇保護自己。

　　所以，治療師到底該如何面對這些退行的青少年病患呢？我們認為，這些患者都經驗到自我被淹沒的深刻焦慮，因為父母已經不在，不再是他們遠古的自體形象，無法接受他們的投射後再鏡映回去給他們。所以治療師在技巧上必須考量到這一點，一開始先不詮釋，僅僅是接受投射，這可能是相當重要的事情。一個人可能會被塑造成好的、壞的、有價值的或是被憎惡的形象，因為青少年那無比紛亂的內在世界，會用如此神奇的速度與無法預期的方式傳遞到治療師的身上，他們一直持續地想為異化自我找到一個適切的形象，這也讓他們會建立起很多「混亂的關係」。令人遺憾的是，大多數人都無法接受他們的這些投射，這種被全面拒絕的經驗也讓他們筋疲力盡。

　　不過治療師可能會遇到一種臨床上的困難，青少年只要有感覺，就會拚命地講，因為他們的感覺是如此地原始與僵化，只能用實際的行動來呈現。那些真實的感覺可能都是瑣碎的經驗，尤其是那些出現在移情之中的感受，會讓這些青少年幾乎感到無法忍受。如果分析師

想要接近這些感覺，治療關係有可能就會出現戲劇性的破裂。此時其實沒有更好的做法，但治療師得忍住，不要做出呆板的移情詮釋。

　　分析式的療法需要考量到這個階段在發展上的挑戰，才能夠幫助患者，促使他們向前邁進，並發展出自主性。這樣的歷程就像是與幼兒遊戲，幫助青少年能運用心靈而非實際行動的方式，去表徵與處理自己的心智狀態。透過移情，患者就能慢慢地了解到，他們只是努力地想重新找到一個外在的容器，來承載他們早年關係中讓人難以忍受的面向。

340

| 第三部 |
臨床觀點

第三部分將會從兒童與青少年的分析案例延伸到成人，說明我們 曾經介紹過的理論與發展觀點。前兩章會先討論嚴重人格的病理，並特別關注於邊緣型人格障礙症。這群人因為心智化的失敗，導致他們無法維持意圖位置。同時，我們也用異化自我的概念來說明，為什麼這些患者在認同感上會有著如此難以忍受的痛苦，易於自傷，總是絕望地渴求著能依附的對象，卻又很快變得難以忍受這樣的關係，即使在治療性的關係中也是如此。

在第十一章，我們會拓寬視野到四位心理病理介於輕微至嚴重不同程度的成人案例。另外，我們也會描述透過心智化來處理情感的過程——我們稱之為「心智化的情感體會」。最後，臨床素材將會顯現出，何謂心智化的情感體會，以及我們可以如何透過心理治療，來提高這樣的能力。

【第九章】從混亂型依附看見邊緣型人格

人格障礙症中的依附系統與扭曲的人際關係　　　　343

　　過往曾有很多學者嘗試用依附理論來說明邊緣型人格障礙的症狀學。鮑比曾有意無意地指出，個體早期與照顧者互動的經驗將組成日後的依附關係，而這樣的說法，也被用來解釋邊緣型人格的心理病理學。舉例來說，邊緣型患者只要感受到被他人攻擊、忽略或是有被拋棄的威脅時，就會把現下的關係當成是有攻擊性或忽略性的（Benjamin 1993）。其他學者則是認為，邊緣型人格患者最主要的特徵是恐懼且過度干涉的依附形式，反映出「親密焦慮／憤怒的情感模組」（Dutton, Saunders, Starzomski, & Bartholomew 1994）。在針對邊緣型患者的 AAI 研究中的敘事資料裡，佔最多數的是「過度干涉型」（preoccupied）的依附分類（Fonagy et al. 1996），而在此之中，「困惑型」（confused）、「恐懼型」（fearful）與「壓迫型」（overwhelmed）的了分類最為常見（Patrick et al. 1994）。令人不意外 344 的是，這些患者都有著未處理的創傷或是受虐經驗。

　　在過去，學者們嘗試想將依附理論與邊緣型的病理連結在一起，他們發現矛盾／過度焦慮型的依附關係，與邊緣型人格之間有個共同的特徵：患者會透過糾纏、哀求或其他任何的手段來吸引注意力，藉此與人有所接觸，並測試自己與他人的親密度（Gunderson 1996）。岡德森（Gunderson）表示，在這群患者身上可以觀察到的臨床特色是：難以忍受獨處，害怕被拋棄。我們也可以認為，這群患者缺少對於他人的穩定表徵，會把治療師當成過渡客體來運用，或是把治療師當成自己的延伸，這都是因為患者缺少對自己的認同與感受所

致（Modell 1963）。這類患者過渡關連（Transitional relatedness）的特色取決於他們運用過渡性客體的歷史（Morris, Gunderson, & Zanarini 1986），並且比起其他的精神病患，邊緣型患者更常把住院當成是過渡客體來使用（Cardasis, Hochman, & Silk 1997）。

　　然而，即使我們直接運用上述的依附分類觀察，也不能說邊緣型患者小時候一定是屬於焦慮型依附的嬰兒。我們只能確信，邊緣型患者都屬於不安全型的依附。但在臨床上，嬰兒期或是成人期的不安全依附類型無法完全解釋邊緣型人格患者的行為，原因如下：（a）在藍領階級的樣本中，焦慮型依附算是十分常見，大多數的兒童都是屬於焦慮型依附（Broussard 1995）；（b）嬰兒期時的焦慮依附特徵應該可以穩定對應到成人期的人際策略（Main et al. 1985），然而邊緣型患者最顯著的特徵便是缺乏穩定性（Higgitt & Fonagy 1992）；（c）抗拒／焦慮型的嬰兒那種憤怒的抵抗行為，與邊緣型患者在人際中的攻擊樣貌並不相似（Dutton et al. 1994）。我們在臨床上很常看到邊緣型患者攻擊自己的身體或他人。這種暴力傾向可能包含了其他的要素，使得他們偏向對身體而非對心智來行動。他們確實欠缺某種能力，很難在心中表徵那些在依附中與攻擊有關的感覺，取而代之的是，他們在親密關係中會更容易做出暴力的行為（Fonagy & Target 1995b）。

　　有證據顯示，孩童期的苛待——特別是兒童期性虐待——都與邊緣型人格障礙症有關（Paris, Zweig-Frank, & Guzder 1993）。這些患者小時候的照顧者，大多也在所謂的嚴重人格障礙症的邊緣型光譜範圍內（Shachnow et al. 1997）。許多作者都批評「邊緣型」這個詞彙過於模糊，但其實它一直都很好用。所以澄清我們要討論的臨床現象也許會讓讀者們較能理解。在精神分析中，「邊緣型」這個詞彙主要有兩種用法，其一來自於精神病學（例如 Kernberg 1987），另一種則是來自於精神分析的臨床實務。我們在此關注的是第二種用法。除此之外，我們在這裡想要解釋的，不只是符合邊緣型人格障礙症診斷的人

345

而已，而是出現在許多患者身上的邊緣型現象。當我們講到邊緣型患者，指的不只是符合診斷的那些人。我們想解釋的是更大一群患者的心智功能，這些患者的思考與情感經驗極度地混亂，在臨床與非臨床的情境中皆是如此。對於邊緣型現象的臨床描述（例如 Rey 1979），指的是在分析導向的治療中，有一群人會出現戲劇性的退行，表現出猶如精神病的現象，並會引發分析師強烈的感受。分析師的這些感受，與患者強烈的情緒不穩定性結合在一起，造就出艱困且令人感到棘手的分析歷程。移情與頻繁的反移情共演是這類患者在分析中的特點，患者有時會對分析師出現緊密的依賴，但很快地又會與分析師撕破臉，而他們的分析通常曠日費時，成效不彰。本章想要提供一個整合性的觀點，不要運用太多臨床術語，而是用發展性的觀點看待自我 346 的機轉如何在這些現象的底下運作，以了解邊緣型患者在接受分析式治療時的經驗。藉由發展的角度理解這些患者的困難，我們也能給出一些臨床上的技巧建議。

　　我們認為，有些人格障礙症的患者曾在童年時期遭受過虐待，為了因應這樣的困境，他們會拒絕思考照顧者的意念，這樣才不會想到照顧者有著想要傷害他們的企圖（Fonagy, Leigh, et al. 1996）。有愈來愈多的證據指出，苛待會損害孩子的反思功能與自我感。施奈德—羅森與奇凱帝（Schneider-Rosen & Cicchetti 1984, 1991）注意到，比起控制組的受試者，受到虐待的學步兒在認出鏡中的自己時，較少表現出正向的情感。比格利與奇凱帝（Beeghly & Cicchetti 1994）則發現，這些學步兒很難描述自己的內在狀態，他們的用語傾向描述外在的事件。我們在梅寧哲臨床中心針對五到八歲的受虐兒所作的研究發現，這些孩子在執行需要心智化的作業時會有困難，特別是那些因為性虐待與身體虐待而轉介至中心的受試者更是如此。這些結果顯示出，苛待會使得孩子從心智世界中撤離，這種持續防衛的態度會干擾到孩子描繪自己與他人心智狀態的能力，讓他們對人的想法與感受只有模糊且刻版的印象。在日後的親密關係中，他們則是變得極端地脆弱。

對於這樣的狀況，我們提出了兩個見解：（a）有早年創傷經驗的個體，會防衛性地抑制自己心智化的能力；而且（b）有些人格障礙症的特徵可能就來自於這樣的抑制。

在本章中，根據以下的論點，我們認為邊緣型人格障礙症中有套固定的症狀與人格特質：（a）患者的自我組織處於混亂與失調的狀態，並且導致了後續的情感調節與情緒控制的問題（包括空虛感、自我穩定感的缺乏、情緒不穩與衝動）；（b）患者的「社會現實檢驗」（social-reality-testing）能力會變得失調與扭曲：在親密關係或是在分析治療的移情中，會充斥著大量的分裂與投射性認同機制；（c）患者很難經得起創傷，也很難維持親密的依附關係，他們容易誘使他人拋棄自己，也因此造成他們的自殺意圖。我們將會展現先前章節所討論的發展理論，可以如何為邊緣型人格障礙症的症狀學帶來一絲曙光。

依附經驗是社會認知能力的決定因子

為了讓讀者們更加理解依附與邊緣型人格之間的關聯，我們得先考量依附的代間傳遞現象會如何左右這兩者間的關係。基因似乎可以提供一個清楚的解釋。然而，在我們的實驗室持續進行的雙生子研究中，初步的發現顯示，同卵雙生子與異卵雙生子之間的依附類型並沒有差異（Fonagy, Fearon, & Target 1999）。依附理論學者假設，安全型依附的成人對於孩子的需求會更為敏感，讓嬰兒可以確信與預期，自己的失調能夠很快且有效被照顧者所調節（Belsky et al. 1995; De Wolff & van IJzendoorn 1997）。然而，研究的結果卻不如預期，照顧者敏感度的標準化分數，並無法解釋代間傳遞中依附類型的一致性（van IJzendoorn 1995）。

如果照顧者的敏感度尚不足以作出解釋，那麼到底哪個才是能準確預測依附類型的變項呢？瑪莉‧梅（Mary Main 1991）與英格‧

彼雷瑟頓（Inge Bretherton 1991a）針對依附安全性的關鍵因子，提出了另一種解釋。他們各自受到丹尼爾・丹尼特的「意圖位置」概念所吸引，這個概念同時也是本書的核心結構（請見第三至第五章）。就像我們談過的，丹尼特（1987）提出了一個理論，他認為人類演化出一種心智的詮釋性系統，他稱之為「意圖位置」。這個系統的功能在於，個體能藉由推論與歸因他人的心智狀態（比如說信念、意圖以及欲求），來有效地預測及解釋他人的行動。這個系統意味著，個體能知道行為是由心智狀態的表徵所引發，而這樣的表徵不一定能對照到外在現實。由於個體的意圖（像信念）無法直接被看到，因此我們需要持續地監測各種行為與情境線索，來推論他人的意圖。「**社會（或心智）現實檢驗**」的主要機制就是心智化的能力：個體會逐漸發展出一種對於他人心智的敏感度，能藉由他人的表達、行為、口語與情境線索來看到他人的內心狀態。心智化能力能讓兒童保護自己：舉例來說，在面對一個不會回應自己，並且處於憂鬱狀態的母親時，如果孩子可以設想母親是因為她自身的失落才導致了憂鬱，他就不會認為媽媽的憂鬱是自己造成的，也不會以負面的眼光看待自己。 348

　　現有的證據顯現出，在正常發展下，兒童人約要到二至四歲才能建構出心智的素樸理論。維莫爾及佩爾奈（1983）的錯誤信念作業實驗中可以呈現出這個現象，我們也在第五章討論過。這類的實驗需要孩子能先理解到他人的心中會有錯誤信念，之後才能正確預測出他人的行為。但研究顯示，大部分的三歲兒童都無法通過這個測驗，通常要等到四歲時，兒童才會熟悉這樣的能力。在維莫爾及佩爾奈的實驗中，四歲的兒童能對情境線索有敏感度，知道實驗者對於現實的信念已經「過期」了，所以他們才會繼續基於這個誤解而行動。所以四歲的兒童能理解到，現實的心智表徵會讓他人行動，而不是現實本身（現實本身就像他們看到的事情）。在這個時候，他們也會學到運用相關心智線索的重要性——像是所見會引導所知，這也使他們能知道該如何改變他人心智中的信念。

安全依附的兒童能在照顧者的回應中看到自己是一個有欲求跟想法的人，他能看見照顧者會把他表徵成一個**有意圖的存在**，而這個表徵會被兒童內化進去並形塑成自我。如果照顧者的反思能力能使他準確地捕捉到孩子的意圖位置，那麼孩子就有機會「在他人身上找到自己」，而成為一個心智化的個體。我們自身的核心便是我們如何被他人看待的表徵，所以反思功能可以藉由這個歷程代代相傳下去。我們之所以能用信念與欲求來設想他人，這是因為，在某種程度上，我們也被他人當作意圖性的存在。只有依循著這樣的內化歷程，個體才能發展出對自身心智狀態的覺察，並類推到他人（包含照顧者）身上。

349

依附與自我的正常發展

在反思功能的發展中，依附會有三種層次的影響。

一、就像我們在第四章的討論，內在狀態（自我狀態）的次級表徵的內化歷程取決於照顧者敏銳的反思。兒童對情感的概念並非由內觀得來，而是藉由照顧者與孩子情感狀態一致的表達，讓孩子能內化這些表達，而變成情感的「表徵」（Gergely & Watson 1996; Target & Fonagy 1996）。具有反思性的內在運作模式，也能藉由這些自我狀態建構出來。自我經驗的表徵與照顧者反應的表徵結合在一起，使兒童心中的目的論模式變得更加細膩，最終使他能夠解釋與理解他人的情感展現，並調節與控制自身的情緒。

二、兒童若要從目的論位置逐漸進展到意圖位置，就需要擁有一個能安全探索照顧者心智的經驗。在這樣的經驗中，他可以把照顧者的行為，還有這個行為可能造成的感受與想法分開來。安全型依附的孩子在解釋照顧者行為背後的想法時，是感到安心的。相反地，迴避型的嬰兒在某種程度上會刻意迴避他人的心智狀態；而抗拒型的嬰兒

只沉浸於自己的挫折中，而把親密的互為主體性互動排除掉。混亂型的嬰兒自成一格；他們對照顧者的行為過度警戒，用盡一切可用的線索來預測照顧者的行為。他們會對照顧者的意圖過度敏感，也因此更得對照顧者的行為建構出一套心智化的解釋。混亂型的兒童儘管有顯著的心智化跡象，但與安全型的兒童相比，這種心智化卻缺了自我組織中核心且有效能的部分。之所以會有這樣的情形，可能與下列狀況有關：（a）照顧者在回應混亂型嬰兒的自我狀態時，在連貫性上可能時好時壞，而且這些照顧者在知覺與反思嬰兒的狀態時，也可能會出現系統化的偏誤；（b）照顧者的心智狀態會引發孩子過於強烈的焦慮，這些心智狀態會透過照顧者令人害怕的行為，向孩子傳遞出惡意，或作出要脅，而孩子所感受到的害怕中也會包含原本自身的恐懼；（c）兒童幾乎需要動用所有資源來理解父母的行為，而代價就是犧牲掉對自我狀態的反思。以上這些因素加總起來，使得混亂型依附的兒童在特定情境下能敏銳地解讀照顧者的心智，但（就像我們所說的）卻很難解讀自己的心智狀態。

三、在之後的階段，照顧者會對兒童有更進一步的影響，這可能才是最為重要的。一般而言，在與兒童遊戲時，照顧者能一邊維持著外在現實的觀點，一方面又能自發地投入孩子的內在世界（Fonagy & Target 1996; Target & Fonagy 1996）。而孩子會從精神等同的主觀世界（內在經驗被假定成與外在現實相等），進展到心智化的內在世界（主觀經驗被認為是外在現實的其中一種版本，僅是「現實的表徵」而已），這可以類比到精神分析中所提到的，個體對於伊底帕斯三角的認知革命，在此之中，原本兩人融合的現實，突然能被經驗為第三方的觀點（Britton 1998）。父母對孩子內在世界的投入，使孩子能知道，自身的心智不再只是外在世界的複製品而已。

對於情感的次級表徵，還有對照顧者的意圖表徵及對自己的意圖

350

表徵，這三種元素使孩子能夠具備一種能力，來面對有時嚴酷的人際
351　現實。強健的反思功能具有其保護性；脆弱的反思功能可以預期個體
日後對於創傷的脆弱性。安全的依附關係與反思功能是重疊的結構，
而伴隨不安全的依附而來的脆弱性，會讓孩子以精神現實而非外界現
實的方式來構想世界。如果創傷過於強烈，縱使是安全的連結有時也
會難以支撐，就算身心壓力消失了，反思功能也只能對發展有一點點
的貢獻。要了解這些嚴重的人格障礙症，重要的是我們要能與能力有
限的患者有所同調，並知道他們無法運用心智狀態的語言能力組織自
我與理解人際。

人格障礙症的代間傳遞模式

　　邊緣型人格障礙症有社會遺傳的特性，這可能是一個讓我們能夠
更了解這個疾患的線索。由我們的團隊（Fonagy et al. 1996）以及其他
團隊（Patrick et al. 1994）所做的研究都證實了，人格障礙症的患者在
依附的表徵上都有相當程度的扭曲，邊緣型人格障礙症的患者更是如
此。在我們的研究中，邊緣型人格障礙症的患者幾乎都屬於**焦慮型**依
附，也與未解決的創傷經驗，以及反思能力的顯著下降有關。在進一
步的研究中，我們比較了我們的患者組與法院轉介過來的精神病患組
的差異，在後者當中，大多是屬於**疏遠的**依附關係，較少是未解決的
創傷（雖然創傷的盛行率是類似的），而這些人的反思能力也更為低
落（Levinson & Fonagy，倫敦大學學院未出版之手稿）。

　　因此，我們可以認為有些人格障礙症的特徵就是，患者在理解
他人（與自身）的心智時，會出現失調與扭曲。而之所以會出現這樣
的結果，是因為患者早年在形成依附表徵時，與依附者之間有創傷的
經驗（通常是身體的苛待，以及／或性虐待）。然而，邊緣型人格障
352　礙症的患者不一定都曾經遭受過外顯的苛待，早年受到忽視的經驗會
使個體對往後的依附創傷更為敏感。對兒童的「主體感」來說，長期

的忽視是一種心理上的虐待，這比實質上的苛待更不容易被辨認出來。早年的依附創傷也會被日後異常的依附脈絡所影響，使原本應該正常發展的讀心能力受到壓迫，進而影響到個體病理的發展。

苛待對反思功能的影響

　　父母的忽視、苛待與虐待會造成許多嚴重的後果，其中之一就是嬰兒會處於一個缺乏敏感度，很難被父母同調且鏡映出情緒／意圖的環境中。我們假設嬰兒若要建立自我狀態的次級表徵，上述的環境是最重要的。個體如果缺少了這樣的次級表徵，「根本性自我」（constitutional self）的情感衝動就會停留在無法觸及且非意識（nonconscious）的狀態中，帶來空虛感與混亂，以及衝動控制的困難。愈來愈多的證據顯示，苛待會傷害孩子的反思功能與自我感（Beeghly & Cicchetti 1994; Schneider-Rosen & Cicchetti 1984, 1991）。這樣的狀況也經常會引發嚴重且惡性的發展循環。個體很難理解與苛待有關的心智狀態，使他更為痛苦。這樣的狀況會不斷地激發依附系統：由於虐待的緣故，個體會一直有著想要親近他人的需求，而且這樣的需求甚至會愈演愈烈。心理的親近成為無法忍受的痛苦，而對親密的需求只能透過身體的層次來表達，因此反而矛盾地讓兒童想要靠近施虐者。個體又因為受限的心智化能力，而無法適應、調整或是避開加害者的犯行，使他更進一步地曝露在受虐的風險中。我們不斷在受虐兒的身上看到這種矛盾性，他們一方面尋求身體上的親近，同時在心理上又十分迴避施虐者，而這就是混亂型依附的病根。

　　為何苛待的家庭環境會損害到孩子的反思功能呢？原因在於：353（a）在這樣的家庭環境中，辨認出他人的心智狀態，反而會對自我感的發展造成危險。如果孩子辨認出父母的虐待行為下隱含著憎恨，甚至是致他於死地的心態，就會無可避免地認為，自己是沒有價值或令人厭惡的存在；（b）虐待性的父母聲稱的信念或感覺經常與行為

相悖，而個人意圖的意義也因此被否認或扭曲；（c）在公眾關係中習以為常的反思功能，在依附脈絡當中卻會被全然地分開；（d）最後，失調之所以會發生，不是與苛待本身有關，而是與家庭的氣氛有關。苛待通常與權威式的教養有關，同時也會延遲心智化的發展（Astington 1996）。研究發現，在這種家庭環境下的幼兒很難與母親玩在一起（Alessandri 1992），孩子也因此缺少了心智化發展時所需的社會鷹架。當孩子感覺到父母對待自己就像是不需關照的物體時，自然更難以發展出心智化的能力。

簡單來說，我們認為，嬰兒如果探索施虐者的行為背後那些針對自己的意圖與情緒態度，就會對自我的發展造成嚴重的失調。當孩子了解到依附對象想要迫害自己時，就代表自我會持續地陷入危險之中，使他們極度地缺乏依附上的安全感。另一方面，他們又試圖想讓照顧者的迫害意圖合理化，最終他們只好解釋成：是因為自己有非常負面的特質，像是沒有價值、沒人要、醜陋等等的自我形象，所以照顧者才會虐待自己。我們認為（Fonagy 1991），嬰兒想要對施虐者意圖進行心智化的這種狀況，反而會造成對於心智化的全面抑制，導致心智化能力無法被好好地建立，為了因應這些結果，就會發展出僵化的防衛反應。如果孩子發現自己的想法還處在目的論的狀態，內在世界也比較是以精神等同的方式表徵出來的時候，他就會發展出一種傾向，讓自己不要細想施虐者的心智狀態（見第五章、第六章）。兒童選擇性地排除苛待者與他自己的內在狀態表徵，長期下來就會造成心智化能力的缺陷，而這樣的客體關係最起碼會延伸到類似苛待依附的人際情境中。孩子天生就會想要閱讀依附者的心智狀態，但他們也能抑制這樣的生理傾向；當兒童停止監測與學習跟照顧者心智有關的線索時，就會愈來愈無法理解他人的心智。到最後這就會變成一種類似於缺陷的狀態，即使日後兒童遇到有利的人際環境時，還是難以去除這樣的抑制。

354

人格障礙症與他們在心智化上的缺陷

　　某些人格障礙症的特徵是否起源自心智化的缺陷呢？若用疏遠型或焦慮型依附這樣的非心智化自我組織，分別解釋一些暴力問題與邊緣型狀態，的確相當誘人，卻也過度簡化。因為上述的兩個例子會隨著情境與關係形態而出現各種變化。舉例來說，不良少年可以覺察到幫派兄弟的心智狀態，而邊緣型患者有時候會對心理衛生專業人員與家人的情緒狀態過度敏感。

　　依循著庫特·費歇爾（Kurt Fischer）的發展「動態技巧理論」（Fischer et al. 1990），各種作業與領域的技巧會有「分餾」（fractionation）或分裂的現象，反思功能亦然，我們認為苛待與反思功能的分餾有關。在皮亞傑發展的早期階段中，就像對液體守恆的理解無法類化到對空間的守恆一樣，在人際互動中，特定領域的反思能力，在一開始也無法類化到其他領域上。在正常的發展中，原先對於他人行為的心智化解釋都是各自獨立的技巧，而後才會整合與歸納在一起。然而，在嚴重的人格障礙症中，因為苛待的緣故，使得原先各自獨立的技巧無法正常地協調在一起，讓發展走上了扭曲之途。

　　每個人都會用目的論模式來解釋行為，並逐漸慣於運用它。因為在許多環境中，這樣的模式都能提供有用的預測與合宜的解釋。舉例來說，在某個下雨天，有個人看到他的朋友正在過馬路，這個人可能就會以意圖位置的方式推論說，他的朋友不想淋濕身體（欲求狀態），而且他的朋友覺得，路邊應該會有賣雨傘的店家（信念狀態）。（實際上，這個人可能會想，他的朋友還不知道賣傘的店家在兩週前就關門了，並有點幸災樂禍地看著朋友竊笑著。）然而，同樣的行動在目的論的框架下也可以有很理性的解釋。這個人可能會推論他的朋友過馬路是為了想走快一點（可見的結果），因為另一邊路上的人太多了（可見的限制）。顯然地，在依附關係中如果運用目的論的話，就可能會造成問題。假設我有一個親近的朋友叫 X，但 X 見到

355

我時，卻沒有與我打招呼。如果用目的論狀態來解釋的話，我就沒辦法看到 X 的欲求狀態（像是 X 不想要看到我），或是他的信念狀態（X 以為我沒看見他，或是 X 以為「我認為 X 並沒有看見我」）。

對意圖位置的心智化推論不可能比目的論的外在推論要來得準確。然而，心智化模式在複雜的人際情境中就顯得特別有價值，像是在衝突、欺騙，或是非理性的時候。不幸的是，那些人格障礙症的患者在情緒高漲之時，或在親密關係當中，或任何會讓他們想起原始依附關係的人際情境下，就只能基於非心智化的內在工作模式來行動。這些患者之所以很難處理這樣複雜的人際關係，與下列的原因有關：（a）照顧者沒有在安全的依附關係中促進他們心智化的能力（脆弱性）；（b）當患者在面對那些具有敵意且無法反思的他人時，如果患者運用了他們的觀點來看事情，就會出現情緒上的問題（創傷）；（c）先前的創傷與經驗讓他們很難理解自己的心智狀態，進一步妨害了他們與他人的關係（缺少韌性），以及（d）他們花了太多的心智資源在外界上，卻很少關注自己的內在，導致他們會過度警戒他人，但卻無法理解自身的狀態（不均衡的適應）。

356 混亂型依附與人格障礙症

為何充滿情緒張力的互動會促使個體「退化」到非心智化的思考呢？我們認為，反思功能及依附脈絡是自我組織的基礎。孩子在發展內在狀態的表徵時，會面臨到排山倒海而來的壓力。就像我們在第四章所看到的，在生物心理社會依附系統中，孩子會尋找一個能夠回應自我表達的環境。而孩子的自我表徵也會繪製到原始自我或「根本性自我」（孩子的真實內在狀態）之上。然而，對混亂型依附的個體而言，他們的自我表徵可能不是真的。溫尼考特（1967, p. 33）警告說，如果孩子找不到自己被鏡映出來的狀態，就只好內化母親的真實狀態做為一部分的自我結構。愈來愈多的證據顯示，混亂型依

附嬰兒的照顧者時常以敵意—無助（Lyons-Ruth, Bronfman, & Parsons 1999）、解離、混亂、受到驚嚇或是令人恐懼（Jacobovitz, Hazen, & Riggs 1997; Schuengel 1997; Schuengel, Bakermans-Kranenburg, & van IJzendoorn 1999）的行為，來回應嬰兒的痛苦。就好像嬰兒的情緒表達讓照顧者瞬間「當機」了，以至於照顧者無法再把嬰兒當成是擁有意圖的人，而以嚴重的退縮、錯誤的溝通、角色混淆、負面—侵入或令人害怕的行為來回應孩子。結果就是，這些孩子會體驗到，他們自身的激發變成了一種危險的訊號，這個訊號代表著照顧者可能會遺棄他們，進而又觸發了目的論的、非心智化的功能；在他們的印象中，焦慮或暴怒的父母會從他們的身邊退開，孩子只好以補償式的解離來回應這樣的狀況（Liotti 1999）。因此，個體的內在經驗維持在未標記且混亂的狀態中，未涵容的情感也導致了更進一步的失調。孩子把他人的表徵拼貼到未成形的自我結構中，而不是從照顧者身上去內化一個整合的表徵（Fonagy & Target 1995a）。當面對受到驚嚇或是令人害怕的照顧者時，嬰兒將會把照顧者的暴怒、憎恨或恐懼的感覺，還有照顧者認為嬰兒令人害怕或難以照顧的這個形象，都吸收成為自身的一部分。 357

　　由於這樣的形象會損害自我組織，因此孩子時常需要將其外化，好達成整合的自我表徵。嬰兒的混亂依附行為（Main & Solomon 1990）以及其後續的結果，例如孩子對父母那種既霸道又具有控制性的互動，可以理解為孩子在用一種原始的方式，企圖毀掉自我表徵中無法被接受的面向。研究顯示，嬰兒那些令人困惑的混亂行為，在五到七歲後會逐漸轉變成暴躁的行為，讓父母來處罰自己，或是要父母把自己當成更小的小小孩來哄，藉此來控制他們（Cassidy & Marvin 1992; Main & Cassidy 1988）。這種想要操控照顧者行為的企圖（George & Solomon 1998; Solomon, George & Dejong 1995; Wartner, Grossmann, Fremmer-Bombrik, & Suess 1994）讓他們能外化一部分的自我，一方面也限制了照顧者對於自我表徵的入侵。這群孩子在與同儕

的互動中也會出現類似的特徵（Jacobovitz & Hazen 1999）。還有更進一步的證據顯示，這群孩子的父母會經驗到孩子似乎控制了親子關係，並經驗到持續增加的受制感與無助感，最終父母就會更難照顧孩子（George & Solomon 1996; Solomon & George 1996）。混亂型依附孩子的媽媽在描述孩子的時候，都讓人印象相當深刻；她們會把孩子當成自身的複製品，覺得自己似乎與孩子融合在一起。之所以會如此，是因為孩子所外化出來的部分，不是母親對孩子本身的表徵，而是自我之內的母親表徵，這導致孩子出現人我不分的狀態。這樣的孩子會傾向展現出早熟的照顧行為（West & George, in press），這也是因為母親的表徵被內化到兒童自我之內的緣故。

　　根據里昂・羅斯（Lyons-Ruth）的素質模式（Lyons-Ruth, Bronfman, & Atwood 1999; Lyons-Ruth & Jacobovitz 1999），我們認為，混亂型依附會導致自我組織出現瑕疵，變成發展上的脆弱性。尤其是這些孩子貧乏的自我結構會使他們對日後的創傷更為敏感。我們相信，嬰兒在生理上會自然而然地內化照顧者以嬰兒為中心的反應，為根本性自我建構出次級表徵。在第四章時，我們已經討論過一些細節。我們認為，當照顧者能提供具有高度後效的情感鏡映環境時，內化的自我表徵就會加諸到根本性自我那原初且程序性的自我狀態上。但如果照顧者沒有反思的能力，忽略了孩子的心智狀態，或甚至虐待孩子時，嬰兒在生理上會驅向內化照顧者那種以照顧者自身為中心的態度。在這種狀況下，被內化的他人維持在異化的狀態，無法連結到根本性自我的結構。不只如此，在嚴重虐待或是在苛待的環境中長大的孩子，他們所內化的異化自我會持續散發出自我傷害的危險訊息，不斷地迫害自我，導致孩子缺乏對於依附的安全感。自我狀態如果缺乏適當的次級（象徵）表徵，個體就會持續且強烈地想要理解內在的混亂到底是什麼。由於自我的發展無法向前邁進，孩子只好持續尋找那個可以讓自我整合的客體。悲哀的是，對被苛待的兒童來說，他們所找到的那個客體，並不是一個普通的客體，而是一個會折磨他的

人。這個帶有敵意的「異化」表徵一旦受到內化,就會居於自我表徵之內,它不只無法與根本性自我相容,還會迫害自我,因此個體就得把它加以排除。而這將會為人際關係與情感調節帶來災難性的後果(Carlson & Sroufe 1995)。事實上內化的異化自我,並非出於也不屬於根本性自我的真實狀態,同時還會進一步迫害、要脅到自我,讓個體想要防衛性地把它外化出去,投射到他人身上。只要個體能夠將這個令人折磨的異化自我投射給他人,自我便能達到暫時(且虛幻)的控制感以及安全感。然而,為此所付出的代價卻十分高昂。

在這裡所描述的機制,就是精神分析中投射性認同的典型例子,更精確一點來說,就像伊麗莎白·史皮利烏斯(Elizabeth Spillius 1994)曾稱作的「喚起性的投射性認同」(evocatory projective identification)。簡單來說,混亂型依附會產出混亂的自我。當這樣的人在獨處時,會覺得不安與脆弱,他無法逃避那些折磨人與毀滅性的表徵,因為這樣的經驗就來自於他的自我之內。除非他的人際關係能允許他外化這個部分,否則他就會覺得自己好像真的不復存在,在心理上與他人融合,所有關係的界線都消融於一體。

邊緣型人格障礙症的症狀學

好幾項證據指出,邊緣型患者在人際(或心智)檢驗上有嚴重的缺陷。特別是在親密依附關係中,他們監測與正確解讀相關心智狀態線索的能力似乎受到了抑制,未曾發展,或是受到了扭曲。在歸因心智狀態時,他們時常會不在乎或是忽視掉這樣的線索,取而代之地透過防衛性的分裂與投射性認同,用扭曲的方式來辨認他人的心理狀態。他們也很難理解自身的心智狀態,時常提到空虛或混亂的感覺,自我狀態也無法分化。情緒的不穩定、行動化與外化暴力衝動的傾向,全都指出了他們很難覺察自我的狀態,以至於缺乏對自我的控制。

359

讓我們從先前強調的模式觀點，簡短回顧邊緣型狀態的一般症狀。

一、自我感的不穩定：由於大多數患者都缺乏反思能力及內在狀態精準的次級表徵（感覺、信念、願望、想法），因此造成了自我感的不穩定。當患者能把異化自我外化到他人身上並加以控制時，才能達成自我感穩定的假象。而後，雖然個體變成了有掌控感的積極主體，但自我還是維持在脆弱的狀態。然而，這樣的方式卻會付出沉重的代價，患者會迫使他人做為自身內在表徵的一部分來行動，因此反而更難得到「真正」的關係。實際上，患者正走在預備被他人拋棄的道路上。在親密關係中，伴侶的心智早已被患者投射成迫害者的形象，因此患者就會以脅迫、攻擊且扭曲的溝通態度來對待伴侶，讓伴侶很難受得了他。結果就是關係中就真的會出現嚴重的遺棄危機。最後，伴侶對患者的拋棄也代表著，被患者投射出去的敵意、令人感到折磨的異化部分又回到他的身上，並帶來危險、恐懼以及混亂的感受。

二、衝動性：由於缺少對情緒的象徵性表徵，因此患者很難覺察自身的情緒狀態，導致了後續的衝動性。又因為心智化是情感調節中不可或缺的要素，邊緣型人格患者時常發現自身處於情緒激發的狀態，而且遠超過自我能控制的程度。所以患者常常需要其他的情感好保護自我，而此時必然出現的，便是無法控制的暴怒，另外還有模糊、破碎的經驗感。衝動性也可能是因為個體在有威脅性的關係中，只能用前心智化的、以身體行動為中心的策略來因應。當個體能把行為及行為背後的意圖結合在一起時，他才能夠明白可以用溝通而不需要用行動的方式來解決問題。而要能夠溝通，就得要能用願望與信念來解釋對方的行為。反之，如果個體只用外在看到的東西來理解事情，就會產生一種「**心智性的習得無助**」（learned mentalistic

360

helplessness）。而最能夠擺脫這種無助感的方式就是用身體來行動，像是在某些情況中，個體所說出來的話雖然看似想要溝通，但實際上卻是一種恐嚇，而目的是為了強迫別人用另一種行動來對待他。他們覺得，只有實質上的互動才有效果，而這指的可能就是對方的身體。患者可能會威脅、毆打、傷害甚至是殺害他人；要不然就是呈現出挑逗、令人興奮或是誘惑他人的模樣。

　　這類患者在會談的時候常常會談到自己受到威脅的記憶。一位 361
年輕人向父親坦承自己不小心打破了燈，父親在確認他不是有意的之後，就告訴他沒有關係。不久後，當父親看到兒子打破的燈竟然是他最喜歡的那一盞時，卻狠狠地毆打了兒子一頓，孩子用來保護自己的手也因而骨折。在上述的例子中，父親的心智運作處於無心智的模式之中（目的論的），父親的行動是由於兒子所做的事情（可見的結果），而不是被兒子的意圖（心智狀態）所驅使。

　　在這樣的脈絡下，有兩種表徵出意圖性行動（intentional action）的模式，而且這兩種模式會相互重疊，所以分辨這兩種模式的差異會很有幫助。我們引用強納羅德（Jeannerod）（1994）的「**行動意圖**」（intention-in-action），它的定義是：這樣的行動是種表徵，跟最終的目標狀態有關，藉由監控與引導，讓身體動作能夠達成目標。因此個體得即時比對知覺上的回饋以及心中目標達成的狀態，行動內容也因此可以變為意識主體。它們看起來可能就像是已心智化的表徵，但在本質上是屬於自動化的非意識行為。相較之下，「**行動之前的意圖**」（prior intentions）是行為之前所出現的表徵（並伴隨著行動意圖）。行動之前的意圖具有主動性，能被意識所經驗，即使當行為沒被執行時也是如此。行動之前的意圖包含了與欲求目標狀態有關（未來現實）的表徵，當外在世界能允許自我執行行動，以完成目標時，就可以產生特定的行動意圖。行動之前的意圖不需表現特定的目標狀態，只是行動前的普遍動機狀態。邊緣型人格患者的衝動性可以視為由「目的論狀態」所產生的行動意圖。雖然這樣的衝動行為仍然會受

到理性行動準則主導，但這種對目標僅能使用「實用主義」的功能，
362 讓他們對行動本身的情境特性，還有行動者本身的性情特質，都只能
有最低限度的了解，以致他們無法理解他人行動之前的意圖，也無法
預測自己行動的後果，因此時常造成大量的人際衝突與社交災難。

三、**情緒不穩與易怒**：邊緣型患者的情緒不穩與易怒，會讓我們
思考患者對於現實的表徵是否出現了狀況。邊緣型患者的人際基模是
出了名的僵化，因為他們無法想像，他人經驗到的現實其實有別於他
們所感受到的現實。在正常狀況下，如果他人的行為與我們對於現實
的理解不一致，我們通常會試著用心智化的方式理解這樣的行為。比
如說，「他把二十元的紙鈔看成十元的紙鈔了（錯誤信念）──所以
他找零的時候只找給我五塊錢。」如果這個人的心中沒有其他的可能
性，又沒有其他可以參考的對照時，患者就只能不加辨別地接受一種
過度簡化的想法，「他騙了我！」特別是對於那些難以反思且鑽牛角
尖的人來說，這時常會讓他們對他人的欲求狀態[1]有一個偏執性的想
像。心智化猶如一種緩衝：當個體無法預期他人的行動時，這個緩衝
功能使個體創造出對於信念的輔助性假設，預先避免那些會自動產生
的威脅性結論。

我們會再一次看到，曾經歷創傷的個體在這裡所出現的雙重劣
勢。若個體的內在運作模式是建立在受虐的經驗之上，那他可能就會
認定他人存在著惡意，但這未必是真實的；特別是當他們處於壓力之
下時，就會很難產生輔助性的假設，讓這種危險的經驗變得更具壓迫
性，而精神等同就會實現這樣的狀態。正常來說，人都能運用心智化
的緩衝來與現實遊玩（Target & Fonagy 1996），知道自己的理解是片
面的。但如果患者只用單一的方式來看待這些事情，當有人（例如治
療師）提供第三者的視點，試著說服患者他搞錯了，患者就會認為這

1　這種想法之所以引人注目，是因為它們通常與自我有關。而有這種想法的人，周遭經常有著
　　需要高度警戒的虐待性照顧者，所以為了外化此一迫害性的自我表徵，他便需要所謂的「敵
　　人」，才不會讓這樣的毀滅發生在自己的身上。

是想把他逼瘋的舉動。

　　四、自殺傾向：臨床工作者都很熟悉的一件事是，邊緣型患者真的非常害怕他人會拋棄自己（Gunderson 1996）。或許比起其他面向，這個特點更能提醒臨床工作者，這些患者只能活在混亂型的依附模式中。當這些患者需要他人來達到自我的統合感時，拋棄就代表著患者得再次內化那令人難以忍受、異化的自我形象，以及後續自我的毀滅。自殺象徵著個體幻想著把自我中異化的部分毀滅掉，患者企圖自殺的目的經常是為了想要預先阻止遭到拋棄的可能性；也是他們想要重新建立關係的最後防線。這些患者在孩童時期可能曾經驗到，他們只能用一些極端的方式來改變成人的行為，而他們的照顧者也會用類似的強迫方式來改變孩子的行為。對邊緣型患者來說，拋棄經常會觸發強烈的自殺傾向。這可以理解為患者想在幻想中毀滅已經內化且具有敵意的異化自我，也是從無盡的折磨中解放根本性自我的最終手段。

　　對混亂型依附的女性來說，自殺與自傷是家常便飯。相較而言，混亂型依附的男性則是容易對他人暴力相向。這樣的男性只能處於那種能讓他外化出異化自我的關係中。所以，暴力的男性被迫建立的關係是，重要他人得做為一種容器，好承接他所無法忍受的自我狀態。他們會粗暴地操控關係，好在對方身上產生一種他們極度想放棄的自我形象。有時，當另外一個個體的心智威脅到這個外化歷程時，他們便訴諸於暴力。此時個體之所以採取如此戲劇化與激烈的手段，是因為他害怕如果他外化出來的東西回到自己的身上，就會破壞原本他可透過控制與操縱達成的自我統合感。所以此時的暴力行為具有雙重功能：（a）個體需要在他人之內重新創造與重新經驗異化自我，然後（b）把它催毀掉，因為在潛意識中這就等於把壞的東西永遠摧毀了。所以當患者從受害者眼中知覺到恐懼時，就會再一次感到安心，而關係也在他們的心理組織中恢復了至高的重要性。所以，他們在事 364

後會尋求原諒，毫不保留地真誠懺悔，因為他們真的很需要這樣的關係來進行外化。

五、**分裂**：對於這樣的患者而言，因為他人（或自我）只是部分的表徵，所以在溝通的時候就會出現障礙。個體得用一致的方式把他人的意圖整合在一起，才能用心智的方式來理解他人。但這些患者很難實現上述這樣的情況，因為虐待者會以矛盾的態度對待他們，造成個體心智化的缺陷。然而，為了讓他人的表徵維持一致，兒童找到的解決之道就是，把他人的表徵拆成好幾組意圖的集合（Gergely 1997, 2000）——這些集合最早的形態就是「理想化」與「迫害性」的認同。在缺少反思功能的狀況下，個體會發現自己無法同步運用這兩種表徵。分裂雖能讓個體創造出心智化的他人形象，但這些形象既不準確又過度簡化，只能呈現出心智化人際互動的假象。

一般來說，分裂被認為是邊緣型人格障礙症的典型防衛機制，但我們最好再進一步探討這個想法。在心智的素樸理論中，個體會運用「理性行動」的原則，從他人的信念與欲求中預測他人的行為（Gergely et al. 1995）。這個原則假設，行動主體會根據情境中的信念，追求最合理或最有效率的行動來滿足欲求。而我們稱為「心智統合」（mental coherence）的原則會進一步予以輔助（Dennett 1987; Gergely 2000）。這個補充性的原則假設，理性的人不會在意圖、信念與欲求上出現衝突或矛盾。顯然地，如果這個假設被嚴重違反時，那麼個體就無法用理性的方式辨認或預測出他人的行為，因為他人同時呈現了兩個矛盾的意圖。在這種狀況下，孩子無法透過心智化來預測他人的行為，就會產生焦慮、無助與不安全感。

365　　　葛瑞蓋（2000）認為，苛待的依附背景精確地呈現了這些孩子的兩難處境。大約在二歲時，嬰兒能類化依附者的意圖與態度，來捕捉照顧者大概是怎樣的人。然而，會導致混亂型依附的照顧者（Lyons-Ruth & Jacobovitz 1999; Schuengel et al. 1999）在對待嬰兒的心智態度

上，通常會出現矛盾性的訊息；有時她會虐待孩子，而有些時候，她似乎會否認此事，甚至表現出對孩子的關心。在照顧者的心中，會同時出現迫害性與好意的意圖，而孩子無法在他人矛盾或衝突的行為下去推論與解釋這些意圖，對他們來說，這就像是在面對不可能的任務。為了防衛隨後的不確定性、焦慮與無望，孩子會把虐待者分裂成兩個不衝突（迫害性 vs 好意的）的意圖集合。而結果就是，用心智化來預測他人的方式就能再次派上用場。孩子藉由把照顧者分裂成兩個不衝突的人，得以再度維持住心智一致的原則。如此一來，兒童就能迴避掉那種無法用心智化預測他人行為的無能感，以及無能感後續所引發的無助感與焦慮。然而，這種人際經驗的防衛架構自然要付出極大的代價：因為他們只能用他人心智分裂的表徵來預測他人的行為，所以除了扭曲現實之外，他們也可能誤會他人，並做出不當的回應。

　　六、投射性認同：第二種典型的邊緣型防衛機制就是投射性認同（Ogden 1979; Spillius 1992）。我們認為，在正常讀心能力的發展中，有兩種能解釋他人心智狀態的機制：（a）個體能監控相關的行為與情境線索，來推論他人的心智狀態，如果沒有這樣的線索，或認不出這樣的線索時，個體就會（b）採取所謂的「內建式的類推」（default simulation）機制：以自身來做類比，好解釋他人的心智狀態。我們認為，在一個虐待性的依附關係中，孩子常常會發展出一種防衛機制，好抑制對照顧者意圖的心智化。這可能會讓注意力歷程出現一種普遍性的缺陷，使孩子無法透過鏡映與閱讀相關的行為與情境線索來推論他人的心智狀態，並導致他在虐待性的關係中，即使在原則上能運用相關的資訊線索，他仍會透過「內建式的類推」自動解讀他人的心智。那麼現在的問題在於：孩子到底會運用自身心智當中的哪些內容，對他人的心智經驗進行「內建式的類推」呢？在這裡，我們就可以看到虐待性養育的結果：幼兒會把他人敵意與異化的表徵內

366

化進來，成為他的自我結構。我們也認為，因為自我表徵迫害性的那一面將會帶來危險，再加上沒有根本性自我的真實狀態做基礎，為了排除內化的異己部分，兒童便會建立起一種防衛傾向，透過投射把內化的異己部分丟到他人身上。如果孩子防衛性地抑止自己對虐待者心智的心智化，就無法透過閱讀線索來辨認他人的心智狀態，所以當他們採取「內建式的類推」時，將會把自我表徵中被排除出去的異己部分，當成是類推他人的資訊基礎。由於他們會內化虐待者的迫害性表徵，並將其投射到他人身上，所以邊緣型患者會傾向使用「內建式的類推」，自動推論他人的心智。這就是為何投射性認同的防衛機制對於這些患者會如此重要，他們會在親密關係中對他人的心智狀態建構出扭曲的表徵，在分析治療的移情關係中也是如此。

　　七、空虛：對這樣的患者來說，另一種司空見慣的經驗就是充斥在生命當中的空虛。由於缺少自我狀態的次級表徵，空虛感就成為必然的結果。這樣的空虛是意識上的，也讓他們所經驗到的他人與關係有一種膚淺的感覺。拋棄心智化等於創造出深層的孤立感。個體必須先感受到他人的心智，才能經驗到與他人在一起，而心智狀態能把過往與現下連結在一起，讓人能有連續性的感受。也許最能描述一個人找不到意義的感覺就是空虛感，最極端的樣貌就是解離，因為意義就是藉由心智化所創造出來的。

此模式的一些限制條件

　　這些條件如以下所示：

　　一、養育不當只是造成心智化困難的其中一條路徑。生理上的脆弱性，像是注意力缺失，可能也會限制孩子發展出反思能力的機會。讀者們應該注意到，在發展的眾多面向中，這種生理上的脆弱性既是

因也是果。這些脆弱性會挑起人際衝突，也會侷限孩子的能力。雖然生物性的因素會限制心智化的潛力，但也可能是因為這些生理因素創造了一個心智化無法充分發展的環境。

　　二、只要與邊緣型患者工作過，就知道他們有時會突然非常敏感於我們的心智狀態，目的則是為了操弄與控制。這樣的狀況是否暗示著，這些患者失調的主因其實與心智化無關？也許能解開這個疑惑的答案是：嚴重人格障礙症的患者確實發展出一定程度的讀心技巧，而且這種技巧是非意識的。克萊門茲與佩爾奈（Clements & Perner1994）的研究顯示，快滿三歲的小孩可以用直覺來理解錯誤信念測驗。儘管他們無法用口語來表達，但他們能用非語言的反應，像是眼神的移動來證實這一點。我們可以設想，在潛意識的讀心技巧開始發展的這個階段，孩子會試著猜測照顧者反應背後的意圖是什麼，但如果他們發現這個意圖過於負面，就會退回到用行動而非語言的方式來影響他人。在潛意識的層級中，他們還是可以捕捉到他人的心智狀態，然而這樣的能力卻無法進到他們的意識層面上。不過，反思功能不會永遠消失不見：邊緣型患者並不是「心智上的盲目」，但他們卻無法擁有「心智上的意識」。所以他們知道怎樣的小動作會引發他人的反應，但卻無法運用意識來理解他人與自己。在這裡，我們可以看到這種發展的缺陷是（a）內在運作模式（或關係模式）會因此受到限制；（b）在特定依附關係中，特別容易有這樣的缺陷；（c）這可能比較適合反思性的自我功能（對自我狀態的反思），但卻很難用來想像他人的心智世界。

　　三、有心智化問題的父母不一定都是邊緣型患者。至少在我們的經驗中，有些父母其實有高度的反思能力，然而，有時父母與孩子們（或與特定的孩子）之間還是會有重大的問題。所以，對於意圖狀態缺乏敏銳度，不一定是影響所有情境的普遍變項，而是需要放在特定的孩子—照顧者關係中評估。

368

心理治療與心智化

　　各種形式的心理治療都是要重新點燃心智化的火種。不管是瑪西亞・林因漢（Marcia Linehan）的辯證行為治療（Linehan 1993），約翰・克拉金與奧圖・柯恩伯格對精神分析治療的建議（Clarkin, Kernberg & Yeomans 1999; Kernberg & Clarkin 1993），或是安東尼・雷爾（Antony Ryle）的認知分析治療（Ryle 1997），以上的治療方式通通都：（a）把重點放在與患者建立依附關係，並（b）運用前述的依附關係，創造出一個人際脈絡，把重心放在心智狀態的了解上，（c）這些治療都試著（潛移默化地）重建一種情境，在這個情境中，患者的自我能被治療師當成是有意圖且真實的存在，而治療師這樣的看見要被患者清楚地接收到。

　　在與嚴重人格障礙症的患者進行心理治療時，治療的核心在於提升反思歷程。治療師得引進一些觀點，來幫助患者理解與標記出他的情緒狀態，以強化次級表徵系統。若想達成這樣的目標，治療師不只得詮釋患者不斷變動的情緒狀態，同時還要專注於患者是如何看待治療師的經驗。比如說，患者來的時候看起來有點膽怯，治療師就會說：「你覺得我看起來很可怕。」在上述的詮釋中，治療師避免描述過於複雜的心智狀態，也很少會提及患者（意識或是潛意識中的）衝突或是矛盾。藉由這些簡短而特定的詮釋，便能讓患者產生改變。我們可以預期這類的患者必然會想要摧毀治療，但治療師也無法用詮釋或面質的方式來處理他們攻擊性的意圖。相較之下，回應患者在共演中的情緒歷程——尤其是那些造成困惑與混亂的情緒，反而更能幫助到患者。

　　就我們的觀察所及，心智化的破損會引發衝動性，若是患者在區分內在與外在現實的距離上有困難，那麼治療關係經常會變得緊繃。在某種程度上，治療師的任務就像是那些為假扮遊戲創造出框架的父母——但在治療當中是透過一個過渡空間，讓治療中的感受與想法能

369

被患者所汲取。治療師必須習慣與這些心智化的萌發因子一起工作，使目的論模式晉升成意圖位置。在這樣的狀況下，有時患者會感覺到沒有一個東西是真實的（找不到話語與想法），但有時候言語及想法又有著驚人的力量與毀滅性。治療師能幫助患者整合，或把分離的雙重模式連結在一起，這是一個相當令人有成就感的工作。治療師唯有讓自己變成患者假扮世界中的一部分，才能讓這樣的歷程得以思考，一方面試圖讓其成為真實，同時間又不能讓患者的想法與現實畫上等號。

　　分析取向的治療師需要在移情上與邊緣型患者工作嗎？答案是需要，但也不需要。之所以不需要對移情工作，是因為早年關係的移情必然會跑到現下的關係，所以強調移情並不會有多大的幫助。因為患者無法心智化，所以此時的移情就不是早年經驗的置換，反而是真實的經驗——在這裡，治療師「變成了」虐待者，而不是「像是」虐待者。當治療師說出這樣的移情詮釋後，患者時常被迫進入假扮模式中。逐漸地，患者與治療師可能會精心設計出一個詳盡且複雜的世界，然而在經驗上卻幾乎與現實無關。所以，比較有效的方法是了解 370 此時此刻的情感，治療師要簡單明瞭地用語言、聲調及姿態，傳達出治療師可以去因應患者的情緒狀態。而之所以要對移情工作，是因為廣義來說，移情就是呈現另一種觀點給患者。而移情詮釋可以幫助患者在移情經驗中標記出他想像中治療師的樣子，以及治療師真實的樣子，這兩者之間的對比。

　　在治療這樣的患者時，最複雜的挑戰就是患者會外化那些難以忍受的自我狀態。所以有些治療師會試著分散移情，用多重的焦點來分散患者的感受，像是開藥的治療師與進行心理治療的治療師會是不同的人；或是讓患者同時參與個人治療與團體治療，或是用治療合約來限制患者重演的衝動。可是有時候就是會碰到上述都不可行，或通通都不足以因應患者的狀況。通常，最有助益的策略就是不要訂太高的目標。這些患者的洞察不足以防範重演的衝動，因此治療的目標就

在於簡單地鼓勵患者慢慢形成心智化。與其詮釋患者的重演，治療師反而應該嘗試處理重演的前因後果。治療師也同樣要順應自己在反移情中想要與患者共演的情況。以我們的觀點來看，治療師接受這些共演是很重要的，因為治療師需要不時地讓自己變成患者異化部分的容器，才能讓患者停留在靠近心智的狀態中。如果治療師要能被患者所使用，治療師就要變成患者所需要的樣子。然而，治療師要是完全變成患者要她變成的那個樣子，她又會無法幫助到患者。所以治療師的目標就是盡可能地維持這兩種位置間的平衡——允許自身就像患者所需要的樣子，但是又盡可能地讓自己的心智能在患者的心智狀態中維持清晰且統合的形象。

與這些嚴重的邊緣型患者工作時，到底什麼才算是治療成功的指標呢？我們其實不相信有任何理論（包含我們自己的理論）能完全解釋患者的問題。但我們相信，有一個理論上整合的取向是很重要的。這些患者需要治療師保持在可以被預測的狀態，接著我們對於他們的理論就能形成他們自我表徵的核心。治療師需要維持一個穩定、統合的形象，如果我們不斷轉換理論的取向，就會增加治療的風險。只有在依附關係的脈絡中，患者才能學習到心智化，這也代表著，治療必須成為安全基地的體現。依附關係與他人的心智狀態是密不可分的事情。不與人有所連結，就無法產生理解；即使治療師能單方面地理解患者，但如果治療師與患者缺少了連結，這樣的理解也無法傳遞出去。在我們的經驗中，這些患者的治療經常曠日費時，而要維持長時間架構的一致，通常十分不易。即使患者的首要目標是維持生理上的靠近，但患者感受到心智上的親密時還是會被嚇壞，並且會主動地反抗這樣的狀況。在患者持續的攻擊下，治療師還要能維持這樣的接近，自然不是一件舒服的事，而這有賴於治療師放下自己的自戀性才能達成。

如果治療師能與患者維持這種心智上的靠近，又不會讓自己被患者的異化部分給壓垮的話，最終患者就可以在治療師的心中找到心智

371

化且細膩的狀態，知道自己是一個可以有思考與感覺的存在，並能把這些形象整合成自我感受的一部分。患者能從無法反思內在世界經驗的狀態（內在一定得等同於外在），進展到能以更加珍視與關懷的方式來對待內在世界，知道它與外在現實各自獨立，在品質上也不同。若能工作至此，患者已能理解他人的行為，知道他人的行為有其意義，且可以預測他人行為的時候，治療就已經有了相當大的進展。當患者能內化治療師對於心智狀態的關注時，他也就能用同樣的方式來關注自己的經驗。關懷心智，便能關懷自我與他人，最終就能關懷整個社會。正是這樣的關懷造就了治療的價值，並且最能夠清楚地表現出心理學的偉大傳承。

【第十章】邊緣型狀態的精神現實

373　　本章主要想讓讀者們理解，嚴重邊緣型患者的困難會如何在精神分析的歷程中揭露出來。我們認為，正是由於兩種經驗精神現實的模式在早年的整合出現了問題，才會造就出邊緣型患者的行為與關係特徵（包含移情關係在內）。在本章中我們將會詳細地敘述這樣的狀況，並加以總結。深入地說，邊緣型患者之所以無法適當地心智化，是因為他們會把表徵外在與內在經驗的兩種模式持續地混雜在一起。由於患者對心智狀態的理解就像兒童一樣，會把自己的感覺與想法當成現實的直接（或等同）表徵，因此這些感受與想法的重要性就會被過度誇大，而意義也會被擴大解釋。心智化失敗後，為了延續自我，患者不得不把自己維持在這樣的功能模式下。由於潛意識與意識的想法與感受被等同於外在現實，個體的能力也因而受到限制，使他們不能忍受當下無法被滿足的感覺，也無法創造出「與現實遊玩」的心理空間。

　　如此一來，邊緣型患者會被迫接受一種心智環境，在這個環境內，想法因為過於可怕，讓他們難以思考；情緒也過於強烈，讓他們
374　難以經驗。時間一久，他們就防衛性地放棄了心智化，沒辦法容忍其他替代性的觀點。然而，還有更進一步的心智化失敗，有些人的精神現實——也就是他們對自己的心智體驗——在嬰兒期中沒有好好地被建立。這些人會對自身內在的表徵經驗到一種好像不屬於自己的不適感，這是因為，在正常的情況下，嬰兒的自我狀態中會有一個理解自己的母親存在，但這些人的早期環境讓他們只能內化對於母親的嬰兒式知覺。同時，患者可能會退行到受迫性的幻想之中，而在幻想中，他幾乎無法整合對於現實的知覺與經驗。然而，當患者的感覺與想法在類似於依附關係的情境下被挑起時，我們才能窺見那部分的缺陷。

在本章，我們將會拓展第九章概要出的邊緣型病理之理論，運用功能失調的精神現實與混亂型依附的理論框架，幫助讀者理解兩位嚴重的邊緣型人格案例。這兩位個案都成功接受了一週五次的精神分析治療。自傷在第一位案例的身上扮演著重要的角色；在第二位案例身上較為顯著的是對於他人的暴力，也因此形成了兩者間耐人尋味的對比；然而，這兩位案例在理論與技巧的考量上，卻有著驚人的相似之處。

簡介：精神現實的正常發展

在第六章，我們同時用臨床與研究的證據顯示出，能夠正常地經驗到精神現實並不是一種與生俱來的心智能力，而是發展上的一種成就。我們可以把這樣的發展當成一種歷程，起初，兒童經驗到的精神現實，還處在無法把心智狀態當成表徵的狀況，接著他們會逐漸對內在世界有著更複雜的觀點，這也是心智化能力的里程碑。兒童最初經驗到的心智就像是一台紀錄儀器，內在狀態會精準地對應到外在現實。我們用「**精神等同**」這個辭彙，來代表這樣的功能模式。對於幼兒來說，心智中的事件，不管是在強度（power）、因果（causality）與意涵（implication）上，都等同於外在現實發生的事件。相等的內在與外在，無可避免地會成為雙向的歷程。幼兒不只覺得表象必然等同於現實（它看起來像怎樣就是怎樣），他被幻想（phantasy）所扭曲的想法與感覺還會在不知不覺當中被投射到外在現實上，以至於扭曲了他對外在世界的經驗。

經驗到想法與感受屬於全然「真實」的這種狀況，或許實在太過於可怕，所以嬰兒便發展出另一種理解心智狀態的方式——假扮模式。在「**假扮模式**」中，兒童所經驗到的感受與想法通通都是表徵性的，或是象徵性的，與外界完全無關。逐漸地，如果有一個成人可以密切參與兒童的心智活動，並在心中同時存有兒童的假扮視角與對現

375

實的嚴肅視角，這兩種精神現實的模式就可以因此整合。兒童能知道
感受與想法屬於內在，然而卻又與外在世界有著緊密的關聯（Dunn
1996）。

很多精神分析理論都認為，自我發展就是個體能慢慢增加象徵的
能力，並更能夠反思心智的狀態（可回顧第六章）。最近，這樣的論
調也在認知與發展心理學界當中（可回顧第五章）成為核心的概念，
並做了許多的實證研究。但我們的理論與大多數的發展理論不同。我
們認為，反思功能並不是單靠發展階段就能獲得的成就，也不是在能
使用語言的學步兒階段才會開始有的能力——因為沒有人能夠達成完
全的心智化。心智化的能力會持續地被早期的依附關係所影響，所以
反思功能的表現會因情境而異。除此之外，我們也跟其他精神分析的
理論一樣，強調心智化的自我組織品質，以及個體在心智化能力上的
差異，會如何進一步地影響到日後的病理。

我們認為，心智化是由兒童與原初客體的關係孕育而成，而且首
先就出現在與照顧者的鏡映關係之內。我們對鏡映的概念，與傳統精
376　神分析當中，寇哈特（1977）、比昂（1962a）與溫尼考特（1967）
所談的鏡映有些不同，較近似於在第四章與第五章所討論到的，葛瑞
蓋與華森（1996）近來所描述的模式。我們認為，嬰兒會逐漸理解到
自己擁有感覺與想法，進而慢慢地能夠區辨它們。這個歷程的發生，
主要是透過父母的表達與其他的回應，讓嬰兒了解到內在經驗是有意
義的。照顧者對於嬰兒情緒表現的慣性回應，聚焦在嬰兒對於內在經
驗的注意力上，形塑了這些經驗，使它們變得更有意義，更能夠被掌
控。個體對這些身心經驗的原初表徵，被組織為次級表徵（Fonagy &
Target 1997），這些情感經驗是一株幼芽，最終將會成長出心智化的
能力。但兒童必須至少擁有一個持續且安全的依附關係，才能夠有這
樣的發展。

無法思考孩子心智經驗的父母，等於剝奪了孩子核心的自我結
構，而孩子需要這樣的核心結構以建立一個能存活的自我感。對嬰

兒來說，媽媽會處理他的想法與感受，而後，嬰兒會再內化那些東西，這個歷程提供了「涵容」（Bion 1962a）；喬伊絲‧麥克道爾曾觀察到，「嬰兒透過他的哭泣、身體姿勢與身心反應來表達不舒服，而這些非語言的溝通只有媽媽才能解讀。在這裡，母親的功能就是做為孩子的思考系統，並尋找到合適的方式來回應嬰兒的挫折。」（McDougall 1989, p.169）這個「適當」的回應，不只包含了對嬰兒生理表達的解讀，同時媽媽會把嬰兒想要與她溝通的東西，用一個「可以處理的版本」回給嬰兒（Winnicott 1967）。若是在嬰兒早期的生活中，沒有人可以執行這個鏡映的功能，或者鏡映的功能受到了扭曲，嬰兒就可能絕望地搜尋其他替代方式，好涵容自己的生理經驗與心智世界。這些替代方式可能有各種不同的形式，像是自我傷害，或是攻擊他人等等。

為什麼曾發生這樣的同調失敗呢？許多因素都可能讓母親無法回應嬰兒的溝通；最常見的，可能就是媽媽自身的痛苦造成了難以忍受的焦慮。這種反應會瓦解掉母親反思嬰兒感受的能力，並激發出她的習慣性防衛，好對抗無法掌控的情感。A‧史坦（A. Stein 1994）的研究顯示了，正受暴食症所苦的母親們，很難精準地回應她們六個月大的孩子。尤其是在餵食的情境中，母親們會無法忍受一團亂，並且堅持不給孩子食物。其結果就是，她們會不斷對孩子的哭泣出現錯誤的解讀。這樣的傾向也會出現在她們與孩子玩玩具的情境當中。其中在餵食情境當中最令人難受的觀察是，當孩子因挫折與飢餓哭泣時，母親卻會把孩子的哭泣誤解為孩子在拒絕媽媽給的食物。在幾名案例的身上，甚至還出現了生長遲緩的狀況。在安全的依附關係中，除了敏感度之外，可能還要再加上照顧者的可獲得性（availability）（Belsky et al. 1995）。嬰兒可以因照顧者而發現到自身的感受，並因此增加了自己被理解的感覺。這讓嬰兒能內化涵容的經驗，並發展出對於自己內在狀態的表徵系統。

在一個安全或是能提供涵容的依附關係中，父母可以解讀嬰兒的

377

情感訊號，並能反思嬰兒在不舒服底下的心智狀態。如果父母要能讓自己的回應幫助到嬰兒，那麼這個回應中就必須包含鏡映，以及反向情緒的溝通。在親子間的假扮遊戲中，最能讓我們理解到客體鏡映的本質是什麼：為了涵容孩子的焦慮，母親的鏡映表達會呈現出複合的情感，就像父母在回應孩子的恐懼時，也會結合與其矛盾的情緒，像是滑稽。在這樣的溝通下，不會有任何事情是「真的」需要擔心的，而父母的反應才是更重要的，他們的反應會類似孩子的經驗，但卻又不完全相同，因此創造出將焦慮轉為次級（象徵）表徵的可能性，這同時也是象徵化的開端。我們在另一篇文獻資料也討論過（Fónagy & Fonagy 1995）講者如何運用語言的這件事情。講者常在無意識中頻繁地結合兩種語調的特徵，帶出不同的情緒感受。即使聽者們只能覺察到其中一種情緒，但還是會被兩種情感所感染。我們相信，嬰兒就是透過這種相當類似的歷程，而得到安撫（或涵容）。

378　　有許多原因都可能導致親子間的同調失敗，有些是由於父母的病理，有些則可能與生理因素、創傷和其他的經驗有關。不管原因為何，一旦父母無法依照上述的方式做出回應，孩子就會傾向內化父母自身的經驗或是防衛；照顧者可能迴避嬰兒的痛苦，不然就是雖然做出了鏡映，但鏡映的情感卻是沒有「消化」（metabolized）過的。在最嚴重的案例中，孩子可能會被迫抑制心智化，而用非常失功能的方式去防衛。在較不嚴重的案例中，由於父母無法提供適當的鏡映，這種異常的鏡映可能會以這兩種形式，讓兒童日後人格發展的扭曲埋下種子。這兩種形式會對應到個體經驗精神現實的兩種模式，我們在第六章已描述過。第一種形式是，媽媽對孩子狀態的回應是沒有經過任何調整的，就像精神等同的模式一樣，將孩子的痛苦具現化，或是因孩子的痛苦而恐慌。而第二種是，媽媽也可能會透過類似解離的歷程，迴避反思孩子的情感狀態。這樣的媽媽會一直躲在假扮模式之內，隔離了外在現實，也隔離了孩子。而後，媽媽可能會忽視孩子的痛苦，或是把孩子的痛苦解釋是因為生病、疲累或是其他的理由。這

兩種形式都剝奪了孩子可以認同與使用的溝通的意義。這可能會讓媽媽與孩子只能用動作來解釋感覺，所以身體的狀態才是「真的」的東西。琳恩‧莫瑞（Lynne Murray）（1992）在研究中，與那些罹患產後憂鬱症的母親一起工作，她生動地呈現出，這些媽媽會給予嬰兒另一種現實，她們標記出的現實會比較誇張，也與嬰兒的經驗沒有什麼關係。如果用精神分析取向的方式看待這種互動，會在互動中辨認出很多否認與躁狂防衛的機制。嬰兒無法在另一個心智中找到自己的心智狀態，也無法學到這些狀態的象徵性表徵。

　　第四章及第五章已更為完整地談論過，通常如果個體想學會控制情感，有部分得借助於象徵性表徵的幫助。媽媽對於孩子情緒狀態的反思，會讓孩子把對於感覺的表徵慢慢地連結到情緒調節上。媽媽的反思顯然與原本的情緒狀態有關，但已經是完全不同的東西了。當 379 母親調節嬰兒的感受時，嬰兒也會配合母親對自己情緒的調節反應，慢慢地學習到，像這樣的象徵性情感遊戲，有可能把他的情緒與生理反應結合在一起。而這在臨床上的意義就是，有些媽媽在回應孩子的情感狀態時，雖然把狀態調整過了，但這些狀態卻無法被孩子認出且使用，使孩子日後會很難把現實從幻想中分化出來，或是從精神現實把外在現實分化出來。這可能會讓這個兒童以工具性或功能性（操縱式）的方式來運用情感，而不是以符號性（溝通）的方式來運用情感（參見第五章行動主體發展階段的敘述）。

　　在第九章中曾描述過，邊緣型患者有把情感工具化的傾向，所以他們在表達與處理想法及感受時，可能都是透過動作，來對抗自己的身體以及與他人的關係。本章主要論述的重點在於，兒童精神現實的發展會由於次級（或後設認知）情感表徵的延遲或消失而受到侷限。我們假定，若要整合經驗心智的兩種原初模式（精神等同與假扮），就得有一些心智化的前導因素——要與現實遊玩，而不是**遠離**現實。因為這樣，我們才有能力知道表徵性的經驗只是現實的其中一種版本而已。正常來說，這樣的整合會在二歲時開始，並在五或六歲時完成

一部分。

　　對幼兒、學步兒，甚至是三到四歲兒童的觀察中，我們都可以看到，就心理自我的界線來說，孩子很容易認定他的客體的欲求，與他自己的欲求是一樣的。一個正在氣頭上的四歲男孩警告媽媽說：「我不要再睡在妳床上了！我也不想辦生日派對！我才不想要金剛戰神（Megazord）[1]咧！」這個孩子可能是因為情緒有點大，所以說出來的話才會顯得更為幼稚。但我們可以看到，這個男孩鬧脾氣的背後有個假設，那就是他認為媽媽的欲求會與自己完全相同，所以他覺得媽媽對這些剝奪的失落感會跟自己一樣重。喬治‧莫蘭（George Moran）曾在安娜‧佛洛伊德中心治療過一位邊緣型兒童，當他問孩子是不是覺得肚子餓的時候，孩子竟然把食物拿給治療師。臨床工作者經常會注意到，這樣子的兒童常會搞不清楚欲求是屬於誰的，因此他們在運用人稱時就會出現困難。另一位在同一個中心由傑克‧諾維克治療的四歲邊緣型兒童，在他生日的隔天收到他人的祝賀，那個孩子居然回說：「今天也是我的生日欸！」簡單來說，就算他知道他與他人有著不同的身體，甚至知道心智也各自不同，但他還是無法適當地歸因心智狀態，甚至無法辨識出一個特定的人。

　　自我的心智界線在發展過程中一直維持在一種滲透性的狀態，即使在成人期時也是如此。桑德勒（1992）強調，原初認同之所以重要，是因為它是同理性表達的基礎（舉例來說，當看到有人滑倒時，我們能夠設身處地）。正常來說，這些滲透性的經驗是有限度的，處在前意識中，而且只會屬於早期的知覺階段。不過，它們的存在也強調了互為主體性的重要，互為主體性能強化自我知識的發展。一個成熟孩子的自我核心就是在反思的當下有他者的存在。後設認知——心智表徵的心智表徵——是與嬰兒的內在狀態貼合的客體形象，但絕對不等同於嬰兒的內在狀態。照顧者的這些回應與孩子的自我有共同的

1　　譯註：美國影集「金剛戰士」系列所出現的機器人。

元素，使他們的自我能充分且穩定地形成象徵性的連結，即使照顧者不在兒童的身邊，他們還是可以保有自我表徵。

創傷會妨礙兩種精神現實模式的整合

就像第九章所呈現的內容，創傷在邊緣型狀態的心理起源上扮演著重要的角色（例如 Johnson et al. 1999）。我們認為，當依附者的養育出現問題時，創傷就會妨害上述的發展歷程。我們可以在遭受嚴重虐待的兒童身上，觀察到以下其一或是更多的證據：（a）個體會持續用精神等同的方式來經驗內在現實；（b）個體有突然轉換到假扮模式（像是解離）的傾向；（c）個體有時會無法反思自己與周遭客體的心智狀態。我們認為這些思考方式會延續到成人時期，並成為邊緣型現象的關鍵。

對遭到苛待的兒童來說，由於父母的感受會帶有一種恐怖的反響，所以他們無法把父母的情感表達當成「不帶後果」的精神現實。正常來說，兒童大約在二到四歲間會逐漸注意到，自己的內在狀態會與外在世界或他人的心智狀態有所不同。然而，處於威脅或是有過實際創傷的兒童，很難有機會發展出區辨內在與外在的能力；因為他得不斷密切注意著身體與情緒上的危險，所以就只能關注外在世界，而無法有空間醞釀出與現實分開的想法（內在世界）。在正常環境下，父母能夠保護兒童免於一些現實的恐怖，儘管父母無法消除全部的事情與感受，但至少可讓孩子知道，人可以有很多種看待事情的方法。孩子都曾看過父母生氣的一面，甚至也會看到父母害怕的樣子，這也會讓他們感到不安。但如果父母能認出孩子的經驗，同時也能告訴孩子，他其實可以不用那麼害怕（因為那是父母的害怕），他是安全的，這樣孩子就能夠感到安心。但是，在受到苛待的兒童案例上，孩子確實是不安全的，所以父母任何具有涵容性的安撫都會是假的。這會更進一步地損害到孩子信任內在現實的能力。因此，虐待必然會使

381

這兩種經驗心智的嬰兒期模式變得更難整合。兒童被迫用原始的方式參與外在世界，無法相信任何擁有玩心的可能。再加上客體的內在世界處於無法整合、可怕或虛偽的狀態，使兒童對內在世界產生懷疑，強化了精神等同模式的功能。同時，創傷也會強化假扮模式，因為此時能將內在狀態和難以忍受的外在現實連結在一起的方法，只剩下假扮模式。

在與孩子相處時，無法進入心智化模式（假扮與真實可以共存）的父母，並不總是過度苛刻、忽視或是處於心理病態的狀況。有很大一部分的照顧者，其實早期都有著不安全依附的經驗。儘管我們時常可以在這些父母身上，發現他們在童年期時有創傷，但這不代表他們的心智化能力會因此受到限制。這也是為何我們還是可以在童年期受到嚴重苛待的孩子身上，以及童年期生活相對良好的孩子身上，看到很多相似的特徵。但是父母如果無法坦誠面對孩子，孩子就無法在父母的心中看到自己。我們假設，父母要能運用那種帶有玩心的同理態度，才能讓孩子經驗到自己的投射受到了涵容，這對孩子來說是非常重要的一件事情。相反地，如果孩子無法在情緒上連結到父母，就很難在父母的心中，創造出自身內在世界的形象。而兒童得內化自身內在的形象，才有辦法形成自我感的核心。除此之外，有些父母甚至可能在潛意識中，顯露出自身的心智狀態（憎恨、厭惡），所以孩子就必須從父母心中的這些形象中逃開，如果這樣的狀況過於常見，便會構成持續的心理虐待。對孩子而言，最痛苦的可能就是去想照顧者為什麼會討厭自己，對自己那麼殘忍。在無路可逃的狀況下，孩子只好不去思考他人與自己的感受與想法，把這些隔絕在意識之外。因此，遭受苛待的兒童在長大後，便會害怕心智，不去覺察感受與動機。同時，這個歷程還會有個必然的副作用，也就是個體會持續地處在精神等同的模式中。

不僅如此，就像梅與海塞（Main & Hesse 1992）指出的，孩子如果發現父母被嚇壞了，或是經驗到父母看起來很恐怖的樣子，這兩

種都是相當具有破壞性的狀況。在這之中至少有兩種歷程在運作：
（a）因為在早期階段中，嬰兒把客體當作自己的一部分，所以父母
如果有令人害怕的行為，孩子就會假定自己的心智狀態是危險的，或
甚至是毀滅性的。舉例來說，嬰兒可能會因為興奮的愉悅，而咬了母
親的乳房，卻發現母親對他的反應是生氣與拒絕。如果這樣的經驗過
於頻繁，我們可以想見，嬰兒在理解自己的心智狀態時就會出現混
亂；興奮的愉悅就等同於怒氣與拒絕。（b）孩子可能會知覺到，在
照顧者的眼中，自己是一個可怕的、難搞的人，比如說，孩子可能讓
媽媽想起了之前的虐待者，所以把這些投射到孩子身上。這些投射可
能會被孩子內化到自我形象中，成為他的自我中難以被接受且混亂的
部分（在第六章，我們曾討論過這個歷程在蕾貝卡身上所扮演的角　383
色）。

　　創傷可能會創造出一種傾向，讓個體突然轉入嬰兒式的假扮之
中，因此干擾到感受或想法的表徵。某些遭受過創傷的兒童，在成長
過程中會發展出對於心智狀態的過度敏感性。他們需要立即猜測周遭
他人的感受與想法可能會是什麼，以事先避免更進一步的創傷。而其
中一個結果就是，兒童可能會因而發展出一種對於心智的假知識，這
樣的知識既膚淺，又過於選擇性，自動地只掃瞄特定的危險訊號，但
卻迴避思考這些訊號的意義或關連性。這樣一來，個體儘管看似能敏
銳地辨認出他人的心理狀態，但對患者而言，這些狀態根本毫無意
義，不具有任何價值。這種對於他人內心世界的「專業」，其代價就
是患者得犧牲自己心智狀態的理解。我們在研究中把類似這樣的狀況
稱為「過度反應的心智化」，患者會常常跳到假扮模式中，而內在與
外在經驗就失去了穩固的連結，讓他們無法感到真實。

　　下述的案例可能有助於讀者們理解。珊卓拉是一位三十五歲的
女性，在過去有二十多年以上的自傷與自殺史，珊卓拉被祖母一手

帶大，而祖母卻也同時對她施予心理上的虐待。[2] 在分析的前半段歷程中，她總是無止境地說著，祖母與精神科醫生有多麼殘酷，也對他們的行為有著偏執妄想，並且著迷於分析他們行為背後的動機。她所描述的事情，不管是來自於童年，或是昨天才剛發生，都如肥皂劇般了無新意。珊卓拉會解釋他人是如何得罪到她，不過那些解釋都不可信，而且剛好相反。大部分顯然都是她的投射。珊卓拉慣於扭曲她的反思功能，跳過自己的心智狀態，不想去注意它，並扭曲或否認其他人的心智狀態。她在心智化上的系統性濫用，讓她免於真實的洞察或親密關係。珊卓拉的反思能力似乎被脅持到了經驗的假扮模式中。她會把心理事件（像是人際關係）理想化，但卻缺乏情緒上的深度。有段插曲可以有助於我們對她的理解：珊卓拉在某天晚上自傷後，要求九歲大的兒子替自己寫下遺書。隔天，她來到治療時，卻只興奮地想要了解哥哥那新娶的嫂子到底有多吝嗇，然後只是順帶與分析師略略提到自己昨天晚上的突然爆發。

384

更常見的是，愚昧粗心或殘忍的對待，會導致兒童拒絕心智化（Fonagy, Steele, Steele, & Target 1997）。這不能被簡單地想成是一種缺陷，而是兒童為了與創傷環境保持距離的一種**適應**（可見第七章的詳細案例）。儘管有限的心智化是一種原始的適應方式，但這樣的侷限顯然會抑制心智化的能力，並讓個體日後更容易受到其他創傷。兒童無法反思加害者的心智狀態，也無法反思自我的反應。這使得他們無法處理原初的創傷經驗，或因應後續的攻擊。相反地，心智化是個體自我肯定能力中相當重要的部分，能使個體忍受早期的逆境（Fonagy, Steele, et al. 1994）。在創傷與心智化間，有著相互的發展關係；創傷可能會削弱兒童想與外在的感受及想法一起遊玩的意願（因為感覺太真實了）。但在同一時間，如果無法對內在組織形成充分的心智化模式，兒童就會無法用表徵能力看待精神現實，而在缺少調節的狀況

2　瑪莉‧漢普沃斯為她的第四任分析師。

下，創造出一種重複經歷創傷的傾向。

僵化的關係模式與僵硬的表徵系統

　　就像第九章的描述，在邊緣型病理當中最典型的特徵，便是不穩定與激烈的人際關係。邊緣型患者會運用一種迅速的步調，馬上與人發展出親密關係。但在這些關係中，會有著許多與依賴、受虐及掌控有關的危機。實際上，我們可以套用溫尼考特的話這麼說：「沒有 385 邊緣型患者這回事，只有一對邊緣型的伴侶——也就是患者與其客體。」[3] 然而，這些患者對他人的精神現實很難有真實感。他們的關係其實只是自我狀態與「虛擬他者」之間的表徵，而且可信度很低。舉例來說，珊卓拉經常談到她的朋友，但她理解朋友們感受與想法的方式常是不恰當的，而且牛頭不對馬嘴。珊卓拉在與分析師談到她的朋友時，似乎只能用二分法。當分析師也出現在她的故事中時，她的講述方式讓分析師強烈地感受到一種空洞感，而且講起來很假。這與隨著移情開展而產生的那種複雜的情感不同；分析師反而像是撲克牌當中的鬼牌，可以與任何一張牌搭在一起，卻沒有真實的身分與連續性。

　　所有的分析取向治療都是要讓患者發展出反思功能（對分析師亦然）。反思功能的阻礙與扭曲可能是與邊緣型患者工作時的重點。我們的介入需要常常聚焦在這個能力的發展上，但不能那麼直接。我們認為，對於內在經驗的兩個表徵模式，在正常下會發展成心智化的模式來經驗精神現實。但如果這兩個模式沒有適當地整合，就會造成某些邊緣型的病理。或許最重要的治療指標就是，個體對內在表徵世界、自我的經驗，以及與他人關係的僵化程度。

　　邊緣型患者有一種特性，會異常地固執，且遠遠超越了習慣性

3　　譯註：溫尼考特的原文是「沒有嬰兒這回事，只有所謂的母嬰關係。」（There is no such thing as a baby...a baby cannot exist alone, but is essentially part of a relationship.）

防衛的地步，這些人就像其他患者一樣，會把分析關係組織成某種樣子，好符合潛意識的期待。但這些患者對於分析師的期待，會給分析師很大的現實壓力，所以完全無法有空間容納其他觀點。於是，當外在現實與他們內在執著的基模不符時，就會帶來空虛與困惑的感受。

386　　邊緣型患者的內在經驗就像他們的行為與人際關係一樣，也會受到僵化的侷限。在所有種類的經驗中，只有一些經驗能被他們所承認與感受，所以導致了不連貫的自我經驗。由於心智狀態的表徵系統缺乏彈性，他們只能透過共演與挑釁來喚起內在經驗。患者得在另外一個人的心中創造出同樣的主觀狀態（像是焦慮）後，才能夠得知自身的狀態。而很多學者也解釋過，像是飲食障礙症與其他形式的自傷（例如 Bruch 1982; T. Main 1957），都有著操弄性的部分——也就是投射性認同，讓患者可以把自我無法忍受的部分投射出去，做為溝通的部分手段。在這裡我們想強調的有點不同。大多數的人一般都能在精神內在中反思自己的經驗，但這些患者是透過人際互動來創造一種類似反思的經驗，**邊緣型患者無法從內在中感受到自己，所以只好被迫從外界來經驗自我**。每次在經歷這種危機的時候，珊卓拉只能透過兒子叫來警察，或在分析師向精神科醫師提到她的狀況之後，才能意識到原來自己被焦慮淹沒了。藉由他人的這些反應，她那些「心智一團糟」的感受，好像才能有點道理，並讓她能在某種程度上適當地處理這些事情。

　　這種僵化的重要性在於，患者會持續地用精神等同的方式來主導精神現實的經驗。這些患者明顯地缺乏彈性，這可以理解成他們過度強調了精神現實。當他們無法以象徵的方式來設想心智經驗時，他們的思考與感受便會直接地，有時甚至是災難性地衝擊到他們，所以患者只能透過極端且原始的防衛來躲開這樣的衝擊。

　　在一位男性病患的早期分析中，他提到自己為了找零，而與店員針鋒相對的經過。「我**知道**我給了她五鎊，但那個蠢女人只找給我 30 便士，她應該要找給我 80 便士的，雖然她一直說她給我 80 便士

了，可是我知道她早就把另外的 50 便士私吞了。」如果從分析式的
觀點來看這位患者所說的話，傳統上會認為這位患者不只顯示出對分
析關係的全能自大感（例如：「他知道」），同時在移情中，患者覺
得自己被分析師背叛了。但更重要的是，這位患者無法用其他的觀點
思考這件事情。經過幾年的分析後，當患者再次在分析中想到這個片
段時，他說：「當時，我覺得自己一定是正確的，所以根本不會有其 387
他的可能；這不是因為我不想看到其他可能性，而是因為這樣的可能
性根本不存在。」

　　之前彼得‧馮納吉有一篇論文，將療程描述得更為完整（Fonagy
1991）。在論文中他曾治療過一位年輕的男性病患。在分析的早期階
段中，患者總是慣於保持長時間的沉默。這份沉默是如此地讓人難以
穿透，有時候甚至無法做出解釋。在某次治療中，分析師遲到了兩分
鐘，這個狀況變成了一個觸發點，讓患者保持了將近一週的沉默。分
析師將這樣的沉默詮釋為對分析師的懲罰、對於挫折的一種溝通，或
是患者感覺被排除在外，或不被分析師理解的感受，但上述的詮釋都
無法打破這樣的僵局。最後，分析師終於發現患者沉默的原因。在分
析師遲到的那一次會談，還有在其他的場合中，分析師的遲到在患者
的心中創造出一個不關心也不可靠的形象，幾乎要把患者逼瘋。「你
知道的吧，你就是一個既不專業又冷漠的混蛋！」在這些時候，患者
會覺得與分析師相處時完全感覺不到安全感，而且即使分析師質問這
個感覺，也不會有任何意義。

　　這樣的移情形象有些不太尋常，儘管患者可以用其他角度去想這
件事情，但他們還是會緊抓著這樣的形象不放，每一個觀點都已經全
然被其他東西所取代，而患者覺得自己已經明白了這些觀點，所以根
本不需要與分析師加以討論。分析師認為這是因為患者缺少「與現實
遊玩」的能力；患者被自己的想法所蠱惑，只能從外在現實而不能由
精神現實來經驗事物。而分析師需要接受這樣的扭曲。當分析師試圖
喚醒患者對分析師形成完整的圖像時，患者一定會把這樣的經驗當成

分析師在攻擊自己的神智。就算分析師很難意識到這一點，但還是要尊重患者的經驗，並試著進入患者的現實，接受自己成為患者眼中那個「不專業又冷漠的混蛋」，或其他可能的角色。

　　現在，我們將描述一位患者的治療過程。這位患者的問題可以說明很多我們之前談到的理論觀點。接下來，我們將會更詳細地描述，那些具有嚴重人格障礙症的成人為何無法達到完整的心智化。以下我們將以邊緣型人格障礙症來舉例說明：由於個體一直用原始的方式來理解精神經驗，所以才造就了這樣的狀態。

388 ## 在自我毀滅中失調的精神現實
　　——臨床案例：「愛瑪」

　　十九歲的愛瑪[4]是位微胖且相當聰慧的年輕女性，她的外表看起來比實際年齡還要小。愛瑪從另一個中心轉介至安娜‧佛洛伊德中心的原因是，自從十二歲被診斷為糖尿病後，她的病情就一直處於無望的失控狀態。她大方承認自己會操弄胰島素施打劑量（不遵醫囑），好控制體重。在治療開始的前一年，她就曾經因為糖尿病引發的酮酸中毒，而住院了八次。在她最後一次住院的時候，她的糖尿病主治醫師終於同意讓她接受分析取向的心理治療轉介。這位醫師是出了名的反對精神分析，他當時還這樣說：「就讓其他人來一起見證她殺掉自己的過程吧。」

　　在接受評估時，愛瑪擔心的主題是，因為她無法交出規定的課堂作業，所以她在藝術基金會的課程可能得終止。可是實際上，愛瑪一個人住在狹小的單人房中，把錢都花在藥物、酒精，以及大量的「壞」食物上，她吸食大麻與海洛因，飲酒無度，大量攝取洋芋片、

4　這位患者由彼得‧馮納吉所治療，也是他的個案報告。這個治療同時也是由喬治‧莫蘭所帶領的安娜‧佛洛伊德中心的不穩定型糖尿病研究計畫（Brittle Diabetes Research Programme）的一部分，而喬治‧莫蘭也在思考此位案例時給予了我們許多引導與鼓勵。

巧克力、起司與蛋糕。愛瑪可能會因為拒絕施打胰島素，以及酒精濫用，而使得碳水化合物將她「燃燒殆盡」。酒精會麻痺她，而大麻也是如此。而她最具戲劇化的攻擊性表達，便是拿刀片對自己進行懲罰性的自傷。她描述說，這樣的狀況之所以會出現，是由於某些行為，像是腦中「邪惡的小聲音」會誘惑與慫恿她：「妳知道這樣妳會覺得好一些。去做吧！去做吧！去做吧！」她很坦誠地談到自殺意圖，我告訴她我認為有一部分的她失去了對自己所有的希望時，她立即表示同意。

愛瑪的家庭由於父母的精神與生理疾病而流離四散。愛瑪小時候是由多次診斷為思覺失調與躁鬱症狀的母親照顧。在母親精神病發的期間，以及之後母親又罹患癌症之時，愛瑪就由三個姊姊或家人的鄰居照看，甚至是當卜周遭剛好能夠接手照顧她的人。從她的敘述中，可以很清楚地知道，她除了是家中最小的孩子外，愛瑪同時也在家中扮演著關鍵的角色。做為最小的孩子，她使圍繞在自己周遭的家人可以團結，而她的倖存，得以證明家庭能夠繼續存在的可能性。在她十歲左右時，愛瑪又多出了新的角色，常家人有紛爭時，她變成了家中的和事佬。當時她的兄姊們甚至是母親，都會跑來尋求她的建議，使得她的負擔日益沉重。在她描述著與家人間那些沒完沒了、有時甚至會持續到深夜的諮詢中，就可以很清楚地看出這點。對這樣的小女孩而言，她用盡全力在心中創造出一個小小的空間，盡可能用理性的方式（儘管不太成熟）來思考他們的問題。她諷刺地講到自己不過是他人的「垃圾桶」，但也因此曾感到自己有一些價值，還有被家人感激的感覺。因此，她還是有一些心智化的能力，儘管這只能付出實質的代價來達到──愛瑪藉由被周遭的人所需要，好表徵出她身上那個困惑、無法被思考的部分。

愛瑪的父親在精神上的困擾，可能與她母親的狀況一樣嚴重。愛瑪曾想起一個非常早期的回憶，有一回，家裡充滿了父親的尖叫聲，他把所有的小孩趕下床，要求他們站到花園外面，才不會讓「邪惡的

389

鬼魂」附到他們身上。她同時想起了父母之間那些暴力的爭執，他們以激烈的方式攻擊彼此。父親在她六歲時突然離家，沒留下半點解釋。之後，父親繼續住在與他們同一省郡的小鎮中，與孩子們只維持著表面上的聯絡。然而愛瑪的父親無法工作，並在醫院進進出出了好幾回，對家庭在物質和精神上都沒有多大的貢獻。

愛瑪用相當溫暖的語氣談到母親，認為在困境中母親已經試著盡力做到最好。而讓家族團結在一起的，便是與社福部門的消耗戰。這些部門好幾回都威脅著要安置他們，尤其是在母親的疾病急速惡化之時。在這裡可以很清楚地看到母親與孩子間那孤注一擲的連結。愛瑪有一個回憶是，有一回她必須欺騙社工，告訴社工媽媽出去買東西了，但其實哥哥與姊姊當時正把媽媽壓在地上，好不讓她繼續割腕。當母親住院時，儘管醫院在很遠的地方，孩子們還是會定期去探望她。

在愛瑪八歲時，她的母親因為癌細胞迅速擴散而病情加重，她先是接受了緊急的乳房切除手術，而後又接受了頸部的手術。在病情的最末期，愛瑪的母親選擇了自殺。

愛瑪堅決地表示，她不想來做治療。對此，她的理由複雜而有力。她認為接受治療是一種逃避——「不願面對現實」。她應該要能打贏自己的這場戰爭。我告訴她，我能夠了解，要接受幫助這件事情對她來說有多困難，因為她已經習慣做為幫助他人的角色，在幫助姊姊與媽媽的時候，她可以得到許多好的感覺。於是，她開始小聲啜泣，告訴我說她曾參加過匿名性的暴食症團體，當她跟團體說她有糖尿病時，他們也講過同樣的話。我說，或許她在想的是，我**以為**我了解**她這個人**，然而她也知道，沒人能真的理解她在那個處境下根本無計可施的感受。她接著說，在醫院中沒有半個人能理解她所經歷過的事情。「他們全都認為我是個淘氣的小孩，總是想要引起他人的注意，所以當不理我對我沒有用時，他們就拿我沒辦法了。但我根本不在乎他們會做什麼，因為他們對我沒有用處。」我說，她也許很擔心

精神分析的效果，因為分析可能會變成一個她會在意自己有沒有被人在乎的情境。她說，她幾乎無法想像，每天都來見同一個人會有什麼用，除非也讓那個人變成一種癮，就像垃圾食物與海洛因一樣。她說：「但垃圾食物跟海洛因是由我來控制的，可是在分析時，是你在主導一切。」我表示，她可能更擔心的是，她會以她不知道的方式而失控，不僅如此，如果她可以迫使醫院的醫生對她發火，她也可能會把分析師逼到失控。

　　在分析的數個月後，她告訴我那次的評估會談對於她的重要性。在會談中，她能感覺到我有覺察到她需要在我身上創造出瘋狂與混亂 391 的需求。在分析的頭一個月裡，因為擔心自己的想法與幻想具有毀滅性，所以愛瑪經常保持沉默，有時候甚至整個療程中都不說話。雖然來到中心的路程有些遙遠，也不太容易，她還是會準時出席。但她就只是躺在長椅上，對來到這裡的路程、會談室，甚至天氣，做出幾個膚淺的評論，然後便陷入到自我施加的隔離狀態之中。

　　做為一個不知感覺為何物的人，愛瑪自然不願意與我溝通。我轉而仔細地觀察她的肢體姿勢，當我覺得她的姿勢好像道出了她當下的心智狀態時，我就會給她一些回饋（這種尋常的小地方正是我們技巧中的精髓）：分析師讓自己的心智持續作用，並主動將其提供給患者，讓她可以在分析師的心智中發現到自己。舉例來說，有一回，她只在治療開始時向我問候了一下，之後便陷入沉默。我注意到她拿出公車票，並且不斷地在手指間壓擠，當公車票幾乎要被摺成兩半時，她又會把它放開，讓公車票回復到原來的形狀。這樣的動作大約重複了五次。我說，或許她想讓我知道，一個禮拜必須來見我五次是種什麼樣的感覺。她發現我一定是因為看到她對公車票做的事情，才會說出那樣的話，於是愛瑪就把公車票塞回錢包。但這個動作沒有做得很完整，所以公車票只塞進去一半，而票上有她照片的那一部分就這樣露了出來，像是在錢包邊緣凝視。我說，我了解到在她心中害怕的一部分總是維持警戒，好確保不會有任何事情不小心曝露出來。但有另

一部分的她希望可以被我理解。而且，不管害怕的那一部分多麼努力地試著確保所有事情能小心地被隱匿起來，但另一部分想要與人溝通的她還是會留下清晰的線索，讓我可以跟上。於是她憤怒地開口說：「你說的溝通到底是什麼意思？我寧願跟梅杜莎[5]溝通，也不要跟你溝通。」我說：「妳知道的，只要有鏡子幫忙，就可以對抗梅杜莎。」她把臉別過去，所以我沒辦法看到她的臉龐，但我可以確定她正在微笑。

392 　　她決定開始與我談話的情形有些戲劇化，但也描繪出她病理現象的本質，以及我們用來治療邊緣型患者的臨床方式。治療她的醫師（而非愛瑪本人）通知我，愛瑪將要接受眼底鏡的檢查，以確認視網膜是否有病變。眼底鏡的檢查會將散瞳劑滴入眼睛好放大瞳孔，這會使得視野暫時變得模糊。檢查完後，愛瑪就直接來會談，她一反常態地避免看我。她躺上長椅，把頭埋在靠枕裡面。這樣的沉默至少維持了十分鐘。最後我注意到她的食指正以幾乎難以覺察的方式，劃過躺椅材質的皺褶。令人感到驚奇的是，我認為她正在劃過的這些皺褶，看起來就像是河流與支流，也像是視網膜病變時的微血管。愛瑪所追逐的兩條河流，有時會因為支流而匯聚在一起，但有時候又會迅速地轉向，而與對方分開。當我合理地確認了這個特徵後，我就大聲把我的懷疑說出，問她說，會不會她突然感覺到她會失去我，縱使她不清楚為何她會害怕這件事情。愛瑪把頭更深地埋到靠枕裡做為回應。我說，我們都知道她有多害怕失去自己的視力，但是，或許有一部分的她覺得，如果不照看眼前的事情，分析就會因此毀壞，而後所有事情都會變得模糊。她依然保持著沉默，但指甲卻更深更深地抓著躺椅。最後，她甚至猛力地在看起來像是河流的皺摺上打叉。我說，我知道她心中的某一部分，對於現在發生在她身上的事情感到深深的羞愧，

5　　譯註：梅杜莎為希臘神話中的妖怪，由於她觸怒了雅典娜女神，因此受到詛咒變成了蛇髮女妖，任何直望梅杜莎雙眼的人都會變成石像。最後英雄帕修斯藉由盾來反射梅杜莎的鏡像，而割下了她的頭顱。

而且也對分析跟我感到非常地憤怒，因為我只是在一邊袖手旁觀。而
後，她打破沉默，幾乎大喊著說：「如果你真的他媽的聰明到不行，
為何你不能在我瞎掉之前阻止這一切的發生？」為了反映愛瑪的無助
感，還有她想從我身上引發無助感的狀況，我強調說：「我想，妳希
望我可以讓妳不要去感覺到那些悲傷，還有那些會讓你抓著椅子的暴
怒。我猜如果我們一起去看那些會讓妳傷害自己的感覺，妳就會被嚇
到。這件事情是那麼地難以忍受，甚至會把我們毀掉。」愛瑪依然沉　393
默了一陣子，然後說：「如果我問你，你想知道的東西到底是什麼，
會不會那就不會發生了？」

　　對愛瑪，以及其他我們治療過的許多自傷與自我毀滅的患者來
說，分析師得對他們傳達出語言或非語言上的理解，讓他們知道，比
起立即的生理疼痛，以及長期性的自我毀滅（像是愛瑪對於自身糖尿
病的管理失調），他們更害怕的反而是自己的心智經驗、情緒與幻
想。

　　愛瑪分析中的主題是她把她的困惑與瘋狂外化出來，而這對她來
說是如此地真實。由於精神等同模式的運作，所以愛瑪彷彿可以感覺
到，她那些真實的經驗已經遠離了她的心智，而剩下來的只有冷靜。
這讓她誤以為那個冷靜才是真正的她，而那個處在苦難之中，瘋狂地
毀壞自己身體的人，並不是她。在她的自由聯想與夢中，愛瑪會相當
頻繁地描述著一種印象，像是泡泡，或是困在宇宙中的太空艙，在很
多時候，她都用寧靜的口吻敘述著這些場景。舉例來說，她提到自己
在太空艙中看著光線閃爍，想像著每一道光線都是由一個人發過來
的，但因為距離太遠，所以看不出是人。然而，當她覺得這段分析經
驗還不錯的時候，焦慮經常會淹沒了冷靜的感受。我們是分析師與患
者，這種真實的治療關係讓她再也無法說服自己，瘋狂與困擾是來自
於其他地方。在某次療程中，我談到了她的恐懼，告訴她說，如果她
放棄掉隔絕自己這條路，那她剩下的唯有瘋狂一途。愛瑪從我的回應
中，看到了自己的心智狀態，但她的回應卻是彷彿我才是那個害怕的

人:「別擔心,有時候總得讓事情輕鬆一點。」

　　還有一個例子是,她幻想我的花園是這邊唯一井然有序、照顧良好的地方,並被附近猶如叢林且野草叢生的花園包圍在中央。當我指出,她是如此地驚恐,所以需要被一堆混亂的東西包圍起來時,她只是聳肩說:「嗯,這是你的問題啊,不是嗎?」

　　她藉由對糖尿病病情的不當管控,來對自己施加痛苦與傷害的時候,她的自尊與全能感就能大幅地提升。愛瑪經常炫耀著她如何病態地對待自己,平靜地傳達出她傷害或殺害自己的能力。她想像著我會「哀求」她照顧自己,就像她的親戚與醫療(內分泌)團隊人員一樣,而他們對愛瑪幾乎已經束手無策。在某次的療程中,她走進會談室,告訴我她剛剛測完血糖,並炫耀式地說血糖高到連測試儀都測不到。愛瑪因為血糖過高,而散發出刺鼻的酮體味,就像卸甲油的味道一樣。我回應她說,她似乎覺得自己打敗了痛苦,克服了對於死亡的恐懼,而我所提供的任何東西都無法與之比擬。她說:「當你有糖尿病的時候,你必須做點什麼,好讓你覺得好受一點。」這似乎顯示了,藉由精神等同模式去經驗精神現實這件事,讓她能感覺到她已摧毀了心智中外化到身體的那一部分,就好像她戰勝了死亡一樣。

　　在分析的移情中,愛瑪在客體與我的身上創造出一種空洞、了無興趣的態度。我注意到,有某種讓她感覺到高度危險的東西,把我跟她隔開了好一段距離,同時,我也發現我讓自己陷入一種近似於全然恍神的狀態中。我了解到,我的反移情是來自於我不願意讓自己體會到她的恐懼。而愛瑪的恐懼就是,她不願意面對心智中代表病態父母的那一面。同樣地,這樣的外化也會發生在移情中,她總是小心翼翼地應對著我,因為她害怕我是個不穩定的人,而且可能隨時以暴怒來回應她。

　　有一天,在幾公尺之外的等候室中,我就聞到了她身上的酮體味,並且從她顛三倒四的話語中,辨認出她處在非常糟糕的狀態,但她在意識中好像只能想到我的健康狀態。愛瑪的幻想是,我因為太努

力工作，所以感冒一直好不了，而她相信，工作是我唯一可以避免憂鬱的方式。當我將這個幻想歸還給她，並告訴她，我認為她是在跟我說，她覺得自己得很努力地工作，才能保護我們逃開**她的**悲傷時，她開玩笑似地回說：「對啊，就只能盡力去做啊。」

在這個階段，分析必須表徵出，愛瑪心中那個想努力保持安全、寧靜與孤立的部分是很重要的；我在身上感覺到一股強烈的壓力，得針對她的期待來塑造我的回應。由於愛瑪會從我的身上知覺到意想不到的感受與想法，而必須把我當成真實的人並有著不同於她的現實，這樣的感受持續地威脅著她，時常讓她感到困惑，並淹沒了她。 395

愛瑪謹慎監控著我的健康狀況（再一次顯示了典型的高度警覺），這也是移情中關鍵的特徵。她面對著難以解決的兩難：她既需要我陷入瘋狂，但又會因為覺察到我的瘋狂而感到害怕——因為她會在我身上發現自己的瘋狂。在接下來的這個片段中，這些層面被生動地呈現出來：大約在愛瑪接受分析的兩年後，我發生了一場自行車的小車禍，造成我的前額上有明顯的瘀青，同時右眼上方也有相當大的割傷，因此縫了好幾針。整體來說，我的眼睛因充血而發紅，整個人顯得相當觸目驚心。這同樣也衝擊到了愛瑪，而她試圖淡化我的傷勢。當我去等候室接愛瑪的時候，她甚至避免用眼角餘光看我。整個療程幾乎都在沉默當中度過。唯一能知道事情不對勁的就是，這次療程充滿著迷幻的氣氛，以至於我無法保持機警與專心。這讓我好像可以理解，愛瑪的心智狀態正藉由一種幾乎完全解離的方式，用幻想把傷勢給包裹起來。我們可以把這樣的狀況想成是，愛瑪用一種非常病態的假扮模式來經驗精神現實：她奮力地試圖創造出一種不會連結到外在現實的心智狀態，所以她的想法跟想像都不具有任何威力。療程結束時，她走出房間，依然沒有多看我一眼。隔天的療程開始時，她也一樣刻意不看我的臉。

在這次的療程中，比較不尋常的是，愛瑪提到了一個夢，在夢中，**有許多馬從馬廄中逃了出來，這些馬都瞎掉了，並且準備要從**

愛瑪的身上踐踏過去。她在馬就要踩到她的前一刻時醒來。而這個夢似乎可以模糊地連結到彼得‧謝弗（Peter Shaffer）的舞台劇《戀馬狂》（*Equus*）[6]。在她的聯想中，很難分辨她到底是在重述夢境，還是過度扭曲了舞台劇的劇情。在愛瑪的劇本中，少年由於極度瘋狂而被送到醫院，他在憤怒下刺瞎了馬匹後，就陷入了歇斯底里的發狂（blindness）中。然而，愛瑪的重點卻放在精神科醫生治療少年時的瘋狂。根據她的說法，醫生才是戲中的大反派。

我說，我想她受到了驚嚇，因為她發現，她的憤怒可能會打破她所創造出來的馬廄，然後讓「分析醫院」中的每個人都會變得暴力與瘋狂。她回答我說，在作夢的那個晚上之前，她擔心自己會永遠無法擺脫掉胰島素，並對此感到焦慮。而高血醣症的痛苦使她分心，即使如此，她還是吸食了海洛因，好讓自己能夠睡覺。她一直在想，為何我們會用「盲目的暴怒」（blind rage）來形容一個人的暴怒？我對愛瑪說，也許看到暴力對她來說太痛苦了，所以她寧可瞎掉。而昨天，當她注意到我臉上的傷口時，她突然感到自己處在可怕的危險中，因為她已經無法把暴力隔絕在會談室之外了。

她突然變得極度地焦躁，並重複著問我說，我在講的傷勢到底是什麼。我回應她說，我知道，對她來說，感覺到這裡有暴力的狀況會讓她感到害怕，因為她感覺到自己好像不小心引發了暴力，而且就發生在她的身上。愛瑪大叫說我在胡說八道，就像劇中的精神科醫生。如果我無法把話解釋清楚，又要如何期待她可以看清一切？我說這些想法一定特別可怕，因為如果她發現我也是瘋狂的，有可能會嚇到她，並讓她也陷入瘋狂。

愛瑪陷入片刻的沉默。而後她才娓娓道出：「我昨天一定有看到你的眼睛，因為從那之後，我就一直想著這件事情。我記得我第一

6　譯註：本劇敘述一位十七歲的少年戳瞎了六匹馬的眼睛，變成了轟動社會的異聞。一位精神科醫生為少年進行分析取向的治療，在歷經種種挫折後，終於發現了病因，並治癒了少年。在本劇中，探討了許多人與社會、精神病理與正常人、親子以及性的主題。

次去醫院探訪我媽的時候，我幾乎無法認出她，因為有一個病人打了她，讓她的眼睛出現了黑眼圈。」她想起了自己看到母親時的害怕，也覺得自己得為她的傷勢負起責任。

對母親的嬰兒式知覺是愛瑪自我表徵的一部分。而這部分也涵容了她未整合的攻擊願望。然而，愛瑪只能把這種對於母親的感受做為身體的一部分來處理，而不是把它當成一個能在意識或潛意識中思考的心智表徵。反思功能受損較輕的患者，還可以用否認與迴避來因應這樣的狀況——這需要有心智化的能力。但對愛瑪來說，她現在的心智階段還無法到達這樣的能力。自我與缺乏反思能力的母親融合在一起，這件事對她自我表徵中脆弱與瘋狂的部分造成了壓倒性的威脅，而她與周遭的他人都能清楚地感受到。為了保護這個受限的自我表徵性結構，愛瑪把自我中對母親心智狀態的表徵，外化到她的身體上，以讓它能被攻擊，或甚至加以摧毀。瘋狂的自我傷害反而自相矛盾地幫助了愛瑪，讓她能否認母親就存在於她的心智之中，並帶給她放鬆與希望的感受。但由於她還處在精神等同的狀態中，所以她對心智狀態的回應還是很不成熟。這些行為對愛瑪來說，反而代表著自我表徵的修復。雖然愛瑪透過身體重演出毀滅式的願望，她卻覺得這些都是安全的，不會有任何後果的，甚至是被渴求的經驗。因為這些經驗在身體上以異化自我之名到處行惡，因此得刻意地排除在自我感之外。

當這些表徵能成為個別的存在（也就是處於愛瑪的自我表徵之外）時，我們才能在分析中討論，她是如何地害怕失去愛，以及這與自傷的關連到底是什麼。愛瑪把情感投注在具有母親表徵的客體上時，就會出現衝突，她聯想的內容就與她的行為一樣，都與死亡十分接近（酮酸中毒），只有藉由這種表徵方式，她才能在心理上感到與母親接近，而且這個母親的心中是有**她**的。隨著她的進步，她逐漸開始害怕母親的幽靈會出現在治療室當中。接下來將會敘述下週一的療程情況。

這次的會談開始時，愛瑪談到了一個有關於**炸彈威脅**的夢；她描

述說，在夢中她猶豫著到底要不要繼續待在建築物裡，這讓她感覺到強烈的恐懼。在她的聯想中，她告訴我，她已經停止吃動物性的食物了，現在她覺得自己的身體狀態非常好。當處於酮酸中毒的狀態時，她感到自己處於生死攸關的邊緣，但卻又有種真實感，她覺得她正在經歷這一生的跑馬燈。我回應說：「當妳在處於災難邊緣時，妳似乎才可以感到活著與真實，而實際上妳的生命正陷於危險之中。」我補充說，似乎在這樣的時候她才能感受到我是最擔心她的人。她說：「你是怎麼知道我昨天晚上沒打胰島素的？」

398　　她憤怒地說著，她感覺到有某種邪惡在自己的體內，或許只能藉由一些「生理上的方法」來驅除，而不是用單獨會談的方式。在關於自信可以影響個人外表的長篇大論後，她腦中浮現出一個胰島素打進空殼裡的影像。愛瑪特別崇拜法國的女性，那些女性總能打扮得體，讓自己看起來十分美麗。她懷疑，世上是否真的有真正的美麗存在。我回應她說：「妳似乎很害怕，我可以看見妳身上有好的地方，而我會受到妳的吸引，發現妳是個有魅力的人。」

她的音調突然降低，「你瞧不起我，對吧？你一定是這樣。」然後她開始對我展開攻擊。她提到說，在幾天前她故意割傷自己的腿時，她竟然沒有感覺到任何痛楚，而這嚇壞了她。她又繼續說，上次在診所診察眼睛時，Y醫師也對她搖頭，他一定也在懷疑分析到底有什麼用。她已經做了兩年的分析，但是每件事似乎都沒有變化，就算有變，也是變得更嚴重。如果一年之後還是沒有起色，她就不想再來了。我說：「妳害怕妳因為病得太重，而無法察覺到愛。」

她暫停下來，轉而談自己在晚上讀《聖經》的事情。前天晚上，她讀到《聖經》當中所羅門判決的那一段故事[7]。在那個段落中，所羅

7　譯註：這個故事出自於《聖經》。兩位新生兒的母親帶著一名男嬰，來到所羅門王面前要求他的協助。這兩對母子中，有名男嬰在前一個晚上死去了，但是，這兩位母親都宣稱，現下這個依然健康的嬰兒才是自己的親生孩子。所以兩位母親便請求所羅門王做出仲裁，決定到底誰才是新生兒的母親。所羅門王建議她們，將活著的孩子劈為兩半，讓兩位母親都能擁有男孩的一半。其中一位母親立即表示，她願意放棄這個孩子，而另一位則說：「這孩子也不歸我，也不

門王碰到兩位女性都向他聲稱，自己是同一位嬰兒的母親。她在害怕中強調著，錯誤的媽媽抱的是活著的嬰兒，而另一位無辜的媽媽則是抱著已經死去的嬰兒。在這邊，愛瑪又強調了一次，那是錯的媽媽。儘管讀了一次又一次，愛瑪還是不懂，既然所羅門王如此地睿智，為何他會說出要把嬰兒剖成一半分給兩個媽媽的這種話。我評論說：「妳覺得『有些事情出錯了』，妳讓自己能被照顧的那一半已經死了。妳很害怕，所以妳想阻擋我去看到活著的妳跟死掉的妳到底有哪裡不同，這樣一來，就變成妳讓一個無法讓患者活下去的分析師在照顧妳。」重要的是，愛瑪為何如此在意嬰兒被分成兩半的這件事情，因為在幻想中，她的身體無法涵容她的心智存在，使她無法理解客體在想什麼。但由於此時愛瑪還無法理解，所以我忍著不做詮釋。

愛瑪變得焦慮，而後又開始說，那麼久的時間以來，今天她第 399 次想起了自己的母親。只要她注視著鏡子，就會突然感覺到自己快要瘋了，因為她覺得她在鏡子當中看見的人就是母親。然後她繼續告訴我，母親在死前是如何地情緒低落，因此在死前不久見了精神科醫師，但是那時候已經來不及了；怎麼會沒有人告訴她的母親，她得了癌症。愛瑪最後如此總結：「可憐的女人，你知道嗎？她那時在商店行竊被抓到，而且當地的報紙正準備要刊登這件事情。這對她來說一定是很大的羞辱。」我說：「我想，妳試著想把妳自己藏起來，躲我，也躲妳自己，這個躲避對妳來說非常重要，因為這就好像是沒人想要照顧妳的身體，也像是妳把妳感受到的任何感情給偷走了，讓妳覺得既羞愧又丟臉。」

愛瑪幾乎是第一次在分析中展現了真誠的情緒。她說：「我就是無法聆聽我的身體，我想要忽視它，我的腦袋擋在那裡。我無法忍受傾聽身體要對我說什麼。這個身體幫不上任何忙，真的很沒用。」我說：「我想妳被嚇壞了，因為妳是那麼需要我聽妳說話還有跟妳說

歸你，把他劈了吧！」於是，所羅門王立即宣布，那位願意放棄孩子的母親才是那個孩子真正的母親，並將孩子還給了她。

話。妳寧可殺掉那個想要被喜歡與被愛的妳自己。」

　　愛瑪說，當她的感覺醒轉過來，特別是在嗅覺上聞到酮酸中毒的味道時，就會格外可怕。分析中的理解就像是在施打胰島素，愈是接近好轉的狀態，就愈讓她感到每一件事情都是如此無望。我回應她說：「如果妳回到活著的狀態，妳覺得我就沒有照顧妳的理由了；如果妳接近了死亡，妳反而會覺得接近了我，還有妳的母親。」

　　在這次療程結束前，她談到母親死前的大小便失禁，還有她是如何對母親的行為感到羞愧與丟臉的重要回憶。她也想起了自己由於氣味的緣故，而有多討厭進到病房中去探望母親。在療程快要結束時，她的反思讓我感到驚奇；她說：「我猜，我之所以讓自己發出這種氣味，是因為我害怕你不想見到我。」

　　這個分析的片段讓我們更能理解，為何愛瑪會那麼極端地讓自己
400 的糖尿病病情失去控制。遵照醫囑而活下去的這件事情，引發了她的焦慮與恐懼，因為這會讓愛瑪接觸到自己強烈的嬰兒需求：她是如此地想要被時不時瘋狂的母親所理解與珍愛。為了因應這樣的恐懼，愛瑪否認母親是獨立的存在，這也讓她失去了能夠達到完整心智化的機會。但是一直用原始的方式來經驗精神現實，可能就會導致真實的危機。對愛瑪來說，雖然她能勉強在這樣的經驗——特別是創傷性的經驗——中過活，但她卻無法思考這樣的經驗。

　　愛瑪在移情之中，重新創造出她想要親近客體的需求，她藉由不斷地挑釁與攻擊，好讓自己感受到罪惡與無助，因為這是她從時不時瘋狂且逐漸死去的母親身上所感受到的。愛瑪想要知道，當我變成她自我中瘋狂他者的容器，被她猛烈攻擊時（同時她也猛烈地攻擊自己的身體），我是否還是能與她維持著親近的關係。同樣地，在愛瑪攻擊自己的身體時，她就變成了在她自我內所體驗到的那個自殺的母親。而她的糖尿病，代表著她摧毀了心中那個遙不可及的母親的身體。但同時，她也摧毀了自己。

　　愛瑪感覺到，只要她能確保一小部分清明的心智，並把危險與

混亂的感受跟想法隔開，就能夠變得安全。她主動把自我表徵切割開來，把心中的異化他者外化到身體上，與身體保持著遙遠的距離。她對於母親的情感無法用心智表徵出來（所以她才感覺不到），而只能透過治療中的共演而重新被創造出來。

愛瑪與混亂且瘋狂的父母互動的結果，使她投注許多心力到內化父母的歷程上，但內化進來的東西卻令她感到困惑，她也無法好好地整合它們。而結果就是，她試著否認這些自我結構的面向，讓自己顯得脆弱，但也因此不再困惑。由於愛瑪的自我表徵相當破碎，她只能用一種很膚淺且無關緊要的方式來與客體互動。愛瑪所否認的那些自我面向，就來自於她心中被內化到自我的瘋狂家人，並把他們展現在她對身體的病態對待上。她也因此幻想著自己對他人有著毀滅性的影響，特別是在與分析師的移情中。

愛瑪的身體成為這種表達最佳的對象，因為看來好像可以把身體排除在自我表徵之外。愛瑪自身表徵的不完整意味著，發生在她身體的事情就發生在被她否認的那部分自我上。而那部分的自我就是會讓她感到混亂與無感的經驗，還有她對自己的那種病態對待。而這些東西一定得處在主觀經驗之外，才能得到心智表徵。分析雖然能涵容她的恐懼，但她逐漸顯現出對分析的抗拒，這是因為她害怕，如果她放下防衛，就得被迫面對分析師（與他人）那瘋狂且不可預測的反應。儘管愛瑪以症狀的方式，錯誤地使用著身體，但她的問題之所以無法被解決，正是因為她內化了這些瘋狂的客體。這些客體交織在她的心智表徵中，組成了愛瑪的心智。

精神分析這種人與人之間的工作，讓愛瑪有機會拓展自己的自我表徵，使她對於客體那種混亂回應的知覺可以獲得分化。這是一個漫長且痛苦的歷程，而在這個歷程中發生了一件很重要的事，就是她能看到有一部分的她利用酮酸中毒的痛苦來逃避感受，並把這一部分的自己逐漸重新整合到自我表徵之中，放棄這種封閉的自我認同所帶來的安全感後，脫離了環繞於四周的混亂，這就代表著，她得在移情中

知覺到那種與我融合在一起，兩個人變成一個精神病性客體的恐怖經驗，這樣的狀況在治療中反覆地發生。但在治療中，會有些特別戲劇性的時刻，像是《戀馬狂》之夢那一回，就是在長時間的治療歷程下培養出來的。就我們的觀點來看，正是這種戲劇性的元素能帶給治療進展。

愛瑪其實不是一位容易治療的患者，但在六年的分析中，她有著實足的進展，能夠把糖尿病控制得宜，也不再自傷，儘管她依然搞不懂自己與它們的關係，還有自己在其中所扮演的角色。她成為相當成功的藝術系學生，並與一位出色的雕刻家開始交往。男友在創作上給了她很多的鼓勵。最後，愛瑪結束了她的治療。她的暴食行為，以及對於胰島素那種妄想式的厭惡也減輕了不少。雖然她的控制能力已經提升，但有時候還是會有突如其來的自毀行為。在她離開診所時，症狀已經完全消失了，我們希望她經歷過的這段治療可以說是相對成功的。

402　分離與分離性

接下來，我們會先說明愛瑪在精神現實上的失調，以及下列的關鍵面向在她心理病理上的意義：她的依賴、自我傷害行為，還有她對分析的反應。

愛瑪主要的困境是發生在**後設表徵**（可見第四章）的層級上。就像其他的邊緣型患者一樣，愛瑪只能捕捉到部分自身的心智經驗（她的表徵世界）。支撐著精神現實的心智歷程由於早年的創傷而失調，所以愛瑪無法看清自己；她體驗到的自己就像是注射著胰島素的一個空殼，也像是卡在外太空的太空船，遠離了親愛的地球（也就是原初的自我表徵）。結果就是，愛瑪幾乎無法掌控自己的想法與感受，她的自我認同則是迅速地在矛盾的形象間切換。而愛瑪也缺少了精神結構的重要源頭，也就是反思的能力。

在愛瑪與分析師的關係中，有個令人印象深刻的地方，就是她非

常依賴分析師，需要分析師實質上的陪伴。與她那種完全缺乏自律的生活態度相比，愛瑪對分析的出席率顯得格外良好。這很容易會讓人想要把這種狀況當成治療關係的指標，或至少在某種程度上是對分析師理想化的認同。不過我們相信，她的依賴比起上述的這些可能還要來得原始。愛瑪需要他人一直陪在自己的身邊，但這並不是想要在依附關係中尋求他人的保護（Bowlby 1988），而是因為，如果沒有一個人能充當她的鏡子的話，愛瑪就無法認為，自己除了是一個只會吃喝拉撒睡的東西以外，還能是一個思考者，同時也是感受與欲求的涵容者，以及一個擁有意圖的人類。個體如果想發展出對於自我的核心感受，就需要在依附者的心智中，清楚且完整地感受到自己是一個有意圖的人。由於愛瑪無法完整地感受到自己，所以她需要他人持續且實質地陪在身邊，好讓她可以從對方的聲音、臉部表情與行為中，辨認出自己是個「人」。在分析師因為會談結束或假期而「不見」時，她就無法把自己當一個完整的人看待。由於缺乏控制感，愛瑪迷失在她那騷亂的感受與想法中。而她的心智化能力十分低落，當分析師不 403在時，她就會感到被拋棄，被丟到那瘋狂又令人難以招架的心智世界中。分析師一次又一次地對愛瑪的感覺做出簡單的心智化詮釋，使她能夠冷靜下來。在這個脈絡中，愛瑪需要的並不是詮釋或重述她早期的發展失敗（Kohut 1984），而是要處理當前的問題——展現在關係當中的異常發展歷程。愛瑪的需求不僅是一般正常的抱持（holding）環境（Winnicott 1962），而是創造出一種人際情境，讓她能專注且安全地練習她的反思功能。

就像伊迪絲・雅各布森（Edith Jacobson 1964）所提到的，如果在充分發展出自我界線之前，個體就已經先內化了他人的表徵，那麼就會損害到自我的統合，因為嬰兒會被迫內化他人成為自我部分的核心。不只如此，自我核心的脆弱會連累到精神現實的整合，而個體還得對付自我結構內的異化部分：在這種狀況下，他的想法與感受都會變得與內攝的父母有關，而不是自身真正感受到的經驗。

　　我們認為，這樣的孩子會以精神等同的方式來經驗內在，為了處理這樣的問題，他們會頻繁地外化自我表徵的異化面向，並丟回到真實的客體身上。這會讓他們在外在關係中有很多衝突或矛盾（與之對抗的行為、用攻擊來保護自我以遠離客體等等）。如果這樣的抵抗能讓他經驗到比較真實的自己，那就還派得上用場。只要個體其他部分的自我表徵沒有被扭曲得太嚴重，就能為貧乏的內在世界創造出統合感。

　　在童年期時，或是可以確保有人還待在她身邊的情況之下，愛瑪就還能維持一種相對穩定的心智結構。這就是為何她的心理問題會那麼直接地與母性客體的失落有關。愛瑪的症狀之所以開始出現，可以理解成是在失去了這段矛盾的關係後所促發的（Freud 1917e〔1915〕）。404 我們相信這些分析中的內容顯示出，愛瑪需要某個人幫她具象化那些她無法接納的自我面向，所以這樣的失落令她無法承受，危機因此出現。當愛瑪感覺到失去這個人的時候，也加劇了失去自我的感受；而後，唯一的解決之道就是，愛瑪得尋找其他客體，把這些層面外化出來。對這類自我結構混亂的青少年來說，上述的狀況可能會演變成嚴重的問題——我們已經在第八章詳細討論過了。

使用身體做為杜絕心智狀態的管道

　　由於可以涵容自身感受的客體已經不在愛瑪的身邊，迫使她創造出與物理客體（而不是其他人）在一起的人際經驗。更重要的是，分析師與被分析者之間會有種持續性的壓力存在，就好像分析關係變成了原初照顧者與嬰兒間的關係一樣，關係變成了物理性的，得要是真的東西才可以，而不是思考、感受與想法。愛瑪只能藉由酮酸中毒來呈現她的焦慮。比起口語表達，她更能用生理數據的「高」與「低」來表達她的情緒。這顯示出在缺少心智化的狀況下，個體只能處於精神等同的模式中。因此，在療程中，愛瑪便會用身體來重演這樣的狀況，好創造出真實的焦慮、真實的憤怒、真實的困惑，而不是用口語

來描述現下的內在狀態。這種患者的共通特徵就是對生理上不舒服的關注，這也是他們覺得在內在世界中，他們唯一可以控制的部分。愛瑪只能用身體來經驗無法象徵化的感受與想法。她覺察到自己好像有些地方出了錯，還有她把自我進展的努力都灌注在身體上，讓她覺得自己達到致命的完美程度。愛瑪將糖尿病的病情維持在可能因酮酸中毒而昏迷的邊緣，同時又能維持在理想的體重範圍內。

臨床經驗給予了大量的證據，讓我們能看到邊緣型患者是如此頻繁地用重度扭曲的態度對待他們的身體。然而，為何心理自我的發展 405 失敗，會對生理的認同與調整造成如此重大的影響呢？我們認為的原因如下：

一、當個體無法良好整合精神現實時，為了維持連續的自我感，就會讓身體去承擔過度重要的角色。進入青春期後，身體的外貌與功能就會有所改變，所以對那些自我心理表徵發展落後的青少年來說，這就會變得更為重要，因為他們的自我認同會遭遇到更大的衝擊。某些青少年（像是早發的厭食症患者）會經驗到與青春期有關的存在焦慮：他們好像終止了存在——變成了不同的人。在他們對於體型的經驗與體重間，存在的正是精神等同模式：對他們而言，變得比較瘦，就會有高人一等的感覺，因此也**確實**會高人一等。

二、若是個體持續地處在精神等同的模式中，就會誇大特定的生理狀態與自我之間的關係。如果心智狀態無法變成想法與感受的表徵，個體就可能轉而用身體來呈現。青少年都會超乎尋常地關注像體重這樣的身體特性，這些身體特性變得好像能夠反映青少年的內在狀態，像是幸福感、控制感、自我價值感以及其他等等。對愛瑪來說，變瘦不只可以讓她對自己感覺更好，甚至可以讓她感覺自己像是不同的人。我們可以從嚴重的飲食失調上看到，愛瑪是如此僵化地把身體形態當成人格的表徵。愛瑪在看待身體的時候，知覺已經受到了扭

曲，這並不是因為她看起來很胖，而是因為她感受到，自己的體內有個無法被接納的東西，但她卻可以藉由操控進食與胰島素來控制它。愛瑪甚至會刻意讓自己的血糖飆高，好讓自己陷入意識不清或昏迷的狀態，來擺脫掉自己無法接受的部分（從心智來，由身體出）。

三、更複雜的是，除了愛瑪自身的心智狀態與自我經驗之外，她自我表徵中的異化部分也會以外化到身體的方式而被經驗。這給了她更多處罰身體的理由。對她而言，這個異化客體便是母親的精神病部分。她看向鏡子，卻看到了母親。愛瑪以自己身體來經驗對他人的毀滅性攻擊，或許能使她有額外的幸福感，以及對於自我的整合感。在一些異常狀態中也可以觀察到這樣的狀況，像是自傷或是絕食。我們認為，傷害身體這件事，讓患者更能感覺到心智上的統合與界線，當身體做出犧牲時，歸屬於自我的感受也會更加清晰。由於客體就位於心智自我之內，因此無法被真正地攻擊到，但是由於身體已經與自我表徵分開了，所以它能夠轉換成一種容器，用來承受內攝進來的其他部分自我。

我們認為，一般人可以在心裡面創造出那種反思的感受，但對那些慣於自傷的人來說，他們反而需要以外在關係當基礎，或是對身體發動可見的攻擊，才能達成反思的感受。這些患者的內在無法擁有清晰的自我感，他們只能透過他人對自己的反應才能找到自我感，就好像把自己當成一個東西在對待，而非一個象徵性的存在，這是因為他們會把自我經驗成是一種物理上的存在，而沒有任何心理上的意義。

分析歷程的內涵

在這裡，重要的可能是心智狀態與外在現實間的精神等同感。在這樣的意義上，我們不該覺得這種病理能受到表徵歷程的調節：身體並不是母親心智狀態的象徵；在那一刻，患者經驗到的「就是」母

親的心智狀態，並且據此來行動。雖然我們會想詮釋患者身體狀態的象徵意義，就像在愛瑪的案例中，我們會想詮釋糖尿病，但不見得有效果（Fonagy, Moran, & Target 1993b; Moran 1984）。詮釋可以協助自我分裂出來的那一部分（異化客體），它能將異化客體從自我表徵中區分開來，或是讓患者能整合自我表徵。在愛瑪的分析中，她常常會在移情中經驗到異化他者：分析師因為受傷的眼睛而變成了瘋狂的母親。一旦分析師能反覆地心智化這個經驗，就能幫助愛瑪理解到，這個瘋狂的母親實際上也是她的一部分，愛瑪能擁有它，同時也能與它保持距離。當她能區分異化客體與自己之後，她就能用不傷害自己視力的方式來經驗移情。唯有先把這種人我不分的狀況解開，患者心智狀態的複雜度才會開始浮現，像是衝突與防衛，這樣治療才能真正開始。

不幸的是，在進行分析的時候，分析師得拿捏關係中時好時壞的平衡，但像愛瑪這樣的患者卻很難忍受關係中這樣的狀況，對某些患者來說，分析師可以利用自身角色感應（role-responsiveness）[8] 的壓力來做詮釋，可是像愛瑪這樣的患者，卻是用更為惡意的方式在外化。他們不只試圖迫使分析師變成自己的一部分，同時（由於精神等同的主導）他們也想讓分析師成為他們自我表徵中不要的那個部分。如果分析師拒絕承接愛瑪那精神病母親的功能，也就是那個能讓她感受到關愛，但卻會離開她，使她無依無靠的母親，那麼愛瑪就只能把這個功能外化到身體上。可是另一方面，如果分析師真的接受了愛瑪所說的那個「瘋狂醫生」的角色，他又如何能幫助到愛瑪呢？

因此，做為執行這個功能的實體他人必須保持存在，才能讓這個複雜的歷程得以運作。愛瑪得讓自己脅迫分析師，才能減少自己的無助感，並感受到她就是她自己。在愛瑪的感覺中，分析師的離開，就像是這些「外射」回到了自己的身上，而她藉著投射所維持的自我

8　譯註：此為英國分析師喬瑟夫‧桑德勒（Joseph J. Sandler）所提出的概念，其中一個層面便是，治療師會在患者的願望下，在移情中扮演患者期待治療師扮演的角色。

統合也會因此而毀滅。分析師面臨的是一場不可能的挑戰。為了讓關係可以運作，同時又能維持在可以忍受的狀態，分析師必須變成患者希望他變成的模樣。做為分析師，要幫助患者克服那些原始的狀態，分析師卻又絕不能成為患者投射到他身上的樣子。分析師如果能採用像父母一樣的態度，投入到孩子的假扮遊戲中，不斷地接住這些被丟過來的壓力，如此一來，分析師就不會變成個案心中病理的僵化複製品。

　　在與這些精神現實維持在古老層次，心智也受到精神等同模式所主導的患者工作時，其實更加錯綜複雜。愛瑪觀察到分析師的傷勢
408　時，她並不是「想起」了童年期那栩栩如生的暴力，而是「重新體驗」了一次。這個時候（在生理的層次上），激烈的爭鬥其實正肆虐於她的生活，但在她經驗到自己身體中瘋狂的那一部分時，愛瑪成功地擺出了冷靜又毫不在乎（detachment）的態度，全然妨害到她對分析的需求。我們在之前已經提過她需要與分析師維持接觸的原因，可是她真的找不到進行分析的理由。我們可以把她的這種態度理解成，愛瑪相信，不管對自己或別人，只有成為某種特定類型的人，才有存在的價值。而這也清楚地顯示出，患者以分裂的方式經驗著內在現實，也就是兒童表徵想法與感受的雙重模式——精神等同與假扮模式，在整合時出現了問題。

分析技巧的運用

　　對於這樣的個案，我們關注的技巧層面已經不是如何將潛意識轉換為意識。愛瑪的症狀確實有進展，糖尿病與憂鬱的狀況都減輕了，人際關係也逐漸好轉。不過，對於精神官能症患者來說，把目標放在症狀的改善上並不適切，對邊緣型患者來說更是如此。我們相信，在這種狀況下，最適切的技巧是分析師的存活——分析師能保持整合的形象，且不被打垮，或更確切地說，分析師讓自己在心中能對患者的心智狀態保持著清晰的圖像。分析師的存活可以確保愛瑪無法摧毀掉

自身做為人的知覺，分析師需要維持住對自己的感覺還有對愛瑪經驗的感覺，讓她能慢慢地在分析師的心中，領悟到分析師對她的理解，為她的想法與感受的表徵增加立足點。

　　分析師最大的挑戰在於得克服自己的反移情阻抗；在治療中，分析師會不想要全然體會患者的困難有多深，而這種抗拒有部分是來自於分析師的自戀——分析師不想成為那個要被看到的人。分析師不想捨棄清明的神智，讓自己也陷入瘋狂、走出安全地帶，而把這種狀況詮釋為患者想要掌控與攻擊治療的需求。但不入虎穴焉得虎子，分析師有時要以自身理性思考的能力為代價，換取患者的思考空間。所謂分析的能力，並不是去解譯潛意識的動機，而是能夠充分反映出個人不舒服的經驗，以協助患者對抗精神等同模式的壓力，並維持在心智化的位置上。

　　臨床工作者可能發現，自己與患者的知覺大相逕庭（Kernberg 1995）。患者僵化地信奉著錯誤信念，這可能會促使一個人如此說道：「要嘛是我瘋了，要嘛我就是個騙子，不然就是你搞錯了。」我們認為，重要的是，分析師要能理解這些會將信念直接對應到現實的患者，其實處於精神等同的狀態。不管提出任何的可能性，或是對這個信念提出懷疑，都無濟於事。對患者而言，現實只會有一種「正確的」版本；而其他的可能性與變通的方式都會帶來恐懼，引發他們對心智化的極度抗拒，必須把這些可能性消除掉。

　　在正常兒童的發展中，兒童能與帶著玩心的成人一起投入到遊戲中，而且成人又能同步地保有兩種現實，這種狀況是很常見的。這樣一來，兒童就能夠採用父母對於遊戲的觀點（亦見 Emde, Kubicek, & Oppenheim 1997）。最終，這樣的方式就能使兒童整合表徵精神現實的精神等同與假扮模式。當達成這一步後，兒童就能進一步地發展出反思的心智化能力。分析師與患者工作的姿態當然不會是有趣的；把治療情境比喻成患者早期發展脈絡的延伸並不恰當。然而，治療確實可以類比成遊戲。我們相信，分析師要試著在患者的心智狀態上提供

409

其他的觀點，並時時支持患者保有自身經驗的感覺，同時，用這種方法顯現出相似又不完全相同的經驗。這個想法是基於溫尼考特對於「客體提供」（object presentation）的概念（Winnicott 1960）。在溫尼考特的說法中，我們並不是要創造出一種沒有環境擠壓的環境，而是治療本身就具有一種新的功能。

　　或許我們可以把攻擊的對象區分為對內在與外在的兩個極端，所以我們轉而來談與愛瑪相對的另一個案例。在某次治療中，一位暴力的男性因為分析師（彼得‧馮納吉）做出了一個難以理解的詮釋，而感到相當火大。為了展現出同理，分析師指出患者因為治療被取消而感到痛苦。然而，患者卻突然從躺椅上跳起來，直接揮拳到分析師的鼻子前面，並說：「我來告訴你痛苦是什麼，你這小混帳！」分析師不假思索地說：「你知道嗎，隨著我年紀愈來愈大，當東西愈靠近眼前，我就愈沒辦法看清楚」，並輕柔地移開橫在他面前緊握著的拳頭。讓分析師感到欣慰與驚奇的是，患者立刻冷靜了下來，並露出微笑。反思這個過程，這個互動中似乎有什麼重要的事情發生了：分析師覺察到患者的痛苦，但因為太精確了，所以觸動患者處於精神等同中的那一部分，使他的苦痛可怕地成真了。同樣的詮釋可能會觸動愛瑪的假扮模式，她會立即接受詮釋，與她虛假的自我表徵無意義地結合。分析師直覺式的趣味回應，能使這位患者用更加「遠視」的觀點，經驗到這個世界，把自己當成是一個真實的人，同時又能讓患者進入到自身的心智世界。以下我們將會檢視另一位女性患者，由於精神現實的失調，使得她以極度外化同時又極度內化的行為來表現她的問題。

410

人際暴力中失調的精神現實
——臨床案例：「亨莉葉塔」

　　亨莉葉塔[9]約莫是在三十五、三十六歲時，由我們法院的心理師同事轉介過來做諮商。奇怪的是，當這個案例轉介到我手上時，沒有提及任何與法庭有關的歷史紀錄，但是卻提到了多次的自殺意圖，不穩定、強烈的人際關係，以及藥物濫用的狀況。然而，這個轉介卻讓我措手不及，患者看似精神病性的偏執（實際上卻是伴隨妄想的解離片段），以及某些思考失調的狀況，使我在與她工作時感到震驚。

　　從精神分析的觀點來看，有兩件事情使得亨莉葉塔不太尋常。第一，她是一個兇手——她不只「殺掉」了自己的的內在客體、她的自我表徵、她的想法與感受，以及其他部分的自己．她的客體心智，雖然上述這些犯行無疑地她一件不缺，但不只如此，亨莉葉塔是真的殺掉了她的男友。在一次激烈的爭執中，亨莉葉塔將男友刺傷致死，她辯稱她是在自我防衛的狀況下，才意外把對方殺死。最後她以過失殺人的罪名被起訴，又因緩刑的緣故受到釋放。在分析大約經過四年後，她才向我坦白說，實際上那次的刺殺並不是意外。雖然不是預謀行兇，但確實是有意之下的行為。她感到自己被暴力、盲目的暴怒所驅使。在那時，經過了四年的分析，我早已了解在亨莉葉塔的暴怒下那種惡性循環、爆發式的攻擊，因此，對於她的自白，我其實沒有感到非常驚訝。411

　　第二件事情則是她的受虐經驗。她自述第一次被性虐待的經驗，是來自於酗酒的父親，而在青少年時，她也曾受到寄宿學校老師的性虐待。兩次的經驗中都包含了實際的性行為。每週至少會有一次，亨莉葉塔的父親會以各式各樣的小事情為藉口而對她動粗。而更嚴重的是，每個月大概會有一次，亨莉葉塔通常會因為「頂嘴」而被父親拳

9　　這位患者的分析師為彼得・馮納吉，以下是他的敘述。

打腳踢。亨莉葉塔的父親則是在治療前沒多久才剛去世，而在父親去世之前，虐待這件事一直是兩人間的祕密，至於她與老師間的事情後來則是為人所知，對方也因此被革職。

　　為何像亨莉葉塔這樣的人會來進行分析呢？她有過的關係都令人匪夷所思。她說，自從父親死去之後，她就開始做可怕的惡夢，她希望分析能幫助她。第一次來會談時，她的情緒有些激動，要求縮短會談的時間，當時她不知道我就是分析師。在晤談一段時間後，當她注意到躺椅時，她說：「所以，這就是你幹患者的地方嗎？」一種害怕的感覺席捲了我。我沒有對她侵入性的好鬥行為做出直接的反應，反而注意到在想要攻擊與傷害他人的需求底下，她是非常脆弱而焦慮的。為了安撫她，我說：「妳敢來見我，這件事一定讓妳覺得很勇敢。」她繼續以輕蔑的聲調說：「你們這些瘋狂的精神病學家都是虐待狂，你只是在炫耀你的權力罷了。」她的回話讓我對我的反移情更有信心了，所以我又說：「我想，是妳自己那想要摧毀與虐待人的力量，讓妳對治療感到害怕，比起面對治療，妳覺得對付我比較容易。」她停了一下，然後問我，我所說的「治療」到底是什麼。

412　　亨莉葉塔開始了一週一次的治療，但在一年半之後，她改為一週見我四次。她原本想要進行一週五次的治療，但她那時不在倫敦工作，因此只能改為四次。她幾乎沒有錯過任何一次治療，她對治療的信任令人讚嘆，這讓我對原先的想法更有信心，那就是她在各方面都想要被聆聽與認同的願望。然而，發生在我與亨莉葉塔之間的事情，很難說是在做分析，她很少能把我的介入經驗為一種詮釋。我很確定她的洞察力並不好，至少在治療的早期是這樣。以下就描繪了她在治療早期的情況。

　　亨莉葉塔很準時地來到治療，坐在椅子上說她很生氣，接著挑戰似地看向我，不再把話說下去。我說：「我不是很清楚妳說的事情，妳需要告訴我到底**是什麼**讓妳現在那麼生氣。」她說自己又做了另一個有關父親的夢，而這個夢讓她很生氣。在夢裡面，**父親要求亨**

莉葉塔把頭埋進他的臀部裡，但她一點都不想這麼做。在她已經準備好要用一連串猥褻的場景，來描述她與父親的性生活之前，我先打斷了她：「我想妳之所以會生氣，是因為妳害怕我會在這裡把妳的腦袋埋進一團混亂的思緒中。」她停了下來，用很快速的、我幾乎難以追上的速度開始說，她很失落……她的母親卻無法理解她……她並非有意傷害任何人……男友的死是個意外……她試著想要用人工呼吸……用一個吻讓男友醒來，可是失敗了……而現在我卻想要殺了她。她的身上逐漸浮現出升高的節奏與強烈的情感。當治療要結束時，在晤談室中的我，的確是跟一個表面上看似生氣，但實際上卻被嚇壞的人在一起。我當下其實並不明瞭，這些感覺到底在表達什麼，可是亨莉葉塔看起來似乎被某種暴力嚇到了——被她自身的，或者是我的暴力。她期待著有一個妒火中燒的客體可以把她殺掉，或是讓自己去殺掉一個會侵入自己，同時又帶有威脅性的客體，我試著想遠離紛爭，讓她冷靜下來，於是我說：「看起來，妳很害怕會在暴力當中失去我，所以妳拚命想要救活我，想用人工呼吸把生命吹進我的體內，好讓我可以繼續為妳活下去。」接著，她陷入沉默。最後，她稍微冷靜地回應說，她很害怕自己做為人的這件事。她更喜歡讓自己是空虛的；人們只有在知道你是誰時，才會攻擊你。我說：「我同意，我想，跟我在一起時，妳覺得讓自己是空虛的會比較安全。妳甚至覺得，如果也能讓我變得空虛的話，妳就會更加安全。」亨莉葉塔害怕我可能會殺掉 413
她，但她更怕她可能會在有意無意間把我殺了，這件事情遠遠凌駕了她對於其他事物的關注。

　　這個簡短的片段帶出了幾個議題，分析師根本無法知道亨莉葉塔那時的「生氣」到底是什麼。大部分的患者都能了解，如果他們不說出來，分析師就不會知道是什麼讓他們（患者）那麼生氣。但是，對那些處於精神等同的患者來說，分析師應該「早就」知道他在想什麼（或甚至比他知道的還要多），所以不用說出來。在介入過後，亨莉葉塔開始在談論夢中畫面時，馬上轉移到假扮模式當中。對於精神

官能症患者來說，探索性慾幻想這件事，可能會具有很大的療效。然而，對像亨莉葉塔這樣的患者來說，打斷她想要退回到不真實的狀態是相當重要的事。分析師的工作是，在這個畫面裡，找到真實的東西，即便它很模糊。如果分析師想要聚焦在她的焦慮與困惑，在這時候說「要不要談談妳的想法與感受？」反而像是在面質她，因為這句話會挑起更多的焦慮，而不是去涵容。突然間，幻想成為了真實：她轉回了精神等同的模式，感受到她的生命似乎陷入了危險。「有個人將會被殺掉！」恐慌直線上升，而這樣的恐慌必須找到涵容者才能夠停止。我們認為，這樣的宣洩式爆發，主要的目標並不是想要被涵容，或是想要修通經驗，而是想要把自我排空，意識上就像是先發制人的攻擊。在這種狀況下，治療師的反移情時常會感受到一種空洞，我們可以把這種空洞想成是患者試著讓治療雙方都陷入無法思考的狀態，以減輕焦慮，而不是對於分析師思考的原始毀滅性攻擊。

　　精神分析的學者們常提及思考的具體性，這根基於佛洛伊德對於語言（word）以及事物（thing）表徵的區分。這些說法都關注在意義的具體性上，但在亨莉葉塔的身上，卻是思考的現實性出了問題，思考會自行運作並讓她陷入困境。對亨莉葉塔來說，有時候她會感覺自己的想法不是來自於自己的心智，在她的感覺中，如果她把這些想法說了出來，就會跑到外面變成現實。而我們可以把這個當成是內在經驗等同於外在現實的一個例子。

　　我花了一些時間，才了解到在這些對話中，其實有著第三方的存在。在她的腦中有著另一個聲音——有一個人，讓她感覺到就像是她自己，但同時也不是她，而是她時常處於解離的異化部分。她的想法似乎有種急切性，因此很難完全理解。她把飄散的想法或影像，經驗為沒有實體的聲音，有時是友善的，但大部分其實是迫害與邪惡的。這很明顯不是幻聽，但她也很難感受到這是出自她內心的想法。她的「聯想」有時候是在回應我的話，有時候其實是在回應她所「聽到」的東西。這讓我在對移情工作時，出現了有意思的挑戰，到最後，我

開始更直接地指出這個聲音的存在。

　　有一回當亨莉葉塔來的時候，看起來顯然比平常還要困惑。她坐在躺椅上，然後戲弄似地看向我，就好像是在問我：「猜猜接下來會發生什麼事？」我帶著同樣的困惑說：「妳不知道要跟我說什麼，而我也不知道要跟妳說什麼。」而這使得她突然開啟一段既冗長又莫名其妙的敘述，內容是關於一群舞者「嘔心瀝血」地忙著訓練與練習，也去了無數場的試鏡，可是到頭來還是白費功夫。亨莉葉塔說她很生氣，這一切是如此地不公平。但接著，就好像在回應某個人一樣——幾乎就好像是她覺察到了自己話中的移情意義一般，她用著相當不同的聲音說道：「你想試著停止這個治療，是嗎？」我想起她的內在經驗中那種僵化的現實，想要確認這一切帶給她的極度壓迫，我說：「我想，不管妳多努力地嘗試，那些聲音還是**告訴**妳，我將會拒絕妳。妳是這麼地**想要**我理解妳的困擾，但那些聲音卻不允許妳把這些告訴我。這種感覺是如此真實，一定讓妳覺得很困惑。」她把頭埋到枕頭裡，開始猛烈地抽泣起來：「我真的好亂，我感覺好糟，人家說我沒有問題，但是我覺得好無助。拜託告訴我，我到底怎麼了。」我想要進入她的心智世界，但同時加入我身為分析師的聲音，好做為另一個觀點，希望帶給她更多治療上的效果。我說：「妳覺得，妳每週只來這裡 50 分鐘，所以我可能無法理解妳真正的需求。我想，在妳的腦袋中有一個**聲音**在告訴妳，『妳很好，妳沒有問題。』而這個聲音有時聽起來像是我的聲音。」亨莉葉塔冷靜了一點，接著她看起來似乎受苦於某事，像是與分析師接觸後的過敏反應。然後突然就說了一句她似乎沒察覺到自相矛盾的話：「我不需要幫忙，我很好，我病了，我想吐。」接著她又停了一下，「當人與人之間靠得太近的時候，我就想嘔吐。你得來管管這一切，你必須理解我。你不理解我。你真的理解我嗎？」為了試圖辨認焦慮的來源，我說：「妳很害怕我**真的**理解到的東西。這個東西一定很噁心，所以我得把妳吐出

415

來 [10]。」她依然抽抽咽咽地說：「一定是性。它是如此大錯特錯，我真的好害怕你會**誤解**我。我這次是如此努力地試著想讓某些事情發生。」根據以往的經驗，亨莉葉塔常常把性當成防衛，目的則是為了想要讓我們從當下的焦慮中轉移焦點。於是我說：「妳希望有些好的事情能在這裡發生，但妳同樣也感到害怕，因為妳聽到有個聲音告訴妳，要誤導我，讓我困惑，好破壞掉這一切。」

我們之間所發生的事情可以用很多分析的角度來解釋：亨莉葉塔為了隱藏自己的罪惡感與脆弱感，而希望創造出一個充滿性興奮感的倒錯式分析性互動（intercourse）；這個希望讓她把我變成那個「可悲的舞者」，隨著她的旋律起舞，觀察著我會如何「嘔心瀝血」地拯救她，然而卻沒有半點效用；她想要用退化式的嬰兒期全能自大來戰勝那種混亂的感受，所以亨莉葉塔的自我就防衛性地分裂成兩個部分，一個是卑微又脆弱的自我認同，另一個則是全能自大、無懈可擊的獨裁者。以上的概念都很好理解。但若要想像她的早年生活，我必須要有額外的理解。她渴望著能幫自己內心的混亂找到秩序感，所以她絕望地反抗任何想法的真實性。她只要感受到兩個人的心智過於親近，就會產生難以忍受的噁心感；在真實的感受與想法中，有著會讓她感到病態與噁心的事情；所以亨莉葉塔才會如此痛恨溝通與反思。她試著放棄思考心智狀態的能力，不去想自己的心智狀態，也不去思考我的，剩下的只有僵化與刻板的心智表徵。

416　　分析是一種淫穢的誘惑，因為思考心智狀態這件事本身就是**亂倫行為**，她那狹小的心智空間無法涵容這些思考，就好像亨莉葉塔小時候經驗到有東西插進一個過為狹小的空間，而她無法涵容。亨莉葉塔順應創傷的方式，就是否認自己還有周遭親近他人的感受與意圖。與他人分享精神現實的康莊大道──象徵性的思考──受到了阻擋。取而代之地，想法被經驗為字面上的意思，是外在的現實，而且無法被

___

10　　譯註：throw out 亦有「拒絕」的含意，這裡也有否認經驗的意涵在。

更動。在她的感覺中，想法就像是已經說出的話語，無法被收回來。亨莉葉塔在談論這些想法時，它們就好像是某種被她知覺到的聲音，是一種描述感受的方式，而不是由她所設想出來的想法。她無法把移情當作一種「彷彿」的經驗；所以在這個階段，分析師或許得花一部分的心力在精神等同的狀態工作，而要進到非常暴力與困惑的思緒當中，一定會讓分析師有著強烈的反移情阻抗。但分析師的任務就是要為她的內在狀態的表徵撐出一個空間，這樣她才能感到安全。這也是父母會對幼兒做的事情，然而，如果對象是一個暴力且失控的成人，縱然他想表達的感受與幼兒類似，但他的方式會遠比幼兒更加具有威脅性且令人不舒服。

　　理想的狀況是，當孩子處於精神等同的模式時，父母能接受孩子的經驗。但同時，父母又會用一種方式讓孩子理解到，他們經驗到的事情其實與孩子經驗到的不同。幼兒可能會覺得，門後面掛的睡袍看起來就像是一個正要跳出來的壞人，並因此害怕到無法睡覺。在此刻，這對孩子來說就是真的經驗，所以孩子就會確實感到壓力與恐懼。在這個時候，父母不會單純地與孩子說，睡袍其實不是人，或是告訴他被嚇到是很蠢的。他們知道，對孩子而言，這些嚇人的想法就是現實，所以父母要做的是幫孩子把睡袍拿走，承認這嚇人的想法是事實，但不會表現出害怕的樣子。[11] 藉此，父母既能進入孩子的知覺中，又能在孩子的知覺外提供其他的可能，引入不同的觀點。這樣的情況，有點像是父母藉著假扮與遊戲的方式，好幫兒童帶入替代性的觀點。不過心理治療是在更嚴謹的心智框架中進行，這就是分析師與邊緣型患者一起工作的方式。分析師尊重亨莉葉塔對於親密感的恐懼，知道那就是她的現實，同時也引入另一個想法，告訴她恐懼是基於她的信念，而非事實。所以在這邊的移情工作中，沒有任何創新

417

11　這樣的分析式解釋會接近於行為治療中的暴露療法，並且有類似的功效。儘管在表面上只顯現了少許的認知或詮釋，但實際上，這可以傳達出分析師對於精神現實的同步理解，以及令個案感到安心的另一種觀點。

的分析性技巧，分析師只是做了一件非常普通的事情。邊緣型患者都有扭曲事物的強烈傾向，分析師不能期待只用單一的詮釋就能讓患者理解，而是得特定且反覆一直強調替代性的觀點，才比較能傳達給患者。

在亨莉葉塔的治療中，情感是相當強烈的。恐懼與不安是真實的：她極度地渴求被理解，但這個理解只能對上她想讓心智空洞化的欲望。反移情中滿是令人不舒服與困惑的感覺，她做出危險的行為，定期威脅著要殺害自己，讓自己捲入與朋友及陌生人之間的暴力爭吵，好讓我覺得自己該為治療的失敗負責。她威脅著要控告我的過失，以此來恐嚇我，並給了我一封她準備寄給我的專業學會的抱怨信，在信上，我的「無能」被她小心地記錄下來：任何會面的改變、取消、遲到、會談內容中對時序的誤解、對人名的誤記，都被她一一列舉出來，並標上日期。她在我說話時批評我，在我沉默時取笑我，在其他的時候，她則是讓我感覺到我是她的救世主。亨莉葉塔精神現實的捉摸不定，讓我大多時候都不知道我在做什麼，我只能努力地理解她的精神等同模式迫使我去做的事情，並嘗試著把我對這種狀況的覺察傳達給她。

亨莉葉塔在理解分析師的意圖時，出現了戲劇性的分裂，我們可以說，這就是偏執—分裂位置，這在邊緣型患者身上十分常見。順帶一提（Fonagy, Target, & Gergely 2000），根據葛瑞蓋（2000）的說法，分裂機制是來自於發展的副產品，嬰兒需要創造出對於他人心智狀態的統合形象，但由於他們的心智尚未成熟，所以他們的統合是受限的，他人的心智被分成好幾組意圖狀態，而基本上就是理想化的以及迫害性認同這兩組。

不過，在我與亨莉葉塔的對話中，會出現一個被我稱為「裂縫」的現象，導致我引導她精神現實的能力受到干擾。在我們的對話中，常常會有幾分鐘的期間，讓我感覺到當下有些有意義的感受就這樣消失不見了。通常這種情況都以沉默來表現。大多數患者的沉默代表著

418

思考，或是抑制或抗拒，又或者是移情中的一種溝通，但亨莉葉塔的沉默並沒有任何溝通的意義。在最初的幾次治療中，我貿然地跌入沉默之中，並試著解釋它們的意義：「我的話嚇到了妳，而妳感到需要把我剔除掉。」或是「妳覺得被我拒絕了，所以現在換妳來拒絕我。」大部分的時候，這些說法得不到任何回應，而且通常她的狀況與我想像的不同。因為亨莉葉塔的回應，就好像我才剛把她從白日夢中喚醒：「你剛剛說了什麼？」我逐漸發現，這些狀況已經延伸到沉默之外，有時候，亨莉葉塔一開始會帶著感覺述說，但當我做出評論後，她幾乎沒有回應，有時甚至完全沒有在聽我說話。舉例來說，有一次，她清晰地描述著父親的葬禮，讓我感覺自己就好像在現場一樣。接著，當她提及自己無法哭泣時，我提到她在葬禮上其實有哭泣；出乎我意料之外的是，她的回答卻是：「什麼葬禮？難道你不記得我根本沒出席我父親的葬禮嗎？」

　　這群患者在分析設置中遇到這種解離的狀況並不罕見。當分析師的心智靠近亨莉葉塔時，就會引發她強烈的情感，所以為了能從這些情感中逃離，亨莉葉塔便會在當下隔離自己。然而，在顯而易見的防衛下，至少在當下分析師無法詮釋這些敘述中的裂縫。這些經驗對亨莉葉塔沒有任何意義，她也無法反思這些經驗。換個角度來看，這些經驗可以類比到二歲幼兒的遊戲，那時兒童還無法認出他們的玩伴，而且他們的主觀經驗其實會很直接地連結到外在世界。我們可以說亨 419
莉葉塔**想像**她自己在父親的葬禮上，但在那個時候，她無法覺察到她正在想像。自身依附關係所帶來的威脅，使亨莉葉塔心智化的發展停滯不前，並持續地利用嬰兒期的模式來經驗精神現實，我們把這樣的模式稱為「假扮模式」。解離的關鍵部分便是假扮模式的再現——因為年幼的兒童也會像這樣，完全進入到另一個精神世界中，而無法同步維持與一般現實的接觸。

異化自我

　　邊緣型患者的主要困難就是缺乏穩定的自我感。我們曾經在其他地方提過反思功能在自我組織中扮演的角色（Fonagy & Target 1997）。可靠且有組織的自我形象是由內化的自我狀態表徵所建立，而這正是邊緣型患者所缺乏的。個體在兒童期時如果缺乏這樣的自我形象，或是這樣的自我形象過於脆弱，他們在成人後的情感就會維持在未標記與混亂的狀況，也就是無法被涵容的狀態（Bion 1962a）。如果在經驗中缺少了反思性客體，個體就會在自我中創造出一個空洞。在這樣的空虛中，內在現實維持在無以名狀、有時甚至是令人害怕的狀態。這會創造出一種現象，讓個體極力地想從他人的反映中追求意義與自發性，而這些東西是他們小時候所缺乏的經驗。我們認為，這會使兒童內化父母狀態的表徵，而不是父母能把經驗變成一種孩子能運用的版本供其內化。這就是所謂的「自我內的異化經驗」，而這個經驗的基礎，就是自我內的他人表徵。布里頓（1998）曾描述過類似的經驗，這是基於他與類似患者群的臨床工作而來。一旦個體內化了這些異化經驗，這些經驗就會妨害個體的內在思考與認同之間的關係：個體會經驗到想法與感受好像不屬於自己。異化自我會摧毀自我的統合感，患者得持續地維持著強烈的投射，才能修復這樣的整合。了解這個狀況有很大的臨床價值，對精神官能症個案來說，之所以有投射是由於超我所給予的壓力；而對邊緣型患者來說，投射的動機則是因為他們想要建立起連續的自我經驗。

　　對亨莉葉塔來說，操縱與重演所構成的殘酷沙漠，幾乎摧毀了反思的可能性，不過，夢就像是沙漠中的小小綠洲。亨莉葉塔的夢相當鮮明，變化多端，但我逐漸注意到一個固定的主題：在事物中總是還有事物的存在，而在內部的事物會依賴於——幾乎可說是寄生在——外部的事物上。比如說，有一個夢境是**有隻蜥蜴的胃裡有隻嗡嗡作響的蒼蠅**。她曾經有過一個特別不愉快的夢境是**一隻瓢蟲的幼蟲長在她的腦袋裡**。另外曾有一系列的夢境是，她夢到**自己正在作著夢中夢**。

我相信，對於無法反思的患者而言，夢還是一個有價值性的管道。或許就某部分來說，這些夢是患者新生反思功能的殘留物，因為作夢者還是會無意識地在心智中描繪出有組織的一些東西（但這種狀態並不是意圖性的反思）。

在這些類似俄羅斯娃娃的結構事物中，亨莉葉塔或許重現了一個內在世界，在其中，自我涵容了另一個自我，或者事實上是自我涵容了他人的表徵。在早期的嬰兒期中，當母親的反思功能太常讓嬰兒失望時，嬰兒就可能會因此內化母親的表徵。在嬰兒試著想在母親心智中發現**自己**時，他們發現的卻是**母親**——溫尼考特（1967, p. 32）如此精準地形容這樣的狀況。母親的形象植入到孩子的自我之內。異化他者或許會以種子的形式，存於所有的自我表徵當中。當往後的創傷情境出現時，這些異化他者的種子就會為個體所徵召，做為一種防衛的手段：像是當個體被虐待時，就會認同虐待者的心智狀態，好試著修復控制感。自我內的異化他者會被苛待所強化，導致個體缺少反思的能力。通常來說，有部分的自我表徵並不會扎根在對自我狀態的內化性鏡映中，儘管如此，自我狀態仍會被心智化的能力整合成一個單一且相當連貫的自我結構。這個歷程會在前意識中運作，並為個人的生活、行動與認同提供了連貫性與心理上的意義。亨莉葉塔很難理解，在她的自我表徵內，那個嗡嗡作響的蒼蠅到底代表著什麼，她也 421 很難消化那些如腦內幼蟲般讓她覺得是被置入的感受與想法。亨莉葉塔幾乎無法從這種類型的詮釋中學到什麼。不過，分析師溝通時的心智語言強化了她的反思能力，也相對應地強化了她在自我上的整體感。現在，讓我們藉由說明她遭受虐待的經驗及自身的暴力，來詳述以上段落的意義。

亨莉葉塔的母親可能也是個「倖存者」。在亨莉葉塔二歲時，她的弟弟出生了，此時她的母親便開始受苦於產後憂鬱症。她幾乎不與亨莉葉塔以及丈夫接觸，到最後，她離開了家庭，這可能惡化了父親原本就相當嚴重的藥癮問題。父親一開始只是擁抱女兒來尋求安

慰，後來卻演變成對女兒的性侵（包含肛交與性交）。在亨莉葉塔七歲時，這樣的狀況就開始發生，並持續了至少四年。亨莉葉塔回想起來，最初她其實很開心父親能把注意力放到自己身上（甚至鼓勵這樣的注意力），漸漸地，當「痛苦」開始，她只能讓自己變成空白，好使父親可以進入她的體內。她描述著，她把自己想像成是自己的其中一個娃娃，這也代表著，她不想讓自己覺察到任何發生在自己以及他人身上的想法與感受。亨莉葉塔無法理解，她的父親之所以有意傷害她，有部分的原因其實是出自於情感的舉動。拒絕心智狀態，便可以讓她與父親的感受保持距離，但同時也隔絕了她對自己的感受。當她放棄這些事情時，等於就是被迫依賴自我內那些無法反思的組織——也就是異化他者。

異化他者並不完全是創傷的產物，它是一種嬰兒式的結構，由內化而來，同時也是自我的一部分。當亨莉葉塔需要母親的幫忙好反思自己的痛苦與需求時，母親卻無法滿足她的嬰兒式需求（女兒的依賴可能喚起了母親自身無助的經驗，讓她難以承受，因為母親在照顧兒子時表現得較好）。我們認為，亨莉葉塔在小時候受到忽略，或無法被當成是一個孩子，因此，亨莉葉塔內化了這個照顧者缺席的空白形象，並把它**當成自身痛苦狀態的表徵**。在誘惑帶來嚴重的痛苦時，這

422 個狀態便會重新活化，而後，她又在分析中重新經歷到這些經驗。反思能力被暫時拋棄，自我—他人的界線也受到了破壞。藉由認同攻擊者的機制，亨莉葉塔把虐待性父親的殘酷行為內化成自己的異化自我表徵。所以，自我異化的那個部分**折磨**著她自己，並讓她感到空虛。之後十一歲時在寄宿學校的受虐經驗，想必也強化了這種病理性的自我組織。

亨莉葉塔得讓自己找到一個人，讓這個人可以做為她自我表徵那個受苦部分的容器。這件事情對她來說很重要，因為她對自我統合的經驗就仰賴於找到一個願意虐待她的人。寄宿學校的老師可能是第一個。接下來亨莉葉塔那一連串嚴重的性虐待關係，則顯示出老師

並不是最後一個人。移情也是一個鮮活的例子，這與「角色感應」（Joseph 1985; Sandler 1976）所講的移情—反移情不同，由於亨莉葉塔內在的自我—他人的關係層面已經被外化出來了，分析師變成亨莉葉塔異化自我表徵的暫居之所，所以她的移情比較像是自我—自我的移情。這種喚起性的投射性認同（Spillius 1992）之所以如此普遍，可能的原因如下：（a）就像我們曾說過的，一般人會用心智化來整合自我的異化層面，但這個歷程沒有發生在這些患者身上，所以這些層面就只能被外化出去；（b）更關鍵的是，一旦這些經驗被外化到環境中，患者又只能用精神等同的方式來經驗，因此就會給予他們更大的壓力。以下讓我們呈現一個較為溫和的例子。

　　有一次，亨莉葉塔遲到了，而且抱怨說她沒辦法再免費停車了。停車規則的改變，有部分顯然是我的錯，她無法負擔停車費的狀況也是我的錯，而且接下來的那個禮拜我又要請假。實際上，她欠缺進展的狀況，也全然都是因為我的緣故。她聽說我有一位克萊恩學派取向的同事相當資深，以處理困難患者的能力而知名，她很希望自己可以被轉介給我的同事，而**我**顯然是個災難。她其實還能繼續說，但我已經聽不太下去了，她說得夠多了。也許我太想模仿那個名氣響亮、令我嫉妒的同事，所以沒有辨認出亨莉葉塔那明顯的操弄，我說：「妳試著想要摧毀我可以幫助妳與清楚思考妳的能力。」這是一句誤解。我想她並沒有想要摧毀我的意圖，而是想要讓我有刻薄又惱怒的反應。她沉默了一陣子，然後說：「看吧，我是對的。你沒有辦法處理，你太年輕、太沒有經驗了。」然後，我發現我自己說：「看吧，妳被嚇壞了！妳可以摧毀我，但是沒有我的話，妳就沒辦法處理與感覺到妳的失落了。」她站起來說：「對我來說，你跟分析都已經死了。」接著，她就頭也不回地走出治療室。

　　當然，在她離開的時候，我就知道我誤解了。我變得刻薄，受到了激怒，成為了她異化自我的容器，我拋棄了分析式的自我，這個自我原本有些能力可以傳遞理解。下一次的治療證實了我的想法。當

423

她來的時候，她顯然看起來好多了，頻頻道歉，希望我沒有對她太過生氣，用各種方式安撫我，告訴我說，我對她有多大的幫助，如果沒有我那用心的投入與優秀的技巧，她一定早就自殺了。我說：「我想妳希望我會相信妳，這樣我就可以符合妳心中那個容易受騙的蠢笨形象。妳需要用這樣的方式來感覺我，而妳昨天所說的話還比較貼近妳所需要的對於我的感覺。」她輕蔑地說：「你還不明白嗎，你想的事情其實一點用都沒有，你對我來說什麼都不是，都不是！」我說：「我想妳是對的，但是，能讓我變成一個對妳來說一點意義都沒有的人，會讓妳覺得比較有控制感，而這就是意義所在。」她思考了一陣子，然後說：「你很擅於玩弄話術，就像 X 老師（寄宿學校時的施虐者）一樣。你很邪惡，你一點都不關心你的病人。」我說：「如果妳可以讓我看起來很邪惡的話，之後妳就可以殺掉我，如此一來妳就能得到解脫了。」她陷入沉默，但這表示我們兩個都知道，這是真的。

並不是說一定得說出真相才能讓亨莉葉塔好轉一些，事實上這讓她感到悲傷，有時也會變成自殺的想法。有幫助的是這些少數的珍貴時刻（像是上述段落中的治療），在那次治療中，我能夠變成她需要我成為的樣子，但同時又能把她保留在我心中，有能力思考她的恐懼及焦慮，並透過我的言語與行動，讓她能夠看到這件事。

就像愛瑪以及其他有邊緣型特徵的患者一般，亨莉葉塔全然地尋求著我的實體存在。這樣的依賴看起來像是傳統所說的安全堡壘行為[12]，但我卻從來都不覺得這樣就能給予亨莉葉塔足夠的安全感或是保護。反之，我之所以被她需要，是因為她要確信自己的存在，她的心智無法被她經驗為是一個連續性的主體。當亨莉葉塔看到我因為她的想法與感受而受到衝擊時，才能持久且穩定地經驗到這些感覺。就像先前所說的，我們不該把這樣的治療歷程當作只是在重述發展的經

12　譯註：發展心理學家安思沃斯（Ainsworth）認為，安全型依附的孩子會將母親當作一個安全的
　　存在基地，並據此對外在世界做出主動的探索。

驗，因為在亨莉葉塔的例子中，她過往的發展是重度扭曲過的。更簡單地說，她之所以那麼害怕被拋棄，是因為如果她與客體分離的話，她就沒有白信能找到自己的內在狀態。

　　歷經四年的分析，戲劇性的爆發逐漸淡去，但分析卻開始染上悲劇的色彩，她的功能變好了，但是療程卻充滿著苦澀。亨莉葉塔開始浮現出對於父親的憎恨，同時出現的還有對我那由衷的厭惡。移情開始變得性慾化，有時，當她對我發怒的時候，卻會明目張膽地要我騷擾她。有次週四晚間的治療，她談到一件令人毛骨悚然的事情。亨莉葉塔談到她有一個「老朋友」，當這個朋友有著想要支配他人的需求時，就會定期來拜訪她，而她就會讓自己被「老朋友」所利用與虐待。我的心智中充滿了古怪而變態的聯想。我說：「我在想，也許妳想要透過讓我興奮或擔心來控制我，這對妳來說好像很重要。而我也猜，妳可以在與『老朋友』的關係中，感受到同等重要的控制感。」

　　亨莉葉塔回說，她本來沒有想告訴我，她作了一個關於我的夢。在夢中，**我給了她我的陰莖，要她把我的陰莖放到她的嘴裡，因為陰莖的氣味很糟，而且很髒，所以她很想吐。她嚇壞了，因為她知道，如果她不順著我的話去做，我就會打她。**她暫停，等著我的回應。我則是維持沉默。她說，她覺得我是個極端愛乾淨的人，因為我總是穿著熨燙整齊的白襯衫。但是在夢中，**我的襯衫是深紅色。**她以特別冷靜的口吻補充說，紅色是憤怒的代表色。

　　我說我很能理解，對她而言，感受到控制感是很重要的事，因為她很害怕，我會因為她與朋友所做的事情而感到生氣。這個夢就像是一種平息。如果她察覺我對這些事情有所排斥，那我最好還是維持死掉的狀態。我補充說，紅色也是血液的顏色。她的身體顫抖了一下，就好像有陣電流傳遍了她的全身。「我知道為什麼我必須殺掉他了，」她說，「我無法忍受他覺得我噁心。」於是，悲劇的故事隨之披露。她經常會讓男友惡意地苛待她，在正常下，她會覺得這樣的經驗可以「淨化」自己，特別是當男友會因為虐待她而感到羞愧時。但

425

在最後一次的場合中，亨莉葉塔卻在他的眼中看到了輕視，當下她尖叫起來，向男友大吼，對方則是回以嘲笑與批判。於是，在男友繼續嘲弄和譏笑她，並朝著她走過來的時候，亨莉葉塔便抓起刀子刺死了他。在那時，她也希望能將她的自我厭惡與羞辱感一起殺死。

我與亨莉葉塔的工作現在已經結束。不管是用心智結構或症狀的標準來看，她都有巨大的進步，然而就算治療結束，她的恐懼與絕望感還是會繼續存在。

精神等同與暴力的重演

為何依附中的粗暴對待會那麼容易引發後續的暴力呢？我們相信，情感連結上的粗暴對待，會讓部分特定的依附系統在某些脈絡中失去效用。我們也認為，在充滿惡意的這種粗暴經驗中，會深植一種強烈的羞辱感到個體身上。由於缺少了心智化的能力，再加上精神等同的再度顯現，我們可以預期，那些過往在心理上受到忽視的患者，在面對這些脈絡下的粗暴對待時，就會變得格外脆弱。在這種去人性化的依附經驗中，那種因被攻擊的感受而產生的痛苦，是很難經由心智化同調的。無法被心智化的羞愧不是一種「彷彿」式的經驗，而是相當於對自我的毀滅。所以把這樣的情緒視為一種「**自我毀滅的羞愧**」（ego-destructive shame）（Gilligan 1997）絕不為過。自我表徵的整合——也就是個體的認同——受到了攻擊。當照顧者在某些時候無法把孩子放在心上時，如果孩子還有心智化的能力，就能持續地認為426 自己是一個有意義的意圖主體，而緩和這樣的歷程。心智化的能力愈強，就愈能夠看清楚攻擊背後的東西及其意義，而不會把攻擊誤解成是對自我的真實毀滅。由虐待而來的強烈羞辱，可能會使心智化瞬間當機：所有的內在感受或主觀經驗都被經驗成得抵抗的東西。亨莉葉塔在描述自己被粗暴對待的經驗時，可以發現她無法承受思考這些事情：「我不想去想了……」、「我麻木了……」、「我受不了再想下去了……」。

　　為什麼在過往與父母的關係，或是親近的同儕關係中，粗暴對待造成的情感羈絆，會連結到如此強烈的自我憎恨與自我厭惡呢？再一次地，這裡出現了矛盾性：所謂的羞愧感，是期待自己被另一個人當作特別的人對待時發生的，但當真實自我的表徵（根據個體如何被對待而生）與自我理想樣貌（Joffe & Sandler 1967）的表徵間出現了衝突，心智上就會出現難以承受的痛苦。在依附關係中，個體會希望照顧者可以看到自己，並能理解自己是一個有感受與想法的人，但這一切卻因為虐待者的物化與去人性的對待而被摧毀。這是很痛苦的感受，而羞愧感可說是痛苦這種基本情感的進階衍生物。當一個人期待自己展現出的人性應該被重要的人珍視的時候，結果竟然是被泯滅了，此時無法承受的羞愧感就會出現。暴力行為或是暴力威脅，之所以不只會傷害到一個人的身體，還會謀殺掉一個人的靈魂，是因為這是個體對於施虐者那缺席的愛最終的溝通手段，企求著能被對方所理解。就像佛洛伊德（1914c）教導我們的，自我（self）是因為被客體的愛所維持住，所以才能自愛（self-love）；而羞愧感指的就是缺乏了愛，如同寒冷是指缺乏了溫度一樣（Giligan 1997）。羞愧，就像寒冷，當這種劇烈的痛苦經驗變得強烈與嚴重時，個體經驗到的反而是一種麻木感，近似死亡。

　　個體必須選擇性地且深深地否定客體與自我的主體性，才能消除掉羞辱感。一位因重傷罪而入獄的犯人，回想起酗酒的父親常在深 427 夜喝到爛醉後才回家，然後跑到自己與姊妹身上小便。他講起他是多麼害怕父親回家，可是講到某種程度後，卻忽然轉變成一種外顯的願望，想把父親打成殘廢或是讓他毀容。在這種時候他會說：「這個該死的混蛋已經不再為我存在了。」我們可以在許多罪犯身上，看到這種戲劇性的自我重新認知。在正常的情況下，有一道屏障能保護個體，讓個體不會出現想傷害他人的意圖，但當這道屏障被打破後，就會出現某種轉折點。自此之後，個體用暴力傷害他人，不會感受到任何悔恨。也許我們會認為這些人是心理變態，但在這之前，我們應該

要先考量「功能性」（functional）這個詞彙。因為他們身上人際敏感度的缺乏，可能是一種防衛性、暫時性與可逆的狀況。因此，對這些人來說，人際敏感度的缺乏不是一種先天的缺陷，而是一種順應。到目前為止，我們談論的都是暴力犯罪的先行傾向，而這個傾向必須要與暴力行為本身分開來。這種先行傾向指的是，在特定脈絡中，個體覺察人際的能力被摧毀了。而個體想用一種倒錯的方式，以暴力行為重構出不完整的心智化功能。

傳統的精神分析假定，暴力是一種瘋狂的行動──自我（ego）放棄了邏輯的思考，而臣服於原始而全面的毀滅性衝動。但實際上，不論是衝動之下的行為，或是事先計畫的狀況，暴力其實都很少出自於盲目的暴怒。這樣的暴力行為起因經常是他人在無意間觸動了羞辱感的爆發，反而比較像是一種絕望之下的企圖，讓個體得以保護脆弱的自我。個體會用自我內的異化部分來涵容這種羞辱的經驗，而結果就是，這樣的經驗會變成一種攸關生死的威脅，而突兀地被個體所外化。一旦外化出來，個體就能把它看成是加害者心裡面的受害者表徵，這樣就能一勞永逸地摧毀掉這個外化的部分。以此來看，暴力似乎是一種希望的舉動，一個期待能重新開始的願望。儘管在現實中，這樣的行為通常只會通往悲劇的結果。

我們認為，在理解邊緣型狀態的時候，重要的是分析師要能把握患者的心智狀態與外界現實間的精神等同感。亨莉葉塔的男友之所以會被她殺掉，並不是因為他代表著某種態度或是心智狀態，而是因為那個當下，他**就是**亨利葉塔羞愧的化身，摧毀他，就像是摧毀了亨莉葉塔那難以忍受的心智狀態。一般來說，小小孩在生理上還無法用像亨利葉塔這樣的方式，處理掉這些無法容忍的感受，但用這種方式去經驗內在世界的成人卻可以做到，所以他們就會對自己與他人帶來危險。

亨莉葉塔訴諸暴力摧毀掉心智狀態──儘管這個心智屬於她，但感覺起來卻不像是她的。在謀殺的那一刻，她的男友拒絕感受她的

羞愧，卻回過頭來羞辱她——而這正是她拚命想要去除的感受，當這樣的感受威脅著要回到亨莉葉塔的身上時，謀殺似乎成了唯一的解決之道。她感覺到一股恐懼，害怕自身的統合感會被摧毀，而暴力行為被當成是可以同時摧毀掉恐懼與羞愧的方式。她的潛意識願望似乎認為，只要這樣做的話，這些感受就會永遠消失。

心智化能力的欠缺不僅會創造出異化自我，甚至還會將它凸顯出來。這也顯示出一種思考模式，在這種思考中，個體會覺得感受與想法都是真的，而且現實只會有一種版本。男友的情感帶給亨莉葉塔的衝擊，無法被她重新詮釋，她也無法透過心智化來了解這件事情的脈絡。亨莉葉塔經驗精神現實的原始方式，會讓她把內在等同於外在，所以男友外在的嘲笑也使她的內在成為了笑話，讓她的自我感好像真的要被摧毀了一樣。精神等同讓羞辱變成了攸關生死的事態，亨莉葉塔之所以會動手殺人，並不是因為她缺乏同理心，也不是一種「盲目的狂怒」。重點是她在男友的反應中看到了一些東西，而她別無選擇，得把那些東西經驗為自己的一部分。在接下來的分析中，她也經驗到男友死前那種痛苦掙扎的樣子。在殺害男友的當下，亨莉葉塔感覺到自己重新活了過來，有一種統合與真實的感覺，她遠離了致命的拒絕、侮辱與嘲諷，在那一剎那，她經驗到自我的價值。亨莉葉塔描述說，她那時有一種怪異卻又極度平靜的感受。

亨莉葉塔需要她的虐待者——也就是在反移情中共演的分析師，還有一群能苛待她的他人，才能幫助她暫時減少那些難以忍受的混淆認同感。執行功能的那個對象必須一直在她的身邊，才能運作這個複雜的歷程。亨莉葉塔得讓自己恐嚇或是羞辱分析師及其他人，她才能感受到自己就是自己。不然的話，她就會試圖煽動分析師，讓分析師拒絕她，或是輕視她。然而，即使成功地搧動了這樣的反應，她又會馬上覺得自己受到了攻擊，同時，她對現實的知覺也受到了限縮，而看不到與分析師在一起的其他經驗。逃離客體也無法成為解決之道——因為隨著他人的離開，「外射」將會回歸，摧毀掉亨利葉塔藉

429

由投射而達成的統合感。

　　治療像是亨莉葉塔或愛瑪這樣的患者幾乎是不可能的挑戰，因為分析師很難與他們的移情工作。為了讓移情關係可以發揮功能，並且能夠被患者所忍受，分析師必須變成患者所期待的樣子。但對患者來說，這些時刻分析師會變得太過可怕，而使得分析師的幫助無法被他們所接受。為了做好分析師的工作，協助患者克服這種原初的連結模式，分析師必須變為任何樣子，但唯獨不能完全變成患者所投射的東西。除非分析師能夠對於這些對峙的壓力做出多變且互動式的回應，不然分析注定會失效，變成病理性互動的僵化複製品。

　　無可置疑地，有部分的困難在於，我們必然會感覺到，自己做為臨床工作者卻需要重演投射在我們身上事物的壓力。我們被逼著扮演患者希望我們扮演的角色，因為如果不這麼做的話，我們會發現，患者可能會難以忍受與我們有過久的接觸。當然，這樣的狀況會發生在任何程度的移情上，但是，如果患者是在精神等同的模式中，以原始的方式來經驗這些事情的話，那就不一樣了。如果一般的移情可以被經驗為幻象，邊緣型患者經驗到的就像是妄想，但對他們來說，這些毫無疑問地都是真的。患者會不斷地煽動分析師，不過身為分析師，我們會盡一切的努力，以不如患者所預期的方式反應，可是卻也在不經意之間，使邊緣型患者變得更加棘手。這種類型的患者最後總能找到方法，讓我們對他們有生氣的反應，忽視或拒絕他們，或因他們而感到興奮，並在這些狀況下，暫時地失去治療中的平衡。

430　技巧所在：
遊走於精神等同與假扮模式之間

　　就像與愛瑪的工作一樣，我們相信，在與亨莉葉塔的工作中，最優先的技巧就是，分析師能讓「分析師對患者心智狀態的圖像」在他的心中存活下來。這樣的存活十分重要，因為這是亨利葉塔與分析師維持真實關係的唯一方式，使她不會摧毀掉她自身做為人的知覺，而

這也是她所需要的，倘若亨莉葉塔能逐漸發現自己在分析師心中的圖像，就能為想法與感受的表徵增加立足點。

　　這樣的描述可能會讓人誤以為說，像亨莉葉塔這樣的患者可能不適合做精神分析；因為精神分析都會運用詮釋，而要能接受詮釋，個人就得對替代觀點有一些開放性。然而，在成人的心智中，心智化實際上並不會真的完全不見。在特定的壓力和／或在特定的依附關係中，心智化的能力可能會變得比較差；不過患者在其他脈絡中多少會有一些心智化的經驗，因此就能加以補強。分析師會在前意識中評估，患者的心智當中有多少的開放性，努力地用相當緩慢的速度，逐步拓展患者容納詮釋的空間。患者的能力有各式各樣的可能性，並且時時刻刻都在改變，所以分析師的介入必須一點一滴地看見個案的潛力在哪裡。[13]

　　羅森費爾德（1964）曾區分過厚皮（thick-skinned）自戀與薄皮（thin-skinned）自戀的概念，而安東尼·貝特曼（Antony Bateman）（1997）在同樣的脈絡下，細膩地描述了相同的現象。貝特曼擴展了羅森費爾德的描述，他認為自戀患者會在厚皮（貶低且誇大）與薄皮（脆弱且自我厭惡）的狀態間來回轉換。而貝特曼也顯示了，與這樣的患者工作時，只有在這種危險的時刻——也就是患者在切換這兩種自戀狀態的時候，詮釋才得以完成。我們認為，貝特曼所描述的這種危險時刻，便是異化自我（貶低或自我憎恨）成功外化的現象。當自我內的迫害性客體能被患者外化出來的時候，他就能夠聆聽分析師，甚至經驗到被分析師關心的感覺。分析師需要處在雙重功能模式中，推斷與創造患者真我的整合性表徵，能夠區辨任何反移情的共演，但又能與之同在。然而，這也是分析時常失敗的地方，因為只要患者聽到分析師的說法與自己投射出來的東西不一樣時，他就會再次回到警覺狀態。不然患者就得冒著某種風險：也就是他之前努力投射出的東

431

13　　我們感謝布萊貝格博士（Dr. Efrain Bleiberg）對此的觀察。

西，可能又會回到自己的身上。

用精神分析治療這些患者時，可能會有一種風險，分析師想說的內容超過了患者可以吸收的量，淹沒了患者剩餘的能力，而使他無法真正地理解。這可能導致患者吸收不了的那部分溢出來並轉換為行動，或是發展出一種虛偽的「分析式」態度，我們將其稱為「過度反應的心智化」。相反地，在某些支持性的心理治療當中，如果治療師不拓展患者對於精神現實的經驗，就會錯過幫助患者增強情感調節的機會，而且當患者發展出對於治療師的強烈依附，他們會更需要透過行動來表達感受，而導致嚴重的自殺危機。

從這種脈絡來看，像愛瑪這樣的案例，如果分析師在評論患者的素材時，賦予的意義超出了它真正的意涵，就可能有更進一步的危險。就像許多相似的患者一樣，亨莉葉塔帶來了許多虛偽的象徵式（pseudo symbolic）溝通，特別是在治療的早期階段時。她雖然在講她的內在狀態，但過一陣子後，分析師就會發現，這些話語的意義跟一般患者描繪感受與幻想的方式不太一樣。在大部分的時候，正常的詮釋對話似乎派不上用場；在亨莉葉塔的案例中，這創造出了無盡的字彙流，卻沒辦法導致真正的改變。對邊緣型患者的分析可以轉換到假扮模式之中，在此之內，儘管詞彙能夠交流，意義卻無法交流，導致精神上的改變是幻象；患者對於心智狀態的形容變成一種「虛偽的洞察」（pseudo insights），無法連結到內在經驗的原始層次。這樣的分析狀態，就像車輪陷到了砂子當中，只會不斷地空轉。如果分析師過度高估了患者的心智能力，認為患者可以用像自己一樣的方式來體驗精神現實，結果只會徒勞無功。儘管心智化能不依賴真實的情感經驗而存在，然而這樣的心智化卻幾乎沒有價值可言，在治療情境當中自然也是如此。

在與這群病人工作的早期階段，可能會出現很多的行動化共演，以傳統的分析來說，應該要詮釋這些共演，但詮釋對這些患者來說其實沒有用。有些共演在這個階段是無法避免的；所以對分析師來說，

比較合理的目標應該是能在共演中還能維持足夠的洞察力，持續地反思對於患者的經驗。亨莉葉塔的分析師必須教導她有關內在世界的事情，原則上就是對她的經驗保持著心智上的開放。在亨莉葉塔的感覺中，「深層」的詮釋就像是某種嘲弄、侵入、擾亂與誘惑。分析師合理的目標是，去探索哪些事情會觸發患者的感受，並稍微改變患者的心智狀態，而分析師也要對患者強調，即使是相同的事件，也可能會帶給每個人不同的知覺，以讓患者覺察到感受與行動間複雜的關係，所以分析師會在治療的早期階段中不斷地回應患者的非語言訊息。這樣的詮釋工作會非常強調發生在諮商室內的事情，以及患者與分析師的感受與態度（請注意，在此脈絡下所說的「移情」，與傳統定義上的不同——見 Sandler, Dare, & Holder 1992）。患者與分析師關係當中的行動化——像是用自殺來恐嚇分析師的這種行為，充斥在亨利葉塔的治療中——而這不會被我們當成是潛意識的溝通，反而是對那些無法忍受的親密而出現的絕望反應。分析師的工作，就是去細究那些可能會觸發共演的情緒狀態。而治療的困難在於，分析師必須面對患者強烈且入侵式的投射，並且在接受的同時，維持治療那種「彷彿」的本質。有時在與患者心智功能中的精神等同奮戰時，還是有可以讓幽默與玩心浮現的空間，但當然這需要分析師有足夠的敏銳度與判斷，思考這樣的做法會帶給患者怎樣的經驗。

　　治療師不斷地幫助患者豐厚其心智，使患者最終能在治療師的心智中發現到自己，並能把這個圖像整合成為自身自我感的一部分。在成功的治療中，患者會逐漸發現，自己可以安全地感覺到感受，也可以安全地思考想法。內在世界的經驗則會逐步地與外在現實分離（Fonagy & Target 1996）。這是個體在成熟歷程中必經的一部分，但 433 這些患者為了避免過於強烈的衝突感，便可能防衛性地拋棄了這樣的歷程。

　　透過以上的這些能力，分析師得以採用一個不要那麼目標導向的心智位置，讓患者能關注在利他的心理狀態。這個位置可以提升或解

放患者在反思與自我反思上的先天傾向。或許更重要的是，患者可以發現他們在分析師心中是一個可以思考與感受的存在──這也是他們在早期童年階段時，無法完善發展的表徵，而他們在人際上接二連三的痛苦經驗，又進一步地損害到這些表徵。如此一來，分析師能夠增強患者的核心自我結構，使患者能用心智表徵充分地控制內在狀態，心理治療的工作才能真正開始。即使治療只能止步於此，但光是能讓患者理解他人的行為，知道他人的行為有其意義，並能對其做出預測，就已經是相當大的成就。患者內化了分析師那種關注內在狀態的形象後，就能提升自身的能力，對自己的經驗也投以類似的關注。

【第十一章】臨床現場中心智化的情感體會

　　本章會聚焦在「心智化的情感體會」這個概念，並進一步說明這　　435
種成人運用的情感調節。在第二章我們已經介紹過，心智化的情感體
會是情感調節中一種複雜的類別，顯示出情感會如何透過自我反思而
被經驗。我們常常會誤以為所有的成人都能有這樣的情感體會，但這
並不是每個人都能辦到的。如我們在本章所呈現的，心理治療可以促
進心智化的情感體會，因此它也是一種與臨床實務特別有關的現象。
本章的第一部分，將會先描述心智化情感體會的概念；在第二部分，
則是敘述它的三個要素；在第三部分，我們會運用四名臨床案例來顯
示心智化情感體會的重要性。

心智化情感體會的概念

　　情感是一種心智狀態，它可以在主觀或潛意識中被經驗，而情感
調節則是個體依據自身主體感來形塑心智狀態的歷程。這樣的調節會　　436
發生在不同的層次上——有些像體內激素的平衡調節一樣，不需要覺
察就可以發生，但若要透過我們與他人的關係來自我調節的話，那麼
覺察就變得非常重要。所以我們可以合理地假設，個體愈熟悉自己的
主觀經驗，就愈能有效地調節情感。同樣地，個體愈熟稔情感調節，
就愈能夠自我調節。具有心智化的情感體會不僅是一個狀態或是歷
程；在最終形態上，它會很接近某種人格狀態。然而，並不是所有形
式的心智化都與情感經驗有關。

　　個體對主觀經驗的熟悉度與舒適感，可以預測出心智化情感體會
的程度。重要的是，這種情感經驗會假設主體具有自我反思性。以認
知的觀點來看，認知可以改變或決定情感經驗，但心智化情感體會與

其他觀點不同的地方在於，在這個情感過程中，主體會持續存在於其中，並不斷地捕捉情感狀態。就像在心理治療中，模糊或智性的自我理解，與那種案主處於活生生的情感經驗中而產生的洞察，是非常不一樣的。

透過心智化的情感體會，個體就能學到用更加複雜的方式來理解自身的情感經驗。這通常代表著情感會變成一種新的和／或是更加柔和的樣貌；然而，這並不表示情感的本質一定需要做出轉變。心智化的情感體會並非只是創造出新的情感而已，而是能引導我們對相同的情感產生新的理解。這種情感體會的目標在於創造正向的情感，同時也幫助我們接受與因應負向的情感。心智化情感體會的精髓在於，它指出了人類需要領會與重新詮釋自己的情感，且特別透過情感的向內表達而彰顯出來。如同我們在本書中一直提到的，一般來說，心智化就是對於人的心智有興趣；而「情感體會」這個詞就是對人的情感（這個心智中的特定領域）有興趣。「心智化的情感體會」這個詞所描述的就是心智化如何轉換情感調節的過程。

437 心智化情感體會的要素

在大致介紹了心智化情感體會的概念後，以下將以比較特定的方式，來介紹它的組成要素，一方面是為了讓讀者們更深入理解這個概念，另一方面也能把它變成研究中的操作型定義。在心智化的情感體會中有三種要素：辨認（identifying）、調整（modulating）與表達（expressing）情感。這三種要素都有基礎與複雜的兩種形式。就像我們可以想到的一樣，辨認情感是調整情感的前提，雖然個體可以在不清楚感覺的狀況下改變它，但大部分的狀況可能會是，我們多少得對情感有些覺察，才能調節／調整個人的情感。同樣地，情感調節之後會伴隨著對情感的表達；但我們也想強調，情感可以分為兩種：向內的情感表達與向外的情感表達。

讓我們更進一步檢視這三種獨立的要素。在最基礎的形式上，辨認情感代表對個人感受到的基本情緒作出命名。我們可能會注意到，有些患者的特色就是會避免為他們的情感命名，或是跳過某些特定的感覺名稱。治療師得澄清，患者究竟只是對這個情感感到不舒服，所以才不想說，還是根本對這個情感一無所知，才能理解這樣的歷程到底是怎麼回事。確實，個體覺察並說出情感的這個瞬間，是很複雜的一件事，個體也不一定需要完全知道自己所處的狀態是什麼。有些人則是會對自己的感受感到困惑，難以確定這是 A 情感或 B 情感，或是 A 情感與 B 情感的混合。在感受到情感混合在一起的狀況時，能釐清每種情感的相關程度，會相當有幫助。

辨認情感其實是很複雜的一件事，情感與情感間會相互連結，而且這樣的連結還很隱微。舉例來說，當某人感受到憤怒時，他的憤怒就會轉為焦慮。某些連結是可以被預期的，例如人對愛情感到失望時，情緒便會在憤怒與悲傷間擺盪。而也有一些連結是比較不尋常 438 的，比如說，有位患者每次感到生氣時，很快就會去同理或是關懷那個讓他生氣的人，去想對方為什麼會出現這樣的動機，用這樣的解釋好讓自己的憤怒消失。因此，在辨認情感時，除了要能夠命名情感之外，還要能釐清各種不同情感之間的關係。

調整情感的基本形式就是情感以某種方式改變了。這可能會牽涉到調整的強度與持續時間，或是更加精細的校準，使情感得到淬鍊。調整意味著一方面要維持情感，同時也會對情感進行一定的強弱校準。有位高度自戀的患者（詳見底下「史考特」的案例）曾經愛慕過一位女性，但他知道那位女性訂婚的消息後，卻表示自己「感覺相當好」。在會談更進一步的探究中，他聲稱，他聽到消息的時候也不是沒有難過，而是因為他的難過已經平復了。我們能從這個案例中看出，此時情感調整的目標應是要把情感維持住，讓患者可以完整地體驗它，反而不是增強或削弱它。另一方面，我們也可以想像，有些人一直緊抓著負面情感不放，像是憤怒或憎恨，使得他們的體驗被這些

情感過度渲染了。此時調整的重點就在於將負面情感的量向下調降。

　　情感體會之所以複雜，是因為牽涉到對情感的重新看待。在情感體會的歷程中，會有個重要的時刻：個體在重新詮釋相同的情感時，能找到新的意義，而不一定得用新的情感來取代舊有的情感。透過對情感的重新看待，個體便能對自身的情感經驗有更複雜的感覺。我們可以用本章的另一個案例（羅伯）來顯示這個歷程。這位案主到後來才理解到，他傾向用早年情境的方式來經驗情感。用重新看待的方式來調整情感，就代表著個體會思考自己的經驗與過往的個人史。在治療中，羅伯重新看待了自己分手的經驗：他談到父母的離婚如何影響到他，讓他感覺自己像是個受害者，但在重新看待這些情感後，他開始能意識到自己對於分手其實也有責任。

439　　情感體會的第三個要素就是表達情感。在最基礎的層次上，我們可以把它分成兩種形式——克制情感與任由情感表露。雖然我們可能會很輕易地認為，表達就是對外在世界展現出情感，但狀況卻不盡如此。在我們的觀點來看，向內表達情感也很重要。到目前為止，社會生物學的觀點認為，情緒是一種臉部表情的呈現，也是一種為了生存而展現的動作反應。所以情感的向內表達到底有怎樣的功用？也許我們可以說，把情感反應隱匿起來，是相當實用且有利的策略。在某些不歡迎情感向外表達的場合中，向內的情感表達可以做為一種策略。我們可以想見，得先有表徵系統的存在，才能向內表達情感，而不是總要向外表達。

　　如此一來，這裡就給了心理治療一個很重要的啟發。心理治療可以被當成是一種向內表達情感的練習，個體能在比真實世界更為安全且涵容的氛圍中去做嘗試。就像我們在第六章所描述的「與現實遊玩」，心理治療可以想成是一種具有假扮模式功能的情境，在此之中，治療師就像是帶有玩心的父母，創造出一種充滿幻想與想像的情境，讓患者得以調整自己的情感。如果我們在心理治療的歷程中，可以觀察到患者能向內表達情感的話，就能夠將其做為治療的指標。這

個指標的價值與重要性不下於情感的向外表達；不管是用哪種表達，重要的是，個體能真正地忠於自我的利益而做出選擇。

　　情感的向內表達與自我反思的概念特別一致。我們曾強調，所謂的心智化情感體會，就是個體能在情感狀態中反思情感，而不是與自己的情感保持距離。情感的向內表達能讓個體重新感受到情感，但這樣的情感不一定需要表現出來。舉例來說，有位患者的太太指責他，罵他為什麼要讓她懷孕時，他一方面非常憤怒，想要回擊，但一方面他也認為，太太當時很脆弱，所以最好不要這樣做。如果治療師能讓患者在更深的層次上去經驗當時的情感，當然能有所幫助，但治療師同時也肯定了患者，當下他選擇不直接對妻子發怒，也是很重要的事。重點是，上述的狀況與個體在理智上認出自己的憤怒是很不一樣的。心智化的情感體會能更進一步地推動我們「擁有」自己的情感；當情感的向外表達不受歡迎時，向內表達情感的能力讓個體能有另外的選擇。

　　當情感表達做為一種溝通時，就會變得更加複雜。尤其是在那些需要向外表達情感的情境中，還是可以分辨出不同的形式，一種是在表達後毫不在乎他人的反應，而另一種則是為了與他人對話而表達。溝通情感代表著，當我們做出表達的同時，也在期待對方會用什麼樣的方式來接收。我們會希望對方不只能知道我們的感覺，還會期待對方能理解與回應這樣的感覺。比如說，一個患者與治療師爭論說治療師今年的休假比去年更長，來表達他對治療師休假的惱怒。這不僅是患者對自身感受的論述；其中還有著一種期待，希望治療師可以做出回應。因此，溝通情感不只是感覺到自身在表達情感而已，也反映了個體對親密關係以及人際關係的投入。我們可以重新回想在第四章中，情感的溝通面向之發展──「情感鏡映的社會生物回饋理論」。而情感鏡映便是日後語言溝通的基礎。

　　雖然上述對於心智化情感體會的要素說明，能讓讀者更理解這個概念，但到目前為止，我們都還只是紙上談兵。接下來將會有一些臨

床案例的討論，這些臨床材料能更豐厚心智化情感體會的概念。在接下來的小節中，我們會呈現四個不同的案例，他們分別代表情感體會的不同面向。

441　臨床實例

本節呈現了我們在臨床工作上的四個案例[1]，呈現方式則是受到我們對於情感體會這個概念的興趣之影響；這些臨床素材當然不會只是單純討論情感體會而已，不過我們也沒有想要做完整的案例討論，而只提出我們感興趣的部分。這些臨床案例各自顯示了不同程度的情感體會，從幾乎沒有情感體會（以及因此導致的災難性後果），到情感體會逐漸能在治療中開始浮現；另一位患者來到治療時，已有了一定的情感體會能力。同時，身為臨床工作者，我們也要常常面對自己的情感體會。在我們看來，任何形式的心理治療，目標都在於改變患者與自身情感的關係，而情感體會能使這樣的改變成真。然而，即使對情感體會能力已經相當不錯的人來說，貼近情感的這條道路依然是滿布荊棘的。

「泰瑞莎」

泰瑞莎是一位在紐約出生長大，年近四十的非裔美國女性；事實上，她曾告訴我，她一生從未離開過曼哈頓。泰瑞莎在精神上有些狀況，並不斷地在醫院進進出出，在過去的二十年間也有過好幾次不同的診斷，像是思覺失調、躁鬱症與邊緣型人格等等。但在我們兩年半的治療中，她並沒有出現精神病的症狀。蓬頭垢面的她經常散發著可怕的氣味（在她之後的下一位患者曾向我抱怨說，她坐過的椅子聞

1　以第一人稱的視點寫成；負責治療這些患者的臨床心理學家為艾略特‧L‧朱里斯特（Elliot L. Jurist）。

起來就像是馬桶）。治療剛開始的時候她不太回應我，拒我於千里之外，甚至還嘲笑我說的每一句話，讓我時常在想到底怎樣才能幫到她。

當然，在泰瑞莎身上還是有令人喜歡的特質；狡詰的她時常對診所的其他治療師與患者，做出刻薄、好笑卻又殘酷到一針見血的評論。這使我對她那種似乎能觀察他人，卻似乎無法觀察到自己的狀況感到興趣。然而，她對於其他人的觀察卻從未包含過正向的情感。在我看來，很多時候這都是她的錯誤解讀，導致她用不當的方式應對他人，並帶來不幸的後果。在我們一起工作的歷程中，我逐漸理解到，她對於他人的直覺可以用在治療中——因為她對人類的心智還是有興趣，儘管她對自己的心智興趣不大。[2]

有嚴重邊緣型傾向的患者卻能解讀他人的心智，乍看之下似乎很奇怪，因為我們在第九章〈從混亂型依附看見邊緣型人格〉就談過，邊緣型人格的病理機制就是有缺陷的讀心能力。然而，兩者其實是可以區分開來的。能夠與他人有關係，明白另一個人是獨立存在的個體，這顯然是泰瑞莎缺乏的能力；但泰瑞莎這樣的邊緣型患者，反而會呈現出機敏、時不時有著狡詰洞察的一面。因此，運用泰瑞莎對他人的評論，來做為間接鼓勵她談論自己的一種方式，並不會削弱我們支持她擁有一種心智哲學的觀點。

泰瑞莎最初來治療的原因，是因為她想要重新獲得子女的監護權，而法院要求泰瑞莎必須來接受治療。泰瑞莎有四個子女，他們已經被兒童保護部門（目前的 ACS[3]）安置，原因是遭到忽略與虐待，其中還包括泰瑞莎曾為八歲兒子口交的詭異說法。而泰瑞莎自己也曾經遭受過身體與性方面的虐待。

442

2　貝蒂・喬瑟夫（Betty Joseph 1989）曾指出，即使患者無法對自己有興趣，治療師還是可以與他們想要被人理解的願望一起工作。我的論點也與此有關——做為想要自我理解的暖場，治療師仍可以與那些對他人感興趣的患者一起工作。

3　譯註：兒童服務管理局（Administration for Children Services, ACS），設於美國紐約的兒少福利機構。

泰瑞莎不喜歡談她的過去。她結過婚，與丈夫有兩個孩子，但他們已經分居了，而每一次只要泰瑞莎看到他，就會火冒三丈，並在會談中對他大肆抨擊——雖然她從不告訴我他們之間到底怎麼了。泰瑞莎很少提到她的母親；她說自己不想看到母親是因為「她就只會唸我。」當我問她，她的母親究竟唸了她什麼時，她回應我說：「所以現在換你唸我了嗎？」泰瑞莎也有一個久未聯絡的姊妹，父親則是在她九歲時拋棄了家人。她曾想起在父親離家前不久的一個片段。當時她正坐在廚房的桌邊寫功課，父親醉醺醺地回到家，並在泰瑞莎向他問問題時，狠狠地在她頭上打了一下，力道之大甚至讓泰瑞莎從椅子上摔了下來。她在講這件事情的時候變得急躁且防衛，然後又突然很自傲地說，雖然她受盡了很多苦難，不過這一切都沒有對她造成困擾，也沒有影響到她。但從這些早年的敘述中可以看出，這些經歷如何造就了今日的她。

在我們的會談中，最常見的情感便是她的暴怒。最初，她對於法院系統感到相當火大，不管是法官、律師（公設辯護人和她的律師），以及法院的行政人員，而她也對心理衛生系統感到生氣，包括代表這個系統的我。會談幾乎千篇一律，內容很少有所改變。在我觀察到改變之前，這樣的氣氛持續了好一段時間，但改變的不是談話的內容，而是她的出席率開始變高，從每四次只出現兩次，進展到幾乎每週都會來。

有一次她來的時候正處在氣頭上，那天她剛好要與法庭指派的精神科醫師見面，因為他們正在評估泰瑞莎是否適合照顧她的小女兒。她劈頭就告訴我那位精神科醫師：「好白好棒棒。」（"all white, alright."）當我請她再多說一些細節時，她怒氣沖沖地回說：「他的頭髮是白的！外套是白的！他的眉毛也是白的……他就是全白的！」然後她告訴我他們互動當中的一個重要片段。在會談過程中，精神科醫師問了泰瑞莎一個標準的問題：「妳有過任何想傷害自己的念頭嗎？」泰瑞莎的回應是：「沒有，不過我現在的念頭是想要傷害

你！」在她結束這個故事時，我感覺到好多種情緒跑了出來，我能分辨出我先是覺得好笑，同時又想要哭的感覺。

　　讓我盡可能更精準地形容我的內在反應，這個反應讓我感到　444
陌生，還有一種非常怪異的感覺，這與那種需要用對立事物混合在一起才能表達的經驗不太一樣。舉例來說，就像「苦樂參半」（bittersweet）的感覺，或是在極端的環境下，愉悅與痛苦會匯聚在一起。我所感受到的是一些純粹卻相互矛盾的東西，使我合理地懷疑，泰瑞莎想要逃離難以忍受的感覺，那種渴望影響了我，而她講的話就體現了她那未整合的內在世界。另一種心智被他人所填滿的例子，便是「投射性認同」。做為反思，我將我的經驗分析如下：我之所以會想笑，是因為我感覺到泰瑞莎的臉皮是如此之厚，她用她的狡詰打敗了醫師，讓我感到很好笑。在某方面來說，她反將了醫師一軍：當醫師想要了解她的感覺時，她順從了，並告訴了他這個直白的事實。而我之所以會想哭，是因為我注意到她的暴力，她讓自己必然會被判定為不適任的母親。最後，那位花了一個小時與她會面的醫師認定她是不合格的母親，並在他的報告裡質疑泰瑞莎根本不能擔任母職。

　　泰瑞莎對醫師的動作充滿了敵意，她試著回答醫師那個自殺意念的問題，但卻用相反的方式來回答，宣稱自己有著殺人的意念，而這令人非常不舒服。她的行為是公然的自我毀滅：她說出的每一句話其實都不利於她的官司。不過透過泰瑞莎的觀點看待事情或許會有所幫助。泰瑞莎對小事敏感得令人訝異，又很容易誤以為他人對自己抱有惡意。所以，我猜想一個白人醫師質問她的這種情境脈絡，確實變成了一種侮辱。（醫師「白的」太過徹底，惡化了泰瑞莎感覺受到審判與被譴責的經驗。）當醫師談到自我傷害這個纏繞在她心頭的恐懼後，泰瑞莎感到受傷，以自我防衛做為回應。她雖然在表面上否認了自殺意圖，但以深層的意義來說，她卻直接地在醫師的面前重演了自殺行為。

445　　　而我想要描述的另一個治療事件如下：在會談持續了將近兩年之後，有一天，泰瑞莎走進治療室並坐下，在幾分鐘的沉默後，她尖銳地問道：「嘿，看看你自己！難道你不知道嗎！……如果你穿成這樣晃來晃去的話，會著涼的。」（我終於明白，她正看著我的腿，我的襪子到褲子之間大約露出了五公分的皮膚）。她繼續說：「現在聽我說……如果你感冒了，你應該要這樣做：給你自己一點茶，然後舀一匙蜂蜜跟檸檬片放進去，喝下後，你就會好一點了。」她搖搖她的頭，勝利似地露齒而笑：「你應該要聽我的，我知道我在說什麼。」這個小互動特別值得一提，因為泰瑞莎難得會表達出正向的情感。儘管在語調上顯得有點頤指氣使與責備，怪異的現實感也顯露了她鬆散的思考連結，然而泰瑞莎還是表現出她的好意。此時她的話語之下有著與口語無法相稱的情感，但我想還是可以清楚地看到，泰瑞莎對我健康狀態的關心。

　　因為泰瑞莎能表達出同理與關懷，使我們的互動有所進展。在兩年之後，她較少感到與我對立，或許也因為感受到被我照顧，而能對我表現出互惠式的關懷。但事實上，我時常感覺自己沒有幫上她的忙。我所說的話似乎不是重點；我相信造成影響的是我的傾聽——傾聽她說話，而且不做任何評斷。這種經驗顯然是她過去的經歷與現下的情境所缺乏的。（讀者可注意到，這位患者在表達對我的關心時，重複用了「聽」這個字。）

　　而我可以說的是，泰瑞莎過著極度孤立的生活。她最好的朋友——也是她在會談中唯一提到的朋友——是一個無家可歸，時常在三、四個地方遊走的女性，有時還會突然失蹤一陣子。因此，她能夠與我建立關係，從興趣缺缺且被強迫的狀態下，到能夠自發地選擇來見我，可以說是重大的進展。在治療中，她的暴怒依然顯得執拗，泰瑞莎深深地感到自己被冤枉了，沉浸在自己孤身一人與法院系統搏鬥
446 的感受裡，所以被安排去見另一個共謀者（治療師）時，也讓她感到委屈，見心理師不一定是不公平，但顯然是無情的一件事。

　　泰瑞莎很少表現出她的正向情感，又因為正向情感會讓她過度緊繃，所以無法被公開承認。然而，我們還是有過一些觸動人心的時刻，每回她開我玩笑，或是對我微笑，而不需加以隱藏時，我能看出她其實很高興，甚至可以觀察到她試著想要壓抑自身的正向反應。但是如果我試著讓她注意到我們共享的歡樂時，她就會無情地拒絕。最後，由於她的醫療補助保險出了問題，加上後來我也離開了診所，治療因而中斷，我們的工作也停在未完成的狀態。

　　然而，大約一年後，我在街上遇到了泰瑞莎，當時她正憂心忡忡地看著一個垃圾桶，並沒有抬起頭來看我。本來我想要過去跟她打招呼，但又不想冒然打擾她，所以我決定如果她看到我，我再向她打招呼。很快地，能打招呼的時間就這樣過去了。我在邁開步伐離開的時候，感受到一股巨大的悲傷。

討論

　　泰瑞莎所表現的情緒既侷限又反覆。她的怒氣具有爆發性，在某些時候顯得相當嚇人。[4] 我們可以從她對法院精神科醫師的反應中看出，她誤解他人意圖的狀況有多嚴重。而最能夠理解泰瑞莎敵意的方式，就是把它當成泰瑞莎想要去除掉自己所感受到的敵意。或許這也顯示出創傷的再次重演與原初歷程的爆發。

　　泰瑞莎無法很好地辨認與區分情緒，想當然爾，她也很難調節自身的情感。暴怒突然出現，自動傾瀉而出；使她的心智功能受到陰影壟罩。泰瑞莎得不斷地捍衛身為母親的位置，這一定讓她感覺到極度害怕，然而，暴怒卻損害到她對害怕以及其他情感的體驗。她的暴怒似乎不像是放大版的憤怒，而是單一僵化又具有掌控性的存在。

447

4　以寇哈特的說法來看（Kohut 1972），這樣的狀況與自戀性的憤怒（narcissistic rage）有關。由於這位患者的自尊受損，使她感到脆弱，想與他人保持距離，而這種感受時不時會隨著攻擊一起爆發。我在針對約翰·史坦納的《精神退行》（Psychic Retreats）的評論文章中描述，我曾與泰瑞莎發生過這樣的狀況，當時她從椅子上起身，並要脅著要打我（Jurist 1997）。

　　我在那一次先是想笑，而後又想哭的經驗也顯示出，泰瑞莎的投射性認同既是一種隱藏，也是一種揭露，顯現出困惑且混亂的內在世界。這也使我們可以一窺泰瑞莎行動主體的破碎感。行動主體感的問題，透過她與法庭精神科醫師的這段插曲清楚地表現出來：雖然她如此強烈地希望自己能被當成一個稱職的母親，然而她的行為卻又使得她被醫師評估為一個失格的母親。

　　無法調節情感的結果嚴重地影響了泰瑞莎。縱使她對我感覺到正向情感，帶有攻擊色彩的負向情感還是持續地壓迫著她。泰瑞莎無法安心地感受正向情感；比起冒著風險表達，她反而更致力於削減它。在與我的互動中，我們都可以看到泰瑞莎是如何努力地讓自己能夠忍受正向情感。

　　我們很難在泰瑞莎身上看到心智化的情感體會。但有意思的是，我會從她身上感受到，我自身的情感調節被她動搖。舉例來說，我在她與法庭精神科醫師的故事當中的反應；以及治療結束後，我們在街頭上偶遇的情況。泰瑞莎是位不易治療的患者，因為她引起的反移情是如此巨大；但是，這些反移情又是唯一可以提供她正在經驗什麼的線索。

　　泰瑞莎其實有顯示出她與治療師能發展出連結的跡象。對我而言，這是一種希望的象徵，只要能夠維持長時間的治療，患者就有可能發展出一定程度的心智化情感體會。一旦患者能表達出幽默感，就有希望存在，而泰瑞莎確實有著令人愉快，卻有些心術不正的幽默。
448 然而，一旦缺少了心智化的情感體會，泰瑞莎註定只能過著問題不斷的生活。由於她的治療受到中止，因此她在治療中是否獲得心智化的情感體會，還有到達怎樣的程度，就只能停留在想像的階段了。

「班尼」

　　班尼是一位五十歲出頭的猶太裔男性。他生長於紐約近郊的一個

藍領家庭。他也是一位傑出的學生，曾經獲得菁英大學所提供的獎學金，主修歷史。在大三時，班尼開始發病，從此再也無法恢復到原本的功能水平。他曾給我看過他的大學成績單，而成績單是如此驚人地顯現出病情造成的戲劇性轉變：在大一那年，他的成績大部分為 B，只有幾個 C；大二那年，他的成績大部分還是 B，有一個 A 與一個 C；在大三那年的秋季學期，他幾乎每一門成績都不及格，在永久離校前，他曾好幾次想重修入學的學分。

　　班尼的症狀是典型的思覺失調症。在過去的歲月中，他曾經有過多次的崩潰與住院經驗。有將近十年的時間，他住在街頭與單人旅社（SRO's）[5]中，拒絕接受醫療處置，在妄想的世界中自得其樂。班尼可以把自己那一段時間的生活說得非常清楚，他描述自己對於美洲原住民的認同，在河濱公園四處閒晃以「尋找對意義的神聖尋求」，把自己沉浸於觀察植物的小細節與動物的生活當中，就像他自己能夠覺察到的一樣，過著自絕於人群的生活。班尼回想這段時光是他可以充分感覺到自己活著的時候，但當他想起受苦的經驗——像是在街頭上被人拳打腳踢時——就會變得防衛。

　　大約在十一年前，班尼搬到社福機構的旅舍中，在那邊有社工為他服務，同時他也參加了一週一次的職業復健團體。在這些年間他曾看過幾位心理師，就他的記憶所及都還算愉快。但在他的回憶中，他對那些精神科醫師的感覺則比較矛盾。他很喜歡他現在的精神科醫師，並且一個月與她會面一次。他也為自己現在被診斷為情感思覺失調症（schizoaffective disorder）的症狀，勤勉地定時用藥。在十年前，他曾經被送到急診，原因是他在房間裡想著父親時，不斷地尖叫說：「殺光猶太人！殺光猶太人！」不過隔天他就出院了。

　　在過去的九年來，我每週見班尼兩次，他從來不會錯過會談，

449

5　　譯註：單人旅社（Single Room Occupancy）是美加地區一種住房形式，通常針對低收入或最低收入的居民，以極低費用出租帶基本家具的小型單人房，租戶共用廚房、廁所或浴室等設備。有些單人旅社特別設置用來容納街友或前街友。

很認真地看待心理治療——他經常帶著一堆想談的話題出現。我們有良好的工作聯盟，他不太會再陷入妄想中，但他還是有些特定的強迫行為——比如說他發現自己在餐廳時會隨著別桌客人談話的頻率來用餐，或是會盯著時鐘直到六點零五分，因為「605」是班尼老家的門牌地址。班尼時常會出現關聯性意念（ideas of reference），有趣的是，當我們一起細察這些狀況時，他可以分辨出這些事情的合理性，並照著與現實的關聯程度，開玩笑地幫它們排名，而且程度都相當合理與精準。在我跟班尼的工作中，幽默是一個重要的成分，使他能夠忍受與我共享的時刻，而不會因此感到威脅。這些幽默的時刻可以想成是對於親密關係的一種代替或承諾。

　　班尼的日常相當平順，每週有兩個早上，他會擔任英文家教的工作。他會在居住的建築物大廳閒晃，附近有一間班尼最愛的餐廳，他幾乎在那裡解決他的每一餐；他與同大樓的幾個房客有些接觸，也與幾個大學朋友還有往來。班尼有個已婚的姊姊，她有一個就讀醫學院的女兒，而他的父母很早就搬到很遠的地方，好跟班尼的姊姊住近一點。這些細微的人際互動，經常是我們會談中的焦點，班尼會因為一間韓國雜貨店的老闆給他一個友善的眼神而深深感動。

　　大體來說，班尼對他人有過度的敏感，但是他並非每次都能敏銳
450　地了解他人的意圖。對班尼來說，他人的行為會轉變成他幻想中的材料細節，其中有些顯然帶著妄想的色彩。他會想像有人在公車上看著他，編造出那個人的故事，以及那個人對自己的看法。班尼傾向於與他人保持距離；然而卻又很依賴周遭的關係——特別是那些支持著他的心理健康人員，他既害怕與他人的真實接觸，但卻又渴望著這些接觸。

　　班尼偶爾可以藉由夢，與他的潛意識生活保持著深層的聯繫。他可以花上 25 分鐘的時間敘述夢境。那些極度強烈的想像幾乎將我淹沒，也使我感到相當困惑。他喜歡敘述夢境更勝於解釋它們，班尼確實有種珍貴的能力，能與自身精神病的部分作接觸，並將它們帶到治

療內。

　　我很難推測，班尼所描述的大致早年生活，還有他與父母的關係，到底有多少可信度。在班尼的眼裡，他的母親是個既侵略又愛掌控他人的女性。而他的父親則是長期失智，直到八十九歲才去世。班尼覺得父親是個很少有反應、有時冷淡、甚至具有敵意的人。班尼一直對父親感到焦慮不安，對於父親的病症也所知不多，這個狀況直到他接到父親的死訊才停止。班尼選擇不去參加父親的葬禮，但在葬禮幾週之後，他有出遠門去跟家人相聚。班尼對父親去世的反應，大多都呈現在對父親的失望上，他只有在某次會談中明顯地表露出悲傷。由於班尼很脆弱，而且對於自己讓父母失望有強烈的內疚感，所以我並沒有急著催促他處理這些失落。

　　班尼知道，他必須隨時隨地保持警覺，才不會讓自己隨著想法而行動。有時他會變得凝重與靜默，沉思他的心智，想著哪些可能是自己捏造出的虛假，或是不可靠的信念。雖然我相信，他能分辨出精神病的症狀什麼時候會發作，讓我們有機會能事先預防，但我們很難知道，怎樣才算是成功的治療。許多心理健康的專家對於心理治療能幫助思覺失調症患者的說法大加撻伐，其他的心理健康專家則強調療程的持續，只要確保班尼的狀況不要惡化，這就是一個正向且有意義的結果。的確，班尼的正向症狀在心理治療與精神藥理學的結合下，得到了良好的控制，儘管他的負向症狀仍舊存在──無法準時起床、難以保持自己與房間的清潔、不容易完成計畫。然而，班尼探索自我的求知慾帶給我極為深刻的印象，自始至終都是治療中的希望之光。

　　班尼持續與他自身可怕的疾病進行抗爭，他在公共圖書館的閱讀家教工作，可以視作對抗疾病的其中一個指標，這份工作讓他獲得部分學生的衷心感謝。但有朝一日，班尼目前的安寧或許會被打破，他就像是坐在悲傷之泉上。就像大多數的人一般，他受惠於會談中對個人史與內在動力的探索。但在班尼的案例中，自我理解的這個課題，同時也必須承載著他自身疾病所帶來的巨大能量與波瀾。

451

討論

班尼擁有嚴重的精神疾患，疾病也會妨礙到他對現實的知覺，因此，班尼在判讀他人的意圖時常會出現嚴重的誤解。在無害的互動中，班尼還是會有一定的妄想。與這樣的患者一起工作時，自然不太可能期待他會展現出多大的情感體會。

但班尼確實表現出一定程度的情感，他能辨認出像是害怕、悲傷與憤怒的感受。不只如此，他也能辨別、區分與表達出正向的情感。班尼也有愛好，像是聽音樂或是繪圖。他能展現出對他人的溫暖與關心——在我感冒時，他會注意到我的狀況，並表現出他的同情，而且關愛著他三歲的外甥。他也會出面幫助同棟大樓的房客。然而，他很難維持關係中的正向情感。

452　　　　儘管班尼有一定程度的情感，但在調整情感上卻有困難。讓我舉個例子。有一次，班尼與小外甥在餐廳用餐，原本他還很開心地與小外甥用菜單玩躲貓貓，不過當外甥隨後不久睡著時，班尼卻認為，一定是因為他覺得跟自己作伴太無聊，所以才會睡著。覺得自己被小孩子忽視的焦慮逐漸湧現，班尼無法理解，小外甥之所以會睡著，可能還有其他的理由。當我試著帶他去看外甥的行為有其他可能的解釋時，班尼可以理解到他太快就下了結論。但很明顯地，他沒有辦法靠自己的力量做到這件事。

而班尼究竟是如何面對生命的重要經驗（像是父親的去世）呢？顯然地，他無法度過一般預期中的哀悼過程。從某種意義上來說，他完全不願意修正或減少對父親的負向感受。不僅如此，他在思考他的父親還有寡居的母親時，都顯現出某種調節失敗的跡象。班尼對於該如何面對父親的過世感到茫然，他曾在會談中說過，有幾次他曾感覺到關於父親的想法閃過他的心中，但他卻無法藉此反思父親對他的意義。

班尼對自己脫離常軌的狀況感到非常哀傷。他覺察到自己有一個無法正常運作的心智，但在生活上，他又能很巧妙地讓自己不會捲入

麻煩當中。我不會不切實際地期待狀況會變得更好，不會帶著這樣的心情在他悲傷的時候陪伴他。我們一起做的工作其實就是心智化情感體會的運用，藉由檢視他的關聯意念，班尼有時可以離他製造出來的臆想一段距離，這使他能更好地區分與調節自己的情感。班尼在一個人的時候很明顯無法有心智化的情感體會。而且在治療的前五到六年當中，他都抵禦著這種感覺。

最後，我想回到班尼的幽默感做為結論。當他大笑時，聽起來就像生鏽的機器發出的鏗鏘聲，班尼可以透過幽默來容納我們之間共有的正向情感。就像我說過的，幽默使我們可以有親密的互動，讓我們感到短暫的滿足。班尼覺得我比他生命中的任何人都還要來得親近。在與他人的關係中，班尼有許多衝突與困惑，所以他與心理健康專業人員發展出如此親密的關係，其實並非偶然。我們的工作使他能體驗到與人連結的真誠時刻，並能讓他繼續追尋有意義的生活。藉由一些幫助，班尼能在某些時刻中展現出對情感的反思能力，儘管期待班尼的心智化情感體會能力能更加完整，可能太過奢侈，但這依然值得我們奮戰。

「史考特」

四十歲的史考特出身於中產階級的家庭，在美國中西部的許多地方還有亞歷桑納州長大。史考特的早年生活有個特點是多次搬家，因此他的朋友很少，這也使他備感寂寞。在高中時，他開始翹課、喝酒與嗑藥。在二十歲出頭時，他搬到新墨西哥州，成為一位在畫廊工作的畫家。這回他喝酒、抽菸與嗑藥的狀況變得更嚴重了。史考特結過婚，這段婚姻維持了三年，最後妻子無法忍受史考特對她的長期忽視，便離開他回到娘家。過去的幾年間，史考特與許多女性來往，也有過幾段認真的感情。當生活就像奔馳在快車道上，逐漸奔向嚴重的自我毀滅時，他開始轉而尋求心理治療的協助。三年的治療後，他停

止了物質濫用並決定移居到紐約。

　　史考特很少與他的家人聯繫，他已有七年的時間未與父母見面；但一年中會有幾次，當遇到像是聖誕節的節慶時，他的母親會寄信給他。他的父親是位相當成功的商人，既蠻橫又跋扈，並對兒子的藝術天分不屑一顧。史考特的父親沒上過大學，他認為上大學只會浪費做其他事的時間。史考特以很一般的詞彙描述母親：就像典型 1950 年代的主婦那樣退縮而保守。他還有一個妹妹，是位女同志，這幾年來都維持著穩定的親密關係；但這四年來史考特也從未與妹妹見過一面。

454

　　史考特以前與奶奶特別親近。當他六歲時，父母把他送去奶奶那裡，一住就是兩年——表面上的原因是由於亞利桑納州的空氣有益於他的健康（他有原因不明的嚴重呼吸道問題）。然而，史考特現在卻很懷疑，當時其實是因為母親覺得他太難照顧，才會把他丟到奶奶家去。這個洞察主要來自於幾個關鍵的回憶，史考特曾想起，自己會在母親燙衣服或整理家中時，乞求她陪自己玩，但母親卻相當厭煩，飛快地衝回寢室，並將身後的門關上。

　　即使史考特感受到奶奶對自己的關愛，他卻逐漸開始意識到奶奶有些心理失常。他慢慢知道奶奶說的常是不可信的故事，她總是編造著自己有多少財產，還跟他說這些財產之後就會讓史考特繼承，吹噓著自己與電視上的名流關係有多好。奶奶用過很多名字，直到後來史考特才弄清楚，這是因為奶奶曾經結過六次婚。奶奶也試著影響史考特去對抗母親。在晚年，奶奶經年累月到處遊走，借住在熟人家中，卻沒有自己的家。最後奶奶就在遠離史考特一家的狀況下逝世。

　　史考特在新墨西哥州的美術界得到了一些成功，但他也有過幾次失敗。在三十幾歲時，他覺得自己真正想要做的是繼續接受教育，就在此時，他來尋求我的治療。在此之前，他多次試圖想要回去念大學，可是卻連一個學期都無法念完。

　　史考特的治療總共持續了五年，在治療期間，他得過兩次獎學金

還有一些獎項，他也花了一年的時間出國遊學，再次開始繪畫。有趣的是，他在遊學期間曾與一位女性交往，但在遊學後的隔年重新回來治療時，他卻拒絕與這位女性繼續維持遠距離戀愛的關係。

　　史考特對自己的生涯有抱負，像是他想在主流美術館中開設個展。他同時必須努力地不要讓那些惡習增加，危害到他的成就。有一次我們討論到目前的處境，此時他告訴我一個故事：他好不容易完成了英國文學課的期末報告，這讓他很有成就感，也感到極大的放鬆。接下來的那個禮拜，他在圖書館讀書時，突然聽到有人走近他，他抬頭發現那個人正是文學課的教授。教授不僅和他聊天，並且還誇讚他的報告非常優秀，讓教授讀得十分開心。史考特直到後來才了解到，他當下根本無法理解教授的話，也無法直接回應教授，只能嘟噥出一些不太完整的句子。455

　　史考特事後回想這個事件時，他開始覺察到，在當下他意識到靠近自己的那個人是教授時，他預期自己收到的會是批評——教授會告訴他，他的報告糟透了，對他的成果很失望。根據史考特的說法，在互動中他出現了困惑，當時他腦中想像的聲音與真實外界的聲音是相互衝突的。他同意這樣的衝突可能與他很難相信自己會成功的狀況有關——即使他在過程中相當努力，也值得這樣的成功。不僅如此，內在的聲音使他想起了蠻橫的父親，父親從來都不相信他會成功，還嘲弄著史考特對教育的興趣。看到史考特如何隔絕教授的稱讚，避免讓自己體驗正向情感的狀態，確實相當耐人尋味。他非常擔心自己的回應很不恰當，冒犯到了教授。在他能在治療中談到這個事件，並做出反思之前，這些擔心完全淹沒了他。他同時隱隱地對自己感到生氣。在我們的會談中，透過一些鼓勵，史考特才能感謝自己，並對報告受到教授的稱讚而感到驕傲。

　　這個突發事件顯示出，史考特的內在世界禁止他體驗正向的情感——（想像中的）負向情感與（真實的）正向情感相互混合，把他給癱瘓了。史考特確實能理解自己的一些情緒，但在他獨自一人時，

他只能往壞的方向想。藉由治療的幫助，他可以重新看待這件事情。這件事情雖然帶有後悔的成分，但它本質上應該是值得開心的事情。

456 史考特慣於用負向情感圍堵自己，防止自己擁有正向的感受，但並沒有強到要不惜一切代價去排除它。在治療一開始時，他談到他與教授的互動時就像一個旁觀者，但後來狀況有所轉變，他更能夠理解這個事件，並重新體驗。

在治療過程中，史考特與他自身情感的關係也出現一些有趣的改變。在治療開始時，讓人既驚異又困惑的是，史考特會經常省略或是搞錯自己的感受。就像有次會談開始的時候（這個插曲已在本章先前的段落描述過），史考特得知一位他已經愛慕了好幾個月的女性就要訂婚了，他卻說：「我覺得還好……」在此時協助史考特點出他真實的感受也許有些幫助，但如果太直接，反而會適得其反。

在治療幾年之後，史考特繼續努力地體驗自身的情感，舉例來說，他回去接受一位醫生的治療。在幾次的醫學檢驗後，醫生告訴史考特，他先天的腎臟問題導致泌尿系統出現了長期的症狀，所以他可能需要進行手術。有兩種類型的手術可以讓他做選擇：一種是傳統的開刀方式，另一種是較新穎、較為無痛，但風險較高的高科技手術方式。當我問史考特對這件事的想法時，他卻回說：「喔……我其實沒有很擔心……我的意思是，只要手術結束後腎臟不會再出問題就好了，我恨洗腎，因為它很浪費時間，還會影響到我的工作。」

在表面上史考特否認了擔心的感受，但卻直接跳到了最糟的狀況，反而顯示了他其實有多擔心。從這個經驗裡我察覺到，史考特會把他的感覺想得很極端，覺得會有可怕的後果，此時他就會有個衝動，不想要認出這樣的感覺。然而我也注意到，若是太主動地詮釋他的情感狀態，就會讓他變得防衛與好辯。如果把情感狀態說得太細，史考特就會如坐針氈──就好像他會陷入這種狀態一樣，而且永無脫

457 身之日。不過藉由一些幫助，像是適度地感受擔心，關注於他的過往經歷與當下的環境，都讓他能持續地向前邁進。

　　史考特與他自身情感的關係在我們的努力之下得到了一些進展，尤其是透過他對藝術的興趣。對他來說，藝術有多重的功能，一邊能讓他與自己保持距離，同時又能處理他的情感。史考特對他所創作的一幅畫漸漸發展出強烈的興趣，而畫中描述的是荷馬《奧德賽》（Odyssey）當中的著名場景——獨眼巨人波呂斐摩斯（Polyphemos）正殘忍地吞食著奧德賽（Odysseus）的船員。這個場景同時顯示了奧德賽最好與最壞的地方：他克制了自己的行動，想出了絕佳的策略來解救自己與船員的性命，但之後又因為放縱自己的全能自大，而差點斷絕了一行人的生路。而這個絕佳的策略就是：奧德賽讓波呂斐摩斯喝得爛醉，再用削尖的巨大樹枝刺瞎巨人的眼睛，之後他們把自己綁在羊肚子底下，伺機逃出巨人的洞窟；當瞎眼的巨人清醒後想要尋找他們時，只能摸到羊的背脊，而無法發現藏在羊肚子底下的他們。當一行人終於成功逃離，眼見就能離開島上的時候，奧德賽卻向波呂斐摩斯大叫，揶揄地告訴他，自己的名字叫做「無名小卒」（Nobody）。這激怒了波呂斐摩斯，巨人拋出了巨岩，差點就讓奧德賽的船沉沒，而且巨人還詛咒了他們。[6]史考特的畫作貼切地呈現出奧德賽向獨眼巨人誇口的那一刻。

　　我們在工作中持續對這幅畫作出了很多的詮釋，也從多重的角度進行切入。首先，在史考特的經驗中，既粗魯又野蠻的父親就像是危險的獨眼巨人。有個奇妙的事實可以證實這件事：史考特的父親就像獨眼巨人一樣，因為年輕時的意外而一眼失明。伊底帕斯的主題因而凸顯出來：史考特認同了奧德賽，以陰莖攻擊來維護自己並對抗父親（波呂斐摩斯）。波呂斐摩斯被奧德賽弄瞎，就像伊底帕斯刺瞎了自己的眼睛一樣，是一種象徵性的閹割。不只如此，這幅畫也讓我們一起思考了關於（前伊底帕斯期的）全能自大主題。[7]我們之所以能一起　　458

6　譯註：一說波呂斐摩斯向父親海神波賽頓求助，因此，海神的詛咒導致了奧德賽後來被迫經歷更多的艱險。

7　此一自戀自尊的擺盪傳達出了「波呂斐摩斯」（Polyphemos），在希臘文中代表「著名的」（much-famed）與「無名小卒」（Nobody），亦即奧德賽為自身取的假名（即希臘文中的

發現史考特對這幅畫的共鳴，是因為這幅畫呈現出史考特會如何把強烈的情感與危險連結在一起。

透過把藝術當成一個外在表徵，史考特發現了一個可以觀察自身內在衝突的管道。他確實需要在保持距離的狀況下，才能舒服地處理這些課題。有意思的是，史考特的才華給了他方法，讓他可以與深層的情緒保持連結。史考特理解到的其中一個洞察是，如果他感覺到他的感受會連結到攻擊，而且會失去控制的話，那麼他最好就不要有所感覺。然而有意思的是，史考特在畫中呈現的卻是奧德賽在故事中那反常的行為，因為他通常都被描述為一個能克制自己，而且遵守中庸之道的人。儘管有些諷刺，我們還是可以下結論說對於史考特而言，繪畫不只是一種診斷，同時也是通往療癒的路徑。

討論

情緒上的空白是史考特在治療早期時一個很大的特色。[8]他不只會迴避情感的出現，也經常不把情感當成自身一部分的經驗。有時，他似乎也會搞錯自己的感覺。不出所料，他對我也沒有明顯的移情反應。在會談中，當我給出回應時，史考特會停下來聽我說話，之後又會繼續談原本的話題，就好像我剛剛只是打斷了他的思緒而已。但因為一個契機，這樣的狀況開始轉變：在某次治療休假期間時，史考特 459 進行了腎臟手術的評估，我們後續在討論這個行為的意義時，了解到治療對他而言就像是對抗痛苦的保護罩。

在遊學一年後，史考特回來繼續接受治療，並且又有了新的進展；他變得更為脆弱，變得更想要檢視過往——這個回到治療的歷程，就像他被送到奶奶家然後又回來與家人團聚的歷程一樣。雖然史

「Oudos」，在此是對於奧德賽真正姓名的一個玩笑）之間的極端對比。在治療中，史考特的自戀便展現在他如何判讀與覺察自身自戀的傾向上。

8　史考特使我想到克里斯托（Krystal 1988）所提到的述情障礙（情感表達困難），而這些患者時常會濫用物質，好隔絕痛苦的情感。同時，就像克里斯托所描述的患者群一樣，史考特只能用一句話來描述他的夢，而無法對此產生聯想。

考特仍然無法自在地展現出自己的情感，但還是有所改變，像是在探問史考特的感覺時，同樣都是「我覺得還不錯啊」這種帶有自戀性拒絕味道的回應，但他說這句話的姿態卻有些不一樣了，我似乎能辨認出，在他那自戀性拒絕的後面，還藏著孤獨與困惑的感受，就像是他在六歲時被送離家的感覺。

　　史考特很難辨認出自己的情感，但他對自己的情感經驗卻愈來愈有興趣，也想要理解這些經驗。有鑑於他在辨認與區分情感上的困難，我們可以想像，對他來說，要調節情感並不容易。最好的例子便是史考特對於腎臟病的那個反應。在透過我的幫助達到調節之前，他迴避了自己的焦慮，並且將它們帶往極端的方向。我們也可以看到，當在治療中能思考美學的意義時，史考特就可以在安全的距離下，更自在地探索自身的情感。

　　同時，移情也得到了發展。史考特更能夠對我的話做出回應，對他而言，治療前與治療後的生活是截然不同的。我們可以想見有些人慣於在他人面前阻擋正向的情感，史考特就像那些人一樣，從未對治療或我展現出正向的情感，對文學課教授亦然。他從來沒問過我關於我的任何問題，對我也從未顯現出任何的好奇。然而，史考特現在卻能夠對我展現出負向移情的反應，像是他會因為我放假，治療需要中斷而不開心，或是偶爾覺得我說的話惹怒了他。

　　史考特現在明顯地活得更有生氣。在多年不穩定、甚至有陣子還落魄潦倒的生活後，他終於有了一些真實的成功。完成大學教育好像代表著他戰勝了過往在家庭中所受的挫折。他還是很難接受內在的感受，但在療程中逐漸開始浮現心智化的情感體會。只要給予一些幫助，史考特就能反思與文學課教授的事情，治療前，他腦裡只有害怕 460 冒犯到教授的想法；但在治療後，他能對自己有著想要打斷一個愉快經驗的需求進行反思。一些類似的情況也發生在史考特對腎臟病的反思上。儘管這些例子都發生在療程中，但大部分都是他靠自己的力量辦到的。

史考特的情感體會逐漸浮現的例證就是，在日常生活中他選擇不再與他人發生無意義的爭論。在治療的前幾年，會談中談到的幾乎都是他如何在對抗他人。在早期的某次治療中，他描述了與圖書館警衛那不甚愉快的互動。警衛會在學生離開圖書館前檢查學生的背包，但那位警衛卻因為顧著打電話，而拖延了檢查。於是史考特就用周遭的人都聽得到的音量，抱怨說他有多討厭必須要在原地苦等；最後警衛與他相互謾罵，反而讓他遲到得更慘。讓我們把這個事件與最近的另一個事件做個比較：史考特正要過馬路的時候，有輛計程車正停下來要讓乘客下車，也擋到了他的路。他給了司機一個白眼，導致司機當場衝下車對著他大罵，史考特本來有股衝動想要還以顏色，但他覺得這樣做不值得，所以就離開了現場。

儘管在第二個事件中，史考特是先挑起爭端的那個人，但他能克制自己的衝動，讓事態不要更加惡化。不僅如此，我們可以看到，史考特先是向外表現了對司機的厭惡；而後他做了轉變，選擇改為向內表達自己的情感。在史考特的敘述中，他能覺察到自己那時還是很生氣，但他也為自己能夠選擇貫徹自己的目的而感到高興。史考特在這裡表現出的心智化情感體會，有如《奧德賽》中，奧德賽嘲弄波呂斐摩斯時的精采橋段，荷馬（Homer）把奧德賽描述為「*polytropos*」（希臘語，亦即奧德賽是一個「足智多謀」的男人），而此時，史考特就像奧德賽一樣，可以選擇自己的回應。這也反映出史考特在了解《奧德賽》的意義後，更能夠覺察到他會把情感表達與危險這兩件事情連結在一起。史考特是如此為《奧德賽》所著迷，而我從中引入了故事背後的意義，讓《奧德賽》變成了我們關係間的連結。即使史考特沒有對我表現出明顯的移情，但我在具有回應性的詮釋中蘊含了大量的情感，幫助他能感受到更多的安全感，並開始有所成長。我們在治療中看見，他的情感體隨著時間而成長，這是治療中最重要的進展。

461

458

「羅伯」

　　羅伯是一位聰慧且敏感的年輕男性，二十五歲的他成長於南方的 Wasp（White Anglo-Saxon Protestant）[9]家庭。在他還小的時候，家人之間的關係是很親密的。羅伯與妹妹處得也很好，儘管比起活潑的妹妹，羅伯相較之下內向一點。羅伯與母親特別親近：他記得自己在放學回家後，會在母親身邊坐下來，一邊享用牛奶與餅乾，一邊向母親描述學校的一天，而母親也會專心聽他說話。

　　羅伯會來接受治療，是因為他與交往五年的女友分手後便陷入了憂鬱。他們從大一時就開始交往——我們後來也發現，這一年同時也是羅伯的父母告訴他，他們打算離婚的時間點。父母突然一起搭飛機來找羅伯，並與他討論他們的決定，而羅伯根本沒想過父母竟然會有這樣的問題。這個家庭的動力有些複雜，表面上雖然看似有敏感的親職功能，但卻又有一股暗流，壓抑著所有的衝突。

　　我跟羅伯說，他與女友分手之所以會那麼痛苦，可能是因為他重新經驗到父母離婚時的感受，但羅伯一開始對這樣的說法有些抗拒。不過當他逐漸從分手的打擊中走出，並與我形成連結時，他發現自己一直都很不願意處理他對父母離婚的反應。羅伯回想自己在大學時，他讓自己投入許多的活動——課業、參與政治議題，以及體育活動等等。在這之前，他與女性在一起的經驗其實並不多，但他很快地開始了第一次認真的交往（也就是他在治療前沒多久分手的那位女友）。在數年的治療後，羅伯開始有興趣探究，分手的憂鬱是如何重新觸發 462 了他過往對於父母離婚的感受。他能了解到，他當時的感受其實遠比他所想像的還要強烈，同時他也觸碰到了自己對於父親的憤怒——對他來說，父親正是拆散家庭的罪魁禍首。

9　　譯註：WASP（White Anglo-Saxon Protestant）意指白人盎格魯─撒克遜家庭，為美國的中上層階級，通常在社會上擁有影響力與財富，並對子女實行菁英式的教育，普遍被人認為有著古板、勢利、冷淡、熱衷於工作、無表情、高傲等刻板印象。

　　羅伯對於心理治療的投入日益漸深，我們開始能用嶄新且不同的角度去探究他的過往。羅伯對於那段感情中所發生的事情也有了不一樣的看法：他不再把分手當成是女友棄他而去，更能注意到兩人當時志趣的不同，而且打從一開始他就不太擅長經營感情關係。羅伯能了解到自己在那段關係的不滿足，也覺察到父母的離婚其實與他的分手有些不同，父母的離婚在此之前其實並沒有任何警訊，而對此他也無能為力；但這段感情的結束，其實在某種程度上是他自己的選擇。羅伯對於這些事情發展出了複雜的詮釋：他藉由感情來逃避父母的離婚，好讓自己不會對關係失望，也因此可以更不需要與家裡互動，讓自己能與許多感受保持距離。羅伯也談到這段關係那令人挫折的象徵特質，到後來他終於洞察到，那個壟罩在他青少年後期的離婚事件，只是重現了更早期的發展議題罷了。離婚這件事在某些層面上代表了伊底帕斯式的勝利，因為他一直都與母親較為親近，而在父母離婚之後，母親也變得更依賴他，這也拉高了他與父親之間的衝突。但是離婚也引發了羅伯強烈的焦慮，因為他在這種沒準備好的狀況下獨立，還得在家庭支援較少的情況下照顧自己。

　　家庭的破碎注定令人悲傷，且會如影隨形：在某次的療程中，羅伯哭了，因為他了解到他在離家後其實就沒有可以回去的「家」了。在治療一年後，羅伯從分手的絕望中走出，不再沉溺於悲傷的自我世界裡，準備向前邁進。他開始了一段新的關係，而在這一年的工作中，我們發現羅伯有個傾向，他會覺得自己「應該」要有什麼感覺，但卻很難與他真正的感覺在一起。

　　在離婚後，羅伯的母親沒有尋找新的伴侶，依然密切參與孩子們的生活。羅伯的父親則是在幾年後，與一位更年輕的女性再婚；他的父親努力試著與他維持關係，但羅伯卻覺得這只是敷衍之舉。羅伯並不喜歡繼母，痛恨她控制了父親，同時他也批評父親居然完全不抵抗。

　　在一次連假中的家族聚會裡，羅伯的父親在他與妹妹（也包含

463

了他們的祖母與幾位堂兄弟姊妹）的面前，宣布了一個讓他震驚的消息：他的父親與繼母計畫要領養一個嬰兒。羅伯知道他們有想過要生小孩，但卻因為繼母沒有懷孕而無疾而終。他們在聚會快要結束時宣布了這件事情，就好像想要確保這件事是沒有討論空間的，這種方式不但讓羅伯很反感，而且好像被排除在外一樣。在治療中，我們聚焦在羅伯或許可以向父親坦承自己的感受，他寫了一封信給父親；父親則是馬上回了一封電子郵件給他——雖然他沒有直接回應羅伯的問題，但他很願意討論，並與羅伯真誠地交換意見。

真誠的談話當然沒有出現。羅伯認為父親應該主動與他繼續聯絡，但在接下來兩人見面的場合中，他們都沒正式提起過這件事。羅伯開始認為說，或許是因為父親已經打消了領養的念頭。然而在幾個月後，他接到父親的來電，他突如其來地表示他們正要去領養一個小女嬰。羅伯感到憤怒與被背叛，他理解自己部分的反應並不合理：在某種程度上，他知道這樣的事情遲早會發生，父親完全有權利選擇擁有一個新的家庭，這也不代表他就會被排除在新家庭之外。然而，對他來說，新家庭也代表著，他得面對舊家庭必須讓位的事實。羅伯理解到他的焦慮來自於兩個層面：在他被父親拒絕的同時，他只得與母親相依為命了。 464

這個經驗中的元素幾乎與父母離婚時如出一轍：領養的聲明聽起來是如此地倉促，父親儘管有回應羅伯的情緒，但卻無疾而終。之後，羅伯對父親的負面反應更加劇烈，因為他又接到父親來電說，嬰兒已經到家了，不過他沒時間與羅伯討論這件事，然後父親又很隨便地說，他以為羅伯應該不在家，所以本來打算留言。母親又在他與妹妹的面前毫不遮掩地表達出對於羅伯父親的憎恨，而使狀況變得更加複雜。

在治療中，羅伯曾對這樣的狀況感到悲傷，雖然他有情感上的反應，但卻沒有說出口，他從一開始就抑制了自己真正的感受。在發現領養這件事的一兩個禮拜後，羅伯就去度假了，這是他早就安排好的

假期。他的新女友無法與他一起去，所以他決定獨自旅行——這也是他的第一次嘗試。旅途的本身相當愉快，但在返航的路上，他卻突然恐慌發作。在兩次轉機時，他都覺得相當焦慮與心煩意亂，反覆地想著到底是哪裡出了錯。根據羅伯的說法，那時的狀況極為嚴重，當下的感覺就像是他沒辦法掌控自己的命運一樣。

在這之前羅伯也有過飛行恐懼症，但這次卻更為嚴重。我們曾經把他對飛行的恐懼連結到他大一時離家，而後得知父母離婚的那個經驗，這成功地降低了他對搭飛機的害怕。羅伯意識到，在這次之前，他已經不會再害怕搭飛機了。但這次恐慌的復發，就像他在飛機裡覺得自己無法掌控自己的生命一般，當年父母宣布要離婚，也讓他覺得自己無法掌控這個家的生命了。

羅伯能了解到，飛行恐懼之所以會復發，與父親的新家庭有關，這個經驗重新點燃了過往的痛苦。他掙扎著想要自立，所以決定一個人去旅行。但在回家的班機上，他的飛行恐懼卻再次發作——因為他得回來面對那些在旅行時所遺忘的負面感受。

465 討論

在療程中，羅伯的情感原本是很多元的，但是家庭氛圍卻極度地限縮了他的情感表達，也干擾了他情感調節的能力。當無法達成情感調節的時候，他的悲傷就會迅速地轉為憂鬱，焦慮也變成了畏懼症。羅伯有一種對感受理智化的傾向。但除此之外，我們不該用過度病理的方式看待他的情感調節。他在職場上表現良好，也很擅長與人相處。很顯然地，羅伯原本就有不錯的心智化情感體會能力，在治療中也發揮了效用。在重新評估自己對父母離異的感受時，情感體會的能力讓羅伯以更加開放與複雜的方式，經驗自身的感覺。他也能了解到，那些過往的重要事件對他影響很大，當時他不想要經驗到這些負面情感，然而這卻影響了他現下的關係，而羅伯願意承擔這個重新詮釋經驗的任務。

　　羅伯一直想要隔絕掉父母離異後的憂鬱感受，當他了解到這件事情後，就得以向前邁入到新的情感經驗中。在治療裡，隨著更加確信的自我理解感，他逐漸從陰沉孤僻的感受走到能夠悲傷。[10] 這個悲傷與父母的離異，還有第一段感情的結束有關，但他同樣也能理解，雖說發生在他父母身上的事不是他能控制的，然而他自己感情關係的結束，並不是他無法掌控的，也沒有違背他真正的願望。當羅伯能接納他的感受時，他的行動主體感也增強了。整體的鬱悶因此減輕。

　　羅伯的心智化情感體會能力還有成長的空間。他傾向壓抑自己的感覺——他對於新家庭的反應就是一個例子。羅伯知道他對事情演變至此感到很不高興，但在這個過程中，他其實有機會溝通。不過羅伯想要讓自己顯得很理性，也想要修飾自己真實的感受，因而錯失了溝通的機會。羅伯很難自在表達自己情感的傾向，也引發了我在反移情上的回應，我發現我會在語調中放入更多情感，做為立即情感反應的示範，好補償他那平淡的情感表達。這也是羅伯與現任女友之間的議題：她總是抱怨羅伯不夠坦率。

　　雖然羅伯是個很難表達自身情感的人，但這不代表我們得一直鼓勵他向外表達情感，情感的向內表達也是很重要的。舉例來說，羅伯能逐漸注意到他對父親的怒氣，不管他要以什麼樣的方式與父親溝通，重要的是，他允許自己感受對於父親的不滿。羅伯的家庭風氣慣於輕視所有的情感回應，而他也允許自己從這種家庭風氣中走出。當發現父親不想要回應自己的溝通意圖後，向內表達情感就成了重要的事情，讓羅伯能在父親的新家庭已成為事實的情況下，弄清楚自己的感受。

466

10　悲傷（sadness）是一種情感，可以想成是一種發展上的成就。就克萊恩的說法，當孩子能夠把母親當作一個完整的客體看待時，便進到了憂鬱心理位置，因為這代表著他區別出了母親與自己是不同的個體，進而把母親的缺席，經驗成一種失落。而我認為，悲傷與憂鬱間的差別在於把正常與病理間的差異標示出來，同時也凸顯出，不是所有的負向情都是不受歡迎的。在悲傷時，可能還是會有好的感受參雜在其中，但憂鬱就無法如此（儘管憂鬱可能還是能讓人感到自在，因為憂鬱是種熟悉的感受）。薩繆爾‧貝克特（Samuel Beckett）就曾探討過悲傷與憂鬱間的分界在哪裡。

羅伯在治療中提起父母的離婚，以及父親的新家庭時，都能展現出心智化情感體會的能力。但當想到父親的新家庭時，就好像在提醒他舊的家庭已經破碎，讓他壓力很大。羅伯在這種高壓的情況下很難表達情感，但這不代表他的心智化情感體會無法運作，而是凸顯出周遭環境可能會短暫地損害到情感體會，或讓個體很難維持它。實際上，個體可能會因為感受到過於強烈的情感，而中斷了具有心智化的情感體會。通常來說，我們需要一些新的觀點才能有心智化的情感體會，但對於大部分的人來說，在情感張力最為激烈的當下，接受新的觀點可能會超出他們的能力。確實，個人可能在先前欠缺情感心智化體會的情況下習得這樣的能力，但這也可能會讓人輕忽掉個體其實得花極大的心力才能穩定維持之。在注意羅伯反思與形塑自身情感的過程時，我尊重羅伯用他自己的方式來形塑自身的情感；但同時也能同理羅伯的感覺——他覺得自己是被動地在接受這些情感。我的觀點只是想單純地強調，我們可以影響自身的感受，除此之外，心理治療也能發展與提升心智化的情感體會。

結論

以上的四個案例呈現了病理上從嚴重到最輕微的光譜，情感體會的能力愈好，病理就會愈輕微。最初的兩位案主有較為嚴重的心智疾病：泰瑞莎跟班尼都有漫長的精神病史，與比較明確的心理疾病診斷，也曾經多次住院。比起班尼，泰瑞莎的情感展現更加受限，也過著更加孤僻的生活。班尼選擇維持較長時間的心理治療；他能與治療師有穩固的連結，並能在治療中的很多時候都有心智化的情感體會。對泰瑞莎與班尼來說，幽默是與治療師建立聯結的方式——也讓他們在共享正向情感時，不會覺得那麼危險。

史考特有人格障礙症以及長期的藥物濫用史。在治療的數年後，他停止了藥物濫用，人生也因此有了重大的轉變，並走向更好的生

活。他在人際關係上的品質也有所進展，並開始能將大量的才華引導到更有創造性的層面上。儘管他還是有些自誇式的幻想，不過還是能踏實地實現自己的抱負。在史考特的案例中，我們目睹了隨著療程的進展，心智化的情感體會自然而然地茁壯。

　　羅伯的心理病理相對輕微，除了飛行恐懼症，還有對父母離異的那些未盡感受外，他的心智功能都十分良好。他持續在學業上有成功的表現，在工作上也被委以重任；他有許多朋友——不管是點頭之交或是關係親密的友人；他努力地想弄清他在關係上的問題該如何解決。他來治療時就有高度的心智化情感體會，而治療也加深了這個能力。 468

　　心智化情感體會的概念在描述一種臨床現象，也就是個體可以透過自我反思來調節情感經驗。由於心理治療的核心目標就是改變個體與自身情感的關係，所以這個概念相當具有說服力。心智化的情感體會包含辨別、調整與表達情感三個要素，幫助我們理解個體與自身情感的關係是如何轉變的。最後，這個概念必須由實證研究來佐證才有正當性。我們希望透過這個章節告訴大家，臨床工作者需要這樣的概念，而這個主題也值得後續的研究。

結語

469   精神分析對於實證科學最有影響力的地方，大概就是做了很多對於嬰兒社會發展的研究。丹尼爾・史騰（1985, 1994）與羅伯特・埃姆德（1997, 1980a, 1980b, 1981, 1988, 1992）發展出一套以精神分析理論為核心的嬰兒研究方式。也因為他們以及其他嬰兒研究的前輩開創了這些精神分析的研究模式，才得以成就本書，我們也希望這本書能幫助到許多臨床工作者。

　　還是會有部分的聲音質疑說，嬰兒研究對精神分析的影響到底是好是壞，舉例來說，沃爾夫（Wolff 1996）曾提出警告，以嬰兒研究來推論或解釋成人患者的行為，在知識論上是有風險的。其他的論點則是表示，像這樣的取向反而會忽略掉傳統精神分析的精神（例如 Fajardo 1993; Green 2000）。我們歡迎這樣的對話，在某種程度上也同意這些告誡；我們尤其同意，新的想法不該讓人感到是在貶低舊有的真理，就像是在倒掉洗澡水前要先確認寶寶已安全地離開澡盆了。[1] 然而，在看到那些針對早期發展的精神分析導向實證研究，對臨床理解與技巧有著如此清晰的連結後，我們認為，可能會有更多的臨床工作者將會對此有興趣。大部分的精神分析工作者對嬰兒研究的這個主題都抱著相當友善的態度。舉例來說，喬瑟夫・利希騰伯格曾寫

470 道，「透過理論與技巧的調整，我相信，以早期環境為主題，且由精神分析為導向的實證研究，堆砌出的成效將會遠超出我們的想像。」（1995, p. 275）

---

1   譯註：此處為英文俗諺「Don't throw the baby out with the bathwater」的幽默衍伸，字面意思是不要把孩子和洗澡水一起倒掉，實際上是告誡不要因為想捨棄某物不好的地方而丟掉了寶貴的部分，也就是不因新的想法而全面否定了舊有的真理。

心智模式與心智程序

　　發展研究能幫助精神分析修正一些過於天真的發展性假設。比如說，過往精神分析著重於取回遺忘的記憶，認為這樣就能導致改變。但現在會更為強調，在治療中創造出有意義的敘事才是重要的（例如Spence 1982, 1984）。所以在臨床工作中，互動性與人際性的層面就變得非常重要，因為這能讓我們在精神分析中更能看見案主原始的互動模式（例如 S. A. Mitchell 1997）。我們並不認為這些原始層面下的經驗會一直被保留，直到患者哪天突然可以想起；反之，分析師與個案的關係就像是母親與嬰兒的關係一樣，這些原始的經驗會慢慢在互動中浮現。

　　要理解這種「分析師─個案」與「母親─嬰兒」關係的類比，我們得知道保存在母嬰互動中的，不是個人性的經驗，而是一種程序性的體驗，或是一些行動的模組。這種程序性的體驗會組成嬰兒日後的行為（Clyman 1991），這些程序會被組織成心智模式（Johnson-Laird & Byrne 1991, 1993）。這些歷程並不是一幅幅分開的圖像，而是一種繁複而且相互連結的事件序列。所以，把一整組的程序放在一起看，就成為某種關係類型的表徵，然而這些都是潛意識中發生的事（在這裡說的潛意識比較像是現象學式的，而非動力式的說法），所以我們只能透過觀察個體與他人連結的方式，而不是透過講述想法或回憶來窺探這種原始關係。因此治療的目標便在於觀察與辨別個案互動的特徵，並改正適應不良的心智模式。治療必須強化個案整體的心智能力，並在其中選擇性地促發那些更具有彈性的互動模式；如果以較為認知科學的方式來形容這種心智能力的話，可以稱為「心智化」或是 471 「反思功能」。

在自我核心中的客體

　　我們在本書關注的是自我表徵能力上的個別差異，還有個體後續因此在情感（Bleiberg 1984, 1994）與心智化上的差別。在臨床上可能遇到最極端的案例是，其自我表徵破碎到幾乎不存在，或是扭曲到幾乎無法與真實的情緒經驗接觸。布萊柏格（Bleiberg et al. 1997）曾描述過，有嚴重人格障礙的兒童會從他們的核心自我中，經驗到一種近乎全然異化的自我感。這些兒童在社會與情緒發展上都有重大的失調，包括在同儕關係、情感調節、挫折忍受度與衝動控制上，都有顯著的障礙，而且自尊低落，無法擁有良好的自我形象。被認為屬於 A 群的孩子，在現實感與思考組織都上都相當脆弱，尤其是在缺乏結構的情境下。在面臨強烈與情緒高張的環境時，怪異或魔法般的想法就會充斥在他們的生活當中。在一般的狀態下，他們既害羞又孤僻，退回到自身怪異的幻想世界中，被關係意念所糾纏，疑神疑鬼，在社交情境中顯得極度不自在。這些孩子不太能「明白」人際互動是什麼，也很難同理他人。同樣地，他們也會因為古怪的說話方式、侷限或不當的情感表達，造成溝通上的困難。這群孩子會逐漸符合 DSM-IV 的診斷標準，包括思覺失調型（schizotypal）、孤僻型（schizoid）與程度比較輕微的廣泛性發展障礙（pervasive developmental disorder）。這群兒童也很接近柯恩與同事所描述的「多重發展疾患」（multiplex developmental disorder）患者（Cohen, Towbin, Mayes, & Volkmar 1994）

　　相反地，另一群被認為屬於 B 群的兒童，有強烈、戲劇化的情感，並且渴求人際上的回應。他們在早期的發展中會有一些共通特徵，例如過分黏人，難以承受分離，過度反應與脾氣不佳等等。在學齡時，他們的表現就可能會符合 DSM 第一軸的診斷標準，像是：注意力不足與過動、品行障礙、分離焦慮障礙或是情感性障礙等。在這些孩子當中，有許多人都表現出焦慮、情緒不穩、易怒與暴衝的情況。一點點的心情不快或挫折，都會激發出他們強烈的情緒風暴──

472

這些失控的情緒完全超出一般的預期。這種情緒不穩的特性反映出這些孩子的自我感，以及他們對於他人的感受是如此變化多端。前一刻他們還興高采烈，友善而健談，與被自己理想化的伴侶沉浸在完美的愛與和諧中，下一秒他們就會伴隨著自我厭惡與絕望，突然跳入到苦澀的失望與暴怒中。

自我中心是這些兒童最顯著的特徵，這些孩子需要他人持續地注意自己，當遇到被拒絕或被冷落的狀況時，則是回以暴怒。在理想化與貶抑之間變換，用誘惑或是操縱的方式，努力強迫他人為自己填補大量的情緒。當他們成長為青少年時，通常會以藥物、食物或是危險的性關係，來迴避自我失控、破碎與寂寞的感受。以女孩來說，比較常見到的是自傷或自殺；而在男孩身上，常見到的是因為害怕被拒絕而導致的攻擊行為。這類型的孩子很早就會呈現出「戲劇型」人格障礙症的特色（在 DSM-IV 成人人格障礙症的診斷中，這屬於 B 群的人格障礙症）。

兒童在臨床與發展上的這些分類，雖然需要更系統性的研究，來確認分類的信度與效度，但這些兒童似乎都有一個重要的共同特徵——A 群在大多時候都會缺乏覺察自己與他人心智狀態的能力；而 B 群則是偶一為之。

我們認為，這些兒童呈現的，正是不安全依附的嬰兒所發展出的極端策略形態。因為在面對令人害怕或是被嚇壞的照顧者時，他們只能囫圇吞棗地內化照顧者對他們的反應，以適應這樣的情況，可是這卻導致他們無法用自我的表徵，而是得用客體的表徵來構成自我結構的核心。這些孩子不僅無法接觸到自身的情感，在他們的內在經驗中，自我表徵甚至就像外來者，然而卻又占據了自身極大的部分。如果不先將這些異化的自我表徵外化出來，他們就會難以維持內在的整合。我們認為這就是那些在嬰兒期時屬於混亂型依附的幼兒，會對父母表現出反常控制行為的原因。他們得不斷地控制客體，才能讓客體繼續有效地承載異化自我。

473

　　本書描述的這種機制是投射性認同的一種形式，不過投射性認同的概念太過於廣泛，可能無法精準地傳遞出我們想表達的意思。我們所談的這種投射性認同有一種特點，那就是個體會感受到一種迫切性，會想要趕快擺脫掉自我中不受歡迎的層面。對這些兒童來說，他們必須將自我中的異化部分外化出來，才能感覺到自己與真實且經驗性的自我有所連結。這樣的異化自我愈是貼近自我的核心，個體就愈會仰賴他人的實質陪伴，以讓外化發生。對這些在嬰兒時期就屬於混亂型依附的兒童來說，那些已經內化為自我表徵一部分的客體[2]，最有可能成為這種投射歷程的載體。因此，就算只是短暫地與客體分開，對他們來說都像是不可能的任務。在這些兒童身上，我們可以看到一個很大的困難，那就是他們會需要一個鏡映性的客體持續地陪在他們的身邊。他們不斷地試著想在他人的身上找到自己，在此同時又要將異化的自我表徵外化到他人身上。這種自我延續的方式是這些孩子的常見特徵，兒童努力地想擺脫掉自己不想要的部分，並把這個部分具現在父母的身上，但同時他們也苦苦哀求父母，想要他們反映與強化那微弱但卻真實的自我核心。如果父母或日後的依附者能接受這些投射，但仍保有一些反思功能的能力，那麼兒童發展的軌跡就有可能轉好。然而，在我們的經驗中，只有極少數的父母可以做到此事。大部分的狀況都會發展成惡性循環：一旦兒童真實自我的相對強度被削
474　弱，外化的需求就會提高；此時父母與兒童間的接觸就會變成一種混戰，常被形容成一種施受虐的關係。在傳統上會把這種施受虐關係誤解成是由驅力所引發的倒錯式情慾滿足，但這其實是某種投射性認同歷程下的結果。

2　譯註：如母親。

對心理病理學發展的一些反思

就像前面的敘述一般，每個嬰兒都會有種基本的需求，會想在客體的心智中，尋找到自身的心智或意圖位置。對嬰兒來說，內化客體心中的自己，就是一種「涵容」的功能。就如溫尼考特曾提過：「要把寶寶的自我歸還給寶寶」[3]（Winnicott 1967, p. 33）。如果這個功能失敗了，嬰兒就會不顧一切地尋找其他方式，來涵容他們自身的思考與那些強烈的感受。就像我們曾提過的，為了尋求涵容心智的方式，個體可能會發展出許多心理病理式的解決方法，像是以扭曲、空缺的方式看待他人的心智，或是把他人想得很惡劣，並同時也把這樣的形象做為自身認同的一部分。

隨著發展，先前所提到的施受虐關係會讓個體的心理病理更加惡化，成為具有迫害性的客體，以既異化又無法被同化的方式卡在自我當中。個體會迫切地想要與這些部分分開，希望建立起具有自主性的認同或存在。然而，遺憾的是，這種認同往往環繞著一種心智狀態，這個心智狀態是基於對他人的古老表徵，而不是來自於一個能夠看見自己思考與感受的他人，因此無法反思自身多變的情緒與認知狀態。

對那些無法成功得到鏡映或涵容的個體來說，他們愈是努力地想要分化獨立，就愈是陷入到融合當中；愈是想要成為自己，就會變得愈像客體，因為客體其實就是他們自我結構中的一部分。這或許可以解釋，為何邊緣型的患者總是一邊努力爭取自立，一邊又駭人地渴求與他人的極度親密、幻想性地想與他人合而為一，在兩者間來回擺盪。隨著發展階段，到青少年後期或成人早期時，個體往往會遇到不得不與客體分離的情境，此時危機就會逐漸浮現。這些患者會把自我毀滅與（極端的）自殺行為，做為這種難題的唯一解決之道：透過毀滅自我內的他人，好讓自己從他人的手中解脫。 475

3　　譯者註：原文為「giving back to the baby the baby's own self.」。

　　對某些人來說，分離會是一個長期的議題，我們假設，他們只有在找到某個外在對象，讓他們可以把自我內的他者投射出來時，才能體驗到自我感（selfhood）。因此，他們之中的許多人會難以離家。而離家唯一的方式便是找到另外一個類似照顧者的人，可以讓他們把自我內的他者投射出來。若是這個人死亡或是離開了，心理病理上的哀悼歷程就會被啟動，個體會迫使自己把這個人當作好像還存在一樣，好維護自我的完整感。

　　心理自我發展貧乏的另外一個後果，就是個體會把身體當作涵容或重演心智狀態的工具。在這種狀況下，感受、想法、願望這些次級表徵，都會被自己的身體所取代。由於身體已經變成了次級表徵，所以對於自己的暴力（如割傷自己），或對於他人的暴力（無來由的攻擊或「不經思索」的暴力行為」），都可以想成是對於心智狀態的「控制」，由於心智的狀態已經被轉換成為身體的狀態（就像嬰兒會把母親當成自己身體的一部分一樣），所以在個體的經驗中，摧毀掉他人的身體就好像是摧毀掉了他人身體裡面的「想法」。

　　在肢體暴力與自我毀滅的行為底下，蘊含著幾個因素：（a）在這些行為中，個體是用精神等同的非心智化模式在運作。在這種狀況下，個體無法忍受其他的觀點——換言之，除了自己之外的想法都必須被摧毀；同時他們會有種信念，認為只要摧毀掉代表這個想法的人，就能摧毀掉那個人心中的想法本身；（b）不論是對內或是對外的攻擊中，假扮模式都會持續地運作，在某種程度上，個體會覺得自身的行為是不會有後果的，消除令自己難以忍受的想法時除外。在這種狀況下，外在現實是可以被忽略的，舉例來說，他們會認為嗑藥只是為了要擺脫掉那些他人造成的討厭想法，而不會對自己的身體造成實質傷害；（c）心智化是克制個人對待自身及他人行為的關鍵，一旦缺少心智化，這樣的克制能力就會消失。即使個體在理智上知道自身的行為會傷害到他人，卻只會感受到一種無意義感，而缺少真切的情緒（Blair 1995）。這也讓我們聯想到，為何女性會傾向於自傷，

476

而男性則傾向對他人使用暴力。我們認為，對女性來說，母親的形象（因為母親通常是早年最初的照顧者）比較容易與自己的身體連結在一起，使身體能成為投射的對象；但男性卻無法這麼做，所以他們只好將其外化到他人身上，讓他人來代表這些形象以及想法。

在極端的案例中，兒童無法找到一段替代性的關係，無人可以承接與反映他的思考與感受，他自身擁有的反思潛力也無從發展。在那些具有虐待性、敵意，或完全零互動的關係中，嬰兒可能會刻意拒絕客體；在這種狀況下，思考客體的心智是令人無法承受的，因為嬰兒只會發現客體對於嬰兒自我的敵意。這可能會使嬰兒全面性地迴避心智狀態，而讓他往後更不可能認同一個能了解他的人，並與之發展出親密的關係。

在一些對兒童「韌性」的研究指出，只要有一個人能給孩子一段具有安全性／理解性的關係，就足以讓反思歷程得以發展，進而「拯救」這個孩子。我們認為，那些發生在親密依附關係之外的創傷，不太會阻礙到心智化的發展。因為反思功能是在高強度的人際關係中演進出來的，如果個體害怕另一個人的心智，這對人際理解的能力會造成毀滅性的影響。

如果受過創傷的兒童缺少強而有力的人際支持提供依附連結，那麼他就無法發展出反思能力，也很難反思或處理日後受到的創傷或虐待經驗。一般而言，如果個體有未經處理的受虐經驗，通常也很難與人建立有意義的關係，因為他滿腦子只能想著保護自己。所以當遇到人際摩擦時，他就會無法透過反思歷程找到令雙方都滿意的解決之道。事實上，他們不管對誰都處在疑神疑鬼的狀態，很難相信他人，甚至會拒絕思考那些重要他人的心智狀態，因為他們無法「想」他人，所以他人也會漸漸淡出他們的生命。這也解釋了邊緣型人格患者在人際上的「需索無度」（neediness）；他們一旦投入到另一段關係後，失能的心智化能力又會讓他們在關係中感到困惑與混亂。這些患者可能會退回到早期互為主體的心智表徵狀態，無法區分這到底是自

477

己心中對他人的表徵，或真的是外在現實。當這些歷程結合在一起時，他們就會被自己對於他人的想法嚇到，因為他們會經驗到自己心中的那些攻擊衝動與幻想，都「跑進」了他人的心中（透過投射）；這會造成極大的人際失能，因為他們會因而拒絕客體，或設法讓自己被客體拒絕。因此，精神分析或心理治療會藉由增強患者的反思能力，來打破這種惡性循環。

心理治療與心智化

接受心智化的模式並不代表實務工作需要做出很多的改變，也不代表一定要用這些理論來解釋全部的病理。許多精神官能症患者都有還不錯的反思能力，我們可以發現（也如此認為），他們在早期至少能與一位照顧者發展出足夠的依附關係，與適當的心智化能力。在這些有一定心智化能力的人身上，傳統精神分析對人的理解以及對當下潛意識衝突的詮釋，對他們都很有幫助，也能讓他們有實質且長期的改變。然而，對那些早期發展有創傷的個案來說，更重要的可能是重新評估這些傳統分析技巧的適用性。這代表我們得思考是否要先加入一些更為支持性的技術，把嚴謹的治療參數轉化為具有變化性的成分，至少在分析的前期必須如此，好確保長期的分析療程能進行下去。

478　　在治療這些重度人格障礙症，或是有嚴重發展病理的個案時，由於考量到他們在洞察（insight）上的困難，所以我們的重點就會放在反思功能上。這些患者聆聽話語與理解詮釋的能力不是很好，讓洞察在治療早期幾乎是不可能的目標。另一種狀況則是發生在症狀比較輕的案例上，分析師一開始會因患者對詮釋的接受度而感到印象深刻，然而長期下來就會發現，雖然案主很有洞察力，但治療卻一直沒有進展，此時分析師便會開始起疑。之所以會有這樣的狀況，是因為患者只能在假扮模式之中得到洞察，他們只會在隔絕日常現實的情況下出

現反思能力。也就是說，患者雖然能在分析中遊玩，卻無法將真誠的情感或意義整合進來。

如果在治療初期，我們無法用詮釋給予案主被理解的感受，而且他們甚至會把詮釋當成嚴重的威脅時，治療的目標究竟會是什麼呢？答案就是：分析師要致力於提升案主接觸自己心靈歷程的能力。為了要達成這個目標，分析師需要創造出一個環境，患者可以在這個環境中經驗到思考感受與想法是安全的，對於患者來說，這可能是從未有過的經驗。接著患者就有機會發現，自己在分析師的心智中是個能夠思考與感受的人。分析師會向患者呈現出一種形象，能在當下非常貼近於患者的經驗，但又有足夠的不同，讓患者得以從中學會新的觀點。在接受患者的外化時，分析師也經常會出現持續且不知所措的壓力，不過在某種程度上，這也是分析師必然要承擔的工作。如果分析師拒絕接受，患者可能會因此經驗到異化自我回到自身而把自我摧毀掉的感受。然而，如果分析師真的變成案主投射出來的那個人，就又會喪失掉省察患者的能力。與這群患者工作之所以如此困難，是因為在面對精神官能性的病人時，我們還能夠討論像移情這種有張力的問題，但在面對這群患者時，光只是呈現不太舒服的感受，就已經夠讓他們吃不消了。

分析師的主要工作，便是在患者戲劇化的共演下，還是能與患者的心智狀態保持連結。分析師會點出或挑戰患者的一些心智能力，像是幫助患者把內在狀態語言化，區別不同的感受，把難以處理的焦慮 479 經驗拆成一小片一小片可處理的片段，幫助患者發展出「彷彿」的態度，讓想法可以被認為只是想法，而非現實，但又維持著對於內在世界的連結。我們認為，這些介入就像是「小的詮釋」，能逐漸連結到心智世界，這個心智世界並不全然是潛意識的，也不會過於複雜。對於精神官能性的患者來說，分析師不用特別詳談這種心智歷程中的感覺與思考，雙方就能有默契地相互了解；然而對於嚴重失調的患者來說，如果沒有做好這種打地基的工作，治療大概就會失敗，不是無預

警地結案，就是會被困在治療的僵局中。

精神分析無可避免地要處理這樣的患者：他們因為過往的經驗而難以抵抗現下的壓力，並傾向重複早期不好的經驗。要治療本章所談論的這些患者，就需要運用這種詳述性的、心智性的態度。這能增強患者自我反思功能的發展，最終能提升他們在精神上的韌性，使他們能更好地控制關係中的表徵系統，就像是幫他們裝備上一種自我修正（self-righting）的能力，讓表徵模式變得更有彈性，也因此能回顧與改變這些模式。這種逐步且持續的調整能促進內在世界的發展，在這樣的內在世界中，他人的行為是可以理解的、具有其意義，也能被個體所預測，且具有人性。除此之外，這也會降低患者對於分裂心智表徵的需求，特別是那些恐懼與未整合的心智表徵。而從他人心智中得來的新經驗，也更能夠整合到過往關係表徵的框架中。

過去受到虐待或是有創傷經歷的兒童，會躲避或陷於心智世界之中，而他們從來沒學過能用適當的調節能力，來掌控內在工作模式中的表徵世界。在他們的關係中，時常會出現無益的模式，而他們的內在世界則是常會被負面的情感所主宰。這些患者困在由偏執焦慮與過度防衛操縱形成的惡性循環中，危險、邪惡又缺少心智的客體掌控了他們的內在世界，個體只能深陷其中卻無法逃脫。所以他們只好放棄思考他人為何會這麼做，以及他人心中究竟發生何事的反思能力，然而這個能力卻正是可以將他們從困境中解救出來的方法。

480

在經歷長時間的治療後，分析師會反覆且多樣地詮釋患者對於自己、分析師以及分析關係的知覺，讓患者能嘗試創造出自身與分析師的心智表徵，知道自己與分析師都是能夠思考與感受的人，可以處在一起，也能各自獨立。這能讓患者形成自我感的核心，讓他們有能力表徵出想法與意義，創造出連結（bond）的基礎，而這樣的基礎最終能使得分離與親密的可能性得以發生。

【附錄】參考文獻

Abel, T., and Kandel, E. (1998). Positive and negative regulatory mechanisms that mediate long-term memory storage. *Brain Research Reviews, 26,* 360–378.

Abell, F., Happe, F., and Frith, U. (2000). Do triangles play tricks? Attribution of mental states to animated shapes in normal and abnormal development. *Cognitive Development, 15,* 1–16.

Abrams, S. (1987). The psychoanalytic process: A schematic model. *International Journal of Psycho-Analysis, 68,* 441–452.

Abrams, S. (1990). The psychoanalytic process: The developmental and the integrative. *Psychoanalytic Quarterly, 59,* 650–677.

Adolphs, R., Tranel, D., Damasio, H., and Damasio, A. R. (1995). Fear and the human amygdala. *Journal of Neuroscience, 15* (9), 5879–5891.

Ainsworth, M. D. S. (1985). Attachments across the lifespan. *Bulletin of the New York Academy of Medicine, 61,* 792–812.

Ainsworth, M. D. S., Bell, S. M., and Stayton, D. J. (1971). Attachment and exploratory behavior of one year olds. In: H. R. Schaffer (Ed.), *The Origins of Human Social Relations.* New York: Academic Press.

Ainsworth, M. D. S., Blehar, M. C., Waters, E., and Wall, S. (1978). *Patterns of Attachment: A Psychological Study of the Strange Situation.* Hillsdale, NJ: Lawrence Erlbaum.

Aldridge, M. A., Stone, K. R., Sweeney, M. H., and Bower, T. G. R. (2000). Preverbal children with autism understand the intentions of others. *Developmental Science, 3* (3), 294–301.

Alessandri, S. M. (1992). Mother–child interactional correlates of maltreated and nonmaltreated children's play behavior. *Development and Psychopathology, 4,* 257–270.

Alexander, J. F., and Parsons, B. V. (1982). *Functional Family Therapy.* Monterey, CA: Brooks/Cole.

Alexander, M. P., Stuss, D. T., and Benson, D. F. (1979). Capgras syndrome: A reduplicative phenomenon. *Neurology, 29* (3), 334–339.

Allen, J. G. (1995). *Coping with Trauma: A Guide to Self-Understanding.* Washington, DC: American Psychiatric Press.

Allen, J. G. (2001). *Interpersonal Trauma and Serious Mental Disorder.* Chichester, U.K.: John Wiley.

Allen, J. G., Huntoon, J., Fultz, J., Stein, H. B., Fonagy, P., and Evans, R. B. (2000). *Adult Attachment Styles and Current Attachment Fig-*

ures: Assessment of Women in Inpatient Treatment for Trauma-Re-lated Psychiatric Disorders. Topeka, KS: Menninger Clinic.

Amsterdam, B. (1972). Mirror self-image reactions before age two. *Developmental Psychobiology, 5,* 297–305.

Anderson, S., Bechara, A., Damasio, H., Tranel, D., and Damasio, A. (1999). Impairment of social and moral behavior related to early damage in human prefrontal cortex. *Natural Neuroscience, 2* (11), 1032–1037.

Appleton, M., and Reddy, V. (1996). Teaching three-year-olds to pass false-belief tests: A conversational approach. *Social Development, 5,* 275-291.

Arlow, J. A. (1984). The concept of psychic reality and related problems. *Journal of the American Psychoanalytic Association, 32,* 521–535.

Arsenio, W., and Lover, A. (1995). Children's conceptions of sociomoral affect: Happy victimizers, mixed emotions, and other expectancies. In: M. Killen and D. Hart (Eds.), *Morality in Everyday Life* (pp. 87–130). Cambridge, U.K.: Cambridge University Press.

Astington, J. (1996). What is theoretical about the child's theory of mind?: A Vygotskian view of its development. In: P. Carruthers and P. K. Smith (Eds.), *Theories of Theories of Mind* (pp. 184–199). Cambridge, U.K.: Cambridge University Press.

Astington, J., and Gopnik, A. (1991). Developing understanding of desire and intention. In: A. Whiten (Ed.), *Natural Theories of Mind: The Evolution, Development and Simulation of Second-Order Mental Representations* (pp. 39–50). Oxford: Basil Blackwell.

Astington, J., Harris, P., and Olson, D. (1988). *Developing Theories of Mind.* New York: Cambridge University Press.

Astington, J., and Jenkins, J. M. (1995). Theory of mind development and social understanding. *Cognition and Emotion, 9,* 151–165.

Auerbach, J. S. (1993). The origins of narcissism and narcissistic personality disorder: A theoretical and empirical reformulation. In: J. M. Masling and R. F. Bornstein (Eds.), *Psychoanalytic Perspectives on Psychopathology* (pp. 43–110). Washington, DC: American Psychological Association.

Auerbach, J. S., and Blatt, S. J. (1996). Self-representation in severe psychopathology: The role of reflexive self-awareness. *Psychoanalytic Psychology, 13,* 297–341.

Averill, J. (1994). In the eyes of the beholder. In: P. Ekman and R. Davidson (Eds.), *The Nature of Emotion.* Oxford: Oxford University Press.

Axelrod, R. (1984). *The Evolution of Cooperation.* New York: Basic Books.

Bahrick, L. R., and Watson, J. S. (1985). Detection of intermodal proprioceptive–visual contingency as a potential basis of self-perception in infancy. *Developmental Psychology, 21*, 963–973.

Baldwin, J. M. (1902). *Social and Ethical Interpretations in Mental Development* (3rd ed.). New York: Macmillan.

Ball, D., Hill, L., Freeman, B., Eley, T. C., Strelau, J., Riemann, R., Spinath, F. M., Angleitner, A., and Plomin, R. (1997). The serotonin transporter gene and peer-rated neuroticism. *Neuroreport, 8* (5), 1301–1304.

Bandura, A. (1977). *Social Learning Theory*. Englewood Cliffs, NJ: Prentice-Hall.

Barasalou, L. W. (1991). *Cognitive Psychology: An Overview for Cognitive Scientists*. Hillsdale, NJ: Lawrence Erlbaum.

Barnes, J. (Ed.) (1984). *The Complete Works of Aristotle: Rhetoric*. Princeton, NJ: Princeton University Press.

Baron-Cohen, S. (1991). Precursors to a theory of mind: Understanding attention in others. In: A. Whiten (Ed.), *Natural Theories of Mind: The Evolution, Development and Simulation of Second-Order Mental Representations*. Oxford: Basil Blackwell.

Baron-Cohen, S. (1994). How to build a baby that can read minds: Cognitive mechanisms in mind reading. *Current Psychology of Cognition, 13*, 513–552.

Baron-Cohen, S. (1995). *Mindblindness: An Essay on Autism and Theory of Mind*. Cambridge, MA: Bradford, MIT Press.

Baron-Cohen, S. (2000). Autism: Deficits in folk psychology exist alongside superiority in folk physics. In: S. Baron-Cohen, H. Tager-Flusberg, and D. J. Cohen (Eds.), *Understanding Other Minds: Perspectives from Autism and Developmental Cognitive Neuroscience* (2nd ed., pp. 59–82). Oxford: Oxford University Press.

Baron-Cohen, S., Leslie, A. M., and Frith, U. (1985). Does the autistic child have a "theory of mind"? *Cognition, 21*, 37–46.

Baron-Cohen, S., Ring, H., Moriarty, J., Schmitz, B., Costa, D., and Ell, P. (1994). Recognition of mental state terms. Clinical findings in children with autism and a functional neuroimaging study of normal adults. *British Journal of Psychiatry, 165* (5), 640–649.

Baron-Cohen, S., and Swettenham, J. (1996). The relationship between SAM and ToMM: Two hypotheses. In: P. Carruthers and P. K. Smith (Eds.), *Theories of Theories of Mind* (pp. 158–168). Cambridge, U.K.: Cambridge University Press.

Baron-Cohen, S., Tager-Flusberg, H., and Cohen, D. J. (1993). *Understanding Other Minds: Perspectives from Autism*. Oxford: Oxford University Press.

Baron-Cohen, S., Tager-Flusberg, H., and Cohen, D. J. (Eds.) (2000). *Understanding Other Minds: Perspectives from Autism and Developmental Cognitive Neuroscience*. Oxford: Oxford University Press.

Barresi, J., and Moore, C. (1996). Intentional relations and social understanding. *Behavioral and Brain Sciences, 19,* 107–154.

Barrett, K., and Campos, J. (1987). Perspectives on emotional development: II. A functionalist approach to emotions. In: J. D. Osofsky (Ed.), *Handbook of Infant Development* (2nd ed., pp. 555–578). New York: John Wiley.

Bartholomew, K., and Horowitz, L. M. (1991). Attachment styles among young adults: A test of a four-category model. *Journal of Personality and Social Psychology, 61,* 226–244.

Bartsch, K., and Wellman, H. M. (1989). Young children's attribution of action to beliefs and desires. *Child Development, 60,* 946–964.

Bartsch, K., and Wellman, H. M. (1995). *Children Talk about the Mind.* Oxford: Oxford University Press.

Bateman, A. (1998). Thick- and thin-skinned organisations and enactment in borderline and narcissistic disorders. *International Journal of Psycho-Analysis, 79,* 13–25.

Bateman, A., and Fonagy, P. (1999). The effectiveness of partial hospitalization in the treatment of borderline personality disorder—a randomized controlled trial. *American Journal of Psychiatry, 156,* 1563–1569.

Bateman, A., and Fonagy, P. (2001). Treatment of borderline personality disorder with psychoanalytically oriented partial hospitalization: An 18-month follow-up. *American Journal of Psychiatry, 158* (1), 36–42.

Bates, E. (1979). Intentions, conventions and symbols. In: E. Bates, L. Benigni, L. Camaioni, and V. Volterra (Eds.), *The Emergence of Symbols: Cognition and Communication in Infancy* (pp. 69–140). New York: Academic Press.

Bates, E., Benigni, L., Bretherton, I., Camaioni, L., and Volterra, V. (1979). Cognition and communication from 9–13 months: Correlational findings. In: E. Bates, L. Benigni, L. Camaioni, and V. Volterra (Eds.), *The Emergence of Symbols: Cognition and Communication in Infancy.* New York: Academic Press.

Bates, J., Maslin, C., and Frankel, K. (1985). Attachment security, mother–child interactions, and temperament as predictors of behavior problem ratings at age three years. *Growing Points in Attachment Theory and Research,* ed. by I. Bretherton and E. Waters. *Monographs of the Society for Research in Child Development, 50* (Serial 209, 1–2), 167–193.

Beck, A. T. (1967). *Depression: Clinical, Experimental, and Theoretical Aspects.* New York: Harper and Row.

Beck, A. T. (1976). *Cognitive Therapy and the Emotional Disorders.* New York: International Universities Press.

Beebe, B., Jaffe, J., Feldstein, S., Mays, K., and Alson, D. (1985). Interpersonal timing: The application of an adult dialogue model to mother–infant vocal and kinesic interactions. In: T. M. Field and N. A. Fox (Eds.), *Social Perception in Infants* (pp. 217–247). Norwood, NJ: Ablex.

Beebe, B., Jaffe, J., and Lachmann, F. M. (1992). A dyadic systems view of communication. In: N. Skolnick and S. Warshaw (Eds.), *Relational Perspectives in Psychoanalysis* (pp. 61–82). Hillsdale, NJ: Analytic Press.

Beebe, B., and Lachmann, F. M. (1988). The contribution of mother–infant mutual influence to the origins of self- and object-representations. *Psychoanalytic Psychology, 5* (4), 305–337.

Beebe, B., Lachmann, F., and Jaffe, J. (1997). Mother–infant interaction structures and presymbolic self- and object-representations. *Psychoanalytic Dialogues, 7,* 113–182.

Beeghly, M., and Cicchetti, D. (1994). Child maltreatment, attachment, and the self system: Emergence of an internal state lexicon in toddlers at high social risk. *Development and Psychopathology, 6,* 5–30.

Belsky, J. (1984). The determinants of parenting: A process model. *Child Development, 55,* 83–96.

Belsky, J., Garduque, L., and Hrncir, E. (1984). Assessing performance, competence and executive capacity in infant play: Relations to home environment and security of attachment. *Developmental Psychology, 20,* 406–417.

Belsky, J., and Isabella, R. (1988). Maternal, infant, and social–contextual determinants of attachment security. In: J. Belsky and T. Nezworski (Eds.), *Clinical Implications of Attachment* (pp. 41–94). Hillsdale, NJ: Lawrence Erlbaum.

Belsky, J., Rosenberger, K., and Crnic, C. (1995). The origins of attachment security: "Classical" and contextual determinants. In: S. Goldberg, R. Muir, and J. Kerr (Eds.), *John Bowlby's Attachment Theory: Historical, Clinical and Social Significance* (pp. 153–184). Hillsdale, NJ: Analytic Press.

Benjamin, L. S. (1993). *Interpersonal Diagnosis and Treatment of Personality Disorder.* New York: Guilford Press.

Bennett, A. J., Lesch, K. P., Heils, A., Long, J., Lorenz, J., Shoaf, S. E., Champoux, M., Suomi, S. J., Linnoila, M., and Higley, J. D. (2002). Early experience and serotonin transporter gene variation interact to influence primate CNS function. *Molecular Psychiatry, 7,* 118–122.

Bergman, A. (1999). *Ours, Yours, Mine: Mutuality and the Emergence of the Separate Self.* New York: Jason Aronson.

Bertenthal, B., and Fisher, K. (1978). Development of self-recognition in the infant. *Developmental Psychology, 14*, 44–50.

Bettes, B. A. (1988). Maternal depression and motherese: Temporal and intonational features. *Child Development, 59*, 1089–1096.

Bidell, T. R., and Fischer, K. W. (1994). Developmental transitions in children's early on-line planning. In: M. M. Haith, J. B. Benson, R. J. Roberts, and B. F. Pennington (Eds.), *Development of Future-Oriented Processes*. Chicago, IL: University of Chicago Press.

Bifulco, A., Brown, G., and Harris, T. (1987). Childhood loss of parent, lack of adequate parental care and adult depression: A replication. *Journal of Affective Disorders, 12*, 115–128.

Bigelow, A. E. (2001). Discovering self through other: Infant's preference for social contingency. *Contingency Perception and Attachment in Infancy*, ed. by J. Allen, P. Fonagy, and G. Gergely. *Bulletin of the Menninger Clinic, Special Issue, 65* (pp. 335–346).

Bigelow, A. E., and DeCoste, C. (in press). Infants' sensitivity to contingency in social interactions with familiar and unfamiliar partners. *Infancy*.

Bion, W. R. (1959). Attacks on linking. *International Journal of Psycho-Analysis, 40*, 308–315.

Bion, W. R. (1962a). *Learning from Experience*. London: Heinemann.

Bion, W. R. (1962b). A theory of thinking. *International Journal of Psycho-Analysis, 43*, 306–310. Also in: *Second Thoughts*. London: Heinemann, 1967.

Bion, W. R. (1963). *Elements of Psycho-Analysis*. London: Heinemann.

Bion, W. R. (1970). *Attention and Interpretation*. London: Tavistock.

Birch, H., and Lefford, A. (1967). Visual differentiation, intersensory integration, and voluntary control. *Monographs of the Society for Research in Child Development, 32*.

Blair, R. (1995). A cognitive developmental approach to morality: Investigating the psychopath. *Cognition, 57*, 1–29.

Blair, R., Jones, L., Clark, F., and Smith, M. (1997). The psychopathic individual: A lack of responsiveness to distress cues? *Psychophysiology, 34* (2), 192–198.

Blair, R., Morris, J., Frith, C., Perrett, D., and Dolan, R. (1999). Dissociable neural responses to facial expressions of sadness and anger. *Brain, 122* (5), 883–893.

Blatt, S. J., and Behrends, R. S. (1987). Internalization, separation–individuation, and the nature of therapeutic action. *International Journal of Psycho-Analysis, 68*, 279–297.

Blatt, S. J., and Blass, R. B. (1990). Attachment and separateness: A dialectical model of the products and processes of development throughout the life cycle. *Psychoanalytic Study of the Child, 45*, 107–

127.

Bleiberg, E. (1984). Narcissistic disorders in children. *Bulletin of the Menninger Clinic, 48*, 501–517.

Bleiberg, E. (1994). Borderline disorders in children and adolescents: The concept, the diagnosis, and the controversies. *Bulletin of the Menninger Clinic, 58*, 169–196.

Bleiberg, E., Fonagy, P., and Target, M. (1997). Child psychoanalysis: Critical overview and a proposed reconsideration. *Psychiatric Clinics of North America, 6*, 1–38.

Blos, P. (1979). *The Adolescent Passage*. New York: International Universities Press.

Blum, K., Noble, E. P., Sheridan, P. J., Montgomery, A., Ritchie, T., Jagadeeswaran, P., Nogami, H., Briggs, A. H., and Cohn, J. B. (1990). Allelic association of human dopamine D2 receptor gene in alcoholism. *Journal of the American Medical Association, 263*, 2055–2060.

Bogdan, R. J. (1997). *Interpreting Minds*. Cambridge, MA: MIT Press.

Bogdan, R. J. (2001). *Minding Minds*. Cambridge, MA: MIT Press.

Bohman, M. (1996). Predisposition to criminality. Swedish adoption studies in retrospect. In: M. Rutter (Ed.), *Genetics of Criminal and Antisocial Behavior*. Chichester, U.K.: John Wiley.

Bolton, D., and Hill, J. (1996). *Mind, Meaning and Mental Disorder*. Oxford: Oxford University Press.

Botterill, G. (1996). Folk psychology and theoretical status. In: P. Carruthers and P. K. Smith (Eds.), *Theories of Theories of Mind* (pp. 105–118). Cambridge, U.K.: Cambridge University Press.

Bower, T. G. R. (1974). *Development in Infancy*. San Francisco, CA: W.H. Freeman, 1982.

Bowlby, J. (1958). The nature of the child's tie to his mother. *International Journal of Psycho-Analysis, 39*, 350–373.

Bowlby, J. (1969). *Attachment and Loss, Vol. 1. Attachment*. London: Hogarth Press and the Institute of Psycho-Analysis.

Bowlby, J. (1973). *Attachment and Loss, Vol. 2. Separation: Anxiety and Anger*. London: Hogarth Press and Institute of Psycho-Analysis.

Bowlby, J. (1980). *Attachment and Loss, Vol. 3. Loss: Sadness and Depression*. London: Hogarth Press and Institute of Psycho-Analysis.

Bowlby, J. (1988). *A Secure Base: Clinical Applications of Attachment Theory*. London: Routledge.

Bowlby, J. (1991). *Charles Darwin: A New Life*. New York: Norton.

Bracken, B. A. (Ed.) (1996). *Handbook of Self-Concept: Developmental, Social and Clinical Considerations*. New York: John Wiley.

Braten, S. (1988). Dialogic mind: The infant and the adult in proto-conversation. In: M. Carvallo (Ed.), *Nature, Cognition and System,*

Vol. 1 (pp. 187–205). Dordrecht: Kluwer Academic.

Braten, S. (1992). The virtual other in infants' minds and social feelings. In: H. Wold (Ed.), *The Dialogical Alternative* (pp. 77–97). Oslo: Scandinavian University Press.

Braten, S. (1998). *Intersubjective Communication and Emotion in Early Ontogeny.* Cambridge, U.K.: Cambridge University Press.

Brazelton, T., Kowslowski, B., and Main, M. (1974). The origins of reciprocity: The early mother–infant interaction. In: M. Lewis and L. Rosenblum (Eds.), *The Effect of the Infant on Its Caregivers* (pp. 49–76). New York: John Wiley.

Brazelton, T. B., and Tronick, E. (1980). Preverbal communication between mothers and infants. In: D. R. Olson (Ed.), *The Social Foundations of Language and Thought* (pp. 299–315). New York: Norton.

Brazzelli, M., Colombo, N., Della Sala, S., and Spinnler, H. (1994). Spared and impaired cognitive abilities after bilateral frontal damage. *Cortex, 30* (1), 27–51.

Brenner, C. (1955). *An Elementary Textbook of Psychoanalysis.* New York: International Universities Press.

Brentano, F. (1874). *Psychology from an Empirical Standpoint.* London: Routledge, 1973.

Bretherton, I. (1991a). Intentional communication and the development of an understanding of mind. In: D. Frye and C. Moore (Eds.), *Children's Theories of Mind: Mental States and Social Understanding* (pp. 271–289). Hillsdale, NJ: Lawrence Erlbaum.

Bretherton, I. (1991b). Pouring new wine into old bottles: The social self as internal working model. In: M. R. Gunnar and L. A. Sroufe (Eds.), *Self Processes and Development: Minnesota Symposia on Child Psychology, Vol. 23* (pp. 1–41). Hillsdale, NJ: Lawrence Erlbaum.

Bretherton, I., and Bates, E. (1979). The emergence of intentional communication. In: I. C. Uzgiris (Ed.), *Social Interaction and Communication during Infancy.* San Francisco, CA: Jossey-Bass.

Bretherton, I., Bates, E., Benigni, L., Camaioni, L., and Volterra, V. (1979). Relationships between cognition, communication, and quality of attachment. In: E. Bates, L. Benigni, I. Bretherton, L. Camaioni, and V. Volterra (Eds.), *The Emergence of Symbols: Cognition and Communication in Infancy* (pp. 223–269). New York: Academic Press.

Bretherton, I., and Munholland, K. A. (1999). Internal working models in attachment relationships: A construct revisited. In: J. Cassidy and P. R. Shaver (Eds.), *Handbook of Attachment: Theory, Research and Clinical Applications* (pp. 89–114). New York: Guilford Press.

Bretherton, I., Ridgeway, D., and Cassidy, J. (1990). Assessing internal working models of the attachment relationship: An attachment story completion task. In: M. T. Greenberg, D. Cicchetti, and E. M. Cummings (Eds.), *Attachment in the Preschool Years: Theory, Research and Intervention* (pp. 273–308). Chicago, IL: University of Chicago Press.

Brierley, M. (1937). Affects in theory and practice. In: *Trends in Psycho-Analysis*. London: Hogarth Press, 1951.

Britton, R. (1989). The missing link: Parental sexuality in the Oedipus complex. In: R. Britton, M. Feldman, E. O'Shaughnessy, and J. Steiner (Eds.), *The Oedipus Complex Today: Clinical Implications* (pp. 83–102). London: Karnac.

Britton, R. (1994). The blindness of the seeing eye: Inverse symmetry as a defence against reality. *Psychoanalytic Inquiry, 14*, 365–378.

Britton, R. (1995). Psychic reality and unconscious belief. *International Journal of Psycho-Analysis, 76*, 19–23.

Britton, R. (1998). *Belief and Imagination*. London: Routledge.

Bronfenbrenner, U. (1979). *The Ecology of Human Development: Experiments by Nature and Design*. Cambridge, MA: Harvard University Press.

Broussard, E. R. (1995). Infant attachment in a sample of adolescent mothers. *Child Psychiatry and Human Development, 25*, 211–219.

Brown, J. R., Donelan-McCall, N., and Dunn, J. (1996). Why talk about mental states? The significance of children's conversations with friends, siblings, and mothers. *Child Development, 67*, 836–849.

Brownell, C. A., and Kopp, C. B. (1991). Common threads, diverse solutions: Concluding commentary. *Developmental Review, 11*, 288–303.

Bruch, H. (1982). Anorexia nervosa: Therapy and theory. *American Journal of Psychiatry, 139* (12), 1531–1538.

Bruner, J. (1983). *Child's Talk: Learning to Use Language*. Oxford: Oxford University Press.

Bruner, J., Olver, P., and Greenfield, P. M. (1966). *Studies on Cognitive Growth*. New York: John Wiley.

Busch, F. (1995). Do actions speak louder than words? A query into an enigma in analytic theory and technique. *Journal of the American Psychoanalytic Association, 43*, 61–82.

Butterworth, G. (1995). An ecological perspective on the origins of the self. In: J. Bermudez, A. Marcel, and N. Eilan (Eds.), *The Body and the Self*. Cambridge, MA: MIT Press.

Butterworth, G., and Cicchetti, D. (1978). Visual calibration of posture in normal and motor retarded Down's syndrome infants. *Perception, 6*, 255–262.

Butterworth, G., Harris, P., Leslie, A., and Wellman, H. (1991). *Perspec-*

tives on the Child's Theory of Mind. Oxford: Oxford University Press/ British Psychological Society.

Butterworth, G., and Hicks, L. (1977). Visual proprioception and postural stability in infancy: A developmental study. *Perception, 6*, 255–262.

Cadoret, R. J., Leve, L. D., and Devor, E. (1997). Genetics of aggressive and violent behavior. *Psychological Clinics of North America, 20*, 301–322.

Call, J., and Tomasello, M. (1996). The effect of humans on the cognitive development of apes. In: A. E. Russon, K. A. Bard, and S. T. Parker (Eds.), *Reaching into Thought* (pp. 371–403). Cambridge, U.K.: Cambridge University Press.

Call, J., and Tomasello, M. (1999). A nonverbal theory of mind test: The performance of children and apes. *Child Development, 70*, 381–395.

Campbell, J. (1997). The structure of time in autobiographical memory. *European Journal of Philosophy, 5*, 105–118.

Campos, J., and Stenberg, C. R. (1981). Perception, appraisal and emotion: The onset of social referencing. In: M. E. Lamb and L. R. Sherrod (Eds.), *Infant Social Cognition* (pp. 273–314). Hillsdale, NJ: Lawrence Erlbaum.

Camras, L. A. (1992). Expressive development and basic emotions. *Cognition and Emotion, 6*, 269–283.

Camras, L. A. (2000). Surprise! Facial expressions can be coordinative motor structures. In: M. D. Lewis and I. Granic (Eds.), *Emotion, Development, and Self-Organization: Dynamic Systems Approaches to Emotional Development* (pp. 100–124). Cambridge, U.K.: Cambridge University Press.

Cardasis, W., Hochman, J. A., and Silk, K. R. (1997). Transitional objects and borderline personality disorder. *American Journal of Psychiatry, 154*, 250–255.

Carlson, E., and Sroufe, L. A. (1995). Contribution of attachment theory to developmental psychopathology. In: D. Cicchetti and D. J. Cohen (Eds.), *Developmental Psychopathology, Vol. 1. Theory and Methods* (pp. 581–617). New York: John Wiley.

Carlson, V., Cicchetti, D., Barnett, D., and Braunwald, K. (1989). Disorganized/disoriented attachment relationships in maltreated infants. *Developmental Psychology, 25*, 525–531.

Caron, A. J., Caron, R. F., and Myers, R. S. (1985). Do infants see facial expressions in static faces? *Child Development, 56*, 1552–1560.

Caron, R. F., Caron, A. J., and MacLean, D. J. (1988). Infant discrimination of naturalistic emotional expressions: The role of face and voice. *Child Development, 59*, 604–616.

Carpenter, M., Nagell, K., and Tomasello, M. (1998). Social cognition, joint attention, and communicative competence from 9 to 15 months of age. *Monographs of the Society for Research in Child Development, 63.*

Carruthers, P. (1996). *Language, Thought and Consciousness. An Essay in Philosophical Psychology.* Cambridge, U.K.: Cambridge University Press.

Carruthers, P., and Smith, P. K. (Eds.) (1996). *Theories of Theories of Mind.* Cambridge, U.K.: Cambridge University Press.

Cassam, Q. (Ed.) (1994). *Self-Knowledge.* Oxford: Oxford University Press.

Cassidy, J. (1988). Child–mother attachment and the self in six-year-olds. *Child Development, 59,* 121–134.

Cassidy, J. (1994). Emotion regulation: Influences of attachment relationships. *The Development of Attachment Regulation,* ed. by N. A. Fox. *Monograph of the Society for Research in Child Development* (Serial 240), 228–249.

Cassidy, J., Kirsh, S. J., Scolton, K. L., and Parke, R. D. (1996). Attachment and representations of peer relationships. *Developmental Psychology, 32,* 892–904.

Cassidy, J., and Marvin, R. S. (1992). Attachment organization in preschool children: Coding guidelines. Seattle, WA: MacArthur Working Group on Attachment, unpublished coding manual.

Cassidy, J., Marvin, R. S., and The MacArthur Working Group on Attachment. (1989). Attachment organization in three- and four-year-olds: Coding guidelines. University of Illinois, Urbana, IL, unpublished scoring manual.

Castellanos, F. X., Lau, E., Tayebi, N., Lee, P., Long, R. E., Giedd, J. N., Sharp, W., Marsh, W. L., Walter, J. M., Hamburger, S. D., Ginns, E. I., Rappoport, J. R., and Sidransky, E. (1998). Lack of an association between a dopamine-4 receptor polymorphism and attention deficit hyperactivity disorder: Genetic and brain morphometric analyses. *Molecular Psychiatry, 3,* 431–434.

Cavell, M. (1988). Interpretation, psychoanalysis and the philosophy of mind. *Journal of the American Psychoanalytic Association, 36,* 859–879.

Cavell, M. (1991). The subject of mind. *International Journal of Psycho-Analysis, 72,* 141–154.

Cavell, M. (1994). *The Psychoanalytic Mind.* Cambridge, MA: Harvard University Press.

Cavell, M. (2000). Reasons, causes, and the domain of the first-person. In: J. Sandler, R. Michels, and P. Fonagy (Eds.), *Changing Ideas in a Changing World: The Revolution in Psychoanalysis. Essays in Honour of Arnold Cooper.* New York: Karnac.

Channon, S., and Crawford, S. (1999). Problem-solving in real-life-type situations: The effects of anterior and posterior lesions on perform-ance. *Neuropsychologia, 37* (7), 757–770.

Channon, S., and Crawford, S. (2000). The effects of anterior lesions on performance on a story comprehension test: Left anterior impair-ment on a theory of mind-type task. *Neuropsychologia, 38* (7), 1006–1017.

Chess, L. K., and Thomas, C. G. (1979). *Childhood Pathology and Later Adjustment.* New York: John Wiley.

Chew, S. J., Vicario, D. S. T., and Nottebohm, F. (1996). Quantal duration of auditory memories. *Science, 274,* 1909–1914.

Chisolm, K. (1998). A three year follow-up of attachment and indis-criminate friendliness in children adopted from Russian orphan-ages. *Child Development, 69,* 1092–1106.

Churchland, P. S. (1986). *Neurophilosophy.* Cambridge, MA: MIT Press.

Cicchetti, D. (1987). Developmental psychopathology in infancy: Illus-tration from the study of maltreated youngsters. *Journal of Consult-ing and Clinical Psychology, 55,* 837–845.

Cicchetti, D., and Cohen, D. J. (1995). Perspectives on developmental psychopathology. In: D. Cicchetti and D. J. Cohen (Eds.), *Develop-mental Psychopathology, Vol. 1. Theory and Methods* (pp. 3–23). New York: John Wiley.

Cicchetti, D., and Rogosch, F. A. (1997). The role of self-organization in the promotion of resilience in maltreated children. *Development and Psychopathology, 9,* 797–815.

Cicchetti, D., and Toth, S. L. (Eds.) (1994). *Rochester Symposium on Developmental Psychopathology, Vol. 5. Disorders and Dysfunctions of the Self.* Rochester, NY: University of Rochester Press.

Clarkin, J. F., Kernberg, O. F., and Yeomans, F. (1999). *Transference-Focused Psychotherapy for Borderline Personality Disorder Patients.* New York: Guilford Press.

Clarkin, J. F., and Lenzenweger, M. F. (1996). *Major Theories of Person-ality Disorder.* New York: Guilford Press.

Clements, W. A., and Perner, J. (1994). Implicit understanding of belief. *Cognitive Development, 9,* 377–395.

Clyman, R. B. (1991). The procedural organization of emotions: A contribution from cognitive science to the psychoanalytic theory of therapeutic action. *Journal of the American Psychoanalytic Associa-tion, 39* (Supplement), 349–382.

Cohen, D. J., Towbin, K. E., Mayes, L., and Volkmar, F. (1994). Develop-mental psychopathology of multiplex developmental disorder. In: S. L. Friedman and H. C. Haywood (Eds.), *Developmental Follow-Up: Concepts, Domains and Methods* (pp. 155–182). New York: Academic

Press.

Cohn, J. F., Matias, R., Tronick, E. Z., Connell, D., and Lyons-Ruth, K. (1986). Face-to-face interactions of depressed mothers and their infants. In: E. Z. Tronick and T. Field (Eds.), *Maternal Depression and Infant Disturbance* (pp. 31–45). San Francisco, CA: Jossey-Bass.

Cohn, J. F., and Tronick, E. Z. (1988). Mother–infant interaction: Influence is bidirectional and unrelated to periodic cycles in either partner's behavior. *Developmental Psychology, 24,* 386–392.

Collins, N., and Read, S. J. (1990). Adult attachment, working models and relationship quality in dating couples. *Journal of Personality and Social Psychology, 58,* 633–644.

Collins, N., and Read, S. J. (1994). Representations of attachment: The structure and function of working models. In: K. Bartholomew and D. Perlman (Eds.), *Advances in Personal Relationships, Vol. 5. Attachment Process in Adulthood* (pp. 53–90). London: Jessica Kingsley.

Colombo, J., Mitchell, D. W., Coldren, J. T., and Atwater, J. D. (1990). Discrimination learning during the first year: Stimulus and positional cues. *Journal of Experimental Psychology: Learning, Memory, and Cognition, 16,* 98–109.

Comings, D. E. (1997). Why different rules are required for polygenic inheritance: Lessons from studies of the DRD2 gene. *Alcohol, 16,* 61–70.

Comings, D. E., Comings, B. G., Muhleman, D., Dietz, G., Shahbahrami, B., Tast, D., Knell, E., Kocsis, P., Baumgarten, R., and Kovacs, B. W. (1991). The dopamine D2 receptor locus as a modifying gene in neuropsychiatric disorders. *Journal of the American Medical Association, 266,* 1793–1800.

Comings, D. E., Gonzalez, N., Wu, S., Gade, R., Muhleman, D., Saucier, G., Johnson, P., Verde, R., Rosenthal, R. J., Lesieur, H. R., Rugle, L. J., Miller, W. B., and MacMurray, J. P. (1999). Studies of the 48 bp repeat polymorphism of the DRD4 gene in impulsive, compulsive, addictive behaviors: Tourette syndrome, ADHD, pathological gambling, and substance abuse. *American Journal of Medical Genetics, 88,* 358–368.

Comings, D. E., Muhleman, D., and Gysin, R. (1996). Dopamine D2 receptor (DRD2) gene and susceptibility to posttraumatic stress disorder: A study and replication. *Biological Psychiatry, 40,* 1793–1800.

Conger, R. D., Ge, X., Elder, G. H., Lorenz, F. O., and Simons, R. (1994). Economic stress, coercive family process, and developmental problems of adolescents. *Child Development, 65,* 541–561.

Cooley, C. H. (1912). *Human Nature and the Social Order.* Revised edition New York: Shocken Books, 1964.

Cooper, R. P., and Aslin, R. N. (1990). Preference for infant-directed speech in the first month after birth. *Child Development, 61*, 1587–1595.

Corcoran, R. (2000). In: S. Baron-Cohen, D. Cohen, and H. Tager-Flusberg (Eds.), *Understanding Other Minds: Perspectives from Developmental Cognitive Neuroscience* (pp. 358–391). Oxford: Oxford University Press.

Corkum, V., and Moore, C. (1995). Development of joint visual attention in infants. In: C. Moore and P. Dunham (Eds.), *Joint Attention: Its Origins and Role in Development* (pp. 61–83). New York: Lawrence Erlbaum.

Craik, F. I. M., Moroz, T. M., Moscovitch, M., Stuss, D. T., Winocur, G., and Tulving, E. (1999). In search of the self: A positron emission tomography study. *Psychological Science, 10*, 26–34.

Crittenden, P. M. (1988). Relationships at risk. In: J. Belsky and T. Nezworski (Eds.), *Clinical Implications of Attachment* (pp. 136–174). Hillsdale, NJ: Lawrence Erlbaum.

Crittenden, P. M. (1990). Internal representational models of attachment relationships. *Infant Mental Health Journal, 11*, 259–277.

Crittenden, P. M. (1992). Quality of attachment in the preschool years. *Development and Psychopathology, 4*, 209–241.

Crittenden, P. M. (1994). Peering into the black box: An exploratory treatise on the development of self in young children. In: D. Cicchetti and S. L. Toth (Eds.), *Rochester Symposium on Developmental Psychopathology, Vol. 5. Disorders and Dysfunctions of the Self* (pp. 79–148). Rochester, NY: University of Rochester Press.

Crittenden, P. M., and DiLalla, D. (1988). Compulsive compliance: The development of an inhibitory coping strategy in infancy. *Journal of Abnormal Child Psychology, 16*, 585–599.

Csibra, G., Bíró, S., Koós, O., and Gergely, G. (2002). One-year-old infants use teleological representations of actions productively. Submitted.

Csibra, G., and Gergely, G. (1998). The teleological origins of mentalistic action explanations: A developmental hypothesis. *Developmental Science, 1* (2), 255–259.

Csibra, G., Gergely, G., Brockbank, M., Bíró, S., and Koós, O. (1999). Twelve-month-olds can infer a goal for an incomplete action. Paper presented at the Eleventh Biennial Conference on Infant Studies (ICIS), Atlanta, Georgia.

Currie, G. (1995). Imagination and simulation: Aesthetics meets cognitive science. In: A. Stone and M. Davies (Eds.), *Mental Simulation: Evaluations and Applications* (pp. 99–127). Oxford: Basil Blackwell.

Damasio, A. (1994a). *Descartes' Error: Emotion, Reason and the Human Brain.* London: Macmillan.

Damasio, A. R. (1994b). Descartes' error and the future of human life. *Scientific American, 271* (4), 144.

Damasio, A. (1999). *The Feeling of What Happens: Body and Emotion in the Making of Consciousness.* New York: Harcourt Brace.

Darwin, C. (1872). *The Expression of Emotions in Man and Animals.* New York: Philosophical Library.

Davidson, D. (1980). *Actions, Reasons, and Causes. Essays on Action and Events.* Oxford: Clarendon Press.

Davidson, R. (1992). Prolegomenon to the structure of emotion: Gleanings from neuropsychology. *Cognition and Emotion, 6,* 245–268.

Davis, M., and Stone, T. (Eds.) (1995). *Folk Psychology: The Theory of Mind Debate.* Oxford: Blackwell.

Dawson, G., and McKissick, F. C. (1984). Self-recognition in autistic children. *Journal of Autism and Developmental Disorders, 9,* 247–260.

Deary, I. J., Battersby, S., Whiteman, M. C., Connor, J. M., Fowkes, F. G., and Harmar, A. (1999). Neuroticism and polymorphisms in the serotonin transporter gene. *Psychological Medicine, 29* (3), 735–739.

Deater-Deckard, K., Fulker, D. W., and Plomin, R. (1999). A genetic study of the family environment in the transition to early adolescence. *Journal of Child Psychology and Psychiatry and Allied Disciplines, 40,* 769–795.

DeCasper, A. J., and Fifer, W. P. (1980). Of human bonding: Newborns prefer their mothers' voices. *Science, 208,* 1174–1176.

Demos, V. (1986). Crying in early infancy: An illustration of the motivational function of affect. In: T. B. Brazelton and M. W. Yogman (Eds.), *Affective Development in Infancy* (pp. 39–73). Norwood, NJ: Ablex.

Denham, S. A., Zoller, D., and Couchoud, E. A. (1994). Socialization of preschoolers' emotion understanding. *Developmental Psychology, 30,* 928–936.

Dennett, D. (1978). *Brainstorms: Philosophical Essays on Mind and Psychology.* Montgomery, VT: Bradford.

Dennett, D. (1983). Styles of mental representation. *Proceedings of the Aristotelian Society* (pp. 213–226). London: Aristotelian Society.

Dennett, D. (1987). *The Intentional Stance.* Cambridge, MA: MIT Press.

Dennett, D. (1988). Precis of "The intentional stance" with peer commentary. *The Behavioral and Brain Sciences, 11,* 495–546.

Dennett, D. (1991). *Consciousness Explained.* Boston: Little Brown.

Dennett, D., and Haugeland, J. C. (1987). Intentionality. In: R. L. Gregory (Ed.), *The Oxford Companion to the Mind.* Oxford: Oxford

University Press.

DeSousa, R. (1987). *The Rationality of Emotion*. Cambridge, U.K.: MIT Press.

De Wolff, M. S., and van IJzendoorn, M. H. (1997). Sensitivity and attachment: A meta-analysis on parental antecedents of infant attachment. *Child Development, 68*, 571–591.

Dias, M. G., and Harris, P. L. (1990). The influence of the imagination on reasoning by young children. *British Journal of Developmental Psychology, 8*, 305–318.

Dicara, L. V. (1970). Learning in the autonomic nervous system. *Scientific American, 222*, 30–39.

Dienes, Z., and Perner, J. (1999). A theory of implicit and explicit knowledge. *Behavioral and Brain Sciences, 22* (5), 735–808.

Dobzhansky, T. (1972). Genetics and the diversity of behavior. *American Psychology, 27*, 523–530.

Dodge, K. (1990). Developmental psychopathology in children of depressed mothers. *Developmental Psychology, 26*, 3–6.

Drucker, J. (1975). Toddler play: Some comments on its functions in the developmental process. *Psychoanalysis and Contemporary Science, 4*, 479–527.

Dunkeld, J., and Bower, T. G. (1980). Infant response to impending optical collision. *Perception, 9*, 549–554.

Dunn, J. (1994). Changing minds and changing relationships. In: C. Lewis and P. Mitchell (Eds.), *Children's Early Understanding of Mind: Origins and Development* (pp. 297–310). Hove, Sussex, U.K.: Lawrence Erlbaum.

Dunn, J. (1996). The Emanuel Miller Memorial Lecture 1995. Children's relationships: Bridging the divide between cognitive and social development. *Journal of Child Psychology and Psychiatry and Allied Disciplines, 37*, 507–518.

Dunn, J., and Brown, J. (1993). Early conversations about causality: Content, pragmatics, and developmental change. *British Journal of Developmental Psychology, 11*, 107–123.

Dunn, J., Brown, J., and Beardsall, L. (1991). Family talk about feeling states and children's later understanding of others' emotions. *Developmental Psychology, 27*, 448–455.

Dunn, J., Brown, J., Slomkowski, C., Telsa, C., and Youngblade, L. (1991). Young children's understanding of other people's feelings and beliefs: Individual differences and their antecedents. *Child Development, 62*, 1352–1366.

Dunn, J., and McGuire, S. (1994). Young children's non-shared experiences: A summary of studies in Cambridge and Colorado. In: E. M. Hetherington, D. Reiss, and R. Plomin (Eds.), *Separate Social Worlds of Siblings*. Hillsdale, NJ: Lawrence Erlbaum.

Dutton, D. G., Saunders, K., Starzomski, A., and Bartholomew, K. (1994). Intimacy-anger and insecure attachments as precursors of abuse in intimate relationships. *Journal of Applied Social Psychology, 24*, 1367–1386.

Eaves, L. J., Silberg, J. L., Meyer, J. M., Maes, H. H., Simonoff, E., Pickles, A., Rutter, M., Neale, M. C., Reynolds, C. A., Erikson, M. T., Heath, A. C., Loeber, R., Truett, K. R., and Hewitt, J. K. (1997). Genetics and developmental psychopathology: 2. The main effects of genes and environment on behavioral problems in the Virginia Twin Study of Adolescent Behavioral Development. *Journal of Child Psychology and Psychiatry and Allied Disciplines, 38* (8), 965–980.

Ebstein, R. P., Gritsenko, I., Nemanov, L., Frisch, A., Osher, Y., and Belmaker, R. H. (1997). No association between the serotonin transporter gene regulatory region polymorphism and the Tridimensional Personality Questionnaire (TPQ) temperament of harm avoidance. *Molecular Psychiatry, 2* (3), 224–226.

Edelman, G. (1992). *Bright Air, Brilliant Fire*. New York: Basic Books.

Egeland, B., and Farber, E. A. (1984). Infant–mother attachment: Factors related to its development and change over time. *Child Development, 55*, 753–771.

Eisenberg, N., and Fabes, R. (Eds.) (1992). *Emotion and Its Regulation in Early Development*. San Francisco, CA: Jossey-Bass.

Ekman, P. (1992a). An argument for basic emotions. *Cognition and Emotion, 6* (3–4), 169–200.

Ekman, P. (1992b). Facial expressions of emotion: New findings, new questions. *Psychological Science, 3* (1), 34–38.

Ekman, P., and Davidson, R. (Eds.) (1994). *The Nature of Emotion: Fundamental Questions*. Oxford: Oxford University Press.

Ekman, P., Friesen, W. V., and Ellsworth, P. (1972). *Emotion in the Human Face*. New York: Pergamon Press.

Ekman, P., Levenson, R., and Friesen, W. V. (1983). Autonomic nervous system activity distinguishes between emotions. *Science, 221*, 1208–1210.

Ekman, P., and Oster, H. (1979). Facial expressions of emotions. *Annual Review of Psychology, 30*, 527–554.

Elicker, J., Englund, M., and Sroufe, L. A. (1992). Predicting peer competence and peer relationships in childhood from early parent–child relationships. In: R. Parke and G. Ladd (Eds.), *Family–Peer Relationships: Modes of Linkage* (pp. 77–106). Hillsdale, NJ: Lawrence Erlbaum.

Elman, J. L., Bates, A. E., Johnson, M. H., Karmiloff-Smith, A., Parisi, D., and Plunkett, K. (1996). *Rethinking Innateness: A Connectionist*

Perspective on Development. Cambridge, MA: MIT Press.

Emde, R. (1980a). Toward a psychoanalytic theory of affect: Part 1. The organizational model and its propositions. In: S. I. Greenspan and G. H. Pollock (Eds.), *The Course of Life: Infancy and Early Childhood* (pp. 63–83). Washington, DC: DHSS.

Emde, R. (1980b). Toward a psychoanalytic theory of affect: Part 2. Emerging models of emotional development in infancy. In: S. I. Greenspan and G. H. Pollock (Eds.), *The Course of Life: Infancy and Early Childhood* (pp. 85–112). Washington, DC: DHSS.

Emde, R. (1981). Changing models of infancy and the nature of early development: Remodeling the foundation. *Journal of the American Psychoanalytic Association, 29,* 179–219.

Emde, R. (1983). Pre-representational self and its affective core. *Psychoanalytic Study of the Child, 38,* 165–192.

Emde, R. (1988). Development terminable and interminable: 1. Innate and motivational factors from infancy. *International Journal of Psycho-Analysis, 69,* 23–42.

Emde, R. (1992). Individual meaning and increasing complexity: Contributions of Sigmund Freud and Reni Spitz to Developmental Psychology. *Developmental Psychology, 28,* 347–359.

Emde, R., and Fonagy, P. (1997). An emerging culture for psychoanalytic research? Editorial. *International Journal of Psycho-Analysis, 78,* 643–651.

Emde, R., Kubicek, L., and Oppenheim, D. (1997). Imaginative reality observed during early language development. *International Journal of Psycho-Analysis, 78* (1), 115–133.

Erikson, E. H. (1968). *Identity, Youth and Crisis.* New York: Norton.

Evans, J. D., and Wheeler, D. E. (2000). Expression profiles during honeybee cast determination. *Genome Biology, 2,* e1–e6.

Fairbairn, W. R. D. (1952). *An Object-Relations Theory of the Personality.* New York: Basic Books, 1954.

Fajardo, B. (1993). Conditions for the relevance of infant research to clinical psychoanalysis. *International Journal of Psycho-Analysis, 74,* 975–992.

Fantz, R. (1963). Pattern vision in newborn infants. *Science, 140,* 296–297.

Faraone, S. V., Biederman, J., Weiffenbach, B., Keith, T., Chu, M. P., Weaver, A., Spencer, T. J., Wilens, T. E., Frazier, J., Cleves, M., and Sakai, J. (1999). Dopamine D4 gene 7-repeat allele and attention deficit hyperactivity disorder. *American Journal of Psychiatry, 156,* 768–770.

Ferguson, C. A. (1964). Baby talk in six languages. *American Anthropologist, 66,* 103–114.

Fernald, A. (1991). Prosody in speech to children: Prelinguistic and linguistic functions. In: R. Vasta (Ed.), *Annals of Child Development, Vol. 8* (pp. 43–80). London: Jessica Kingsley.

Fernald, A. (1992). Human maternal vocalizations to infants as biologically relevant signals: An evolutionary perspective. In: L. C. J. H. Barkow and J. Tooby (Eds.), *The Adapted Mind: Evolutionary Psychology and the Generation of Culture* (pp. 391–428). Oxford: Oxford University Press.

Field, T. (1979). Differential behavioral and cardiac responses of 3-month-old infants to a mirror and peer. *Infant Behavior and Development, 2,* 179–184.

Field, T. (1994). The effects of mother's physical and emotional unavailability on emotion regulation. *Monographs of the Society for Research in Child Development, 59* (2–3).

Field, T., Guy, L., and Umbel, V. (1985). Infants' responses to mothers' imitative behaviors. *Infant Mental Health Journal, 6,* 40–44.

Field, T., Healy, B., Goldstein, S., Perry, S., Bendell, D., Schanberg, S., Zimmerman, E., and Kuhn, C. (1988). Infants of depressed mothers show "depressed" behavior even with nondepressed adults. *Child Development, 59,* 1569–1579.

Field, T., Woodson, R., Cohen, D., Garcia, R., and Greenberg, R. (1983). Discrimination and imitation of facial expressions by term and preterm neonates. *Infant Behavior and Development, 6,* 485–490.

Fischer, K. W., and Ayoub, C. (1994). Affective splitting and dissociation in normal and maltreated children: Developmental pathways for self in relationships. In: D. Cicchetti and S. L. Toth (Eds.), *Rochester Symposium on Developmental Psychopathology, Vol. 5. Disorders and Dysfunctions of the Self* (pp. 149–222). Rochester, NY: University of Rochester Press.

Fischer, K. W., and Farrar, M. J. (1987). Generalisations about generalisation: How a theory of skill development explains both generality and specificity. *International Journal of Psychology, 22,* 643–677.

Fischer, K. W., Kenny, S. L., and Pipp, S. L. (1990). How cognitive processes and environmental conditions organize discontinuities in the development of abstractions. In: C. N. Alexander, E. J. Langer, and R. M. Oetzel (Eds.), *Higher Stages of Development* (pp. 162–187). New York: Oxford University Press.

Fischer, K. W., Knight, C. C., and Van Parys, M. (1993). Analyzing diversity in developmental pathways: Methods and concepts. In: W. Edelstein and R. Case (Eds.), *Constructivists Approaches to Development. Contributions to Human Development, Vol. 23* (pp. 33–56). Basel, Switzerland: S. Karger.

Fischer, K. W., and Pipp, S. L. (1984). Development of the structures of unconscious thought. In: K. Bowers and D. Meichenbaum (Eds.), *The Unconscious Reconsidered* (pp. 88–148). New York: John Wiley.

Flavell, J. (1982). On cognitive development. *Child Development, 53*, 1–10.

Flavell, J., Flavell, E. R., and Green, F. L. (1987). Young children's knowledge about the apparent–real and pretend–real distinction. *Developmental Psychology, 23*, 816–822.

Flavell, J., Flavell, E. R., Green, F. L., and Moses, L. J. (1990). Young children's understanding of fact beliefs versus value beliefs. *Child Development, 61*, 915–928.

Flavell, J., Green, F. L., and Flavell, E. R. (1986). Development of knowledge about the appearance–reality distinction. *Monographs of the Society for Research in Child Development, 51* (Serial 212, 1).

Flory, J. D., Manuck, S. B., Ferrell, R. E., Dent, K. M., Peters, D. G., and Muldoon, M. F. (1999). Neuroticism is not associated with the serotonin transporter (5-HTTLPR) polymorphism. *Molecular Psychiatry, 4* (1), 93–96.

Fodor, J. A. (1987). *Psychosemantics.* Cambridge, MA: MIT Press.

Fodor, J. A. (1992). A theory of the child's theory of mind. *Cognition, 44*, 283–296.

Fogel, A. (1993). *Developing through Relationships: Origins of Communication, Self, and Culture.* Chicago, IL: Chicago University Press.

Fogel, A., Nwokah, E., Dedo, J. Y., Messinger, D., Dickson, K. L., and Holt, S. A. (1992). Social process theory of emotion: A dynamic systems approach. *Social Development, 2*, 122–142.

Fónagy, I., and Fónagy, J. (1987). Analysis of complex (integrated) melodic patterns. In: R. Channon and L. Shockey (Eds.), *In Honour of Ilse Lehiste* (pp. 75–98). Dordrecht: Foris.

Fónagy, I., and Fonagy, P. (1995). Communication with pretend actions in language, literature and psychoanalysis. *Psychoanalysis and Contemporary Thought, 18*, 363–418.

Fonagy, P. (1989). On tolerating mental states: Theory of mind in borderline patients. *Bulletin of the Anna Freud Centre, 12*, 91–115.

Fonagy, P. (1991). Thinking about thinking: Some clinical and theoretical considerations in the treatment of a borderline patient. *International Journal of Psycho-Analysis, 72*, 1–18.

Fonagy, P. (1995a). Mental representations from an intergenerational cognitive science perspective. *Infant Mental Health Journal, 15*, 57–68.

Fonagy, P. (1995b). Playing with reality: The development of psychic reality and its malfunction in borderline patients. *International Journal of Psycho-Analysis, 76*, 39–44.

Fonagy, P. (1997). Attachment and theory of mind: Overlapping constructs? *Association for Child Psychology and Psychiatry, Occasional Papers, 14,* 31–40.

Fonagy, P. (1998). Moments of change in psychoanalytic theory: Discussion of a new theory of psychic change. *Infant Mental Health Journal, 19,* 163–171.

Fonagy, P. (2000). The development of psychopathology from infancy to adulthood: The mysterious unfolding of disturbance in time. Paper presented at the Seventh Congress of the World Association for Infant Mental Health, Montreal.

Fonagy, P. (2001). *Attachment Theory and Psychoanalysis.* New York: Other Press.

Fonagy, P., Edgcumbe, R., Moran, G. S., Kennedy, H., and Target, M. (1993). The roles of mental representations and mental processes in therapeutic action. *Psychoanalytic Study of the Child, 48,* 9–48.

Fonagy, P., Fearon, P., and Target, M. (1999). How can children in the same family have different attachment classifications? Paper presented at the Society for Research in Child Development Biennial Meeting, Albuquerque, New Mexico.

Fonagy, P., Leigh, T., Kennedy, R., Mattoon, G., Steele, H., Target, M., Steele, M., and Higgitt, A. (1995). Attachment, borderline states and the representation of emotions and cognitions in self and other. In: D. Cicchetti and S. S. Toth (Eds.), *Rochester Symposium on Developmental Psychopathology: Cognition and Emotion, Vol. 6* (pp. 371–414). Rochester, NY: University of Rochester Press.

Fonagy, P., Leigh, T., Steele, M., Steele, H., Kennedy, R., Mattoon, G., Target, M., and Gerber, A. (1996). The relation of attachment status, psychiatric classification, and response to psychotherapy. *Journal of Consulting and Clinical Psychology, 64,* 22–31.

Fonagy, P., Moran, G., and Target, M. (1993). Aggression and the psychological self. *International Journal of Psycho-Analysis, 74,* 471–485.

Fonagy, P., Redfern, S., and Charman, T. (1997). The relationship between belief–desire reasoning and a projective measure of attachment security (SAT). *British Journal of Developmental Psychology, 15,* 51–61.

Fonagy, P., Steele, H., Moran, G., Steele, M., and Higgitt, A. (1991). The capacity for understanding mental states: The reflective self in parent and child and its significance for security of attachment. *Infant Mental Health Journal, 13,* 200–217.

Fonagy, P., Steele, H., and Steele, M. (1991). Maternal representations of attachment during pregnancy predict the organization of infant–mother attachment at one year of age. *Child Development, 62,* 891–

905.

Fonagy, P., Steele, M., Moran, G. S., Steele, H., and Higgitt, A. (1992). The integration of psychoanalytic theory and work on attachment: The issue of intergenerational psychic processes. In: D. Stern and M. Ammaniti (Eds.), *Attaccamento e Psiconalisis* (pp. 19–30). Bari: Laterza.

Fonagy, P., Steele, M., Steele, H., Higgitt, A., and Target, M. (1994). Theory and practice of resilience. *Journal of Child Psychology and Psychiatry and Allied Disciplines, 35*, 231–257.

Fonagy, P., Steele, H., Steele, M., and Holder, J. (1997). Children securely attached in infancy perform better in belief–desire reasoning task at age five. University College London, unpublished manuscript.

Fonagy, P., Steele, M., Steele, H., Leigh, T., Kennedy, R., Mattoon, G., and Target, M. (1995). Attachment, the reflective self, and borderline states: The predictive specificity of the Adult Attachment Interview and pathological emotional development. In: S. Goldberg, R. Muir, and J. Kerr (Eds.), *Attachment Theory: Social, Developmental and Clinical Perspectives* (pp. 233–278). New York: Analytic Press.

Fonagy, P., Steele, M., Steele, H., and Target, M. (1997). *Reflective-Functioning Manual, Version 4.1, for Application to Adult Attachment Interviews.* London: University College London.

Fonagy, P., Stein, H., and White, R. (2001). Dopamine receptor polymorphism and susceptibility to sexual, physical and psychological abuse: Preliminary results of a longitudinal study of maltreatment. Paper presented at the Tenth Biannual Meeting of the Society for Research in Child Development, Minneapolis, MI.

Fonagy, P., and Target, M. (1995). Understanding the violent patient: The use of the body and the role of the father. *International Journal of Psycho-Analysis, 76*, 487–502.

Fonagy, P., and Target, M. (1996). Playing with reality: I. Theory of mind and the normal development of psychic reality. *International Journal of Psycho-Analysis, 77*, 217–233.

Fonagy, P., and Target, M. (1997). Attachment and reflective function: Their role in self-organization. *Development and Psychopathology, 9*, 679–700.

Fonagy, P., Target, M., Cottrell, D., Phillips, J., and Kurtz, Z. (2000). *A Review of the Outcomes of All Treatments of Psychiatric Disorder in Childhood* (MCH 17–33). London: National Health Service Executive.

Fonagy, P., Target, M., and Gergely, G. (2000). Attachment and borderline personality disorder: A theory and some evidence. *Psychiatric Clinics of North America, 23*, 103–122.

Fonagy, P., Target, M., Steele, H., and Steele, M. (1998). *Reflective-*

Functioning Manual, Version 5.0, for Application to Adult Attachment Interviews. London: University College London.

Fox, N. (Ed.) (1994). *The Development of Emotion Regulation.* Chicago, IL: Chicago University Press.

Fox, R. A., Platz, D. L., and Bentley, K. S. (1995). Maternal factors related to parenting practices, developmental expectations, and perceptions of child behavior problems. *Journal of Genetic Psychology, 156,* 431–441.

Freud, A. (1981). *A Psychoanalytic View of Developmental Psychopathology.* New York: International Universities Press.

Freud, S. (1900a). *The Interpretation of Dreams.* In: J. Strachey (Ed.), *The Standard Edition of the Complete Psychological Works of Sigmund Freud (S.E.), Vols. 4–5.* London: Hogarth Press.

Freud, S. (1911b). Formulations on the two principles of mental functioning. In: J. Strachey (Ed.), *S.E., Vol. 12* (pp. 213–216). London: Hogarth Press.

Freud, S. (1912–13). *Totem and Taboo.* In: J. Strachey (Ed.), *S.E., Vol. 13* London: Hogarth Press.

Freud, S. (1914c). On narcissism: An introduction. In: J. Strachey (Ed.), *S.E., Vol. 14* (pp. 67–104). London: Hogarth Press.

Freud, S. (1915e). The unconscious. In: J. Strachey (Ed.), *S.E., Vol. 14* (pp. 161–216). London: Hogarth Press.

Freud, S. (1917e [1915]). Mourning and melancholia. In: J. Strachey (Ed.), *S.E., Vol. 14* (pp. 237–258). London: Hogarth Press.

Freud, S. (1920g). *Beyond the Pleasure Principle.* In: J. Strachey (Ed.), *S.E., Vol. 18* (pp. 1–64). London: Hogarth Press.

Freud, S. (1926d [1925]). *Inhibitions, Symptoms and Anxiety.* In: J. Strachey (Ed.), *S.E., Vol. 20* (pp. 77–172). London: Hogarth Press.

Freud, S. (1950 [1895]). A project for a scientific psychology. In: J. Strachey (Ed.), *S.E., Vol. 1* (pp. 281–397). London: Hogarth Press.

Frith, C. D. (1992). *The Cognitive Neuropsychology of Schizophrenia.* Hillsdale, NJ: Lawrence Erlbaum.

Frith, U. (1989). *Autism: Explaining the Enigma.* Oxford: Blackwell.

Frosch, A. (1995). The preconceptual organization of emotion. *Journal of the American Psychoanalytic Association, 43,* 423–447.

Gaensbauer, T. (1982). The differentiation of discrete affects. *Psychoanalytic Study of the Child, 37,* 29–66.

Gallagher, H. L., Happe, F., Brunswick, N., Fletcher, P. C., Frith, U., and Frith, C. D. (2000). Reading the mind in cartoons and stories: An fMRI study of "theory of mind" in verbal and nonverbal tasks. *Neuropsychologia, 38* (1), 11–21.

Gallup, G. G., Jr. (1970). Chimpanzees: Self-recognition. *Science, 167,* 86–87.

Gallup, G. G., Jr. (1991). Towards a comparative psychology of self-awareness: Species limitations and cognitive consequences. In: G. R. Goethals and J. Strauss (Eds.), *The Self: An Interdisciplinary Approach* (pp. 121–135). New York: Springer-Verlag.

Gallup, G. G., Jr., and Suarez, S. D. (1986). Self-awareness and the emergence of mind in humans and other primates. In: J. Suls and A. G. Greenwald (Eds.), *Psychological Perspectives on the Self, Vol. 3* (pp. 3–26). Hillsdale, NJ: Lawrence Erlbaum.

Garber, J., and Dodge, K. A. (Eds.) (1991). *The Development of Emotion Regulation and Dysregulation* (pp. 3-11). New York: Cambridge University Press.

Garmezy, N., Masten, A. S., and Tellegen, A. (1984). The study of stress and competence in children: A building block for developmental psychopathology. *Child Development, 55*, 97–111.

Ge, X., Conger, R. D., Cadoret, R., Neiderhiser, J., and Yates, W. (1996). The developmental interface between nature and nurture: A mutual influence model of child antisocial behavior and parent behavior. *Developmental Psychology, 32*, 574–589.

Gelernter, J., Goldman, D., and Risch, N. (1993). The A1 allele at the D2 dopamine receptor gene and alcoholism: A reappraisal. *Journal of the American Medical Association, 269*, 1673–1677.

Gelernter, J., Kranzler, H., Coccaro, E. F., Siever, L. J., and New, A. S. (1998). Serotonin transporter protein gene polymorphism and personality measures in African American and European American subjects. *American Journal of Psychiatry, 155* (10), 1332–1338.

Gelernter, J., Southwick, S., Goodson, S., Morgan, A., Nagy, L., and Charney, D. S. (1999). No association between D2 dopamine receptor (DRD2) "A" system alleles, or DRD2 haplotypes, and post-traumatic stress disorder. *Biological Psychiatry, 45*, 620–625.

George, C., Kaplan, N., and Main, M. (1985). The Adult Attachment Interview. Berkeley, CA: University of California at Berkeley, Department of Psychology, unpublished manuscript.

George, C., and Solomon, J. (1996). Representational models of relationships: Links between caregiving and attachment. In: C. George and J. Solomon (Eds.), *Defining the Caregiving System* (*Infant Mental Health Journal, 17*) (pp. 198–216). New York: John Wiley.

George, C., and Solomon, J. (1998). Attachment disorganization at age six: Differences in doll play between punitive and caregiving children. Paper presented at the International Society for the Study of Behavioral Development, Bern, Switzerland.

Gergely, G. (1992). Developmental reconstructions: Infancy from the point of view of psychoanalysis and developmental psychology. *Psychoanalysis and Contemporary Thought, 15*, 3–55.

Gergely, G. (1994). From self-recognition to theory of mind. In: S. T. Parker, R. W. Mitchell, and M. L. Boccia (Eds.), *Self-Awareness in Animals and Humans: Developmental Perspectives* (pp. 51–61). Cambridge, U.K.: Cambridge University Press.

Gergely, G. (1995a). The role of parental mirroring of affects in early psychic structuration. Paper presented at the Fifth IPA Conference on Psychoanalytic Research, London.

Gergely, G. (1995b). The social construction of self-awareness and first-person authority. Paper presented at the Twelfth SRCD Conference, Indianapolis, IN.

Gergely, G. (1997). Margaret Mahler's developmental theory reconsidered in the light of current empirical research on infant development. Paper presented at the Mahler Centennial Conference, Sopron, Hungary.

Gergely, G. (2000). Reapproaching Mahler: New perspectives on normal autism, normal symbiosis, splitting and libidinal object constancy from cognitive developmental theory. *Journal of the American Psychoanalytic Association, 48* (4), 1197–1228.

Gergely, G. (2001a). The development of understanding of self and agency. In: U. Goshwami (Ed.), *Handbook of Childhood Cognitive Development*. Oxford: Blackwell.

Gergely, G. (2001b). The obscure object of desire: "Nearly, but clearly not, like me": Contingency preference in normal children versus children with autism. *Contingency Perception and Attachment in Infancy,* ed. by J. Allen, P. Fonagy, and G. Gergely. *Bulletin of the Menninger Clinic, Special Issue,* 411–426.

Gergely, G., and Csibra, G. (1996). Understanding rational actions in infancy: Teleological interpretations without mental attribution. Paper presented at the Symposium on Early Perception of Social Contingencies, Tenth Biennial International Conference on Infant Studies, Providence, RI.

Gergely, G., and Csibra, G. (1997). Teleological reasoning in infancy: The infant's naive theory of rational action. A reply to Premack and Premack. *Cognition, 63,* 227–233.

Gergely, G., and Csibra, G. (1998). La interpretacion teleologica de la conducta: La teoria infantil de la accion racional [The teleological interpretation of behavior: The infant's theory of rational action]. *Infancia y Aprendizaje, 84,* 45–65.

Gergely, G., and Csibra, G. (2000). The teleological origins of naive theory of mind in infancy. Paper presented at the Symposium on Origins of Theory of Mind: Studies with Human Infants and Primates, Twelfth Biennial International Conference on Infant Studies (ICIS), Brighton, U.K.

Gergely, G., Koós, O., and Watson, J. S. (in press). Contingency perception and the role of contingent parental reactivity in early socio-emotional development: Some implications for developmental psychopathology. In: J. Nadel and J. Decety (Eds.), *Imitation, Action et Intentionnalité*. Paris: Presses Universitaires de France.

Gergely, G., Magyar, J., and Balázs, A. C. (1999). Childhood autism as "blindness" to less-than perfect contingencies (poster). Paper presented at the Biennial Conference of the International Society for Research in Childhood and Adolescent Psychopathology (ISRCAP), Barcelona.

Gergely, G., Nadasdy, Z., Csibra, G., and Bíró, S. (1995). Taking the intentional stance at 12 months of age. *Cognition, 56*, 165–193.

Gergely, G., and Watson, J. (1996). The social biofeedback model of parental affect-mirroring. *International Journal of Psycho-Analysis, 77*, 1181–1212.

Gergely, G., and Watson, J. (1999). Early social–emotional development: Contingency perception and the social biofeedback model. In: P. Rochat (Ed.), *Early Social Cognition: Understanding Others in the First Months of Life* (pp. 101–137). Hillsdale, NJ: Lawrence Erlbaum.

Gewirtz, J., and Pelaez-Nogueras, M. (1992). Social referencing as a learned process. In: S. Feinman (Ed.), *Social Referencing and the Social Construction of Reality in Infancy* (pp. 151–173). New York: Plenum Press.

Gholson, B. (1980). *The Cognitive-Developmental Basis of Human Learning: Studies in Hypothesis Testing*. New York: Academic Press.

Gibson, J. J. (1966). *The Senses Considered as Perceptual Systems*. Boston, MA: Houghton-Mifflin.

Gilligan, J. (1997). *Violence: Our Deadliest Epidemic and Its Causes*. New York: Grosset/Putnam.

Goel, V., Grafman, N., Sadato, M., and Hallett, M. (1995). Modeling other minds. *Neuroreport, 6*, 1741–1746.

Goldman, A. (1989). Interpretation psychologized. *Mind and Language, 4*, 161–185.

Goldman, A. (1992). In defense of simulation theory. *Mind and Language, 7* (1–2), 104–119.

Goldman, A. (1993). *Philosophical Applications of Cognitive Science*. Boulder, CO: Westview Press.

Golinkoff, R. (1986). "I beg your pardon?": The preverbal negotiation of failed messages. *Journal of Child Language, 13*, 455–476.

Gopnik, A. (1993). How we know our minds: The illusion of first-person knowledge of intentionality. *Behavioral and Brain Sciences, 16*, 1–14, 29–113.

Gopnik, A. (1996). Theories and modules: Creation myths, developmental realities, and Neurath's boat. In: P. Carruthers and P. K. Smith (Eds.), *Theories of Theories of Mind* (pp. 169–183). Cambridge, U.K.: Cambridge University Press.

Gopnik, A., and Astington, J. W. (1988). Children's understanding of representational change and its relation to the understanding of false belief and the appearance–reality distinction. *Child Development, 59*, 26–37.

Gopnik, A., and Graf, P. (1988). Knowing how you know: Young children's ability to identify and remember the sources of their beliefs. *Child Development, 59*, 1366–1371.

Gopnik, A., and Meltzoff, A. (1997). *Words, Thoughts, and Theories*. Cambridge, MA: MIT Press.

Gopnik, A., and Slaughter, V. (1991). Young children's understanding of changes in their mental states. *Child Development, 62*, 98–110.

Gopnik, A., and Wellman, H. M. (1992). Why the child's theory of mind really is a theory. *Mind and Language, 7*, 145–171.

Gopnik, A., and Wellman, H. M. (1994). The theory theory. In: L. A. Hirschfeld and S. A. Gelman (Eds.), *Mapping the Mind: Domain Specificity in Cognition and Culture* (pp. 257–293). New York: Cambridge University Press.

Gordon, R. M. (1986). Folk psychology as simulation. *Mind and Language, 1*, 158–171.

Gordon, R. M. (1992). Simulation theory: Objections and misconceptions. *Mind and Language, 7*, 11–34.

Gordon, R. M. (1995). Simulation without introspection or inference from me to you. In: T. Stone and M. Davies (Eds.), *Mental Simulation: Evaluations and Applications* (pp. 101–119). Oxford: Blackwell.

Gosling, J. C. B., and Taylor, C. C. W. (1982). *The Greeks on Pleasure*. Oxford: Clarendon Press.

Gottman, J. M. (1981). *Time-Series Analysis: A Comprehensive Introduction for Social Scientists*. Cambridge, U.K.: Cambridge University Press.

Gould, S. J. (1987). *An Urchin in the Storm*. New York: Norton.

Gove, F. (1983). Patterns and organizations of behavior and affective expression during the second year of life. Minneapolis, MN: University of Minnesota, unpublished doctoral dissertation.

Green, A. (1975). The analyst, symbolization and absence in the analytic setting: On changes in analytic practice and analytic experience. *International Journal of Psycho-Analysis, 56*, 1–22.

Green, A. (1999). *The Fabric of Affect in the Psychoanalytic Discourse*. London: Routledge.

Green, A. (2000). Science and science fiction in infant research. In: J.

Sandler, A.-M. Sandler, and R. Davies (Eds.), *Clinical and Observational Psychoanalytic Research: Roots of a Controversy* (pp. 41–73). London: Karnac.

Greenberg, B. D., Li, Q., Lucas, F. R., Hu, S., Sirota, L. A., Benjamin, J., Lesch, K. P., Hamer, D., and Murphy, D. L. (2000). Association between the serotonin transporter promoter polymorphism and personality traits in a primarily female population sample. *American Journal of Medical Genetics, 96* (2), 202–216.

Greenspan, P. (1988). *Emotions and Reasons: An Inquiry into Emotional Justification.* New York: Routledge.

Grice, H. P. (1975). Logic and conversation. In: R. Cole and J. Morgan (Eds.), *Syntax and Semantics: Speech Acts* (pp. 41–58). New York: Academic Press.

Griffiths, P. (1997). *What Emotions Really Are.* Chicago, IL: Chicago University Press.

Grinberg, L., Sor, D., and De Bianchedi, E. T. (1977). *Introduction to the Work of Bion.* New York: Jason Aronson.

Gross, J. J. (1998). The emerging field of emotion regulation. *Review of General Psychology, 2,* 271–299.

Gross, J. J. (1999). Emotion regulation: Past, present and future. *Cognition and Emotion, 13,* 551–573.

Grossmann, K., Grossmann, K. E., Spangler, G., Suess, G., and Unzner, L. (1985). Maternal sensitivity and newborn orienting responses as related to quality of attachment in Northern Germany. *Growing Points in Attachment Theory and Research,* ed. by I. Bretherton and E. Waters. *Monographs of the Society for Research in Child Development, 50* (Serial 209, 1–2), 233–256.

Grossmann, K. E., Grossmann, K., and Schwan, A. (1986). Capturing the wider view of attachment: A reanalysis of Ainsworth's Strange Situation. In: C. E. Izard and P. B. Read (Eds.), *Measuring Emotions in Infants and Children, Vol. 2* (pp. 124–171). New York: Cambridge University Press.

Guardia, J., Catafau, A. M., Batile, F., Martin, J. C., Segura, L., Gonzalvo, B., Prat, G., Carrio, I., and Casas, M. (2000). Striatal dopaminergic D_2 receptor density measured by [^{123}I]Iodobenzamide SPECT in the prediction of treatment outcome of alcohol-dependent patients. *American Journal of Psychiatry, 157,* 127–129.

Gunderson, J. G. (1984). *Borderline Personality Disorder.* Washington, DC: American Psychiatric Press.

Gunderson, J. G. (1996). The borderline patient's intolerance of aloneness: Insecure attachments and therapist availability. *American Journal of Psychiatry, 153* (6), 752–758.

Gustavsson, J. P., Nothen, M. M., Jonsson, E. G., Neidt, H., Forslund,

K., Rylander, G., Mattila-Evenden, M., Sedvall, G. C., Propping, P., and Asberg, M. (1999). No association between serotonin transporter gene polymorphisms and personality traits. *American Journal of Medical Genetics, 88* (4), 430–436.

Hamilton, C. (1994). Continuity and discontinuity of attachment from infancy through adolescence. Los Angeles, CA: University of California–Los Angeles, unpublished doctoral dissertation.

Hamilton, S. P., Heiman, G. A., Haghighi, F., Mick, S., Klein, D. F., Hodge, S. E., Weissman, M. M., Fyer, A. J., and Knowles, J. A. (1999). Lack of genetic linkage or association between a functional serotonin transporter polymorphism and panic disorder. *Psychiatric Genetics, 9* (1), 1–6.

Hamilton, W. D. (1964). The genetic evolution of social behavior. *Journal of Theoretical Biology, 7,* 1–52.

Hare, R. D., and Cox, D. N. (1987). Clinical and empirical conceptions of psychopathy, and the selection of subjects for research. In: R. D. Hare and D. Schalling (Eds.), *Psychopathic Behavior: Approaches to Research* (pp. 1–21). Toronto, Ontario: John Wiley.

Harris, J. R. (1998). *The Nurture Assumption: Why Children Turn out the Way They Do: Parents Matter Less Than You Think and Peers Matter More.* New York: Free Press.

Harris, P. L. (1991). The work of the imagination. In: A. Whiten (Ed.), *Natural Theories of Mind* (pp. 283–304). Oxford: Blackwell.

Harris, P. L. (1992). From simulation to folk psychology: The case for development. *Mind and Language, 7,* 120–144.

Harris, P. L. (1996). Desires, beliefs, and language. In: P. Carruthers and P. K. Smith (Eds.), *Theories of Theories of Mind* (pp. 200–221). Cambridge, U.K.: Cambridge University Press.

Harris, P. L., and Kavanaugh, R. D. (1993). Young children's understanding of pretence. *Monographs of the Society for Research in Child Development, 58* (Serial 237, 1).

Harris, P. L., Kavanaugh, R. D., and Meredith, M. (1994). Young children's comprehension of pretend episodes: The integration of successive actions. *Child Development, 65,* 16–30.

Hart, D., and Killen, M. (1995). Introduction: Perspectives on morality in everyday life. In: M. Killen and D. Hart (Eds.), *Morality in Everyday Life* (pp. 1–22). Cambridge, U.K.: Cambridge University Press.

Harter, S. (1999). *The Construction of the Self: A Developmental Perspective.* New York: Guilford Press.

Harter, S., Marold, D. B., Whitesell, N. R., and Cobbs, G. (1996). A model of the effects of parent and peer support on adolescent false self behavior. *Child Development, 67.*

Hartmann, H. (1956). Notes on the reality principle, *Essays on*

Ego Psychology (pp. 268–296). New York: International Universities Press.

Haviland, J. M., and Lelwica, M. (1987). The induced affect response: 10-week-old infants' responses to three emotional expressions. *Developmental Psychology, 23*, 97–104.

Heider, F., and Simmel, M. (1944). An experimental study of apparent behavior. *American Journal of Psychology, 57*, 243–259.

Heils, A., Teufel, A., Petri, S., Stober, G., Riederer, P., Bengel, B., and Lesch, K. P. (1996). Allelic variation of human serotonin transporter gene expression. *Journal of Neurochemistry, 6*, 2621–2624.

Heinz, A., Higley, J. D., Gorey, J. G., Saunders, R. C., Jones, D. W., Hommer, D., Zajicek, J., Suomi, S. J., Weinberger, D. R., and Linnoila, M. (1998). In vivo association between alcohol intoxication, aggression and serotonin transporter availability in non-human primates. *American Journal of Psychiatry, 155*, 1023–1028.

Herbst, J. H., Zonderman, A. B., McCrae, R. R., and Costa, P. T., Jr. (2000). Do the dimensions of the temperament and character inventory map a simple genetic architecture? Evidence from molecular genetics and factor analysis. *American Journal of Psychiatry, 157* (8), 1285–1290.

Herrera, C., and Dunn, J. (1997). Early experiences with family conflict: Implications for arguments with a close friend. *Developmental Psychology, 33*, 869–881.

Hewitt, J. K., Silberg, J. L., Rutter, M., Simonoff, E., Meyer, J. M., Maes, H., Pickles, A., Neale, M. C., Loeber, R., Erickson, M. T., Kendler, K. S., Heath, A. C., Truett, K. R., Reynolds, C. A., and Eaves, L. J. (1997). Genetics and developmental psychopathology: 1. Phenotypic assessment in the Virginia Twin Study of Adolescent Behavioral Development. *Journal of Child Psychology and Psychiatry and Allied Disciplines, 38* (8), 943–963.

Higgitt, A., and Fonagy, P. (1992). The psychotherapeutic treatment of borderline and narcissistic personality disorder. *British Journal of Psychiatry, 161*, 23–43.

Higley, J. D., Hasert, M. L., Suomi, S. J., and Linnoila, M. (1991). A new non-human primate model of alcohol abuse: Effects of early experience, personality and stress on alcohol consumption. *Proceedings of the National Academy of Sciences USA, 88*, 7261–7265.

Higley, J. D., Hommer, D., Lucas, K., Shoaf, S. E., Suomi, S. J., and Linnoila, M. (in press). CNS serotonin metabolism rate predicts innate tolerance, high alcohol consumption and aggression during intoxication in rhesus monkeys. *Archives of General Psychiatry.*

Higley, J. D., King, S. T., Hasert, M. F., Champoux, M., Suomi, S. J., and Linnoila, M. (1996). Stability of individual differences in serotonin function and its relationship to severe aggression and competent social behavior in rhesus macaque females. *Neuropsychopharmacology, 14,* 67–76.

Higley, J. D., Suomi, S. J., and Linnoila, M. (1996). A non-human primate model of Type II alcoholism? Part 2: Diminished social competence and excessive aggression correlates with low CSF 5-HIAA concentrations. *Alcoholism: Clinical and Experimental Research, 20,* 643–650.

Hill, J., Harrington, R. C., Fudge, H., Rutter, M., and Pickles, A. (1989). Adult personality functioning assessment (APFA): An investigation-based standardised interview. *British Journal of Psychiatry, 161,* 24–35.

Hirschfeld, L., and Gelman, S. (1994). *Mapping the Mind: Domain Specificity in Cognition and Culture.* New York: Cambridge University Press.

Hobson, R. P. (1993). *Autism and the Development of Mind.* London: Lawrence Erlbaum.

Hofer, M. A. (1984). Relationships as regulators: A psychobiologic perspective on bereavement. *Psychosomatic Medicine, 46* (3), 183–197.

Hofer, M. A. (1990). Early symbiotic processes: Hard evidence from a soft place. In: R. A. Glick and S. Bone (Eds.), *Pleasure Beyond the Pleasure Principle* (pp. 13–25). New Haven, CT: Yale University Press.

Hofer, M. A. (1995). Hidden regulators: Implications for a new understanding of attachment, separation and loss. In: S. Goldberg, R. Muir, and J. Kerr (Eds.), *Attachment Theory: Social, Developmental, and Clinical Perspectives* (pp. 203–230). Hillsdale, NJ: Analytic Press.

Hoffman, M. L. (2000). *Empathy and Moral Development: Implications for Caring and Justice.* Cambridge, U.K.: Cambridge University Press.

Hopkins, J. (1992). Psychoanalysis, interpretation, and science. In: J. Hopkins and A. Saville (Eds.), *Psychoanalysis, Mind and Art: Perspectives on Richard Wollheim* (pp. 3–34). Oxford: Blackwell.

Horowitz, M. J. (1995). Defensive control states and person schemas. In: T. Shapiro and R. N. Emde (Eds.), *Research in Psychoanalysis: Process, Development, Outcome* (pp. 67–89). Madison, CT: International Universities Press.

Howe, M. L., and Courage, M. L. (1993). On resolving the enigma of infantile amnesia. *Psychological Bulletin, 113,* 305–326.

Howe, M. L., and Courage, M. L. (1997). The emergence and early development of autobiographical memory. *Psychological Review, 104,* 499–523.

Hughes, C., and Russell, J. (1993). Autistic children's difficulty with mental disengagement from an object: Its implication for theories of autism. *Developmental Psychology, 29,* 498–510.

Isabella, R. A. (1993). Origins of attachment: Maternal interactive behavior across the first year. *Child Development, 64,* 605–621.

Isabella, R. A., and Belsky, J. (1991). Interactional synchrony and the origins of infant–mother attachment: A replication study. *Child Development, 62,* 373–384.

Izard, C. E. (1977). *Human Emotions.* New York: Plenum Press.

Izard, C. E. (1978). Emotions as motivations: An evolutionary–developmental perspective. In: J. H. E. Howe (Ed.), *Nebraska Symposium on Motivation, Vol. 26* (pp. 163–199). Lincoln, NE: University of Nebraska Press.

Izard, C. E. (1979). *The Maximally Discriminative Facial Movement Coding System (MAX).* Newark, DE: University of Delaware, Office of Instructional Technology.

Izard, C. E. (1991). *The Psychology of Emotions.* New York: Plenum Press.

Izard, C. E., Dougherty, L. M., and Hembree, E. A. (1983). *A System for Identifying Affect Expressions by Holistic Judgements (AFFEX).* Newark, DE: University of Delaware, Office of Instructional Technology.

Izard, C. E., and Malatesta, C. Z. (1987). Perspectives on emotional development. In: J. D. Osofsky (Ed.), *Handbook of Infant Development* (2nd ed., pp. 494–554). New York: John Wiley.

Jacob, F. (1998). *Of Flies, Mice and Men* (trans. G. Weiss). Cambridge, MA: Harvard University Press (original work published in 1997).

Jacobovitz, D., and Hazen, N. (1999). Developmental pathways from infant disorganization to childhood peer relationships. In: J. Solomon and C. George (Eds.), *Attachment Disorganization* (pp. 127–159). New York: Guilford Press.

Jacobovitz, D., Hazen, N., and Riggs, S. (1997). Disorganized mental processes in mothers, frightening/frightened caregiving and disoriented/disorganized behavior in infancy. Paper presented at the Biennial Meeting of the Society for Research in Child Development, Washington, DC.

Jacobson, E. (1953). On the psychoanalytic theory of affects. *Depression: Comparative Studies of Normal, Neurotic, and Psychotic Conditions.* New York: International Universities Press, 1971.

Jacobson, E. (1964). *The Self and the Object World.* New York: International Universities Press.

Jaffe, J., Beebe, B., Feldstein, S., Crown, C. L., and Jasnow, M. D. (2001). Rhythms of dialogue in infancy. *Monographs of the Society for Research in Child Development, 66* (2).

James, S. (1997). *Passion and Action: The Emotions in Seventeenth Century Philosophy.* Oxford: Clarendon Press.

James, W. (1884). What is an emotion? *Mind, 9,* 188–205.

James, W. (1890). *Principles of Psychology*. New York: Henry Holt.

James, W. (1892). *Psychology: The Briefer Course*. New York: Henry Holt.

Jeannerod, M. (1994). The representing brain: Neural correlates of motor intention and imagery. *Behavioral and Brain Sciences*, 187–246.

Jeannerod, M. (1997). *The Cognitive Neuroscience of Action*. Oxford: Blackwell.

Jeannerod, M. (1999). To act or not to act: Perspectives on the representation of actions. *Quarterly Journal of Experimental Psychology, 52A* (1), 1-29.

Jenkins, J., and Astington, J. W. (1996). Cognitive factors and family structure associated with theory of mind development in young children. *Developmental Psychology, 32*, 70–78.

Joffe, W. G., and Sandler, J. (1967). Some conceptual problems involved in the consideration of disorders of narcissism. *Journal of Child Psychotherapy, 2*, 56–66.

Johnson, J. G., Cohen, P., Brown, J., Smailes, E. M., and Bernstein, D. P. (1999). Childhood maltreatment increases risk for personality disorders during early adulthood. *Archives of General Psychiatry, 56*, 600-605.

Johnson, M. K., and Multhaup, K. S. (1992). Emotion and MEM. In: S. Christianson (Ed.), *The Handbook of Emotion and Memory: Research and Theory* (pp. 33–66). Hillsdale, NJ: Lawrence Erlbaum.

Johnson, S. C., Slaughter, V., and Carey, S. (1998). Whose gaze will infants follow? The elicitation of gaze following in 12-month-olds. *Developmental Science, 1*, 233–238.

Johnson-Laird, P. N. (1983). *Mental Models: Towards a Cognitive Science of Language, Inference and Consciousness*. Cambridge, U.K.: Cambridge University Press.

Johnson-Laird, P. N., and Byrne, R. M. (1991). *Deduction*. Hillsdale, NJ: Lawrence Erlbaum.

Johnson-Laird, P. N., and Byrne, R. M. (1993). Precis of deduction. *Behavioral and Brain Sciences, 16*, 323–380.

Jordan, M. I., and Rumelhart, D. E. (1991). Forward models: Supervised learning with a distal teacher. *Occasional Paper 40*. Cambridge, MA: Massachusetts Institute of Technology, Center for Cognitive Science.

Jorm, A. F., Prior, M., Sanson, A., Smart, D., Zhang, Y., and Easteal, S. (2000). Association of a functional polymorphism of the serotonin transporter gene with anxiety-related temperament and behavior problems in children: A longitudinal study from infancy to the mid-teens. *Molecular Psychiatry, 5* (5), 542-547.

Joseph, B. (1985). Transference: The total situation. *International Journal of Psycho-Analysis, 66*, 447–454.

Joseph, B. (1989). *Psychic Equilibrium and Psychic Change: Selected Papers of Betty Joseph.* London: Routledge.

Jurist, E. (1997). Review of John Steiner's *Psychic Retreats. Psychoanalytic Psychology, 14*, 299–309.

Jurist, E. (1998). The unexamined life is not worth living: Michael Stocker on emotions. *Metaphilosophy, 29*, 223–231.

Jurist, E. (2000). *Beyond Hegel and Nietzsche: Philosophy, Culture and Agency.* Cambridge: MIT Press.

Kagan, J. (1989). *Unstable Ideas: Temperament, Cognition and Self.* Cambridge, MA: Harvard University Press.

Kagan, J. (1992). The conceptual analysis of affects. In: T. Shapiro and R. N. Emde (Eds.), *Affects: Psychoanalytic Perspectives.* Madison, CT: International Universities Press.

Kandel, E. R. (1998). A new intellectual framework for psychiatry. *American Journal of Psychiatry, 155*, 457–469.

Kandel, E. R. (1999). Biology and the future of psychoanalysis: A new intellectual framework for psychiatry revisited. *American Journal of Psychiatry, 156*, 505–524.

Kaplan-Solms, K., and Solms, M. (2000). *Clinical Studies in Neuro-Psychoanalysis: An Introduction to Depth Neuropsychology.* London: Karnac.

Karmiloff-Smith, A. (1992). *Beyond Modularity: A Developmental Perspective on Cognitive Science.* Cambridge, MA: MIT Press.

Katsuragi, S., Kunugi, H., Sano, A., Tsutsumi, T., Isogawa, K., Nanko, S., and Akiyoshi, J. (1999). Association between serotonin transporter gene polymorphism and anxiety-related traits. *Biological Psychiatry, 45* (3), 368–370.

Kaye, K. L., and Bower, T. G. R. (1994). Learning and intermodal transfer of information in newborns. *Psychological Science, 5*, 286–288.

Kelemen, D. (1999). Function, goals and intention: Children's teleological reasoning about objects. *Trends in Cognitive Sciences, 12*, 461–468.

Kendler, K. S., Neale, M. C., Prescott, C. A., Kessler, R. C., Heath, A. C., Corey, L. A., and Eaves, L. J. (1996). Childhood parental loss and alcoholism in women: A causal analysis using a twin-family design. *Psychological Medicine, 26*, 79–95.

Kernberg, O. F. (1967). Borderline personality organization. *Journal of the American Psychoanalytic Association, 15*, 641-685.

Kernberg, O. F. (1976). *Object Relations Theory and Clinical Psychoanalysis.* New York: Jason Aronson.

Kernberg, O. F. (1982). Self, ego, affects and drives. *Journal of the*

American Psychoanalytic Association, 30, 893–917.

Kernberg, O. F. (1983). Object relations theory and character analysis. *Journal of the American Psychoanalytic Association, 31,* 247–271.

Kernberg, O. F. (1987). Borderline personality disorder: A psychodynamic approach. *Journal of Personality Disorders, 1,* 344–346.

Kernberg, O. F. (1995). An ego psychology–object relations theory approach to the transference. *Psychoanalytic Quarterly, 51,* 197–221.

Kernberg, O. F., and Clarkin, J. F. (1993). Developing a disorder-specific manual: The treatment of borderline character disorder. In: N. E. Miller, J. P. Barber, and J. P. Docherty (Eds.), *Psychodynamic Treatment Research: A Handbook for Clinical Practice* (pp. 227–246). New York: Basic Books.

Kernberg, P. F. (1984). *Reflections in the Mirror: Mother–Child Interactions, Self-Awareness, and Self-Recognition.* New York: Basic Books.

Kihlstrom, J. F., and Hoyt, I. P. (1990). Repression, dissociation, and hypnosis. In: J. L. Singer (Ed.), *Repression and Dissociation* (pp. 181–208). Chicago, IL: University of Chicago Press.

Killen, M., and Nucci, L. P. (1995). Morality, autonomy and social conflict. In: M. Killen and D. Hart (Eds.), *Morality in Everyday Life* (pp. 52–86). Cambridge, U.K.: Cambridge University Press.

King, P., and Steiner, R. (1991). *The Freud–Klein Controversies: 1941–45.* London: Routledge.

Klauber, J. (1987). *Illusion and Spontaneity in Psycho-Analysis.* London: Free Association Books.

Klein, M. (1935). A contribution to the psychogenesis of manic-depressive states. In: *Love, Guilt and Reparation and Other Works: The Writings of Melanie Klein, Vol. 1* (pp. 262–289). London: Hogarth Press, 1975.

Klein, M. (1940). Mourning and its relation to manic-depressive states. In: *Love, Guilt and Reparation and Other Works: The Writings of Melanie Klein, Vol. 1* (pp. 344–369). London: Hogarth Press, 1975.

Klein, M. (1945). The Oedipus complex in the light of early anxieties. In: *Love, Guilt and Reparation and Other Works: The Writings of Melanie Klein, Vol. 1* (pp. 370–419). London: Hogarth Press, 1975.

Klein, M. (1946). Notes on some schizoid mechanisms. *International Journal of Psycho-Analysis, 27,* 99–110. In: M. Klein, P. Heimann, S. Isaacs, and J. Riviere (Eds.), *Developments in Psychoanalysis* (pp. 292–320). London: Hogarth Press.

Klinnert, M. D., Campos, J. J., Sorce, J. F., Emde, R. N., and Svejda, M. (1983). Emotions as behavior regulations: Social referencing in infancy. In: R. Plutchhik and H. Kellerman (Eds.), *Emotion: Theory, Research, and Experience.* New York: Academic Press.

Kohut, H. (1971). *The Analysis of the Self.* New York: International

Universities Press.

Kohut, H. (1972). Thoughts on narcissism and narcissistic rage. *Psychoanalytic Study of the Child, 27,* 360–400.

Kohut, H. (1977). *The Restoration of the Self.* New York: International Universities Press.

Kohut, H. (1984). *How Does Analysis Cure?* Chicago, IL: University of Chicago Press.

Koós, O., and Gergely, G. (2001). The "flickering switch" hypothesis: A contingency-based approach to the etiology of disorganized attachment in infancy. *Contingency Perception and Attachment in Infancy,* ed. by J. Allen, P. Fonagy, and G. Gergely. *Bulletin of the Menninger Clinic, Special Issue,* 397–410.

Koós, O., Gergely, G., Gervai, J., and Tóth, I. (2000). The role of infant-generated stimulus contingencies in affect regulation and the development of attachment security. Paper presented at the Twelfth Biennial International Conference on Infant Studies (ICIS), Brighton, U.K.

Krause, R. (1997). *Allgemeine psychoanalytische Krankheitslehre. Grundlagen.* Stuttgart: Kohlhammer.

Krystal, H. (1988). *Integration & Healing: Affect, Trauma, Alexithymia.* Hillsdale, NJ: Analytic Press.

Kumakiri, C., Kodama, K., Shimizu, E., Yamanouchi, N., Okada, S., Noda, S., Okamoto, H., Sato, T., and Shirasawa, H. (1999). Study of the association between the serotonin transporter gene regulatory region polymorphism and personality traits in a Japanese population. *Neuroscience Letters, 263* (2–3), 205–207.

Kusche, C. A., and Greenberg, M. T. (2001). PATHS in your classroom: Promoting emotional literacy and alleviating emotional distress. In: J. Cohen (Ed.), *Caring Classrooms/Intelligent Schools: The Social Emotional Education of Young Children.* New York: Teachers College Press.

Laakso, A., Vilkman, H., Kajander, J., Bergman, J., Haaparanta, M., Solin, O., and Hietala, J. (2000). Prediction of detached personality in healthy subjects by low dopamine transporter binding. *American Journal of Psychiatry, 157,* 290–292.

LaHoste, G. J., Swanson, J. M., Wigal, S. B., Glabe, C., Wigal, T., and King, N. (1996). Dopamine D_4 receptor gene polymorphism is associated with attention deficit hyperactivity disorder. *Molecular Psychiatry, 1,* 121–124.

Laible, D. J., and Thompson, R. A. (1998). Attachment and emotional understanding in pre-school children. *Developmental Psychology, 34,* 1038–1045.

Lakatos, K., Tóth, I., Nemoda, Z., Ney, K., Sasvari-Szekely, M., and

Gervai, J. (2000). Dopamine D4 receptor (DRD4) gene polymorphism is associated with attachment disorganization in infants. *Molecular Psychiatry, 5* (6), 633–637.

Lange, C. G. (1885). *Om Sindsbevaegelser.* In: Rand, B. (Ed.), *The Classical Psychologists.* Boston: Houghton Mifflin, 1912.

Laplanche, J., and Pontalis, J. B. (1973). *The Language of Psychoanalysis.* New York: Norton. Reprinted London: Karnac, 1988.

Laufer, M., and Laufer, E. (1984). *Adolescence and Developmental Breakdown.* New Haven, CT: Yale University Press.

Lazarus, R. (1984). On the primacy of cognition. *American Psychologist, 39*, 124–129.

Lazarus, R. (1991). *Emotion & Adaptation.* Oxford: Oxford University Press.

Lazarus, R. (1994). Meaning and emotional development. In: P. Ekman and R. Davidson (Eds.), *The Nature of Emotion.* Oxford: Oxford University Press.

Leach, P. (1997). *Your Baby and Child: New Version for a New Generation.* London: Penguin.

Lecours, S., and Bouchard, M.-A. (1997). Dimensions of mentalization: Outlining levels of psychic transformation. *International Journal of Psycho-Analysis, 78*, 855–875.

LeDoux, J. F. (1994a). Cognitive–emotional interactions in the brain. In: P. Ekman and R. Davidson (Eds.), *The Nature of Emotion.* Oxford: Oxford University Press.

LeDoux, J. E. (1994b). The degree of emotional control depends on the kind of personal system involved. In: P. Ekman and R. Davidson (Eds.), *The Nature of Emotion.* Oxford: Oxford University Press.

LeDoux, J. E. (1994c). Emotion, memory and the brain. *Scientific American, 270* (6), 50–57.

LeDoux, J. E. (1995). Emotion: Clues from the brain. *Annual Review of Psychology, 46*, 209–235.

LeDoux, J. E. (1996). *The Emotional Brain: The Mysterious Underpinnings of Emotional Life.* New York: Simon & Schuster.

Lee, D., and Aronson, E. (1974). Visual proprioceptive control of standing in human infants. *Perception and Psychophysics, 15*, 529–532.

Legerstee, M. (1991). The role of people and objects in early imitation. *Journal of Experimental Child Psychology, 51*, 423–433.

Legerstee, M., and Varghese, J. (2001). The role of maternal affect mirroring on social expectancies in 2–3-month-old infants. *Child Development, 72*, 1301–1313.

Lesch, K. P., Bengel, D., Heils, A., Sabol, S. Z., Greenberg, B. D., Petri, S., Benjamin, J., Muller, C. R., Hamer, D. H., and Murphy, D. L.

(1996). Association of anxiety-related traits with a polymorphism in the serotonin transporter gene regulatory region. *Science, 274*, 1527–1531.

Leslie, A. (1984). Infant perception of a manual pick up event. *British Journal of Developmental Psychology, 2*, 19–32.

Leslie, A. (1987). Pretense and representation: The origins of "Theory of Mind." *Psychological Review, 94*, 412–426.

Leslie, A. (1994). ToMM, ToBy, and agency: Core architecture and domain specificity. In: L. Hirschfeld and S. Gelman (Eds.), *Mapping the Mind: Domain Specificity in Cognition and Culture* (pp. 119–148). New York: Cambridge University Press.

Leslie, A. (1995). A theory of agency. In: D. Sperber, D. Premack, and A. J. Premack (Eds.), *Causal Cognition: A Multidisciplinary Debate* (pp. 121–149). Oxford: Clarendon Press.

Leslie, A., and Happe, F. (1989). Autism and ostensive communication: The relevance of metarepresentation. *Development and Psychopathology, 1*, 205–212.

Leslie, A., and Keeble, S. (1987). Do six-month-olds perceive causality? *Cognition, 25*, 265–288.

Leslie, A., and Roth, D. (1993). What autism teaches us about metarepresentation. In: H. T. S. Baron-Cohen and D. J. Cohen (Eds.), *Understanding Other Minds: Perspectives from Autism* (pp. 83–111). New York: Oxford University Press.

Leslie, A., and Thaiss, L. (1992). Domain specificity in conceptual development: Neuropsychological evidence from autism. *Cognition, 43* (3), 225–251.

Levinson, A., and Fonagy, P. (2000). Attachment classification in prisoners and psychiatric patients. Unpublished manuscript.

Lewicka, M. (1988). On objective and subjective anchoring of cognitive acts: How behavioral valence modifies reasoning schemata. In: W. J. Baker (Ed.), *Recent Trends in Theoretical Psychology* (pp. 285–301). New York: Springer-Verlag.

Lewis, C., Freeman, N. H., Kyriakidou, C., Maridaki-Kassotaki, K., and Berridge, D. (1996). Social influences on false belief access: Specific sibling influences or general apprenticeship? *Child Development, 67*, 2930–2947.

Lewis, C., and Mitchell, P. (1994). *Children's Early Understanding of Mind: Origins and Development*. Hillsdale, NJ: Lawrence Erlbaum.

Lewis, M., Allessandri, S. M., and Sullivan, M. W. (1990). Violation of expectancy, loss of control and anger expressions in young infants. *Developmental Psychology, 26* (5), 745–751.

Lewis, M., and Brooks, J. (1978). Self-knowledge and emotional development. In: M. D. Lewis and L. A. Rosenblum (Eds.), *The Develop-*

ment of Affect (pp. 205–226). New York: Plenum Press.

Lewis, M., and Brooks-Gunn, J. (1979). *Social Cognition and the Acquisition of Self*. New York: Plenum Press.

Lewis, M., and Granic, I. (2000). *Emotion, Development, and Self-Organization: Dynamic Systems Approaches to Emotional Development*. Cambridge, U.K.: Cambridge University Press.

Lewis, M., and Michaelson, L. (1983). *Children's Emotions and Moods: Developmental Theory and Measurement*. New York: Plenum Press.

Lichtenberg, J. D. (1987). Infant studies and clinical work with adults. *Psycho-Analytic Inquiry, 7,* 311–330.

Lichtenberg, J. D. (1995). Can empirical studies of development impact on psychoanalytic theory and technique? In: T. Shapiro and R. N. Emde (Eds.), *Research in Psychoanalysis: Process, Development, Outcome* (pp. 261–276). New York: International Universities Press.

Lieberman, A. F. (1977). Preschooler's competence with a peer: Relations of attachment and peer expenses. *Child Development, 55,* 123–126.

Lillard, A. S. (1993). Pretend play skills and the child's theory of mind. *Child Development, 64,* 348–371.

Linehan, M. M. (1993). *Cognitive-Behavioral Treatment of Borderline Personality Disorder*. New York: Guilford Press.

Liotti, G. (1999). Disorganization of attachment as a model for understanding dissociative psychopathology. In: J. Solomon and C. George (Eds.), *Attachment Disorganization*. New York: Guilford Press.

Liu, D., Diorio, J., Tannenbaum, B., Caldji, C., Francis, D., Freedman, A., Sharma, S., Pearson, D., Plotsky, P. M., and Meaney, M. J. (1997). Maternal care, hippocampal glucocorticoid receptors, and hypothalamic–pituitary–adrenal responses to stress. *Science, 277,* 1659–1662.

Londerville, S., and Main, M. (1981). Security of attachment, compliance, and maternal training methods in the second year of life. *Developmental Psychology, 17,* 238–299.

Luborsky, L., and Luborsky, E. (1995). The era of measures of transference: The CCRT and other measures. In: T. Shapiro and R. Emde (Eds.), *Research in Psychoanalysis* (pp. 329–351). Madison, CT: International Universities Press.

Luquet, P. (1981). Le changement dans la mentalization. *Revue Français de Psychanalyse, 45,* 1023–1028.

Luquet, P. (1987). Penser-parler: Un apport psychanalytique a la théorie du langage. In: R. Christie, M. M. Christie-Luterbacher, P. Luquet (Eds.), *La Parole Troublée* (pp. 161–300). Paris: Presses Universitaires de France.

Luquet, P. (1988). Langage, pensée et structure psychique. *Revue*

Français de Psychanalyse, 52, 267–302.

Lyons-Ruth, K. (1999). The two person unconscious: Intersubjective dialogue, enactive relational representation and the emergence of new forms of relational organisation. *Psychoanalytic Inquiry, 19* (4), 576–617.

Lyons-Ruth, K., Bronfman, E., and Atwood, G. (1999). A relational diathesis model of hostile-helpless states of mind: Expressions in mother–infant interaction. In: J. Solomon and C. George (Eds.), *Attachment Disorganization* (pp. 33–70). New York: Guilford Press.

Lyons-Ruth, K., Bronfman, E., and Parsons, E. (1999). Atypical attachment in infancy and early childhood among children at developmental risk. IV. Maternal frightened, frightening, or atypical behavior and disorganized infant attachment patterns. *Typical Patterns of Infant Attachment: Theory, Research and Current Directions,* ed. by J. Vondra and D. Barnett. *Monographs of the Society for Research in Child Development 64,* 67–96.

Lyons-Ruth, K., and Jacobovitz, D. (1999). Attachment disorganization: Unresolved loss, relational violence and lapses in behavioral and attentional strategies. In: J. Cassidy and P. R. Shaver (Eds.), *Handbook of Attachment Theory and Research* (pp. 520–554). New York: Guilford Press.

Maccoby, E. E. (2000). Parenting and its effects on children: On reading and misreading behavior genetics. *Annual Review of Psychology, 51,* 1–27.

Maccoby, E., and Martin, J. A. (1983). Socialization in the context of the family: Parent–child interaction. In: E. M. Hetherington (Ed.), *Handbook of Child Psychology: Socialization, Personality and Social Development, Vol. 4.* New York: John Wiley.

MacLean, P. (1990). *The Triune Concept of the Brain in Evolution: Role in Paleocerebral Functions.* New York: Plenum Press.

MacLean, P. (1993). Cerebral evolution of emotion. In: M. Lewis and J. Haviland (Eds.), *Handbook of Emotions.* New York: Guilford Press.

Magai, C. (1999). Affect, imagery and attachment: Working models of interpersonal affect and the socialization of emotion. In: J. Cassidy and P. Shaver (Eds.), *Handbook of Attachment.* New York: Guilford Press.

Magyar, J., and Gergely, G. (1998). The obscure object of desire: "Nearly, but clearly not, like me." Perceiving self-generated contingencies in normal and autistic children. Poster, International Conference on Infant Studies, Atlanta, GA.

Mahler, M., and McDevitt, J. B. (1982). Thoughts on the emergence of the sense of self, with particular emphasis on the body self. *Journal of the American Psycho-Analytic Association, 30,* 827–848.

Mahler, M., Pine, F., and Bergman, A. (1975). *The Psychological Birth of the Human Infant: Symbiosis and Individuation.* New York: Basic Books.

Mahoney, M. J., and Freeman, A. T. (Eds.) (1985). *Cognition and Psychotherapy.* New York: Plenum Press.

Main, M. (1991). Metacognitive knowledge, metacognitive monitoring, and singular (coherent) vs. multiple (incoherent) model of attachment: Findings and directions for future research. In: C. M. Parkes, J. Stevenson-Hinde, and P. Marris (Eds.), *Attachment across the Life Cycle* (pp. 127–159). London: Tavistock/Routledge.

Main, M. (1997). Attachment narratives and attachment across the lifespan. Paper presented at the Fall Meeting of the American Psychoanalytic Association, New York.

Main, M., and Cassidy, J. (1988). Categories of response to reunion with the parent at age 6: Predictable from infant attachment classifications and stable over a 1-month period. *Developmental Psychology, 24,* 415–426.

Main, M., and Goldwyn, R. (1991). *Adult Attachment Classification System, Version 5.* Berkeley, CA: University of California, Berkeley.

Main, M., and Goldwyn, R. (1994). Adult attachment rating and classification system. Manual in draft version 6.0. Berkeley, CA: University of California, Berkeley, unpublished manuscript.

Main, M., and Hesse, E. (1990). Parents' unresolved traumatic experiences are related to infant disorganized attachment status: Is frightened and/or frightening parental behavior the linking mechanism? In: M. Greenberg, D. Cicchetti, and E. M. Cummings (Eds.), *Attachment in the Preschool Years: Theory, Research and Intervention* (pp. 161–182). Chicago, IL: University of Chicago Press.

Main, M., and Hesse, E. (1992). Disorganized/disoriented infant behavior in the Strange Situation, lapses in the monitoring of reasoning and discourse during the parent's Adult Attachment Interview, and dissociative states. In: M. Ammaniti and D. Stern (Eds.), *Attachment and Psychoanalysis* (pp. 86–140). Rome: Gius, Laterza and Figli.

Main, M., Kaplan, N., and Cassidy, J. (1985). Security in infancy, childhood and adulthood: A move to the level of representation. *Growing Points of Attachment Theory and Research,* ed. by I. Bretherton and E. Waters. *Monographs of the Society for Research in Child Development, 50* (Serial 209, 1–2), 66–104.

Main, M., and Solomon, J. (1990). Procedures for identifying infants as disorganized/disoriented during the Ainsworth Strange Situation. In: M. Greenberg, D. Cicchetti, and E. M. Cummings (Eds.), *Attachment during the Preschool Years: Theory, Research and Intervention* (pp. 121–160). Chicago, IL: University of Chicago Press.

Main, T. (1957). The ailment. *British Journal of Medical Psychology, 30,* 129–145.

Malatesta, C. Z., Culver, C., Tesman, J. R., and Shepard, B. (1989). The development of emotion expression during the first two years of life. *Monographs of the Society for Research in Child Development, 54,* 1–104.

Malatesta, C. Z., and Izard, C. E. (1984). The ontogenesis of human social signals: From biological imperative to symbol utilization. In: N. A. Fox and R. J. Davison (Eds.), *The Psychobiology of Affective Development* (pp. 161–206). Hillsdale, NJ: Lawrence Erlbaum.

Maldonado-Duràn, M., Helmig, L., Moody, C., and Millhuff, C. (in press). Difficoltà iniziali d'alimentazione e la loro correlazione con le disordine di regulazione [Early feeding difficulties and their correlation with regulatory disorders]. *Psychiatria de l'infanza e del'adolescenza.*

Maldonado-Duràn, M., Helmig Bram, L., Moody, C., Fonagy, P., Fultz, J., Velissarios Karacostas, T. L., Millhuff, C., and Glinka, J. (in press). The Zero to Three diagnostic classification in an infant mental health clinic. Its usefulness and challenges. *Infant Mental Health Journal.*

Mandler, G. (1984). *Mind and Body: Psychology of Emotion and Stress.* New York: Norton.

Mandler, G. (1985). *Cognitive Psychology: An Essay in Cognitive Science.* Hillsdale, NJ: Lawrence Erlbaum.

Marans, S., Mayes, L., Cicchetti, D., Dahl, K., et al. (1991). The child-psychoanalytic play interview: A technique for studying thematic content. *Journal of the American Psychoanalytic Association, 39,* 1015–1036.

Marenco, S., and Weinberger, D. R. (2000). The neurodevelopmental hypothesis of schizophrenia: Following a trail of evidence from cradle to grave. *Developmental Psychopathology, 12* (3), 501–527.

Marty, P. (1968). A major process of somatization: The progressive disorganization. *International Journal of Psycho-Analysis, 49,* 246–249.

Marty, P. (1990). *La psychosomatique de l'adulte.* Paris: Presses Universitaires de France.

Marty, P. (1991). *Mentalization et Psychosomatique.* Paris: Laboratoire Delagrange.

Marvin, R. S., and Britner, P. A. (1999). Normative development: The ontogeny of attachment. In: J. Cassidy and P. R. Shaver (Eds.), *Handbook of Attachment: Theory, Research and Clinical Applications* (pp. 44–67). New York: Guilford Press.

Masten, A. S., and Braswell, L. (1991). Developmental psychopathology:

An integrative framework for understanding behavior problems in children and adolescents. In: P. R. Martin (Ed.), *Handbook of Behavior Therapy and Psychological Science: An Integrative Approach.* New York: Pergamon Press.

Masten, A. S., and Garmezy, M. (1985). Risk, vulnerability and protective factors in developmental psychopathology. In: B. B. Lahey and A. E. Kazdin (Eds.), *Advances in Clinical Child Psychology* (pp. 1–52). New York: Plenum Press.

Matas, L., Arend, R. A., and Sroufe, L. A. (1978). Continuity of adaptation in the second year: The relationship between quality of attachment and later competent functioning. *Child Development, 49,* 547–556.

Mayes, L. C., and Cohen, D. J. (1992). The development of a capacity for imagination in early childhood. *Psychoanalytic Study of the Child, 47,* 23–48.

McDougall, J. (1978). *Plea for a Measure of Abnormality.* New York: International Universities Press.

McDougall, J. (1989). *Theaters of the Body: A Psychoanalytic Approach to Psychosomatic Illness.* New York: Norton.

McLoyd, V. C. (1990). The impact of economic hardship on black families and children: Psychological distress, parenting, and socioemotional development. *Child Development, 61,* 311–346.

McLoyd, V. C. (1998). Socioeconomic disadvantage and child development. *American Psychologist, 53,* 185–204.

Mead, G. H. (1934). *Mind, Self and Society.* Chicago, IL: University of Chicago Press.

Meichenbaum, D. (1997). The evolution of a cognitive-behavior therapist. In: J. K. Zeig (Ed.), *The Evolution of Psychotherapy: The Third Conference* (pp. 95–104). New York: Brunner/Mazel.

Meins, E., Fernyhough, C., Russel, J., and Clark-Carter, D. (1998). Security of attachment as a predictor of symbolic and mentalizing abilities: A longitudinal study. *Social Development, 7,* 1–24.

Mele, A. R. (1992). *Springs of Action: Understanding Intentional Behavior.* New York: Oxford University Press.

Meltzoff, A. N. (1990). Foundations for developing a concept of self: The role of imitation in relating self to other and the value of social mirroring, social modeling and self practice in infancy. In: D. Cicchetti and M. Beeghly (Eds.), *The Self in Transition: Infancy to Childhood.* Chicago, IL: University of Chicago Press.

Meltzoff, A. N. (1995). Understanding the intentions of others: Reenactment of intended acts by 18-month-old children. *Developmental Psychology, 31,* 838–850.

Meltzoff, A. N., and Gopnik, A. (1993). The role of imitation in understanding persons and developing a theory of mind. In: S. Baron-Cohen, H. Tager-Flusberg, and D. Cohen (Eds.), *Understanding Other Minds: Perspectives from Autism* (pp. 335–366). New York: Oxford University Press.

Meltzoff, A. N., and Moore, M. K. (1977). Imitation of facial and manual gestures by human neonates. *Science, 198,* 75–78.

Meltzoff, A. N., and Moore, M. K. (1989). Imitation in newborn infants: Exploring the range of gestures imitated and the underlying mechanisms. *Developmental Psychology, 25,* 954–962.

Meltzoff, A. N., and Moore, M. K. (1997). Explaining facial imitation: Theoretical model. *Early Development and Parenting, 6,* 179–192.

Meltzoff, A. N., and Moore, M. K. (1998). Infant intersubjectivity: Broadening the dialogue to include imitation, identity and intention. In: S. Braten (Ed.), *Intersubjective Communication and Emotion in Early Ontogeny* (pp. 47–62). Cambridge, U.K.: Cambridge University Press.

Menzel, E., Savage-Rumbaugh, E. S., and Lawson, J. (1985). Chimpanzee (Pan troglodytes) spatial problem solving with the use of mirrors and televised equivalents of mirrors. *Journal of Comparative Psychology, 99,* 211–217.

Michels, R. (1984). Introduction to panel: Perspectives on the nature of psychic reality. *Journal of the American Psychoanalytic Association, 32,* 515–519.

Miles, D., and Carey, G. (1997). Genetic and environmental architecture of human aggression. *Journal of Personality and Social Psychology, 72,* 207–217.

Miller, N. E. (1969). Learning visceral and glandular responses. *Science, 163,* 434–445.

Miller, N. E. (1978). Biofeedback and visceral learning. *Annual Review of Psychology, 29,* 373–404.

Minuchin, S., Baker, L., Rosman, B. L., Liebman, R., Milman, L., and Todd, T. (1975). A conceptual model of psychosomatic illness in children: Family organization and family therapy. *Archives of General Psychiatry, 32,* 1031–1038.

Mischel, W. (1973). Toward a cognitive social learning reconceptualization of personality. *Psychological Review, 80,* 252–283.

Mitchell, P., and Lacohé, H. (1991). Children's early understanding of false belief. *Cognition, 39,* 107–127.

Mitchell, P., and Riggs, K. J. (Eds.) (2000). *Children's Reasoning and the Mind.* Hove, Sussex, U.K.: Psychology Press.

Mitchell, R. W. (1993). Mental models of mirror self-recognition: Two theories. *New Ideas in Psychology, 11,* 295–325.

Mitchell, S. A. (1997). *Influence and Autonomy in Psychoanalysis.* Hillsdale, NJ: Analytic Press.

Mitchell, S. A. (2000). *Relationality: From Attachment to Intersubjectivity.* Hillsdale, NJ: Analytic Press.

Modell, A. (1963). Primitive object relationships and the predisposition to schizophrenia. *International Journal of Psycho-Analysis, 44,* 282–292.

Moore, C., and Corkum, V. (1994). Social understanding at the end of the first year of life. *Developmental Review, 14,* 349–372.

Moran, G. (1984). Psychoanalytic treatment of diabetic children. *Psychoanalytic Study of the Child, 38,* 265–293.

Morris, H., Gunderson, J. G., and Zanarini, M. C. (1986). Transitional object use and borderline psychopathology. *American Journal of Psychiatry, 143,* 1534–1538.

Morton, J., and Frith, U. (1995). Causal modeling: A structural approach to developmental psychology. In: D. Cicchetti and D. J. Cohen (Eds.), *Developmental Psychopathology, Vol. 1. Theory and Methods* (pp. 357–390). New York: John Wiley.

Morton, J., and Johnson, M. H. (1991). CONSPEC and CONLEARN: A two-process theory of infant face recognition. *Psychological Review, 98,* 164–181.

Moses, L. J., and Flavell, J. H. (1990). Inferring false beliefs from actions and reactions. *Child Development, 61,* 929–945.

Moss, E., Parent, S., and Gosselin, C. (1995). Attachment and theory of mind: Cognitive and metacognitive correlates of attachment during the preschool period. Paper presented at the Biennial Meeting of the Society for Research in Child Development, Indianapolis, Indiana (March–April).

Muir, D., and Hains, S. (1999). Young infants' perception of adult intentionality: Adult contingency and eye direction. In: P. Rochat (Ed.), *Early Social Cognition* (pp. 155–187). Mahwah, NJ: Lawrence Erlbaum.

Mundy, P., and Hogan, A. (1994). Intersubjectivity, joint attention, and autistic developmental pathology. In: D. Cicchetti and S. L. Toth (Eds.), *Rochester Symposium on Developmental Psychopathology, Vol. 5. Disorders and Dysfunctions of the Self* (pp. 1–30). Rochester, NY: University of Rochester Press.

Murphy, C. M., and Messer, D. J. (1977). Mothers, infants and pointing: A study of a gesture. In: H. R. Schaffer (Ed.), *Studies in Mother–Infant Interaction.* London: Academic Press.

Murray, L. (1992). The impact of postnatal depression on infant development. *Journal of Child Psychology and Psychiatry and Allied Disciplines, 33,* 543–561.

Murray, L., and Trevarthen, C. (1985). Emotional regulation of interactions between two-month-olds and their mothers. In: T. M. Field and N. A. Fox (Eds.), *Social Perception in Infants*. Norwood, NJ: Ablex.

Nadel, J., Carchon, I., Kervella, C., Marcelli, D., and Reserbat-Plantey, D. (1999). Expectations for social contingency in 2-month-olds. *Developmental Science, 2*, 164–173.

Nadel, J., and Tremblay-Leveau, H. (1999). Early perception of social contingencies and interpersonal intentionality: Dyadic and triadic paradigms. In: P. Rochat (Ed.), *Early Social Cognition* (pp. 189–212). Mahwah, NJ: Lawrence Erlbaum.

Neiderhiser, J., Reiss, D., and Hetherington, E. M. (1996). Genetically informative designs for distinguishing developmental pathways during adolescence: Responsible and antisocial behavior. *Developmental Psychopathology, 8*, 779–791.

Neisser, U. (1988). Five kinds of self-knowledge. *Philosophical Psychology, 1*, 35–59.

Neisser, U. (1991). Two perceptually given aspects of the self and their development. *Developmental Review, 11*, 197–209.

Nelson, C. (1987). The recognition of facial expressions in the first two years of life: Mechanisms of development. *Child Development, 58*, 889–909.

Nelson, K. (1992). The emergence of autobiographical memory at age 4. *Human Development, 35*, 172–177.

Nelson, K. (1993). The psychological and social origins of autobiographical memory. *Psychological Science, 4*, 7–14.

Neu, J. (1992). Genetic explanation in *Totem and Taboo*. In: R. Wollheim (Ed.), *Freud: A Collection of Critical Essays* (pp. 366–393). Garden City, NY: Anchor Books.

Nguyen, P. V., Abel, T., and Kandel, E. R. (1994). Requirement of a critical period of transcription for induction of a late phase of LTP. *Science, 265*, 1104–1107.

Nigg, J. T., and Goldsmith, H. H. (1998). Developmental psychopathology, personality, and temperament: Reflections on recent behavioral genetics research. *Human Biology, 70*, 387–412.

Noam, G. G. (1990). Beyond Freud and Piaget: Biographical world—interpersonal self. In: T. E. Wren (Ed.), *The Moral Domain* (pp. 360–399). Cambridge, MA: MIT Press.

Nussbaum, M. (1994). *The Therapy of Desire*. Princeton, NJ: Princeton University Press.

Oakley, J. (1992). *Morality and the Emotions*. London: Routledge.

Oatley, K., and Johnson-Laird, P. N. (1987). Towards a cognitive theory of emotions. *Cognition and Emotion, 1*, 29–50.

O'Connell, S. (1998). *Mindreading: An Investigation of How We Learn to*

Love and Lie. London: Arrow Books.

O'Connor, T. G., Caspi, A., DeFries, J. C., and Plomin, R. (2000). Are associations between parental divorce and children's adjustment genetically mediated? An adoption study. *Developmental Psychology, 36,* 419–428.

O'Connor, T. G., Deater-Deckard, K., Fulker, D., Rutter, M., and Plomin, R. (1998). Genotype–environment correlations in late childhood and early adolescence: Antisocial behavioral problems and coercive parenting. *Developmental Psychology, 34,* 970–981.

Ogden, T. (1979). On projective identification. *International Journal of Psycho-Analysis, 60,* 357–373.

Ogden, T. (1985). On potential space. *International Journal of Psycho-Analysis, 66,* 129–141.

Olds, D., Henderson Jr., C. R., Cole, R., Eckenrode, J., Kitzman, H., Luckey, D., Pettitt, L., Sidora, K., Morris, P., and Powers, J. (1998). Long-term effects of nurse home visitation on children's criminal and antisocial behavior: 15-year follow-up of a randomized controlled trial. *Journal of the American Medical Association, 280,* 1238–1244.

Olson, D., and Campbell, R. (1993). Constructing representations. In: C. Pratt and A. F. Garton (Eds.), *Systems of Representation in Children: Development and Use* (pp. 11–26). New York: John Wiley.

Osher, Y., Hamer, D., and Benjamin, J. (2000). Association and linkage of anxiety-related traits with a functional polymorphism of the serotonin transporter gene regulatory region in Israeli sibling pairs. *Molecular Psychiatry, 5* (2), 216–219.

Oster, H. (1978). Facial expression and affect development In: *The Development of Affect* (pp. 43–76). New York: Plenum Press.

Oster, H., Hegley, D., and Nagel, L. (1992). Adult judgements and fine-grained analysis of infant facial expressions: Testing the validity of a priori coding formulas. *Developmental Psychology, 28,* 1115–1131.

Oster, H., and Rosenstein, D. (in press). *Baby FACS: Analyzing Facial Movements in Infants.* Palo Alto, CA: Consulting Psychologists Press.

Owen, M. T., and Cox, M. J. (1997). Marital conflict and the development of infant–parent attachment relationships. *Journal of Family Psychology, 11,* 152–164.

Pacherie, E. (1997). Motor-images, self-consciousness, and autism. In: J. Russell (Ed.), *Autism as an Executive Disorder* (pp. 215–255). Oxford: Oxford University Press.

Paikoff, R. L., and Brooks-Gunn, J. (1991). Do parent–child relationships change during puberty? *Psychological Bulletin, 110,* 47–66.

Pancake, V. (1985). Continuity between mother–infant attachment and ongoing dyadic peer relationships in preschool. Paper presented at the biennial meeting of the Society for Research in Child Development, Toronto (April).

Panksepp, J. (1998). *Affective Neuroscience: The Foundations of Human and Animal Emotions.* Oxford: Oxford University Press.

Papousek, H., and Papousek, M. (1974). Mirror-image and self recognition in young human infants: A new method of experimental analysis. *Developmental Psychobiology, 7,* 149–157.

Papousek, H., and Papousek, M. (1987). Intuitive parenting: A dialectic counterpart to the infant's integrative competence. In: J. D. Osofsky (Ed.), *Handbook of Infant Development* (pp. 669–720). New York: John Wiley.

Papousek, H., and Papousek, M. (1989). Forms and functions of vocal matching in interactions between mothers and their precanonical infants. *First Language, 9,* 137–158.

Paris, J., Zweig-Frank, H., and Guzder, H. (1993). The role of psychological risk factors in recovery from borderline personality disorder. *Comprehensive Psychiatry, 34,* 410–413.

Park, K., and Waters, E. (1989). Security of attachment and preschool friendships. *Child Development, 60,* 1076–1081.

Parker, G., Barrett, E., and Hickie, I. B. (1992). From nurture to network: Examining links between perceptions of parenting received in childhood and social bonds in adulthood. *American Journal of Psychiatry, 149,* 877–885.

Parker, S. T., Mitchell, R. W., and Boccia, M. L. (Eds.) (1994). *Self-Awareness in Animals and Humans: Developmental Perspectives.* New York: Cambridge University Press.

Patrick, M., Hobson, R. P., Castle, D., Howard, R., and Maughan, B. (1994). Personality disorder and the mental representation of early social experience. *Developmental Psychopathology, 6,* 375–388.

Patterson, G. R. (1976). *Living with Children: New Methods for Parents and Teachers* (rev. ed.). Champaign, IL: Research Press.

Patterson, G. R. (1982). *Coercive Family Processes.* Eugene, OR: Castalia.

Perner, J. (1990). Experiential awareness and children's episodic memory. In: W. Schneider and F. E. Weinert (Eds.), *Interactions among Aptitudes, Strategies, and Knowledge in Cognitive Performance* (pp. 3–11). New York: Springer-Verlag.

Perner, J. (1991). *Understanding the Representational Mind.* Cambridge, MA: MIT Press.

Perner, J. (2000a). About + Belief + Counterfactual. In: P. Mitchell and K. J. Riggs (Eds.), *Children's Reasoning and the Mind* (pp. 367–401). Hove, Sussex, U.K.: Psychology Press.

Perner, J. (2000b). Memory and theory of mind. In: E. Tulving and F. I. M. Craik (Eds.), *The Oxford Handbook of Memory* (pp. 297–312). Oxford: Oxford University Press.

Perner, J., and Lang, B. (1999). Development of theory of mind and executive control. *Trends in Cognitive Sciences, 3* (9), 337–344.

Perner, J., Leekam, S. R., and Wimmer, H. (1987). Three-year-olds' difficulty in understanding false belief: Cognitive limitation, lack of knowledge, or pragmatic misunderstanding? *British Journal of Developmental Psychology, 5,* 125–137.

Perner, J., Ruffman, T., and Leekam, S. R. (1994). Theory of mind is contagious: You catch it from your sibs. *Child Development, 65,* 1228–1238.

Perry, B. (1997). Incubated in terror: Neurodevelopmental factors in the "cycle of violence." In: J. Osofsky (Ed.), *Children in a Violent Society* (pp. 124–149). New York: Guilford Press.

Perry, D. G., Perry, L. C., and Kennedy, E. (1992). Conflict and the development of antisocial behavior. In: C. U. Shantz and W. W. Hartup (Eds.), *Conflict in Child and Adolescent Development* (pp. 301–329). Cambridge, U.K.: Cambridge University Press.

Petit, G. S., Bates, J. E., and Dodge, K. A. (1997). Supportive parenting, ecological context, and children's adjustment: A seven year longitudinal study. *Child Development, 68,* 908–923.

Pettersen, L., Yonas, A., and Fisch, R. O. (1980). The development of blinking in response to impending collision in preterm, full-term and postterm infants. *Infant Behavior and Development, 3,* 155–165.

Piaget, J. (1936). *The Origins of Intelligence in Children.* New York: International Universities Press, 1952.

Pickens, J., and Field, T. (1993). Facial expressivity in infants of depressed mothers. *Developmental Psychology, 29,* 986–988.

Pillemer, D. B., and White, S. H. (1989). Childhood events recalled by children and adults. In: H. V. Reese (Ed.), *Advances in Child Development and Behavior, Vol. 21* (pp. 297–340). New York: Academic Press.

Pinker, S. (1997). *How the Mind Works.* New York: Norton.

Pipp-Siegel, S., Siegel, C. H., and Dean, J. (1999). Neurological aspects of the disorganized/disoriented attachment classification system: Differentiating quality of the attachment relationship from neurological impairment. *Atypical Attachment in Infancy and Early Childhood among Children at Developmental Risk,* ed. by J. Vondra and D. Barnett. *Monographs of the Society for Research in Child Development, 64,* 25–44.

Plomin, R. (1994). *Genetics and Experience: The Interplay between Nature and Nurture.* Thousand Oaks, CA: Sage.

Plomin, R., and Bergeman, C. S. (1991). The nature of nurture: Genetic influences on "environmental" measures. *Behavior and Brain Sciences, 14*, 373–386.

Plomin, R., Chipuer, H. M., and Neiderhiser, J. M. (1994). Behavioral genetic evidence for the importance of non-shared environment. In: E. M. Hetherington, D. Reiss, and R. Plomin (Eds.), *Separate Social Worlds of Siblings* (pp. 1–31). Hillsdale, NJ: Lawrence Erlbaum.

Plomin, R., and Daniels, D. (1987). Why are children in the same family so different from one another? *Behavioral and Brain Sciences, 10*, 1–16.

Plomin, R., DeFries, J. C., McLearn, G. E., and Rutter, R. (1997). *Behavioral Genetics* (3rd ed.). New York: W.H. Freeman.

Plomin, R., Fulker, D. W., Corley, R., and DeFries, J. C. (1997). Nature, nurture, and cognitive development from 1 to 16 years: A parent-offspring adoption study. *Psychological Science, 8*, 442–447.

Plotsky, P. M., and Meaney, M. J. (1993). Early, postnatal experience alters hypothalamic corticotropin-releasing factor (CRF) mRNA, median eminence CRF content and stress-induced release in adult rats. *Brain Research. Molecular Brain Research, 18*, 195–200.

Polan, H. J., and Hofer, M. (1999). Psychobiological origins of infant attachment and separation responses. In: J. Cassidy and P. R. Shaver (Eds.), *Handbook of Attachment: Theory, Research and Clinical Applications* (pp. 162–180). New York: Guilford Press.

Povinelli, D. J., and Eddy, T. J. (1995). The unduplicated self. In: P. Rochat (Ed.), *The Self in Infancy: Theory and Research* (pp. 161–192). Amsterdam: Elsevier.

Povinelli, D. J., Landau, K. R., and Perilloux, H. K. (1996). Self-recognition in young children using delayed versus live feedback: Evidence for a developmental asynchrony. *Child Development, 67*, 1540–1554.

Povinelli, D. J., Landry, A. M., Theall, L. A., Clark, B. R., and Castille, C. M. (1999). Development of young children's understanding that the recent past is causally bound to the present. *Developmental Psychology, 35*, 1426–1439.

Povinelli, D. J., and Simon, B. B. (1998). Young children's understanding of briefly versus extremely delayed images of the self: Emergence of the autobiographical stance. *Developmental Psychology, 34*, 188–194.

Power, M., and Dalgleish, T. (1997). *Cognition and Emotion*. Hove, Sussex, U.K.: Psychology Press.

Premack, D. (1990). The infant's theory of self-propelled objects. *Cognition, 36*, 1–16.

Premack, D., and Premack, A. J. (1995). Intention as psychological cause. In: D. Sperber, D. Premack, and A. J. Premack (Eds.), *Causal Cognition: A Multidisciplinary Debate* (pp. 185–199). Oxford: Clarendon Press.

Prinz, W. (1997). Perception and action planning. *European Journal of Cognitive Psychology, 9,* 129–154.

Pulver, S. (1971). Can affects be unconscious. *International Journal of Psycho-Analysis, 52,* 347–354.

Quine, W. V. O. (1960). *Word and Object.* Cambridge, MA: MIT Press.

Quinton, D., Rutter, M., and Liddle, C. (1984). Institutional rearing, parenting difficulties, and marital support. *Psychological Medicine, 14,* 107–124.

Rapaport, D. (1953). On the psychoanalytic theory of affects. In: *The Collected Papers of David Rapaport.* New York: Basic Books, 1967.

Reddy, V. (1991). Playing with others' expectations: Teasing and mucking about in the first year. In: A. Whiten (Ed.), *Natural Theories of Mind: Evolution, Development and Simulation of Everyday Mindreading* (pp. 143–158). Oxford: Blackwell.

Reiss, D., Hetherington, E. M., Plomin, R., Howe, G. W., Simmens, S. J., Henderson, S. H., O'Connor, T. J., Bussell, D. A., Anderson, E. R., and Law, T. (1995). Genetic questions for environmental studies: Differential parenting and psychopathology in adolescence. *Archives of General Psychiatry, 52,* 925–936.

Reiss, D., Neiderhiser, J., Hetherington, E. M., and Plomin, R. (2000). *The Relationship Code: Deciphering Genetic and Social Patterns in Adolescent Development.* Cambridge, MA: Harvard University Press.

Repacholi, B. M., and Gopnik, A. (1997). Early reasoning about desires: Evidence from 14- and 18-month-olds. *Developmental Psychology, 33,* 12–21.

Rey, J. H. (1979). Schizoid phenomena in the borderline. In: A. Capponi (Ed.), *Advances in the Psychotherapy of the Borderline Patient* (pp. 449–484). New York: Jason Aronson.

Reznick, J. S. (1999). Influences on maternal attribution of infant intentionality. In: P. D. Zelazo, J. Astington, and D. R. Olson (Eds.), *Developing Theories of Intention* (pp. 243–269). Mahwah, NJ: Lawrence Erlbaum.

Ricketts, M. H., Hamer, R. M., Sage, J. I., Manowitz, P., Feng, F., and Menza, M. A. (1998). Association of a serotonin transporter gene promoter polymorphism with harm avoidance behavior in an elderly population. *Psychiatric Genetics, 8* (2), 41–44.

Riviere, J. (1936). On the genesis of psychical conflict in early infancy. *International Journal of Psycho-Analysis, 55,* 397–404.

Robbins, W. T., and Everitt, B. J. (1999). Motivation and reward. In: M. J. Zigmond, F. E. Bloom, S. C. Landis, J. L. Roberts, and L. R. Squire

(Eds.), *Fundamental Neuroscience* (pp. 1246–1260). San Diego, CA: Academic Press.

Rochat, P., and Morgan, R. (1995). Spatial determinants in the perception of self-produced leg movements in 3- to 5-month-old infants. *Developmental Psychology, 31*, 626–636.

Rochat, P., Neisser, U., and Marian, V. (1998). Are young infants sensitive to intcrpersonal contingency? *Infant Behavior and Development, 21* (2), 355–366.

Rochat, P., and Striano, T. (1999). Social–cognitive development in the first year. In: P. Rochat (Ed.), *Early Social Cognition* (pp. 3–34). Mahwah, NJ: Lawrence Erlbaum.

Rogers, R. D., Everitt, B. J., Baldacchino, A., Blackshaw, A. J., Swainson, R., Wynne, K., Baker, N. B., Hunter, J., Carthy, T., Booker, E., London, M., Deakin, J. F., Sahakian, B. J., and Robbins, T. W. (1999). Dissociable deficits in the decision-making cognition of chronic amphetamine abusers, opiate abusers, patients with focal damage to prefrontal cortex, and tryptophan-depleted normal volunteers: Evidence for monoaminergic mechanisms. *Neuropsychopharmacology, 20* (4), 322–339.

Rogers, S., and Pennington, B. (1991). A theoretical approach to the deficits in infantile autism. *Development and Psychopathology, 3*, 137–162.

Rogoff, B. (1990). *Apprenticeship in Thinking: Cognitive Development in Social Contexts.* New York: Oxford University Press.

Rorty, A., and Flanagan, O. (Eds.) (1990). *Identity, Character and Morality.* Cambridge, MA: MIT Press.

Rosenfeld, H. (1964). On the psychopathology of narcissism: A clinical approach. *International Journal of Psycho-Analysis, 45*, 332–337.

Rosenfeld, H. (1971). Contribution to the psychopathology of psychotic states: The importance of projective identification in the ego structure and object relations of the psychotic patient. In: E. B. Spillius (Ed.), *Melanie Klein Today* (pp. 117–137). London: Routledge, 1988.

Rosenfeld, H. (1987). *Impasse and Interpretation.* London: Tavistock Publications.

Rosenthal, N. E., Mazzanti, C. M., Barnett, R. L., Hardin, T. A., Turner, E. H., Lam, G. K., Ozaki, N., and Goldman, D. (1998). Role of serotonin transporter promoter repeat length polymorphism (5-HTTLPR) in seasonality and seasonal affective disorder. *Molecular Psychiatry, 3* (2), 175–177.

Rotter, J. B. (1966). Generalized expectancies for internal versus external control of reinforcement. *Psychological Monographs, 80* (1).

Rovee-Collier, C. K. (1987). Learning and memory in infancy. In: J. D. Osofsky (Ed.), *Handbook of Infant Development* (2nd ed.). New York:

John Wiley.

Rowe, D. (1994). *The Limits of Family Influence: Genes, Experience and Behavior*. New York: Guilford Press.

Rowe, D., Stever, C., Giedinghagen, L. N., Gard, J. M., Cleveland, H. H., Terris, S. T., Mohr, J. H., Sherman, S., Abramovitz, A., and Waldman, I. D. (1998). Dopamine DRD4 receptor polymorphism and attention deficit hyperactivity disorder. *Molecular Psychiatry, 3*, 419–426.

Ruffman, T., Perner, J., Naito, M., Parkin, L., and Clements, W. (1998). Older (but not younger) siblings facilitate false belief understanding. *Developmental Psychology, 34* (1), 161–174.

Rumelhart, D. E., and McClelland, J. L. (1986). *Parallel Distributed Processing*. Cambridge, MA: MIT Press.

Russell, B. (1905). On denoting. *Mind, 14*, 479–493.

Russell, J. (1991). Culture and the categorization of emotions. *Psychological Bulletin, 110*, 426–450.

Russell, J. (1996). *Agency: Its Role in Mental Development*. Hove, Sussex, U.K.: Lawrence Erlbaum.

Russell, J. (1997). *Autism as an Executive Disorder*. Oxford: Oxford University Press.

Rutter, M. (1987). Psychosocial resilience and protective mechanisms. *American Journal of Orthopsychiatry, 57*, 316–331.

Rutter, M. (1993). Developmental psychopathology as a research perspective. In: D. Magnusson and P. Casaer (Eds.), *Longitudinal Research on Individual Development: Present Status and Future Perspectives* (pp. 127–152). New York: Cambridge University Press.

Rutter, M. (1999). Psychosocial adversity and child psychopathology. *British Journal of Psychiatry, 174*, 480–493.

Rutter, M., Dunn, J., Plomin, R., Simonoff, E., Pickles, A., Maughan, B., Ormel, J., Meyer, J., and Eaves, L. (1997). Integrating nature and nurture: Implications of person–environment correlations and interactions for developmental psychology. *Development and Psychopathology, 9*, 335–364.

Rutter, M., Silberg, J., O'Connor, T., and Simonoff, E. (1999a). Genetics and child psychiatry: I. Advances in quantitative and molecular genetics. *Journal of Child Psychology and Psychiatry and Allied Disciplines, 40*, 3–18.

Rutter, M., Silberg, J., O'Connor, T., and Simonoff, E. (1999b). Genetics and child psychiatry: II. empirical research findings. *Journal of Child Psychology and Psychiatry and Allied Disciplines, 40*, 19–55.

Ryle, A. (1997). *Cognitive Analytic Therapy and Borderline Personality Disorder: The Model and the Method*. Chichester, U.K.: John Wiley.

Sameroff, A. J. (1995). General systems theories and developmental psychopathology. In: J. Cicchetti and D. J. Cohen (Eds.), *Developmental Psychopathology: Vol. 1. Theory and Methods* (pp. 659–695). New York: John Wiley.

Sander, L. W. (1970). Regulation and organization of behavior in the early infant–caretaker system. In: R. Robinson (Ed.), *Brain and Early Behavior*. London: Academic Press.

Sandler, J. (1976). Countertransference and role-responsiveness. *International Review of Psycho-Analysis, 3,* 43–47.

Sandler, J. (1987). *Projection, Identification, Projective Identification*. London: Karnac.

Sandler, J. (1992). Reflections on developments in the theory of psychoanalytic technique. Paper presented at the Thirty-seventh Congress of the International Psychoanalytical Association: Psychic Change: Developments in the Theory of Psychoanalytic Technique, Buenos Aires, Argentina, 1991. *International Journal of Psycho-Analysis, 73* (2), 189–198.

Sandler, J., Dare, C., and Holder, A. (1992). *The Patient and the Analyst* (2nd ed.). London: Karnac.

Scarr, S. (1992). Developmental theories for the 1990s: Development and individual differences. *Child Development, 63,* 1–19.

Schachter, D. L. (1992). Understanding implicit memory: A cognitive neuroscience approach. *American Psychologist, 47,* 559–569.

Schachter, S., and Singer, J. (1962). Cognitive, social and physiological determinants of emotional state. *Psychological Review, 69,* 379–399.

Schmuckler, M. A. (1996). Visual-proprioceptive intermodal perception in infancy. *Infant Behavior and Development, 19,* 221–232.

Schneider-Rosen, K., and Cicchetti, D. (1984). The relationship between affect and cognition in maltreated infants: Quality of attachment and the development of visual self-recognition. *Child Development, 55,* 648–658.

Schneider-Rosen, K., and Cicchetti, D. (1991). Early self-knowledge and emotional development: Visual self-recognition and affective reactions to mirror self-image in maltreated and non-maltreated toddlers. *Developmental Psychology, 27,* 481–488.

Schneier, F. R., Liebowitz, M. R., Abi-Dargham, A., Zea-Ponce, Y., Lin, S.-H., and Laruelle, M. (2000). Low dopamine D_2 receptor binding potential in social phobia. *American Journal of Psychiatry, 157,* 457–459.

Schore, A. N. (1999). Commentary on Freud's affect theory in light of contemporary neuroscience. *Neuro-Psychoanalysis, 1,* 49–55.

Schuengel, C. (1997). *Attachment, Loss, and Maternal Behavior: A Study on Intergenerational Transmission*. Leiden, The Netherlands: University of Leiden Press.

Schuengel, C., Bakermans-Kranenburg, M., and van IJzendoorn, M. (1999). Frightening maternal behavior linking unresolved loss and disorganized infant attachment. *Journal of Consulting and Clinical Psychology, 67*, 54–63.

Searle, J. R. (1983). *Intentionality: An Essay in the Philosophy of the Mind*. Cambridge, U.K.: Cambridge University Press.

Segal, G. (1996). The modularity of theory of mind. In: P. Carruthers and P. K. Smith (Eds.), *Theories of Theories of Mind* (pp. 141–157). Cambridge, U.K.: Cambridge University Press.

Segal, H. (1957). Notes on symbol formation. *International Journal of Psycho-Analysis, 38*, 391–397.

Segal, H. (1964). *Introduction to the Work of Melanie Klein*. New York: Basic Books.

Sellars, W. (1963). *Science, Perception and Reality*. London: Routledge.

Serketich, W. J., and Dumas, J. E. (1996). The effectiveness of behavioral parent training to modify antisocial behavior in children: A meta-analysis. *Behavior Therapy, 27*, 171–186.

Shachnow, J., Clarkin, J., DiPalma, C. S., Thurston, F., Hull, J., and Shearin, E. (1997). Biparental psychopathology and borderline personality disorder. *Psychiatry, 60*, 171–181.

Sherman, N. (2000). Emotional agents. In: M. Levine (Ed.), *The Analytic Freud*. London: Routledge.

Shiffrin, R., and Schneider, W. (1977). Controlled and automatic human information processing: II. Perceptual learning, automatic attending, and a general theory. *Psychological Review, 84*, 127–190.

Shweder, R. (1994). "You're not sick, you're in love": Emotion as an interpretive system. In: P. Ekman and R. Davidson (Eds.), *The Nature of Emotion*. Oxford: Oxford University Press.

Slade, A. (1987). Quality of attachment and early symbolic play. *Developmental Psychology, 17*, 326–335.

Slade, A. (1999). Attachment theory and research: Implications for the theory and practice of individual psychotherapy with adults. In: J. Cassidy and P. Shaver (Eds.), *Handbook of Attachment*. New York: Guilford Press.

Slade, A., Belsky, J., Aber, L., and Phelps, J. L. (1999). Mothers' representations of their relationships with their toddlers: Links to adult attachment and observed mothering. *Developmental Psychology, 35* (3), 611–619.

Slade, A., Bernbach, E., Grienenberger, J., Wohlgemuth-Levy, D., and Locker, A. (1998). *Addendum to Reflective Functioning Scoring Manual (Fonagy, Steele, Steele, and Target): For Use with the Parent Development Interview (Aber, Slade, Berger, Bresgi, and Kaplan)*. New York: City College.

Slomkowski, C., and Dunn, J. (1992). Arguments and relationships within the family: Differences in children's disputes with mother and sibling. *Developmental Psychology, 28,* 919–924.

Smalley, S. L. (1997). Genetic influences in childhood-onset psychiatric disorders: Autism and attention-deficit/hyperactivity disorder. *American Journal of Human Genetics, 60,* 1276–1282.

Smalley, S. L., Bailey, J. N., Palmer, C. G., Cantwell, D. P., McGough, J. J., Del'Homme, M. A., Asarnow, J. R., Woodward, J. A., Ramsey, C., and Nelson, S. F. (1998). Evidence that the dopamine D4 receptor is a susceptibility gene in attention deficit hyperactivity disorder. *Molecular Psychiatry, 3,* 427–430.

Smith, D. J. (1995). Youth crime and conduct disorders: Trends, patterns and causal explanations. In: M. Rutter and D. J. Smith (Eds.), *Psychosocial Disorders in Young People: Time Trends and Their Causes* (pp. 389–489). Chichester, U.K.: Academia Europea.

Smith, P. K. (1996). Language and the evolution of mind-reading. In: P. Carruthers and P. K. Smith (Eds.), *Theories of Theories of Mind* (pp. 344–354). Cambridge, U.K.: Cambridge University Press.

Snow, C. E. (1972). Mothers' speech to children learning language. *Child Development, 43,* 549–566.

Solms, M. (1997a). *The Neuropsychology of Dreams: A Clinico-Anatomical Study.* Mahwah, NJ: Lawrence Erlbaum.

Solms, M. (1997b). What is consciousness? *Journal of the American Psychoanalytic Association, 45,* 681–703.

Solomon, J., and George, C. (1996). Defining the caregiving system: Toward a theory of caregiving. In: C. George and J. Solomon (Eds.), *Defining the Caregiving System (Infant Mental Health Journal, 17).* New York: John Wiley.

Solomon, J., and George, C. (1999). *Attachment Disorganization.* New York: Guilford Press.

Solomon, J., George, C., and Dejong, A. (1995). Children classified as controlling at age six: Evidence of disorganized representational strategies and aggression at home and at school. *Development and Psychopathology, 7,* 447–463.

Spangler, G., Fremmer-Bombrik, E., and Grossmann, K. E. (1996). Social and individual determinants of infant attachment security and disorganization. *Infant Mental Health Journal, 17,* 127–139.

Spangler, G., and Grossmann, K. E. (1993). Biobehavioral organization in securely and insecurely attached infants. *Child Development, 64,* 1439–1450.

Spelke, E. S., Phillips, A., and Woodward, A. L. (1995). Infants' knowledge of object motion and human action. In: D. Sperber, D. Premack, and A. J. Premack (Eds.), *Causal Cognition: A multidiscip-*

linary Debate. *Symposia of the Fyssen Foundation* (pp. 44–78). New York: Clarendon Press.

Spence, D. (1982). *Narrative Truth and Historical Truth. Meaning and Interpretation in Psychoanalysis.* New York/London: Norton.

Spence, D. (1984). *The Freudian Metaphor.* New York: Norton.

Sperber, D., and Wilson, D. (1995). *Relevance: Communication and Cognition.* Malden, MA: Blackwell.

Spillius, E. B. (1992). Clinical experiences of projective identification. In: R. Anderson (Ed.), *Clinical Lectures on Klein and Bion* (pp. 59–73). London: Routledge.

Spillius, E. B. (1994). Developments in Kleinian thought: Overview and personal view. *Psychoanalytic Inquiry, 14,* 324–364.

Spinoza, B. (1994). *The Ethics.* London: Penguin.

Spock, B., and Rothenberg, M. B. (1985). *Dr. Spock's Baby and Child Care* (5th ed.). London: W. H. Allen.

Squire, L. R. (1987). *Memory and Brain.* New York: Oxford University Press.

Sroufe, L. (1979). Socioemotional development. In: J. Osofsky (Ed.), *Handbook of Infant Development* (pp. 462–516). New York: John Wiley.

Sroufe, L. (1983). *Infant–Caregiver Attachment and Patterns of Adaptation in Preschool: The Roots of Maladaptation and Competence, Vol. 16.* Hillsdale, NJ: Lawrence Erlbaum.

Sroufe, L. (1986). Bowlby's contribution to psychoanalytic theory and developmental psychopathology. *Journal of Child Psychology and Psychiatry and Allied Disciplines, 27,* 841–849.

Sroufe, L. (1990). An organizational perspective on the self. In: D. Cicchetti and M. Beeghly (Eds.), *The Self in Transition: Infancy to Childhood* (pp. 281–307). Chicago, IL: University of Chicago Press.

Sroufe, L. (1996). *Emotional Development: The Organization of Emotional Life in the Early Years.* New York: Cambridge University Press.

Sroufe, L., and Rutter, M. (1984). The domain of developmental psychopathology. *Child Development, 83,* 173–189.

Sroufe, L., and Waters, E. (1977a). Attachment as an organizational construct. *Child Development, 48,* 1184–1199.

Sroufe, L., and Waters, E. (1977b). Heart rate as a convergent measure in clinical and developmental research. *Merrill-Palmer Quarterly, 23,* 3–28.

Steele, H. (1991). Adult personality characteristics and family relationships: The development and validation of an interview-based assessment. Ph.D. diss., University College London.

Steele, H., Steele, M., and Fonagy, P. (1996). Associations among attachment classifications of mothers, fathers, and their infants:

Evidence for a relationship-specific perspective. *Child Development, 67,* 541–555.

Stein, A. (1994). An observational study of mothers with eating disorders and their infants. *Journal of Child Psychology and Psychiatry and Allied Disciplines, 35* (4), 733–748.

Stein, R. (1990). *Psychoanalytic Theories of Affect.* Westport, CT: Praeger.

Steiner, J. (1992). The equilibrium between the paranoid-schizoid and the depressive positions. In: R. Anderson (Ed.), *Clinical Lectures on Klein and Bion* (pp. 46–58). London: Routledge.

Steiner, J. (1993). *Psychic Retreats: Pathological Organisations in Psychotic, Neurotic and Borderline Patients.* London: Routledge.

Stern, D. (1977). *The First Relationship: Mother and Infant.* Cambridge, MA: Harvard University Press.

Stern, D. (1984). Affect attunement. In: J. D. Call, E. Galenson, and R. L. Tyson (Eds.), *Frontiers of Infant Psychiatry, Vol. 2* (pp. 3–14). New York: Basic Books.

Stern, D. (1985). *The Interpersonal World of the Infant: A View from Psychoanalysis and Developmental Psychology.* New York: Basic Books.

Stern, D. (1994). One way to build a clinically relevant baby. *Infant Mental Health Journal, 15,* 36–54.

Stern, D. (1995). Self/other differentiation in the domain of intimate socio-affective interaction: Some considerations. In: P. Rochat (Ed.), *The Self in Infancy: Theory and Research* (pp. 419–429). Amsterdam: Elsevier.

Stern, D. (1998). The process of therapeutic change involving implicit knowledge: Some implications of developmental observations for adult psychotherapy. *Infant Mental Health Journal, 19,* 300–308.

Stern, D., Hofer, L., Haft, W., and Dore, J. (1985). Affect attunement: The sharing of feeling states between mother and infant by means of inter-modal fluency. In: T. M. Fields and N. A. Fox (Eds.), *Social Perception in Infants.* Norwood, NJ: Ablex.

Stern, D., Sander, L., Nahum, J., Harrison, A., Lyons-Ruth, K., Morgan, A., Bruschweilerstern, N., and Tronick, E. (1998). Non-interpretive mechanisms in psychoanalytic therapy: The "something more" than interpretation. *International Journal of Psycho-Analysis, 79* (5), 903–921.

Stern, D., Spieker, S., Barnett, R., and Mackain, K. (1983). The prosody of maternal speech: Infant age and context related changes. *Journal of Child Language, 10,* 1–15.

Stocker, M., and Hegeman, E. (1996). *Valuing Emotions.* Cambridge, U.K.: Cambridge University Press.

Stuss, D. T. (1983). Emotional concomitants of psychosurgery. In: K. M. Heilman and P. Satz (Eds.), *Advances in Neuropsychology and Behavioral Neurology* (pp. 111–140). New York: Guilford Press.

Stuss, D. T. (1991). Self, awareness and the frontal lobes: A neuropsychological perspective. In: J. Strauss and G. R. Goethals (Eds.), *The Self: Interdisciplinary Approaches* (pp. 255–278). New York: Springer-Verlag.

Stuss, D. T., Gallup, G. G., and Alexander, M. P. (2001). The frontal lobes are necessary for "theory of mind." *Brain, 124* (2), 279–286.

Suomi, S. J. (1991). Up-tight and laid-back monkeys: Individual differences in the response to social challenges. In: S. Brauth, W. Hall, and R. Dooling (Eds.), *Plasticity of Development* (pp. 27–56). Cambridge, MA: MIT Press.

Suomi, S. J. (1997). Early determinants of behavior: Evidence from primate studies. *British Medical Bulletin, 53,* 170–184.

Suomi, S. J. (2000). A biobehavioral perspective on developmental psychopathology: Excessive aggression and scrotonergic dysfunction in monkeys. In: A. J. Sameroff, M. Lewis, and S. Miller (Eds.), *Handbook of Developmental Psychopathology* (pp. 237–256). New York: Plenum Press.

Suomi, S. J., and Levine, S. (1998). Psychobiology of intergenerational effects of trauma. In: Y. Danieli (Ed.), *International Handbook of Multigenerational Legacies of Trauma* (pp. 623–637). New York: Plenum Press.

Swanson, J. M., Flodman, P., Kennedy, J., Spence, M. A., Moyzis, R., Schuck, S., Murias, M., Moriarty, J., Barr, C., Smith, M., and Posner, M. (2000). Dopamine genes and ADHD. *Neuroscience and Biobehavioral Reviews, 24* (1), 21–25.

Swanson, J. M., Sunohara, G. A., Kennedy, J. L., Regino, R., Fineberg, E., and Wigal, T. (1998). Association of the dopamine receptor D4 (DRD4) gene with a refined phenotype of attention deficit hyperactivity disorder (ADHD): A family-based approach. *Molecular Psychiatry, 3,* 38–41.

Target, M., and Fonagy, P. (1996). Playing with reality II: The development of psychic reality from a theoretical perspective. *International Journal of Psycho-Analysis, 77,* 459–479.

Taylor, C. (1985). *Philosophical Papers I: Human Agency and Language.* Cambridge, U.K.: Cambridge University Press.

Taylor, M., Gerow, L., and Carlson, S. M. (1993). The relation between individual differences in fantasy and theory of mind. Paper presented at the biennial meeting of the Society for Research in Child Development, New Orleans (March).

Thompson, A. E. (1985). The nature of emotion and its development. In:

I. Fast (Ed.), *Event Theory: An Integration of Piaget and Freud.* Hillsdale, NJ: Lawrence Erlbaum.

Thompson, A. E. (1986). An object relational theory of affect maturity: Applications to the Thematic Apperception Test. In: M. Kissen (Ed.), *Assessing Object Relations Phenomena.* Madison, CT: International Universities Press.

Thompson, R. (1990). Emotion and self-regulation. In: R. Thompson (Ed.), *Socioemotional Development.* Lincoln, NE: Nebraska University Press.

Thompson, R. (1994). Emotion regulation: A theme in search of definition. *Monographs of the Society for Research in Child Development, 59,* 25–52.

Thompson, R. (1998). Empathy and its origins in early development. In: S. Braten (Ed.), *Intersubjective Communication and Emotion in Early Ontogeny* (pp. 144–157). Paris: Cambridge University Press.

Thompson, R. (1999). Early attachment and later development. In: J. Cassidy and P. R. Shaver (Eds.), *Handbook of Attachment: Theory, Research and Clinical Applications* (pp. 265–286). New York: Guilford Press.

Tienari, P., Wynne, L. C., Moring, J., Lahti, I., and Naarala, M. (1994). The Finnish adoptive family study of schizophrenia: Implications for family research. *British Journal of Psychiatry, 23* (Suppl. 164), 20–26.

Tobias, B. A., Kihlstrom, J. F., and Schachter, D. L. (1992). Emotion and implicit memory. In: S. Christianson (Ed.), *The Handbook of Emotion and Memory: Research and Theory* (pp. 67–92). Hillsdale, NJ: Lawrence Erlbaum.

Tolman, E. C., Ritchie, B. F., and Kalish, D. (1946). Studies in spatial learning: I. Orientation and the shortcut. *Journal of Experimental Psychology, 36,* 13–24.

Tomasello, M. (1993). On the interpersonal origins of the self. In: U. Neisser (Ed.), *The Perceived Self: Ecological and Interpersonal Sources of Self-Knowledge* (pp. 174–184). Cambridge, U.K.: Cambridge University Press.

Tomasello, M. (1995). Joint attention as social cognition. In: C. Moore and P. Dunham (Eds.), *Joint Attention: Its Origins and Role in Development* (pp. 103–130). New York: Lawrence Erlbaum.

Tomasello, M. (1999). *The Cultural Origins of Human Cognition.* Cambridge, MA: Harvard University Press.

Tomasello, M., and Call, J. (1997). *Primate Cognition.* Oxford: Oxford University Press.

Tomasello, M., Strosberg, R., and Akhtar, N. (1996). Eighteen-month-old children learn words in non-ostensive contexts. *Journal of Child*

Language, 23, 157–176.

Tomkins, S. (1995a). *Exploring Affect: The Selective Writings of Silvan Tomkins.* Cambridge, U.K.: Cambridge University Press.

Tomkins, S. (1995b). *Shame and Its Sisters: A Silvan Tomkins Reader.* Durham, NC: Duke University Press.

Trevarthen, C. (1979). Communication and cooperation in early infancy: A description of primary intersubjectivity. In: M. M. Bullowa (Ed.), *Before Speech: The Beginning of Interpersonal Communication.* New York: Cambridge University Press.

Trevarthen, C. (1980). The foundations of intersubjectivity: Development of interpersonal and cooperative understanding in infants. In: D. R. Olson (Ed.), *The Social Foundations of Language and Thought: Essays in Honor of Jerome Bruner.* New York: Norton.

Trevarthen, C. (1993). The self born in intersubjectivity: An infant communicating. In: U. Neisser (Ed.), *The Perceived Self* (pp. 121–173). New York: Cambridge University Press.

Trevarthen, C., and Hubley, P. (1978). Secondary intersubjectivity: Confidence, confiding and acts of meaning in the first year. In: A. Lock (Ed.), *Action, Gesture and Symbol: The Emergence of Language.* New York: Academic Press.

Trivers, R. (1971). The evolution of reciprocal altruism. *Quarterly Review of Biology, 46,* 35–57.

Tronick, E. (1989). Emotions and emotional communication in infants. *American Psychologist, 44,* 112–119.

Tronick, E. (1998). Dyadically expanded states of consciousness and the process of therapeutic change. *Infant Mental Health Journal, 19,* 290–299.

Tronick, E., Als, H., Adamson, L., Wise, S., and Brazelton, T. (1978). The infant's response to entrapment between contradictory messages in face-to-face interaction. *Journal of Child Psychiatry, 17,* 1–13.

Tronick, E., Als, H., and Brazelton, T. (1977). Mutuality in mother–infant interaction. *Journal of Communication, 27,* 74–79.

Tronick, E., and Cohn, J. F. (1989). Infant–mother face-to-face interaction: Age and gender differences in coordination and the occurrence of miscoordination. *Child Development, 60,* 85–92.

Tronick, E., Ricks, M., and Cohn, J. F. (1982). Maternal and infant affective exchange: Patterns of adaptation. In: T. Field and A. Fogel (Eds.), *Emotion and Early Interaction* (pp. 83–100). Hillsdale, NJ: Lawrence Erlbaum.

Turkheimer, E. (1998). Heritability and biological explanation. *Psychological Review, 105,* 1–10.

Uhl, G., Blum, K., Noble, E. P., and Smith, S. (1993). Substance abuse vulnerability and D2 receptor genes. *Trends in Neuroscience, 16,* 83–

88.

Uzgiris, I. C., Benson, J. B., Kruper, J., and Vasek, M. E. (1989). Contextual influences on imitative interactions between mothers and infants. In: J. Lockman and N. L. Hazen (Eds.), *Action in Social Context: Perspectives on Early Development* (pp. 103–127). New York: Plenum Press.

Uzgiris, I. C., and Hunt, J. M. (1975). *Assessment in Infancy: Ordinal Scales of Psychological Development.* Chicago, IL: University of Chicago Press.

van der Kolk, B. (1994). The body keeps the score: Memory and the evolving psychobiology of post-traumatic stress. *Harvard Review of Psychiatry, 1,* 253–265.

van IJzendoorn, M. H. (1995). Adult attachment representations, parental responsiveness, and infant attachment: A meta-analysis on the predictive validity of the Adult Attachment Interview. *Psychological Bulletin, 117,* 387–403.

van IJzendoorn, M. H., Juffer, F., and Duyvesteyn, M. G. C. (1995). Breaking the intergenerational cycle of insecure attachment: A review of the effects of attachment-based interventions on maternal sensitivity and infant security. *Journal of Child Psychology and Psychiatry and Allied Disciplines, 36,* 225–248.

van IJzendoorn, M. H., Kranenburg, M. J., Zwart-Woudstra, H. A., Van Busschbach, A. M., and Lambermon, M. W. E. (1991). Parental attachment and children's socio-emotional development: Some findings on the validity of the Adult Attachment Interview in the Netherlands. *International Journal of Behavioral Development, 14,* 375–394.

Van Tol, H. H. M., Wu, C. M., Guan, H. C., Ohara, K., Bunzow, J. R., and Civelli, O. (1992). Multiple dopamine D_4 receptor variants in the human population. *Nature, 358,* 149–152.

Vygotsky, L. S. (1966). *Development of the Higher Mental Functions.* Cambridge, MA: MIT Press.

Vygotsky, L. S. (1967). Play and its role in the mental development of the child. *Soviet Psychology, 5,* 6–18.

Vygotsky, L. S. (1978). *Mind in Society: The Development of Higher Psychological Processes.* Cambridge, MA: Harvard University Press.

Waddington, C. H. (1966). *Principles of Development and Differentiation.* New York: Macmillan.

Ward, M. J., and Carlson, E. (1995). Associations among Adult Attachment representations, maternal sensitivity, and infant–mother attachment in a sample of adolescent mothers. *Child Development, 66,* 69–79.

Wartner, U. G., Grossmann, K., Fremmer-Bombrik, E., and Suess, G. (1994). Attachment patterns at age six in South Germany: Predictability from infancy and implications for pre-school behavior. *Child Development, 65,* 1014–1027.

Waters, E., Merrick, S., Albersheim, L., Treboux, D., and Crowell, J. (1995). From the strange situation to the Adult Attachment Interview: A 20-year longitudinal study of attachment security in infancy and early adulthood. Paper presented at the Society for Research in Child Development, Indianapolis (May).

Watson, J. S. (1972). Smiling, cooing, and "the game." *Merrill-Palmer Quarterly, 18,* 323–339.

Watson, J. S. (1979). Perception of contingency as a determinant of social responsiveness. In: E. B. Thoman (Ed.), *The Origins of Social Responsiveness* (pp. 33–64). New York: Lawrence Erlbaum.

Watson, J. S. (1984). Bases of causal inference in infancy: Time, space, and sensory relations. In: L. P. Lipsitt and C. Rovee-Collier (Eds.), *Advances in Infancy Research.* Norwood, NJ: Ablex.

Watson, J. S. (1985). Contingency perception in early social development. In: T. M. Field and N. A. Fox (Eds.), *Social Perception in Infants* (pp. 157–176). Norwood, NJ: Ablex.

Watson, J. S. (1994). Detection of self: The perfect algorithm. In: S. Parker, R. Mitchell, and M. Boccia (Eds.), *Self-Awareness in Animals and Humans: Developmental Perspectives* (pp. 131–149). New York: Cambridge University Press.

Watson, J. S. (1995). Self-orientation in early infancy: The general role of contingency and the specific case of reaching to the mouth. In: P. Rochat (Ed.), *The Self in Infancy: Theory and Research* (pp. 375–393). Amsterdam: Elsevier.

Wegner, D. M., and Wheatley, T. (1999). Apparent mental causation: Sources of the experience of will. *American Psychologist, 54* (7), 480–492.

Weinberg, K. M., and Tronick, E. Z. (1996). Infant affective reactions to the resumption of maternal interaction after the Still-Face. *Child Development, 67,* 905–914.

Weiskrantz, L. (1986). *Blindsight: A Case Study and Implications.* Oxford: Oxford University Press.

Wellman, H. (1990). *The Child's Theory of Mind.* Cambridge, MA: Bradford Books/MIT Press.

Wellman, H. (1993). Early understanding of mind: The normal case. In: S. Baron-Cohen, H. Tager-Flusberg, and D. J. Cohen (Eds.), *Understanding Other Minds: Perspectives from Autism* (pp. 40–58). New York: Oxford University Press.

Wellman, H., and Banerjee, M. (1991). Mind and emotion: Children's understanding of the emotional consequences of beliefs and desires. *British Journal of Developmental Psychology, 9,* 191–214.

Wellman, H., and Phillips, A. T. (2000). Developing intentional under-standings. In: L. Moses, B. Male, and D. Baldwin (Eds.), *Intentionality: A Key to Human Understanding*. Cambridge, MA: MIT Press.

Werner, E. (1990). Protective factors and individual resilience. In: S. J. Meisels and M. Shonkoff (Eds.), *Handbook of Early Childhood Intervention* (pp. 97–116). New York: Cambridge University Press.

Werner, H., and Kaplan, B. (1963). *Symbol Formation*. New York: John Wiley.

West, M., and George, C. (in press). Abuse and violence in intimate adult relationships: New perspectives from attachment theory. In: D. G. Dutton (Ed.), *Treatment of Assaultiveness*. New York: Guilford Press.

Westen, D. (1997). Toward a clinically relevant and empirically sound theory of motivation. *International Journal of Psycho-Analysis, 78*, 521–548.

Whiten, A. (1991). *Natural Theories of Mind*. Oxford: Basil Blackwell.

Willatts, P. (1999). Development of means–end behavior in young infants: Pulling a support to retrieve a distant object. *Developmental Psychology, 35* (3), 651–667.

Wimmer, H., Hogrefe, G.-J., and Perner, J. (1988). Children's understanding of informational access as source of knowledge. *Child Development, 59*, 386–396.

Wimmer, H., Hogrefe, J.-G., and Sodian, B. (1988). A second stage in children's conception of mental life: Understanding informational access as origins of knowledge and belief. In: J. W. Astington, P. L. Harris, and D. R. Olson (Eds.), *Developing Theories of Mind*. New York: Cambridge University Press.

Wimmer, H., and Perner, J. (1983). Beliefs about beliefs: Representation and constraining function of wrong beliefs in young children's understanding of deception. *Cognition, 13*, 103–128.

Winnicott, D. W. (1960a). Ego distortion in terms of true and false self. In: *The Maturational Processes and the Facilitating Environment* (pp. 140–152). New York: International Universities Press, 1965.

Winnicott, D. W. (1960b). The theory of the parent–infant relationship. In: *The Maturational Processes and the Facilitating Environment* (pp. 37–55). New York: International Universities Press, 1965.

Winnicott, D. W. (1962). Ego integration in child development. In: *The Maturational Processes and the Facilitating Environment* (pp. 56–63). London: Hogarth Press, 1965.

Winnicott, D. W. (1963). Morals and education. In: *The Maturational Processes and the Facilitating Environment* (pp. 93–105). New York: International Universities Press, 1965.

Winnicott, D. W. (1965). *The Maturational Processes and the Facilitating*

Environment. New York: International Universities Press.

Winnicott, D. W. (1967). Mirror-role of mother and family in child development. In: *Playing and Reality* (pp. 111–118). London: Tavistock, 1971.

Winnicott, D. W. (1971). *Playing and Reality.* London: Tavistock.

Wolff, P. H. (1996). The irrelevance of infant observations for psychoanalysis. *Journal of the American Psychoanalytic Association, 44,* 369–392.

Wollheim, R. (1995). *The Mind and Its Depths.* Cambridge, MA: Harvard University Press.

Wollheim, R. (1999). *On the Emotions.* New Haven, CT: Yale University Press.

Wood, D., Bruner, J. S., and Ross, G. (1976). The role of tutoring in problem solving. *Journal of Child Psychology and Psychiatry, 17,* 89-100.

Woodward, A. (1998). Infants selectively encode the goal object of an actor's reach. *Cognition, 69,* 1–34.

Woodward, A., and Sommerville, J. A. (2000). Twelve-month-old infants interpret action in context. *Psychological Science, 11:* 73–77.

Youngblade, L., and Dunn, J. (1995). Individual differences in young children's pretend play with mother and sibling: Links to relationships and understanding of other people's feelings and beliefs. *Child Development, 66,* 1472–1492.

Zahn Waxler, C., and Radke-Yarrow, M. (1990). The origins of empathic concern. *Motivation and Emotion, 14,* 107–130.

Zajonc, R. B. (1984). On the primacy of affect. *American Psychologist, 39,* 117–123.

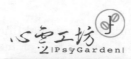

Psychotherapy 054

心智化：依附關係‧情感調節‧自我發展
Affect Regulation, Mentalization, and the Development of the Self

著—彼得‧馮納吉（Peter Fonagy）、喬治‧葛瑞蓋（György Gergely）、艾略特‧
朱里斯特（Elliot Jurist）、瑪莉‧漢普沃斯（Mary Hepworth, 舊姓 Target）
譯—魏與晟、楊舒涵　審閱—林俐伶

出版者—心靈工坊文化事業股份有限公司
發行人—王浩威　總編輯—徐嘉俊
執行編輯—裘佳慧　特約編輯—林婉華
內文排版—龍虎電腦排版股份有限公司
通訊地址—106 台北市信義路四段 53 巷 8 號 2 樓
郵政劃撥—19546215　戶名—心靈工坊文化事業股份有限公司
電話—02）2702-9186　傳真—02）2702-9286
Email—service@psygarden.com.tw　網址—www.psygarden.com.tw

製版‧印刷—彩峰造藝印像股份有限公司
總經銷—大和書報圖書股份有限公司
電話—02）8990-2588　傳真—02）2290-1658
通訊地址—242 新北市新莊區五工五路 2 號（五股工業區）
初版一刷—2021 年 4 月　初版七刷—2023 年 4 月
ISBN—978-986-357-206-0　定價—1000 元

國家圖書館出版品預行編目資料

心智化：依附關係‧情感調節‧自我發展 / 彼得‧馮納吉（Peter Fonagy）、
喬治‧葛瑞蓋（György Gergely）、艾略特‧朱里斯特（Elliot Jurist）、
瑪莉‧塔傑特（Mary Target）作；魏與晟、楊舒涵 譯 . -- 初版 . --
臺北市：心靈工坊文化事業股份有限公司, 2021.4
　面；　公分 . --（Psychotherapy；54）
譯自：Affect Regulation, Mentalization, and the Development of the Self
ISBN 978-986-357-206-0（平裝）

1. 心理治療　2. 人格異常

178.8　　　　　　　　　　　　　　　　　　　　　　110001994